Uni-Taschenbücher 1414

UTB
FÜR WISSEN
SCHAFT

Eine Arbeitsgemeinschaft der Verlage

Wilhelm Fink Verlag München
Gustav Fischer Verlag Jena und Stuttgart
Francke Verlag Tübingen und Basel
Paul Haupt Verlag Bern · Stuttgart · Wien
Hüthig Verlagsgemeinschaft
Decker & Müller GmbH Heidelberg
Leske Verlag + Budrich GmbH Opladen
J. C. B. Mohr (Paul Siebeck) Tübingen
Quelle & Meyer Heidelberg · Wiesbaden
Ernst Reinhardt Verlag München und Basel
F. K. Schattauer Verlag Stuttgart · New York
Ferdinand Schöningh Verlag Paderborn · München · Wien · Zürich
Eugen Ulmer Verlag Stuttgart
Vandenhoeck & Ruprecht in Göttingen und Zürich

Theo Meyer

Nietzsche und die Kunst

Francke Verlag Tübingen und Basel

Theo Meyer, Jahrgang 1932, ist Professor für Neuere deutsche
Literaturgeschichte an der Universität Würzburg.

Die Deutsche Bibliothek - CIP-Einheitsaufnahme

Meyer, Theo:
Nietzsche und die Kunst / Theo Meyer. - Tübingen ; Basel : Francke, 1993
   (UTB für Wissenschaft : Uni-Taschenbücher ; 1414)
   ISBN 3-8252-1414-1 (UTB)
   ISBN 3-7720-1729-0 (Francke)

NE: UTB für Wissenschaft / Uni-Taschenbücher

© 1993 · A. Francke Verlag Tübingen und Basel
Dischingerweg 5 · D-7400 Tübingen
ISBN 3-7720-1729-0

Einbandgestaltung: Alfred Krugmann, Stuttgart
Druck und Bindung: Presse-Druck, Augsburg
Printed in Germany

ISBN 3-8252-1414-1 (UTB-Bestellnummer)

Inhalt

Vorbemerkung

Diese Analyse kennzeichnet das Phänomen Nietzsche, diesen unerschöpflichen Gegenstand, durch die Verbindung von Werkanalyse und Wirkungsgeschichte in seiner komplexen, perspektivenreichen Problematik. Die Interpretation des Werkes konzentriert sich auf die zentralen Denkmotive Nietzsches, unter besonderer Berücksichtigung der Kunst, da in ihr das Agens des Nietzscheschen Denkens, die Idee des Schaffens, seinen höchsten Ausdruck findet. Es war erforderlich, bestimmte sachliche Schwerpunkte zu akzentuieren und die aufgeworfenen Probleme in gestraffter, konzentrierter Form zu entfalten. Eine Reihe der im Werkteil exponierten Fragen sind in meiner umfangreichen Monographie 'Nietzsche. Kunstauffassung und Lebensbegriff' (1991) ausführlicher und differenzierter dargestellt. Die vorliegende Untersuchung geht aber zugleich in einigen Schlüsselproblemen über die Monographie hinaus. Darüber hinaus ist ihr Thema die literarische Wirkung Nietzsches von der Jahrhundertwende über den Expressionismus bis zu repräsentativen Autoren der klassischen Moderne und aktuellen Ausläufern. Über mehr als ein halbes Jahrhundert hin zeigt sich in der Literatur eine ungemeine Breitenwirkung Nietzsches. Die Wirkung Nietzsches betrifft nicht nur die *poetae maiores*, die großen Autoren der Moderne, die Nietzsche produktiv in ihr Werk integrieren, sondern erstreckt sich auch auf eine Vielzahl von *poetae minores*, die Nietzsche eher automatisch rezipieren, ohne schöpferische Weiterbildung, aber Geist und Atmosphäre der jeweiligen historischen Rezeptionsphase spiegeln. Daher verbindet diese Untersuchung die Interpretation der produktiven Anverwandlung Nietzsches durch bedeutende Autoren der modernen Literatur mit der historischen Phänomenbeschreibung der populären Nietzsche-Rezeption als Ausdruck epochentypischer Tendenzen. Es ist die Intention der Darstellung, auf der Grundlage der Werkinterpretation den Zusammenhang von Werk und Wirkung aufzuzeigen, wobei sich nicht nur Konvergenzen, sondern auch Divergenzen zwischen Nietzsche und seinen Rezipienten herausschälen.

Mein Dank gilt dem Francke Verlag, Frau Brigitte Narr und Herrn Gunter Narr, für die Förderung dieser Studie und dieses Lehrbuchs. Weiterhin danke ich den Mitarbeitern des Verlages, besonders Herrn Dr. Stefan Niessen für die Betreuung des Projekts. Schließlich sei Herrn Frank Buck M.A. gedankt für organisatorische Hilfen.

Würzburg, November 1992   Theo Meyer

Einleitung
(Problemexposition und Forschung)

> Wer die Luft meiner Schriften zu athmen weiss, weiss, dass es eine Luft
> der Höhe ist, eine *starke* Luft. Man muss für sie geschaffen sein, sonst
> ist die Gefahr keine kleine, sich in ihr zu erkälten. Das Eis ist nahe, die
> Einsamkeit ist ungeheuer – aber wie ruhig alle Dinge im Lichte lie-
> gen! wie frei man athmet! wie Viel man *unter* sich fühlt! – Philosophie,
> wie ich sie bisher verstanden und gelebt habe, ist das freiwillige Leben
> in Eis und Hochgebirge – das Aufsuchen alles Fremden und Fragwürdi-
> gen im Dasein, alles dessen, was durch die Moral bisher in Bann gethan
> war. (6, 258 – EH)

In dieser Äußerung aus *Ecce homo* hat Nietzsche die Grundmotive
seiner Existenz, seines Denkens und Schaffens zum Ausdruck gebracht:
die absolute Einsamkeit, das Höhenmenschentum, die unbedingte Freiheit, das Dasein als Experiment, die Liebe zur Gefahr, das radikale
Suchen und Fragen, die Umwertung der bisherigen Werte. In dieser
zugleich fazitziehenden und richtungweisenden 'Autobiographie', in
dieser von Hektik geprägten existentiellen Schrift geht Nietzsche bis an
die äußerste Grenze der Selbstaussage. Sein Denken und Schaffen ist
durch eine Doppeltendenz gekennzeichnet: die subversive Kritik der
traditionellen Wertsysteme und den pathetischen Entwurf einer radikal
neuen Daseinsform und Weltsicht. Er tritt auf als der schonungslose
Provokateur, der von der bisherigen Weltauslegung keinen Stein auf
dem andern läßt, und als der visionäre Pathetiker, der aus schwerge-
wichtigen Steinen, seinen zentralen Denkmotiven, einen neuen Welt-
bau errichten möchte. In *Ecce homo*, dieser existentiellen 'Autobiographie', wirft er noch einmal, in der exegetischen Retrospektive auf seine
früheren Schriften, alle jene Fragen auf, die ihn zutiefst beschäftigt
haben: 'Dionysos', 'Wille zur Macht', 'Übermensch', 'Wiederkunft',
'Leben', 'Schaffen', 'Kunst'.

In diesem perspektivenreichen Motivkomplex nimmt die 'Kunst'
eine ausgezeichnete Stellung ein, ja, sie gewinnt eine alles überragende
Bedeutung. Diese herausragende Stellung erlangt die Kunst, weil sie
die höchste Ausdrucksform des Lebens, des unaufhörlich über sich hinaus wollenden Lebens, ist. Nietzsches existentielle Frage ist die Frage

nach der höchstmöglichen Erlebnisintensität, nach den höchsten Steigerungsmöglichkeiten des Daseins, nach der Überwindung des 'Nihilismus' durch kreative Aktionen, nach der Umgestaltung der Welt durch schöpferische Taten. Alle Phänomene werden daran gemessen, ob sie diesen Kriterien entsprechen. Ist dies nicht der Fall, werden sie schonungslos verurteilt. Entsprechen sie aber diesen Postulaten, werden sie emphatisch gepriesen. Da die Kunst dem Nietzscheschen Daseinsgefühl und Weltentwurf in der höchsten Weise entspricht, erhält sie einen unvergleichlichen Rang. Nietzsche verabsolutiert sie allerdings nicht zu einer autonomen Größe, sondern bezieht sie immer wieder zurück auf das Leben. Nur als Ausdruck, als der höchste Ausdruck des Lebens, kann sie für ihn diese exzeptionelle Bedeutung, diese 'metaphysische' Dignität erlangen. Nichts liegt Nietzsche ferner als eine L'art-pour-l'art-Ästhetik, als die reine, zwecklose Kunst, als die Kunst um ihrer selbst willen. In jenem Ästhetizismus, der, verliebt ins Spiel mit den Formen, das reine Artefakt auf den Schild hob, hat er ein Symptom der europäischen *décadence* gesehen. Der Kult des Schönen war seine Sache nicht. Wohl aber das Pathos des Erhabenen. Von frühester Jugend bis zum Ende seiner geistigen Existenz ist Nietzsches Lebensgefühl geprägt von der Hinwendung zum Erhabenen, zum Großen und Unendlichen. In der Jugendzeit kann noch der christliche Gott Inhalt dieses Strebens nach dem Erhabenen sein. Er wird dann bald, zur Zeit der Tragödienschrift, vom heidnischen Dionysos und dann vom schöpferischen 'Leben' und dem 'Übermenschen' abgelöst. Aber immer ist es der Impetus Nietzsches, die endliche Wirklichkeit durch die Partizipation am unendlichen Leben zu überschreiten.

Von entscheidender Bedeutung ist die Stellung der 'Kunst' im Spannungsfeld 'Leben' und 'Nihilismus'. Die 'Kunst' vollbringt die Überwindung des 'Nihilismus', und sie ist Ausdruck des schöpferischen 'Lebens'. Es zeigt sich ein doppelter Ursprung des künstlerischen Schaffens. Die Kunst kann entstehen aus der Nötigung, den allgemeinen Sinnschwund, das Nichts, produktiv zu überwinden. Sie kann aber auch Ausdruck der Überenergie des sich selber wollenden Lebens, der andrängenden kreativen Impulse sein. Dabei können sich beide Aspekte in vielfältiger Weise überschneiden und verbinden.

Der "Nihilismus", "dieser unheimlichste aller Gäste", wird von Nietzsche definiert als die "radikale Ablehnung von Werth, Sinn, Wünschbarkeit" (12, 125). Der "Nihilismus" ist das "durchbohrende Gefühl des 'Nichts'" (13, 89). Er ist nicht nur das Bewußtsein eines alle

Daseinsbereiche ergreifenden "'Umsonst!'" (13, 59), sondern die "Überzeugung einer absoluten Unhaltbarkeit des Daseins, wenn es sich um die höchsten Werthe, die man anerkennt, <handelt>" (12, 571). Nietzsches Nihilismus-Analyse, die Herkunft, Symptomatik und Folgen des "Nihilismus" zu bestimmen versucht, deutet den Nihilismus nicht als in der *conditio humana* angelegtes, existentiell zeitloses Problem, sondern als historisches Phänomen. Der "*vollkommene Nihilism*" ist die "nothwendige Folge der bisherigen Ideale" (12, 476); er ist ein Produkt von Christentum, Metaphysik und Idealismus, die "zu Ende gedachte Logik unserer großen Werthe und Ideale" (13, 190). Indem das moderne Bewußtsein die metaphysischen Werte, die Platonische Idee und den christlichen Gottesbegriff, als bloße Fiktionen durchschaut, kommt es zu einer fundamentalen Krise. Der vom Christentum hochgezüchtete Wille zur Wahrheit wendet sich nun gegen das Christentum selbst, indem nun der Wahrheitstrieb 'Gott' und 'Moral' als Fiktionen enthüllt. Nun sieht sich der Mensch ins Bodenlose gestellt.

In dem Maße, in dem die Welt keinen vorgegebenen Sinn mehr aufweist, ist der Mensch darauf angewiesen, selbst einen Sinn zu setzen. Der Nihilismus wirft für Nietzsche die Frage nach seiner Überwindung auf: "Wir haben, irgendwann, *neue Werthe* nöthig…" (13, 190). Eben dies ist das *punctum saliens*. Da die traditionellen Werte ihre sinnstiftende Kraft eingebüßt und sich als bloße Fiktionen entpuppt haben, muß der Mensch, d.h. der große Mensch, selbst neue Werte schaffen.

Im Kontext dieser Frage gewinnt die Kunst bei Nietzsche ihre exorbitante Bedeutung. Das Verhältnis von Nihilismus und Kunst ist ein Zentralproblem Nietzsches, denn an ihm entscheidet sich, ob der Mensch überhaupt noch eine Zukunft hat. Sofern das Schaffen für Nietzsche der höchste Wert ist, muß er die Frage nach der höchsten Form des Schaffens stellen. Eben dies aber ist die Kunst. Sie ist der Bereich, in dem der Schaffende alle seine Potenzen in Freiheit zu entfalten vermag, die höchste Form der kreativen Emanzipation von der deterministischen Wirklichkeit. Deshalb verkündet Nietzsche die Apotheose der Kunst:

> Die Kunst und nichts als die Kunst! Sie ist die große Ermöglicherin des Lebens, die große Verführerin zum Leben, das große Stimulans des Lebens. (13, 521)

Die Kunst wird vom Leben hervorgebracht, dann hält sie den Menschen im Leben fest, und sie steigert das Leben in seine höchsten Möglichkeiten. In dieser dreifachen Funktion der Kunst ist ihre ausgezeichnete Stellung begründet. Dabei ist es von zentraler Bedeutung, daß Nietzsche nicht mit einem statischen, sondern mit einem dynamischen Kunstbegriff operiert. Seine Vorstellung von 'Kunst' läuft in der Regel weniger auf das fertige Kunstwerk als in sich geschlossenes Gebilde als vielmehr auf das Kunstschaffen, auf den ästhetischen Prozeß, hinaus. Der Philosoph des schöpferischen Lebens gibt dem Schaffensakt den Vorrang vor dem Schaffensprodukt, der *energeia*, der Schaffensenergie, den Vorrang vor dem *ergon*, dem Werk. Er konzentriert sich auf die Dynamik des Schaffensprozesses und zeigt kaum Interesse für die Statik des Schaffensproduktes – es sei denn, das Werk wirkt lebenssteigernd. In der *Morgenröthe* heißt es:

> Und so geht vielleicht das Schönste immer noch im Dunkel vor sich und versinkt, kaum geboren, in ewige Nacht, – nämlich das Schauspiel jener Kraft, welche ein Genie *nicht auf Werke*, sondern *auf sich als Werk*, verwendet, das heisst auf seine eigene Bändigung, auf Reinigung seiner Phantasie, auf Ordnung und Auswahl im Zuströmen von Aufgaben und Einfällen. (3, 319 – M)

Es wird deutlich, daß das Kunstwerk für Nietzsche eigentlich nur interessant ist als Ausdruck des Schaffenden und als Steigerung des Lebens. In seiner 'Ästhetik' tritt der werkästhetische Aspekt zurück zugunsten der produktionsästhetischen und wirkungsästhetischen Aspekte.

Zugleich zeigt sich, daß Nietzsches Kunstbegriff ein höchst extensiver (und expansiver) Kunstbegriff ist. Er kann unter dem Kunstwerk das Kunstwerk im engeren Sinne, d.h. das vom Künstler hervorgebrachte ästhetische Gebilde (Dichtung, Musik, Malerei, Architektur) verstehen. Und er kann unter dem 'Kunstwerk' das Leben selbst, die Welt selbst verstehen. Eine lapidare fragmentarische Sentenz lautet: "Die Welt als ein sich selbst gebärendes Kunstwerk – –" (12, 119). Dies ist Nietzsches weiteste Bestimmung des "Kunstwerks". Hier ist der Kunstbegriff nicht nur mit dem Schöpferischen schlechthin gleichgesetzt, sondern auch ins Universelle ausgeweitet. Die "Welt" selbst ist ein "Kunstwerk", das besagt: 1. Das "Kunstwerk" ist eine kosmische Kategorie. Die "Welt" selbst ist ein universelles "Kunstwerk". 2. Die "Welt" ist in permanenter Bewegung. Sie ist ein Prozeß der ständigen Selbstverwandlung. 3. Die "Welt" ist ein kreativer Prozeß. Ihr Grundimpuls ist die Selbststeigerung durch Kreativität. 4. Die "Welt" lebt aus sich selber. Sie ist nicht das Produkt eines außer ihr existierenden Schopfers, sondern sie lebt aus sich selber, in einem freien, autonomen Spiel. 5. Das Kunstwerk im engeren Sinne ist nur die höchste Form des seine eigene Selbstverklärung anstrebenden Lebens.

Im Lichte dieses universellen Kunstbegriffs, der den menschlichen Künstler auf den kosmischen Künstler, das Leben selbst, zurückbezieht, versteht es sich fast von selbst, daß, vom Menschen aus gesehen, alle schöpferischen Tätigkeiten des Menschen unter den Kunstbegriff resp. den Künstlerbegriff fallen. Auch Philosophie, Psychologie und Kulturkritik sind für Nietzsche letztlich Formen der 'Kunst', d.h. der kreativen Selbstbehauptung und Weltbewältigung des Menschen. Der Kunsttrieb, d.i. der Schaffenstrieb, liegt allen philosophischen, psychologischen und kulturkritischen Impulsen wesensmäßig zugrunde. Im philosophischen Denken will sich der Mensch durch geistige Setzungen der Welt bemächtigen. In der psychologischen Enthüllung will er fiktive Menschenbilder abbauen und sich seiner wahren Antriebe vergewissern. In der kulturkritischen Polemik will er um des Neuentwurfs willen das bestehende Kultursystem auflösen. Philosophie, Psychologie und Kulturkritik sind (offen oder verdeckt) Formen der 'Kunst'. Sie sind kreative Betätigungen, in denen der Wille zur Macht wirksam ist. Die 'Kunst', die 'Kunst' als Organ des 'Lebens', ist das organisierende Prinzip alle produktiven Tätigkeiten. Daher darf man Philosophieren, Psychologisieren und Kunstschaffen nicht als getrennte Aktivitäten auffassen, sondern muß sie als ursprüngliche Einheit verstehen – mit der Einschränkung freilich, daß das Kunstschaffen im engeren Sinne die höchste Form der Kreativität ist. Wesentlich ist, daß Nietzsche den Philosophen und den Künstler nicht mehr als separate Größen auffaßt, sondern in der Verquickung von Denker und Künstler die wahre Entfaltungsmöglichkeit des Schaffenden sieht. In einem Entwurf von 1885/86 notiert er:

> [...] der *Künstler*-Philosoph [...] höherer Begriff der *Kunst*. Ob der Mensch sich so fern stellen kann von den anderen Menschen, um *an ihnen zu gestalten*? (Vorübungen: I) der Sich-selbst-Gestaltende, der Einsiedler 2) der *bisherige* Künstler, als der kleine Vollender, an einem Stoffe – nein! –) (12, 89)

Diese Stelle ist in mehrfacher Hinsicht aufschlußreich. Zunächst kommt im Kompositum "*Künstler*-Philosoph" markant der Gedanke der Symbiose von Denker und Künstler zum Ausdruck. Zugleich wird durch die Akzentuierung des "Künstlers" der Aspekt der schöpferischen Gestaltung hervorgehoben. Der "Philosoph" soll sich nicht auf die Erkenntnis von Wahrheit beschränken, sondern als "Künstler", d.h. als Schaffender, den Menschen und die Welt umgestalten. *Vice versa* soll der "Künstler" nicht mehr nur einen vorgegebenen "Stoff" in eine Form umsetzen, sondern als gestaltender Denker auf die Umformung des Menschen hinarbeiten. Dieses in der Konzeption des *"Künstler-Philosophen"* ausgedrückte Prinzip der Neugestaltung der Welt durch den Schaffenden ist für Nietzsche die eigentliche Bestimmung und höchste Möglichkeit der "Kunst". Die ideale Form des Schaffenden wäre die Vereinigung der verschiedenen kreativen Möglichkeiten in einer Person: "Künstler (Schaffender), Heiliger (Liebender) und Philosoph (Erkennender) in *Einer Person* zu werden: – *mein praktisches Ziel!*" (10, 501). Diese Symbiose ist nur möglich unter der Voraussetzung, daß in den verschiedenartigen Formen des Schaffenden im Prinzip die gleiche Energie wirksam ist. Auch Staatsmänner können 'Künstler' sein – sofern sie weltumwälzende Taten vollbringen. Nicht nur ein Genie wie Beethoven oder ein Denker wie Schopenhauer, sondern auch eine Gestalt wie Napoleon ist ein 'Künstler'. Nietzsche notiert:

> Die *Identität* im Wesen des *Eroberers, Gesetzgebers* und *Künstlers* – das *Sich*-hinein-bilden in den Stoff, höchste Willenskraft, ehemals sich als "Werkzeug Gottes" fühlend, so unwiderstehlich sich selber erscheinend. Höchste Form des Zeugung-Triebes und *zugleich* der mütterlichen Kräfte. **Die Umformung der Welt,** *um es in ihr aushalten zu können* – ist das Treibende: folglich als Voraussetzung ein ungeheures Gefühl des *Widerspruchs.* (11, 32f.)

Demnach ist für Nietzsche jede kreative Existenz ein Künstler, und zwar ein Künstler, dessen entscheidender Antrieb der Wille ist, der Wille zur Selbst-Darstellung und zur Umgestaltung der Welt, und der allein durch das Schaffen, das autonome Schaffen, den Lastcharakter des Daseins und den Ekel am Leben zu überwinden vermag. Der Vergleich des Künstlers mit dem imperatorischen Menschentypus, das gesteigerte Gefühl der eigenen Bedeutung, die biologische Metaphorik bezüglich des Schaffensprozesses, das Schaffen als produktive Opposition und vor allem die Idee der Welt-Verwandlung – dies alles sind Merkmale Nietzscheschen Denkens vor allem in den achtziger Jahren. Der Grundgedanke ist der Gedanke der "Umformung der Welt". Der Gedanke der Welt-Verwandlung beschäftigt Nietzsche viel stärker als der Gedanke einer wie immer gearteten Welt-Erhellung. Voraussetzung der Welt-Verwandlung ist das Sich-Abstoßen von der bestehenden Welt-Auslegung. Bezeichnenderweise vollzieht sich Nietzsches Denkprozeß fast durchgängig als antithetische Bewegung. Destruktion des Alten und Konstruktion des Neuen gehen Hand in Hand. Nietzsches Argumentationsstil lebt geradezu von der Spannung zwischen (provokatorischer) Kritik und (pathetischem) Entwurf, ja, es ist sogar die Frage, ob nicht die Provokation in seinen Texten strukturbildende Funktion hat, ob nicht das Provozieren die Voraussetzung der produktiven Mobilität des Denkens und Formulierens ist. Nietzsches Denken entfaltet sich als Dialektik von Provokation und Entwurf, der "Widerspruch" ist Bedingung der Produktivität. Wesentlich ist dabei die Vorstellung Nietzsches, daß der kreative Akt immer ein Sich-Ausdrücken-Wollen des Schaffenden ist. Es ist der Wille zur Macht, der den Schaffenden antreibt, ein Wille, der einerseits auf die eigene Selbstverklärung hinausläuft und andererseits immer ein Wille zum Überwältigen, zum Umformen der Welt ist. Selbstdarstellung und Weltverwandlung bilden hier einen einheitlichen Impetus. Erst in der Verwandlung der Welt erlangt der Schaffende seine wahre Selbstverwirklichung, gemäß dem Nietzscheschen Grundsatz, daß das Schaffen immer ein Über-sich-hinaus-Schaffen ist. Damit erreicht die neuzeitliche 'Genie'-Ästhetik ihren Gipfel, ja, Nietzsche läßt die 'Genie'-Ästhetik sogar noch hinter sich, sofern es dem Schaffenden nicht nur um die Expression der eigenen Innerlichkeit, sondern darüber hinaus, vor allem im Entwurf des "Übermenschen", um eine neue anthropologische Realität geht. Nietzsches zentrales Anliegen ist das Schaffen eines radikal Neuen, die Hervorbringung neuer Realitäten.

Dabei zeigt sich ein spezifisches Verhältnis von Ziel und Prozeß. Das höchste Ziel ist der "Übermensch". Der aber bleibt eigentümlich inhaltsleer. Nietzsche verzichtet auf seine inhaltliche Bestimmung, wohl deshalb, weil er für ihn in erster Linie eine regulative, das Schaffen aktivierende Idee ist. Die konkrete Bedeutung dieser Utopie bleibt letztlich offen. Möglicherweise ist der Schaffensprozeß, das kreative Entwerfen, wichtiger als das Schaffensprodukt, die verwirklichte Utopie. Zudem würde der verwirklichte "Übermensch" gemäß der Idee des ständigen Über-sich-hinaus-Schaffens die Frage nach einer selbst ihn übersteigenden Daseinsform aufwerfen – ein Gedanke, den Nietzsche allerdings nicht erwägt. Jedenfalls ist er auf die Idee des "Übermenschen" angewiesen, weil er sonst kein Ziel hätte. Das "Ziel" jedoch gehört unablöslich zur Schaffensidee Nietzsches. Für ihn ist freilich das *Entwerfen* von Zielen von fast größerer Bedeutung als das angestrebte Ziel selbst. Nietzsche schreibt: "Das *Ziel*-setzen selber ist eine

Lust" (U II, 231). Da das erreichte Ziel immer einen Ruhezustand impliziert, der Weg hingegegen durch eine prozessuale Unruhe gekennzeichnet ist, muß Nietzsche im Grunde dem Weg den Vorrang geben – unbeschadet, daß er immer wieder von den großen Zielen spricht, die der Schaffende und die Menschheit erreichen müßten. Zarathustra verkündet: "Es ist an der Zeit, dass der Mensch sich sein Ziel stecke. Es ist an der Zeit, dass der Mensch den Keim seiner höchsten Hoffnung pflanze." (4, 19 – Za). Die entscheidende Frage lautet: "Wer schafft *das Ziel*, das über der Menschheit stehen bleibt und auch über dem einzelnen? […] Also eine *versuchende Moral*: sich ein Ziel *geben*." (WzM, Nr.260). Nur durch das gesetzte Ziel ist das Schaffen überhaupt sinnvoll. Daher beklagt Zarathustra denn auch, im Kapitel *Von tausend und Einem Ziele*, das Fehlen eines Ziels: "Noch hat die Menschheit kein Ziel." (4, 76 – Za). Angesichts des Verlustes aller bisherigen religiösen, moralischen und kulturellen Inhalte, d.h. angesichts des Nihilismus, ist das Entwerfen neuer Ziele eine unabdingbare Notwendigkeit. Nietzsche versteht sein Schaffen nicht als ziellose Lebensdynamik, nicht als Prozeß um des Prozesses willen. Dennoch ist ihm letztlich der Schaffensvorgang wichtiger als das Schaffensergebnis. Letztlich ist das schaffende Leben für Nietzsche der höchste Wert: "Auf *die ewige Lebendigkeit* aber kommt es an: was ist am 'ewigen Leben' und überhaupt am Leben gelegen!" (2, 534 – VM).

Die Frage nach Wesen und Funktion der Kunst im Denken Nietzsches hat die Nietzsche-Deutung beschäftigt. Die diesbezüglich maßgebliche Interpretation hat Martin Heidegger in seinem aus Arbeiten der Zeit von 1936 bis 1946 bestehenden Fundamentalwerk *Nietzsche* (1961) vorgelegt, einer grundlegenden Interpretation, die die Nietzsche-Forschung in den Grundtendenzen bis in die Gegenwart geprägt hat, zumeist in affirmativer Weiterführung der Heideggerschen Problemstellungen, freilich auch in partiellen Abweichungen oder kritischen Neuansätzen. Heideggers ontologische Interpretation, die die Frage nach dem Sein des Seienden stellt, sieht in der (komplementären) Trias von Willen zur Macht, ewiger Wiederkehr und Übermensch die neue Wesensbestimmung des Seienden durch Nietzsche. In "fünf Sätzen über die Kunst" (82) expliziert Heidegger Nietzsches Kunstauffassung:

1. Die Kunst ist die durchsichtigste und bekannteste Gestalt des Willens zur Macht.
2. Die Kunst muß vom Künstler her begriffen worden.

3. Die Kunst ist nach dem erweiterten Begriff des Künstlers das Grundge-
   schehen alles Seienden; das Seiende ist, sofern es ist, ein Sichschaffen-
   des, Geschaffenes.

4. Die Kunst ist die ausgezeichnete Gegenbewegung gegen den Nihilismus.

5. Die Kunst ist mehr wert als "die Wahrheit". (ebd., 90)

Der zweite große Nietzsche-Interpret, Karl Jaspers, rückt die Einheit
von Werk und Existenz in den Mittelpunkt seiner Deutung. In seinem
bedeutenden, von existenzphilosophischen Prämissen ausgehenden
Werk *Nietzsche. Einführung in das Verständnis seines Philosophierens*
(1936) werden die philosophischen Grundideen Nietzsches aus seiner
konkreten Existenz erklärt, in dem Sinne freilich, daß Nietzsches
Grenzsituationen nicht nur seine empirische Person, sondern die
Grundsituation des Menschen überhaupt betreffen. Jaspers will den
"philosophischen Gehalt" erschließen, "der untrennbar Nietzsches Leben und Denken zugleich ist" (20). Nicht das philosophische System,
sondern das existentielle Philosophieren ist für Nietzsche charakteristisch. Von zentraler Bedeutung ist das Schaffen: "Schaffen ist die
höchste Forderung, das eigentliche Sein, der Grund alles wesentlichen
Tuns" (150).

Die Interpretationen von Heidegger und Jaspers sind immer noch die
Grundpfeiler der Nietzsche-Interpretation. Daneben gibt es eine Vielzahl gewichtiger Nietzsche-Deutungen, die, unter jeweils spezifischen
Voraussetzungen, das Phänomen Nietzsche bzw. die Ideen Nietzsches
beschreiben und analysieren. Großen Einfluß ausgeübt hat Ernst Bertrams Buch *Nietzsche. Versuch einer Mythologie* (1918), das, unter
Verzicht auf historisch-analytische Betrachtung, den Mythos Nietzsche
vergegenwärtigen möchte. Bertram versteht seine Darstellung als
"Seelenwissenschaft und Seelenkündung", die unter "Entwirklichung
dieser ehemaligen Wirklichkeit" "eine Wertsetzung, nicht eine Wirk-
lichkeitsherstellung" anstrebt. Die *Legende* Nietzsche ist das Thema
(9). Die "Persönlichkeit" überlebt nur als "Mythos" (10). Im Unterschied zu Bertrams mythisierender Glorifikation präsentiert Ludwig
Klages in seinem Buch *Die psychologischen Errungenschaften
Nietzsches* (1926) Nietzsche als "Seelenforscher" (9ff.), als "ersten
Psychologen" (65). Das 'Dionysische' reduziert er auf das 'Orgiasti-
sche'. Nietzsche habe nur "eine *Philosophie des Orgiasmus*" zu bieten
(168). Daß in dieser psychologisch-biologistischen Verflachung Nietzsches die Kunst entfällt, ist nicht verwunderlich. Fatal ist die politische

Nietzsche-Deutung Alfred Baeumlers in seinem Buch *Nietzsche. Der Philosoph und Politiker* (1931). Baeumler, dem es "hier nicht um den Dichter und Schriftsteller, sondern um den Philosophen und den Politiker Nietzsche" geht (5), verquickt den philosophischen Willen zur Macht mit dem politischen Willen zur Macht. Nietzsche vertrete einen "*heroischen Realismus*" (15), der durch "germanisches Freiheitsbedürfnis, germanischen Kriegerstolz und Kriegertrotz" (90), durch einen kämpferischen "Germanismus" (17 u. 98) gekennzeichnet sei. In dieser national-ideologischen Deutung wird Nietzsche zum germanischen *homo politicus*, zum germanischen Heros verfälscht. Der Künstler Nietzsche bleibt auf der Strecke. Eine Chance hat die Kunst allerdings auch bei Georg Lukács nicht, der in der ideologiekritischen Abhandlung *Nietzsche als Vorläufer der faschistischen Ästhetik* (1934) der rechtsideologischen Glorifizierung Nietzsches zum Philosophen der politischen Macht die linksideologische Kritik Nietzsches als eines geistigen Wegbereiters des Faschismus entgegensetzt. Diese Deutung hat die marxistische Nietzsche-Kritik bis in die Gegenwart beherrscht. In neuerer Zeit entdeckt man auch den aufklärerischen Nietzsche. So hat man auf Beziehungen zwischen der "kritischen Theorie Nietzsches" und der "kritischen Theorie der Frankfurter Schule" hingewiesen (vgl. *Maurer*, Kritische Theorie, 46ff.). In seiner Vorlesung *Eintritt in die Postmoderne: Nietzsche als Drehscheibe* (1983) hebt Jürgen Habermas die Verbindung von Mythos und Modernität als ein Spezifikum Nietzsches hervor. Die durch Vernunft, Aufklärung und Fortschrittsdenken geprägte "Moderne" und die durch Irrationalismus, Mythos und das Archaische gekennzeichnete "Postmoderne" bilden bei Nietzsche eine dialektische Einheit. Nietzsches mythische Utopie sei keine reaktionäre, sondern eine progressive Utopie (vgl. 108).

Die philosophische Nietzsche-Interpretation hat, vornehmlich in der Nachfolge Heideggers, wichtige Gesichtspunkte des Nietzscheschen Denkens beleuchtet, zum Teil unter Berücksichtigung der Kunstproblematik. Von Bedeutung ist Karl Löwiths eindringliche Nietzsche-Interpretation *Nietzsches Philosophie der ewigen Wiederkehr des Gleichen* (1935). Löwith hebt den Gedanken der ewigen Wiederkunft als substantiellen Kern der Philosophie Nietzsches hervor. Er vollzieht die "Auslegung von Nietzsches ganzer Philosophie als einer Lehre von der ewigen Wiederkehr des Gleichen" (13 [Vorwort von 1955]). Eugen Fink hat in seinem exzellenten Buch *Nietzsches Philosophie* (1960), den hohen Stellenwert der Kunst im Denken Nietzsches hervorgehoben. Gemäß seiner ontologischen Fragestellung löst er aber die Kunst nicht aus dem Funktionszusammenhang der Philosophie, sondern deutet sie als Vehikel der Philosophie Nietzsches: "Die Kunst erscheint ihm als das wahre Organon der Philosophie [...]" (34). Karl Ulmer vertritt in seinem Buch *Nietzsche. Einheit und Sinn seines Werkes* (1962) die Auffassung, man dürfe sich bei der Nietzsche-Interpretation nicht mit Jaspers auf die "existentielle Bewegung des Denkens bei Nietzsche" beschränken, sondern müsse sich auf die Einheit der "Grundgedanken" und ihr "inneres Zusammenwachsen" konzentrieren (10). Georg Picht sieht in seiner 1988 postum unter dem Titel *Nietzsche* veröffentlichten Vorlesung von 1967 in Nietzsche nicht mehr den letzten Metaphysiker, sondern den experimentierenden Transzendentalphilosophen. Nach Picht ist die Geschichte das Element Nietzsches. Nietzsches Denken ist transzendentaler Subjektivismus, der in der Geschichte eine revolutionäre Umwälzung vollzieht und neue Zukunftsperspektiven eröffnet. Immer wieder ist die Nietzsche-Interpretation der Frage nach dem Verhältnis von Philosophie und Kunst bei Nietzsche konfrontiert. Eine ambivalente Haltung scheint in dieser Frage Mihailo Djurić in seinem Buch *Nietzsche und die Metaphysik* (1985) einzunehmen, wenn er einerseits feststellt, daß Nietzsche "die Kunst hoch über die Philosophie erhob, daß er einen Zugang zur Philosophie aus der Perspektive der Kunst gesucht hat, daß er das Schicksal der Philosophie selbst an die Kunst band!" (207), und andererseits doch weiterhin die Kunst als "Organon der Philosophie" deutet (188-301). In seinem fundamentalen Werk *Metaphysik des Schwebens. Untersuchungen zur Geschichte der Ästhetik* (1985) betont Walter Schulz, daß Nietzsche die Kunst als ästhetischen Gegenentwurf zur empirischen Welt verstehe. Die Nietzsche-Deutung hat Nietzsche nicht nur aus dem Horizont der Metaphysik, sondern auch aus dem Kontext der Aufklärung erklärt. Hier ist insbesondere auf Walter Kaufmanns Studie *Nietzsche. Philosoph – Psychologe – Antichrist* (1950) zu verweisen. Kaufmann setzt sich eine Revision des etablierten Nietzsche-Bildes zum Ziel, indem er Nietzsche nicht mehr in der Nachfolge Schopenhauers, der Vorsokratiker und der Romantik, sondern als Denker in der Tradition von Sokrates, Platon, Luther, Rousseau, Kant und Hegel sieht sowie "seine Verpflichtung gegenüber Goethe und Heine" betont (XIII). Er ersetzt gewissermaßen den dionysischen Romantiker durch den produktiven Aufklärer.

Die Nietzsche-Forschung hat sich eingehend mit den philosophischen und ästhetischen Problemen beschäftigt. Es seien einige weitere wichtige Arbeiten angeführt. Maria Bindschedler untersucht in ihrer Studie *Nietzsche und die poetische Lüge* (1954) die Problematik von Künstlertum und Lüge und gelangt zu der Konsequenz, daß Nietzsche zuletzt um die 'Wahrheit' gerungen habe. Auch Helge Hultberg analysiert in seinem Buch *Die Kunstauffassung Nietzsches* (1964) das Problem von Wahrheit und Schein, unter Berücksichtigung der einzelnen Schaffensperioden Nietzsches, mit dem Ergebnis, daß Nietzsche sich immer am Maßstab der Wahrheit orientiert habe. Eckhard Heftrichs hermeneutische Interpretation *Nietzsches Philosophie. Identität von Welt und Nichts* (1962) expliziert den schwierigen Zusammenhang von Labyrinth, Schein, Spiel, Experiment, Nihilismus und Werden im Denken Nietzsches. Martin Vogel hebt in seiner Studie *Apollinisch und Dionysisch. Geschichte eines genialen Irrtums* (1966) die Diskrepanz zwischen den antiken Gottheiten Apollon und Dionysos und dem Nietzscheschen Begriffspaar 'apollinisch' – 'dionysisch' heraus. Karl-Heinz Volkmann-Schluck stellt seine 'Interpretationen zur Philosophie Nietzsches' unter das Vorzeichen von *Leben und Denken* (1968) und analysiert das Verhältnis von Leben und Bewußtsein bei Nietzsche sowie Nietzsches Auseinandersetzung mit dem Gottesproblem, mit dem Christentum und mit der Metaphysik. Wolfgang Müller-Lauter zeigt in seinem Buch *Nietzsche. Seine Philosophie der Gegensätze und die Gegensätze seiner Philosophie* (1971) an Hand der zentralen Denkmotive Nietzsches, daß Gegensätzlichkeit und Selbstwiderspruch konstitutive Elemente von Nietzsches agonalem Denken sind.

Ein freies, offenes Interpretieren fordern die französischen Nietzsche-Avantgardisten. Sie sagen der Hermeneutik, der Auslegung eines festen Textcorpus mit konstanten Motivkomplexen, den Kampf an und wollen durch 'Dekonstruktion' die thematischen Fixationen der Texte abbauen, um die den Texten immanente geistige Intensität zu erfassen und sie als Anstöße der eigenen produktiven Mobilität zu aktivieren. Es ist der furiose Versuch, Nietzsches Denken aus den inhaltlichen Theoremen herauszulösen und es als offenes, nomadisches Denken zu exponieren, als ein Denken, dem es gar nicht mehr um inhaltliche Aussagen, sondern um die Mobilität des Denkens selbst geht. Die Intention des dergestalt kreativen Lesers ist nicht mehr die hermeneutische Rekonstruktion der Textinhalte, sondern das experimentierende Weiterdenken der Texte. Es ist allerdings die Frage, ob nicht in der 'kreativen' Auseinandersetzung mit den Texten dieser anti-hermeneutische Impetus unversehens wieder zur hermeneutischen Textanalyse wird, wenn die großen Themen der Nietzsche-Hermeneutik (Wille zur Macht, Übermensch, Wiederkunft) doch wiederum zum Interpretationssujet werden. Freilich, dieses 'offene' Interpretieren löst sich zugleich von der Hermeneutik, und zwar in doppelter Hinsicht, nämlich erstens durch die Ideologiekritik und zweitens durch die Zeichentheorie. Ein Topos der französischen Nietzsche-Deutung ist die Trias Nietzsche-Freud-Marx. Alle drei Denker betreiben den subversiven Abbau fiktionaler Systeme. Sie demaskieren die Metaphysik (Nietzsche), das Bewußtsein (Freud), die Gesellschaft (Marx) und fördern als die wahren Antriebe des Geschehens das Leben, das Unbewußte, den Klassenkampf zutage. Sie sind die großen Diagnostiker der Entfremdung (vgl. z.B. Michel Foucault, Paul Ricœur, Gilles Deleuze). Ihre Systeme sind nichts als Interpretationssysteme. Es sind Zeichensysteme, Systeme wechselseitig aufeinander verweisender Zeichen. Diese Konzeption führt konsequent zu einer sprachimmanenten Ästhetik, zu einer Theorie der sich verselbständigenden Zeichen. Man will Freiheit schaffen für den Text, für den Text in seiner sprachlichen Eigendynamik, für die von den Dingen und Ideen gelöste Sprache. Zum eigentlichen Thema werden die gegenüber dem Bezeichneten, den *signifiés*, in Freiheit gesetzten Zeichen, die *signifiants*. Diese Tendenz zur totalen Metaphorisierung der Texte findet ihren exemplarischen Niederschlag in den Nietzsche-Büchern *Versions du soleil. Figures et système de Nietzsche* (1971) von Bernard Pautrat, *L'enjeu des signes. Lecture de Nietzsche* (1971) von Jean-Michel Rey und *Nietzsche et la métaphore* (1972) von Sarah Kofman. Die französische Nietzsche-Deutung löst sich allerdings auch immer wieder von der reinen Sprachproblematik. Ein exzessiv 'aktives' Interpretieren praktiziert Pierre Klossowski in seinem luziden, aber auch spekulativen Buch *Nietzsche und der Circulus vitiosus deus* (1986; frz. Orig.ausg. 1969), in dem ein aus dem "Delirium" schaffender und ein "Komplott" schmiedender Nietzsche präsentiert wird. Nietzsche rebelliert gegen die ganze Menschheit. Die französische Nietzsche-Interpretation ist gekennzeichnet durch ein Höchstmaß an 'freier' Deutung und 'existentiellem' Engagement. (Zur frz. N.-Rezeption vgl. detaillierter *Th. Meyer*, Nietzsche, 31-39).

Nun ist in der Tat ein echtes Nietzsche-Studium ohne inneres Engagement des Lesers und Interpreten kaum möglich. Aber sofern es um das Verständnis *Nietzsches* geht, muß dieses Engagement sich an dessen Texten orientieren, in strenger, disziplinierter Analytik und Interpretation. Daher ist die vorliegende Untersuchung der hermeneutischen

Problemstellung und Methode verpflichtet, d.h. jener Methode, die sich um das Aufschließen und Verstehen der Texte, um ihre Sinnstrukturen und Bedeutungszusammenhänge bemüht. Dies schließt nicht aus, daß auch die 'sachliche' Interpretation Nietzsche in existentieller Betroffenheit rezipiert, im Zeichen des *tua res agitur*. Die echte Auseinandersetzung mit Nietzsche kann sich weder im Überschwang der Gefühle, in denen Nietzsche zur Kultfigur stilisiert wird, noch in abgebrühtem Objektivismus, der Nietzsche zu einem bloßen Untersuchungsobjekt vergegenständlicht, sondern allein in der Symbiose von existentiellem Engagement und textanalytischer Interpretation vollziehen. Nietzsche-Rausch, Nietzsche-Feindschaft und Nietzsche-Nüchternheit sind symptomatische Irrwege der Nietzsche-Rezeption. Es kommt vielmehr darauf an, in hermeneutischer Interpretation die Zentralmotive von Nietzsches Denken und Schaffen präzise zu bestimmen. Dabei soll die (im Mittelpunkt stehende) Analyse der 'theoretischen' (vielfach programmatischen) Äußerungen Nietzsches mit exemplarischen Interpretationen der dichterischen Texte, insbesondere der Lyrik, verbunden werden. Zugleich wird das textanalytische, hermeneutische Verfahren mit der historisch-komparatistischen Methode verknüpft, das heißt, Nietzsches Denkmotive werden in ihrem geschichtlichen Zusammenhang, in ihren geistesgeschichtlichen Voraussetzungen sowie in ihrer historischen Wirkung, erörtert. Nietzsche erscheint in einem von der Antike über das 17., 18. und 19. Jahrhundert bis in die Moderne reichenden Koordinatensystem. Es ist eine Linie, die sich von den Vorsokratikern, Platon und der Stoa über die französischen Moralisten sowie Kant, Schopenhauer und Wagner bis zu Benn, George, Rilke und Thomas Mann spannt.

Im ersten Teil wird das *Werk*, im zweiten Teil die *Wirkung* Nietzsches untersucht. Im Werk-Teil wird zuerst der Lebensbegriff einer stringenten Analyse unterzogen. Zunächst werden die von Schopenhauer, Wagner und Griechentum ausgehenden Impulse gekennzeichnet. Dann wird die Entwicklung des Lebensbegriffs von der Idee des dionysischen Lebens über die Konzeption des großen Individuums bis zu den großen Ideen des Schaffens, des Übermenschen und der Wiederkunft und dem damit verbundenen Postulat der Experimentalexistenz verfolgt. Es folgt die Deutung der Kunstauffassung. Es werden das generelle Funktionsverhältnis von Kunst und Leben, die Klassifikationen der Kunst und dann die einzelnen Kunstformen untersucht. Es schließt sich die Analyse der einzelnen Dichtungsgattungen an. Daraus ergeben sich spezifische Konsequenzen im Hinblick auf das Problem der Sprache, den ästhetischen Schein und die Dichterexistenz. Dies alles führt zu der für Nietzsche charakteristischen Fundamentalspannung von Monolog und Verkündigung. Im Wirkungs-Teil geht es um die literarische Wirkung Nietzsches vom Naturalismus und von der Literatur der Jahrhundertwende über den Expressionismus bis zu bedeutenden Autoren der neueren Nietzsche-Rezeption. Dabei wird die systematische Analyse mit der historischen Deskription verknüpft. Zunächst wird die Problematik von Leben, Schaffen und Kunst in den Grundzügen erörtert. Sodann werden die einzelnen Rezeptionsphasen in historischer Abfolge dargestellt. Es wird Bezug genommen auf eine Vielzahl von Autoren. Dabei werden nicht nur bedeutende Schriftsteller, sondern auch viele *poetae minores* berücksichtigt, um ein Gesamtbild zu erstellen. Auch geht es nicht nur um die 'Rezeption', d.h. um die essayistische Würdigung und Kritik Nietzsches, sondern auch um die 'Wirkung', d.h. um den produktiven Einfluß Nietzsches in den Werken einzelner Autoren. Gezeichnet werden soll ein weitgespanntes Bild Nietzsches, des "größten Ausstrahlungsphänomens der Geistesgeschichte" (Benn).

ERSTER TEIL

Werk

A. Lebensbegriff

Nietzsche ist der große Philosoph des "Lebens". Sein ganzes Denken und Schaffen ist in der Wurzel geprägt vom Phänomen und Begriff des "Lebens". Es ist das "Leben", das schöpferische "Leben", das für seine Existenz und sein Werk konstitutiv ist. Seine Stoßkraft gewinnt das "Leben" bei Nietzsche in doppelter Hinsicht: Es löst die traditionellen Wertsysteme auf, und es bietet die Möglichkeit einer neuen Freiheit. Die Destruktion des Alten und der Entwurf des Neuen – sie finden ihre Konkretion im Phänomen des "Lebens". In der Berufung auf das "Leben", das sich selber wollende und über sich hinaus schaffende "Leben", kann Nietzsche sowohl die Zweiweltentheorie, die Trennung der Welt in übersinnliche Idee und sinnliche Wirklichkeit, kritisch in Frage stellen als auch in dem dadurch gewonnenen lebensimmanenten Daseinsverständnis aus dem "Leben" selbst neue Werte entwickeln. So steckt in Nietzsches Lebensbegriff sowohl ein destruktives als auch ein konstruktives Moment. Mit der Hinwendung zum "Leben" stößt Nietzsche sich von den tradierten religiösen, philosophischen und moralischen Werten ab und setzt neue Werte, die ihre Zuspitzung im Entwurf des "Übermenschen" finden. Bezeichnenderweise ist das "Leben" der einzige wahre Gesprächspartner Zarathustras. In existentiellem Pathos spricht er das "Leben" an:

> In dein Auge schaute ich jüngst, oh Leben! Und in's Unergründliche schien ich mir da zu sinken. [...] Von Grund aus liebe ich nur das Leben – und, wahrlich, am meisten dann, wenn ich es hasse! [...] Ach, und nun machtest du wieder dein Auge auf, oh geliebtes Leben! Und in's Unergründliche schien ich mir wieder zu sinken. (4, 140f. – Za [Das Tanzlied])

Hier umgibt Nietzsche das "Leben" mit einer Aura des Erhabenen, Numinosen und Rätselhaften. In diesem von tiefster Ergriffenheit zeugenden dithyrambischen Pathos erscheint das "Leben" nicht mehr als rational definierbare Größe, sondern als ein irrationales Phänomen, als ein Bereich des Geheimnisvoll-Feierlichen und Unauslotbaren. Das "Leben" ist der einzige, letzte Ansprechpartner, an den Zarathustra, der absolut Einsame, sich wenden kann. Aber im Grunde handelt es sich um ein Selbstgespräch Zarathustras. Das "Leben" ist nicht eine überindividuelle Instanz, sondern konzentriert im schaffenden, monologischen

Subjekt selbst. Freilich, diese Symbiose von Einsamkeit und "Leben" zeichnet sich mit dieser Entschiedenheit erst seit dem *Zarathustra* ab. In der *Geburt der Tragödie* hatte Nietzsche das Leben noch als kosmischen Urwillen aufgefaßt. Und noch in einem Brief vom 15.7.1878 versteht er seine damalige "Einsamkeit" als (langfristige) Vorbereitung auf einen neuen Kontakt zum "Leben": "ich lebe in Einsamkeit auf Jahre hinaus, bis ich wieder, als Philosoph des *Lebens*, ausgereift und fertig verkehren *darf* (und dann wahrscheinlich *muß*)" (B 5, 338). Dies ist auch noch der Impetus Zarathustras. Aber Zarathustra findet keinen Bezug mehr zu den Menschen. Er hat das "Leben" nur noch in sich selber. So ist dem Nietzscheschen Lebensbegriff eine gewisse Multivalenz eigentümlich. Das zeigt sich nicht nur in der Doppelmöglichkeit des "Lebens" als Universalwille und Individualwille, sondern auch im Doppelaspekt des "Lebens" als eines 'metaphysischen' Substrats und als einer bloß biologistischen Kategorie. Es ist die Frage, ob Nietzsche unter dem "Leben" den reinen Bios, das Lebendige, oder eine die pure Lebendigkeit überschreitende, die empirische Wirklichkeit ständig transzendierende, 'metaphysische' Kraft versteht (zu Problemstellung und Forschungslage vgl. *Th. Meyer*, Nietzsche, 597f. [Exkurs 1]). Ist vor allem das 'Dionysische' eine bloß vitalistische Energie oder impliziert es auch 'geistige' Kreativität? Diese Frage ist nicht leicht zu beantworten, da Nietzsche seinen Lebensbegriff nie exakt definiert hat. Er beläßt ihn durchaus in einer schillernden Unbestimmtheit. Es ist zu beachten, daß er den Begriff "Leben" im Sinne einer gewissen Doppelstrategie einsetzt. Wenn es um den Abbau des den 'Geist' verabsolutierenden Idealismus geht, um die von Platon bis Hegel herrschende Philosophie des Geistes, benutzt Nietzsche den Begriff "Leben" gerne provokativ als biologistischen Begriff. Er will dann unter Berufung auf die sinnliche Lebendigkeit den idealistischen Begriff des Geistes zersetzen, ja auflösen. Geht es hingegen um das "Leben" als schöpferischen Entwurf, als neuen Daseins- und Weltentwurf, erscheint das "Leben" als realitätstranszendierende Energiequelle. Zarathustra, der "Fürsprecher des Lebens" (4, 175 u. 271 – Za), ist ja kein Biologist, sondern postuliert die Setzung des "Übermenschen" kraft eines potenziert geistigen Aktes. Nietzsche zielt darauf ab, das "Leben" als das ständig über sich hinaus wollende herauszustellen. Um mit aller Entschiedenheit zu verdeutlichen, daß im "Leben" ein permanent kreativer Impetus wirksam ist, setzt er in wachsendem Maße den Begriff des "Willens zur Macht" ein. "Leben" ist essentiell "Wille zur Macht".

"Leben selbst ist Wille zur Macht" (5, 27 – JGB). Allein durch den "Willen zur Macht" erlangt das "Leben" überhaupt Wert: "Es gibt nichts am Leben, was Wert hat, außer dem Grade der Macht – gesetzt eben, daß Leben selbst der Wille zur Macht ist." (III, 854). Im Zeichen der unbedingten Kreativität räumt Nietzsche sogar dem "Willen zur Macht" den Vorrang vor dem "Leben" ein: "Nur, wo Leben ist, da ist auch Wille: aber nicht Wille zum Leben, sondern [...] Wille zur Macht!" (4, 149 – Za). Nicht der "'Wille *zum Leben*'", sondern der "Wille zur Macht" ist das Entscheidende, "denn das Leben ist bloß ein *Einzelfall* des Willens zur Macht" (III, 750f.). Warum hebt Nietzsche mit dieser Entschiedenheit die Präponderanz des "Willens zur Macht" gegenüber dem "Leben" hervor? Er will verdeutlichen, daß es letztlich nicht um das bloße "Leben", den rein phylogenetischen Prozeß, sondern um das Schaffen, die dem Leben inhärenten schöpferischen Impulse geht. Das "Leben" hat für Nietzsche nur Sinn als kreatives Leben. Mit dem Begriff "Wille zur Macht" kann die dem Leben innewohnende schöpferische Potenz besser benannt werden als mit dem Begriff "Leben". Da aber das Leben, das Leben als Wille zur Macht, nur an der eigenen Selbsterhaltung und Selbststeigerung interessiert ist, ist es immer auch Ausdruck einer bestimmten Perspektive, eines Perspektivismus, der sich nicht auf objektive Sachverhalte, auf die 'Wahrheit', richtet, sondern unablässig den Schein produziert, den das Leben erhaltenden und steigernden Schein. Nietzsche konstatiert: "es bestünde gar kein Leben, wenn nicht auf dem Grunde perspektivischer Schätzungen und Scheinbarkeiten" (5, 53 – JGB). Dies ist ein Axiom der Philosophie Nietzsches. Das Leben ist durchherrscht von Perspektive und Schein. Nietzsche betont den "perspektivischen Charakter des Daseins", "da alles Dasein essentiell ein *auslegendes* Dasein ist" (3, 626 – FW). Es gibt für Nietzsche keine objektive Welterfassung. Die Welt ist immer schon Interpretation. Sie ist immer schon ein Entwurf des Menschen. Es gibt keine Welt *an sich*, sondern immer nur eine Welt *für mich*. Die Welt ist immer schon eine ausgelegte Welt. Und damit entspricht sie nicht einer objektiven Wahrheit, sondern ist perspektivischer Schein. Die Unterscheidung von Wahrheit und Schein wird hinfällig, da es nur Projektionen des Willens zur Macht gibt. Nietzsche betreibt die Destruktion des ontologischen Wahrheitsbegriffs zugunsten des perspektivischen Scheins. Dabei ist im Blickfeld zu halten, daß Nietzsches Lebensbegriff ein extrem dynamischer Lebensbegriff ist, der keine Verfestigung in einem 'Sein' zuläßt, sondern das Leben als unaufhörliches 'Werden' auffaßt. Immer wieder hat Nietzsche die Bedeutung des 'Werdens' als Wesenszug des Lebens überhaupt betont, im Problemhorizont der fundamentalen Antithese von Sein und Werden, mit der Konsequenz, daß das 'Sein', das Statische, Feststehende, Zeitlose, nur eine Fiktion sei und daß allein dem 'Werden', dem Prozeßhaften, dem Dynamischen, dem Wandel, Realität zukomme. Die "Realität des Werdens" ist die "*einzige* Realität" (III, 678). Zugleich betont Nietzsche den Spielcharakter des Lebens. Das Leben, die "*Unschuld* des Werdens" (11, 553), ist ein zweckfreies, schöpferisches Spiel. Das Leben kennt keine heterogenen Zwecke, sondern hat nur sich selber im Sinn. Der Mensch ist nur ein Mitspieler im "Welt-Spiel" (3, 639 – FWP), im universellen Spiel des Lebens mit sich selber. Es zeigt sich, daß dem Nietzscheschen Lebensbegriff eine Reihe grundlegender Bestimmungen inhärent sind. Es sind dies vor allem: das Dionysische (das sich als Weltwille oder als Individualwille manifestieren kann), der Wille zur Macht (der das eigentliche Agens des Lebens ist), der Perspektivismus (demzufolge es nur perspektivische Schätzungen gibt), der Schein (der die Wahrheit ablöst), das Werden (das das Sein dementiert) und das Spiel (das das Wesen des Lebens selbst ist).[1]

---

1 Nietzsches philosophische Anschauungen sind von zeitgenössischen Philosophen mitgeprägt worden. Vor allem zu erwähnen ist Friedrich Albert Langes *Geschichte des Materialismus und Kritik seiner Bedeutung in der Gegenwart* (1866), ein Werk, das vor allem den jungen Nietzsche stark beeindruckt hat, das aber auch für den späteren Nietzsche eine Art Orientierungshilfe in philosophen Fragen bleibt (dazu generell *Salaquarda*, Nietzsche und Lange). Es ist der Kritizismus dieses "höchst aufgeklärten Kantianers und Naturforschers", seine Deutung der "Erscheinungswelt" als "Produkt" des Subjekts, was auf Nietzsche wirkt (B 2, 159f. – August 1866). Nietzsche hält Langes Werk für das "bedeutendste philosophische Werk" der "letzten Jahrzehnte": "Kant, Schopenhauer und dies Buch von Lange – mehr brauche ich nicht." (B 2, 184 – November 1866; vgl. auch B 2, 257f.). Aber auch von den Philosophen Teichmüller, Spir und Mainländer hat Nietzsche Impulse erhalten. Gustavs Teichmüllers *Die wirkliche und die scheinbare Welt* (1882), African Spirs *Denken und Wirklichkeit* (1873) und Philipp Mainländers *Die Philosophie der Erlösung* (1876) – auf diese Autoren und Werke beruft sich Nietzsche wiederholt, setzt sich mit ihnen auseinander und zitiert sie. Vor allem Teichmüller ist einer seiner philosophischen Gewährsmänner. Bei ihm konnte er lesen, daß die "Welt" "immer und überall perspectivisch geordnet" sei, daß die Anschauungsformen Formen des "perspectivischen Scheins" seien und daß die "Wirklichkeit" "nur durch das Denken festgestellt" werde (*Teichmüller*, 183). Dem Theorem des perspectivischen Scheins konnte Nietzsche zustimmen, nicht aber der Trennung von Schein und Wirklichkeit, denn: "*Schein* wie ich es verstehe, ist die wirkliche und einzige Realität der Dinge" (14, 388). Auch der erkenntnistheoretische Kritizismus Spirs, demzufolge nur die Empfindungen das Unmittelbare sind, findet bei Nietzsche Resonanz (zu Spir und zur Auseinandersetzung mit ihm vgl. *Böning*, Nietzsche, 33f. u. 363f.). Überdies stieß

I. Schopenhauer. Wagner. Griechentum

Nietzsche ist ein originärer Denker. Aber auch er hat bestimmte geistige Impulse empfangen, die seine Anschauungen wesentlich mitgeprägt haben. Bestimmte Bildungserlebnisse haben dem jungen Nietzsche entscheidende Anregungen gegeben – Bildungserlebnisse freilich nicht im Sinne eines bloß 'bürgerlichen' Kulturkonsums, sondern in Form eines unbedingten persönlichen Engagements und in eigenständiger Weiterentwicklung der rezipierten Ideen. Die Hauptprobleme und Grundmotive von Nietzsches Leben, Denken und Schaffen sind im Kern bereits beim jungen Nietzsche ausgeprägt. Seine geistige Disposition ist von vornherein bestimmt durch Wahrhaftigkeit, einen tiefen Ernst, eine Unbedingtheit, die sich auf wesentliche Fragen konzentriert, sowie durch ein glühendes Verlangen nach Größe, nach Erhabenheit, nach Unendlichkeit. Sowohl die für den jungen Nietzsche so charakteristische Verbindung von Kunst, Philosophie und Wissenschaft als auch das für ihn typische Verehrungsbedürfnis, wie es sich vor allem in der Begeisterung für Wagner, in der Hochschätzung Schopenhauers

---

Nietzsche bei Spir auf die These von der "Selbstzerstörung der Metaphysik in den neueren Systemen" (*Spir*, 461-469 [IV, 7]). In den "Lehren von *Schelling, Hegel* und *Schopenhauer*" zeige sich die "Ohnmacht der Metaphysik" als "Selbstaufhebung" (461). Mit Mainländer konnte Nietzsche in der Auffassung übereinstimmen, daß der Gegenstand der "Aesthetik" ein "*besonderer Zustand* des menschlichen Willens" sei (*Mainländer*, 115), aber er konnte nicht übereinstimmen mit dessen Auffassung, daß der ästhetische Zustand ein 'interesseloser' Zustand sei (126). Wichtige Impulse hat Nietzsche (dem von ihm befehdeten) Eugen Dühring zu verdanken, und zwar im Hinblick auf Perspektivismus, Wertsetzung und Lebensbegriff. In Dührings Schrift *Der Werth des Lebens* (1865) sind diese Probleme vorweggenommen – wenn auch nicht in den von Nietzsche gezogenen Konsequenzen, so doch im Prinzip. Dühring betont die Abhängigkeit des "Urtheils" von den "Empfindungen", den "praktischen Empfindungs- und Gefühlsbestandtheil alles werthschätzenden Urtheils" (VII). Nietzsches Konzeption der "Werthschätzungen" (vgl. z.B. 3, 92 – M [Unsere Werthschätzungen]) findet sich schon bei Dühring: "Den Satz, dass es im Felde der praktischen Werthschätzungen keine reine Erkenntniss gebe, machen wir zum Eckstein unsres ganzen theoretischen Gebäudes." (5). Die Wertung des Lebens hängt vom Menschen selbst ab: "Wir selbst sind das Maass des Lebenswerthes" (6). Das Agens der Wertbestimmungen ist der Wille. Urteile über das "Leben" haben die "Form des Wollens". "Das praktische Urtheil ist selbst eine Willensbestimmung, so dass die Bejahung einen Beifall oder ein Zustreben, die Verneinung dagegen ein Missfallen oder ein Entgegenstreben vorstellt." (7). Auch den Gedanke der Stimulation des Lebens durch Gefühlssteigerung ist bereits bei Dühring ausgesprochen: "Das Leben selbst ist jenes Grosse, welches nicht ohne Leidenschaft vollbracht werden kann." (17). Das hätte auch Nietzsche so formulieren können. Freilich, Nietzsche vertieft die Probleme und eröffnet viel weiter reichende Perspektiven.

und in der Hinwendung zum Griechentum bekundet, sind Ausdruck dieser Geisteshaltung. Am 22.5.1869 schreibt er an Richard Wagner, daß

> sich thatsächlich die besten und erhobensten Momente meines Lebens an Ihren Namen knüpfen und ich nur noch einen Mann kenne, noch dazu Ihren großen Geistesbruder Arthur Schopenhauer, an den ich mit gleicher Verehrung, ja religione quadam denke. (B 3, 8)

Im Brief an Carl von Gersdorff vom 4.8.1869 nimmt er Wagner gegen die zeitgenössische Kritik in Schutz und fährt fort:

> *Niemand* kennt ihn und kann ihn beurtheilen, weil alle Welt auf einem andern Fundamente steht und in seiner Athmosphäre nicht heimisch ist. In ihm herrscht eine so unbedingte Idealität, eine solche tiefe und rührende Menschlichkeit, ein solcher erhabner Lebensernst, daß ich mich in seiner Nähe wie in der Nähe des Göttlichen fühle. (B 3, 36)

Mit Bezug auf Wagners Schrift *Über Staat und Religion* (1864), "dazu bestimmt seinen 'jungen Freund' den kleinen Baiernkönig über seine innere Stellung zu Staat und Religion aufzuklären", sieht Nietzsche in Wagner die künstlerische Verwirklichung der Ideen Schopenhauers:

> Nie ist in würdigerer und philosophischerer Weise zu einem König geredet worden; ich war ganz erhoben und erschüttert von dieser Idealität, die durchaus dem Geiste Schopenhauers entsprungen schien. (B 3, 36)

Die schwärmerische Verehrung Wagners findet in einer Reihe von Briefen ihren spontanen Ausdruck. Nietzsche schwärmt von "meinem Juppiter" (B 3, 42 – 15.8.69), von dem "wunderbaren Wesen dieses Genius" (B 3, 39 – 4.8.69), hat das "Gefühl", "vor einem Auserwählten der Jahrhunderte zu stehen" (B 3, 37 – ebd.), und nennt Wagner den "*größten Genius* und *größten Menschen* dieser Zeit, durchaus incommensurabel!" (B 3, 46 – 25.8.69). Bezeichnenderweise vollzieht sich Nietzsches Wagner-Erlebnis, das Erlebnis der Kunst, der Schriften und der Persönlichkeit Wagners, im Lichte der Philosophie Schopenhauers. Wagners Schrift *Über Staat und Religion* ist dem "Geiste Schopenhauers entsprungen", sie ist von "Schopenhauerischem Ernst" (B 3, 42 – 15.8.69). Im Brief an Gersdorff vom 11.3.1870 erscheinen Wagner und Schopenhauer als durch ihren Kampf gegen den Zeitgeist verbundene große Einzelne, Schopenhauer als theoretisierender Philosoph, Wagner als schöpferischer Künstler:

> Schopenhauer muß uns über diesen Konflikt theoretisch hinweg heben: wie es Wagner praktisch, als Künstler, thut. Zweierlei halte ich mir immer vor: der unglaubliche Ernst und die deutsche Vertiefung in der Welt- und Kunstanschauung Wagners, wie sie aus jedem Tone quillt, ist den meisten Menschen unsrer "Jetztzeit" ein Greuel, wie Schopenhauer's Askesis und Verneinung des Willens. (B 3, 105)

Diese Bemerkung verdeutlicht ein Doppeltes. Sie zeigt, daß Wagner und Schopenhauer für den jungen Nietzsche eine geistige Einheit bilden. Darüber hinaus wird klar, daß sie für Nietzsche ihre spezifische Funktion hinsichtlich der eigenen Weltanschauung und Lebensbewältigung haben, denn sie sollen Konfliktlösungen ermöglichen, vor allem das Eigenrecht des produktiven Einzelnen gegenüber einer verständnislosen Gesellschaft bestätigen und sanktionieren.

Ende 1865 hat Nietzsche sein großes Schopenhauer-Erlebnis. In seiner autobiographischen Skizze *Rückblick auf meine zwei Leipziger Jahre* schildert er, wie er eines Tages das ihm bis dahin völlig fremde Hauptwerk Schopenhauers in einem Antiquariat entdeckt habe:

> Ich weiß nicht welcher Dämon mir zuflüsterte: "Nimm Dir dies Buch mit nach Hause" Es geschah jedenfalls wider meine sonstige Gewohnheit, Büchereinkäufe nicht zu überschleunigen. Zu Hause warf ich mich mit dem erworbenen Schatze in die Sophaecke und begann jenen energischen düsteren Genius auf mich wirken zu lassen. Hier war jede Zeile, die Entsagung, Verneinung, Resignation schrie, hier sah ich einen Spiegel, in dem ich Welt Leben und eigen Gemüth in entsetzlicher Großartigkeit erblickte. Hier sah mich das volle interesselose Sonnenauge der Kunst an [...] (HKG, W III, 298)[2]

Der junge Schopenhauer-Enthusiast identifiziert sich spontan und uneingeschränkt mit Schopenhauers Philosophie der Willensverneinung und der Ästhetik der interesselosen Kunst-Konzeptionen, von denen Nietzsche sich später distanziert, indem er dem Prinzip der unbedingten Lebensbejahung und dem Grundsatz der interessegebundenen Kunst huldigt. Der junge Nietzsche ist fasziniert von der *Welt als Wille und Vorstellung*, betreibt nun intensive Schopenhauer-Lektüre. Schopenhauer wird zum Lieblingsphilosophen Nietzsches. In einem Brief vom 15.7.1867 schreibt er: "wie könnte ich Schopenhauer vergessen, der mir

---

2 Ein ähnliches Schopenhauer-Erlebnis hatte Wagner. In Schopenhauers *Welt als Wille und Vorstellung* findet er die Bestätigung der eigenen Willens- und Weltverneinung. Die Schopenhauer-Lektüre war "für mein ganzes Leben entscheidend" (*Wagner, Mein Leben*, 523).

hier an die Seele gewachsen ist." (B 2, 220). Schopenhauer, den er im Briefwechsel mit Gleichgesinnten gerne "unsern Philosophen" nennt und zu dessen Philosophie er die Freunde 'bekehren' möchte, für den er "Propaganda" macht (B 2, 109 – 31.1.1866), gewinnt für den jungen Nietzsche die Bedeutung eines praktischen Ethikers, dessen Lehren und Maximen dem Menschen in allen Gefährdungen hilfreich sind und der Einübung der *constantia* dienen. Schopenhauers Denken bietet den Trost der Philosophie auch angesichts des Todes. Schopenhauers Philosophie ist praktische Philosophie. Sie dient der Lebensbewältigung. Sie verkündet das Ethos der *constantia*, der Ataraxie, der Unerschütterlichkeit in allen Lebenslagen. Stoische, barocke und idealistische Vorstellungen von der Selbstbewahrung des Menschen gegenüber dem 'Schicksal' werden von Schopenhauer aufgegriffen und weitergeführt.[3] In diesem Sinne gewinnt Schopenhauer für den jungen Nietzsche die Bedeutung eines philosophischen Präzeptors der praktischen Lebensbewältigung. Nietzsche spitzt das Problem noch zu, indem er das 'Schicksal' zum Probierstein des Menschen macht und ihm im Grunde nur noch die Funktion der Festigung des Subjekts zugesteht. Nicht das Schicksal, sondern der Mensch, seine Interpretation der Schicksalsschläge, ist das Entscheidende: "*Wir* haben das Schicksal *absichtlich* auszunützen: denn an und für sich sind Ereignisse leere Hülsen. Auf unsre Verfassung kommt es dabei an: den Werth, den *wir* einem Ereigniß beilegen, hat es für uns." (B 2, 201 – 20.2.1867). So verkündet Nietzsche schon früh die Verfügungsgewalt des Subjekts über die Umstände. Im Keim deutet sich hier bereits die Idee des autonom Schaffenden und des *amor fati* an.

Wenn somit Kunst und Philosophie, konzentriert in den Protagonisten Wagner und Schopenhauer, die die Weltanschauung und das Lebensverständnis des jungen Nietzsche tragenden Faktoren sind, so tritt als drittes wesentliches Element das Griechentum hinzu. Nietzsche erwirbt sich nicht nur Meriten durch exzellente altphilologische Arbeiten (Zur Geschichte der Theognideischen Spruchsammlung [1867], De Laertii Diogenis fontibus [1868], Beiträge zur Kritik der griechischen Lyriker [1868] sowie Studien zu Demokrit, Aristoteles, Homer), sondern die Antike wird für ihn überhaupt zum Regenerationsbereich einer

---

3 Vgl. Schopenhauers Abschnitt über die *Stoiker* (Parerga, 69-74) sowie das Kapitel *Über den praktischen Gebrauch der Vernunft und den Stoizismus* (WV II, 190-206). Den "Übeln" und den "Unfällen" des "Lebens" setzt Schopenhauer die Gelassenheit der "stoischen Gesinnung" entgegen (Aphorismen, 564).

Kulturerneuerung. Vor allem in den Vorträgen *Ueber die Zukunft unserer Bildungsanstalten* (1872) übt er schroffe Kritik am zeitgenössischen Bildungswesen, dem er einen Mangel an schöpferischen Antrieben und eine Erstarrung in antiquarischem Historismus vorwirft, und fordert eine Bildung, deren höchstes Ziel die "Erzeugung" des "Genius" ist (1, 666 – BA). Nietzsche verurteilt die aktuelle, der Allgemeinbildung verpflichtete Kultur- und Bildungspolitik und plädiert für eine in der Hervorbringung schöpferischer Individuen kulminierende Elite-Bildung. Volkspädagogik, Allgemeinbildung und Sozialengagement werden als Nivellierungstendenzen abgetan. Nietzsche polemisiert gegen das "Feldgeschrei der Masse nach weitester Volksbildung" (1, 669 – BA), gegen die "jetzige Bildungsbarbarei" (1, 671 – BA), gegen das "Erdenglück" der "großen Masse": "Das nennt man jetzt die 'sociale Frage'." (1, 668 – BA). Nietzsche, der später in wachsendem Maße Demokratie und Sozialismus (freilich auch den Nationalismus) ablehnen wird, erweist sich zwar mit solchen Thesen als fortschrittsfeindlicher 'Reaktionär', aber auch als Anwalt einer neuen, schöpferischen Kultur. Voraussetzung dafür ist eine produktive Aneignung der Antike. Das "Gefühl für das Klassisch-Hellenische" (1, 687 – BA) muß neu geweckt werden. Nietzsche betont den Gegensatz zwischen der unschöpferischen Gegenwart und dem schöpferischen Altertum. Er hält den Zeitgenossen vor, "daß ihr dem Alterthume ewig fern bleibt und Diener des Tages werdet", anstatt, in der Hinwendung zur Antike, "vor dem Kunstwerk andächtig zu sein, selbständig zu philosophiren" und "auf große Denker zu *hören*" (1, 687f.). In der Schrift *die Philosophie im tragischen Zeitalter der Griechen* (1873), die die Vorplatoniker behandelt, huldigt Nietzsche den großen griechischen Denkern. Es interessiert ihn weniger das philosophische "System" als vielmehr der "große Mensch" (1, 801f. – PHG). Er notiert: "Die 'Systeme' fressen sich auf: *eins* aber bleibt." (7, 524). Es klingt wie eine Nietzsche-Reprise, wenn später Camus notiert: "Die Philosophien sind so viel wert wie die Philosophen. Je größer der Mensch, desto wahrer seine Philosophie." (Tagebücher 1935-1951, 26). Es geht Nietzsche um das Schöpferische, um Ernst, Größe und Erhabenheit in der Kunst, im Denken, im Leben. Erst in diesem Problemhorizont gewinnt das Altertum für ihn diese eminente Bedeutung. Er vertritt allerdings keinen normativen Klassizismus. Die Antike ist zwar ein zeitloser Maßstab, aber sie soll nicht einfach nachgeahmt werden. Sie ist der geistige Nährboden der schöpferischen Existenzen, die erst durch die produktive Weiterbildung der Antike in der modernen Welt das Altertum ästhetisch fruchtbar machen. Nietzsche notiert: "Eine Kultur, welche der griechischen nachläuft, kann nichts erzeugen. Wohl kann der Schaffende überall her entlehnen und sich nähren. Und so werden wir auch nur als Schaffende etwas von den Griechen haben können." (8, 121). Zugrunde liegt dieser Konzeption Nietzsches Idee von der Zusammengehörigkeit, Kontinuität und Kommunikation der großen Geister aller Epochen:

> So bilden sie zusammen das, was Schopenhauer im Gegensatz zu der Gelehrtenrepublik eine Genialen-Republik genannt hat: ein Riese ruft dem anderen durch die öden Zwischenräume der Zeiten zu und ungestört durch muthwilliges lärmendes Gezwerge, welches unter ihnen wegkriecht, setzt sich das hohe Geistergespräch fort. (1, 808 – PHG; vgl. 1, 317 – HL u. 7, 562)[4]

II. Das dionysische Leben

Schopenhauer, Wagner und Griechentum sind für Nietzsche keine bloßen Bildungserlebnisse. Und sie haben für ihn auch nicht nur die Funktion, den geistigen Menschen zu stärken und zu aktivieren. Sie sind für ihn darüber hinaus die Kraftzentren, aus denen Nietzsche seinen neuen Lebens- und Kunstbegriff, die Idee des schöpferischen Lebens und der lebensintensiven Kunst, entwickelt. Schopenhauer ist nicht nur der Lehrmeister der Standhaftigkeit, sondern er prägt durch seine Metaphysik des Willens, des Weltwillens, Nietzsches Lebens- und Willensbegriff. Wagner ist nicht nur der avantgardistische Erneuerer der Kultur, sondern er gibt durch seine Kunstpraxis (und Kunsttheorie) Nietzsches Idee der Kunst ganz entscheidende Impulse. Und das Griechentum hat für ihn nicht nur eine kulturelle, bildungspolitische Bedeutung, sondern ist das große Paradigma des großen Menschen und des elementaren Lebens. Schopenhauer, Wagner und Griechentum bilden jene Trias, die den Lebens- und Kunstbegriff des frühen Nietzsche entscheidend prägen. In der Schrift *Die Geburt der Tragödie aus dem Geiste der Musik* (1872), deren Neuausgabe von 1886 den Titel *Die Geburt der Tragödie. Oder Griechenthum und Pessimismus* trug, hat

---

4 Es handelt sich um ein (leicht verändertes) Schopenhauer-Zitat (vgl. *Schopenhauer*, Nachlaß III, 188). Gottfried Benn wiederum zitiert jene Nietzsche-Passage (Können Dichter die Welt ändern?, 222).

Nietzsche anhand der berühmten Dichotomie des *Dionysischen* und *Apollinischen* seinen Lebens- und Kunstbegriff konzipiert. Er hat diesem von den Mythenforschern des 19. Jahrhunderts übernommenen Begriffspaar eine weiterführende, produktive Stoßrichtung verliehen.[5] Nietzsches Schrift ist der Versuch, die traditionelle Trennung von Kunst und Leben aufzuheben und den ästhetischen Schein der Kunst im schöpferischen Prinzip des Lebens zu verankern. Er durchbricht die klassische Separation von Leben und Schein, schöpferischem Leben und ästhetischem Schein, Lebensprozeß und Kunstautonomie. Der Grundgedanke der Schrift besteht darin, die Kunst nicht mehr nur als schönen, ästhetischen Schein über dem Leben, sondern auch als unmittelbaren Ausdruck des elementaren, dionysischen Lebens zu deuten. Daher muß eine kritische und produktive Revision der traditionellen Ästhetik des schönen Scheins erfolgen:

> Wir werden viel für die aesthetische Wissenschaft gewonnen haben, wenn wir nicht nur zur logischen Einsicht, sondern zur unmittelbaren Sicherheit der Anschauung gekommen sind, dass die Fortentwickelung der Kunst an die Duplicität des *Apollinischen* und des *Dionysischen* gebunden ist [...] (1, 25 – GT)

Im Bestreben, die Leben-Kunst-Relation resp. die Duplizität des Dionysischen und Apollinischen in einen tieferen Begründungszusammenhang zu stellen, entfaltet Nietzsche die Problematik in dreifacher Weise, nämlich in psychologischer, kosmischer und ästhetischer Hinsicht. Die Phänomene des Apollinischen und Dionysischen werden in Analogie gesetzt zu den "physiologischen Erscheinungen" des "*Traumes*" und des "*Rausches*" (1, 26 – GT). Der Traum produziert die imaginäre Bilderwelt des schönen Scheins, der Rausch ist die Entfesselung des elementaren Lebens. Die Welt des Traumes ist geprägt durch Maß, Form, Harmonie und Schönheit; in der Welt des Rausches herrscht das Elementare, Chaotische, Zersprengende. Der Traum ist schöne Begrenztheit, der Rausch ist chaotische Grenzenlosigkeit. Der Traum bewahrt das *principium individuationis*, der Rausch sprengt es auf. Nietzsche überträgt diese psychologischen bzw. physiologischen Zustände des Menschen auf die Natur, auf die Natur als universelles,

---

5 Vgl. bes. *Bachofen*, Mutterrecht (1861), 599f.; *Preller*, Mythologie I (1860), 557f.; *Creuzer*, Symbolik (1810ff.), IV, 34f. Nietzsche hat die von der Mythenforschung stofflich aufgearbeiteten griechischen Gottheiten Dionysos und Apollon im Sinne seiner Leben-Kunst-Problematik neu interpretiert, nicht ohne spekulative Überinterpretation, aber in kreativer Entfaltung eines neuen 'ästhetischen' Problemhorizonts.

kosmisches Lebensprinzip und deutet das Apollinische und Dionysische als "unmittelbare Kunstzustände der Natur" (1, 30 – GT). Die Duplizität des Dionysischen und Apollinischen ist in der Natur selbst begründet. Das "Apollinische" und sein "Gegensatz", das "Dionysische", werden "als künstlerische Mächte betrachtet, die aus der Natur selbst, *ohne Vermittelung des menschlichen Künstlers*, hervorbrechen" (1, 30 – GT). Nietzsche vertritt in seiner Frühschrift einen höchst extensiven 'Kunst'-Begriff, indem er die im Leben selbst, in der Natur, wirkenden Grundkräfte als "Kunstzustände" bezeichnet. Die Kunst im engeren Sinne, d.h. die Kunst als ästhetische Produktion des Menschen, ist nur ein Derivat der in der Natur selbst angelegten schöpferischen Kräfte. Der spezifisch künstlerischen Tätigkeit des Menschen sind "jene *Kunsttriebe der Natur*" (1, 31 – GT) vorgeschaltet. Man müßte im Hinblick auf die *Geburt der Tragödie* unterscheiden zwischen einem universellen, vom kosmischen Prinzip der Natur ausgehenden Kunstbegriff und einem speziellen, auf die künstlerische Tätigkeit des Menschen verweisenden Kunstbegriff. Nietzsche verknüpft beide Aspekte, indem er den "menschlichen Künstler" als Nachahmer und Vollzugsorgan der Natur, des Weltwillens, des "dionysischen Weltenkünstlers" (1, 30 – GT) deutet. Den "unmittelbaren Kunstzuständen der Natur gegenüber ist jeder Künstler 'Nachahmer'" (1, 30 – GT). Nietzsche will dem aristotelischen Mimesis-Prinzip, dem Prinzip der "'Nachahmung der Natur'" (1, 31 – GT), eine tiefere Bedeutung geben. Nachgeahmt werden soll nicht die *natura naturata*, die von der Natur hervorgebrachte Wirklichkeit, sondern die *natura naturans*, die schöpferische Natur selbst. In diesem Sinne ist die *mimesis* die höchste Form der *poiesis*. Nietzsches 'Nachahmung', die potenzierte *natura naturans*, hat sich bezüglich der *natura naturata* von der Abbildfunktion gelöst. Sie ist ein 'Abbild' des schöpferischen Lebens selbst. Sie ist die produktive Energie selbst. Der Künstler ist aber nicht nur Nachahmer, sondern auch Vollzugsorgan der Natur. "Nur soweit der Genius im Actus der künstlerischen Zeugung mit jenem Urkünstler der Welt verschmilzt, weiss er etwas über das ewige Wesen der Kunst" (1, 47f. – GT). Erst die Identifikation mit dem "Urkünstler", dem schöpferischen Leben selbst, "eine mystische Einheitsempfindung" (1, 30 – GT), ermöglicht die schöpferische Tätigkeit des "menschlichen Künstlers". Obschon Nietzsches Schrift in methodischer, sachlicher und begrifflicher Hinsicht kaum Geschlossenheit und Präzision aufweist und in der Tat durch einen "phantastischen und unklaren Charakter der ganzen Gedankenentwickelung" (*Spitzer*, Kunst, 71) gekennzeichnet ist, lassen sich doch bestimmte Grundmotive klar fixieren. Die Verquickung von Natur, Mensch und Kunst, wie sie in der kosmischen, psychologischen und ästhetischen Auslegung des Dionysischen und Apollinischen zum Ausdruck gelangt, signalisiert einen einheitlichen Begründungszusammenhang der Fragestellung (vgl. *Fink*, Nietzsche, bes. 7-27). Nietzsche geht es um das dionysisch-apollinische Kunstwerk als Einheit von elementarem Leben und schönem Schein. Es manifestiert sich für ihn vor allem in der griechischen Tragödie und im Musikdrama Richard Wagners. Nietzsches umstrittene Deutung der griechischen Tragödie geht von der Grundthese aus, daß der Ursprung der Tragödie im Dionysischen, d.h. in den dionysischen Dithyramben und Chorliedern, liege. Er ist der Auffassung, die "antike Ueberlieferung" sage "mit voller Entschiedenheit, *dass die Tragödie aus dem tragischen Chore entstanden ist* und ursprünglich nur Chor und nichts als Chor war". Der "tragische Chor" ist das "eigentliche Urdrama" (1, 52 – GT). Der "dionysische Chor" nun entlädt sich in einer "apollinischen Bilderwelt", d.h. im Dialog und damit in der Handlung. "Jene Chorpartien, mit denen die Tragödie durchflochten ist, sind also gewissermaassen der Mutterschooss des ganzen sogenannten Dialogs d.h. der gesammten Bühnenwelt, des eigentlichen Dramas." (1, 62 – GT). Der Ursprung der Tragödie liegt im Chor, in der Musik, und die Struktur der Tragödie besteht in der unlöslichen Einheit von dionysischer Musik und apollinischer Bilderwelt des Bühnengeschehens.

Festzuhalten ist, daß Nietzsche die Idee der dionysisch-apollinischen Kunst nicht nur an der griechischen Tragödie, sondern auch am musikalischen Drama Wagners exemplifiziert. Wagners *Tristan* erscheint ihm als das unüberbietbare dionysisch-apollinische Kunstwerk. Er sieht in ihm eine wunderbare Symbiose aus dionysischer Musik und apollinischer Bildlichkeit. Er wirft die Frage auf, ob man sich einen Menschen vorstellen könne,

> der den dritten Act von "Tristan und Isolde" ohne alle Beihülfe von Wort und Bild rein als ungeheuren symphonischen Satz zu percipiren im Stande wäre, ohne unter einem krampfartigen Ausspannen aller Seelenflügel zu verathmen? Ein Mensch, der wie hier das Ohr gleichsam an die Herzkammer des Weltwillens gelegt hat, […] er sollte nicht jählings zerbrechen? (1, 135 – GT)

Zuvor hatte Nietzsche notiert: "Das Bild rettet vor dem Verschlungensein in orgiastischen Stimmungen, vgl. den Tristan." (7, 277). Auch hinsichtlich des *Tristan* ist Nietzsche vor die Frage gestellt, inwieweit die "dionysische Allgemeinheit" aufgehoben und das 'entzückte' Interesse an den "Individuen" geweckt wird (1, 137 – GT) und inwieweit "das Dionysische wieder das Uebergewicht" erlangt, denn die Tragödie "schliesst mit einem Klange, der niemals von dem Reiche der apollinischen Kunst her tönen könnte" (1, 139 – GT). Bei Nietzsche dominiert eindeutig das Dionysische. Er verkündet zwar die Duplizität des Dionysischen und Apollinischen, beharrt aber in letzter Konsequenz auf der Dominanz des Dionysischen, ja spricht sogar von der Negation des Apollinischen:

> Und damit erweist sich die apollinische Täuschung als das, was sie ist, als die während der Dauer der Tragödie anhaltende Umschleierung der eigentlichen dionysischen Wirkung: die doch so mächtig ist, am Schluss das apollinische Drama selbst in eine Sphäre zu drängen, wo es mit dionysischer Weisheit zu reden beginnt und wo es sich selbst und seine apollinische Sichtbarkeit verneint. (1, 139 – GT)[6]

In der Tragödienschrift vollzieht Nietzsche durch die Neuentdeckung des Dionysischen die kritische Revision des etablierten, klassizistischen Griechenbildes, der "gänzlich wirkungslosen Schönrednerei", die "mit der 'griechischen Harmonie', der 'griechischen Schönheit', der 'griechischen Heiterkeit'" "tändelt" (1, 130 – GT). Winckelmann, Goethe und Schiller drangen noch nicht "in den Kern des hellenischen Wesens" ein (1, 129 – GT). Winckelmanns berühmte Bestimmung der griechischen Kunst als "edle Einfalt" und "stille Größe" (Nachahmung, 20) wird von Nietzsche unterlaufen. Er verfolgt mit seiner (eigenwilligen) Deutung des Griechentums eine doppelte Absicht. Er möchte durch seine 'Ästhetik' des Dionysischen das harmonische Griechenbild und den idealen Schönheitsbegriff der klassizistischen Tradition aufheben, und er strebt die Aktualisierung des 'dionysischen' Griechentums in der eigenen Gegenwart an, wie er sie im Musikdrama Wagners zu erkennen glaubt. Im Zeichen des dionysischen Lebens bekämpft er den sokratischen Rationalismus: "Dies ist der neue Gegensatz: das Dionysische und das Sokratische, und das Kunstwerk der griechischen Tragödie ging an ihm zu Grunde." (1, 83 – GT). Nietzsche selbst sieht später die "zwei entscheidenden *Neuerungen* des Buchs" im "Verständniss des *dionysischen* Phänomens bei den Griechen" und im "Verständniss

---

6 Die These, daß in der Tragödienschrift nicht dem Dionysischen, sondern dem Apollinischen die Prävalenz zukomme (so *Kaufmann*, Nietzsche, 149; *Sloterdijk*, Nietzsche, 53), ist angesichts solcher Selbstaussagen Nietzsches wohl schwer haltbar.

des Sokratismus", der "griechischen Auflösung" (6, 310 – EH). Nietzsche empfindet sich als Entdecker und Vorkämpfer des 'Dionysos'. Im späteren *Versuch einer Selbstkritik* (1886) schreibt er: "Hier redete jedenfalls [...] eine *fremde* Stimme, der Jünger eines noch 'unbekannten Gottes'" (1, 14 – GT [VS]). Die dionysische Erneuerung des Lebens durch die Kunst kann nur durch den wahrhaft Schaffenden erfolgen. Nur der Künstler vermag dies zu leisten. Nicht ohne Grund huldigt Nietzsche im *Vorwort an Richard Wagner* dem 'Genius' seines damaligen großen Vorbildes (vgl. 1, 23f. – GT) – eine Ovation, die er freilich später wieder zurücknimmt, wenn er schreibt, er habe sich damals "unter die Kapuze des Gelehrten, unter die Schwere und dialektische Unlustigkeit des Deutschen, selbst unter die schlechten Manieren des Wagnerianers versteckt" (1, 14f. – GT [VS]). Zur Zeit der Tragödienschrift sah er das anders. Da brachte er Wagner seine Huldigung dar, und damals feierte er das Wagnersche Musikdrama als die neben der griechischen Tragödie höchste Form der Kunst. Man muß erkennen, daß in der Tragödienschrift nicht nur das dionysische Leben als der universale Weltwille, sondern auch das kreative Genie seinen Platz hat. So führt Nietzsche Verse aus der *Prometheus*-Hymne des jungen Goethe an und deutet sie als Selbststeigerung des Menschen "in's Titanische", als Ausdruck der Kraft des Menschen, die "Götter" zu 'zwingen', "sich mit ihm zu verbinden" (1, 67 – GT). Schon in der Tragödienschrift geht es nicht nur um die Vergegenwärtigung der Elementarmächte des Dionysischen und Apollinischen, sondern auch um die Apotheose des Künstlers, denn erst im Werk des großen Künstlers, in den Tragödien des Aischylos und Sophokles und im Musikdrama Wagners, werden die Elementarmächte lebendig. Freilich, im Zentrum der Tragödienschrift steht das dionysische Leben, das prälogische, vorsubjektive Leben, der Weltwille, das "Ur-Eine" (1, 38 –GT).

Bezeichnend ist dabei die Affinität und Distanz zu Schopenhauer. Nietzsche übernimmt von Schopenhauer die Idee des Weltwillens, die Unterscheidung von metaphysischem Weltwillen und empirischer Erscheinungswelt, aber der pessimistisch-resignativen Daseinsauffassung Schopenhauers setzt er von vornherein seinen daseinsbejahenden, dionysischen Weltentwurf entgegen. Schopenhauer fordert die Verneinung des Willens, des menschlichen Willens, damit "das erkennende Individuum zum reinen Subjekt des willenlosen Erkennens sich erhebt" (WV I, 281). Die reine "Erkenntnis", "geläutert und gesteigert durch das Leiden selbst", gelangt an den "Punkt", wo die Erscheinung, der Schleier der Maja, sie nicht mehr täuscht, die Form der Erscheinung, das *principium individuationis*, von ihr durchschaut wird, der auf diesem beruhende Egoismus ebendamit erstirbt, wodurch nunmehr die vorhin so gewaltigen *Motive* ihre Macht verlieren und statt ihrer die vollkommene Erkenntnis des Wesens der Welt, als *Quietiv* des Willens wirkend, die Resignation herbeiführt, das Aufgeben nicht bloß des Lebens, sondern des ganzen Willens zum Leben selbst. (WV I, 353f.)

Der Schopenhauerschen Willensverneinung steht bei Nietzsche die Willensbejahung gegenüber – ein fundamentaler Unterschied, den er allerdings erst später gegen Schopenhauer ausspielt. Und von vornherein ist für Nietzsche die Kunst nicht ein *Quietiv*, sondern ein *Stimulans* des Lebens. Im Zeichen dieses Entwurfs hat Nietzsche in der Tragödienschrift das Funktionsverhältnis von Leben, Kunst und Wissenschaft neu zu bestimmen versucht. Später gibt er zur Tragödienschrift den Hinweis, "jenes verwegene Buch" habe "zum ersten Male" gewagt, "*die Wissenschaft unter der Optik des Künstlers zu sehn, die Kunst aber unter der des Lebens....*" (1, 14 – GT [VS]). Wissenschaft ist nur als Funktion der Kunst und Kunst nur als Funktion des Lebens sinnvoll. Die Wissenschaft kann keinen Eigenwert für sich beanspruchen, sondern muß sich am Maßstab der Kunst messen lassen. Nur wenn sie einen Beitrag zur Kunst und Kultur leistet, erfüllt sie ihren eigentlichen Sinn. Verselbständigt sie sich hingegen zur lebensfeindlichen, lebenszerstörenden Analyse, verfällt sie der schärfsten Kritik. In diesem Sinne enthält die Tragödienschrift massive Wissenschaftskritik. Im Zeichen einer vehement betriebenen Re-Mythisierung des Lebens erfolgt eine prononcierte Kritik des theoretisch-wissenschaftlichen Menschen, des "im Dienste der Wissenschaft arbeitenden *theoretischen Menschen*" (1, 116 – GT), sowie des Totalitätsanspruchs der Wissenschaft, des "Anspruchs der Wissenschaft auf universale Geltung und universale Zwecke" (1, 118 – GT). Die "Wiedergeburt der Tragödie" ist erst möglich, "nachdem der Geist der Wissenschaft bis an seine Grenze geführt ist, und sein Anspruch auf universale Gültigkeit durch den Nachweis jener Grenzen vernichtet ist" (1, 111 – GT).

Indem Nietzsche die Wissenschaft in den Dienst des schöpferischen Lebens stellt, sieht er sich genötigt, das Verhältnis der Wissenschaft, d.h. insbesondere der Altphilologie und Geschichtswissenschaft, zum Leben, d.h. zur schöpferischen Selbstentfaltung des Lebens, neu zu durchdenken. Die in der Schrift *Vom Nutzen und Nachteil der Historie für das Leben* (1873/74) entwickelten Kategorien der "*monumentalischen*", "*antiquarischen*" und "*kritischen*" Geschichtsbetrachtung sind der Versuch einer Positionsbestimmung der Historie im Hinblick auf das Leben (vgl. 1, 258 – HL). Diese "Betrachtung über den Werth und den Unwerth der Historie" (1, 245 – HL) wendet sich gegen die Schwächung des Lebens durch die Historie und fordert die Stärkung des Lebens durch die Historie. Nicht die Belehrung, sondern die Belebung durch die Historie ist wichtig. Bezeichnenderweise leitet Nietzsche seine Schrift mit einer Goethe-Sentenz ein, in der Goethe im Brief an Schiller vom 19.12.1798 nach einer Kant-Lektüre seinem Unwillen über die bloße Wissensvermittlung Ausdruck verleiht: "Uebrigens ist mir Alles verhasst, was mich bloss belehrt, ohne meine Thätigkeit zu vermehren, oder unmittelbar zu beleben." (1, 245 – HL; vgl. Goethes Briefe II, 362). Die Bedeutung der Historienschrift liegt im Hervorkehren des Lebens, des Monumentalischen, des Schöpferischen. Wenn Nietzsche sich auf "das Leben allein, jene dunkle, treibende, unersättlich sich selbst begehrende Macht" beruft (1, 269 – HL), dann definiert er damit das 'Leben' als 'dionysische' Macht. Freilich, es geht jetzt auch um die Geschichte, d.h. um die Entfaltung des Lebens in der Geschichte. Das primäre Interesse richtet sich auf das Monumentalische, d.h. das Große und Erhabene in der Geschichte. Im Monumentalischen bekundet sich die schöpferische Kraft des Lebens. Nur als Lebenssteigerung ist Historie sinnvoll. Die Bedeutung der monumentalischen Historie liegt in der verlebendigenden Aktualisierung vergangener Größe. Das monumentalische Verhalten zur Geschichte ist ein kreativer Prozeß. Nietzsche notiert: "Der Mensch will schaffen / monumentalisch" (7, 683).

III. Das große Individuum

Nietzsches Auseinandersetzung mit Leben, Kunst und Geschichte führt ihn mit Notwendigkeit vor die Frage nach den diese Prozesse in Gang setzenden Individuen. Mehr und mehr dreht sich sein Denken um das Problem der historischen Größe und des schöpferischen Individuums. Die Aufgabe des Geschichtsschreibers besteht für ihn in der schöpferischen Aktualisierung der historischen Personen und Ereignisse. Das Phänomen der historischen Größe hat Nietzsche immer fasziniert. Es ist ein elementares Verehrungsbedürfnis, das seiner Glorifizierung großer Gestalten zugrunde liegt. Seine Neigung, die empirische Realität ständig auf ein Neues, Großes, Unerhörtes zu überschreiten, läßt ihn auch die sogenannten großen Männer verherrlichen – in einer häufig in Personenkult mündenden Weise. Der frühe Nietzsche huldigt vor allem Schopenhauer und Wagner als den ihn unmittelbar betreffenden historischen Größen. Der spätere Nietzsche stellt sich mit wachsendem Selbstbewußtsein selber in die Kontinuität der Großen der Geschichte. Beim frühen Nietzsche findet der Kult des großen Menschen seinen unmittelbaren Niederschlag in der Schrift *Schopenhauer als Erzieher* (1874). Es sind im wesentlichen vier Grundgedanken, die die Substanz der Schrift ausmachen: erstens der Antagonismus von Individuum und Epoche, zweitens das große Individuum als Ideal, drittens die Exempel- und Erziehungsfunktion des großen Menschen und viertens die Erzeugung des großen Menschen als kulturschaffende Kraft. Der Gegensatz zwischen Individuum und Gesellschaft zeigt sich in exemplarischer Weise bei den großen Künstlern und Philosophen, da deren Entwürfe die jeweilige Konvention in Frage stellen und dadurch notwendig in Kollision zum Zeitgeist geraten. Charakteristische Beispiele dieser produktiven Opposition zum Zeitgeist bieten Schopenhauer und Wagner. Von Wagner heißt es:

> Unsre Künstler leben kühner und ehrlicher; und das mächtigste Beispiel, welches wir vor uns sehn, das Richard Wagners, zeigt, wie der Genius sich nicht fürchten darf, in den feindseligsten Widerspruch mit den bestehenden Formen und Ordnungen zu treten, wenn er die höhere Ordnung und Wahrheit, die in ihm lebt, an's Licht herausheben will. (1, 351 – SE)

Die großen Denker und Künstler sind nicht nur als empirische Personen, sondern vor allem als ideale Gestalten von Bedeutung. Nietzsche spricht von "jenem idealen Menschen", den er "hinmale" und der "gleichsam als seine platonische Idee" in Schopenhauer walte (1, 376 – SE).[7] Die Idealisierung historischer Individuen zum schöpferischen Vorbild der Menschheit ist ein Grundzug von Nietzsches Geschichtsdenken. Aber er will sich nicht mit dem Entwurf von Idealen begnügen,

---

7 Vgl. Schopenhauer: "Denn das Monument wird der *idealen* Person errichtet, nicht der realen, dem Heros als solchem, dem [...] Urheber solcher Werke oder Taten, nicht dem Menschen [...] behaftet mit allen den Schwächen und Fehlern, die unsrer Natur anhängen" (Paralipomena, 530).

sondern wirft die Frage auf, "wie von diesem Ideale aus ein neuer Kreis von Pflichten zu gewinnen ist" (1, 376 – SE). So soll Schopenhauer nicht nur ein "Ideal", sondern auch "*Erzieher*" sein. (1, 375 – SE). Die Philosophie Schopenhauers soll unmittelbare Konsequenzen im Denken, Fühlen und Handeln des Lesers zeitigen: "Und so soll auch Schopenhauers Philosophie immer zuerst ausgelegt werden: individuell, vom Einzelnen allein für sich selbst [...] durch sich aber endlich für Alle." (1, 357 – SE). Der große Mensch hat eine Exempel- und Erziehungsfunktion. Er setzt Zeichen: "Ich mache mir aus einem Philosophen gerade so viel als er im Stande ist ein Beispiel zu geben." (1, 350 – SE). Für Nietzsche ist Erziehung kreative Erziehung zum Höheren, zum Idealen. Das Erziehen soll ein 'Aufwärtsziehen' sein: "ist es möglich, jenes unglaublich hohe Ziel so in die Nähe zu rücken, dass es uns erzieht, während es uns aufwärts zieht?" (1, 376 – SE). Das höchste Ziel der Erziehung und Bildung ist die Hervorbringung genialer Menschen, die "Erzeugung des Genius" (1, 386 – SE). Von ihm gehen die entscheidenden Impulse für die schöpferische Erneuerung der Kultur aus. Damit wird zugleich eine neue, freie Form der Kunst ermöglicht. In einem Fragment zu Schopenhauer von 1873 heißt es: "Er ist Vernichter kulturfeindlicher Kräfte, er öffnet wieder die tiefen Gründe des Daseins. Durch ihn wird die Heiterkeit der Kunst wieder möglich." (7, 619). Die Kultur hat keinen Eigenwert als gesellschaftliche Erscheinungsform, sondern ihr Sinn liegt in den großen Individuen:

> Es ist dies der Grundgedanke der *Kultur*, in sofern diese jedem Einzelnen von uns nur Eine Aufgabe zu stellen weiss: *die Erzeugung des Philosophen, des Künstlers und des Heiligen in uns und ausser uns zu fördern und dadurch an der Vollendung der Natur zu arbeiten.* (1, 382 – SE)

Der Sinn der Kultur liegt im großen Menschen: "Für die Erzeugung dieses Menschen arbeiten, das nenne ich allein für die Cultur thätig sein." (14, 78). Freilich, auch in der Schopenhauer-Schrift erscheint der kreative Mensch noch als Instrument der 'Natur':

> Die Natur schiesst den Philosophen wie einen Pfeil in die Menschen hinein, sie zielt nicht, aber sie hofft, dass der Pfeil irgendwo hängen bleiben wird. (1, 405 – SE)

Zugleich zeichnet sich aber bereits Nietzsches Idee des autonom Schaffenden ab:

> Denken wir uns das Auge des Philosophen auf dem Dasein ruhend: er
> will dessen Werth neu festsetzen. Denn das ist die eigenthümliche
> Arbeit aller grossen Denker gewesen, Gesetzgeber für Maass, Münze
> und Gewicht der Dinge zu sein. (1, 360 – SE)

Der große Mensch ist nicht mehr nur Vehikel des Weltwillens, sondern
schafft eine neue Welt kraft seines eigenen Willens. Das Zentralmotiv
der Schrift ist der schöpferische Mensch, der "Genius". Das "Ziel" des
großen Menschen, der in Opposition zu seiner Zeit steht ("wie wir Alle
durch Schopenhauer uns *gegen* unsre Zeit erziehen können" [1, 363 –
SE]), ist es, "die Wiedererzeugung Schopenhauers, das heisst des philosophischen Genius vorzubereiten" (1, 407 – SE).

Die Idee des großen Menschen ist im Prinzip kein originärer Gedanke Nietzsches. Hegel, Schopenhauer und Burckhardt haben den Gedanken des großen Individuums antizipiert. Aber Nietzsche hat diesem
Ideal durch die Idee der Kreation neuer Werte durch den großen Menschen ein neues Telos gegeben. Schon Schopenhauer spricht von den
ihrer Zeit sich 'widersetzenden' "großen Geistern" (Paralipomena, 92),
den "Leuchttürmen der Menschheit" (ebd., 94), den "Führern" der "großen Herde des Menschengeschlechts" (ebd., 293), dem großen Einzelnen als "Erzieher des Menschengeschlechts" (ebd., 662). Aber Schopenhauer beschränkt sich weitgehend auf die kritische Beschreibung
der bestehenden Kultur, während Nietzsche darüber hinaus den utopischen Entwurf einer neuen Kultur, Weltsicht und Daseinsform entwik-
kelt. Bei Nietzsche ist der große Mensch in viel stärkerem Maße der
Kreator. Stark geprägt ist Nietzsches Idee des großen Individuums von
Jacob Burckhardt. Burckhardt vertritt in den *Weltgeschichtlichen Betrachtungen* die Idee der "Verdichtung des Weltgeschichtlichen, der
Konzentration der Bewegungen in den großen Individuen" (1). Einer
seiner Grundgedanken ist der Gedanke der historischen Größe"
(151ff.). Dabei setzt er die Koinzidenz von Individuum und Zeitgeist
voraus:

> Die Bestimmung der Größe scheint zu sein, daß sie einen Willen
> vollzieht, der über das Individuelle hinausgeht, und der je nach dem
> Ausgangspunkt als Wille Gottes, als Wille einer Nation oder Gesamt-
> heit, als Wille eines Zeitalters bezeichnet wird. (175)

Burckhardts Idee des "großen Mannes" (153) hat Nietzsche gefesselt.
Aber Nietzsche geht einen entscheidenden Schritt über Burckhardt hinaus. Das große Individuum ist für ihn nicht nur historisches Vollzugsor-

gan der im Zeitgeist angelegten Tendenzen, sondern es gestaltet aus sich heraus allererst die neue Kultur und erfährt auf diese Weise als gesetzgeberisches, die eigene Zeit umprägendes und die Zukunft ganz neu gestaltendes Individuum eine außerordentliche, bis zur mythisierenden Stilisierung reichende Rangerhöhung. Bei Nietzsche steht das große Individuum immer in Opposition zur eigenen Epoche, zum Zeitgeist, aber diese oppositionelle Haltung ist verknüpft mit dem produktiven Impuls zur Neugestaltung, zur Umformung der Kultur, des Menschen, der Welt. Solche Ansprüche lagen Burckhardt fern. Nietzsche unterstellt ihm zwar, er verfolge ähnliche Intentionen, verberge sie aber, er sei "zwar nicht zu Verfälschungen, aber wohl zu Verschweigungen der Wahrheit geneigt", seine "tiefen Gedankengänge" enthielten "seltsame Brechungen und Umbiegungen, wo die Sache an das Bedenkliche streift" (B 3, 155). Aber dies ist ein produktives Mißverständnis, denn Burckhardt empfand sich nicht als Menschheitslehrer und stand den entsprechenden Ambitionen Nietzsches eher mit kritischer Reserve gegenüber. Vollends fremd war ihm der autoritäre Gestus Nietzsches, die imperatorische Gebärde, mit der Nietzsche in wachsendem Maße die Menschheit als ein von ihm umzuprägendes 'Material' ansah. Burckhardt ist ein "überparteilicher Beobachter" der Geschichte (*R. Marx*, Burckhardt, 328). Nietzsche hingegen fühlt sich als großer Akteur der Geschichte. Burckhardts Sprache ist ein Stil der betrachtenden, abwägenden Phänomenbeschreibung. Nietzsches Sprache ist ein imperativer Stil, eine affektgeprägte Sprache der apodiktischen Aussagen. Dabei ist es gerade der Lapidarstil, die Geste des So-und-nicht-anders, was eine zwingende Wirkung auf den Leser ausübt und ihm die kurzangebundenen Aussagen Nietzsches als unumstößliche Wahrheiten suggeriert.

Der Kult des großen Mannes ist historisch ein Stück Hegel-Exegese. Hegel idealisiert die sogenannten großen Männer zu Vollzugsorganen des "Weltgeistes". Die "*welthistorischen Individuen*" sind die Vollstrecker der "Idee", des "Allgemeinen" (Philosophie der Geschichte, 74). Er stilisiert die "*großen Menschen in der Geschichte*" zu Halbgöttern, zu "*Heroen*" (ebd., 75). Welthistorische Individuen wie Alexander, Cäsar und Napoleon sind die "Geschäftsführer des Weltgeistes" (ebd., 76). Im Hinblick auf Napoleon treibt er den Personenkult auf die Spitze. Als er Napoleon "auf einem Pferde sitzend" erblickt, glaubt er die "Weltseele" zu sehen (Briefe I, 120 – 13.10.1806). Die Napoleon-Verherrlichung ist ein Grundzug des 19. Jahrhunderts. Auch bei dem progressiven Heine findet sich die Apotheose Napoleons: "das Bild Napoleons, jeder Zoll ein Gott!" (Englische Fragmente, 592). Später verbindet Heine allerdings die Napoleon-Verehrung mit den modernen humanitären und kosmopolitischen Ideen. Napoleon erscheint als Kämpfer nicht nur für seine "Krone", sondern auch für die "Revolution" (Geständnisse, 502). Für Nietzsche ist Napoleon weder das Instrument des Weltgeistes noch der Protagonist des Fortschritts. "Die Revolution ermöglichte Napoleon: das ist ihre Rechtfertigung." (12, 471). Von Bismarck und Napoleon heißt es: "ein Wohlgefühl sonder Gleichen gieng durch Europa: das Genie soll *Herr* sein" (11, 79). In Napoleon, "dieser Synthesis von *Unmensch* und *Übermensch*" (5, 288 – GM), findet Nietzsche "fast alle höheren Hoffnungen dieses Jahrhunderts" ausgedrückt (12, 357). Worin diese Hoffnungen konkret bestehen, bleibt offen. Nietzsche sieht in Napoleon kaum den *homo politicus*, sondern ihn interessiert allein die in Napoleon sich verkörpernde übermenschliche Willenskraft, eigentlich nur das große Individuum um seiner selbst willen. Den Gipfel des Napoleon-Kults erreicht Nietzsche im Vergleich Napoleons mit Zarathustra: "Bei Menschen wie Napoleon ist jedes Absehen von *sich* eine Gefahr und Einbuße: sie müssen ihr Herz verschlossen halten – ebenso der Philosoph. Zarathustra." (11, 187).[8]

Nietzsche betreibt aber nicht nur die Idealisierung, sondern auch die Demaskierung großer Gestalten. Glorifizierung und Kritik, Pathos und Polemik sind die für Nietzsche symptomatischen Extremreaktionen. Er kann allerdings auch die idealisierende Überhöhung einer Person mit ihrer realistischen Beobachtung mischen, wie dies in der Schrift *Richard Wagner in Bayreuth* (1876) der Fall ist, in der Nietzsche geradezu ein Virtuose der Ambivalenz ist, indem er einerseits den Künstler Wagner idealisiert und andererseits den Menschen Wagner problematisiert. Wagners Künstlertum wird weiterhin verherrlicht:

---

8 Es ist ein dichterisches Napoleon-Bild, weit entfernt von der historischen Realität. Aber noch Hofmannsthal huldigt dem Mythos Napoleon. Im Essay *Napoleon* (1921) schreibt er, Napoleon habe "keine Übermacht der Umstände" gekannt, "sich selbst als Fatum gebend und kein Fatum empfangend" (62); er sei für die Gegenwart "ein ungeheures Sinnbild und kein Monstrum, wenngleich außerhalb der Sittlichkeit stehend" (64). Realistischer sieht Egon Friedell Napoleon: "Er war ein Lügner, ein Rowdy, ein Egoist"; zugleich war er das "vollkommenste Genie"; aber es fehlte ihm "Idealismus" (Kulturgeschichte, 934f.).

> Es ist die erste Weltumsegelung im Reiche der Kunst: wobei, wie es
> scheint, nicht nur eine neue Kunst, sondern die Kunst selber entdeckt
> wurde. (1, 433 – WB)

Eine größere Ovation kann man einem Künstler kaum entgegenbringen.
Aber zugleich werden die Schwächen des Menschen Wagner und seiner
Vita aufgedeckt:

> Das Leben Wagner's, ganz aus der Nähe und ohne Liebe gesehen, hat
> […] sehr viel von der Comödie an sich, und zwar von einer merkwürdig
> grotesken. (1, 441 – WB)

Die Argumentationsstrategie Nietzsches ist von einer gewissen raffi-
nierten Doppeldeutigkeit. Er verquickt die Laudatio mit der (versteck-
ten) Kritik. Wagner wird nun auch zum Objekt des Psychologen Nietzsche. Es mischen sich künstlerischer Enthusiasmus und psychologische
Beobachtung. Nietzsche zeichnet den Widerspruch zwischen dem erhabenen Künstler und dem problematischen Menschen Wagner. Dies
Wagner-Porträt ist gekennzeichnet durch das Widerspiel von Pathos
und Psychologie, Erhabenheit und Entlarvung. Nietzsche will aber auch
aufzeigen, wie Wagner sein Künstlertum gegenüber allen Widerstän-
den des Lebens behauptete. Er verweist auf die von Wagner zu bewälti-
gende Diskrepanz zwischen Leben und Kunst. Die "groteske Würdelo-
sigkeit ganzer Lebensstrecken" ist für den "Künstler", "der mehr als
irgend ein anderer im Erhabenen und im Ueber-Erhabenen allein frei
athmen kann" (1, 441 – WB), eine Belastung, die er nur durch höchste
Kreativität zu bewältigen vermag. Wagner ist für Nietzsche weiterhin
der *rocher de bronze* der Kunst. Dennoch zeigt sich in dieser Schrift
bereits eine gewisse Distanz zu Wagner – die dann mehr und mehr zur
Entfremdung wird und schließlich zum Bruch führt. Die Wagner-
Apotheose schlägt um in die Anti-Wagner-Polemik, die ihren Höhepunkt in *Der Fall Wagner* (1888) und *Nietzsche contra Wagner* (1888)
erreicht. Der einst Vergötterte wird nun zum großen Unglück der Kunst
erklärt und zudem als Mensch verteufelt:

> Ist Wagner überhaupt ein Mensch? Ist er nicht eher eine Krankheit? Er
> macht Alles krank, woran er rührt, – *er hat die Musik krank gemacht* –
> (6, 21 – WA)

Übersteigerter Enthusiasmus und rücksichtslose Schelte – dies sind die
Hauptformen der Auseinandersetzung Nietzsches mit Personen. Er hält
kaum je eine maßvolle Mitte ein, sondern tendiert zum Extremismus

der Werturteile. Die Polemik, die vielfach hemmungslose Polemik, wird zum bevorzugten Mittel der Kritik. Nietzsches Attacken gegen Wagner, Platon oder Kant spitzen sich häufig zu Invektiven zu, die den Angriffenen radikal abwerten. Dabei mischen sich die Lust an der Provokation und das Interesse an der Sache. Der Polemiker Nietzsche verzerrt sein Objekt, aber er hat auch einen geschärften Blick. Er ist ein Überzeichner, aber ein Überzeichner mit Röntgenblick. Letztlich geht es ihm nicht um die angegriffene Person, sondern um die in Frage stehende Sache:

> ich greife nie Personen an, – ich bediene mich der Person nur wie eines starken Vergrösserungsglases, mit dem man einen allgemeinen, aber schleichenden, aber wenig greifbaren Nothstand sichtbar machen kann. [...] So griff ich Wagnern an, genauer die Falschheit, die Instinkt-Halbschlächtigkeit unsrer "Cultur", welche die Raffinirten mit den Reichen, die Späten mit den Grossen verwechselt. (6, 274f. – EH; vgl. 14, 474)

Nun greift Nietzsche zwar durchaus Personen an, aber er greift sie in der Tat in der Regel in erster Linie als Repräsentanten bestimmter Weltauffassungen an. Schon im Pamphlet *David Strauss der Bekenner und der Schriftsteller* (1873), in der er die Person schroff attackiert, zielt doch seine Kritik im Prinzip auf das sterile Bildungsbürgertum, auf die "*Bildungsphilister*" (1, 165 – DS). Strauß, dessen Werk *Der alte und der neue Glaube* (1872) er als geistlosen Rationalismus, als oberflächlichen Vernunftoptimismus abtut (vgl. 1, 173-177 – DS), ist für ihn die Inkarnation unschöpferischen Philistertums. Nietzsche entwickelt sich zu einem Provokateur großen Stils. Die Provokation wird zum Mittel der Selbstvergewisserung. Große Gegner wie Platon, Kant und Wagner werden zu Probiersteinen des eigenen Daseinsentwurfs. Was Platon betrifft, das "größte Malheur Europas" (B 8, 9 – 9.1.87), so richtert sich Nietzsches Kritik gegen den Platonischen Idealismus, die Ideenlehre, die Zweiweltentheorie. Er gebraucht "das harte Wort 'höherer Schwindel' oder [...] Idealismus" (6, 155f.). Platon, "diesem grössten Kunstfeind" Europas (5, 402 – GM) hält er entgegen:

> Meine Philosophie *umgedrehter Platonismus*: je weiter ab vom wahrhaft Seienden, um so reiner, schöner, besser ist es. Das Leben im Schein als Ziel. (U I, 38)

Radikal fällt die Kant-Kritik Nietzsches aus. Kant wird apostrophiert als der "grosse Chinese von Königsberg" (5, 144 – JGB), als "*hinter-*

listiger Christ" (6, 79 – GD), als "Nihilist mit christlich-dogmatischen Eingeweiden", als "Verhängniss von Spinne", als "Idiot" (6, 177f. – AC). Hier wird mit scharfer Munition auf einen großen Denker geschossen. Aber auch in solcher Schmährede steckt ein sachlicher Impetus: die Kritik an der Metaphysik, an der Erkenntnistheorie und vor allem am Moralismus Kants. Am schärfsten hat Nietzsche Wagner angegriffen. Und hier betreibt er nicht nur die systematische Abwertung des Werkes, sondern auch die beleidigende Demontage der Person. Dennoch stecken auch in diesen Invektiven substantielle Probleme, vor allem der Gegensatz zwischen 'heidnischer' und 'christlicher' Lebensauffassung und der Antagonismus von 'dionysischer' Lebensstärke und 'romantischer' Lebensschwäche.

Eines darf man bei alledem nicht außer acht lassen: die agonale Grundeinstellung Nietzsches. Nietzsche ist der geborene Polemiker. Er tendiert dazu, sich Gegner aufzubauen, um sie bekämpfen zu können. Er braucht Gegner zur Entfaltung seiner geistigen Energien. Was wäre Nietzsche – so könnte man zugespitzt fragen – ohne Christentum, Wagner und Platonismus?! Ohne diese Angriffsobjekte könnte er sein kritisches Potential nicht entfalten, und damit wäre auch seine kreative Energie geschwächt. Nicht ohne Grund spricht Nietzsche einmal von "unsrer Vergeistigung der *Feindschaft*. Sie besteht darin, dass man tief den Werth begreift, den es hat, Feinde zu haben" (6, 84 – GD). Zarathustra verkündet:

> Auch meine Feinde gehören zu meiner Seligkeit. [...] Der Speer, den ich gegen meine Feinde schleudere! Wie danke ich es meinen Feinden, dass ich endlich ihn schleudern darf! (4, 107 – Za)

Nietzsches Denken und Schaffen vollzieht sich im Zeichen des Agon, des Wettstreits als Lebensprinzip. Auf ihn selbst trifft zu, was er über Sokrates schreibt: "[...] *dass* er fascinirte. – Dass er eine neue Art *Agon* entdeckte, dass er der erste Fechtmeister [...] war [...] Er fascinirte, indem er an den agonalen Trieb der Hellenen rührte [...]" (6, 71 – GD). Voraussetzung der echten Feindschaft ist die Größe des Gegners. Nur am großen Gegner kann der Schaffende sein Ideal entfalten. Er ist angewiesen auf den Widerstand, auf ein zu Überwindendes. Nietzsche notiert:

> Das *Heraufbeschwören der Feinde*: wir haben sie um unseres Ideals willen *nötig*! Unsere ebenbürtigen Feinde in Götter verwandeln und so uns heben und verwandeln! (U II, 450)

Sich einen Gegner aufbauen, um ihn überwinden zu können – dies ist konstitutiv für Nietzsches Schaffen. Das Provozieren ist sein Lebenselement. Es zeigt sich eine spezifische Dialektik von Provokation und Pathos, von Polemik und Utopie. Erst im Niederringen des (großen) Gegners vermag der Schaffende seine eigenen Ideale und seine eigene Größe zu entfalten. Die Überwindung des Widerstandes und der Entwurf des Ideals gehören wesensmäßig zusammen. Erst aus dieser Symbiose gewinnt der Schaffende seine Energie.

IV. Schaffen, Übermensch, Wiederkunft

Immer beherrschender tritt bei Nietzsche der Gedanke des schaffenden Subjekts, des autonom schaffenden Subjekts, in den Vordergrund. Er gibt zwar die Idee des dionysischen Lebens nicht preis, aber in wachsendem Maße, spätestens seit dem *Zarathustra*, konkretisiert sich für ihn das dionysische Leben im schaffenden Menschen selbst. Es vollzieht sich eine Wandlung vom Universalwillen zum Individualwillen. In der Rückschau distanziert er sich von der Idee des kosmischen Urwillens, der das Subjekt nur als Instrument seiner Selbstdarstellung benutzt:

> Ehemals dachte ich, unser Dasein sei der künstlerische Traum eines Gottes, alle unsere Gedanken und Empfindungen im Grunde *seine* Erfindungen im Ausdichten seines Drama's – auch daß wir meinten, "*ich* dächte", "*ich* handelte" sei *sein* Gedanke. (9, 550 – 1881)

Nun desavouiert Nietzsche jenen "Künstler-Gott" (9, 550). Er glaubt nicht mehr, "ein Gott mache sich das Vergnügen, die Welt anzusehen", sondern spricht nun vom "Wesen einer Welt, welche die *Menschen* allmählich *geschaffen* haben" (9, 581). Diese Idee des autonomen Subjekts findet dann ihren Niederschlag im *Zarathustra*. Die entscheidende Wende, die sich im *Zarathustra* gegenüber der *Geburt der Tragödie* vollzogen hat, besteht im Zurücktreten des vorsubjektiven Weltwillens zugunsten des schaffenden Subjekts. Zarathustra bringt dies selbst unmißverständlich zum Ausdruck:

> Einst warf auch Zarathustra seinen Wahn jenseits des Menschen, gleich allen Hinterweltlern. Eines leidenden und zerquälten Gottes Werk schien mir da die Welt.

Traum schien mir da die Welt und Dichtung eines Gottes; farbiger
Rauch vor den Augen eines göttlich Unzufriednen. (4, 35 – Za)

Was der Welt Sinn verleiht, ist nicht mehr der metaphysische Weltwille, sondern "dieses schaffende, wollende, werthende Ich, welches das
Maass und der Werth der Dinge ist" (4, 36 – Za). Nicht mehr der
schöpferische Universalwille, sondern der schaffende Individualwille
ist nun das Agens des Schaffens. Das "Große" wird nun in doppelter
Hinsicht in neuem Licht gesehen. Es ist ein überhaupt erst zu Schaffendes, und es kann allein durch das kreative Subjekt hervorgebracht
werden. "Wer das Große nicht mehr in Gott findet, findet es überhaupt
nicht *vor* und muß es entweder leugnen oder – schaffen (schaffen-
helfen)." (B 6, 242-8./24.8.82). Zur Zeit des *Zarathustra* und in der
Folgezeit ist das Absolute für Nietzsche nicht mehr ein Aufzufindendes,
sondern ein zu Schaffendes. Schon Ende 1880 hatte er notiert:

> [...] *uns selber machen*, aus allen Elementen eine Form *gestalten* – ist
> die Aufgabe! Immer die eines Bildhauers! Eines produktiven
> Menschen! *Nicht* durch Erkenntniß, sondern durch Übung und ein
> Vorbild werden wir *selber*! Die Erkenntniß hat bestenfalls den Werth
> eines Mittels! (9, 361)

Nietzsche betont mit Entschiedenheit den Vorrang des Schaffens vor
der Erkenntnis, des Gestaltens vor dem Wissen, des Hervorbringens vor
dem Erkennen. Nicht auf Selbst-*Erkenntnis* und Welt-*Erkenntnis*, sondern auf Selbst-*Gestaltung* und Welt-*Gestaltung* kommt es primär an.
Soll die Erkenntnis sich produktiv auswirken, so kann sie dies nur als
Instrument des Produktiven. Nicht der erkennende, sondern der "produktive" Mensch ist Nietzsches Anliegen. Nicht ohne Grund bringt er
die Kunst-Metapher des Bildhauers ins Spiel, denn es geht um die Hervorbringung einer neuen Form. In der weiteren Konsequenz bedeutet
dies, daß nicht der erkennende Philosoph, sondern der schöpferische
Künstler dem Ideal des produktiven Menschen entspricht. Nietzsches
Umkehrung des traditionellen Rangverhältnisses von Kunst und Erkenntnis, demzufolge die Kunst immer der Erkenntnis untergeordnet
blieb, läuft in ihrer letzten Konsequenz auf die Verabsolutierung des
Produktiven, d.h. der Hervorbringung eines Neuen, hinaus. Später führt
dies bei Nietzsche zum Bewußtsein der absoluten Verfügungsgewalt
des wollenden Subjekts über Welt und Schicksal.

> Wer einen eigenen Willen in die Dinge zu legen hat, über den werden
> die Dinge nicht Herr; zuletzt arrangieren sich die *Zufälle* noch nach

unsern eigentlichsten Bedürfnissen. Ich erstaune oft, wie wenig die äußerste Ungunst des Schicksals über einen Willen vermag. (B 8, 221 – 31.1.88 – an Paul Deussen)

Im *amor fati*-Prinzip, in der Identifikation von Willen und Notwendigkeit, erreicht die Freisetzung des wollenden, schaffenden Subjekts ihre höchste Aufgipfelung. Es ist ein wesentliches Anliegen Nietzsches, den Menschen nicht von der Welt, der 'Natur', übermächtigen zu lassen, sondern ihn als das autonome Subjekt herauszustellen, das die Welt und ihre Sinnstrukturen überhaupt erst schafft. Nietzsches Perspektivismus gipfelt in der Überlegung, daß die Welt und die großen Dinge des Lebens nicht von sich aus ein Sein beanspruchen können, sondern vom Menschen, von dem die Welt interpretierenden und Sinn in sie projizierenden Menschen, hervorgebracht werden. Er schreibt:

> Was nur *Werth* hat in der jetzigen Welt, das hat ihn nicht an sich, seiner Natur nach, – die Natur ist immer werthlos: – sondern dem hat man einen Werth einmal gegeben, geschenkt, und *wir* waren diese Gebenden und Schenkenden! Wir erst haben die Welt, *die den Menschen Etwas angeht*, geschaffen! (3, 540 – FW)

Nietzsche desavouiert auch den traditionellen Naturbegriff. Die Natur erscheint nicht mehr als das den Menschen umgreifende Schöpfungsreservoir, sondern alle Schöpfungsimpulse gehen nun vom Menschen selbst aus:

> Diese Schönheit und Erhabenheit der *Natur*, vor der jeder Mensch klein erscheint, haben wir erst in die Natur *hineingetragen* – und folglich um diesen Theil die Menschheit *beraubt*. Sie muß es büßen. (9, 583 – 1881)

In einem Fragment vom Herbst 1881 heißt es:

> Meine Aufgabe: alle die Schönheit und Erhabenheit, die wir den Dingen und den Einbildungen geliehen, zurückfordern als *Eigenthum und Erzeugniß des Menschen* und als schönsten Schmuck, schönste Apologie desselben. Der Mensch als Dichter, als Denker, als Gott, als Macht, als Mitleid. (9, 582)

Damit erfolgt die absolute Rangerhöhung des Menschen, des schaffenden Menschen. Er erscheint als die höchste kreative Potenz überhaupt, als "Gott". Der Schaffende wird zur autarken, omnipotenten Größe. Er steht allerdings in der Spannung von Verneinung und Bejahung. Er muß die bisherigen Werte negieren, um neue Werte schaffen zu können. Aber dies ist eine produktive Spannung, denn im Akt des Zerstörens werden kreative Energien freigesetzt. Einerseits ist der Schaffende der große Zerstörer: "Den *Schaffenden* hassen sie am meisten: den, der Tafeln bricht und alte Werthe, den Brecher – den heissen sie Verbrecher." (4, 266 – Za). Andererseits ist diese Destruktion Voraussetzung des Neuentwurfs. Es heißt vom "Schaffenden":

> Das aber ist Der, welcher des Menschen Ziel schafft und der Erde ihren Sinn giebt und ihre Zukunft: Dieser erst *schafft* es, *dass* Etwas gut und böse ist. (4, 247 – Za)

Das Schaffen selbst wird zum höchsten Wert. In bündiger Prägnanz heißt es: "Nur im Schaffen gibt es Freiheit." (U II, 212). Nietzsches Freiheitsbegriff ist mit dem Schaffensbegriff verquickt. Das Problem der Freiheit wird nicht mehr als ethisches Problem der Willensfreiheit, der sittlichen Entscheidung zwischen gut und böse, sondern als vitales Problem der Lebensintensität, der Spannung von Lebensstärke und Lebensschwäche aufgefaßt. Nach Kant ist "Freiheit" als eine Idee der "spekulativen Vernunft" die "Bedingung des moralischen Gesetzes" (KpV, 259). Freiheit, Willensfreiheit, ist erforderlich um der Sittlichkeit willen. Sittlichkeit ohne Freiheit ist nicht möglich. Für Nietzsche ist 'Freiheit' nicht mehr ein Postulat der praktischen Vernunft, sondern Ausdruck des dynamischen Lebens, des Willens zur Macht. 'Freiheit' wird zu einer Funktion des 'Schaffens':

> Um schaffen zu können, müssen wir selber uns größere Freiheit geben, als je uns gegeben wurde; dazu Befreiung von der Moral und Erleichterung durch Feste [...] Den Mythus der Zukunft dichten! In der Hoffnung leben! [...] (U II, 499)

Nietzsches Gott-ist-tot-Philosophie muß auch aus diesem Willen zu absoluter Freiheit des Schaffenden erklärt werden. Der Tod Gottes ist die Voraussetzung der Geburt des Übermenschen. Der Satz, "dass *Gott todt ist*!" und der Satz: "*Ich lehre euch den Übermenschen*" (4, 14 – Za) sind Komplementärsätze. Erst vor diesem Hintergrund wird Nietzsches provokatives Votum 'Gott ist tot' voll verständlich. Der Tod Gottes ist nicht nur ein Verlust, nicht nur Ausdruck des Nihilismus, des Verlustes des metaphysischen Sinnzentrums, sondern er ist auch ein Gewinn, denn er eröffnet dem Menschen eine neue Freiheit, eine neue Unendlichkeit. Nietzsche hat dies in der *Fröhlichen Wissenschaft* klar formuliert:

In der That, wir Philosophen und "freien Geister" fühlen uns bei der Nachricht, dass der "alte Gott todt" ist, wie von einer neuen Morgenröthe angestrahlt; unser Herz strömt dabei über von Dankbarkeit, Erstaunen, Ahnung, Erwartung [...] *unser* Meer liegt wieder offen da, vielleicht gab es noch niemals ein so "offnes Meer". (3, 574 – FW)

Der Tod Gottes bricht nicht nur als Unglück über den Menschen herein, sondern er ist zugleich die Tat der Schaffenden. Im Textstück *Der tolle Mensch* heißt es: *"Wir haben ihn getödtet, – ihr und ich!* [...] Es gab nie eine grössere That [...]" (3, 481 – FW). Um dem Schaffenden die absolute Freiheit zu geben, ist Nietzsche geradezu genötigt, den Gottesbegriff abzubauen. Verblüffend einfach klingt die Logik Zarathustras:

> *wenn* es Götter gäbe, wie hielte ich's aus, kein Gott zu sein! *Also* giebt es keine Götter. [...] Hinweg von Gott und Göttern lockte mich dieser Wille; was wäre denn zu schaffen, wenn Götter – da wären! / Aber zum Menschen treibt er mich stets von Neuem, mein inbrünstiger Schaffens-Wille; so treibt's den Hammer hin zum Steine. (4, 110 u. 4, 111 – Za)

Der Schaffende negiert ihm übergeordnete Mächte, da er sich selber als die höchste Potenz versteht. Zugleich wird die Welt durch den Abbau der 'Götter' zum offenen, freien Experimentierfeld des Schaffenden. Die Verabsolutierung des eigenen Schaffens zur höchsten Form des Schaffens ist ein Postulat des kreativen Willens. Es liegt in der Konsequenz dieser Schaffensästhetik, daß sie den Menschen selbst zum Objekt des Schaffensprozesses macht. Nietzsche ist nicht nur Monologist, sondern auch Prediger. Mit dem missionarischen Rigorismus eines radikalen Predigers verkündet er seine Lehre vom neuen Menschen. Der reale Mensch ist nur die *materia*, der Stoff, der zu schaffenden *forma*, der Gestalt des neuen Menschen. Ihn interessiert nicht der konkrete, sondern der potentielle Mensch. Sein anthropologisches Interesse richtet sich auf die Entelechie, die dem Menschen innewohnende *potentia*, die in ihm angelegte Möglichkeit der Selbstverwandlung. Der Mensch soll sich einem radikalen Wandlungsprozeß unterziehen. Dabei ist Zarathustra der große Initiant dieses Prozesses, aber die Wandlung muß der Mensch selbst vollziehen: "Und wie mein Hammer nach euch schlägt, so sollt ihr mir selber nach euch schlagen! Der Hammerruf soll das schlafende Bild aufwecken! (10, 448). Dies entspricht der Konzeption der Schaffenden. Zarathustra wünscht keine sklavischen Anhänger, sondern eigenständige Existenzen:

> Die Mitschaffenden sucht der Schaffende, Die, welche neue Werthe auf neue Tafeln schreiben. […] Mitschaffende sucht Zarathustra, Miterntende und Mitfeiernde sucht Zarathustra: was hat er mit Heerden und Hirten und Leichnamen zu schaffen! (4, 26 – Za)

Die Kommunikation mit den "Mitschaffenden" – sie ist für Nietzsche die einzig mögliche Form der Kommunikation. Freilich, dieses Unterfangen scheitert. Die "Mitschaffenden" bleiben bloße Postulate. Dies ist die Tragik Zarathustras.

Schaffen ist für Nietzsche Über-sich-hinaus-Schaffen: "Über dich sollst du hinausbauen." (4, 90 – Za). Das höchste Telos des "Schaffenden" ist der "Übermensch". Die "Sehnsucht zum Übermenschen" ist der "Durst" des "Schaffenden" (4, 92 – Za). Gott wird für tot erklärt, und es erfolgt die Inthronisation des "Übermenschen" – die höchste Leistung des Schaffenden. Zarathustra verkündet, mit dem ihm eigenen Pathos des So-und-nicht-anders:

> Einst sagte man Gott, wenn man auf ferne Meere blickte; nun aber lehrte ich euch sagen: Übermensch. / Gott ist eine Muthmaassung; aber ich will, dass euer Muthmaassen nicht weiter reiche, als euer schaffender Wille. / Könntet ihr einen Gott *schaffen*? – So schweigt mir doch von allen Göttern! Wohl aber könntet ihr den Übermenschen schaffen. / Nicht ihr vielleicht selber, meine Brüder! Aber zu Vätern und Vorfahren könntet ihr euch umschaffen des Übermenschen: und Diess sei euer bestes Schaffen! (4, 109 – Za)

Der Mensch ist nicht mehr das Geschöpf Gottes, sondern der Schöpfer des Übermenschen. Es ist nun die Frage, was man überhaupt unter dem "Übermenschen", diesem geheimnisvoll, mysteriös anmutenden Wesen zu verstehen hat. Wer und was ist der "Übermensch"? Ist er eine substantiell echte Figur? Ist er eine Utopie? Eine imaginäre oder konkrete Utopie? Ist er der Entwurf eines Denkers oder eines Schwärmers? Kommt ihm potentielle Realität zu, oder ist er nur eine poetische Fiktion? Ist er ein Mysterium oder ein Monstrum? Ist der Entwurf des "Übermenschen" Ausdruck des 'gesunden', dionysischen Lebens, oder ist das "Ideal des Übermenschen" eine romantische Kompensation des "stets kränklichen, extrem sensiblen und weichherzigen Nietzsche" (*Friedell*, Kulturgeschichte [1927ff.], 797)? Muß man den "Übermenschen" ernst nehmen, oder ist er ein "hysterischer Übermensch" (*Sternheim*, Vorkriegseuropa [1936], 189)? Ist er nur "eine ästhetisch-romantische Fiktion, ein Literaturerzeugnis" (*Flake*, Nietzsche [1947], 195)?

Ist der Übermensch ein geistiges oder ein biologisches Phänomen? "Die Züchtung des Übermenschen ist metaphysisch ein Aberwitz [...] Sie ist zugleich ein physiologischer Nonsens" (*Dehmel*, Brief [1902], 60). Spengler meint: "Die Züchtung des Übermenschen folgt aus dem Begriff der Zucht*wahl*. Nietzsche war, seit er Aphorismen schrieb, unbewußt ein Schüler Darwins" (*Spengler*, Untergang [1918ff.], 477). Eine weitere, gravierende Frage ist die Frage nach der möglichen Gefährlichkeit der Idee des "Übermenschen". Es ist die Frage nach den möglichen ideologischen, politischen Konsequenzen, die die Lehre vom "Übermenschen" in sich birgt. Ist Nietzsches "Übermensch"-Philosophie verantwortlich bzw. mitverantwortlich für die rassistische Herrenmensch-Ideologie des Nationalsozialismus? Döblin konstatiert im Hinblick auf die "biologische Utopie" Nietzsches die spätere rassistische "Degeneration der Utopie" (*Döblin*, Die literarische Situation [1946], 9). Für Camus hat der Nationalsozialismus Nietzsche "durch eine Parade von Lügen und die grauenhaften Kadaverhaufen der Konzentrationslager" pervertiert und die "Predigt vom Übermenschentum" durch die "methodische Herstellung von Untermenschen" schlimm entstellt (*Camus*, Revolte [1951], 84). Heinrich Mann bedauert, daß der "Erdichter des Übermenschen" sich in einen Renaissance-Tyrannen wie Cesare Borgia "vergafft" habe (*H. Mann*, Nietzsche [1939], 295). Thomas Mann sieht im "Übermenschen" eine "Schreckensutopie von Größe, Stärke und Schönheit" (*Th. Mann*, Nietzsche [1947], 40).

Es zeigt sich, daß der "Übermensch" ganz unterschiedlichen Deutungen unterliegen kann, entsprechend dem jeweiligen Zeitgeist und der jeweiligen Perspektive des Interpreten oder Kritikers. Biologismus, Evolutionstheorie, Psychologie und Ideologie können sich seiner ebenso bemächtigen wie Utopismus, Romantizismus und Kult. Der "Übermensch" kann aufgefaßt werden als Produkt biologischer Züchtung, als dionysisches Individuum, als politischer Machtmensch, als elitäre geistige Existenz, als romantisches Ideal, als religiöse Erlösungsgestalt. Diese vielfältigen, z.T. konträren Deutungsmöglichkeiten haben ihren Grund nicht zuletzt in der inhaltlichen Unbestimmtheit des "Übermenschen". Zumindest sind Nietzsches Äußerungen in dieser Frage höchst vieldeutig. "Was Nietzsche im Übermenschen sieht, bleibt – als Bild – unbestimmt. Das Gewicht des Gedankens liegt in der Stellung der Aufgabe." (*Jaspers*, Nietzsche, 168). Es ist in der Tat die Frage, ob der "Übermensch" für Nietzsche nicht in erster Linie eine das Schaffen mobilisierende und ständig in Atem haltende Idee ist. Die philosophische Nietzsche-Interpretation hat die Diskussion um den "Übermenschen" versachlicht. Nach Heidegger ist der "Übermensch" der in sein wahres "Wesen" gelangende "Mensch" (*Heidegger*, Wer ist Nietzsches Zarathustra?, 106). Der "Übermensch" ist der Mensch, der die Kraft hat, ja zu sagen zur "ewigen Wiederkehr". Zarathustra lehrt den "Übermenschen" "einzig deshalb, weil er der Lehrer der ewigen Wiederkehr des Gleichen ist" (ebd., 118). Es ist die Frage, ob Nietzsches Idee des "Übermenschen" sich in diesen Bestimmungen erschöpft. Die Frage ist, ob er nicht eine radikal neue anthropologische Realität im Sinn hat. Eine Reihe programmatischer Aussagen Nietzsches deuten in diese Richtung. Der "Übermensch" erscheint als eine vom Menschen zu schaffende Größe jenseits des Menschen: "Der Mensch sei ein Anlaß zu etwas, das nicht Mensch mehr ist." (GA XII, 362). Weiter notiert Nietzsche:

> Ein höheres Wesen als wir selber sind zu schaffen, ist *unser* Wesen. *Über uns hinaus schaffen!* Das ist der Trieb der Zeugung, das ist der Trieb der That und des Werks. – Wie alles Wollen einen Zweck voraussetzt, *so setzt der Mensch ein Wesen voraus*, das nicht da <ist>, das aber den Zweck seines Daseins abgiebt. Dies ist die Freiheit alles Willens! Im *Zweck* liegt die Liebe, die Verehrung, das Vollkommensehen, die Sehnsucht. (10, 209; vgl. 13, 487; 12, 455)

Der "Übermensch" ist nicht nur der Ja-Sager zur ewigen Wiederkunft, und er ist auch nicht nur das "menschliche Dasein in der Weise der großen Sehnsucht" (*Fink*, Nietzsche, 106), sondern er ist vor allem ein vom Menschen hervorzubringendes neues Wesen. Zarathustra verkündet:

> *Ich lehre euch den Übermenschen*. Der Mensch ist Etwas, das überwunden werden soll. [...] Alle Wesen bisher schufen Etwas über sich hinaus [...] Was ist der Affe für den Menschen? Ein Gelächter oder eine schmerzliche Scham. Und ebendas soll der Mensch für den Übermenschen sein: ein Gelächter oder eine schmerzliche Scham. (4, 14 – Za [Vorrede])

Das triadische Schema Affe-Mensch-Übermensch zeigt, wie Nietzsche einerseits der zeitgenössischen Evolutionstheorie verpflichtet ist und wie er sich andererseits von ihr löst. Hinsichtlich der Entwicklung vom Affen zum Menschen denkt er noch in Kategorien der Deszendenztheorie. Hinsichtlich des Übergangs vom Menschen zum Übermenschen läßt er sie weit hinter sich, denn dieser Übergang vollzieht sich kraft einer alles übersteigenden geistigen Energie des Schaffenden. Der Mensch entwickelt sich nicht organisch zum "Übermenschen", geschweige denn, daß dies ein automatischer Naturprozeß wäre, sondern er bringt ihn kraft geistiger Setzung hervor. Der "Übermensch" ist ein (idealistisches) Postulat Zarathustras. Er ist die große existentielle Forderung, die er an den Menschen stellt. Der "Übermensch" wird nicht durch eine organische Entwicklung, sondern durch einen qualitativen Sprung erreicht. Dies ist jedenfalls die Konzeption Zarathustras. Nietzsche notiert: "Ziel: auf einen Augenblick den Übermenschen zu *erreichen. Dafür* leide ich alles!" (U II, 453). Hier schwebt Nietzsche ein spontan-intuitives Erlebnis des "Übermenschen" vor, eine momentane, blitzartige Selbstverwandlung in den "Übermenschen" – fernab aller Entwicklungstheorie. Die Idee des "Übermenschen" kann als eruptive, überfallartige Inspiration erlebt werden. Mit der visionären Gebärde eines Propheten verkündet Zarathustra:

> Seht, ich bin ein Verkündiger des Blitzes und ein schwerer Tropfen aus der Wolke: dieser Blitz aber heisst Übermensch. (4, 18 – Za [Vorrede])

Freilich, der "Übermensch" ist nicht nur eine blitzartige Epiphanie, sondern auch das Produkt einer Planung, in der Weise, daß der schöpferische Mensch alle Naturenergie in sich konzentriert und dann kraft eigener Omnipotenz den "Übermenschen" hervorbringt: "Den *Übermenschen* schaffen, nachdem wir die ganze Natur auf uns hin gedacht, denkbar *gemacht* haben." (U II, 455). Der "Übermensch" ist ein Zukunftsprojekt, und er ist ein ästhetisches Postulat:

> Hinweg von euch Menschen lockt mich alle Schönheit: aber auch hinweg von einem Gotte lockt mich alle Schönheit. So werfe ich Anker auf offenem Meere und sage: "hier sei einst die Insel des Übermenschen!" (U II, 455)

Der "Übermensch" ist eine mythopoietische Schöpfung des Schaffenden. Er kann nicht einfach gezüchtet werden, sondern er ist Postulat, Entwurf und Produkt der höchsten geistigen Spontaneität des Menschen. Die Züchtungsidee ist ein Syndrom Nietzsches. Er wirft die Frage auf, "welchen Typus Mensch man *züchten* soll, *wollen* soll, als den höherwerthigeren, lebenswürdigeren, zukunftsgewisseren" (6, 170 – AC). Dieser "*höhere Typus*", "eine Art Übermensch", läßt sich nicht kausalgenetisch, automatisch züchten, sondern gehört zu den "Glücksfällen des grossen Gelingens" und stellt einen besonderen "*Treffer*" der

Natur und Kultur dar (6, 171 – AC). Der "Übermensch" läßt sich nicht nach biologischen Regeln züchten, sondern er ist jeweils die große Ausnahme, der große Zufall der schöpferischen Natur oder des menschlichen Experimentators. Experimentieren bedeutet allerdings Planen. Aber im Hinblick auf den "Übermenschen" besagt dieses Planen, daß er aus dem Experiment spontan hervorgeht. Nun hat Nietzsche allerdings auch (fatale) Züchtungsgedanken entwickelt. So denkt er an die "Züchtung einer neuen über Europa regierenden Kaste" (5, 195 – JGB). Oder er spricht von den "Naturprozessen der *Züchtung des Menschen*" (U II, 370). Oder er fordert die "Züchtung einer *stärkeren Rasse*" (III, 521). Hier wird Nietzsche zum Biologisten. Hier vertritt er einen geradezu kruden (und gefährlichen) Biologismus. Auch der "Übermensch" kann in diese biologistische Sicht einbezogen werden: "Der Mensch ist das *Unthier* und *Überthier*; der höhere Mensch ist der Unmensch und Übermensch" (12, 426). Nietzsche benutzt den Begriff "Übermensch" gelegentlich als Synonym für den 'höheren' Menschen, d.h. den vitalen Immoralisten. Er konstatiert, daß jene "Glücksfälle" von der "Art Übermensch" "immer möglich waren" (6, 171 – AC). Im Hinblick aber auf das "Übermensch"-Ideal des *Zarathustra* gilt die Feststellung: "Niemals noch gab es einen Übermenschen." (4, 119 – Za). Für Nietzsche, der sich immer wieder auf die Entdeckungsfahrt nach dem Neuen begibt, ist der wahre "Übermensch" ein Wesen der fernen Zukunft. Er ist für Zarathustra ein bisher nicht dagewesenes, anthropologisch ganz neues Wesen. In den kritischen Schriften und Fragmenten Nietzsches wird der "Übermensch" allerdings manchmal auch 'realistischer' gesehen. "Das Wort '*Übermensch*'" ist die "Bezeichnung eines Typus höchster Wohlgerathenheit", den Nietzsche gegen Idealismus, Darwinismus und Heroenkult abgrenzt und den er historisch in Cesare Borgia verkörpert sieht (vgl. 6, 300 – EH). Dieser "Übermensch" ist kein idealtypischer Mensch, d.h. kein jenseits des Lebens anzusiedelnder Mensch. Er ist kein bloßes Produkt der Evolution. Nietzsche, der dem "'Kampf um's Dasein'" den "Willen zur Macht" entgegensetzende Kritiker des "Darwinismus" (3, 585f. – FW), negiert die evolutionäre Anpassung zugunsten des spontanen Willens. Und er distanziert sich vom Monumentalismus der historischen Heldenverehrung[9], da es ihm

---

9 Hier ist besonders auf Carlyle und Emerson hinzuweisen, mit denen Nietzsche sich beschäftigt bzw. auseinandergesetzt hat. Thomas Carlyle verherrlicht in seinem Werk *On heroes, hero-worship and the heroic in history* (1841) die großen geschichtlichen Persönlichkeiten (The Hero as Divinity, as Prophet, as Priest, as Man of Letters, as

nicht nur um die historische Größe, sondern vor allem um einen neuen Daseinsentwurf geht. Was den Begriff "Übermensch" betrifft, so kommt es auf die jeweilige Konnotation an. Der "Übermensch" jedenfalls, der Zarathustra vorschwebt, kann nicht durch eine organische Entwicklung, sondern nur durch einen qualitativen Sprung erreicht werden. Voraussetzung des "Übermenschen" ist die (absolute) Einsamkeit des Schaffenden. Dabei kann allerdings auch die Kategorie der Entwicklung, einer kollektiven Entwicklung, eine Rolle spielen. Aber dann handelt es sich nicht um eine automatische, sondern um eine voluntative Entwicklung, eine vom Willen zur Macht in immer wieder neuen spontanen Akten initiierte Entwicklung. Dominant ist bei Zarathustra die Vorstellung der spontanen Schöpfung und blitzartigen Vision des "Übermenschen". Zugleich aber kann Zarathustra auf das Herauswachsen des "Übermenschen" aus einem elitären Kollektiv verweisen:

> Ihr Einsamen von heute, ihr Ausscheidenden, ihr sollt einst ein Volk sein: aus euch, die ihr euch selber auswähltet, soll ein auserwähltes Volk erwachsen: – und aus ihm der Übermensch. (4, 100f. – Za [Von der schenkenden Tugend])

Bleibt die Idee des "Übermenschen", diese Zukunftsutopie, im Nebulosen stecken? Sie gewinnt Kontur durch die komplementäre Idee der Wiederkunft. Der Gedanke der Ewigen Wiederkunft ist der tiefgründigste, schwierigste Gedanke Nietzsches. Im *Zarathustra* heißt es:

> [...] *du bist der Lehrer der ewigen Wiederkunft* –, das ist nun *dein* Schicksal! [...] Siehe, wir wissen, was du lehrst: dass alle Dinge ewig wiederkehren und wir selber mit, und dass wir schon ewige Male dagewesen sind, und alle Dinge mit uns. (4, 275 u. 276 – Za [Der Genesende])

Nietzsche verdeutlicht den Gedanken der Wiederkunft am Bild des "Thorwegs":

King [Cromwell, Napoleon]). Nietzsche nennt Carlyle einen "abgeschmackten Wirrkopf", dem es an "Philosophie" fehle (5, 195 – JGB); er wirft dem "Carlylismus" das "Bedürfniss nach Glauben" vor (6, 236 – AC). Carlyles Vorstellung, Gott greife durch den 'Helden' in die Geschichte ein, muß er ablehnen. Ralph Waldo Emersons *Essays* hingegen hat er sehr geschätzt und sich Exzerpte aus ihnen angefertigt (9, 666 – 672). Man hat zu Recht auf Affinitäten zwischen Carlyles "Heroes", Emersons "Representative Men" und Nietzsches "Übermenschen" hingewiesen (vgl. *Wiecki*, Carlyle-Emerson-Nietzsche). Man darf aber nicht übersehen, daß Nietzsches "Übermensch" sich als neuer Daseinsentwurf entschieden von den großen Menschen Carlyles und Emersons abhebt.

> [...] Zwei Wege kommen hier zusammen: die gieng noch Niemand zu
> Ende. / Diese lange Gasse zurück: die währt eine Ewigkeit. Und jene
> lange Gasse hinaus – das ist eine andre Ewigkeit. / Sie widersprechen
> sich, diese Wege; sie stossen sich gerade vor den Kopf: – und hier, an
> diesem Thorwege, ist es, wo sie zusammen kommen. Der Name des
> Thorwegs steht oben geschrieben: "Augenblick". (4, 199f. – Za [Vom
> Gesicht und Räthsel]).

In einem mystischen Urerlebnis werden die Zeiterstreckungen von
Vergangenheit und Zukunft aufgehoben bzw. ineinander gebogen. Die
lineare Zeiterstreckung löst sich auf in der zyklischen Zeittilgung. Das
permanente Werden und Vergehen, der unablässige Zeitablauf, ist
aufgehoben im Erlebnis der "Ewigkeit". Dabei ist freilich diese "Ewigkeit" keine Dimension jenseits der Zeit, so als gebe es eine metaphysische Zeitlosigkeit über der realen Zeit, sondern diese "Ewigkeit" ist der
Einbruch des Zeitlosen mitten in der Zeit. Sie ist die im "Augenblick"
komprimierte bzw. getilgte Zeit. Die Wiederkunft wird in einem "Augenblick" erlebt. Die "Ewigkeit" ist der dergestalt ausgezeichnete
"Augenblick". Der Gedanke der "Wiederkunft" ermöglicht das Erlebnis der "Ewigkeit", einer "Ewigkeit" mitten in der Zeit, im "Augenblick". Im Kapitel *Die sieben Siegel* ist die Verquickung von "Ewigkeit" und "Wiederkunft" in allen sieben Abschnitten das Leitmotiv:

> oh wie sollte ich nicht nach der Ewigkeit brünstig sein und nach dem
> hochzeitlichen Ring der Ringe, – dem Ring der Wiederkunft! (4, 287-
> 289)

Und alle Abschnitte enden in der bedeutungsschweren Sentenz:

> *Denn ich liebe dich, oh Ewigkeit!* (4, 287-289-Za)

Das Erlebnis der Wiederkunft ist ein Urerlebnis, ein Erlebnis der dionysischen *unio mystica* des Schaffenden mit dem Leben selbst.

Der Gedanke der Wiederkehr ist im Prinzip kein Originalgedanke
Nietzsches. Als kosmologische Idee identisch "ewig wiederkehrender
Welten" taucht er bereits bei den Pythagoreern auf (*Griesser*, Zarathustra, 77; vgl. 1, 261 – HL). Der Wiederkunftsgedanke ist nicht neu, aber
erst Nietzsche denkt ihn konsequent zu Ende: "Ich bin auf diesen
Gedanken bei früheren Denkern gestoßen: jedes Mal war er durch
andere Hintergedanken bestimmt" (13, 375). Nietzsche begründet den
Wiederkunftsgedanken auch naturwissenschaftlich: "Der Satz vom Bestehen der Energie fordert die *ewige Wiederkehr*." (WzM, Nr. 1063).

Aber entscheidender ist die existentielle Bedeutung des Wiederkunftsgedankens. Wenngleich dieser Gedanke in seinem Denken vorbereitet
ist, betont er die Spontaneität der Entstehung:

> Ich gieng an jenem Tage am See von Silvaplana durch die Wälder; bei
> einem mächtigen pyramidal aufgethürmten Block unweit Surlei machte
> ich Halt. Da kam mir dieser Gedanke. (6, 335 – EH)[10]

Der Wiederkunftsgedanke hat für Nietzsche eine dreifache Relevanz,
nämlich im Hinblick auf die Bejahung, das Schaffen und den Übermenschen. Der Wiederkunftsgedanke ist im Grunde ein lähmender Gedanke. Er ist der "*schwerste Gedanke*" (WzM, Nr. 1059), "mein abgründli-
cher Gedanke" (4, 199 – Za). Aber gerade an diesem Gedanken bewährt
sich der Wille zur unbedingten Daseinsbejahung: "der *Ewige-Wieder-
kunfts-Gedanke*, diese höchste Formel der Bejahung, die überhaupt
erreicht werden kann" (6, 335 – EH). Der Wiederkunftsgedanke ist die
höchste Hürde, die der Wille zu nehmen hat. Ihre Bewältigung ist
Ausdruck der höchsten Willenskraft. Zugleich ist die Bejahung der
ewigen Wiederkehr die höchste Form des *amor fati*, der Liebe zum
Schicksal. Nietzsche ersetzt die klassische Dialektik von Freiheit und
Notwendigkeit durch die Symbiose von Wille und Notwendigkeit. Die
Notwendigkeit wird aufgenommen in den Willen. Zarathustra dekre-
tiert: "Die Vergangnen zu erlösen und alles 'Es war' umzuschaffen in
ein 'So wollte ich es!' – das hiesse mir erst Erlösung!" (4, 179 – Za).
Nietzsche bindet die Wiederkehr an den Willen. Er erklärt nicht nur den
Übermenschen, sondern auch die Wiederkunft zu von ihm geschaffe-
nen Ideen. Er notiert: "Da ging ich in die Einsamkeit und schuf den
Übermenschen." (10, 210). Und noch zugespitzter: "Unsterblich ist der
Augenblick, wo ich die Wiederkunft zeugte. Um dieses Augenblicks
willen *ertrage* ich die Wiederkunft." (10, 210). Nur als *geschaffener*
Gedanke ist die Wiederkunft zu ertragen. Voraussetzung dieser Idee ist
die produktive Gestaltung des eigenen Lebens, in der Weise, daß man
die Wiederkehr aller Ereignisse wünscht: "Wir wollen ein Kunstwerk
immer wieder erleben! So soll man sein Leben gestalten, daß man vor
seinen einzelnen Theilen denselben Wunsch hat!" (9, 505). Dies betrifft

---

10 Bezüglich der Entstehung des *Zarathustra* betont Nietzsche überhaupt sowohl den
Reifungsprozeß als auch die Spontaneität. Einerseits spricht er von "Vorzeichen"
und setzt "achtzehn Monate für die Schwangerschaft" an (6, 335 – EH); andererseits
beharrt er auf "Zehn-Tage-Werken" (6, 341 – EH). Dazu *Th. Meyer*, Nietzsche,
607ff. [Exkurs 7]).

aber nicht nur die eigene Vita, sondern vor allem "ein neues Ideal von Philosophie". Nietzsche fordert "ein dionysisches *Jasagen* zur Welt, wie sie ist: bis zum Wunsche ihrer absoluten Wiederkunft und Ewigkeit" (12, 455). Es zeigt sich freilich eine 'dialektische' Verstrickung Nietzsches in den Wiederkunftsgedanken. Der Wiederkunftsgedanke ist sowohl Ausdruck als auch Überwindung des Nihilismus. Es heißt:

> Denken wir diesen Gedanken in seiner furchtbarsten Form: das Dasein, so wie es ist, ohne Sinn und Ziel, aber unvermeidlich wiederkehrend, ohne ein Finale ins Nichts: "*die ewige Wiederkehr*". / Das ist die extremste Form des Nihilismus: das Nichts (das "Sinnlose") ewig! (WzM, Nr. 55)

Aber der Wiederkunftsgedanke ist zugleich das entscheidende Gegenmittel gegen den Nihilismus: "Gegen die lähmende Empfindung der allgemeinen Auflösung und Unvollendung hielt ich die *ewige Wiederkunft*." (WzM, Nr. 417). "Der *Nihilismus* und sein *Gegenstück*: die Jünger der 'Wiederkunft'" (13, 503). Der Wiederkunftsgedanke wird zum Mittel der Destruktion der bisherigen Werte instrumentalisiert: "Die ewige Wiederkunft als Hammer." (12,211). Er erschöpft sich allerdings nicht in dieser Funktion. In der zyklischen Wiederkehr wird das Werden zum Kreislauf. Dieser Kreislauf ist das Sein selbst. In der "Wiederkunft" wird "Ewigkeit" erreicht. Die "Wiederkunft" ist die dionysische Manifestation der "Ewigkeit". Im *Trunkenen Lied* bzw. im *Nachtwandler-Lied* heißt es: "Lust will sich selber, will Ewigkeit, will Wiederkunft, will Alles-sich-ewig-gleich" (4, 402 – Za). Damit erlangt der Wiederkunftsgedanke eine eminent 'positive' Bedeutung. Er ermöglicht das 'Erlebnis' der "Ewigkeit". Die "Wiederkunft" *ist* die "Ewigkeit". Es ist die Frage, ob Nietzsche nicht mit der Idee der "Ewigkeit" die Idee des "Werdens" zurückdrängt. Obschon der Kreislauf das sich in sich selber zurückbiegende Werden ist, ist doch die "Ewigkeit" als stillgelegte Zeit ein das "Werden" durchbrechendes Prinzip. Zumindest bedeutet der 'Augenblick' der Erleuchtung, das Aufsteigen des Wiederkunftsgedankens, den Zeitstillstand. In einer gleichsam immanenten Transzendenz bricht die "Ewigkeit" in die Zeit ein. Durch den Wiederkunftsgedanken wird der Schaffende der "Ewigkeit" teilhaftig. Mit dem Gedanken der "Wiederkunft" verquickt ist die Idee des "Übermenschen". Erst durch den Entwurf des "Übermenschen" wird die "Wiederkunft" zu einem wirklich tragfähigen Gedanken: "*Nach der Aussicht auf den Übermenschen* auf schauerliche Weise die Lehre der *Wiederkunft*: jetzt *erträglich*!" (GA XIV, 265; vgl. U II, 500). Erst für den "Übermenschen" verliert der Wiederkunftsgedanke seine Schwere: "Wir schufen den schwersten Gedanken, – *nun laßt uns das Wesen schaffen*, dem er leicht und selig ist!" (U II, 499). Das könnte bedeuten, daß Nietzsche den "Übermenschen" um der "Wiederkunft" willen entwirft, zumal er den Wiederkunftsgedanken ausdrücklich als die "Grundconception" des *Zarathustra* bezeichnet (6, 335 – EH). Dann wäre die "Wiederkunft" der Zweck und der "Übermensch" das Mittel. Aber Nietzsche setzt die "Wiederkunft" auch als Mittel an. Zarathustra "lehrt **aus dem** *Übermenschen* **heraus** die Wiederkehr: der Übermensch *hält sie aus* und *züchtigt damit*" (10, 378). Der Wiederkunftsgedanke kann zum Instrument des Willens zur Macht werden: "Die Lehre der ewigen Wiederkunft als *Hammer* in der Hand des *mächtigsten* Menschen." (U II, 300). Im Zeichen des Willens zur Macht kann Nietzsche den Wiederkunftsgedanken sogar in radikaler Weise vitalisieren: "Der Gedanke der Wiederkunft als *auswählendes* Prinzip, im Dienste der *Kraft* (und Barbarei!!)." (III, 873). Letztlich ist nicht der Wiederkunftsgedanke, sondern das Schaffen die höchste Kategorie. Das Schaffen kann selbst den Wiederkunftsgedanken hinter sich lassen:

> dieses höchste Hinderniß,
> diesen Gedanken der Gedanken,
> wer schuf ihn sich!
> Das Leben selber schuf sich
> sein höchstes Hinderniß:
> über seinen Gedanken selber springt es nunmehr hinweg
> (13, 571 [1888])

Hier gewinnt Nietzsche eine eigene Freiheit gegenüber dem Wiederkunftsgedanken. Da der Wiederkunftsgedanke ein *geschaffener* Gedanke ist, alles Geschaffene aber dem Wandel unterliegt, kann das Leben sogar über die "Wiederkunft" hinweggehen. Als infiniter Prozeß und gemäß dem ständigen Über-sich-hinaus-Wollen läßt das Leben sich letztlich durch keine Idee einbinden und verfestigen, sondern transzendiert sogar noch den tiefsten Gedanken. Wenn der Wiederkunftsgedanke zum "Hinderniß" für das Leben wird, kann das Leben ihn 'überspringen'. Damit ist die (schwierige) Frage aufgeworfen, ob der "Übermensch", die höchste Potenz des Schaffenden, nur eine Funktion der "Wiederkunft", ob er nur der Verkündiger der "Wiederkunft" ist, oder ob er darüber hinaus eine über die "Wiederkunft" hinausweisende

Bedeutung hat (zum Verhältnis von "Übermensch" und "Wiederkunft" vgl. *Th. Meyer*, Nietzsche, 604-607 [Exkurs 6]). Der "Übermensch" läßt sich nicht auf eine konkrete Bedeutung und Funktion festlegen. Er ist von eigentümlich inhaltlicher Unbestimmtheit. Nietzsche wollte und konnte ihn nicht exakt definieren. Er hätte ihm sonst seine Aura genommen. Er beschränkt sich darauf, ihn als Ideal der unbedingten Daseinsbejahung und höchsten Lebenssteigerung herauszustellen. Der "Übermensch", "ganz epicurischer Gott", ist der "Verklärer des Daseins" (11, 541). Als die höchste Potenz des Schöpferischen ist er der 'Dionysos': "Die übermenschliche Auffassung der Welt. Dionysos." (11, 541).

Wenn somit das Schaffen, das Schaffen großer Ideen, das zentrale Anliegen Nietzsches ist, so ergibt sich doch eine spezifische Schwierigkeit im Hinblick auf das Verhältnis von zielgerichtetem Schaffen und zweckfreiem Spiel. Zarathustra erklärt:

> Unschuld ist das Kind und Vergessen, ein Neubeginnen, ein Spiel, ein aus sich rollendes Rad, eine erste Bewegung, ein heiliges Ja-sagen. / Ja, zum Spiele des Schaffens, meine Brüder, bedarf es eines heiligen Ja-sagens: *seinen* Willen will nun der Geist, *seine* Welt gewinnt sich der Weltverlorene. (4, 31 – Za [Von den drei Verwandlungen])

Das Kind spielt um des Spieles willen. Der Schaffende will im Spiel die Welt umformen. Einerseits ist das Spiel ein selbstgenügsames Spiel (das in sich selber kreist). Andererseits ist das Spiel ein voluntatives Spiel (das den neuen Menschen hervorbringen soll). Wie geht beides zusammen? Nietzsche sieht hier offenbar keinen Widerspruch. Das Spiel ist seinem Wesen nach immer schon Ausdruck von Bejahung und Kreativität. Insofern ist auch das Spiel des Kindes ganz so 'unschuldig' nicht. Aus dem Spiel erwächst immer ein kreativer Impetus, bewußt oder unbewußt. Spiel ist immer schöpferisches Spiel. Im Spiel des Kindes ist das Spiel des Schaffenden im Keim angelegt. Spiel, Bejahung und Schaffen bilden eine ursprüngliche Einheit.

V. Die Experimentalexistenz

Das Schaffen wird bei Nietzsche konsequenterweise zum Experimentieren. Er will die höchsten Möglichkeiten des Menschseins erproben. Er will die extremen Möglichkeiten des Menschen ausloten. Er stellt den Menschen in offene, freie, unentdeckte Horizonte. Das Leben wird aufgefaßt als Versuchsfeld, als Bereich des Potentiellen, als Raum der offenen Möglichkeiten. Das Dasein wird zum Experiment und der Schaffende zum Experimentator. Für den Schaffenden ist die Welt (und die eigene Existenz) nur Rohstoff, nur ein zu formendes 'Material', nur eine Aufforderung zur Um- und Neugestaltung. Im Unterschied zum naturalistischen Experimentator, der in der Synthese von Dichtung und Naturwissenschaft eine objektive Phänomenbeschreibung und Analyse des von Trieb, Milieu und Vererbung determinierten Menschen erstellen will[11], ist bei Nietzsche der Experimentator der auf Grund eigner Setzung den neuen Menschen und ein neues Welt- und Seinsbewußtsein hervorbringende Experimentator. Dieser hält nicht objektive Distanz zu den Dingen, sondern betreibt ihr 'subjektive', d.h. perspektivistische Verwandlung. Dem objektiven Experiment des Naturalismus setzt Nietzsche ein existentielles Experimentieren entgegen. Besonders hinsichtlich der eigenen Existenz ist der Mensch nicht mehr Objekt, sondern Subjekt des Experiments. Nietzsche hebt die Distanz zwischen dem Experimentator und seinem Objekt auf, denn der Experimentierende wird selbst zum Gegenstand des Experimentierens. Das Experiment wird zum Selbstexperiment. An die Stelle des naturwissenschaftlichen Befundes tritt der existentielle Entwurf. Das Experiment wird zum Selbstentwurf. Das unterscheidet es auch vom psychoanalytischen Experiment, in dem durch Ausleuchtung des Submentalen psychogene Störungen der Versuchsperson geheilt werden sollen. Nietzsche ist kein Therapeut. Nicht Fremdhilfe, sondern Selbsthilfe ist gefordert.

Das ist die existentielle Konsequenz aus dem Prinzip des Schaffens. Das Schaffen ist nicht nur ein Hervorbringen neuer Ideen, sondern auch ein Sich-selber-Schaffen, ein Sich-selber-Erschaffen, eine experimentelle Selbstverwandlung. Nietzsches Experiment ist ein Experiment nicht nur mit philosophischen Ideen, sondern auch mit der eigenen Existenz. Sie wird in diesem Experiment mit aufs Spiel gesetzt. Nietzsche denkt und lebt immer in Extremzuständen. In seinem schrankenlosen Personalismus kann er Selbstverklärung betreiben. Aber er geht auch das Risiko der Selbstvernichtung ein. Hinter der Verklärung lauert der Schrecken. Nietzsches geistige Existenz besteht nicht zuletzt im

---

11 Zola verkündete die Synthese von Schriftsteller und Wissenschaftler und forderte die Anwendung naturwissenschaftlicher Methoden auf die Dichtung. Er forderte, "que le romancier est fait d'un observateur et d'un expérimentateur […] il y a la connaissance de l'homme, la connaissance scientifique, dans son action individuelle et sociale" (Le Roman Expérimental [1880], 16f.).

Versuch, die Schrecknisse des Lebens produktiv zu bewältigen. Im Grunde ist seine Apotheose des Lebens auch eine Apotheose des Schreckens. Er notiert: "ich möchte der Welt ihren herzbrechenden Charakter nehmen" (10, 117). Aber er fordert auch die "Selbsterziehung zum Ernst und zum Schrecken" (1, 22 – GT [VS]). Nietzsche will seinen Lebensentwurf auf jede Gefahr hin durchsetzen. Die Gefahr wird für ihn zum Lebenselement: "das Geheimniss, um die grösste Fruchtbarkeit und den grössten Genuss vom Dasein einzuernten, heisst: *gefährlich leben*!" (3, 526 – FW). Und: "wo Gefahr ist, / da bin ich dabei, / da wachse ich aus der Erde" (13, 569). Nicht das Sich-aus-Gefahr-Retten, sondern das Sich-in-Gefahr-Begeben ist kennzeichnend für Nietzsche. Nietzsche bejaht, ja fordert die Gefahr, weil sie die Lebensintensität steigert. Die Gefahr ist nicht nur der Probierstein, sondern auch das Stimulans der Existenz. Alle Widerstände, Kalamitäten und Schicksalsschläge sind Elemente des Experiments. Schon das nach Erkenntnis strebende Experimentieren dient der Lebenserhaltung. Nietzsche schreibt:

> Meine Existenz ist eine *fürchterliche Last*: ich hätte sie längst von mir abgeworfen, wenn ich nicht die lehrreichsten Proben und Experimente auf geistig-sittlichem Gebiete gerade in diesem Zustande des Leidens […] machte […] (B 6, 3-Januar 1880)

Im Zeichen des Experiments ergibt sich eine spezifische Dialektik von 'Krankheit' und 'Gesundheit'. Bezeichnend ist Nietzsches Bemerkung zur Entstehung von *Menschliches, Allzumenschliches*:

> Die ganze "*Menschlichkeit*" mit den 2 Anhängen ist aus der Zeit der bittersten und anhaltendsten Schmerzen – und scheint mir doch ein Ding voller Gesundheit. Dies ist mein *Triumph*. (B 5, 471 – 18.12.79)

Was hier ansteht, ist nicht nur die Überwindung der Krankheit durch den Schaffensprozeß, sondern auch die Deutung der Krankheit als Voraussetzung des produktiven Aktes, des großangelegten Schaffens. Nietzsche begreift sein Leben als Experiment, und zu diesem Experiment gehört auch die "Krankheit", als ein "Mittel", ein Mittel zur Auslösung schöpferischer Impulse, als eine Methode, eine neue Freiheit, eine neue "Gesundheit", zu erlangen. Es ist das "Zeichen der *grossen* Gesundheit", "*auf den Versuch* hin leben und sich dem Abenteuer anbieten zu dürfen" (2, 17f. – MA I [Vorrede von 1886]). Erst vor dem Hintergrund der Experimentalexistenz wird das Problem der Krankheit bei Nietzsche voll verständlich. Die 'Krankheit' ist ein Funktionselement in einer Versuchsanordnung. "Die Krankheit ist ein mächtiges Stimulans. Nur muß man gesund genug für das Stimulans sein." (13, 480; vgl. 6, 22 – WA und 13, 535).[11]

Die Experimentalexistenz ist ständig in Atem gehalten, lebt ein transitorisches Leben des unaufhörlichen Sich-Erprobens und steigert sich immer wieder in Grenzsituationen hinein. Nietzsche lebt eine im ursprünglichen Wortsinn 'essayistische' Existenz. Für Nietzsche ist das Selbstexperiment ein Postulat der Vernunft, das er gegen alles Schwärmertum abgrenzt und sogar wissenschaftlich begründet:

> Aber wir, wir Anderen, Vernunft-Durstigen, wollen unseren Erlebnissen so streng in's Auge sehen, wie einem wissenschaftlichen Versuche, Stunde für Stunde, Tag um Tag! Wir selber wollen unsere Experimente und Versuchs-Thiere sein. (3, 551 – FW)

Dieser Daseinsentwurf ist getragen von einem ungeheuren existentiellen Ernst, der die große Leidenschaft des Aufbruchs ebenso in sich schließt wie das tragische Pathos des Scheiterns. Diese Experimentalexistenz bezieht ihre Legitimation aus einem Unbedingtheitsanspruch. Von besonderem Gewicht ist dabei, daß Nietzsche sein Experiment nicht als bloß individuellen Fall versteht, sondern ihm repräsentative Bedeutung zumißt. Bezeichnende Fragmente aus der Zarathustra-Zeit lauten:

> Dein Leben ein Versuch und Denkmal deines Versuchs. (10, 183). Dein Leben sei ein hundertfältiger Versuch: dein Mißlingen und Gelingen sei ein Beweis: und sorge dafür, daß man wisse, was du versucht und bewiesen hast. (10, 222 u. 223)

Die *conditio sine qua non* der Experimentalexistenz ist das freie, offene Denken. Deshalb lehnt Nietzsche "Überzeugungen" ab. "Überzeugungen sind Gefängnisse." (6, 236 – AC). Ein Aphorismus lautet: "*Feinde der Wahrheit*. – Ueberzeugungen sind gefährlichere Feinde der Wahrheit, als Lügen." (2, 317; vgl. 6, 237 – AC u. 10, 383). Nietzsche dia-

---

12 Zu Deutung und Wertung der Krankheit (Möbius, Podach, Hildebrandt, Jaspers, Lange-Eichbaum) vgl. *Th. Meyer*, Nietzsche, 618-621 [Exkurs 12]; vgl. auch S. 246-249). Es ist bemerkenswert, daß Künstler in der Regel die Krankheit Nietzsches in anderem Lichte sehen als Psychologen und Psychiater und die inversiven Beziehungen zwischen Krankheit und Produktivität hervorheben. "Es kommt darauf an, *wer* krank ist: ein Durchschnittsdummkopf, bei welchem die Krankheit des geistigen und kulturellen Aspektes freilich entbehrt, oder ein Nietzsche, ein Dostojewski." (*Thomas Mann*, Nietzsche, 23). Zur Bedeutung der 'Krankheit' für Nietzsche vgl. auch *Hoffmann*, Thomas Mann, 185-197.

gnostiziert eine Ideologiescheu des modernen Bewußtseins: "Wir sind vorsichtig, wir modernen Menschen, gegen letzte Ueberzeugungen" (3, 627 – FW). Voraussetzung des Experimentierens ist der *"vieldeutige* Charakter" des "Daseins" (3, 625 – FW), der "Fragezeichen-Charakter der Dinge" (3, 627 – FW), der Unendlichkeitscharakter der Welt: "Die Welt ist uns vielmehr noch einmal 'unendlich' geworden", da "sie *unendliche Interpretationen in sich schliesst*" (3, 627 – FW). Zugleich ist die Welt ein Rätsel und ein Labyrinth. Nietzsche notiert: "Unendliche Ausdeutbarkeit der Welt [...] / Der Welt ihren beunruhigenden und änigmatischen Charakter *nicht abstreiten wollen!*" (12, 120). "[...] sich den Anreiz des änigmatischen Charakters nicht nehmen lassen" (12, 142). Dazu gehört, daß die Welt ihren labyrinthischen Charakter wahrt. Nietzsche will nicht aus dem Labyrinth hinaus, sondern ins Labyrinth hinein: "Wir haben für das Labyrinth eine eigne Neugierde, wir bemühn uns darum, die Bekanntschaft des Herrn Minotaurus zu machen" (13, 602). Nietzsche will der Welt ihren vieldeutigen, rätselhaften und unendlichen Charakter erhalten, da allein die dergestalt offene Welt ein freies Experimentierfeld des Schaffenden sein kann. Das Unentdeckte ist das Element des Schaffenden. Eine "starke, kühne, verwegene Seele" ist "voll des Verlangens nach unentdeckten Welten und Meeren, Menschen und Göttern" (3, 541 – FW).

Die Welt als Rohstoff des Experimentierenden, das Leben als Versuch, die Existenz als Experiment – dies ist überhaupt der Kerngedanke des Nietzscheschen Philosophierens und das Schlüsselerlebnis des Nietzscheschen Daseinsvollzugs. Dies ist für Nietzsche die große Befreiung. In der *Fröhlichen Wissenschaft* formuliert er enthusiastisch:

> *In media vita*. – Nein! Das Leben hat mich nicht enttäuscht! Von Jahr zu Jahr finde ich es vielmehr wahrer, begehrenswerther und geheimnissvoller, – von jenem Tage an, wo der grosse Befreier über mich kam, jener Gedanke, dass das Leben ein Experiment des Erkennenden sein dürfe – und nicht eine Pflicht, nicht ein Verhängniss, nicht eine Betrügerei! (3, 552 – FW).

Der reale Mensch ist nur ein defizienter Modus des potentiellen Menschen. "Der wirkliche Mensch ist weit zurück hinter dem embryonischen, der aus ihm erst in drei Geschlechtern entsteht." (U II, 291). Durch das Experiment mit dem Menschen, durch das Selbstexperiment soll der Übermensch gestaltet werden: "Es ist etwas Fundamental-Fehlerhaftes im Menschen – er muß überwunden werden. Versuche!" (10, 380; vgl. 4, 14 – Za sowie 10, 655f.). Daher ist die eigentliche

Existenz eine Experimentalexistenz: "Ein Experiment jedes wirkliche Leben!" (10, 518). Die Devise lautet: "Das Leben als Versuch" (10, 528). Der Mensch ist "der grosse Experimentator mit sich, der Unbefriedigte, Ungesättigte" (5, 367 – GM). Das Experiment soll nicht nur Gegenstand der Reflexion, sondern auch gelebte Existenz sein. Daher spricht Nietzsche von der "Experimental-Philosophie, wie ich sie lebe" (13, 492) – und tatsächlich lebte er um diese Zeit, im Frühjahr und Sommer 1888, eine Experimentalexistenz. Gerade der hektische Extremismus, die gedanklichen Hypertrophien und die heißgelaufenen Emotionen, wie sie für den 'letzten' Nietzsche so symptomatisch sind, signalisieren nicht nur eine Krise, sondern sind auch Ausdruck, bewußt oder unbewußt, eines konsequenten Selbstexperiments. Der Experimentator selbst ist Gegenstand des Experiments. Die Experimental-Philosophie ist Experimental-Existenz. Nietzsches kategorischer Imperativ lautet: Verwandle dein Leben in ein Experiment! Erst als Experimentalexistenz gewinnt der Mensch seine Freiheit: "Aus seinem Leben selbst ein Experiment machen – das erst ist *Freiheit* des Geistes, das wurde mir später zur Philosophie …" (13, 618). Die theoretische Philosophie soll in praktische Philosophie, die *vita contemplativa* in die *vita activa*, das Denken in Handeln umgesetzt werden: "Wir neuen Philosophen, wir Versuchenden, denken anders – und wir wollen es nicht beim Denken bewenden lassen. Wir denken *freier* – vielleicht kommt der Tag, wo man mit Augen sieht, daß wir auch freier handeln." (11, 557f.). Die Experimentalphilosophie betrifft nicht nur den einzelnen Menschen, sondern die ganze Menschheit: "Wir dürfen mit uns selber experimentiren! Ja die Menschheit darf es mit sich!" (3, 294 – M). "Es könnten *ganze Teile der Erde* sich *dem bewußten Experimentieren weihen!*" (U II, 371). Die Experimentalphilosophie droht zum Züchtungsbiologismus zu werden. Nietzsche weitet seine Experimentalphilosophie zu einer Geschichtsphilosophie aus. Die Geschichte selbst erscheint ihm als ein großes Experiment: "Die Geschichte als die große *Versuchs-Anstalt*: die bewußte Weisheit *vorzubereiten*, welche zur Erd-Regierung noththut. Das Zusammen-denken des Erlebten –" (11, 173). Das "Zusammen-denken des Erlebten" – dies erinnert an Hegels Idee des Geistes, der die Geschichte im 'absoluten Wissen' versammelt; und die "Erd-Regierung" könnte an kosmopolitische Ideen der Aufklärung denken lassen, an Kants Schrift *Zum ewigen Frieden* und die Idee einer Weltregierung. Aber der Philosoph des Willens zur Macht denkt eher an ein riesiges Machtkartell als Herrschaftsinstrument der großen Experimentatoren. Dementsprechend schlägt er schrille Töne an, bis zur hektischen Forderung nach dem Krieg als der großen Purgation: "Zeitalter der *Versuche.* / Ich mache die große Probe: *wer hält den Gedanken der ewigen Wiederkunft aus?* [...] Ich will *Kriege*, bei denen die Lebensmuthigen die Anderen vertreiben" (11, 85). Die *"Barbaren* des zwanzigsten Jahrhunderts" (III, 690) haben durch ihre schaurigen Vernichtungsorgien diese Philosophie widerlegt. bzw. diskreditiert. Zarathustra ahnt freilich solchen Mißbrauch:

> Wollust: – doch ich will Zäune um meine Gedanken haben und auch noch um meine Worte: dass mir nicht in meine Gärten die Schweine und Schwärmer brechen! (4, 237 – Za [Von den drei Bösen]) (dazu *Benn*, Nietzsche, 482f.).

Nietzsche ging es um die experimentelle Hervorbringung des großen Menschen, um die "Erzeugung des *synthetischen,* des *summierenden,* des *rechtfertigenden* Menschen" (WzM, Nr. 866). Das Experiment wird zu einer universellen Kategorie. Es erfaßt nicht nur die Existenz, sondern auch die Geschichte und die Wissenschaft. Im Hinblick auf die geschichtliche Entwicklung und gesellschaftliche Herrschaftsstrukturen neigt Nietzsche zu abwegigen Züchtungsideen. Von der "Wissenschaft" erwartet er "Ziele des Handelns", "ein Jahrhunderte langes Experimentiren" (3, 379f. – FW). Die Experimentalphilosophie und die Experimentalexistenz verbinden sich mit der Exprimentalwissenschaft. Wenn diese Konzeption zum Züchtungsbiologismus wird, schlägt die Freiheit in Unfreiheit um, denn dann wird das Experiment zum Zwang, dem der konkrete Mensch geopfert wird. Das Experiment als existentielle Freiheit und das Experiment als biologistische Determination – dies sind die beiden Extremmöglichkeiten des Experiments im Denken Nietzsches. Die Forderung nach dem Experiment, dem Selbstexperiment, demonstriert in aller Deutlichkeit, daß es Nietzsche nicht mehr um abstrakte Philosophie, sondern um existentielles Philosophieren geht, ja, es geht ihm letztlich überhaupt nicht mehr um Philosophieren, sondern um den Daseinsvollzug in Grenzsituationen. 'Philosophie' hat für ihn nur Wert, wenn sie 'gelebt' wird. In diesem Sinne ist Nietzsches Philosophie Existenz-Philosophie.

Die Experimentalexistenz setzt sich auch dem eigenen Untergang aus. Um eines großen Ziels willen opfert sich der Schaffende. Dies ist Nietzsches Begriff von "Heroismus". Er schreibt:

Heroismus – das ist die Gesinnung eines Menschen, der ein Ziel erstrebt, gegen welches gerechnet er gar nicht mehr in Betracht kommt.
Heroismus ist der gute Wille zum absoluten Selbst-Untergange. (B 6,
243 – 8./24.8.82)

Zarathustra verkündet:

Ich liebe Den, welcher lebt, damit er erkenne, und welcher erkennen
will, damit einst der Übermensch lebe. Und so will er seinen Untergang.
(4, 17 – Za; vgl. 10, 222)

Auf Grund des Scheiterns an den Menschen impliziert der Entwurf des
"Übermenschen" Zarathustras Untergang. Im Denken Nietzsches gehört auch der Tod zur Experimentalexistenz. Der Tod interessiert ihn
allein als Akt der Freiheit. In der Rede *Vom freien Tode* erklärt Zarathustra: "Meinen Tod lobe ich euch, den freien Tod, der mir kommt, weil
ich will." (4, 94 – Za). Zarathustra, der große Experimentator des Lebens, will auch aus dem Tod ein "Fest" machen (4, 93 – Za). Nietzsche
notiert: "Der Tod umzugestalten als Mittel des Sieges und Triumphes.
[…] Freiheit zum Tode." (U II, 444). Nur der aus der Entschlossenheit
des Willens vollzogene Freitod wird von Nietzsche gerechtfertigt. Der
"freie Tod" ist nicht Ausdruck von Schwäche, sondern von Stärke.
Buddhistische Willensverneinung, christliche Leidensmetaphysik und
romantische Todesmystik hingegen werden von Zarathustra, im Kapitel
Von den Predigern des Todes, als Formen des *décadence*, der Willensschwäche, des Nihilismus verworfen. Nietzsches Devise lautet: "siegend, *vernichtend*" "sterben" (6, 388 – DD [Letzter Wille]). Die Freiheit gegenüber dem Tod bekundet sich vor allem in der Heiterkeit.
Wiederholt verkündet Nietzsche die Symbiose von "Tod" und "Heiterkeit". Schon 1883 notiert er: "Heiterkeit als der heimliche Vorgenuß
des Todes." (10, 546). Später ist dies ein Zentralmotiv des halkyonischen Dionysos-Dithyrambus *Die Sonne sinkt* (vgl. 6, 396 – DD). In der
euphorischen Heiterkeit des Todes hat das Experimentieren ein Ende:
"Heiterkeit als der heimliche Vorgenuß des *Todes* – es enthebt uns der
großen Bürde unserer Aufgabe." (10, 629). Nietzsche kennt allerdings
auch den Tod als Bedrohung. Im Dionysos-Dithyrambus *Die Wüste
wächst* heißt es:

Die Wüste wächst: weh dem, der Wüsten birgt!
Stein knirscht an Stein, die Wüste schlingt und würgt.
Der ungeheure Tod blickt glühend braun
und *kaut*, – sein Leben ist sein Kaun… (6, 387 – DD)

Hier entfaltet Nietzsche ein existentielles Pathos des Todes. Der Tod ist ein Ungeheuerliches. Er ist das alles Zernichtende. Er ist die den Menschen verschlingende "Wüste", das ihn vernichtende Nichts. Die Sinnlosigkeit des Daseins kann die Frage nach dem Selbstmord aufwerfen. Ist das Dasein völlig sinnlos geworden, kann der Selbstmord sogar ein Gebot der Wahrhaftigkeit sein. Aber Nietzsche überwindet den Impetus zum Selbstmord durch das Schaffen, durch den Willen zum ästhetischen Schein über dem Abgrund des Daseins. Im Textstück *Unsere letzte Dankbarkeit gegen die Kunst* heißt es:

> Die *Redlichkeit* würde den Ekel und den Selbstmord im Gefolge haben. Nun hat aber unsere Redlichkeit eine Gegenmacht, die uns solchen Consequenzen ausweichen hilft: die Kunst, als den *guten* Willen zum Scheine. (3, 464 – FW)

Die entscheidende Gegenkraft zur Selbstvernichtung ist die Kunst.

B. Kunstauffassung

In der Nachfolge des romantischen Kunstenthusiasmus und im Umfeld Richard Wagners erfährt die Kunst im Denken Nietzsches eine höchste Steigerung. Nietzsche entfaltet noch einmal jenes ganz große Pathos der Kunst, wie es in der deutschen Frühromantik und dann in den Werken und Schriften Wagners und wie es später in der Literatur der Jahrhundertwende, vor allem bei Stefan George und seinem Kreis sowie bei Rilke, und dann bei Gottfried Benn verkündet wird. Bei Nietzsche liegt allerdings eine spezifische Kunstauffassung vor. Von der Romantik unterscheidet er sich durch die Loslösung der Kunst von der Religion und die Rückgründung der Kunst in der Immanenz des Lebens, von Wagner dadurch, daß er die Kunst nicht als 'romantische' Willensverneinung, sondern als 'dionysische' Willensbejahung versteht, von George dadurch, daß er nicht einem apollinischen Kunstabsolutismus das Wort redet, sondern die Kunst in der genetischen Duplizität des Dionysischen und Apollinischen verankert, und von Benn unterscheidet er sich dadurch, daß für ihn nicht das statische Kunstgebilde, sondern das dynamische Leben die Essenz des 'Ästhetischen' ausmacht. Nietzsches 'Ästhetik' ist durch die für ihn überhaupt so symptomatische Doppeltendenz von Destruktion und Entwurf gekennzeichnet. Vehement betreibt er die Auflösung der idealistischen Ästhetik (die das Kunstwerk als ein vom 'Geist' hervorgebrachtes statisches Eigengebilde auffaßt), und ebenso energisch verkündet er den Entwurf einer lebensphilosophischen Ästhetik (die das Kunstwerk als ein vom 'Leben' hervorgebrachtes dynamisches Funktionsgebilde deutet). Zugleich wird der klassische Begriff des ästhetischen Scheins (Schein als Ausdruck der Wahrheit) von einem voluntativen Begriff des ästhetischen Scheins (Schein als Ausdruck des Willens) abgelöst. Die entscheidende Abgrenzung gegen die traditionelle Ästhetik besteht in der Verquickung von Kunst und Willen. Die Kunst ist Ausdruck des Willens zur Macht. Der Wille aber ist der Wille des Schaffenden, für den nur eine von ihm geschaffene Welt Bedeutung hat. Das Kunstwerk, das 'Schöne' überhaupt, ist als Produkt des schaffenden Willens Ausdruck des autonomen Subjekts. Nietzsche verweist auf den "*Macht-Willen*" als "Mittel der Erhaltung von Mensch" und fährt fort:

> Ebenso unsre Liebe zum Schönen: ist ebenfalls der *gestaltende Wille*.
> [...] Die Lust am Gestalten und Umgestalten – eine Urlust! Wir können
> nur eine Welt *begreifen*, die wir selber *gemacht* haben. (WzM, Nr. 495)

Nietzsches Ästhetik ist Schaffensästhetik, das heißt, die Kunst ist Ausdruck, der höchste Ausdruck, des schaffenden Willens und des autarken Subjekts. Dies ist die ästhetische Grundkonzeption Nietzsches – die sich in dieser Entschiedenheit allerdings erst allmählich bei ihm herausschält.

Die Kunst unterliegt in den einzelnen Schaffensperioden Nietzsches spezifischen Wandlungen. In der *romantisch-enthusiastischen* Periode, zur Zeit der *Geburt der Tragödie*, ist Nietzsche, im Zeichen der Duplizität des Dionysischen und Apollinischen, d.h. des dionysischen Lebens und des apollinischen Scheins, getragen vom großen Pathos der Kunst als Organ der Welterkenntnis, als Verbindung zum Weltgrund und als Vehikel der Kulturerneuerung. Der Künstler ist Organ des Weltwillens. In der *kritisch-analytischen* Periode, d.h. vor allem in *Menschliches, Allzumenschliches*, werden Kunst und Künstler zum Gegenstand der Enthüllungspsychologie. Die Kunst wird als Scheinwesen abgetan, und der Künstler erscheint als Lügner. Dem Wissenschaftler wird der Vorrang vor dem Künstler eingeräumt, da er nicht dem Lug und Trug huldigt, sondern dem Ethos der Wahrheit verpflichtet ist. In der *schöpferisch-voluntativen* Periode, d.h. seit dem *Zarathustra*, erscheint die Kunst als Emanation des Willens zur Macht, des kreativen Individualwillens. Der Künstler wird zur autonomen Größe. Seine Schaffensmöglichkeiten sind unbegrenzt. Zugleich aber steht der Künstler im Spannungsfeld von Wahrheit und Lüge, in einer unaufhebbaren, paradoxen Spannung. Innerhalb dieses Spannungsfeldes wird die Kunst als Stimulans des Lebens in den höchsten Rang erhoben. In dieser Periodisierung sind freilich nur Schwerpunkte akzentuiert. In den Einzelfragen können sich Aspekte aus allen Perioden vielfältig überschneiden. Jedenfalls durchzieht die Kunst Nietzsches Denken und Schaffen von den Anfängen bis zum Ende.[1]

---

1 Zum Kunstproblem in den einzelnen Schaffensperioden und Schriften detaillierter *Th. Meyer*, Nietzsche, 178-180.

I. Kunst und Leben

Das Verhältnis von Kunst und Leben ist ein das Denken Nietzsches unentwegt beherrschendes Thema. Immer wieder umkreist und durchdringt er diese für ihn zentrale Frage: Welche Bedeutung hat die Kunst für das Leben? Und immer wieder vertritt er den Grundgedanken, daß die Kunst die höchste Manifestation und das höchste Organ des Lebens sei. Dabei sind die Begriffe 'Leben' und 'Kunst' bei Nietzsche vieldeutige Begriffe. Er kann den Begriff "Leben" als biologistischen Kampfbegriff provokativ gegen Idealismus und Moral ansetzen und als "etwas essentiell Unmoralisches" definieren (1, 19 – GT [VS]). Aber damit ist bereits eine über den reinen Bios, das pure 'Leben', hinausweisende Bedeutung des Begriffs "Leben" signalisiert. Das "Leben" ist ein ständig über sich hinaus Wollendes. Es ist Wille zur Macht. Die Frage "Aber *was ist Leben?*" beantwortet Nietzsche bündig: "Meine Formel dafür lautet: Leben ist Wille zur Macht." (WzM, Nr. 254). Das "Leben" ist seinem Wesen nach auf Wert-Setzung angelegt:

> das Leben selbst zwingt uns Werthe anzusetzen, das Leben selbst werthet durch uns, *wenn* wir Werthe ansetzen … Daraus folgt, dass auch *jene Widernatur von Moral*, welche Gott als Gegenbegriff und Verurtheilung des Lebens fasst, nur ein Werthurtheil des Lebens ist […] des niedergehenden, des geschwächten […] Lebens. (6, 86 – GD)

Während das schwache Leben negative, d.h. lebensschwächende Werte setzt, setzt das starke Leben positive, d.h. lebensstärkende Werte. Es setzt freilich keinen lebenstranszendenten, sondern nur einen lebensimmanenten Wert, indem es sich selber als höchsten Wert ansetzt. Vom "Willen zur Macht" heißt es: "Verwandlung der Energie in Leben und 'Leben in höchster Potenz' erscheint demnach als Ziel." (WzM, Nr. 639). "Das Leben selbst ist kein Mittel zu Etwas; es ist bloß Wachsthums-Form der Macht." (13, 486). Seine höchste Steigerung erlangt das Leben als 'dionysisches' Leben. Zarathustra verkündet: "Das Leben ist ein Born der Lust" (4, 258 – Za). Obschon das Leben selbst der höchste Wert ist, kreist es doch nicht beruhigt in sich selber, sondern ist als Wille zur Macht permanent getrieben vom Impetus nach immer neuen, stärkeren Formen der Selbstverwirklichung. "Steigen will das Leben und steigend sich überwinden." (4, 130 – Za). Unter diesem voluntativen Aspekt ist selbst das "Leben" nur Ausdruck des "Willens zur Macht". Der "Wille zur Macht" kann sich in vielen Formen manifestieren, als "'Naturgesetz'", "Leben", "Kunst", "Moral", "Politik", "Wissenschaft", "Religion" (13, 254).

In diesem Umfeld nimmt die Kunst eine Sonderstellung ein. Die höchste Ausdrucksform des "Willens zur Macht" (und damit auch des "Lebens") ist die Kunst. Auch Nietzsches 'Kunst'-Begriff ist vieldeutig bzw. perspektivenreich. Er kann die 'Kunst' bzw. den 'Künstler' als universelle Kraft (als Weltwillen) und als individuelle Potenz (als Individualwillen) auffassen. Er operiert mit einem extrem erweiterten Kunstbegriff (die Welt als Kunstwerk der Natur, 'Kunst' als Synonym für alle kreativen Tätigkeiten des Menschen, das Kunstwerk als ästhetisches Produkt des Künstlers). In der Regel bezeichnet der Begriff 'Kunst' das vom Künstler hervorgebrachte ästhetische Gebilde. Da es Nietzsche aber weniger um das Kunstprodukt als vielmehr um den Kunstprozeß geht, kann der Begriff 'Kunst' auch eine 'Tätigkeit' meinen, den kunstschöpferischen Akt. Die Kunstgenese kann stärker als elementarer Vitalvorgang oder stärker als kreativer Geistesakt und als Verquickung von Vitalprozeß und Geistesakt verstanden werden. Zugleich kann die Kunst sowohl physiologisch als auch metaphysisch begriffen werden. Nietzsche spricht sowohl von der "Physiologie der Kunst" (vgl. bes. 13, 529f.) als auch von der "Kunst" als "metaphysischer Thätigkeit" (1, 24 – GT sowie 1, 17 – GT [VS]). Mit dem Begriff 'physiologisch' will er den idealistischen Kunstbegriff abbauen und das Elementar-Vitale des Kunstprozesses hervorkehren. Mit dem Begriff 'metaphysisch' will er der Kunst die höchste Dignität verleihen und sie an die Stelle der bisherigen metaphysischen Inhalte setzen. Dies ist die dominante Bedeutung des Begriffs 'Kunst' bei Nietzsche. Er hat dieses sein ästhetisches Credo bereits in der *Geburt der Tragödie* in dem Satz formuliert,

> dass ich von der Kunst als der höchsten Aufgabe und der eigentlich metaphysischen Thätigkeit dieses Lebens [...] überzeugt bin [...] (1, 24 – GT)

Die Entscheidende Wende ist die Ablösung der "Wahrheit" durch die "Kunst". In der Rückschau auf die Tragödienschrift notiert Nietzsche:

> Nur weiß er – er hat es erlebt, er hat vielleicht nichts Anderes erlebt! – daß die Kunst *mehr werth* ist als die Wahrheit. (13, 522 – 1888)

Nietzsche betreibt gezielt den Abbau der idealistischen Ästhetik, d.h. die Demontage der Idee des reinen, zwecklosen, in sich selber ruhenden Kunstwerks. Die Kunst ist für ihn nicht mehr ein *mundus aestheticus über* dem Leben, sondern ein *im* Leben sich vollziehendes Ereignis. Er will die Trennwand zwischen Kunst und Leben einreißen. Dies ist sein eigentliche 'ästhetischer' Antrieb. Er denunziert den klassischen Kunstbegriff als bloße Fiktion, als bloßen ästhetischen Schein. Nun baut er aber selbst Fiktionen auf, den ästhetischen Schein über den Daseinsabgründen. Aber da er den Schein auf das Leben zurückbezieht, indem das Leben selbst um seiner Erhaltung und Steigerung willen den Schein hervorbringt, hat Nietzsches Kritik des idealistischen Scheins dennoch ihre Schlüssigkeit. Häufig hebt Nietzsche das Triebhaft-Elementare der 'Kunst' hervor; aber er verabsolutiert den biologischen Aspekt nicht, sondern verquickt ihn mit geistigen Aspekten. So notiert er:

> Die Kunst erinnert uns an Zustände des animalischen *vigor*; sie ist einmal ein Überschuß und Ausströmen von blühender Leiblichkeit in die Welt der Bilder und Wünsche; andrerseits eine Anreizung der animalischen Funktionen durch Bilder und Wünsche des gesteigerten Lebens – eine Erhöhung des Lebensgefühls, ein Stimulans desselben. (III, 536)

Es ist die Duplizität des Dionysischen und Apollinischen, der dionysischen Urkraft und des apollinischen Geistes, die den Nietzscheschen Kunstbegriff in der Grundstruktur prägt. Nietzsche definiert:

> *Apollinisch – dionysisch.* – Es gibt zwei Zustände, in denen die Kunst selbst wie eine Naturgewalt im Menschen auftritt, über ihn verfügend, ob er will oder nicht: einmal als Zwang zur Vision, andrerseits als Zwang zum Orgiasmus. Beide Zustände sind auch im normalen Leben vorgespielt, nur schwächer: im Traum und im Rausch. (III, 788)

Dies ist die 'Kunst'-Konzeption, die Nietzsche seit der Tragödienschrift vertritt und die überhaupt das Gerüst seiner Kunstanschauung in der Folgezeit bilden wird.

In der *Geburt der Tragödie* huldigt Nietzsche dem Weltwillen, dem hinter der empirischen Erscheinungswelt von Raum, Zeit und Kausalität wirkenden kosmischen Urtrieb. Er übernimmt damit Schopenhauers Idee der Welt als 'Wille' und 'Vorstellung', als Ding an sich und Erscheinung. Aber im Unterschied zu Schopenhauer faßt er den Weltwillen nicht mehr als blinden, sondern als schöpferischen, 'dionysischen' Willen. Die innovatorische Idee der Tragödienschrift ist die Idee der genetischen Duplizität des Dionysischen und Apollinischen, d.h. die Idee des sich in den schönen Schein transzendierenden Lebens. Das Leben ist essentiell auf den Schein angewiesen. Aber dieser Wille zum

Schein ist nicht nur ein Antrieb *ex negativo* (Selbsterhaltung), sondern auch ein kreativer Impuls (Selbstverwirklichung). In der Natur und im Menschen wirkt ein latenter Schöpfungsimpuls. Er erklärt sich nicht nur aus dem Willen zur Überwindung des Nichts, sondern auch aus einem Übermaß an kreativer Energie. Nietzsches Grundgedanke: Das Leben ist an sich sinnlos. Es gewinnt nur Sinn als *schöpferisches* Leben. In der Tragödienschrift konstruiert Nietzsche einen universellen Zusammenhang des Schöpferischen, indem er nicht nur den Einzelkünstler (den kreativen Menschen) als Organ des Universalkünstlers (des kreativen Lebens) deutet, sondern auch den Menschen schlechthin als Kunstprodukt der Natur begreift. Er meint,

> dass wir ebensowenig die eigentlichen Schöpfer jener Kunstwelt sind: wohl aber dürfen wir von uns selbst annehmen, dass wir für den wahren Schöpfer derselben schon Bilder und künstlerisches Projectionen sind und in der Bedeutung von Kunstwerken unsre höchste Würde haben – denn nur als *aesthetisches Phänomen* ist das Dasein und die Welt *ewig gerechtfertigt* [...] (1, 47 – GT)

Wenn Nietzsche somit in seiner frühen, romantisch-enthusiastischen Periode die Einheit von Kunst und Leben betont, ja, diese Symbiose zum ästhetischen Postulat erhebt, so kommt es in der mittleren, kritisch-aufklärerischen Periode zur Entzweiung von Kunst und Leben bzw. zu einem bohrenden Problematisieren der Kunst. An die Stelle des romantischen Kunst-Mythos tritt die kritische Künstler-Psychologie. In dem Voltaire gewidmeten "Buch für freie Geister" *Menschliches, Allzumenschliches*, in dieser subversiven, ideologiekritischen Schrift, betreibt Nietzsche die Demaskierung von Philosophie, Religion, Moral und Kunst als Formen der Unwahrheit und des verkappten Machtwillens. Nun wird Nietzsche zum schonungslosen Kritiker der Kunst und des Künstlers. Nun räumt er dem Wissenschaftler den Vorrang vor dem Künstler ein. Nun leitet nicht mehr das Pathos der Kunst, sondern das Ethos der Wahrheit seine Wertungen. Im Unterschied zur "wissenschaftlichen Hingebung an das Wahre in jeder Gestalt" neigt der Künstler zum "Phantastischen, Mythischen, Unsicheren, Extremen" (2, 142 – MA I). "Die Wissenschaft bedarf *edlerer* Naturen als die Dichtkunst: sie müssen einfacher, weniger ehrgeizig, enthaltsamer, stiller, nicht so auf Nachruhm bedacht sein" (2, 467 – VM). Nüchternheit, Sachlichkeit, Objektivität zeichnen den Wissenschaftler ebenso aus wie Einfachheit und Bescheidenheit, Kardinaltugenden, die dem egozentrischen, ruhmsüchtigen Künstler fehlen. Nun sind Wahrheit und Wirklichkeit das

Anliegen Nietzsches. Der Künstler, besonders der Dichter, hält diesem Anspruch nicht stand. Der poetische Schein wird nun nicht mehr als schöner Schein, sondern als lügnerischer Schein gedeutet. Die Poesie bzw. der Poet wird in den Bereich der Lüge verwiesen. Die Dichter produzieren eine rein fiktive Welt. Nietzsche nennt sie abschätzig "Poetenvolk", das "Lust an der Lüge hat" (2, 146 – MA I). "Die Kunst macht den Anblick des Lebens erträglich, dadurch dass sie den Flor des unreinen Denkens über dasselbe legt." (2, 144 – MA I). Nun wird der wissenschaftliche Mensch, dem er in der Tragödienschrift eine so schroffe Absage erteilt hatte, zum Leitbild: "Der wissenschaftliche Mensch ist die Weiterentwickelung des künstlerischen." (2, 186 – MA I). Die Dichter "verunglimpfen" die "Wirklichkeit" und formen sie zum "Trugvollen" um. Der ist, wissentlich oder unwissentlich, ein "Betrüger", ja ein Selbstbetrüger, der zuletzt an seine "Wahrhaftigkeit" glaubt (2, 394 – VM). Nietzsche inszeniert den Abbau der Inspirations- und Genieästhetik, vor allem im Abschnitt *Aus der Seele der Künstler und Schriftsteller*, diesem Stück scharfsinniger Künstler-Psychologie. Vehement bekämpft Nietzsche nun die Ästhetik des schöpferischen Dichtertums. *Genie, Intuition* und *Inspiration* erscheinen als bloße Fiktionen. Im Textstück *Cultus des Genius' aus Eitelkeit* wird der Kult des "Genie's" als Ausdruck der "Selbstliebe" demaskiert. Die "'Intuition'" ist nur ein vorgetäuschtes "Wunder-Augenglas" (2, 151f. – MA I). Die "Inspiration" ist die größte Täuschung:

> *Glaube an Inspiration.* – Die Künstler haben ein Interesse daran, dass man an die plötzlichen Eingebungen, die sogenannten Inspirationen glaubt; als ob die Idee des Kunstwerks, der Dichtung, der Grundgedanke einer Philosophie, wie ein Gnadenschein vom Himmel herableuchte. (2, 146 – MA I)

Nicht Inspiration, sondern Arbeit ist die Voraussetzung der Größe. Auch die "grossen Männer" "wurden 'Genie's'", durch "jenen tüchtigen Handwerker-Ernst" (2, 153 – MA I). Nietzsche warnt vor der *Selbstüberschätzung im Glauben an Künstler und Philosophen* (2, 150f. – MA I). Die "Künstler aller Zeiten" sind die "Verherrlicher der religiösen und philosophischen Irrthümer der Menschheit" (2, 180 – MA I).

Bei aller Kunst-Kritik – Nietzsche bleibt der Kunst auch in dieser Periode der kritischen Enthüllungspsychologie insgeheim verbunden. Der Abschied von der Kunst ist ein elegischer Abschied. Der vehemente Kritiker der Kunst kann sich innerlich doch nicht von ihr trennen.

Weiterhin unterliegt er der Suggestion der Kunst. Im Textstück *Beseelung der Kunst* heißt es:

> Die Kunst erhebt ihr Haupt, wo die Religionen nachlassen. Sie übernimmt eine Menge durch die Religion erzeugter Gefühle und Stimmungen, legt sie an ihr Herz und wird jetzt selber tiefer, seelenvoller, so dass sie Erhebung und Begeisterung mitzutheilen vermag, was sie vordem noch nicht konnte. (2, 144 – MA I)

Die Kunst erscheint als eine Art Hohlform, die sich mit heimatlos gewordenen Gefühlen füllt. Sie wird zum Religionsersatz. Aber sie gewinnt auch eine neue Gefühlsintensität. Nietzsches Verhältnis zur Kunst ist in dieser Phase von eigentümlicher Zwiespältigkeit. Der scharfe Kritiker der Kunst kann seine geheime Liebe zur Kunst nicht verleugnen. Im Textstück *Die Kunst macht dem Denker das Herz schwer* schreibt er, mit Bezug auf Beethovens neunte Symphonie,

> dass noch im Freigeiste, wenn er sich alles Metaphysischen entschlagen hat, die höchsten Wirkungen der Kunst leicht ein Miterklingen der lange verstummten, ja zerrissenen metaphysischen Saite hervorbringen [...] (2, 145 – MA I)

Der "Freigeist" Nietzsche will allerdings dieser Sehnsucht nach der "verlorenen Geliebten, nenne man sie nun Religion oder Metaphysik", nicht nachgeben, sondern deutet die Kunstgefühle als Probierstein des Denkens: "In solchen Augenblicken wird sein intellectualer Charakter auf die Probe gestellt." (ebd.). Aber auch der aufklärerische Nietzsche vermag sich der Faszination der Kunst nicht zu entziehen. Gerade das Untergehende übt einen besonderen Reiz aus. Im Fragment *Abendröthe der Kunst* hat Nietzsche diese Verquickung von Untergangsbewußtsein und höchster ästhetischer Sensibilisierung in magischen Lyrismen zum Ausdruck gebracht:

> Vielleicht dass niemals früher die Kunst so tief und seelenvoll erfasst wurde, wie jetzt, wo die Magie des Todes dieselbe zu umspielen scheint. [...] Das Beste an uns ist vielleicht aus Empfindungen früherer Zeiten vererbt, zu denen wir jetzt auf unmittelbarem Wege kaum mehr kommen können; die Sonne ist schon hinuntergegangen, aber der Himmel unseres Lebens glüht und leuchtet noch von ihr her, ob wir sie schon nicht mehr sehen. (2, 186 – MA I)

Obschon Nietzsche in dieser realistischen Periode der Wissenschaftsgläubigkeit der Kunst den Totenschein ausstellt, zeigt er doch gerade zu dieser Zeit in manchen Textstücken ein besonderes Sensorium, ein stärkeres Differenzierungsvermögen, ein verfeinertes Gespür für die Kunst. Gerade das Zwielicht, in dem nun die Kunst steht, beleuchtet sie in ihren Feinheiten und Schattierungen. Wenn nicht die thesenhafte Programmatik, sondern melancholische Meditation die Kunstreflexion prägt, schärft sich das ästhetische Organ. Gerade ihre Brüchigkeit läßt die Kunst in besonderem Glanz erstrahlen.

Nietzsche bleibt in der Folgezeit nicht bei der Verurteilung der Kunst stehen. Der Abgesang auf die Kunst wird wieder abgelöst von einem erneuten Enthusiasmus der Kunst, der sich bis zur Apotheose der Kunst steigert. Vor allem in vielen Fragmenten der achtziger Jahre wird die Kunst in den höchsten Rang erhoben. Nietzsche bleibt zwar der luzide Psychologe, aber er wird auch wieder der große Pathetiker der Kunst. Diese Doppelstrategie zeigt sich exemplarisch in Nietzsches Begriff vom "Genie". Einerseits kritisiert er die "Superstition", den "Aberglauben vom *Genie*" (12, 436); andererseits wendet er sich gegen das psychologisierende Beschnüffeln der "Ersten der Welt", der "'Genies'" (13, 452). Nietzsche unterscheidet zwischen dem unechten und dem echten 'Genie'. Das moderne "Genie" ist das Produkt der Personenkult treibenden öffentlichen Propaganda: "ohne Marktschreierei und Heiserkeit giebt es jetzt kein Genie mehr" (3, 558 – FW). Das wahre 'Genie' hingegen ist der Schaffende. Mit dem *Zarathustra* setzt bei Nietzsche die Apotheose des weltumschaffenden Subjekts ein. Die Idee des werteschaffenden Subjekts ist eine neue Form des Genie-Kults. Dieser Genie-Kult stellt die Genie-Ästhetik des Sturm und Drang noch in den Schatten, denn es geht nicht mehr nur um die subjektive Ausdrucksästhetik, um den poetischen Ausdruck des empfindenden Subjekts, sondern um den Neuentwurf der Welt, um die Seinssetzung durch das (alle menschlichen Dimensionen überschreitende) schaffende Subjekt.

Höchst bezeichnend ist die Rehabilitierung der "Inspiration". In *Ecce homo*, im *Zarathustra*-Abschnitt, beruft sich Nietzsche enthusiastisch auf die "Inspiration" als die Quelle des Schaffensprozesses:

> – Hat Jemand, Ende des neunzehnten Jahrhunderts, einen deutlichen Begriff davon, was Dichter starker Zeitalter *Inspiration* nannten? Im andren Falle will ich's beschreiben. – Mit dem geringsten Rest von Aberglauben in sich würde man in der That die Vorstellung, bloss Incarnation, bloss Mundstück, bloss medium übermächtiger Gewalten zu sein, kaum abzuweisen wissen. Der Begriff Offenbarung, in dem Sinn, dass plötzlich, mit unsäglicher Sicherheit und Feinheit, Etwas

sichtbar, hörbar wird, Etwas, das Einen im Tiefsten erschüttert und umwirft, beschreibt einfach den Thatbestand. Man hört, man sucht nicht; man nimmt, man fragt nicht, wer da giebt; wie ein Blitz leuchtet ein Gedanke auf, mit Nothwendigkeit, in der Form ohne Zögern, – ich habe nie eine Wahl gehabt. (6, 339 – EH)

Hier ist der kritische Rationalismus aufgegeben, und Nietzsche beschreibt die irrationalen Grenzzustände, die Zustände mystischer Entrückung, in denen sich der Schaffensprozeß vollzieht. Der Vorbehalt gegenüber dem "Aberglauben" vom Künstler als bloßem "Mundstück" ist zwar gewahrt, aber das in spontanen, überfallartigen Akten schaffende Subjekt empfindet seine Tätigkeit als von einer unerklärlichen Notwendigkeit diktiert. Bei allem Pathos der "Inspiration" – diese "Inspiration" darf nicht mit der romantischen Inspirationsästhetik verwechselt werden. In den *Herzensergießungen* betont Wackenroder, mit Blick auf "Raffaels Erscheinung", daß die "größesten Meister der Kunst" ihre Werke "nur durch göttliche Eingebung erlangt haben" (5 f.). Auch Nietzsche favorisiert die Eingebung, aber bei ihm ist die "Inspiration" keine religiöse Inspiration mehr, sondern sie erwächst aus dem Leben selbst, wie zudem das schaffende Subjekt einen absoluten Eigenwert erlangt. Wackenroder hingegen verurteilt "all das profane Geschwätz über Begeisterung des Künstlers" als "wahre Versündigung" und stellt fest, daß es "auf nichts anderes, als den unmittelbaren göttlichen Beistand ankomme" (10). Während nach Wackenroder die "Natur" "abgebrochenen Orakelsprüchen aus dem Munde der Gottheit" "gleichet" (64), kennt Nietzsches lebensimmanentes Daseinsverständnis keine naturtranszendente, religiöse Instanz mehr. Bezeichnenderweise ist für Nietzsche das Erlebnis der inspiratorischen Notwendigkeit zugleich die Erfahrung der höchsten Freiheit des schaffenden Subjekts: "Alles geschieht im höchsten Grade unfreiwillig, aber wie in einem Sturme von Freiheits-Gefühl, von Unbedingtsein, von Macht, von Göttlichkeit…" (6, 340 – EH). Nicht eine religiöse Macht, sondern der Wille zur Macht ist die den Künstler antreibende Kraft. Nietzsches Inspirationserlebnis ist die höchste Form der existentiellen Selbsterfahrung. Die "Göttlichkeit" liegt im schaffenden Subjekt selbst.

Die Verabsolutierung der Kunst ist eine Konsequenz der Verabsolutierung des schöpferischen Lebens. Nietzsche entfaltet diese Fragestellung im Problemhorizont von drei zentralen, unlöslich miteinander verklammerten Gedanken: erstens im Problemfeld der Kunst als der "metaphysischen Tätigkeit des Lebens", zweitens in der Konzeption der Kunst als des "großen Stimulans des Lebens" und drittens im Gedanken von der Rechtfertigung der Welt allein als "ästhetisches Phänomen".

Die in der *Geburt der Tragödie* exponierte Formel von der Kunst als der "metaphysischen Thätigkeit dieses Lebens" (1, 24 – GT) ist die Grundformel der Nietzscheschen Ästhetik. Sie setzt nicht nur die Kunst an die Stelle der bisherigen metaphysischen Inhalte, sondern verweist zugleich auf ein hinter der empirischen Erscheinungswelt wirksames Agens. In der Rückschau auf die Tragödienschrift schreibt Nietzsche:

> In der That, das ganze Buch kennt nur einen Künstler-Sinn und -Hintersinn hinter allem Geschehen, – einen "Gott", wenn man will, aber gewiss nur einen gänzlich unbedenklichen und unmoralischen Künstler-Gott [...] (1, 17 – GT [VS])

Der metaphysische Grund, in dem alles Seiende gründet, ist nicht der transzendente Gott der christlich-moralischen Weltauslegung, sondern ein weltimmanentes Prinzip, das schöpferische Leben selbst, das, "Welten schaffend" (ebd.), ein ewiges Spiel mit sich selber treibt. Diese Metaphysik des schöpferischen Lebens nennt Nietzsche, im Rückblick auf die Tragödienschrift, "Artisten-Metaphysik" (1, 13, 17, 21 – GT [VS]; 12, 115; 12, 123). In einem Fragment vom Frühjahr 1888 heißt es: "[...] das Glaubensbekenntniß, das Artisten-Evangelium: 'die *Kunst* als die eigentliche Aufgabe des Lebens, die Kunst als *metaphysische Thätigkeit*' ..." (13, 228). Damit räumt Nietzsche in der retrospektiven Selbstinterpretation dem Artistischen, dem formvirtuosen Schaffen, eine Bedeutung ein, die es in der Tragödienschrift noch keineswegs hatte.[2] Die Wendung "Artisten-Evangelium" erwächst aus den ästhetischen Anschauungen des späteren, formbewußteren Nietzsche. Sie bringt aber nicht nur ein potenziertes Formbewußtsein, sondern auch die Hinwendung zum schaffenden Subjekt als autonome Größe zum Ausdruck. Bezeichnenderweise nimmt Nietzsche später das Wort "Mensch" in die Schlüsselformel auf. Zur Zeit des *Zarathustra* notiert

---

2 Es ist problematisch, bereits für den jungen Nietzsche eine "artistische Weltbetrachtung" vorauszusetzen (so *Reber*, Artistische Philosophie, 2). Auch Fink meint: "Die Geburt der Tragödie ist in der Tat eine Artistenmetaphysik, eine Deutung des Weltganzen am Leitfaden der Kunst" (*Fink*, Nietzsche, 24). Diese Deutung ist nur haltbar, wenn man (wie dies allerdings auch Nietzsche in der Rückschau tut) das 'Artistische' als Synonym für 'Kunst' setzt und nicht für die Virtuosität des Schaffens. Aber selbst dann ist die Frage, ob die 'Kunst' oder das 'Leben' der Leitfaden der Tragödienschrift ist.

er: "die *Kunst* als die 'eigentlich metaphysische Thätigkeit des Menschen'." (10, 238 – 1883). Obschon er im Kontext sogleich auch auf das "Leben" verweist, könne dies, möglicherweise unbeabsichtigt, eine stärkere Individualisierung des Problems andeuten, indem nun der Akzent auf das schaffende Subjekt gelegt wird. Immerhin setzt Nietzsche auch im *Versuch einer Selbstkritik* (1886) das Wort "Mensch" in die Schlüsselformel ein (1, 17 – GT [VS]).

Aber Nietzsche erblickt in der Kunst nicht nur eine "Tätigkeit", sondern auch ein "Stimulans" des Lebens. Leitmotivartig taucht bei ihm die Formel von der "Kunst" als dem "großen Stimulans des Lebens" auf. So mehrfach in Fragmenten vom Frühjahr 1888. Dort wird die "Kunst", mit Bezug auf die Tragödienschrift, "als das große *Stimulans* aufgefaßt, als das, was ewig zum Leben, zum ewigen Leben *drängt*…" (13, 228; vgl. 13, 229, 230, 409). Es ist nicht ohne Bedeutung, daß Nietzsche die Wendung "*des* Lebens" durch die Wendung "*zum* Leben" (Hervorhebung durch Vf.) ergänzt. In dieser Doppelung kommt zum Ausdruck, daß die Kunst sowohl der innerste Antrieb als auch die höchste Steigerung des Lebens ist. Sie ist "das große Stimulans des Lebens, ein Rausch am Leben, ein Wille zum Leben" (13, 409; vgl. 13, 521). Nimmt man die Wendungen "metaphysische Tätigkeit" und "Stimulans" ineins, zeigt sich eine eigentümliche Rückkoppelung der Kunst an das Leben, in der Weise, daß das Leben durch sein eigenes Produkt neue Möglichkeiten der Selbsterhaltung und Steigerung gewinnt. Die Kunst ist für Nietzsche diejenige Kraft, die der Willensverneinung entgegenwirkt und die Willensbejahung ermöglicht und steigert. Er formuliert:

> Die Kunst als einzig überlegene Gegenkraft gegen allen Willen zur Verneinung des Lebens, als das Antichristliche, Antibuddhistische, Antinihilistische par excellence. (13, 521 [= 13, 225]

Die "Kunst" ist sowohl "metaphysische Tätigkeit" als auch "Stimulans" des "Lebens". Nietzsche geht aber noch einen Schritt weiter, indem er das Leben nur als "ästhetisches Phänomen" gelten läßt. Im *Versuch einer Selbstkritik* stellt er in Hinsicht auf die *Geburt der Tragödie* retrospektiv fest: "im Buche selbst kehrt der anzügliche Satz mehrfach wieder, dass nur als ästhetisches Phänomen das Dasein der Welt *gerechtfertigt* ist" (1, 17 – GT [VS]; vgl. 1, 47 u. 1, 152 – GT; 12, 116; U II, 218). 'Ästhetische' Rechtfertigung der Welt ist ein Synonym für schöpferische Rechtfertigung der Welt. Allein durch das Schaffen erhalten Welt und Dasein ihre Legitimation. Die Rechtfertigung des Lebens allein als "ästhetisches Phänomen" besagt, daß Leben, Dasein und Welt allein als schöpferischer Vorgang Existenzberechtigung haben. Der Begriff "ästhetisch" ist ein Synonym für 'schöpferisch'. So heißt es einmal vom "Artisten": "Seine Stellung ist die ästhetische Stellung zum Kunstwerk, die des Schaffenden" (2, 156 – MA I). Mehr und mehr wird die Rechtfertigung des Daseins auf den schaffenden Menschen bezogen. Es heißt:

> Als ästhetisches Phänomen ist uns das Dasein immer noch *erträglich*, und durch die Kunst ist uns Auge und Hand und vor Allem das gute Gewissen dazu gegeben, aus uns selber ein solches Phänomen machen zu *können*. (3, 464 – FW)

Das "ästhetische Phänomen", das ist nun das Kunstwerk. Es allein hält den Menschen im Leben fest. Darüber hinaus zeigt sich die Lebensfunktionalität der Kunst in der Verwandlung des Menschen selbst in ein "ästhetisches Phänomen". Der schöpferische Mensch ist selbst ein Kunstwerk. Die Kunst als 'metaphysische Tätigkeit' des Lebens, die Kunst als 'Stimulans' des Lebens und die Kunst als 'ästhetische Rechtfertigung' des Lebens – dies sind die drei Grundbestimmungen der Kunst im Denken Nietzsches.

II. Schaffen und Werk

Die höchste Form der ästhetischen Rechtfertigung der Welt durch den Schaffenden ist das "Werk". Dabei wird allerdings das Werk nicht als Eigengebilde, als ein selbständig Seiendes, sondern als Ausdruck des Schaffens bzw. des Schaffenden aufgefaßt. Es liegt in der Konsequenz der Schaffensidee, daß dem Künstler der Vorrang vor der Kunst, dem künstlerischen Schaffensakt der Vorrang vor dem Schaffensprodukt, der *energeia*, der Schaffensenergie, der Vorrang vor dem *ergon*, dem Werk, zukommt. Über den Schaffenden ist zuwenig nachgedacht worden: "In der ganzen Philosophie bis heute fehlt der Künstler..." (13, 357). Es geht Nietzsche um das Ethos des Schaffenden. Er warnt den Künstler davor, dieses Ethos an einen fragwürdigen Werk-Ruhm preiszugeben: "Die Künstler fangen an, ihre Werke zu schätzen und zu überschätzen, wenn sie aufhören, Ehrfurcht vor sich selber zu haben. Ihr rasendes Verlangen nach Ruhm verhüllt oft ein trauriges Geheimniß."

(12, 42 f.; vgl. 9, 11). Entscheidend ist die "Kraft, welche ein Genie *nicht auf Werke*, sondern *auf sich als Werk*, verwendet" (3, 319 – M). Nietzsches 'Ästhetik' ist weniger eine Werkästhetik als eine ausgesprochene Schaffensästhetik. Das bedeutet zugleich, daß auch der Kunst-Rezipient gegenüber dem Kunst-Schaffenden von sekundärer Bedeutung ist. Ein bezeichnendes Fragment lautet:

> *Schaffende und Geniessende.* – Jeder Geniessende meint, dem Baume habe es an der Frucht gelegen; aber ihm lag am Samen. – Hierin besteht der Unterschied zwischen allen Schaffenden und Geniessenden. (2, 533 – VM)

Nicht die "Frucht", das fertige Werk, sondern der "Samen", die Schaffensenergie, ist entscheidend. Mit Recht stellt Heidegger von Nietzsches Kunstauffassung fest: "Die Kunst muß vom Künstler her begriffen werden." (*Heidegger*, Nietzsche I, 84). Und er konstatiert im Hinblick auf "Nietzsches Ästhetik", "wie wenig dabei vom Kunstwerk gehandelt ist" (ebd., 138). Dem ist im Prinzip zuzustimmen. Dennoch müssen Einschränkungen gemacht werden. Die Aussagen Nietzsches zum Verhältnis Kunst – Künstler sind von einer gewissen Widersprüchlichkeit. In der *Genealogie der Moral* heißt es:

> […] man thut gewiss am besten, einen Künstler in so weit von seinem Werke zu trennen, dass man ihn selbst nicht gleich ernst nimmt wie sein Werk. Er ist zuletzt nur die Vorausbedingung seines Werks, der Mutterschoos, der Boden, unter Umständen der Dünger und Mist, auf dem, aus dem es wächst, – und somit, in den meisten Fällen, Etwas, das man vergessen muss, wenn man sich des Werks selbst erfreuen will. Die Einsicht in die *Herkunft* eines Werks geht die Physiologen und Vivisektoren des Geistes an: nie und nimmermehr die ästhetischen Menschen, die Artisten! (5, 341 – GM)

Hier nun wird der Vorrang des "Werkes" vor dem "Künstler" betont. Der Künstler erscheint hier lediglich als eine Funktion des Werkes, ja, er kann kein primäres Interesse beanspruchen. Nicht die "Schwangerschaft", sondern das "Kind" ist das Entscheidende (ebd.). Der "Werk"-Gedanke gewinnt bei Nietzsche zunehmend an Bedeutung. "Zuletzt ist es nicht nur das Gefühl der Macht, sondern die Lust an dem Schaffen und *am Geschaffenen*: denn alle Tätigkeit kommt uns ins Bewußtsein als Bewußtsein eines 'Werks'." (III, 879). Demnach blickt Nietzsche nicht nur auf den Schaffenden, sondern auch auf das Geschaffene, nicht nur auf den Künstler, sondern auch auf das Kunstwerk. Das "Werk" ist die regulative Idee des Schaffenden. Zarathustra erklärt: "Denn von Grund aus liebt man nur sein Kind und Werk" (4, 204 – Za). "Zu meinem Werke will ich […]" (4, 405 – Za). "Ich trachte nach meinem *Werke*!" (4, 408 – Za; vgl. 4, 295 – Za). Das "Werk" ist allerdings keine selbständige Größe, sondern Ausdruck des "Willens": "Euer Werk, euer Wille ist *euer* 'Nächster' […]" (4, 362 – Za). Nietzsche huldigt dem "Werk"-Gedanken. Freilich, das Werk wird als Ausdruck des Schaffens aufgefaßt. Insofern verkündet Nietzsche keine reine Werkästhetik, sondern bindet das Werk an seine spezifische Ausdrucksästhetik, in der Weise freilich, daß das schaffende Subjekt erst im geschaffenen Werk seiner Bestimmung entspricht. Aber das Werk verselbständigt sich nicht zu einer Eigenwirklichkeit, sondern bleibt zurückbezogen auf den Schaffenden. Nietzsche notiert: "nicht mehr die demüthige Wendung 'es ist alles *nur* subjektiv, sondern 'es ist auch *unser* Werk!' seien wir stolz darauf!" (11, 225). Hier beharrt Nietzsche gegenüber einem relativistischen Subjektivismus auf der unbedingten Tat des Schaffenden.

In wachsendem Maße gewinnt der "Werk"-Gedanke bei Nietzsche an Gewicht. Zunehmend richtet sich sein Impetus auf die von ihm geschaffenen Werke – die er als Menschheitswerke versteht. Es ist sein Ehrgeiz, "Meisterwerke" zu schreiben (B 8, 282 – 31.3.88). Erst das 'Werk' rechtfertigt die Existenz. Man ist "eine sehr anspruchsvolle Art Mensch, wenn man bei sich sein Leben durch Werke *sanktionirt*"; "es ist ein teufelsmäßiger Ernst hinter einem Menschen, der vor seinem Werke *Respekt haben will*" (B 8, 284 – 7.4.88). Nietzsche ist überzeugt, "das tiefste größte Werk des ganzen J<a>hr<hundert>s hervorgebracht" zu haben (B 8, 236 – 29.1.88). Dies zeigt, wie beherrschend der "Werk"-Gedanke in den Vordergrund rückt. Es geht ihm, seit dem *Zarathustra*, nicht mehr *nur* um den Prozeß des Schaffens, das Künstler-'Erlebnis', sondern auch um die 'Objektivierung' des Schaffens in einem repräsentativen, weithin sichtbaren 'Werk'. Nicht *nur* die im Schaffensprozeß sich zeigende schöpferische Energie, die *energeia*, sondern auch das Schaffensprodukt, das *ergon*, als ein *rocher de bronze* der Epoche, beschäftigt ihn in wachsendem Maße. Freilich, für Nietzsche ist das 'Werk' kein statuarisches Gebilde, das, losgelöst vom Schaffenden, ein Eigendasein fristete, sondern es muß immer begriffen werden als Ausdruck des Schaffenden. So kann Nietzsche in einem Atemzug den *Zarathustra* als das "*erste* Buch aller Jahrtausende! in dem das Schicksal der Menschheit einbegriffen ist!" bezeichnen und, mit Blick auf *Ecce homo*, die Apotheose der eigenen Person verkünden: "[…] bin ich der erste Mensch, der jetzt lebt" (B 8, 490 – 26.11.88). Das 'erste' Werk ist Ausdruck des 'ersten' Menschen. Zugleich geht vom 'Werk' eine alles umwälzende Wirkung aus. Am Ende faßt Nietzsche seine "Werke" nicht mehr als "Bücher", sondern als "Schicksale" auf (B 8, 569 – Dez. 88). So zeigt sich eine unlösliche Verknüpfung von *schaffens*ästhetischem, *werk*ästhetischem und *wirkungs*ästhetischem Aspekt. Immer stärker rückt der Gedanke des großen Werkes in den Vordergrund. So setzt Nietzsche "10 Jahre" für "mein Lebenswerk" an, in einer "Umgebung, die zu mir *paßt*, ich meine zu meinem *Werke*!" (B 7, 8 – 29.1.85). Mehr und mehr identifiziert sich der Schaffende mit seinem 'Werk'. Dabei kann das 'Werk' das Einzelwerk, vor allem den *Zarathustra* und das geplante Hauptwerk *Der Wille zur Macht*, das Gesamtwerk, die Schriften als einheitliches Gedankensystem, und das Menschheitswerk, die welthistorische Bedeutung, meinen. Am Ende tritt der Bau-Gedanke in den Vordergrund: "Es hängt Alles zusammen, es war schon seit Jahren Alles im rechten Gange, man baut seine Philosophie wie ein Biber" (B 8, 310 – 4.5.88). Nietzsche betrachtet es als seine schwerste Aufgabe, *"einen zusammenhängenden Bau von Gedanken* in den nächsten Jahren aufzubauen" (B 8, 49 – 24.3.87). Er hat diesen "Bau" nicht erstellt – nicht nur, weil ihm dazu die Zeit nicht mehr blieb, sondern vor allem, weil er, der Meister des Aphorismus und des Dithyrambus, kein Systematiker war und seine Abneigung gegen Systeme immer wieder bekundet hat. Aber spätestens seit dem *Zarathustra* hat er, in ungeheuer angewachsenem Selbstbewußtsein, das Gefühl, daß sein 'Werk' ein welthistorisches, die Menschheitsgeschichte fundamental umgestaltendes Ereignis sei.

III. Dionysische, romantische und klassische Kunst

Im Zeichen des Lebens nimmt Nietzsche eine Klassifikation der Kunst vor. Besonders nach dem Bruch mit Wagner sieht er sich genötigt, konträre Hauptformen der Kunst zu unterscheiden. Er wirft die grundsätzliche Frage auf, ob eine Kunst das Leben steigert oder schwächt. Der Antagonismus von Lebenssteigerung und Lebensschwächung wird zum ästhetischen Maßstab schlechthin. Die Hauptunterscheidung ist die Unterscheidung von 'dionysischer' und 'romantischer' Kunst, von Kunst der Lebenssteigerung und Kunst der Lebensschwächung. Dabei verfährt Nietzsche nicht differenziert, sondern sehr summarisch. Es gibt für ihn nur das Entweder-Oder. Seine Kunst-Klassifikation ist Kunst-Wertung. Er versteht allerdings seine Werturteile nicht als bloß subjektive Wertungen, sondern als Urteile von genereller Bedeutung. Daher verkündet er seine ästhetischen Maximen häufig in der Form apodiktischer Thesen, in lapidaren Sentenzen, die keinen Widerspruch dulden und Allgemeingültigkeit beanspruchen.

Die von Nietzsche geforderte Kunst ist die 'dionysische', d.h. lebenssteigernde Kunst. Schon in der frühen Abhandlung *Die dionysische Weltanschauung* (1870) vertritt er die Idee der "dionysischen Kunst" als "Spiel mit dem Rausche, mit der Verzückung" (1, 554 – DW). In der *Geburt der Tragödie* heißt es:

> Auch die dionysische Kunst will uns von der ewigen Lust des Daseins überzeugen: nur sollen wir diese Lust nicht in den Erscheinungen, sondern hinter den Erscheinungen suchen. (1, 109 – GT)

Hier ist die "dionysische Kunst" noch Ausdruck des prälogischen Weltwillens. Zu dieser Zeit fehlt in der Bestimmung der dionysischen Kunst noch das agonale Moment der Antithese von 'dionysischer' und 'romantischer' Kunst, wie auch der Widerstreit 'dionysisch'-'christlich' der Schrift noch fremd ist. Hier ist die 'dionysische' Kunst noch nicht die 'monologische' Kunst, sondern eine Kunst der Partizipation am Weltwillen. Sie erfüllt noch Integrationssehnsüchte, in der Preisgabe des *principium individuationis*, in der ekstatischen Identifikation des Menschen mit den Elementarkräften der Natur, des Lebens. In der Folgezeit verneint Nietzsche allerdings kaum noch die Individuation, sondern projiziert das 'Dionysische' in wachsendem Maße in das schaffende Subjekt. Seit den achtziger Jahren verknüpft er das dionysische Leben mit dem Willen zur Macht. In einem dezidiert voluntaristischen Denken erstrebt er nun nicht mehr die Entindividualisierung im Rausch, sondern hebt ab auf den Existenzentwurf des schaffenden Subjekts. Die "Philosophie des Dionysos" ist "eine Betrachtung, welche im Schaffen Umgestalten des Menschen wie der Dinge den höchsten Genuß des Daseins erkennt" (11, 480 – 1885). "Dionysos" ist zwar weiterhin das maßgebliche Agens, als "Erzieher", "Betrüger", "Vernichter", "Schöpfer" (11, 504), aber er rückt auch in die Nähe des "Über-Helden" (10, 433), des übermenschlichen Menschen. Es taucht der Gedanke auf, daß der Mensch selbst einen "Gott" hervorbringen müsse. Das "'Ich'" setzt alles daran, "damit es einen Gott gebäre und alle Menschheit ihm zu

Füßen sehe" (10, 79). Zunehmend verlagert sich das Prinzip des Schöpferischen in den Menschen selbst. Mit Bezug auf Goethe vertritt Nietzsche die "große Auffassung des Menschen", "daß der Mensch *der Verklärer des Daseins* wird, wenn er sich selbst verklären lernt" (11, 588). Im *Zarathustra* ist nicht "Dionysos", sondern der "Übermensch" das Thema. Zarathustra, der vielleicht größte Monologist der Geistesgeschichte, ist nicht auf rauschhaftes Einswerden mit dem Universalwillen angelegt, sondern er ist die Inkarnation des potenzierten Einzelwillens. Hinzu kommt der Wandel der Zeit-Perspektive. In der *Geburt der Tragödie* proklamiert Nietzsche die Regression ins Archaisch-Elementare, im *Zarathustra* verkündet er eine Zukunftsutopie. War der frühe "Dionysos"-Kult Nietzsches Ausdruck einer rückwärtsgewandten Haltung, die von romantischer Sehnsucht nach Wiederbelebung des mythischen Ursprungs getragen war, so ist Zarathustra, unbeschadet der Idee der ewigen Wiederkunft, der Schaffende, dessen Ideal, der "Übermensch", in der Zukunft liegt. Nach der Zarathustra-Zeit tritt das Dionysos-Motiv bei Nietzsche wieder stärker in den Vordergrund. In *Ecce homo* deutet er retrospektiv den *Zarathustra* als Ausdruck der höchsten 'dionysischen' Potenz des Schaffenden:

> Dieses Werk steht durchaus für sich. Lassen wir die Dichter bei Seite: es ist vielleicht überhaupt nie Etwas aus einem gleichen Überfluss von Kraft heraus gethan worden. Mein Begriff "dionysisch" wurde hier *höchste That*; an ihr gemessen erscheint der ganze Rest von menschlichem Thun als arm und bedingt. (6, 343 – EH)

Mehr und mehr verdrängt der dionysisch Schaffende die dionysische Natur. Nietzsche definiert zwar: "Dionysisch: zeitweilige Identifikation mit dem Princip des Lebens" (10, 334 – 1883), aber der späte Nietzsche spricht auch von "meiner dionysischen Natur" (6, 366 – EH). Mehr und mehr wird der schaffende Mensch selbst zum 'Dionysos'. Nietzsche überträgt die "Dionysos"-Idee auf die "höchsten Menschen wie Caesar, Napoleon". Zudem verweist er auf ihre "Verschlagenheit": "Problem des Schauspielers. Mein Dionysos-Ideal…" (12, 550). Damit wird Dionysos nicht nur individualisiert, sondern auch vergeistigt. Freilich, im schaffenden Einzelwillen ist das rauschhafte Leben gegenwärtig. Nietzsche notiert:

> –: die Wirkung der Kunstwerke ist die *Erregung des kunstschaffenden Zustandes*, des Rausches… / –: das Wesentliche an der Kunst bleibt ihre Daseins-*Vollendung*, ihr Hervorbringen der Vollkommenheit und Fülle

> / Kunst ist wesentlich *Bejahung, Segnung, Vergöttlichung des Daseins…* / –: Was bedeutet eine *pessimistische Kunst*? . . Ist das nicht eine contradictio? – Ja. (13, 241 – 1888)

Die Kunst ist Ausdruck sowohl der Überenergie des elementaren Lebens, des "Rausches", als auch des kreativen Willens, der "*Bejahung*". Das "Dionysische" manifestiert sich auch im "Willen", im "Geist"; "das *Dionysische* in Wille, Geist, Geschmack" (13, 90). Kunst ist unbedingte Daseinsbejahung. Selbst die Verneinung ist ein produktiver Antrieb: "die Lust am Neinsagen und Neinthun aus einer ungeheuren Kraft und Spannung des Jasagens" (13, 90). Auffällig ist, daß Nietzsche hauptsächlich Entstehung und Wirkung der Kunst, weniger das Kunstwerk selbst zum Gegenstand seiner ästhetischen Reflexionen macht. Freilich, im Hinweis auf ihre "Vollkommenheit und Fülle" wird auch die Kunst selbst ins Blickfeld gerückt. Sie gewährt den Anblick der Vollendung. Aber ihr Sinn liegt nicht in ihr selbst, sondern in der "*Vergöttlichung des Daseins*".

Nach Nietzsche ist Dionysos bzw. "jenes wundervolle Phänomen", "das den Namen des Dionysos trägt", "einzig erklärbar aus einem *Zuviel* von Kraft" (6, 158 – GD). Dies ist das *punctum saliens* der Nietzscheschen Kunstkonzeption. Die wahre Kunstproduktion ist für Nietzsche die Entladung überschüssiger Kräfte. Der Maßstab, an dem Kunstwerke gemessen werden, ist das in ihnen artikulierte Maß an Stärke, an Lebensstärke, oder an Schwäche, an Lebensschwäche. Im 5. Buch der *Fröhlichen Wissenschaft* (1887) sowie in *Nietzsche contra Wagner* (1888), im Abschnitt *Wir Antipoden*, erklärt Nietzsche apodiktisch, gewissermaßen in einer fazitziehenden *declamatio ex cathedra*:

> Aber es giebt zweierlei Leidende, einmal die an der *Überfülle* des Lebens Leidenden, welche eine dionysische Kunst wollen und ebenso eine tragische Einsicht und Aussicht auf das Leben – und sodann die an der *Verarmung* des Lebens Leidenden, die Ruhe, Stille, glattes Meer *oder* aber den Rausch, den Krampf, die Betäubung von Kunst und Philosophie verlangen. (6, 425 – NW; vgl. 3, 620 – FW)

Die "dionysische Kunst", die aus der "*Überfülle* des Lebens" erwachsende Kunst, ist für Nietzsche die Kunst *katexochen*. Damit exponiert Nietzsche den Gegensatz von dionysischer und romantischer Kunst. Es ist sein vordringliches Anliegen, die 'dionysische' Kunst gegen die 'romantische' Kunst, gegen die *décadence*-Kunst, d.h. vor allem die Kunst Richard Wagners, abzugrenzen. Er preist das 'Dionysische' und verwirft das 'Romantische': "Tiefste Unterscheidung: ob der Hunger oder der Überfluß *schöpferisch* wird? Ersterer erzeugt die *Ideale der Romantik*" (12, 122). Während die dionysische Kunst Ausdruck eines Lebensüberschusses ist, ist die romantische Kunst Ausdruck eines Lebensdefizits. Der romantische Künstler leidet unter der Diskrepanz zwischen Leben und Ideal und versucht, seine innere Leere durch künstliche Paradiese zu kompensieren. "Die romantische Kunst ist nur ein Nothbehelf für eine manquirte 'Realität'" (13, 494). Die Antithese *dionysisch – romantisch* ist ein Kernmotiv Nietzscheschen Denkens. Seine Fragestellung lautet:

> Ist die Kunst eine Folge des *Ungenügens am Wirklichen*? Oder ein Ausdruck der *Dankbarkeit über genossenes Glück*? Im ersten Falle *Romantik*, im zweiten Glorien-schein und Dithyrambus (kurz *Apotheosen-Kunst*) […]" (12, 119 – 1885/86) (Zum "Ueberschuss"-Künstler vgl. 2, 453 – VM [Nr. 173])

Die *"Apotheosen-Kunst"* ist eine Kunst der Verherrlichung des Daseins, erwachsen aus der unbedingten Bejahung von Leben und Welt, aus einem Überschuß an produktiver Energie im Künstler. Der dionysische Künstler ist *"Apotheosen-Künstler"* (12, 119). Vom romantischen Künstler hingegen heißt es: "ein Romantiker ist ein Künstler, den das große Mißvergnügen an sich schöpferisch macht – der von sich und seiner Mitwelt wegblickt, zurückblickt" (12, 117). Während die dionysische Kunst eine Kunst der uneingeschränkten Lebensbejahung ist, mündet die romantische Kunst in den Nihilismus: "Die Kunst und die Vorbereitung des Nihilismus. Romantik (Wagners Nibelungen-Schluß)" (12, 127). Der Gegensatz von 'dionysischem' und 'romantischem' Künstlertum ist der Gegensatz von lebensbejahendem und lebensverneinendem Künstlertum, von Lebensaufgang und Lebensniedergang: "Die *bejahenden*, die Niedergangs-Künstler. / *Aufgangs-Künstler – Niedergangs-Künstler*" (13, 264).

Nietzsches Romantik-Kritik ist wesentlich Wagner-Kritik. Abgesehen von gelegentlichen Seitenhieben gegen die historischen Romantiker[3], ist Nietzsches Auseinandersetzung mit der 'Romantik' eine Auseinandersetzung mit Wagner. Die Mitte der siebziger Jahre einsetzende

---

3 Angriffe gegen einzelne Romantiker sind bei Nietzsche vergleichsweise selten. Er attackiert z.B. Robert Schumanns lyrische Innerlichkeit (vgl. 5, 188 – JGB) oder distanziert sich von Friedrich Schlegels restaurativer Religiosität (vgl. 9, 44; 13, 495) oder äußert sich ironisch zu Ludwig Tiecks gedankenferner Lyrik (vgl. B 5, 450).

und später zum Bruch führende Entfremdung zwischen Nietzsche und Wagner hat mehrere Gründe. Es sind weltanschauliche, ästhetische, psychologische und persönliche Ursachen, die die Kluft zwischen diesen Geistesgrößen aufreißen. Die Hauptursache ist der weltanschauliche Antagonismus zwischen romantisch-christlicher Lebensverneinung und dionysisch-heidnischer Lebensbejahung. So sah es jedenfalls Nietzsche. Wagners *Parsifal* war für ihn der Stein des Anstoßes. Hier sieht er den "Geist der Gegenreformation" am Werk:

> mir, der ich zu sehr an das Griechische, menschlich Allgemeine gewöhnt bin, ist Alles zu christlich zeitlich beschränkt; lauter phantastische Psychologie; kein Fleisch und viel zu viel Blut (namentlich beim Abendmahl geht es mir zu vollblütig her) [...] (B 5, 300 – 4.1.78)

Hier spielt Nietzsche die heidnische Sinnlichkeit gegen die christliche Spiritualität aus. Der *Parsifal* ist "eine *Kunst* der Verleumdung" des "Lebens" (U I, 205). Die "Wagner'sche Musik" ist, wie die "Schopenhauer'sche Willens-Philosophie", "romantischer Pessimismus" (3, 622 – FW). Wagner ist der *"Künstler der décadence"* (6, 21 – WA). Er ist der große Verführer, der "Cagliostro der Modernität" (6, 23 – WA). Nietzsche verbindet die weltanschauliche mit der ästhetischen Kritik. Er denunziert Wagners Musik als Schauspielertum, Rhetorik und Stilverfall. Sie ist "demagogische Kunst" (11, 235). Der Bruch mit Wagner ist aber auch psychologisch motiviert, und zwar durch Wagners Autoritätsanspruch und Nietzsches Emanzipationsstreben. Nietzsche wollte und mußte sich von diesem Übervater lösen, um seinen eigenen Weg zu gehen. Er konnte nicht nur der Jünger Wagners sein. Er mußte sich von Wagner befreien, um wirklich er selbst sein zu können. Die Loslösung von Wagner war für ihn ein freilich schwieriger Prozeß, da hier ursprünglich eine tiefe Bindung bestand. Im Vorwort zum *Fall Wagner* heißt es:

> Wagnern den Rücken zu kehren war für mich ein Schicksal; irgend Etwas nachher wieder gern zu haben ein Sieg. Niemand war vielleicht gefährlicher mit der Wagnerei verwachsen, Niemand hat sich stärker gegen sie gewehrt, Niemand sich mehr gefreut, von ihr los zu sein. (6, 11 – WA)

Die Selbstbefreiung ist eine *"Selbstüberwindung"* (6, 11 – WA). In der Rückschau erscheint Wagner als eine "Krankheit", die "unentbehrlich" war, d.h. als eine Krankheit, deren Überwindung erst dem eigenen Selbstsein Bahn brach: "Mein grösstes Erlebniss war eine *Genesung.*

Wagner gehört bloss zu meinen Krankheiten." (6, 12 – WA). Wagner war der produktive Widerstand, an dem Nietzsche "stärker" wurde (6, 290 – EH). Nietzsche deutet Wagner zum Probierstein der eigenen Präpotenz um. Nach dem Tod Wagners (13.2.1883) schreibt er, "daß der Tod Wagners die wesentlichste Erleichterung war, die mir jetzt geschafft werden konnte" (B 6, 333 – 19.2.83). Aber dieses Ereignis ist für Nietzsche auch ein Schock: "Wagners Tod hat mir fürchterlich zugesetzt" (B 6, 335 – 21.2.83). Der Tod Wagners hat für Nietzsche symbolische Bedeutung. Er stilisiert ihn zu einem mythischen Ereignis. Er schreibt, zum *Zarathustra*: "die Schlusspartie [...] wurde genau in der heiligen Stunde fertig gemacht, in der Richard Wagner in Venedig starb" (6, 335f. – EH). Das objektiv zufällige Zuammentreffen von Wagners Tod und der Fertigstellung des *Zarathustra* wird als Numinosum gedeutet und zu einer welthistorischen Koinzidenz stilisiert. Im Hinblick auf den Bruch mit Wagner kommt aber noch ein sehr persönliches Motiv hinzu, die "tödtliche Beleidigung" (B 6, 337 – 22.2.83). Nietzsche gibt vor, es handele sich dabei um Wagners Kniefall vor dem Christentum (vgl. B 6, 335), aber es geht offenbar um Unterstellungen Wagners bezüglich bestimmter Sexualpraktiken Nietzsches (vgl. B 6, 365).[4] Der Bruch mit Wagner läßt sich nicht monokausal deuten, sondern hat mehrere Ursachen. Dominant dürfte der weltanschauliche Angatonismus sein. Bei alledem ist nicht zu übersehen, daß Nietzsche trotz aller (häufig hemmungslosen) Polemik die innere Bindung an sein einstiges Vorbild nicht verleugnen kann. Nietzsche weiß, was er Wagner zu verdanken hat, nämlich eine gesteigerte Begeisterung für die Kunst und geschärfte künstlerische Organe. Aber er hat von Wagner überhaupt entscheidende geistige Impulse erhalten. Bezeichnenderweise wendet er sich gegen den christlich-romantischen Wagner, den späteren Wagner, während er sich dem heidnisch-progressiven Wagner weiterhin verbunden fühlt:

> Daß er, alt geworden, sich verwandelte, geht mich nichts an: fast alle Romantiker dieser Art enden unter dem Kreuze. (Ich liebte nur den Wagner, den ich kannte, d.h. einen rechtschaffenen Atheisten und Immoralisten, der die Figur Siegfrieds, eines sehr freien Menschen, erfunden hat.) (U I, 397)

---

4 Vgl. dazu bes. die Dokumentation von *Janz*, Die "tödtliche Beleidigung". Vgl. zudem *Janz*, Nietzsche I, 785-790; *Westernhagen*, Wagner, 490-495; *Gregor-Dellin*, Wagner, 748-754; *Wapnewski*, Nietzsche und Wagner, 418); *Borchmeyer*, Tödliche Beleidigung; *Biser*, Der "beleidigte" Nietzsche.

Nietzsche will der "*Erbe*" des "eigentlichen Wagner" werden (B 6, 333f. – 19.2.83). Er nennt Wagner den "grossen Wohlthäter meines Lebens" (6, 290 – EH). Und er weiß sich mit ihm in der historischen Wirkung verbunden:

> Das, worin wir verwandt sind, dass wir tiefer gelitten haben, auch an einander, als Menschen dieses Jahrhunderts zu leiden vermöchten, wird unsre Namen ewig wieder zusammenbringen [...] (6, 290 – EH)

Wenn sich somit im Verhältnis Nietzsches zu Wagner eine innere Zwiespältigkeit zeigt, so ist und bleibt doch der Antagonismus von 'dionysischer' und 'romantischer' Lebens- und Kunstauffassung entscheidend. Nietzsches Kunstreflexionen beschränken sich allerdings nicht auf diese Fundamentalantithese. Mit der zunehmenden Hinwendung zum Individualwillen gewinnt das Formprinzip des 'Klassischen' für Nietzsche wachsende Bedeutung. Aus dem Begriff der dionysischen Kunst entwickelt sich die Idee einer neuen Klassizität. Die Antithese 'dionysisch' – 'romantisch' wird überlagert von der Antithese 'klassisch' – 'romantisch'. Die klassische Form ist der höchste Ausdruck des Willens zur Macht:

> Der klassische Stil stellt wesentlich diese Ruhe, Vereinfachung, Abkürzung, Concentration dar – das *höchste Gefühl der Macht* ist concentrirt im klassischen Typus. Schwer reagiren: ein großes Bewußtsein: kein Gefühl von Kampf: (13, 240 – 1888)

Dies ist die Symbiose von Wille zur Macht und Klassizität. Sie erwächst aus dem bei Nietzsche in aller Hervorkehrung des dynamischen Lebensprozesses doch erkennbaren Bestreben, sich an einer absoluten Kunstform, einer Kunst des klassischen Maßes und der klassischen Überlegenheit, zu orientieren, freilich unter dem Vorzeichen des Willens zur Macht. Weiterhin gibt der Gegensatz von Lebensstärke und Lebensschwäche den Wertungsmaßstab ab:

> *Classisch und romantisch.* – Sowohl die classisch als auch die romantisch gesinnten Geister – wie es diese beiden Gattungen immer giebt – tragen sich mit einer Vision der Zukunft: aber die ersteren aus einer *Stärke* ihrer Zeit heraus, die letzteren aus deren *Schwäche*. (2, 652 – WS) (Goethe: "Klassisch ist das Gesunde, romantisch das Kranke.")

Nietzsche begreift den Antagonismus von Klassisch und Romantisch auch als Gegensatz von Aktivität und Passivität: "Ob nicht der Gegensatz der *Aktiven* und *Reaktiven* hinter jenem Gegensatz von *Classisch* und *Romantisch* verborgen liegt?..." (12, 400). Während der 'romantische' Künstler durch die Stigmata der Gefühlsschwärmerei, des Ästhetizismus und der Reaktivität gekennzeichnet ist, zeichnet sich der 'klassische' Künstler durch Lebensenergie, Denkschärfe und Umgestaltungskraft aus:

> *Zukünftiges.* Gegen die Romantik der großen "Passion". / Zu begreifen, wie zu jedem "klassischen" Geschmack ein Quantum Kälte, Lucidität, Härte hinzugehört: Logik vor allem, Glück in der Geistigkeit, "drei Einheiten", Concentration – Haß gegen Gefühl, Gemüth, esprit, Haß gegen das Vielfache, Unsichere, Schweifende, Ahnende so gut als gegen das Kurze Spitze Hübsche Gütige / Man soll nicht mit künstlerischen Formeln spielen: man soll das Leben umschaffen, daß es sich nachher formuliren *muß*... (13, 131 f. – 1887/88)

Das romantische Gefühl, das ahnungsvolle Unendlichkeitsverlangen, wird preisgegeben zugunsten der klassischen Geistigkeit, der konzentrierten geistigen Formen. Nicht die verschwimmenden Umrisse des Romantischen, sondern die klaren Konturen der Latinität sind nun Nietzsches Stilideal. Nun bekämpft Nietzsche die romantische Formlosigkeit (Wagner) und plädiert für die klassische Formstrenge (Goethe). Freilich, auch der formbewußte Geist soll kein ästhetizistisches Formenspiel, keine *l'art-pour-l'art*-Ästhetik betreiben[5], sondern das "Leben" "umschaffen". Nietzsche strebt nun eine Symbiose aus Lebensdynamik und Geistesdisziplin an. Nun meldet sich ein disziplinierter 'Dionysos' zu Wort. Nietzsche plädiert jetzt für Geistesvitalität, Denkkonzentration und Formklarheit. Aber die 'klassischen' Formen sind für Nietzsche Ausdruck des 'dionysischen' Lebens. Sie bilden nicht eine ästhetische Eigenwirklichkeit, sondern in ihnen manifestiert sich der schaffende Wille.

Nietzsches Kunstdenken bewegt sich nun im Umkreis der Trias *dionysisch – romantisch – klassisch*. Das 'Klassische' ist die ästhetische Objektivation des 'Dionysischen'. Der Unterschied zur historischen Klassik besteht darin, daß Nietzsche das 'Klassische' nicht mehr werkästhetisch als freie Form über dem Leben, sondern ausdrucksästhetisch als Selbstdarstellung des Schaffenden auffaßt. Dies zeigt sich markant am Schönheitsbegriff. Nach Kant ist das "Schöne" als Gegenstand des "Geschmacksurteils" "ein Gegenstand des Wohlgefallens ohne alles

---

5 Nietzsche definiert die Kunst des "L'art pour l'art" als das "virtuose Gequak kaltgestellter Frösche, die in ihrem Sumpfe desperiren" (13, 300).

Interesse". Der "Geschmack am Schönen" ist "einzig und allein ein uninteressiertes und *freies* Wohlgefallen" (KdU, 47f.). Schiller definirt die "*Schönheit*" als "*lebende Gestalt*", d.h. als Einheit von sinnlicher Erscheinung und allgemeiner Idee. Sie erwächst aus dem "Spieltrieb" als der Synthese von "Stofftrieb" und "Formtrieb" (Ästhetische Erziehung, 15. Brief, NA XX, 355). Sie ist ästhetischer Schein. Sie ist "*Freiheit in der Erscheinung*" (Jonas III, 245). Nietzsche lehnt Kants Theorie der ästhetischen Interesselosigkeit mit Verve ab. Dem Prinzip des interesselosen Anschauens stellt er den Grundsatz des interessierten Schaffens entgegen. Die Interesselosigkeit ist eine kunstphilosophische Fiktion (und Illusion). In Wahrheit ist ästhetisches Verhalten durch ein 'Interesse' bestimmt. Kants 'Interesselosigkeit' ist ein "dicker Wurm von Grundirrthum": "'Schön ist, hat Kant gesagt, was *ohne Interesse* gefällt.' Ohne Interesse!" (5, 347 – GM). "Das 'Los-sein-von-Interesse und ego' ist Unsinn" (11, 33). Für Nietzsche ist das Schöne ästhetisch objektivierter Wille zur Macht. Das "Gefühl des Schönen" ist eine "Vermehrung von Machtgefühl". "*Das* Schöne existirt so wenig als *das* Gute, *das* Wahre." (12, 554). Es gibt nicht das Schöne *an sich*, sondern nur das Schöne *für mich*. Das Schöne ist an die Perspektive und den Willen gebunden. Schönheit ist Ausdruck des Willens zur Macht: "'Schönheit' ist […] das höchste Zeichen von Macht"; die spielerische 'Bändigung' der "Gegensätze" in der "Schönheit" "ergötzt den Machtwillen des Künstlers" (12, 258). Nietzsches voluntativer Schönheitsbegriff stößt sich vehement vom klassischen Schönheitsbegriff ab. Für Goethe ist ein in Erscheinung tretendes Gesetz die Bedingung des Schönen:

> Das Gesetz, das in die Erscheinung tritt, in der größten Freiheit, nach seinen eigensten Bedingungen, bringt das objektiv Schöne hervor, welches freilich würdige Subjekte finden muß, von denen es aufgefaßt wird. (*Goethe*, Maximen und Reflexionen, HA XII, 470)

Wollte man eine grenzscharfe Unterscheidung zwischen Goethe und Nietzsche vornehmen, könnte man feststellen, daß Goethe das *objektiv* Schöne, d.h. die vom schönen Sujet selbst geforderte immanente ästhetische Gesetzlichkeit, hervorhebt, während Nietzsche vom *subjektiv* Schönen, d.h. von der vom schaffenden Subjekt gesetzten Gesetzlichkeit, ausgeht.

In diesem Problemfeld wird der Begriff des 'Artistischen' bedeutsam. Er ist generell ein Synonym für das kreative Leben und bezeichnet speziell die Qualität des geistigen Formens. Er ist ein schillernder, doppeldeutiger Begriff. Negativ bedeutet er die vom Leben separierte Formvirtuosität, positiv die aus dem Leben erwachsende Formkraft. Die ästhetizistische Distanz zum Leben lehnt Nietzsche ab: "Die *artistische* Welt-Betrachtung: sich vor das Leben hinsetzen." (12, 256). Das Artistische als schöpferisches Prinzip des Lebens bejaht er: "Eine artistische Weltbetrachtung eine antimetaphysische – ja, aber eine artistische – […] (12, 160). 'Antimetaphysisch' – das heißt: höchste Selbstentfaltung des schöpferischen Lebens. Wird der Begriff 'metaphysisch' im Sinne der traditionellen Metaphysik verstanden, ist er ein Gegenbegriff zum Begriff 'artistisch'. Wird der Begriff 'metaphysisch' hingegen auf das schöpferische Leben angewandt, ist er ein Komplementärbegriff zum Begriff 'artistisch'. Dann kann Nietzsche von "Artisten-Metaphysik" sprechen (1, 13, 17, 21 – GT [VS]; vgl. 12, 123). Damit kann denn auch die Leitformel von der "Kunst" als der "*metaphysischen* Thätigkeit" des "Lebens" als "Artisten-Evangelium" bezeichnet werden (13, 522 [= 13, 228]). Der Begriff "Artisten-Evangelium" ist einerseits ein provokativer Begriff, der die extreme Säkularisierung der christlichen Botschaft signalisiert, und andererseits ein pathetischer Begriff, der die Rangerhöhung der Kunst zum einzigen metaphysischen Inhalt postuliert. Ganz so neu ist diese Wendung nicht, denn immerhin hat schon Platen, in den *Sonetten aus Venedig*, als den "Glauben aller Zeiten" "Des Schönen Evangelium" hervorgehoben (*Platen*, Gedichte, 142). Bei Platen geht es freilich um den reinen Kult des Schönen, während Nietzsche die Kunst ins Leben zurückgründet. Später wird Gottfried Benn sich auf Nietzsches Wort vom "Artisten-Evangelium" berufen, um die Ästhetik der absoluten Kunst zu rechtfertigen:

> Es war Gesetz aus jenem Evangelium der Kunst, das im "Willen zur Macht" verkündet war, dem Artistenevangelium von der Kunst als der letzten europäischen Metaphysik. (*Benn*, Lebensweg, 55; vgl. Heinrich Mann zum 60. Geburtstag, 132; Rede auf Heinrich Mann, 412)

Die höchste Form des angestrebten klassischen Stils ist der "große Stil". Es besteht eine Kohärenz von Rausch, Wille und Stil. Der "große Stil" als Stil der "Vereinfachung" ist die "Spitze der Entwicklung" des "Rauschgefühls", des "*siegreichen* Willens", der "Krafterhöhung". Bezeichnenderweise schließt der "große Stil" die "Häßlichkeit" als "*déca-*

dence eines Typus", als "Niedergang an *organisirender* Kraft, an 'Willen'", aus (13, 293 f.).[6]

Vom "*klassischen* Ideal" als dem "Wohlgeratensein *aller* Hauptinstinkte" heißt es: "Darin wieder der höchste Stil: *der große Stil*. Ausdruck des 'Willens zur Macht' selbst." (WzM, Nr. 341). "[…] der große Stil will einen starken Grundwillen" (U I, 202). Der "große Stil" ist ein imperatorischer, ein kraft des Willens zur Macht autoritativ gesetzter Stil, der seine Evidenz in sich selber hat. Er ist zugleich eine Art monologischer Stil, da er, ganz aus sich selber lebend, auf alles Gefallen-Wollen verzichtet. Aber er ist auch ein Gesetz, d.h. ein absoluter Maßstab, eine unbedingte ästhetische Norm:

> Das höchste Gefühl von Macht und Sicherheit kommt in dem zum Ausdruck, was *grossen Stil* hat. Die Macht, die keinen Beweis mehr nöthig hat; die es verschmäht, zu gefallen; die schwer antwortet; die keinen Zeugen um sich fühlt; […] die in *sich* ruht, fatalistisch, ein Gesetz unter Gesetzen: *Das* redet als grosser Stil von sich. (6, 119 – GD)

Der "große Stil" ist kein persuadierender, sondern ein autoritärer Stil. Er appelliert nicht suggestiv an das Gefühl, sondern wirkt imperativisch auf den Willen. Das "Chaos" der Emotionen wird in der vom Geist geschaffenen "Form" gebändigt und aufgehoben:

> Dieser Stil hat das mit der großen Leidenschaft gemein, daß er es verschmäht zu gefallen; daß er es vergißt zu überreden; daß er befiehlt; daß er *will* … Über das Chaos Herr werden das man ist; sein Chaos zwingen, Form zu werden; Nothwendigkeit werden in Form: logisch, einfach, unzweideutig, Mathematik werden; *Gesetz* werden –: das ist hier die große Ambition. (13, 246f.)[7]

---

6 Damit ist das Problem des 'Häßlichen' angeschnitten. Nietzsche kann das 'Häßliche' sowohl verneinen als auch bejahen. Er kritisiert den modernen Kult des 'Häßlichen' als Symptom von Schwäche, von *décadence*. Aber er bejaht das 'Häßliche', sofern es als das 'Werden' kraftlos gewordene Formen zerbricht und damit dem Prinzip des Lebens entspricht. Er löst sich sowohl von der traditionellen Ästhetik des 'Häßlichen', die das 'Häßliche' als defizienten Modus des Schönen auffaßt, als auch von der modernen Lust am 'Häßlichen', von der Suggestion des 'Häßlichen'. Aber als das "Ewig-Schaffende" und damit das "*ewig-Zerstören-Müssende*", als die "angehäufte Kraft", die das "Bisherige" als "häßlich" entlarvt und "einen *neuen* Sinn in das sinnlos Gewordene" legt, ist das "Häßliche" eine Notwendigkeit (12, 113). Zum Problem des 'Häßlichen' vgl. *Th. Meyer*, Nietzsche, 650-653 [Exkurs 26].

7 Schon Novalis betont die absolute Bedeutung der Mathematik: "Das höchste Leben ist Mathematik. […] Das Leben der Götter ist Mathematik. Alle göttliche Gesandten müssen Mathematiker seyn." (S III, 593f.). Benn wird später erklären: "Es ist heute

Es ist bezeichnend für Nietzsches agonales Denken, daß er auch im Hinblick auf den Stil in Antithesen denkt. Eine der stiltypologischen Antithesen Nietzsches ist die von Renaissance und Barock. In der Skizze *Vom Barockstile* definiert er den "Barockstil" als Ausdruck der Diskrepanz zwischen Form*willen* und Form*verwirklichung*. Der "*Barockstil*" ist ein aus dem Mangel an "Dialektik und Auseinanderfaltung der Gedanken" erwachsender Stil des "*Rhetorischen* und *Dramatischen*" (2, 437 – VM). Als Antithese zur Klassizität ist der "Barockstil" Ausdruck eines Nachlassens der wahrhaft schöpferischen Kräfte und ihrer Kompensation durch einen rhetorisch aufgeblähten Manierismus. "Der Barockstil entsteht jedesmal beim Abblühen jeder grossen Kunst, wenn die Anforderungen in der Kunst des classischen Ausdrucks allzugross geworden sind […]" (2, 438 – VM). Es schält sich die antagonistische Stiltypologie von 'objektiv' Schönem und 'subjektiver' Manier, von Form und Monumentalität heraus. Nietzsche plädiert für Klassizität und gegen Manierismus.[8] Das Signum des "Barockstils" ist das "Ungeheure", das Zeichen des "großen Stils" das "Schöne": "*Der grosse Stil. – Der grosse Stil entsteht, wenn das Schöne den Sieg über das Ungeheure davonträgt.*" (2, 596 – WS). Dem manieristischen "Barockstil", dieser Kunst der schwelgerischen Gefühle und pompösen Formen, die sich als "ursprüngliche Natur-Kunst" geriert (2, 438 – VM), setzt Nietzsche das klassische Prinzip des "Schönen" entgegen.

Das Schöne nun ist bei Nietzsche verbunden mit dem Erhabenen. Er bleibt offen für das Unendliche. Das 'Erhabene' taucht allerdings bei ihm als Begriff nur selten auf. Immerhin, er definiert "das *Erhabene* als die künstlerische Bändigung des Entsetzlichen" (1, 57 – GT). Der Künstler Wagner kann "im Erhabenen und im Ueber-Erhabenen allein frei athmen" (1, 441 – WB). Die Theorie des "Erhabenen" hat ihre eigene Geschichte. Auf ihrem Gipfel hat Kant das Erhabene als das Unendliche definiert: "*Erhaben* nennen wir das, was *schlechthin groß* ist." (KdU, 91). Dabei ist grundsätzlich festzuhalten, "daß das Erhabene

---

tatsächlich so, es gibt nur zwei verbale Transzendenzen: die mathematischen Lehrsätze und das Wort als Kunst." (Doppelleben, 156).

8 Würde man Friedrich Schlegels Unterscheidung von objektiv-schöner und subjektiv-interessanter Poesie (vgl. *Schlegel*, Griechen und Römer [Vorrede], 208, 214; Griechische Poesie, 252) als Maßstab an Nietzsche anlegen, könnte man feststellen, daß sein Stil*wille* sich auf das 'Schöne' (das 'Schöne' freilich als Ausdruck des Willens zur Macht) richtet, während seine Stil*praxis* eher dem 'Interessanten' entspricht. Im Sinne Schillers wäre er, *cum grano salis*, der 'sentimentalische' Dichter, dessen Ideal der 'naive' Dichter ist.

nicht in den Dingen der Natur, sondern allein in unseren Ideen zu suchen sei" (93f.). Das "Erhabene" ist in der "Idee" als einer von der Vernunft gebildeten Vorstellung des Unbedingten begründet. "Erhaben ist also die Natur in derjenigen ihrer Erscheinungen, deren Anschauung die Idee ihrer Unendlichkeit bei sich führt." (99). Die 'erhabenen' "Gegenstände" sind der Probierstein des menschlichen Widerstands- und Selbstbehauptungsvermögens. Die "Seelenstärke" und "ein Vermögen zu widerstehen" werden erhöht, und der Mensch kann sich "mit der scheinbaren Allgewalt der Natur messen" (107). Bei Nietzsche ist das Erhabene nicht mehr eine Idee der Vernunft, sondern ein Sujet des Willens. Das Pathos des Erhabenen erwächst aus der Spannung von Bedingtem und Unbedingtem. Dies verbindet Nietzsche mit Schiller. Bei beiden geht es um die Spannung zwischen bedingter Wirklichkeit und unbedingter Idee. Wichtig ist in diesem Zusammenhang der Unterschied zwischen dem Erhabenen und dem Schönen. Nach Kant ist das Schöne in der Natur, das Erhabene in der Idee begründet. Nach Schiller ist das Schöne die Harmonie von Bedingtem und Unbedingtem, während das Erhabene durch die Diskrepanz zwischen Bedingtem und Unbedingtem gekennzeichnet ist. Schiller definiert:

> *Erhaben* nennen wir ein Objekt, bey dessen Vorstellung unsre sinnliche Natur ihre Schranken, unsre vernünftige Natur aber ihre Ueberlegenheit, ihre Freyheit von Schranken fühlt; gegen das wir also *physisch* den Kürzern ziehen, über welches wir uns aber *moralisch* d.i. durch Ideen erheben. (*Schiller*, Vom Erhabenen, NA XX, 171)

Das Sich-Erheben über das Bedingte ist Nietzsche und Schiller gemeinsam. Aber Schillers Anliegen ist die Begründung eines ästhetischen Humanismus. Er stellt die Frage nach der Möglichkeit des Menschseins. Das Erhabene ist ein Postulat der sittlichen Freiheit. Nietzsche hingegen verkündet die Philosophie des schöpferischen Lebens. Er stellt die Frage nach der Möglichkeit des Übermenschen. Bei ihm ist das Erhabene ein Entwurf des Willens zur Macht. Nietzsche weiß, daß allein die Hinwendung zum 'Erhabenen' das Schaffen ermöglicht. Deshalb notiert er: "*Das Festhalten des Erhabenen!*" (7, 426). Und zu Zarathustra notiert er: "Ihr seid mir der Stein, in dem das erhabenste aller Bildwerke schläft" (10, 448). Dieses Bildwerk aber ist der Übermensch. Er ist die höchste Form des Erhabenen. In der 'Ästhetik' Nietzsches wahren die traditionellen Kategorien des 'Schönen' und 'Erhabenen' ihre Dignität, freilich unter dem neuen Vorzeichen des

Willens zur Macht. Das 'Schöne' ist Ausdruck des sich in klassischen Formen objektivierenden Willens. Das 'Erhabene' ist Ausdruck des auf das Unendliche zielenden Willens.

IV. Die Musik

Für die Musikauffassung Nietzsches ist die Idee grundlegend, daß die Musik Ausdruck des Weltwillens sei, daß sich in ihr das Wesen der Welt unmittelbar artikuliere. Diese Metaphysik der Musik ist von Schopenhauer geprägt. Vor allem Schopenhauers Deutung der "Musik" als "*Abbild des Willens selbst*" (WV I, 359), d.h. des Weltwillens, wirkt nachhaltig auf Nietzsche. Er zitiert im Hinblick auf die Musik eine längere Schopenhauer-Passage, in der es heißt:

> Denn die Musik ist [...] darin von allen andern Künsten verschieden, daß sie nicht Abbild der Erscheinung [...], sondern unmittelbar Abbild des Willens selbst ist und also zu allem Physischen der Welt das Metaphysische, zu aller Erscheinung das Ding an sich darstellt. (WV I, 366 – Zitation bei Nietzsche: 1, 106 – GT; vgl. 1, 104 – GT)

Wagner, der in seiner Autobiographie *Mein Leben* (Diktat 1865-1880) die "bedeutende Auffassung der Musik", d.h. der Musik als Ausdruck des Weltwillens, hervorhebt (522), schreibt in *Beethoven* (1870) über den "Musiker": "seine Musik selbst ist eine Idee der Welt, in welcher diese ihr Wesen unmittelbar darstellt"; er konstatiert, daß im "Musiker" der "*universelle* Wille wach wird" (WSD 9, 72). Die Musik ist die "Offenbarung des innersten Traumbildes vom Wesen der Welt" (WSD 9, 108). Die Musikauffassung des frühen Nietzsche ist Schopenhauer- und Wagner-Exegese.

Im *Kunstwerk der Zukunft* (1849) hatte Wagner die Wiedervereinigung der "drei Kunstarten", der Musik, des Dramas und der Tanzkunst, als Voraussetzung des "wahren Kunstwerks", des "vollendeten Kunstwerks" gefordert (WSD 3, 122). Begründet ist Wagners programmatische Forderung nach dem gattungsauflösenden bzw. gattungsverschmelzenden Universalkunstwerk in einer fundamentalen Integrationssehnsucht, im Willen, die neuzeitliche Zersplitterung des Lebens und der Kunst in isolierte Einzelbereiche aufzuheben und ein neues Einheitsgefühl, ein neues, ursprüngliches Verhältnis von Mensch, Natur und Kunst herzustellen. Die bereits in der deutschen Frühromantik, vor allem bei Friedrich Schlegel und Novalis, entwickelten Ideen des Universalkunstwerks, der Universalpoesie, und der Kunstreligion werden von Wagner ästhetisch neu fruchtbar gemacht. Wagner ist mit den Frühromantikern durch das Universalkunstwerk, die Kunstreligion und den Musikenthusiasmus verbunden. Auch Nietzsche beklagt die "Vereinzelung der Künste" (1, 529 – GMD). Das Auszeichnende des "griechischen Musikdramas" ist: "alles Unfreie, alles Isolirte der einzelnen Künste ist mit ihm überwunden" (1, 531 – GMD). Die Leistung Wagners besteht darin, daß er "zwischen zwei Dingen, die fremd und kalt wie in getrennten Sphären zu leben schienen, ein Verhältniss fand: zwischen *Musik und Leben* und ebenfalls zwischen *Musik und Drama*" (1, 454 – WB).

Aber es zeigt sich von vornherein auch ein spezifischer Unterschied zu Wagner. Während Wagner in *Oper und Drama* (1851) die These vertritt, daß die "Musik" "ein Mittel des Ausdruckes", das "Drama" hingegen der "Zweck des Ausdruckes" sei (WSD 3, 231), notiert Nietzsche:

> Die Musik *kann* nie Mittel werden […] Die schlechteste Musik kann immer noch der besten Dichtung gegenüber den dionysischen Weltuntergrund bedeuten […] (7, 186 [1870/71])

Die Musik darf nicht nach dem Text schielen, da "die Musik nie Mittel, im Dienste des Textes, werden kann, sondern auf jeden Fall den Text überwindet" (7, 187). Nietzsche beharrt auf der Prävalenz der Musik. Nach dem Bruch mit Wagner sprengt Nietzsche die von ihm selber in den Frühschriften verkündete Symbiose von Musik und Drama wieder auf. Die romantische Idee der universellen Einheit der Künste weicht der Konzeption der entschiedenen Gattungstrennung, denn erst in ihrer freien Selbstentfaltung vermag eine Kunstart zu ihrer Vollendung zu gelangen. Nietzsche gibt die Idee des gattungsauflösenden Universalkunstwerks wieder auf. An die Stelle der funktionalen Musik, die im Musikdrama ihren spezifischen Stellenwert hat und in diesem Kontext eine Idee vermittelt, soll die absolute Musik treten, eine freie, aus sich selber lebende Musik, die Ausdruck des dionysischen Lebens selbst ist.

Nietzsche wird zum schärfsten Kritiker der Wagnerschen Musik bzw. des Wagnerschen Musikdramas. Wagners vielgepriesener "sogenannter dramatischer Stil" läuft auf "Stil-Auflösung" hinaus (13, 490). Nietzsche greift Wagner in mehrfacher Hinsicht an. Er kritisiert die *dramatische* Musik, die Bindung der Musik ans Drama, die *rhetorische* Musik, die Vermittlung einer Idee durch die Musik, und die *suggestive*

Musik, die hypnotische Wirkung der Musik auf die Hörer. Das musikalische Drama ist für ihn Ausdruck von Schwäche. Wagner kompensiere seinen Mangel an Musikalität durch die Flucht ins Drama: "Die Musik Wagners als solche ist unerträglich: man braucht das Drama, zur Erlösung von dieser Musik." (13, 405). Den "dramatischen Sängern" wirft Nietzsche vor, sie könnten nicht singen (2, 619 – WS). Die "dramatische Musik" ist überhaupt ein Mißgriff:

> *Dramatische Musik.* – Für Den, welcher nicht sieht, was auf der Bühne vorgeht, ist die dramatische Musik ein Unding; so gut der fortlaufende Commentar zu einem verloren gegangenen Texte ein Unding ist. (2, 619 – WS)

Durch die Dramatisierung verliert die Musik ihre Musikalität: "'dramatische Musik' Unsinn! Das ist einfach schlechte Musik" (12, 522). Die 'dramatische' Musik täuscht durch ein pompöses Konfliktpotential über das Fehlen der musikalischen Substanz hinweg. Wagner nimmt seine Zuflucht zum Drama, um seinem Werk Bedeutung zu verleihen. Die Musik wird zur symbolischen Musik, die sich durch den Rekurs auf die "Idee" den Anschein von Tiefe und Bedeutsamkeit gibt. Nietzsche wirft Wagner vor, er habe "Litteratur nöthig gehabt", sei "als Musiker" immer "Rhetor" geblieben und "zeitlebens der Commentator der 'Idee'" gewesen (6, 35f. – WA). Nietzsche ironisiert die Wagner-Schwärmerei des "deutschen Jünglings":

> Die zwei Worte "unendlich" und "Bedeutung" genügten bereits: ihm wurde dabei auf eine unvergleichliche Weise wohl. Es ist *nicht* die Musik, mit der Wagner sich die Jünglinge erobert hat, es ist die "Idee" [...] (6, 36 – WA)

Durch die Verquickung mit der "Idee" wird die Musik zur rhetorischen Musik. Das Musikdrama spinnt den Rezipienten in eine bedeutungsträchtige Symbolik des Weltgeschehens ein. Es ist von eigentümlicher Beredsamkeit. Mit allen artistischen Raffinements will es den Hörer von der Bedeutung der "Idee" überzeugen. Deshalb ist Wagner kein genuiner Musiker. Nietzsche schreibt:

> Wagner war *nicht* Musiker von Instinkt. Dies bewies er damit, dass er alle Gesetzlichkeit und, bestimmter geredet, allen Stil in der Musik preisgab, um aus ihr zu machen, was er nöthig hatte, eine Theater-Rhetorik, ein Mittel des Ausdrucks, der Gebärden-Verstärkung, der Suggestion, des Psychologisch-Pittoresken. (6, 30 – WA)

Für Nietzsche ist Wagners Musik eine suggestive Musik, die durch emotionale Identifikation die rauschhafte Selbstpreisgabe des Hörers bewirken will: "man soll *schwimmen*." (2, 434 – VM.[9]

In Abgrenzung gegen Wagner entwickelt Nietzsche sein eigenes Ideal der Musik. Er plädiert für eine reine, von Dramatik, Rhetorik und Suggestion freie Musik. Tanz, Heiterkeit und Maß sind Signa dieser Musik. Im Zeichen der neuen Klassizität soll nicht die *Rhetorik*, sondern der *Stil* die Musik prägen. Nietzsche begeistert sich nun für eine halkyonische Musik:

> […] was *wir Halkyonier* bei Wagnern vermissen – la gaya scienza; die leichten Füsse; Witz, Feuer, Anmuth; die grosse Logik; den Tanz der Sterne; die übermüthige Geistigkeit; die Lichtschauder des Südens; das *glatte* Meer – Vollkommenheit… (6, 37 – WA)

Es ist das Stilideal der dionysisch-klassischen Kunst, das Nietzsche nun auch in der Musik vertritt, ein Stilideal, das von ihm meistens in Antithese zum rhetorisch-romantischen Stil bzw. zur Stilentartung Wagners exponiert wird. Wagner wirft weiterhin seinen großen Schatten. Auch als sein Antipode steht Nietzsche noch im Banne Wagners. Dennoch versucht er, sich von ihm zu befreien. Er bietet neue musikalische Vorbilder, neue Idole auf, von den alten Meistern über die Wiener Klassik bis zur zeitgenössischen Musik. Bach und Händel, Mozart und Beethoven werden ebenso wie Rossini und insbesondere Bizet und Chopin (und nicht zu vergessen der musikalische Amanuensis Heinrich Köselitz alias Peter Gast) als Gewährsmänner der neuen Musik-Konzeption Nietzsches aufgeboten. Nietzsche meldet allerdings auch den kritischen Vorbehalt an, daß in der Musik immer noch der "große Stil" fehle:

> Alle Künste kennen solche Ambitiöse des großen Stils: warum fehlen sie in der Musik? Noch niemals hat ein Musiker gebaut, wie jener Baumeister, der den Palazzo Pitti schuf? (13, 247)

Da liegt daran, daß Nietzsche den "großen Stil" als Ausdruck des "Willens zur Macht" interpretiert. Er ist Ausdruck eines diktatorischen

---

9 Nietzsche verkennt, daß das Wagnersche Musikdrama nicht nur auf rauschhafte Identifikation zielt, sondern auch eine geistige Symbolik darstellt und damit Gegenstand der denkerischen Reflexion ist. Der von Wagner insbesondere im *Ring* mit kompositorischer und dramaturgischer Präzision erstellte Kosmos prototypischer Konstellationen und archetypischer Strukturen wird von Nietzsche weitgehend ignoriert zugunsten der wirkungsästhetischen Suggestionspsychologie.

Wollens. Und dieser potenzierten Aktivität entspricht vorrangig die Baukunst, während der Musik durch den Appell an das Gefühl ein Zug von Passivität eigentümlich ist: "Widerspräche zuletzt der Begriff großer Stil schon der Seele der Musik, – dem 'Weibe' in unserer Musik?" (13, 247).

Unbeschadet dieser kritischen Reserve führt Nietzsche die erwähnten Komponisten als Beweis wahren Schöpfertums in der Musik an – zumal er hier weniger den voluntativ-diktatorischen als vielmehr den spielerisch-freien Aspekt der Kunst im Blickfeld hat. Die Musik Bachs vermittelt den "Hörern" den Eindruck, "als ob wir dabei wären, *wie Gott die Welt schuf*"[10], wenngleich dies noch nicht "unsere *grosse* moderne Musik" ist, da noch "zu viel crude Christlichkeit" in ihr steckt (2, 615 – WS). Nietzsche schwärmt von der "starken Rasse eines Händel", von der "überströmenden Animalität eines Rossini" (6, 49 – WA). Er lobt Händels dem "Heroischen" zugewandte Musik, kritisiert aber zugleich die Schnelligkeit seines Komponierens (2, 615 – WS). Im Hinblick auf Mozart erliegt Nietzsche dem Klischee des heiteren, verspielten Rokoko-Mozarts: "Mozart – eine zärtliche und verliebte Seele" (13, 248). Nicht tragische Schwere, sondern heitere Leichtigkeit ist kennzeichnend für Mozarts Musik. Es ist die Rede vom "heiteren, sonnigen, zärtlichen, leichtsinnigen Geist Mozart's", dessen "Ernst" nicht ein "furchtbarer", sondern ein "gütiger" Ernst sei (2, 620 – WS). Mozarts Musik ist eine Musik der Verklärung. Sie ist "*klingendes* Gold" (2, 450 – VM). Beethoven, dem Nietzsche einst in der Tragödienschrift gehuldigt und dessen 9. Symphonie, dessen "Jubellied der 'Freude'" er begeistert als Ausdruck des "Dionysischen" begrüßte (1, 29 – GT), wie er damals überhaupt in einer von Bach über Beethoven zu Wagner führenden Linie den "mächtigen Sonnenlauf" der "*deutschen Musik*" erblickte (1, 127 – GT), Beethoven wird nun, wie Wagner, als "Romantiker" apostrophiert: "beides instinktive Widersacher des klassischen Geschmacks, des strengen Stils, – um vom 'großen' hier nicht zu reden" (13, 248). Mozart, Beethoven, Rossini sind große Musiker aus dem Geist des 18. Jahrhunderts, des "Jahrhunderts der Schwärmerei, der zerbrochnen Ideale und des flüchtigen Glückes" (2, 450 – VM). Nicht der sieghafte Aufgang, sondern der elegische Untergang ist das

---

10 Vgl. Goethes Bemerkung zum "Großmeister" Bach: "Ich sprach mir's aus: als wenn die ewige Harmonie sich mit sich selbst unterhielte, wie sich's etwa in Gottes Busen, kurz vor der Weltschöpfung, möchte zugetragen haben." (Briefwechsel mit Zelter, 221 – 17.7.1827).

Signum dieser Musik, wie Nietzsche in diesem Textstück (*Die Musik als Spätling jeder Cultur*) ausführt. Spielerische Schwärmerei, romantischer Gefühlskult und melancholisches Spätbewußtsein kennzeichnen diese musikalische Tradition. Nietzsche steht ihr ablehnend, zumindest zwiespältig gegenüber, was allerdings auch die gelegentliche Bejahung nicht ausschließt. Es kommt auf den jeweiligen Kontext an. Als Gegenbild zur Rhetorik Wagners goutiert Nietzsche die Klassiker. Als Komponisten des "großen Stils" aber auch schon der von ihm nun favorisierten klassischen Formstrenge reichen sie ihm nicht aus. Die Urteile des Musik-Kritikers Nietzsche sind zumeist von apodiktischer, vielfach aber auch von ambivalenter Art. Und immer wieder herrscht die Polemik – die sich immer wieder zur Invektive zuspitzen kann. So ist der von ihm in den Jugendjahren verehrte Robert Schumann (vgl. z.B. B 2, 121 – 7.4.66) der "ewige Jüngling", die "ewige 'alte Jungfer'" (2, 619 – WS), der "süssliche Sachse" (6, 286) mit der "Trunkenboldigkeit des Gefühls" (5, 188 – JGB), während Franz Schubert, obschon ein "geringerer Artist als die andern grossen Musiker", einen "Schatz von *unverbrauchten* Erfindungen" bietet (2, 617 – WS), Felix Mendelssohn ein Traditionalist des "guten Geschmacks" ist (2, 618 – WS) und Hadyn wiederum "Genialität" aufweist, da er trotz "Moralität" im reinen Element der Musik schafft: "er macht lauter Musik, die 'keine Vergangenheit' hat" (2, 615 – WS).

Die neuen Götter aber, denen sich Nietzsche nun zuwendet, sind Bizet und Chopin. Er ist fasziniert von Bizet und lobt ihn in den höchsten Tönen. Es ist Bizet, der im Unterschied zum "Verfall des melodischen Sinns" in der "deutschen Musik" die "Gabe der *Melodie*" habe (B 7, 176) und von dessen "Orchesterklang" in *Carmen* er sagt: "Diese Musik scheint mir vollkommen." (6, 13 – WA). Demgegenüber wertet er den "Wagnerischen Orchesterklang" ab: "Ich heisse ihn Scirocco." (ebd.). Nietzsche argumentiert in dieser Frage aber nicht aus der 'positiven' musikalischen Erfahrung des "großen Stils", sondern aus der Opposition gegen Wagner, also *ex negativo* und in entschieden provokativer Absicht. Zuletzt hat er in luzider Selbstanalytik seinen Bizet-Enthusiasmus als gezielte Provokation Wagners dekuvriert. Bizet sei für ihn nur eine "ironische *Antithese* gegen Wagner"; "es wäre ja eine Geschmacklosigkeit ohne Gleichen gewesen, wenn ich etwa von einem Lobe Beethovens hätte ausgehen wollen" (B 8, 554 – 27.12.88). Dennoch bleibt für ihn Bizets *Carmen* ein großes Stimulans. Unter dem Eindruck von *Carmen* ("ich habe 4 Mal Carmen gehört") schreibt er:

Musik giebt mir jetzt Sensationen, wie eigentlich noch niemals. Sie macht mich von mir los [...] sie verstärkt mich dabei [...] Das Leben ohne Musik ist einfach ein Irrthum, eine Strapatze, ein Exil. (B 8, 231f. – 15.1.88)

Nietzsches Verhältnis zur Musik ist durch existentielles Engagement geprägt. Er sucht das Musik-*Erlebnis*, und zwar als Stimulans des eigenen Lebens. Das Erleben der Musik ist ein Freiheitserlebnis. Die Musik steigert die geistigen Fähigkeiten, sie macht das Denken klar und frei; sie eröffnet dem Denken neue Perspektiven:

Hat man bemerkt, dass die Musik den Geist *frei* macht? dem Gedanken Flügel giebt? dass man um so mehr Philosoph wird, je mehr man Musiker wird? (6, 14 – WA)

Nicht mehr die rauschhafte Identifikation, sondern die geistige Freiheit wird nun durch die Musik bewirkt. Was Nietzsches *Carmen*-Rezeption betrifft, so dürfte allerdings nicht nur die Musik, sondern auch die Idee von "Bizet's Meisterstück" (14, 402) Nietzsche beeindruckt haben. Obschon seine enthusiastischen Urteile über *Carmen* sich auf das expressive Furioso der Musik, die elementare Kraft der Musik beziehen und er in *Carmen* die "Rückkehr der Musik, aus der Schauspieler-Unnatur, zur *Natur* der Musik" erlebt (B 8, 52 – 1.4.87), so sind es auch die in Carmen sich verkörpernden Ideen der Freiheit, der unbedingten Freiheit, sowie des Willens, des unbedingten Willens, die Nietzsche fesseln mußten. So entsprechen jene Sätze, mit denen Carmen Don José zu einem anarchisch freien Leben zu verlocken sucht, ganz der Lebensanschauung Nietzsches:

Offen die Welt und frei von Tücken,
Unbegrenzt dein Vaterland.
Nur dein Wille gilt als höchste Macht,
Und voran das seligste Entzücken:
Die Freiheit lacht, ja, Freiheit lacht! (II, 5)

Nietzsche, der von vornherein an *Carmen* die dramatische Darstellung der "Leidenschaft" bewundert (B 6, 144 – 28.11.81), konstatiert zu einer *Carmen*-Aufführung: " – ein wahres Ereigniß für mich: ich habe in diesen 4 Stunden mehr erlebt und begriffen als sonst in 4 Wochen" (B 8, 212 – 20.12.87). Zu diesem Erlebnis gehört das ästhetische Raffinement, "eine Lust am Paradoxon", wie sie im Schlußwort Don Josés zum Ausdruck gelangt: "'ja *ich* habe sie getödtet, meine Carmen, meine angebetete Carmen!'" (9, 657).

Ist es bei Bizet das expressive Furioso der Freiheit, so bei Chopin die artistische Klarheit der Form, was Nietzsche tief beeindruckt. Chopin wird ihm zur Inkarnation des artistischen Musikers: "Den *höchsten* Formensinn, auf der einfachsten Grundform das Complicirteste *folge*richtig entwickeln – finde ich bei **Chopin**." (8, 510). Nicht der stoffliche Inhalt, sondern die formale Virtuosität der Komposition steht nun im Mittelpunkt des Nietzscheschen Interesses. "Bei der *deutschen* Musik werden **moralische** Factoren zu hoch angerechnet –" (8, 510). Der "Pole Chopin" hingegen, der "Unnachahmliche" (2, 618 – WS), fasziniert Nietzsche durch die aufgelockerte Harmonik, virtuose Differenzierungstechnik und artistische Agogik seiner lyrischen Klavierstükke. Hier zeigt sich allerdings auch, daß Nietzsches Verhältnis zur klassischen Musik nicht einfach eine antiquarische Beziehung ist, sondern daß er die klassischen Formen künstlerisch neu aktivieren möchte. Im Textstück *Freiheit in Fesseln – eine fürstliche Freiheit* schreibt er über Chopins Verhältnis zu den "melodischen und rhythmischen Herkömmlichkeiten": "Diese liess er gelten, *als geboren in der Etiquette*, aber wie der freieste und anmuthigste Geist in diesen Fesseln spielend und tanzend – und zwar *ohne* sie zu verhöhnen." (2, 618 – WS). Chopin ist für Nietzsche nicht nur der Artist, der der "Schönheit" huldigende Formvirtuose, sondern auch der Ausdruckskünstler der exzeptionellen Stimmungen und Gefühle, dem es z.B. in seiner *Barkarole* gelingt, den höchsten Augenblick des Lebens ertönen zu lassen: "diesen seligen Moment hat Chopin, in der Barcarole, so zum Ertönen gebracht, dass selbst Götter dabei gelüsten könnte, lange Sommerabende in einem Kahne zu liegen." (2, 619 – WS). In Musik, Malerei und Dichtung begeistert sich Nietzsche zunehmend für eine von deutscher Gedankenlast gelöste südliche Heiterkeit, eine Heiterkeit freilich, die Ausdruck der Tiefe ist, eine melancholische Heiterkeit. Das tragische Pathos wird immer wieder von einer euphorischen Heiterkeit überlagert. In *Ecce homo* heißt es: "Ich sage noch ein Wort für die ausgesuchtesten Ohren: was *ich* eigentlich von der Musik will. Dass sie heiter und tief ist, wie ein Nachmittag im Oktober." (6, 290 – EH [= 6, 420 – NW]). Es ist eine abgründige Heiterkeit, eine euphorische Heiterkeit, die Nietzsches Süd-Gefühl prägt. Untergründig schwingt in Nietzsches Enthusiasmus der südlichen Heiterkeit sein tragisches Lebensgefühl mit, ja, diese Heiterkeit erhält erst vor diesem dunklen Hintergrund ihre eigentliche Leuchtkraft. Chopin wird für den Artisten, den Melancholiker und den Tragiker zum Inbegriff der Musik.

In der Hierarchie der Künste nimmt bei Nietzsche die Musik die erste Stelle ein. Er notiert:

> Im *Verhältnis zur Musik* ist alle Mitteilung durch *Worte* von schamloser Art; das Wort verdünnt und verdummt; das Wort entpersönlicht; das Wort macht das Ungemeine gemein. (III, 610)

Die Musik ist die höchste Ausdrucksform, da sie das, was die Sprache, sofern sie nicht überhaupt die Dinge verstellt und entstellt, allenfalls in vermittelter Form ausdrücken kann, unmittelbar zum Ausdruck bringt. Nietzsches Hinwendung zur Musik ist von leidenschaftlicher Unbedingtheit. Ohne Musik würde das Leben jedes Gewicht für ihn verlieren. Ja, die Musik wird, vor allem für den späteren Nietzsche, zu einer letzten Möglichkeit, das Leben zu ertragen.[11] Ihre höchste Vollendung erreicht die Musik als *monologische* Musik. Aufschlußreich ist die Unterscheidung von "schuldiger" und "unschuldiger" Musik, d.h. von wirkungsgerichteter Musik und Musik um ihrer selbst willen:

> Aber ich nenne eine *unschuldige Musik* jene, welche ganz und gar nur an sich denkt, an sich glaubt, und über sich die Welt vergessen hat, – das Von-selber-Ertönen der tiefsten Einsamkeit, die über sich mit sich redet und nicht mehr weiss, dass es Hörer und Lauscher und Wirkungen und Missverständnisse und Misserfolge da draussen giebt. (3, 207f. – M; zur 'unschuldigen' Musik vgl. *Wagner*, Beethoven, WSD 9, 81).

Auch in der Musik ist die 'monologische' Kunst die höchste Kunst, da in ihr das Schöpferische sich nur um sich selber kümmert, im autonomen Spiel, frei von heterogenen Zwecken. Der Gegensatz von zweckbezogener und zweckloser Musik beschäftigt Nietzsche intensiv. Hier wiederum führt er Beethoven gegen Wagner ins Feld. In einem Fragment vom Frühjahr 1888 deutet er die Musik Beethovens als "monologische" Musik, in Abgrenzung gegen die auf hypnotische Wirkung abzielende Musik Wagners, gegen den "größten Meister der Hypnotisirung":

---

11 Der romantische Musikenthusiasmus findet in Nietzsche eine Aufgipfelung. In den *Phantasien über die Kunst* von Wackenroder und Tieck ist für den zwischen Hingabe und Zerrissenheit schwankenden Joseph Berglinger die "Musik", die "Kunst der Töne", "das Allerunbegreiflichste, das Wunderbar-Seltsamste, das geheimnisvollste Rätsel" (S. 98). In ähnlicher Weise ist auch für Nietzsche die Musik das große Mysterium. Sie ist bei ihm allerdings nicht mehr Ausdruck des Göttlichen, sondern des Lebens. Die romantische Bindung der Kunst an die Religion löst sich auf, so daß die Kunst eine ganz neue, noch über den romantischen Kunstenthusiasmus hinausreichende Einzigartigkeit erlangt.

Nichts ist ihm gegensätzlicher als die monologische heimliche Göttlichkeit der Musik Beethovens, das Selbsterklingen der Einsamkeit, die Scham noch im Lautwerden… (13, 405)

V. Architektur, Bildhauerkunst und Malerei

Im Vergleich zu seinem Musikenthusiasmus nimmt sich Nietzsches Beschäftigung mit der bildenden Kunst eher bescheiden aus. Nicht die sinnliche Wahrnehmung und das anschauende Verstehen, sondern der geistige Entwurf und die visionäre Schau prägen Nietzsches Sehweise. Nietzsche war kein Augenmensch. Im Unterschied zu Goethe, der fordert, "dass die Geistesaugen mit den Augen des Leibes in stetem lebendigen Bunde zu wirken haben" (vgl. *Böckmann*, Goethe, 230), ist das sinnliche Sehen nur ein Anreiz, ein Anstoß seiner geistigen Entwürfe, seiner Ideen. Nicht das gestalthafte Wahrnehmen und Formen der Dinge, sondern die Verwandlung der Dinge in expressive Zeichen des eigenen Daseinsentwurfs prägt Nietzsches Welt-Sicht. Bezeichnenderweise hat sich der Künstler Nietzsche in Dichtung und Musik betätigt. Seine künstlerische Begabung war nicht malerisch-plastischer, sondern dichterisch-musikalischer Art. Er will "das Weltwesen zuletzt als Musik erhorchen, nicht als Gestalt erschauen" (*Bertram*, Nietzsche, 53). Es fällt auf, daß Nietzsche reale Gegenstände und sinnliche Eindrücke kaum je konturenscharf und detailliert beschreibt. Dabei ist er durchaus empfänglich für Eindrücke, für die Landschaft, besonders für das Meer und das Hochgebirge. Aber die sinnlichen Eindrücke werden ihm stets zu expressiven Zeichen. Daher sind seine Texte auch so arm an realem Weltstoff, hingegen so reich an visionären Weltentwürfen. Auch im Hinblick auf Kunstgebilde verzichtet er fast gänzlich auf die objektive Beschreibung und rezipiert sie fast immer im Bezug auf die eigene Perspektive. Ganz im Unterschied zu Burckhardt, der als Kunsthistoriker, vor allem im *Cicerone*, ausführliche Beschreibungen von Bildern, Skulpturen und Baukunstwerken der Renaissance vorlegt, beschränkt sich Nietzsche auf summarische Charakterisierungen und 'subjektive' Wertungen. Er ist kaum an den Phänomenen selbst interessiert. Sie interessieren ihn eigentlich nur als Ausdrucksgebilde, als Ausdruck eines Schaffenden. Sein Interesse gilt vor allem dem Kunst-Wollen und der Kunst-Wirkung, kaum der Kunst-Struktur.

Dennoch fehlt ihm nicht der Sinn für die Kunstwerke, auch nicht für die bildende Kunst. Er beruft sich wiederholt auf die großen Maler der Renaissance, auf Raffael, Michelangelo und Leonardo da Vinci, als Inkarnationen wahren Schöpfertums. Er setzt sich mit Architektur und Skulptur auseinander. Er hat eine Vorliebe für die Bilder Raffaels oder Claude Lorrains, für die antike Statuenkunst oder den Palazzo Pitti. Die antiken Statuen erscheinen ihm als Idealgestalten, in denen die "griechischen Künstler" "einen Gott ausdrücken" wollten, denen sie deshalb die menschlichen *Details* wegnahmen" und die Inkarnationen des "großen Menschen" sind (9, 347).[12] Mit der Idealisierung der griechischen Statue wandelt Nietzsche auf den Spuren Winckelmanns, für den sich in der griechischen Skulptur die "sinnliche Schönheit" des "Menschlichen" mit der "idealischen Schönheit" des "Göttlichen" verbindet (Nachahmung, 11). Freilich, bei Nietzsche ist die Statue im Unterschied zu Winckelmanns klassizistischem Schönheitsbegriff Ausdruck des Willens zur Macht. Wie kaum andere Kunstarten sieht Nietzsche Bildhauerkunst und Architektur im Zeichen des Willens zur Macht, im Lichte der imperatorischen Setzung durch das schaffende Subjekt. Das Schaffen des Bildhauers wird ihm zur Metapher des Schöpferischen schlechthin:

> Alles Schaffen ist Umschaffen – und wo schaffende Hände wirken, da ist viel Sterben und Untergehen. / Und nur das ist Sterben und in Stücke gehen: ohne Erbarmen schlägt der Bildner auf den Marmor. (10, 371 – 1883; vgl. 4, 111 – Za).

Bei Nietzsche ist Schaffen Um-Schaffen, Hervorbringen eines ganz Neuen. Das Bild des am Marmorblock arbeitenden Künstlers ist ihm ein Sinnbild dieses elementaren Schaffensvorgangs. Interessanterweise

---

12 Nietzsche hat allerdings keinen Statuen-Kult betrieben. Die Verherrlichung der Statue, wie sie sich später bei Benn und George, aber auch bei Rilke und Hofmannsthal zeigt, war ihm fremd. Für Benn erfüllt sich erst in den "Statuen", d.h. in den zeitlosen Gebilden der Kunst, der Sinn des Daseins. Die "Statuen bergen die Saat" (Leben – niederer Wahn, GW III, 134). Rilke sieht in "Götterbildern" "Versuche", "ein Nicht-Mitsterbendes zu formen, ein Dauerndes, ein Nächsthöheres: ein Ding" (Rodin II, 210). George nennt im *Teppich des Lebens* eine Reihe von Gedichten *Standbilder* (Werke I, 202-205). Hofmannsthal erblickt in griechischen "Statuen", in "Standbildern", das zeitlose "Leben" (Augenblicke in Griechenland, 36). Nietzsche ist zwar auch der Auffassung, daß "eine Statue des Phidias" unvernichtbar sei (7, 214), aber im ganzen ist er kein Freund des Statuenkults. Er protestiert gegen die monumentale Erstarrung: "*Versteinerung* als Gegenmittel gegen das Leiden, und alle hohen Namen des Göttlichen der Tugend fürderhin der Statue beilegen." (9, 653).

gesteht Nietzsche trotz der von ihm immer wieder hervorgehobenen Fundamentalantithese von Sein und Werden den großen Produkten der bildenden Kunst einen gewissen Ewigkeitswert zu. So prognostiziert er einmal: "Ein Zeitalter der Architektur kommt, wo man wieder für Ewigkeiten wie die Römer baut." (9, 135). In dieser Hinsicht antizipiert Nietzsche geradezu den Statuen-Kult eines Gottfried Benn. Aber der für Nietzsche entscheidende Gesichtspunkt hinsichtlich der Architektur und der Plastik ist nicht das statische Kunstgebilde, sondern der dynamische Wille zur Macht. Hinsichtlich des Willens zur Macht nimmt die Architektur sogar gegenüber den anderen Künsten eine Vorrangstellung ein, da sie die unmittelbare Manifestation des Machtwillens ist. Gerade in der Architektur kann sich der "große Stil" als Ausdruck des Willens zur Macht bekunden. Bezeichnenderweise entzieht Nietzsche die Baukunst der Problematik des Dionysischen und Apollinischen, d.h. der Dialektik von Leben und Schein, da das Bauwerk eine vom schaffenden Willen erstellte Eigenwirklichkeit darstellt:

> Der *Architekt* stellt weder einen dionysischen, noch einen apollinischen Zustand dar: hier ist es der grosse Willensakt, der Wille, der Berge versetzt, der Rausch des grossen Willens, der zur Kunst verlangt. […] Im Bauwerk soll sich der Stolz, der Sieg über die Schwere, der Wille zur Macht versichtbaren […] (6, 118 – GD)

Dies ist der "*grosse Stil*" (6, 119 – GD). Die kompakte, statuarische Realität des Baukunstwerks ist weder Ausdruck der dionysischen Natur, noch ist sie bloßer ästhetischer Schein. Sie ist vielmehr eine Manifestation des diktatorischen Individualwillens. Sie ist die ästhetische Objektivation des Willens zur Macht. Hier zeigt sich besonders deutlich, in wie hohem Maße der spätere Nietzsche das schaffende, diktatorische Subjekt in den Vordergrund rückt. Er versteht den "großen Stil" vom voluntativen Subjekt her. Es sind die "Gewaltmenschen", die ihn hervorbringen (13, 247).

Auch in der bildenden Kunst setzt Nietzsche seine Wertungsakzente. Während er die gotische Baukunst schroff ablehnt (vgl. 10, 240), offenbar sowohl aus grundsätzlicher Abneigung gegen den christlichen Sakralbau als auch aus einer stilistischen Aversion gegen die 'barbarische' Gotik, verfällt er gegenüber der antiken Baukunst in einen geradezu schwärmerischen Ton:

> Es ist uns *beinahe* noch so zu Muthe (zum Beispiel in einem griechischen Tempel wie der von Pästum), als ob eines Morgens ein Gott

spielend aus solchen ungeheuren Lasten sein Wohnhaus gebaut habe: anderemale als ob eine Seele urplötzlich in einen Stein hineingezaubert sei und nun durch ihn reden wolle. (2, 141 – MA I).

Während Nietzsche zur gotischen Baukunst nur noch ein antiquarisches, kritisches Verhältnis hat, ist ihm der antike Tempel monumentalischer Ausdruck der Gegenwart des Absoluten. Der Kritiker des Christentums hat kein Organ für den gotischen Sakralbau. Souverän ignoriert er die Wiederentdeckung der gotischen Baukunst und die Rehabilitierung des Begriffs "Gotisch" durch den jungen Goethe (vgl. Von deutscher Baukunst, HA XII, 10). Im antiken Tempel hingegen hat er das Gefühl der Gegenwart des Göttlichen.[13] Auch hinsichtlich der Baukunst ist Nietzsches Wertungsmaßstab der Gegensatz von Klassizität und Manierismus. Die großen Baudenkmäler der Antike und der Renaissance bewertet er positiv, während er Gotik und Barock in der Baukunst in Frage stellt. So polemisiert er gegen die "verschwenderische Lust und Kraft" in den "bildenden Künsten", gegen den "deutschen Barockstil in Kirche und Pallast", der wie die moderne Musik eine Verführungskunst sei (12, 69). Phidias hingegen, der Leiter der Bauten und Bildhauerarbeiten auf der Akropolis zu Athen, der Schöpfer der Kultbilder der Athene Parthenos im Parthenon, erfreut sich der uneingeschränkten Verehrung, der "staunenden Anbetung" (1, 90 – GT). Nietzsches Hinwendung zur Architektur bedeutet keine Absage an die Musik. Im Gegenteil, er will Architektur und Musik verquicken. Die wahre Architektur ist die höchste Musik. Die ideale Leistung der "Musik" bestünde in der Hervorbringung einer "antiken Architektur" (2, 179 – MA I). Damit greift Nietzsche den Topos von der Architektur als der "erstarrten Musik" auf. Schelling hatte die "Architektur überhaupt" als "die erstarrte Musik", als "eine concrete Musik" definiert (Philosophie der Kunst, 237). Goethe bestätigt diesen Gedanken: "Ein edler Philosoph sprach von der Baukunst als einer *erstarrten Musik*", und nennt seinerseits die "Architektur" "eine *verstummte Tonkunst*" (Maximen und Reflexionen, HA XII, 474; dazu *Schopenhauer*, WV II,

---

13 Vgl. Heideggers Deutung des "griechischen Tempels": "Durch den Tempel west der Gott im Tempel an. [...] es ist ein Werk, das den Gott selbst anwesen läßt und so der Gott selbst *ist*." (Der Ursprung des Kunstwerkes, 30ff.). Hier ist, wie bei Nietzsche, der Tempel die Stätte des 'Gottes'. Aber in Nietzsches ausdrucksästhetischem Erlebnis wird der Tempel aus der Perspektive des Subjekts gedeutet, wobei die Wendung "als ob" das Fiktive des Vorgangs signalisiert. In Heideggers ontologischer Sicht hingegen wird der Tempel rein von sich her, als ein selbständig Seiendes gedeutet, wobei die Realpräsenz des 'Gottes' im Tempel vorausgesetzt wird.

582). Nietzsche wendet diesen Komplex von Musik und Architektur ganz ins Voluntativ-Dionysische. Die ideale Architektur wäre der gefrorene Dionysos, und die ideale Musik wäre der lebendige Dionysos. Was Nietzsche an der Baukunst fasziniert, sind ihre disziplinären Formationen. Obschon er im Prinzip zum Musikalisch-Lyrischen neigt, imponieren ihm doch die massiven ästhetischen Tatsachen der Baukunst als imperatorische Objektivation des Willens zur Macht. In dieser Hinsicht kann die Baukunst den Vorrang vor der Musik erlangen, wenngleich auch in der Musik der "große Stil" durch die kreative Erneuerung der "Melodie" erreicht werden könnte:

> wovon ein Decadenz-Geschmack am entferntesten ist, das ist der *große Stil*: zu dem zum Beispiel der Palazzo Pitti gehört, aber *nicht* die neunte Symphonie. Der große Stil als die höchste Steigerung der Kunst der Melodie. (B 7, 177 – April 1886).

In der *Geburt der Tragödie* hatte Nietzsche, im Zeichen des dionysischen Weltwillens, Beethovens 9. Symphonie in den höchsten Tönen gepriesen (vgl. 1, 29 – GT). Nun, im Zeichen des imperatorischen Individualwillens, gibt er dem Palazzo Pitti den Vorzug.

Auch im Hinblick auf die Malerei ist Nietzsche nicht Modernist, sondern Traditionalist. Er schätzt und verehrt insbesondere die Renaissance-Malerei, die Malerei Raffaels, Michelangelos und Leonardo da Vincis, während er an der modernen Malerei zumeist Kritik übt. Am häufigsten äußert er sich zu Raffael. In Raffael sieht er den Prototyp des 'naiven', daseinsbejahenden, apollinisch-plastischen Malers. In der *Geburt der Tragödie* führt er Raffaels Transfiguration, die *Verklärung Christi*, als Beispiel des dramatischen Hervorgangs des dionysischen "Urschmerzes" in den apollinischen "Schein" an (1, 39 – GT). Nietzsche identifiziert sich natürlich nicht inhaltlich mit der Transfiguration, sondern sie ist für ihn ein Gleichnis des ewigen Wechselverhältnisses des Dionysischen und Apollinischen. In der *Morgenröthe* greift er das Motiv erneut auf:

> *Transfiguration*. – Die rathlos Leidenden, die verworren Träumenden, die überirdisch Entzückten, – diess sind die *drei Grade*, in welche Raffael die Menschen eintheilt. So blicken wir nicht mehr in die Welt – und auch Raffael *dürfte* es jetzt nicht mehr: er würde eine neue Transfiguration mit Augen sehen. (3, 21 –M)

Ein moderner Raffael würde die christliche Transzendenz ausklammern und weltimmanente Bilder malen. Später zählt die Kunst Raffaels für Nietzsche zur daseinsbejahenden, dithyrambischen *"Apotheosen-Kunst"*. Raffael ist, wie Rubens und Homer, ein *"Apotheosen-Künstler"*, d.h. ein das Dasein verklärender Künstler (12, 119). Auch die Bewertung der Malerei unterliegt bei Nietzsche weltanschaulichen, philosophischen Prämissen. Auch die Malerei wird an der Frage gemessen, ob sie das Leben steigert und schwächt. Während die großen Maler der Tradition als wahrhaft 'naive' Künstler rein ihrem Schöpfungsimpetus folgten, sind die modernen Maler 'sentimentalisch' gebrochene Epigonen, mit Ideensymbolik und Theorieballast:

> *Keiner* ist einfach Maler; alle sind Archäologen, Psychologen, In-Scene-Setzer irgendwelcher Erinnerung oder Theorie. Sie gefallen sich an unsrer Erudition, an unsrer Philosophie. Sie sind, wie wir, voll und übervoll von allgemeinen Ideen. Sie lieben eine Form nicht um das, was sie ist, sondern um das, was sie *ausdrückt*. Sie sind die Söhne einer gelehrten, gequälten und reflektirten Generation – Tausend Meilen weit von den alten Meistern, welche nicht lasen, und nur dran dachten, ihren Augen ein Fest zu geben. (12, 286– 1886/87)

Den modernen Malern fehlt die kreative Ursprünglichkeit. So sieht Nietzsche in Delacroix einen Wagnerianischen Maler der *décadence* (vgl. 6, 289 – EH), einen "peintre-poète", "auch *sehr* Musiker", "von Litteratur abhängig", "Nervös-krankhaft-gequält, ohne Sonne" (11, 476). Diese Malerei ist Ausdruck des dekadenten Pathos der fatalen Gattungsmischung. Das Fehlen der elementaren Schöpfungskraft wird bei Delacroix, wie bei Wagner, kompensiert durch eine Kunst der erhabenen Effekte und virtuosen Schauspielerei (vgl. 5, 202f. – JGB). Demgegenüber verkörpert ein Maler wie Raffael den "naiven Stil", das "Höchste in der Kunst" (9, 352). Nietzsches ästhetische Wertungen erwachsen freilich aus weltanschaulichen Prämissen. Raffael sei in Wahrheit kein christlicher, sondern ein heidnischer Künstler gewesen, da er das große Ja zum Leben gesagt habe (vgl. 6, 117 – GD; 2, 585f. – WS). Leonardo hat das Christentum am weitesten hinter sich gelassen. Er hatte "einen wirklich überchristlichen Blick" (11, 471). Den Willen zur Macht sieht Nietzsche am stärksten in Michelangelo ausgeprägt. Er spricht nicht nur vom "zürnenden Gott" Michelangelos (9, 406), sondern auch von dessen "Conception Gottes als 'Tyrannen der Welt'" (11, 57). Er prangert die "Schwäche" der Modernen an, während er die "Kraft" Michelangelos verherrlicht (9, 320). Er nennt ihn in einem Atemzug mit Homer (10, 236) wie auch mit Dante und Napoleon (12, 224). Nietzsches Michelangelo ist ein heroischer Michelangelo. Nietzsche nimmt Michelangelo sogar als Vorläufer und Paradigma seiner eigenen Philosophie in Anspruch:

> M<ichel> Angelo aber sah und empfand das Problem des Gesetzgebers von neuen Werthen: ebenso das Problem des Siegreich-Vollendeten, der erst nöthig hatte, auch "den Helden in sich" zu überwinden; den zuhöchst gehobenen Menschen, der auch über sein Mitleiden erhaben ward und erbarmungslos das ihm Unzugehörige zerschmettert und vernichtet, – glänzend und in ungetrübter Göttlichkeit. (11, 470).

Dies ist eher eine Selbstinterpretation Nietzsches als eine adäquate Deutung Michelangelos. Ständig projiziert Nietzsche die eigenen Probleme in historische Gestalten. Michelangelo wird zum Künstler des Willens zur Macht umgedeutet.[14]

Nietzsche huldigt allerdings nicht nur den Renaissance-Malern. So ist Dürers Meisterstich *Ritter, Tod und Teufel* für den jungen Nietzsche das "Symbol unsres Daseins", d.h. einer heroischen "Pflicht"-Erfüllung inmitten einer bedrängenden "Gegenwart" (7, 305; vgl. 1, 131 – GT). Später erscheint Nietzsche, im Hinblick auf den *Zarathustra*, das "Dürersche Blatt" "viel zu düster" (B 7, 47 – 7.5.85). Er sucht aber in der Malerei nicht nur das Kraftvolle, Imperatorische, den Willen zur Macht, sondern er hat auch ein ästhetisches Sensorium für stimmungs-lyrische Malerei, wie besonders seine Hinwendung zu Claude Lorrain, zu dessen 'idealer' Landschaftsmalerei mit ihrem schon impressionisti-schen Licht, bezeugt. Er ist gefesselt von den zarten, stimmungsvollen und doch durch klare Komposition sich auszeichnenden Landschaften Claude Lorrains, dieses Meisters der atmosphärischen Valeurs. Er be-richtet von einem halkyonischen Herbst, vom "Müssiggang eines Got-tes am Po entlang", und fährt fort:

> Ich habe nie einen solchen Herbst erlebt, auch nie Etwas der Art auf Erden für möglich gehalten, – ein Claude Lorrain ins Unendliche gedacht, jeder Tag von gleicher unbändiger Vollkommenheit. (6, 356 – EH)[15]

---

14 Eklatant ist der Unterschied zur Renaissance-Rezeption der Frühromantik. In den *Herzensergießungen* und den *Phantasien über die Kunst* von Wackenroder und Tieck werden Raffael, Michelangelo, Leonardo da Vinci zu religiösen Künstlern romanti-siert. So heißt es von Michelangelo und Dante, sie seien "die Verkündiger, die Verherrlicher der katholischen Religion" (Phantasien, 32).

15 In ähnlicher Weise sah schon Goethe die Landschaft mit den Augen Claude Lorrains: "Über der Erde schwebt ein Duft des Tags über, den man nur aus Gemälden und Zeichnungen des Claude kennt […]" (Italienische Reise, HA XI, 174; vgl. HA XI, 231; HA XII, 218).

Daß Nietzsche sich von der Malerei Arnold Böcklins angezogen fühlt, ist kaum verwunderlich. Offenbar haben ihn die mythologischen Allegorien, die malerische Darstellung großer Gedanken, die leuchtenden, kraftvollen Farbakkorde Böcklins beeindruckt. Er erwähnt ihn allerdings kaum. Immerhin, er stellt die rhetorische Frage: "Hat es einen ähnlichen *wegesuchenden* Maler wie *Böcklin*?" (9, 536). Aber Nietzsche meldet auch kritische Vorbehalte an. Im Textstück *Die Entsinnlichung der höheren Kunst* (2, 177 – MA I) beklagt er trotz des unverkennbaren Respekts vor der Ausweitung der Ausdrucksmittel ins "Erhabene, Furchtbare, Geheimnissvolle" in der neueren Musik und Malerei das Überhandnehmen des "Symbolischen" in der modernen Kunst, die "unsinnlich" und "intellectualer" sei. In einer Notiz zu diesem Fragment verweist er auf Böcklin (vgl. 14, 137). Sein Stilideal ist die 'naive' Kunst, jene Kunst, in der der kreative Wille sich in sinnlicher Unmittelbarkeit artikuliert.

VI. Die Dichtung

Nietzsches eigenes künstlerisches Terrain ist die Dichtung. Abgesehen von einigen musikalischen Kompositionen, die nicht ohne Reiz und eigene Note sind (dazu *Janz*, Kompositionen), konzentriert sich Nietzsches künstlerisches Schaffen auf Dichtung und Literatur. Er ist sowohl ein exzellenter Prosaist, d.h. Essayist und Aphoristiker, als auch ein herausragender Lyriker, der nicht nur im *Zarathustra* und in den *Dionysos-Dithyramben*, sondern auch in seiner satirischen Spruchlyrik und in seinen 'romantischen' Südgedichten schöpferische Leistungen vorzuweisen hat. Seine ästhetischen Domänen sind der Dithyrambus und der Aphorismus. Im Dithyrambus erreicht er den höchsten Ausdruck der Daseinssteigerung, im Aphorismus den schärfsten Ausdruck der Daseinsanalytik. Nietzsche, der geschworene Feind des "Systems" (vgl. z.B. 6, 63 – GD), huldigt dem Aphorismus und hält sich für den unübertroffenen Meister dieses Genres:

> Der Aphorismus, die Sentenz, in denen ich als der Erste unter Deutschen Meister bin, sind die Formen der "Ewigkeit"; mein Ehrgeiz ist, in zehn Sätzen zu sagen, was jeder Andre in einem Buche sagt, – was jeder Andre in einem Buche *nicht* sagt… (6, 153 – GD)[16]

16 In der Kritik des Systems und im Plädoyer für den Aphorismus sind viele moderne Schriftsteller Nietzsche gefolgt. So notiert Albert Camus: "Nach *Der Mensch in der*

Nietzsche ist nicht nur ein Denker, sondern er ist auch ein Dichter. Dabei lassen sich beide Funktionen nicht grenzscharf trennen, denn die Philosopheme sind artistische Philosopheme und die Dichtungen sind philosophische Dichtungen. Denken und Dichten gehen eine Symbiose ein. Auch gehen Kunsttheorie und Kunstpraxis vielfältig ineinander über. Die kunsttheoretischen Äußerungen Nietzsches sind meistens von geschliffener, sentenziöser Art, die ihnen einen quasi 'poetischen' Charakter verleiht, während die dichterischen Texte durchsetzt sind mit philosophischen Reflexionen, nicht zuletzt über den Schaffenden, den Künstler. Die Kunst-Kritik ist selbst ein Kunstwerk, und das Kunstwerk ist voll von Kunst-Kritik. Kunst-Schaffen und Kunst-Kritik bilden eine ursprüngliche Einheit.[17] Freilich, Nietzsche plädiert auch für ein naives Künstlertum: "Es ehrt einen Künstler, der Kritik unfähig zu sein… andernfalls ist er halb und halb, ist er 'modern' …" (13, 357). Nietzsche will das schöpferische Künstlertum abschirmen gegen die 'moderne' intellektuelle 'Zersetzung'. Er wehrt sich gegen den Abbau des Künstlerenthusiasmus durch die Kritik. Dabei bleibt er selbst der höchst reflektierte Künstler, der Philosophieren und Schaffen verquickt. Er ist eine eigentümliche Mischung aus naivem Pathos und kritischer Intellektualität. Sein Ideal ist der "*Künstler*-Philosoph" (12, 89), d.h. der die Welt umgestaltende, ja neu schaffende Denker. Er konstatiert: "In der ganzen Philosophie bis heute fehlt der Künstler" (13, 357). Es ist der Impetus Nietzsches, "*am Menschen* als Künstler gestalten zu dürfen" (5, 83 – JGB). Seine Sympathie gilt dem "verwegenen Dichter-Philosophen", der höchst "raffinirt" und zugleich "ursprünglich" ist, das heißt, der in virtuoser Ironie Ursprünglichkeit vortäuschen kann (12, 240).

Revolte. Die aggressive, beharrliche Ablehnung des Systems. Von nun an der Aphorismus." (Tagebücher 1935-1951, 310). Robert Musik notiert, hinsichtlich der Ästhetik: "Welche Ergebnisse im einzelnen sind verwertbar? Gewöhnlich einige vom System unabhängige Ideen, eigentlich Aphorismen. Diese sind aus den großen Systemen herauszuholen." (Tagebücher, 446). Er nimmt ausdrücklich Bezug auf Nietzsche: "Bewegt-Neuangeregtseinwollende Zeiten lieben Aphorismen. So Nietzsche u. die Moderne." (Tgb., 767).

17 Friedrich Schlegel forderte die Mischung von "Genialität" und "Kritik" (Athenäums-Fragment 116), erwartete vom "*kombinatorischen Geist*" "eine Kritik, die nicht bloß erklärend und erhaltend, sondern die selbst produzierend wäre" (*Schlegel*, Lessing, 82), und verlangte von einer wahren "Theorie des Romans", daß sie "selbst ein Roman sein" müsse (*Schlegel*, Roman, 337). Diese Forderung nach einer Symbiose von ästhetischer Kritik und künstlerischer Produktion ist in den Aphorismen, Fragmenten und Abhandlungen Nietzsches zur Kunst erfüllt.

Nietzsche gibt dem (lebendigen) Künstler den Vorrang vor dem (abstrakten) Philosophen:

> In der Hauptsache gebe ich den Künstlern mehr Recht als allen Philosophen bisher: sie verloren die große Spur nicht, auf der das Leben geht, sie liebten die Dinge "dieser Welt", – sie liebten ihre Sinne. (11, 587).

Der Dichter, der Dichter-Denker, Nietzsche geht in der Spur des Lebens. In seinen Dichtungen mischen sich in vielfältiger Weise lyrische, prosaische und dramatische Elemente. Dennoch gibt er, unbeschadet dieser Gattungsmischungen, im Prinzip die traditionellen Dichtungsgattungen, Lyrik, Prosa, Drama, nicht auf. Sowohl in seiner Dichtungspraxis als auch in seiner Dichtungstheorie bzw. seinen dichtungstheoretischen Äußerungen bleiben die einzelnen Dichtungsgattungen trotz der in ihnen sich vielfach zeigenden Mischformen erhalten. In der Lyrik sind Spruch, Dithyrambus und (mit Einschränkung) das Lied bei Nietzsche weiterhin eigenständige Ausdrucksformen – im *Zarathustra* freilich mischen sich dithyrambische, spruchhafte und liedhafte Elemente, in einer Weise, daß es schwerfällt, dieses *opus maximum* eindeutig einer bestimmten Gattung zuzuordnen. In der Prosa dominieren Abhandlung, Fragment und Aphorismus, also historisch vertraute Formen – die bei Nietzsche allerdings, wie die lyrischen Formen, spezifische Abwandlungen erfahren. In der Gattung Drama hat sich Nietzsche, abgesehen von vereinzelten Versuchen, nicht betätigt, da ihm dieses Genre nicht lag. Es ist bezeichnend für den Dichter-Denker Nietzsche, daß er sich immer wieder auch theoretisch-programmatisch zu den einzelnen Dichtungsgattungen äußert, freilich, abgesehen von der Tragödienschrift, in eher verstreuten, okkasionellen Bemerkungen, auch hier das 'System', die systematische ästhetische Abhandlung, scheuend.

1. Lyrik

a) Theorie

Für Nietzsche, besonders für den jungen Nietzsche, erwächst die Lyrik aus der Musik. Der Maßstab, an dem er die Dichtungsgattungen mißt, ist die Nähe oder Ferne zur Musik. Die Lyrik ist (im Kontext der Tragödie) die Dichtungsgattung, die der Musik am nächsten steht. Die Einheit von Lyrik und Musik ist ein ästhetisches Postulat Nietzsches.

Der antiken Lyrik gebührt der Vorrang vor der modernen Lyrik, denn das "wichtigste Phänomen der ganzen antiken Lyrik" ist die "überall als natürlich geltende Vereinigung, ja Identität *des Lyrikers* mit *dem Musiker* – der gegenüber unsre neuere Lyrik wie ein Götterbild ohne Kopf erscheint" (1, 43 – GT). Noch in der *Götzen-Dämmerung* heißt es: "Der Lyriker blieb am längsten mit dem Musiker geeint" (6, 118 – GD). Die Bindung der Lyrik an die Musik läuft auf ihre Verankerung im Dionysischen hinaus, wie dies in der antiken Lyrik der Fall ist. Löst sich die Lyrik von ihrem dionysischen Untergrund – wie sich dies in der modernen Lyrik zeigt – verliert sie ihren substantiellen Kern und wird zum bloß subjektiven Stimmungsausdruck oder Formenspiel. Der junge Nietzsche deutet den Lyriker im Horizont der Duplizität des Dionysischen und Apollinischen. Zu dieser Zeit ist der Lyriker noch eingebunden in die Tragödie. Der frühe Nietzsche hat sich ein ästhetisches Grundschema aufgebaut, die Trias von Weltwille, Musik und Dichtung. Der Weltwille drückt sich symbolisch in der Musik aus, die Musik wiederum bringt die Dichtung hervor, die lyrische Bilderwelt. Der Lyriker erscheint nicht als autonomes Subjekt, sondern als Vollzugsorgan des Weltwillens. Der Weltwille bedient sich des Lyrikers, um die elementaren Spannungen des dionysischen Lebens im apollinischen Schein aufzuheben. Nietzsches Anliegen ist die Entsubjektivierung des Lyrikers. Er wendet sich gegen die traditionelle Gattungspoetik, die die dichterischen Gattungen, die Grundformen der Dichtung, nach dem Subjekt-Objekt-Schema klassifiziert: die Lyrik als Ausdruck der subjektiven Innerlichkeit, das Epos als Darstellung des objektiven Weltzusammenhangs und das Drama als Darstellung der Kollision von Subjekt und Welt (dazu generell *Hegel*, Die Gattungsunterschiede der Poesie [Ästhetik II, 397-586]). Der frühe Nietzsche durchbricht das traditionelle Gattungsschema:

> Seine Subjectivität hat der Künstler bereits in dem dionysischen Prozess aufgegeben [...] Das "Ich" des Lyrikers tönt also aus dem Abgrunde des Seins: seine "Subjectivität" im Sinne der neueren Aesthetiker ist eine Einbildung. (1, 44 – GT)

Das lyrische Gedicht erwächst aus der dionysischen Musik:

> Die dionysisch-musikalische Verzauberung des Schläfers sprüht jetzt gleichsam Bilderfunken um sich, lyrische Gedichte, die in ihrer höchsten Entfaltung Tragödien und dramatische Dithyramben heissen. (1, 44 – GT)

Noch Schopenhauer hatte die "lyrische Poesie", das "eigentliche Lied", als Ausdruck einer "gewissen Subjektivität" gedeutet (WV I, 347). Dagegen erhebt Nietzsche Einspruch, da das Subjekt-Objekt-Schema in der Ästhetik unhaltbar sei:

> Insofern aber das Subject Künstler ist, ist es bereits von seinem individuellen Willen erlöst und gleichsam Medium geworden, durch das hindurch das eine wahrhaft seiende Subject seine Erlösung im Scheine feiert. (1, 47 – GT)

Der Lyriker ist nicht autonomes Erlebnissubjekt, sondern Medium des Weltwillens.

Später gibt Nietzsche die Vorstellung des medialen Lyrikers auf und gelangt in wachsendem Maße zu einer Konzeption des artistischen Lyrikers. Mehr und mehr löst er den Lyriker aus der medialen Bindung an den dionysischen Weltwillen und versteht ihn als den Artifex, den kunstfertigen, die Sprache virtuos handhabenden Dichter, der die ihm in der 'Inspiration' spontan vermittelten Impulse mit witzigem Raffinement verarbeitet. Ein Zug von kritisch-artistischer Bewußtheit prägt nun die Lyrikauffassung Nietzsches, wie auch seine eigene Lyrik in wachsendem Maße zum witzig-ironischen Gedicht, zum pointierenden Spruch, zum parodistischen Wortspiel tendiert. Zugleich aber gewinnt das hymnisch-dithyrambische Sprechen an Gewicht, so vor allem in den Liedern Zarathustras und den Dionysos-Dithyramben, in denen Nietzsche sein ganzes lyrisches Pathos entfaltet. Grundsätzliche Hinweise zur Lyrik bzw. zum Lyriker tauchen bei Nietzsche nach der Tragödienschrift nur noch spärlich auf. Immerhin, zwei Aspekte stehen im Vordergrund der Nietzscheschen Lyrik-Anschauung: Lyrik als Artistik und Lyrik als Dithyrambus.

Er verehrt die artistische Lyrik, wie sie sich in der Antike in der klaren Latinität eines Horaz und in der modernen Literatur in der artifiziellen Sprache Heines manifestiert. Was ihn an Heine fasziniert, ist die Mischung aus Artistik, Musikalität und Provokation. In *Ecce homo* formuliert er einen Panegyrikus auf Heine:

> Den höchsten Begriff vom Lyriker hat mir *Heinrich Heine* gegeben. […] Man wird einmal sagen, dass Heine und ich bei weitem die ersten Artisten der deutschen Sprache gewesen sind […] (6, 286 – EH)

Heines Lyrik ist 'intellektuelle' Lyrik, wie die Lyrik Nietzsches. Ihre besondere Ausstrahlung beruht auf der eigentümlichen Mischung von Stimmungszauber und Sprachartistik, Gefühlsausdruck und Sprachwitz, Sentiment und Ironie. Nietzsche notiert: "Deutschland hat nur Einen Dichter hervorgebracht, außer Goethe: das ist Heinrich Heine" (11, 472). Heine hat "in der Sphäre der Kunst das Genie gestreift" (12, 361). Nietzsches Heine-Adoration zeigt, daß Lyrik für ihn artistische Lyrik ist, eine Lyrik der sprachlichen Virtuosität, die ihre Strahlkraft aus dem facettenreichen Spiel von Gefühl und Ironie bezieht. Diese sprachliche Virtuosität muß allerdings aus existentieller Tiefe erwachsen. Nietzsche lehnt sowohl den ästhetizistischen Formalismus als auch die bloße Stimmungssentimentalität ab. Vehement kritisiert er die in bloß äußerer Formvirtuosität sich erschöpfenden "Artisten". Er apostrophiert sie als "Geisteskranke" (13, 504), "hysterische Weiblein" (13, 298) und "Cultur-Pflanze" (13, 367). Dies sind die dekadenten Artisten, wie Nietzsche sie vor allem in den zeitgenössischen *l'art-pour-l'art*-Ästheten, etwa in dem "bizarren Dreiviertels-Narr *Baudelaire*" (B 8, 263) zu erkennen glaubt. Er wendet sich aber auch gegen den sentimentalen Stimmungslyrismus, "gegen die lyrische Poesie bei den Deutschen", mit dem Argument, ihr fehlten die "Gedanken", und er führt als Beispiel Mörike an, der ganz zu Unrecht als der "größte deutsche Lyriker" angesehen werde; er führt Pindar, Leopardi und Horaz gegen ihn ins Feld, da sie "unter anderm auch Gedanken" hätten (8, 128). Das Gedicht soll weder bloße rhetorische Kunstübung noch bloßer Gefühls- und Stimmungsausdruck sein. Es ist vielmehr die Synthese aus Gefühl, Gedanke und Artistik, die Nietzsche als lyrisches Stilideal vorschwebt. Sein Begriff von Lyrik setzt ein substantiell echtes und artifiziell hochwertiges Gedicht voraus, eine Art existentielle Artistik. Die ästhetische Devise lautet: "*tief* artistisch". Im "schönen *Anschein*" soll die "*Tiefe*" aufleuchten (11, 215). In der deutschen Lyrik nimmt Goethe den höchsten Rang ein. Er ist der "größte deutsche Lyriker" (8, 128). Seine Gedichte sind eine einzigartige Symbiose aus Gedankentiefe und Formvollendung.

Jedenfalls ist Nietzsches Lyrikverständnis vom Stilprinzip der gedanklichen Tiefe und Klarheit bestimmt. Schon der Schüler Nietzsche schreibt: "Ein Muster hievon sind die göthischen Gedichte in ihren goldklaren, tiefen Gedanken." (Aus meinem Leben [1858], HKG, WI, 28). Obschon dieses schlichte Schema später von artistischem Raffinement überdeckt wird, bleibt doch die Idee der *clarté* ein ästhetischer Grundgedanke Nietzsches. In der Lyrik findet dies seinen Ausdruck vor allem im Spruch, insbesondere im parodistisch pointierten oder ironisch getönten Spruch bzw. Spruchgedicht. Infolge der starken gedanklichen

Ausprägung weist der Nietzschesche Lyrismus einen ausgesprochen aphoristischen, spruchhaften Zug auf, wie, *vice versa*, die Aphorismen philosophische Lyrismen sind. Selbst Nietzsches Dithyramben sind von Reflexionen durchsetzt. Sie sind hochemotionale lyrische Reflexionen. Nicht nur in Aphorismus, Spruch und Epigramm, sondern auch in Hymnus und Dithyrambus philosophiert Nietzsche. Nicht nur im lyrisierten Gedankensplitter, im Aphorismus, sondern auch in der ekstatischen Aufschwungsgebärde, im Dithyrambus, ist die Reflexion gegenwärtig. Nietzsches Lyrik ist philosophische Lyrik bzw. lyrische Philosophie.

Die höchste dichterische Ausdrucksform ist für Nietzsche der Dithyrambus. Der Dithyrambus ist die Form, in der nicht nur der Überschwang des Gefühls, sondern auch die absolute Einsamkeit sich artikulieren kann. Nietzsche ist der Auffassung, daß er überhaupt erst den wahren Dithyrambus, d.h. den monologischen Dithyrambus geschaffen habe. Zarathustra ist für ihn ein monologischer Dithyrambiker:

> Welche Sprache wird ein solcher Geist reden, wenn er mit sich allein redet? Die Sprache des *Dithyrambus*. Ich bin der Erfinder des Dithyrambus. (6, 345 – EH)

Damit knüpft der spätere Nietzsche an die Tragödienschrift an, denn dort hieß es:

> Im dionysischen Dithyrambus wird der Mensch zur höchsten Steigerung aller seiner symbolischen Fähigkeiten gereizt; etwas Nieempfundenes drängt sich zur Aeusserung, die Vernichtung des Schleiers der Maja, das Einssein als Genius der Gattung, ja der Natur. (1, 33 – GT)

Der Dithyrambus als höchste Form der Lebenssteigerung – dies ist ein konstantes, von der Tragödienschrift bis *Ecce homo* verfolgbares Denkmotiv Nietzsches. Dabei vollzieht sich allerdings auch ein Wandel. In der *Geburt der Tragödie* handelt es sich um einen monistischen Dithyrambus. Im Dithyrambus vereinigt sich der Mensch mit dem Weltwillen, in einem Akt der dionysischen *unio mystica*. In *Ecce homo* handelt es sich um einen monologischen Dithyrambus. Das aus absoluter Einsamkeit schaffende Subjekt artikuliert sich im Dithyrambus.

b) Gestaltung

Nietzsche ist ein bedeutender Lyriker, ja, er hat eine Reihe von Gedichten geschrieben, die zu den Marksteinen der deutschen Lyrikgeschichte gehören. Er hat sich in verschiedenen lyrischen Gattungen betätigt. Im

Prinzip tauchen bei Nietzsche liedhafte, hymnische und spruchhafte Formen auf. Der unmittelbare Gefühlsausdruck im lyrischen Lied, das hymnische Pathos, das sich häufig zum Dithyrambus steigert, die spruchhafte Sentenz, die in bündiger Form Reflexionen und Lebensweisheiten mitteilt – diese Hauptgattungen der traditionellen Lyrik werden von Nietzsche wie selbstverständlich übernommen. Ein Sprachexperimentator im Sinne der Revolutionierung der überkommenen lyrischen Formen war Nietzsche nicht. Aber er hat ihnen neue Impulse und neue Durchschlagskraft verliehen. So wird das lyrische Lied, vor allem im *Zarathustra*, zum philosophischen Gedankengedicht mit metaphysischem Tiefgang. So wird die hymnische Apostrophe, vor allem in den *Dionysos-Dithyramben*, zum monologischen Dithyrambus, zum einsamen Zwiegespräch mit dem 'Leben'. So wird die spruchhafte Sentenz, vor allem in "*Scherz, List und Rache*", zur kritisch-ironischen Waffe in der Auseinandersetzung mit der traditionellen Weltinterpretation. Dabei ist es für Nietzsche charakteristisch, daß Lied, Hymne und Spruch bei ihm kaum je in reiner Ausprägung, sondern vorrangig als Mischformen auftreten. Die 'Lieder' Zarathustras lassen romantische Sangbarkeit vermissen, tendieren zum feierlichen, hymnischen Aufschwung und sind durchsetzt mit Nietzsches philosophischen Grundideen. Nietzsches 'Dithyramben' sind in aller Ekstatik voll von ironisch-hintergründigen Reflexionen mit häufig epigrammatischer Prägnanz. Und die Spruchlyrik Nietzsches, im Grundzug gestimmt auf Polemik, Provokation und Satire, geprägt von scharfem Witz, scharfsinnigen Aperçus und geistreichen Pointen, ist existentielle Selbstdarstellung, die die Tendenz zum Hymnischen nicht ausschließt, wie ein Gedicht wie *Ecce homo* aus "*Scherz, List und Rache*" in exemplarischer Weise zeigt. Daß Nietzsches lyrische Sprache sich nicht eindeutig in die traditionellen Gattungsmuster einfügen läßt, wird besonders im *Zarathustra* deutlich, der eine spezifische Form des Prosagedichts darstellt, in der sich liedhafte, hymnische und spruchhafte Elemente mischen.

Weiterhin ist zu berücksichtigen, daß Nietzsche eine lyrische Entwicklung durchmacht. Die Jugendgedichte, die schon in der Knabenzeit, 1854, einsetzen und bis etwa 1868 reichen, stehen noch stark im Zeichen der lyrischen Tradition. Sie sind vor allem angefüllt mit romantischen Stimmungsrequisiten. Es sind zumeist Stimmungsgedichte in der Manier der traditionellen Natur- und Stimmungslyrik. Die Naturlyrik Eichendorffs, der Weltschmerz Heines, das Pathos Hölderlins, aber auch die Erlebnislyrik des jungen Goethe haben in diesen Jugendgedichten unverwischbare Spuren hinterlassen, ja sie so stark geprägt, daß es sich im Grunde um epigonale Stilübungen handelt. Neben den naturlyrischen Gedichten, in denen sowohl Weltschmerz als auch Enthusiasmus zum Ausdruck gelangen, gibt es historisierend-balladeske Gedichte, die von einem konventionellen Pathos des Erhabenen getragen sind und große Gestalten, z.B. Beethoven, Shakespeare und Napoleon, glorifizieren. Obschon die Jugendgedichte im ganzen wenig Innovatorisches aufweisen und voll von verbrauchten Gefühlen und Metaphern sind, zeigt sich in manchen Versen doch schon ein eigener, unverwechselbarer Ton. In dem lyrischen Versgebet an den "Unbekannten Gott" (1864) wendet sich der junge Nietzsche in tiefernsten, seine ganze Erschütterung verratenden Versen noch einmal agnostizistisch an Gott, an den "unbekannten Gott", den *deus absconditus*, aber er ist zugleich ein Sich-Lösender, ein Weiterziehender:

> Noch einmal eh ich weiter ziehe
> Und mein<e> Blicke vorwärts sende
> Heb ich vereinsamt mein<e> Hände
> Zu dir empor, zu dem ich fliehe
> [...]   (HKG, W II, 428)

In der Lyrik der siebziger Jahre setzt sich mehr und mehr eine originäre Diktion durch, in der Naturlyrismus, Spruch und Hymnus zum künstlerischen Mittel der Selbstdarstellung des monologischen Subjekts werden. Die Naturmetaphern sind nun keine aus der Tradition erborgten Klischees mehr, sondern werden zu bedeutungsvollen Chiffren der monologischen Subjektivität. So sind z.B. die 1884 neu bearbeiteten, aber früher entstandenen Gedichte *Der Wanderer* (11, 322), *Im deutschen November* ("Dies ist der Herbst") (11, 323), *Am Gletscher* (11, 325) und ein Gedicht wie *Der Freigeist* ("Die Krähen schrei'n") von 1884 (11, 329) monologische Gedichte, in denen das vereinsamte Subjekt seine Grenzsituation in einprägsamen Naturlyrismen ausspricht. Indem er sie in Chiffren der eigenen Existenzproblematik verwandelt, gelingt es Nietzsche, die traditionellen lyrischen Topoi neu zu beleben. Im Gedicht *Der Wanderer* werden romantische Motive wie das Wandern, die Nacht und das Vogellied zu Elementen eines Bildkomplexes, dessen Thema das unaufhaltsame, jede Geborgenheit hinter sich lassende Wandern ist ("Denn du sollst gehn / Und nimmer, nimmer stille stehn!"). Es geht in diesen 'Natur'-Gedichten weder um die lebendige Natur des jungen Goethe noch um den gefühlslyrischen Einklang von

Mensch und Natur wie bei Eichendorff, sondern die Natur fungiert als Metaphernreservoir des monologischen Subjekts. In diesen 'Natur'-Gedichten wird kaum je die wirkliche Landschaft anschaulich vergegenwärtigt. Die Natur ist vielmehr bloße Metapher der Bewußtseinslage des Schreibenden. Die Natur interessiert Nietzsche nicht als lebendige Landschaft, sondern als geistiges Zeichen. Die Naturmotive sind Metaphern der Seelenlandschaft. Im Gedicht *Im deutschen November* ist der "Herbst" ein Zeichen der Einsamkeit des Subjekts. Die Landschaft, die Herbstlandschaft, wird von vornherein in ihrer Wirkung auf das Subjekt evoziert, und die herbstlichen Bilder nötigen das Ich in die elegische Reflexion über die Verlorenheit des Menschen in der Welt:

> Dies ist der Herbst: der – bricht dir noch das Herz!
> Fliege fort! fliege fort! –
> Die Sonne schleicht zum Berg
> Und steigt und steigt
> und ruht bei jedem Schritt.
> Was ward die Welt so welk!
> [...]

Mehr und mehr wird das Gedicht zum existentiellen Gedicht. Es wird zum Ausdruck der Verlorenheit des Menschen in der Welt, wie dies in dem Verzweiflungsgedicht "Die Krähen schrei'n" der Fall ist:

> Die Welt – ein Thor
> Zu tausend Wüsten stumm und kalt!
> Wer Das verlor,
> Was du verlorst, macht nirgends Halt. (11, 329)

Aber Nietzsches Lyrik ist nicht nur von tragischem Pathos, sondern auch von spielerischer Ironie geprägt. Die Freude am witzigen Spruch zeigt sich insbesondere in "*Scherz, List und Rache*" (1882), jener der *Fröhlichen Wissenschaft* vorangestellten Spruchsammlung – die Nietzsche ironisch mit dem Titel des Goetheschen Singspiels versieht. Provokation, Spiel und Heiterkeit, freilich auch Pathos zeigen sich in Nietzsches Sprüchen. Der Spruch wird zur brillanten Waffe des freien Geistes. Nietzsches Sprüche sind wie gefährliche Florettstiche. Sie sind von spielerischer Eleganz, aber sie treffen tief. Sie sind im wahren Wortsinn Wider-Sprüche. Im Unterschied zur Spruchweisheit Goethes, die in weltüberlegener Gelassenheit gesammelte Lebenserfahrungen zum Ausdruck bringt, und im Unterschied zu den witzigen Sinngedichten und Epigrammen Lessings, die aus dem Geist aufklärerischer Humanität erwachsen, zielen Nietzsches Sprüche auf die Destruktion der bestehenden Werte und den Entwurf neuer Werte. So lautet ein Sinnspruch:

> *Meine Härte.*
>
> Ich muss weg über hundert Stufen,
> Ich muss empor und hör euch rufen:
> "Hart bist du; Sind wir denn von Stein?" –
> Ich muss weg über hundert Stufen,
> Und Niemand möchte Stufe sein. (3, 358 – FWS)

Der Leser wird zur spontanen Tat aufgerufen:

> *Aufwärts.*
>
> "Wie komm ich am besten den Berg hinan?"
> Steig nur hinauf und denk nicht dran! (3, 356 – FWS)

Im lehrhaften Sinnspruch fordert Nietzsche den Leser auf, seinem eigenen Selbst zu folgen:

> *Vademecum – Vadetecum.*
>
> Es lockt dich meine Art und Sprach,
> Du folgest mir, du gehst mir nach?
> Geh nur dir selber treulich nach: –
> So folgst du mir – gemach! gemach! (3, 354 – FWS)

Dies entspricht der Lehre Zarathustras: "Sondern lebendige Gefährten brauche ich, die mir folgen, weil sie sich selber folgen wollen – und dorthin, wo ich will." (4, 25 – Za). Die lyrische Kleinform des Spruchs eignet sich vorzüglich zur pointierten Darstellung der philosophischen Denkmotive. Aber nicht der in sich ruhende Weisheitsspruch, sondern die virtuose Improvisation ist Nietzsches Metier. Er formuliert dies in spruchhafter Bündigkeit:

> *Für Tänzer.*
>
> Glattes Eis
> Ein Paradeis
> Für Den, der gut zu tanzen weiss. (3, 356 – FWS)

Die freie Heiterkeit ist das Signum der *Lieder des Prinzen Vogelfrei*, des "Anhangs" zur erweiterten Neuausgabe der *Fröhlichen Wissenschaft* von 1887. Nietzsche versteht diese "Lieder" als eine moderne

Form der spielerisch-freien Troubadour-Lyrik, der "gaya scienza", der "Einheit von *Sänger, Ritter* und *Freigeist*" (6, 333f. – EH). "Thorheit, Ausgelassenheit, 'fröhliche Wissenschaft'" kennzeichnen diese "Handvoll Lieder", "in denen sich ein Dichter […] über alle Dichter lustig macht", an ihren "schönen 'lyrischen Gefühlen'" "seine Bosheit" auslassend (3, 346 – FW). In diesen Gedichten mischen sich Heiterkeit, Parodie und Pathos. Es ist ein virtuoses Wechselspiel von Ironie und Ernst, Witz und Emotion, Spruch und Hymnik. Das Gedicht *An Goethe* (3, 639 – FWP) ist ein Spruchgedicht, ein ironisches, parodistisches Spruchgedicht, in dem Nietzsche der Lebensanschauung Goethes die eigene Weltsicht entgegensetzt. Das Gedicht *Dichters Berufung* (3, 639 – FWP) ist eine sarkastische Parodie auf ein in der Routine des Verse-schmiedens erstarrtes Dichtertum. Das *Lied eines theokritischen Ziegenhirten* (3, 645 – FWP) ist ein melancholisch-provokatorisches Liebesgedicht. Das Gedicht *Im Süden* (3, 641 – FWP) hingegen ist ein arkadischer Lyrismus, der die Vision eines reinsten Seins beschwört – ohne freilich die philosophische Reflexion aufzugeben, denn in der Antithese von "Vernunft" und "Süden", nordischer "Wahrheit" und südlichem "Leben" schlägt Nietzsche eines seiner zentralen Denkmotive an. In bukolischer Topik beschwört er die Idylle des ursprünglichen Lebens, einen theokritischen *locus amoenus*:

> Das weisse Meer liegt eingeschlafen,
> Und purpurn steht ein Segel drauf.
> Fels, Feigenbäume, Thurm und Hafen,
> Idylle rings, Geblök von Schafen, –
> Unschuld des Südens, nimm mich auf!

Im Gedicht *Der geheimnissvolle Nachen* (3, 643 – FWP) wird der submentale Bereich des Traumes, des Unbewußten und Abgründigen evoziert. Das Venedig-Gedicht "*Mein Glück!*" (3, 648 – FWP) ist eine spielerische Improvisation, eine fesselnde Impression, in der das lyrische Ich sein Glücksgefühl ausdrückt. Aber es fehlt auch nicht das Pathos der Unbedingtheit. Ein Gedicht wie *Nach neuen Meeren* (3, 649 – FWP) ist ein absoluter Lyrismus, der in der raum- und zeittilgenden Unendlichkeit alle empirischen Zwänge aufhebt:

> *Nach neuen Meeren.*
>
> Dorthin – *will* ich; und ich traue
> Mir fortan und meinem Griff.
> Offen liegt das Meer, in's Blaue
> Treibt mein Genueser Schiff.

Alles glänzt mir neu und neuer,
Mittag schläft auf Raum und Zeit –:
Nur *dein* Auge – ungeheuer
Blickt mich's an, Unendlichkeit!

In der geschlossenen Form von zwei vierzeiligen Strophen mit vierhebigen Trochäen und Kreuzreim entfaltet Nietzsche das Motiv der "Unendlichkeit". Das Gedicht bezieht seinen ästhetischen Reiz nicht zuletzt aus der Spannung zwischen thematischer Grenzenlosigkeit und formaler Disziplin. Auf engem Sprachraum wird ein großformatiges Bild evoziert. Aber es ist bezeichnend, daß Nietzsche sich weder auf die sinnliche Anschauung beschränkt noch ein in sich ruhendes Symbol erstellt, sondern eine Chiffre der Subjektivität, der unendlichkeitsbezogenen Subjektivität, entfaltet. Das Ich erscheint ausdrücklich als wollendes Ich. Das in Sperrdruck gesetzte " w i l l " unterstreicht das Wollen noch besonders. Es ist ein selbstsicheres, sich selber unbedingt vertrauendes Ich, ein Subjekt, das die Bewegung ins Unendliche hin als Ausdruck seines freien Daseinsentwurfs begreift. Das Bild des ins offene Meer, in die blaue Unendlichkeit treibenden Schiffes und das Columbus-Motiv sind Metaphern des von unbedingtem Freiheitswillen und Unendlichkeitsverlangen geprägten Ich.

Nietzsches Lyrismen werden mehr und mehr zu Expressionen visionärer Zustände und Erlebnisse. Das Gedicht *Sils-Maria* (3, 649 – FWP) ist eine Zarathustra-Vision. Das Ich, das mit der Landschaft identisch zu werden scheint ("Ganz See, ganz Mittag, ganz Zeit ohne Ziel"), erblickt plötzlich, in überfallartiger Inspiration, seinen Doppelgänger, Zarathustra. Die Verse werden zur Expression eines Erleuchtungserlebnisses. Es kommt auch zum unmittelbaren hymnischen Ansprechen des Lebens. So ist das "Tanzlied" *An den Mistral* (3, 649 – FWP) eine hymnische Lobpreisung des dynamischen Lebens. Das hymnische 'Lied' wird zum ekstatischen Wirbel, der alle Bereiche des Lebens, das Erhabene wie das Häßliche, erfaßt:

Tanzen wir gleich Troubadouren
Zwischen Heiligen und Huren,
Zwischen Gott und Welt den Tanz!

Die *Dionysos-Dithyramben* (1888), die aus bereits zur *Zarathustra*-Zeit entstandenen Gedichten sowie aus Gedichten vom Herbst 1888, dem fatalen Turiner Herbst Nietzsches, bestehen, sind dithyrambische Monologe. In existentiellen Lyrismen, suggestiver Rhetorik und tiefgründigem Maskenspiel entfaltet Nietzsche seine dionysische 'Philoso-phie'. In diesen Dithyramben treibt Nietzsche die Sprache bis an ihre äußerste Grenze. Sie sind Ausdruck gefährlichster Grenzsituationen und höchster Selbst- und Seinserfahrung. Sie tendieren bereits zu einer Sphäre jenseits des Menschen bzw. heben die 'normale' menschliche Daseinserfahrung in exzessiver Weise auf. Ihre Hauptmotive sind die Selbstreflexion des Dichters, der Widerstreit von Leben und Vernunft, Einsamkeit und Abgrund, Selbsterhöhung und Selbstvernichtung, der Wiederkunftsgedanke, die halkyonische Freiheit, die Euphorie eines reinsten Seins. Im Unterschied zur traditionellen Hymnik, in der sich ein lyrisches Ich an übergeordnete Mächte wendet, an den christlichen Schöpfergott (Klopstock), an die abstrakten Ideale der Menschheit (Schiller), an die Lebensmächte der Natur (Hölderlin), ist Nietzsches hymnisch-dithyrambisches Sprechen ein monologisches Sprechen. Das Ich spricht nur noch mit sich selber. Diese Dithyramben unterscheiden sich weiterhin von der traditionellen Hymnik durch ein ausgeprägt reflexives, denkerisches Moment. Sie sind nicht 'naive' Apostrophen höherer Mächte, sondern 'sentimentalische' Reflexionen des monolo-gischen Geistes.

Im Dithyrambus *Nur Narr! Nur Dichter* (6, 377 – DD) konzentriert sich das reflektierende Subjekt auf die unaufhebbare Verstrickung des Dichters in die Spannung von Wahrheit und Lüge. Der "Dichter" ist ein "Narr", weil er mit seinen Metaphern Lügen produziert, und zwar unausweichlich, da die Sprache nie zur "Wahrheit" vordringt, sondern immer nur Fiktion ist. Im Zeichen der paradoxen Dialektik von Wahr-heit und Lüge, derzufolge alles Dichten unlöslich in den Schein, die Täuschung, die Lüge verstrickt ist, macht sich der Dichter selber zum Gegenstand des Gedichts, in bohrender Selbstkritik, die fast zur Selbst-zersetzung des Dithyrambus zu führen scheint. Die Dichterexistenz selbst ist in Frage gestellt. Die Sprachskepsis steigert sich zur Erschüt-terung:

> dass ich verbannt sei
> von aller Wahrheit!
> *Nur* Narr! *Nur* Dichter!...

Im Dithyrambus *Die Wüste wächst* (6, 382 – DD) inszeniert Nietzsche ein dialektisches Spiel um die Antithese von Vernunft und Leben, von (europäischem) Denken und (afrikanischer) Sinnlichkeit. Vernunft und Moral, die Signa des Europäers, werden durch die Unschuld des sinnlichen Lebens in Frage gestellt. Im Dithyrambus *Letzter Wille* (6, 388 – DD) verkündet das Ich in monumentalem Pathos seinen Willen, den Tod "siegend" zu bestehen. Im Dithyrambus *Zwischen Raubvögeln* (6, 389 – DD) ist Zarathustra dem "Abgrund" ausgesetzt, "zwischen zwei Nichtse eingekrümmt", ein "*Selbsthenker*"[18]. Hier wendet Zarathustra seinen alles in Frage stellenden Destruktionstrieb gegen sich selber. Dies ist die letzte Konsequenz seines Willens, alles Scheinhafte aufzulösen. Um der Redlichkeit willen darf dieser Impetus auch vor der eigenen Existenz nicht haltmachen. Hier betreibt Zarathustra nicht Selbstapotheose, sondern Selbstvernichtung. Die Radikalität des Fragens schlägt auf den Fragenden zurück. Dominant ist in den Dithyramben allerdings die Selbsterhöhung. Dies ist aber nicht einfach Hybris, sondern das, was dem ersten Anschein nach wie bloße Selbstüberhebung und Selbstverherrlichung wirkt, ist in Wahrheit ein aus dem Bewußtsein der Bedeutung des eigenen Weltentwurfs erwachsendes Selbstgefühl. Im Dithyrambus *Von der Armut des Reichsten* (6, 406 – DD) ist Zarathustra der "Überreiche", der gerade durch sein Übermaß an schöpferischer Energie und innovatorischen Ideen den Kontakt zu den Menschen verliert, so daß der "Überreiche" der "*Ärmste* aller Reichen" ist. Im Dithyrambus Das *Feuerzeichen* (6, 393 – DD) setzt Zarathustra als der absolut Einsame, der Denker der "*siebenten* Einsamkeit" das große, wegweisende "Zeichen". Im Dithyrambus *Ruhm und Ewigkeit* (6, 402 – DD) spricht Zarathustra im hymnischen Anruf, der getragen ist von bedeutungsschweren Sentenzen, das 'Sein' selbst an:

> Höchstes Gestirn des Seins!
> Ewiger Bildwerke Tafel!
> *Du* kommst zu mir? –

Hier scheint Nietzsche sich aus seinem Monologismus zu lösen und sich auf eine Dimension jenseits des Menschen zu beziehen. Aber diese Hinwendung zu einer höchsten Wahrheit ist nur möglich im Perspektivismus des schaffenden Subjekts. Nietzsche begründet hier allerdings seinen Perspektivismus vom Sein selbst her. Einerseits scheint das Sein

---

18 Ernst Meister hat dieses Motiv aufgegriffen und die 'nihilistische' Gebärde Nietzsches ins Humane gewendet:

> HIER,
> gekrümmt
> zwischen zwei Nichtsen,
> sage ich Liebe. (*Meister*, Gedichte, 109)

eine transzendente, das Subjekt übersteigende Dimension zu sein ("das kein Wunsch erreicht"). Andererseits verwirklicht sich das Sein erst im Subjekt, im schaffenden Subjekt ("ewig bin ich dein Ja"). Es ist das große Ja zur 'Ewigkeit': "*denn ich liebe dich, oh Ewigkeit!*" Das höchste Sein und das schaffende Subjekt stehen in einer unlöslichen Wechselwirkung. Das Subjekt überträgt seine Selbsterfahrung auf das Sein selbst, und es empfängt vom Sein selbst den Impuls zum neuen Weltentwurf. Nietzsche hat diesen Dithyrambus außerordentlich hoch eingeschätzt. Er löst in ihm Erschütterung aus: "ich darf nicht daran denken, ohne zu schluchzen" (B 8, 550 – Weihnachten 1888).

Auch im Dithyrambus *Klage der Ariadne* (6, 398 – DD), in diesem zwischen blasphemischer Provokation und tiefster Erschütterung schwankenden Versgebet, spricht Nietzsche in hymnischer Gebärde eine übermenschliche Macht an, den "unbekannten Gott". Auch in diesem Dithyrambus scheint er die monologische Reduktion durchbrechen zu wollen. Die Hinwendung zum "unbekannten Gott" ist freilich von doppeldeutiger Art, denn einerseits herrscht die aggressive Provokation, die Gott als den den Menschen zerstörenden "Jäger" apostrophiert, und andererseits erscheint der "unbekannte Gott" als ein letzter Bezugspunkt des verlorenen Ich. Im *Zarathustra* akzentuierte Nietzsche:

> Und meine letzte Herzens-Flamme –
> *Dir* glüht sie auf!
> Oh komm zurück,
> Mein unbekannter Gott! Mein Schmerz! Mein letztes –
> Glück! (4, 317 – Za [Der Zauberer])

In Nietzsches vollendetstem Dithyrambus, im halkyonischen Lyrismus *Die Sonne sinkt* (6, 395 – DD), ist der hymnische Anruf getilgt zugunsten der monologischen Selbstaussprache. Hier wird nicht mehr ein "unbekannter Gott", sondern nur noch das eigene "Herz" angesprochen. Angesichts des sich abzeichnenden Untergangs, des Todes, vergewissert sich das Ich noch einmal seiner selbst, in euphorischer Heiterkeit, in der sich das Gefühl der Bedrohung mit dem Bewußtsein der Freiheit mischt. Die für viele andere Dithyramben charakteristische ruhelos-stürmische Staccato-Sprache ist aufgegeben zugunsten einer elegisch-gestillten Tonlage. Die imperatorische Gebärde hat sich aufgelöst im reinen Selbstgespräch. Es ist ein elegischer Dithyrambus, in dem der Wille zur Macht, die diktatorische Gebärde der großen Zielsetzungen, einer euphorischen Innerlichkeit, einem reinen Bei-sich-selbst-

Sein, gewichen ist. An die Stelle der potenzierten Willenssteigerung ist eine eigentümliche Willensreduktion getreten, eine halkyonische Gelöstheit, ein Alleinsein mit dem Sein selbst. Der Monolog ist zum absoluten Monolog geworden, zu einem Selbstgespräch, das seine Evidenz in sich selber hat. Der zielgerichtete Wille hat sich in der halkyonischen Einsamkeit beruhigt ("Wunsch und Hoffen ertrank, / glatt liegt Seele und Meer."). Wenn somit der Wille zur Macht hier eher kalmiert ist, so ist doch der Wille nicht völlig ausgeschaltet, denn immerhin mahnt das Ich sich selber angesichts der Grenzsituation von Abschied und Tod zur Standhaftigkeit: "Bleib stark, mein tapfres Herz!" Die Idylle ist eine gefährliche Idylle. Es gilt, sie zu bestehen. Dies ist möglich durch jenes tragische Pathos des Untergangs, das die Grenzsituation des Endes, des Todes als den Höhepunkt, den entscheidenden "Tag" des "Lebens" empfindet:

> Tag meines Lebens!
> die Sonne sinkt.
> [...]
> Tag meines Lebens!
> gen Abend gehts!

Das Todesproblem löst sich im euphorischen Dreiklang von "Tod", "Heiterkeit" und "Glück":

> Heiterkeit, güldene, komm!
>   du des Todes
> heimlichster süssester Vorgenuss!
> – Lief ich zu rasch meines Wegs?
> Jetzt erst, wo der Fuss müde ward,
>   holt dein Blick mich noch ein,
>   holt dein *Glück* mich noch ein.

In diesem euphorischen In-sich-hinein-Horchen hat das vereinsamte Subjekt endgültig alles Schwere überwunden. In diesen Versen, in denen die Sprache die Grenze des Schweigens streift, mischen sich absolutes Freiheitsgefühl und die Schauer des Numinosen.

2. Prosa

Nietzsche ist ein Prosaist von Rang. Er ist ein Meister der kritischen Prosa, und er ist ein Virtuose der lyrischen Prosa. In seinen Abhandlungen, Fragmenten und Aphorismen erweist er sich als artistischer 'Essayist', und im *Zarathustra* entwickelt er eine lyrische Kunstprosa hohen Grades. In den kritischen Schriften ist er der scharfsinnige Analytiker, der mit Röntgenblick alle bisherigen Wertsysteme demaskiert; im *Zarathustra*, in dieser Mischung aus lyrischen, narrativen und dramatischen Elementen, entfaltet er in dichterischer Prosa seinen neuen Weltentwurf. Sowohl in der kritischen Prosa als auch in der rhapsodischen Prosa stellt Nietzsche seine exzellente Sprachfähigkeit unter Beweis. Es sind zwei Elemente, die die Prosa kunstfähig machen: die Poesie und die Artistik. Die Prosa muß ein poetisches Element enthalten, soll sie nicht zum undichterischen Schreiben absinken, und sie muß ein artistisches Moment aufweisen, soll sie Ausdruck des kreativen Geistes sein. Nietzsche trennt und verbindet "Prosa" und "Poesie". "Der Takt des guten Prosaikers besteht darin, dicht an die Poesie heranzutreten, aber niemals zu ihr überzutreten." (10, 23). Im Textstück *Prosa und Poesie* konstatiert Nietzsche, "dass die grossen Meister der Prosa fast immer auch Dichter gewesen sind"; "man schreibt nur *im Angesichte der Poesie* gute Prosa!" Die "Unpoetischen", die "sogenannten Prosa-Menschen", "schreiben und sprechen denn auch nur schlechte Prosa! *Der Krieg ist der Vater aller guten Dinge*, der Krieg ist auch der Vater der guten Prosa!" Dem 19. Jahrhundert mangelt es an "Meisterschaft der Prosa", und zwar "aus Mangel an Poesie" – ein Votum, von dem Nietzsche in diesem Kontext außer Goethe nur Leopardi, Mérimée, Emerson und Landor ausnimmt, die er "Meister der Prosa" nennt (3, 447f. – FW). Er verschweigt an dieser Stelle Stendhal, den Psychologen, Freigeist und Artisten, dessen Roman *Le Rouge et le Noir* eines seiner wichtigsten Leseerlebnisse ist (vgl. B 8, 27f.). Die wahre Prosa ist dichterische Prosa. Nicht eine bloß deskriptive Prosa (die Befunde erstellt oder erzählt), sondern eine kreative Prosa (die neue Perspektiven formt und schafft) ist gefordert. Hier liegt die Schwäche der deutschen Prosa. "Keines der jetzigen Culturvölker hat eine so schlechte Prosa wie das deutsche"; die deutsche Prosa ist "hässlich"; "es *giebt* keine deutsche Prosa" (2, 594f. – WS).

Dies hat seinen Grund nicht nur im Mangel an 'Poesie', sondern auch im Fehlen des Artistischen, des Form- und Kunstbewußtseins. Nietzsche kritisiert, "dass *der Deutsche nur die improvisirte Prosa kennt* und von einer anderen gar keinen Begriff hat" (2, 595 – WS). Er vermißt an der deutschen Prosa die formale Disziplin, die konstruktive Form. Die Deutschen sind "zu zeitig *aus* der Schule der Franzosen gelaufen" (2, 595 – WS). Die deutschen Prosaschriftsteller erschöpfen sich in der formlosen, 'improvisierten' Niederschrift inhaltlich-stofflicher Probleme. Dem Deutschen fehlt der Sinn für das Artifizielle: "Aber an einer Seite Prosa wie an einer Bildsäule arbeiten? – es ist ihm, als ob man ihm Etwas aus dem Fabelland vorerzählte." (2, 595 – WS).[19] Die plastische Kraft, die die Sätze kunstvoll formt und zu einem artistischen Arrangement zusammenfügt, ist Voraussetzung der wahren Prosa. Der "Gang der Sätze" ist das Signum des Schreibenden (2, 593 – WS). Der klare, disziplinierte Prosastil ist gefordert. Vorbilder sind in dieser Hinsicht die Griechen, Römer und Franzosen:

> Das, was die guten Franzosen und vor ihnen einzelne Griechen als Prosaiker wollten und konnten [...]: Zucht, Geschlossenheit, Charakter, Beständigkeit der Absichten, Ueberschaulichkeit, Schlichtheit, Haltung in Gang und Miene. (2, 425f. – VM)

Nietzsche betont die Bedeutung der Rhetorik. Schon in den Vorlesungen *Geschichte der griechischen Beredsamkeit* (1872/73 – MusA V, 1-42) und *Rhetorik* (1874 – MusA V, 285-319) plädiert er für den rhetorischen Stil, da sich mit ihm spezifische Wirkungen erzielen lassen. So heißt es vom "Wesen der Sprache": "diese bezieht sich ebensowenig wie die Rhetorik auf das Wahre, auf das *Wesen* der Dinge, sie will nicht belehren, sondern eine subjektive Erregung und Annahme auf Andere übertragen." (V, 298). In den Vorlesungen zur *Geschichte der griechischen Litteratur* (1874/76) beschäftigt sich Nietzsche eingehend mit Stilebenen und Geschichte der Kunstprosa. Immer wieder taucht der "*gleiche Gegensatz*" auf: "eine freiere enthusiastischere Richtung und daneben eine gebundenere, würdevollere, mehr hieratische", "eine dithyrambischere, kühnere Sprache und eine schlichtere, einfachere, hieratischere" (V, 241f.). Von den Griechen und Römern (wie später auch von den französischen Moralisten) lernt Nietzsche, daß der Stil Übung erfordert. Die Deutschen vergessen, "dass Reden und Schreiben

---

19 Vgl. die Bemerkung Benns zum Prosastil Nietzsches: "Er lehrte uns eine Handbreit Prosa wie eine Statue zu meißeln, lückenlos die Seite, kühl der Satz" (Vortrag in Knokke, 543).

Künste sind, die nicht ohne die sorgsamste Anleitung und die mühevollsten Lehrjahre erworben werden können" (1, 343 – SE).

Erst auf der Grundlage solider Stilübungen vermag sich der kreative Sprachstil zu entwickeln. Dieser große Stil ist dann allerdings ein freier Stil, der mit allen rhetorischen Mitteln artistisch spielt, die normierte Sprache durchbricht und eine innovatorische Sprache schafft. Um der Freiheit des Denkens und Sprechens willen will Nietzsche sich nicht auf einen bestimmten Stil festlegen lassen. Ausdrücklich erteilt er der Stilkonstanz eine Absage zugunsten der Stilvariabilität. In *Ecce homo* schreibt er, mit Blick auf den *Zarathustra*:

> Ich sage zugleich noch ein allgemeines Wort über meine *Kunst des Stils*. Einen Zustand, eine innere Spannung von Pathos durch Zeichen, eingerechnet das tempo dieser Zeichen, *mitzutheilen* – das ist der Sinn jedes Stils; und in Anbetracht, dass die Vielheit innerer Zustände bei mir ausserordentlich ist, giebt es bei mir viele Möglichkeiten des Stils – die vielfachste Kunst des Stils überhaupt, über die je ein Mensch verfügt hat. (6, 304 – EH)

Nietzsche zeigt sich enthusiasmiert von der "*Kunst*, die hier verschwendet worden ist", "von neuen, von unerhörten, von wirklich erst dazu geschaffnen Kunstmitteln"; er habe diese "Kunst des *grossen* Rhythmus, den *grossen Stil* der Periodik" als "Ausdruck" "übermenschlicher" "Leidenschaft" überhaupt erst "entdeckt" (6, 304f. – EH). In der Tat hat Nietzsche im *Zarathustra* einen höchst virtuosen Sprachstil entfaltet, unter Aufbietung aller metaphorischen, rhetorischen und syntaktischen Mittel. Er operiert mit Antithesen und Paradoxien, mit Anaphern und Alliterationen, mit Parallelismen und Wortspielen, mit Superlativen und Hyperbeln, mit Aphorismen, Sprüchen und Dithyramben, mit Parataxen, Hypotaxen und Exklamationen, in einer Stillage, in der Pathos und Parodie, Hymnik und Ironie, Feierlichkeit und Satire die dominierenden Stilhaltungen sind – die abrupt wechseln und sich ständig wechselseitig durchdringen können. Die Gattungsgrenzen werden durchbrochen. Lyrische, epische und dramatische Elemente verbinden sich zu einer fluktuierenden Mischform, die der poetischen Kombinatorik die höchste Freiheit läßt. Die neuen Ideen sind auf eine neue Sprache angewiesen: "Was suchen doch alle Schaffenden? Neue Sprachen suchen sie Alle" (10, 432). Nietzsche schafft sich eine bedeutungsvolle Zeichen-Sprache. Da er bestimmte Denkmotive in Sprache umsetzen will, neigt er stärker zur Allegorie als zum Symbol. Nicht nur die 'lehrhaften', sondern auch die 'lyrischen' Partien sind durch die Tendenz zum Zeichenhaft-Allegorischen gekennzeichnet. Aus dem realitätstranszendierenden Impetus, vor allem dem Entwurf des "Übermenschen", erwächst die pathetische Redeweise, der erhabene Stil, das *genus grande*, das die Sprache zum Unendlichen hin öffnet. Aus der seelischen Erschütterung des Sprechenden erwächst der erregende Stil, das *genus vehemens*, ein Stil der Leidenschaftlichkeit und der Affekte, der alle festen Normen durchbricht. Es ist zugleich ein persuadierender Stil, ein Stil, der durch suggestive Überredung den Leser von der Bedeutung der vorgetragenen Denkmotive überzeugen will. *Ausdruck* und *Mitteilung*, der Ausdruck der inneren Zuständlichkeit des Sprechenden und das Wirken-Wollen auf andere, gehen ineinander über. Es ist ein Stil des dithyrambischen Überschwangs. Nietzsche verfällt dabei allerdings nicht dem dunklen, hermetischen Stil, der *obscuritas*, sondern bevorzugt den deutlichen, klaren Stil, die *claritas*. Er ist sogar der Auffassung, er habe mit dem *Zarathustra* dem epigrammatischen, artistischen Stil eines Sallust und Horaz entsprochen. "Man wird, bis in meinen Zarathustra hinein, eine sehr ernsthafte Ambition nach *römischem* Stil, nach dem 'aere perennius' im Stil bei mir wiedererkennen." (6, 154 – GD). Der *Zarathustra* ist nicht für den Tag, sondern für die 'Ewigkeit' geschrieben. Für Nietzsche ist er eine dichterische *philosophia perennis*, eine die Zeiten überdauernde wahre Philosophie.

Kennzeichnend für Nietzsches Sprachduktus wird mehr und mehr ein thesenhafter Lapidarstil. Im abgründigen Selbstgespräch und in der emphatischen Anrede exponiert er bedeutungsschwere Maximen. Es ist ein Stil der unbedingten Selbstaussprache und des radikalen Wirkungswillens. Auf Grund des starken Wirkungsdrangs ist die Sprache des *Zarathustra* nicht nur ein spielerisches Experimentieren mit Stilelementen, sondern auch bzw. zugleich ein apodiktisches Setzen von Thesen. Ständig verkündet Zarathustra in keinen Widerspruch duldenden Sentenzen die von ihm geschaffenen neuen 'Wahrheiten'. Zarathustras Sprache ist eine thetische, dekretierende Sprache, eine Sprache der imperativischen Setzungen. Zarathustra soll "befehlen und befehlend vorangehen" (4, 189 – Za). Daher wählt er denn auch häufig den direkten Imperativ: "der Übermensch *sei* der Sinn der Erde!" (4, 14 – Za). "[…] *bleibt der Erde treu* […]!" (4, 15 – Za). "Stirb zur rechten Zeit" (4, 93 – Za). Zarathustras Sprache ist nicht nur eine experimentelle, sondern auch eine diktatorische Sprache, die Sprache des Willens zur Macht.

Nietzsches Texte lassen sich nicht auf einen statischen, konstanten Stil festlegen. Er praktiziert vielmehr den Stilwechsel, das dynamische Spiel mit verschiedenen Stilmöglichkeiten. Stilvariabilität und Stilwandel kennzeichnen auch seine Prosa. In den frühen Prosaschriften herrscht noch die geschlossene, diskursive Argumentation, die bestimmte Thesen exponiert und begründet, freilich getragen von Emphase und Enthusiasmus. Die *Geburt der Tragödie* ist ein ästhetischer Traktat, in dem Nietzsche seine Kunstauffassung noch in einem einheitlichen Untersuchungszusammenhang mit logischen Begründungen und zentralen Thesen entwickelt. Aber hinter der scheinbar wissenschaftlichen Diktion verbirgt sich das leidenschaftliche Engagement des Schreibenden. Nicht ohne Grund konstatiert Nietzsche später: "Sie hätte *singen* sollen, diese 'neue Seele' – und nicht reden!" (1, 15 – GT [VS]). Aber in der Tragödienschrift herrscht bereits die erhabene Stilart, die sich pathetisch auf große Gegenstände richtende Schreibart. Es ist ein enthusiastisches Manifest, das mit romantischem Pathos eine neue Kunstdoktrin verkündet. Demgegenüber sind die *Unzeitgemäßen Betrachtungen* vergleichsweise 'sachlicher'. Das Pamphlet *David Strauss der Bekenner und der Schriftsteller* ist allerdings weniger von Sachlichkeit als von Polemik geprägt, wenngleich Nietzsches Intention die generelle Kritik des unschöpferischen Bildungsbürgertums ist. Die Schrift *Vom Nutzen und Nachtheil der Historie für das Leben* ist ein engagierter, aber 'sachlicher' Diskurs über das Verhältnis von Leben und Geschichtsschreibung, getragen vom neuen Pathos des 'Lebens'. Auch die Schrift *Schopenhauer als Erzieher* ist eine 'sachliche' Abhandlung, wenngleich sie durch das Motiv des vorbildlichen großen Menschen zum pathetischen Essay tendiert. Die Schrift *Richard Wagner in Bayreuth*, in der die unkritische Verehrung Wagners in der Tragödienschrift durch eine Verbindung von Verehrungshaltung und kritischer Psychologie abgelöst ist, ist gleichfalls eine von Pathos getragene 'sachliche' Abhandlung. *Menschliches, Allzumenschliches* samt *Vermischte Meinungen und Sprüche* und *Der Wanderer und sein Schatten* sind keine Abhandlungen mehr, sondern Sammlungen von Sprüchen, Aphorismen, Fragmenten. Nietzsche verzichtet auf die geschlossene Abhandlung zugunsten des offenen Fragments, weil ihm jedes System, auch die systematische Abhandlung, suspekt geworden ist. Er bevorzugt nun die kurzen Textstücke, da sich in ihnen die neuen Denkmotive auf engstem Sprachraum ausdrücken lassen und diese Abbreviaturen die Möglichkeit glanzvoller Pointen in sich bergen, die

die Mobilität des Denkens aktivieren. In diesen Fragmentsammlungen tritt das Pathos zurück zugunsten der Kritik. Es handelt sich in der Mehrzahl um kritisch-aufklärerische Sentenzen, Sprüche und Aphorismen. In Form der von witzigen Pointen durchsetzten artistischen Kurzprosa betreibt Nietzsche die Destruktion der bestehenden Werte. Auch die *Morgenröthe* und die *Fröhliche Wissenschaft* sind keine geschlossenen Abhandlungen, sondern Sammlungen einzelner Textstücke – in denen neben der kritischen Zersetzung nun immer stärker auch der neue Weltentwurf zur Geltung kommt. Nicht ohne Berechtigung erklärt Nietzsche beide Schriften zum vorweggenommenen "Commentar" zum *Zarathustra* (B 6, 496 – 7.4.84). Vor allem in der Kunstprosa der *Fröhlichen Wissenschaft* demonstriert Nietzsche die freie Bewegung des Denkens und eröffnet ständig neue, unendliche Horizonte. Neben den ironisch-kritischen Textstücken gibt es pathetisch-existentielle Partien, in denen letzte Fragen aufgeworfen werden, wie im Textstück *Der tolle Mensch* (3, 480 – FW [Nr. 125]), in dem Nietzsche in bedeutungsschweren Aussagesätzen, spannungsgeladenen Exklamationen und tiefgründigen Fragen den Tod Gottes und die neue Freiheit des Menschen konstatiert. Aber offenbar reichte die 'essayistische' Prosa zur Kennzeichnung dieser Problematik nicht aus. Nietzsche ging zur dichterischen Prosa, zur lyrischen Prosa, zum *Zarathustra* über, denn nur in der dichterischen Form konnten die neuen Denkmotive adäquat zum Ausdruck gelangen. In der Folgezeit verfaßt Nietzsche aber weiterhin kritische Schriften, geleitet vom Antrieb, die Auflösung der bestehenden Wertsysteme und die Entfaltung des neuen Weltentwurfs argumentativ zu begründen. *Jenseits von Gut und Böse* und *Zur Genealogie der Moral* sind Sammlungen von (zum größten Teil längeren) Textstücken, in denen Nietzsche vehement Entlarvungspsychologie betreibt. Erneut wird die Prosa zur aufklärerisch-kritischen Essayistik – ohne unbedingt neue Motive zu exponieren. Im Unterschied zu diesen vergleichsweise 'sachlichen', die in Frage stehenden Phänomene noch aus relativ kritischer Distanz ausleuchtenden Schriften sind die späten Schriften, *Der Fall Wagner, Götzen-Dämmerung, Der Antichrist, Ecce homo, Nietzsche contra Wagner*, extrem ichbezogene Schriften. Die Texte werden zum Experimentierfeld der potenzierten Selbstaussprache des Subjekts. Sie werden beherrscht von exzessiver Polemik und ego-zentrischem Pathos. Es ist ein Stil der hektischen Übersteigerung, ein hypertropher Crescendo- und Dekretstil, der die Gegner mit Bannflüchen belegt und die eigene Person ins Übermenschliche stilisiert. In *Ecce homo* erreicht die Selbstapotheose ihren Gipfelpunkt. Aber diese 'Autobiographie' ist auch ein Rechenschaftsbericht, in dem Nietzsche seine Werke einer Selbstinterpretation unterzieht, in der Retrospektive die Probleme noch zuspitzend und zugleich die Schrift als provokatorisches Präludium der geplanten Umwertungsphilosophie deutend. Im Brief an Köselitz vom 30.10.1888 schreibt er über *Ecce homo*:

> Es handelt, mit einer großen Verwegenheit, von mir und meinen Schriften: ich habe nicht nur damit mich vorstellen wollen *vor* dem ganz unheimlich solitären Akt der *Umwerthung*, – ich möchte gern einmal eine *Probe* machen, was ich bei den deutschen Begriffen von *Preßfreiheit* eigentlich risquiren kann. (B 8, 462)

Selbstdarstellung, Provokation und Umwertung sind die Antriebe der Schrift. Autopsychologische Selbstvergewisserung, radikalste Epochenkritik und philosophische Verkündigung prägen den Text. Nietzsches Prosa ist zum gongschlagartigen Diskurs geworden.

Nietzsches Prosa ist 'essayistische' Prosa, artistische Prosa, philosophische Kunstprosa. An der Erzählprosa, an Roman und Erzählung, hat er kein genuines Interesse. Das ist nicht verwunderlich, denn für einen Autor, der weniger am objektiven Weltstoff als vielmehr am kreativen Subjekt interessiert ist, sind Prosatexte nur relevant als existentielle, artistische oder autobiographische Texte. Die Texte müssen Grundmotive der *conditio humana* entfalten, sie müssen den höchsten Kunstansprüchen genügen, und sie müssen der Selbstaussprache des Schreibenden dienen. Nicht von ungefähr sind Eckermanns *Gespräche mit Goethe* für Nietzsche das "beste deutsche Buch" (2, 599 – WS), und nicht umsonst läßt er daneben im deutschsprachigen Bereich, außer Stifters und Kellers Prosa, nur noch die *Lebensgeschichte* Jung-Stillings und die Aphorismen Lichtenbergs gelten (2, 599 – WS). Der artistisch-aphoristische Text oder die autobiographisch-psychologische Selbstdarstellung findet Nietzsches besonderes Interesse. Dem modernen realistischen Roman steht er mit äußerster Skepsis gegenüber. Den Milieurealismus Zolas lehnt er kompromißlos ab. Er verwirft den szientistischen, sozialkritischen Roman der Franzosen. Die psychologische, existentielle Prosa Dostojewskis hingegen, in der mit tiefgründiger Psychologie menschliche Grenzsituationen dargestellt werden, findet bei dem Psychologen Nietzsche emphatische Zustimmung. Im Grunde interessiert Nietzsche nur die existentielle Problematik, nicht hingegen die epische Form.

3. Drama

Bezeichnenderweise hat Nietzsche kein Drama verfaßt bzw. ausgeführt.[20] Er hat kaum eine wirkliche Beziehung zum Drama. Ein Interesse am Drama ist im Grunde nur beim frühen Nietzsche zu beobachten. Aber dieses Interesse gilt weniger dem dramatischen Vorgang als der Inszenierung von Handlung, Figur und Dialog als vielmehr der Musiktragödie als der dialektischen Entfaltung von dionysischem Leben und apollinischem Schein. Nietzsche ist nicht an Charakterproblemen und Handlungskonflikten, sondern allein an der tragischen Selbstentfaltung des Lebens interessiert. Die in der Tragödie sich abspielenden individuellen Katastrophen sind nur Funktionselemente im schöpferischen Selbstentfaltungsprozeß des Lebens. In der *Geburt der Tragödie* konstatiert er,

> dass die griechische Tragödie in ihrer ältesten Gestalt nur die Leiden des Dionysus zum Gegenstand hatte und dass der längere Zeit hindurch einzig vorhandene Bühnenheld eben Dionysus war [...] dass niemals bis auf Euripides Dionysus aufgehört hat, der tragische Held zu sein, sondern dass alle die berühmten Figuren der griechischen Bühne Prometheus, Oedipus u.s.w. nur Masken jenes ursprünglichen Helden Dionysus sind. (1, 71 – GT [= 1, 619 – SGT])

In Nietzsches höchst eigenwilliger Interpretation der griechischen Tragödie wird der tragische Konflikt zwischen Mensch und Fatum eskamotiert, und an seine Stelle tritt die Idee der individuellen Existenz als bloßen Vollzugsorgans des dionysischen Weltwillens. Ödipus ist nicht der im Widerstreit von Schicksalsdetermination und Eigenverantwortlichkeit handelnde Held, sondern Vollzugsorgan, Medium und Maske des Gottes, des Dionysos, der sich in die Individualexistenzen aufsplittert, um dann, aus dem Untergang der Individuen, als *Dionysos triumphans* neu hervorzugehen. Nietzsches Dramentheorie bzw. Tragödienidee bewegt sich ganz im Horizont der schöpferischen Spannung von Weltwille und Individualwille. In ihrer wahren Gestalt sind "Tragö-

---

20 Zu erwähnen sind die Entwürfe und Bruchstücke zu dem düster-heroischen Drama *Ermanarich* (vgl. HKG, W II, 101-105 u. 144-154 sowie HKG, W III, 123f.), der frühe Einakter *Prometheus* (HKG, W I, 62-69), der dramatische Versuch <*Die Verschwörung des Philotas*> (HKG, W I, 156-181), die Skizze zu einem Zarathustra-Drama (vgl. 10, 495f. – 16 [3]), ein Prometheus-Entwurf (vgl. 7, 835-837) und einige dramatische Entwürfe zum Empedokles-Stoff (vgl. 7, 125f., 7, 233-237; vgl. auch 7, 269ff.).

dien" "dramatische Dithyramben" als höchster Ausdruck "lyrischer Gedichte" (1, 44 – GT). Die Tragödie als Dithyrambus – das ist Nietzsches Konzeption des Dramas, eine Konzeption, die seiner Auffassung nach ihre Verwirklichung allein in der alten griechischen Tragödie und im Musik-Drama Wagners gefunden hat. Das klassische deutsche Drama entspricht diesem Ideal nicht, da seine Helden nicht zur *unio mystica* mit dem Leben gelangen, sondern sich in sentimentalischer Distanz zu ihm verhalten (dazu: 1, 131 – GT). Nietzsche, weit entfernt von der klassischen Humanitätsidee, konzipiert den dramatischen Vorgang nicht als tragischen Konflikt zwischen geistigen Individuen, sondern als Selbstoffenbarung des Weltwillens in der Musik.

Nachdem die musikalische Tragödie, nach dem Bruch mit Wagner, für ihn keine Bedeutung mehr hat, verliert Nietzsche weitgehend das Interesse an der Gattung Drama. Seine späteren, verstreuten Äußerungen zum Drama bestehen hauptsächlich aus polemischen Verdikten gegen das Wagnersche Musikdrama. Die griechische Tragödie hat er allerdings auch später nicht angegriffen – wohl die seiner Meinung nach falschen Interpretationen der Tragödie. Er steht in Opposition zur traditionellen Wirkungspoetik. Katharsis-Theorie und Mitleidsästhetik werden von ihm radikal in Frage gestellt. Nach Nietzsche besteht die Wirkung der Tragödie nicht in der Katharsis von *phobos* und *eleos*, der Reinigung von Furcht und Mitleid resp. Schrecken und Mitleiden, sondern in der aus dem Untergang des Helden und der Selbstverwirklichung des Weltwillens erwachsenden unbedingten Lebensbejahung. Der "*tragische* Dichter", dessen Haltung "dionysisch", d.h. durch das "Jasagen zum Leben selbst", zum Leben in allen seinen Erscheinungsformen, bestimmt ist, intendiert nicht die Befreiung von Schrecken und Mitleiden, sondern ihre Überwindung durch das dionysische Lebensgefühl:

> *Nicht* um von Schrecken und Mitleiden loszukommen, nicht um sich von einem gefährlichen Affekt durch eine vehemente Entladung zu reinigen – so missverstand es Aristoteles: sondern um, über Schrecken und Mitleiden hinaus, die ewige Lust des Werdens *selbst zu sein*, jene Lust, die auch noch die *Lust am Vernichten* in sich schliesst… (6, 312 – EH [= 6, 160 – GD]; vgl. 2, 173 – MA I; 13, 409ff.)

Damit muß Nietzsche auch die Tragödienauffassung Schopenhauers ablehnen, da Schopenhauer die "Resignation" zur Essenz der Tragödie erkläre, damit den "Willen zum Leben" negiere und "eine Kunst concipirt, in der die Kunst sich selbst verneint" (13, 410). Schopenhauer hatte den dem "Tragischen" "eigentümlichen Schwung zur Erhebung" in der "Resignation" gesehen (WV II, 556f.). Nietzsche aber will nicht die resignative, sondern die dionysische Erhebung. Die aber sieht er im neuzeitlichen Drama nicht verwirklicht. Er zeigt allenfalls noch Interesse an den schöpferischen Persönlichkeiten großer Dramatiker, an genialischen *dramatis personae* oder an der formalen Meisterschaft der dramatischen Komposition. So sieht er, mit gewissen Vorbehalten, in Sophokles, Shakespeare und Goethe große Dramatiker der Weltliteratur, aber an ihren Dramen interessieren ihn vornehmlich bestimmte Figuren, Motive und Sentenzen, kaum hingegen der dramatische Vorgang als solcher. So schätzt er die "Sentenzen Shakespeare's" als "ganz ernsthafte Gedanken in geschliffener Form" (2, 161 – MA I). Auf Grund seiner antiteleologischen Weltsicht muß Nietzsche den dramatischen Kausalnexus und die dramatische Teleologie (wie er sie etwa bei Grillparzer und Schiller vorfindet (vgl. 1, 290f. – HL) ablehnen. Das hindert ihn freilich nicht, den "strengen Zwang" der "französischen Dramatiker", sowohl die formale Disziplin der drei Einheiten als auch Idee, Stil und Sprache der "französischen Tragödie", positiv zu bewerten (2, 180f. – MA I). Formal und inhaltlich gibt er der heroischen Tragödie den Vorzug vor dem bürgerlichen Trauerspiel. Nicht der bürgerliche, mitleidige, sondern der elitäre, 'heroische' Mensch findet sein Interesse. Zum reinen Drama, zur dramatischen Form als solcher, gewinnt er kein Verhältnis. Nietzsche, "wesentlich antitheatralisch geartet", erteilt dem Drama eine Absage: "Was geht mich das Drama an!" (3, 617 – FW). Im Grunde ist Nietzsche theaterfeindlich. Wiederholt spricht er dem Theater sein *Nolimetangere* aus: "Schiller war ein Theater-Maestro: aber was geht uns das Theater an!" (12, 475). Er verabscheut die "Theatromanie" (13, 150). Und er verachtet das Publikum. Der Theaterkünstler ist vom Opportunismus gegenüber seinem Publikum geleitet, und der Theaterbesucher wird im Publikum zum Suggestionsobjekt: "In das Theater bringt Niemand die feinsten Sinne seiner Kunst mit, am wenigsten der Künstler […] Im Theater wird man Volk, Heerde, Weib, Pharisäer, Stimmvieh, Patronatsherr, Idiot – *Wagnerianer* […]" (6, 420 – NW).

VII. Sprache, Schein und Dichterexistenz

Nietzsche, der Verkünder einer dionysischen, artistischen Kunst, sieht sich einem gravierenden Zwiespalt ausgesetzt, da für ihn die Sprache grundsätzlich dem Widerstreit von Wahrheit und Schein verhaftet ist und damit der Dichter ins Zwielicht von Wahrheit und Lüge rückt. Nietzsche huldigt nicht nur dem schaffenden Subjekt, dem dionysisch Schaffenden, sondern er vertritt auch die prinzipielle These vom lügnerischen Dichter, von der Fiktionalität aller Dichtung. Eine fundamentale Sprach- und Dichterkrise prägt seine ästhetischen Anschauungen. Immer wieder sieht er sich genötigt, sich mit dem Problem von Schein und Lüge in der Kunst, in der Dichtung, in der Dichterexistenz auseinanderzusetzen, angetrieben von der Redlichkeit, die alles Scheinhafte enthüllen will. Die "*Redlichkeit*", "*unsere* Tugend", "diese letzte Tugend" (U I, 251), ist ein Grundantrieb Nietzsches. Es ist die Redlichkeit, ein fundamentaler Wahrheitstrieb, was ihn veranlaßt, allen Scheingebilden die Maske abreißen zu wollen.

Seine Kritik setzt an bei der Sprache. Die Krise des Dichtens ist eine Krise der Sprache. Die Sprache ist ein tropisch-figurales System sich verselbständigender Zeichen. Nietzsches destruktive Operation zielt auf den Sinnkomplex von Logos, Wahrheit und Sprache. Indem er den Abbau des logozentrischen Fundaments der Sprache betreibt, stellt er die Sprache selbst in Frage. Die logozistische Idee der Übereinstimmung von Denken, Sprache und Sache wird Gegenstand der subversiven Kritik. Der Sprachkritiker Nietzsche, der mit seiner Kritik der traditionellen Sprachauffassung die traditionelle Weltinterpretation treffen will, wendet sich gegen jede Form von Sprachrealismus und proklamiert statt dessen einen entschiedenen Sprachfiktionalismus. Die Sprache ist kein Erkenntnismittel, kein Mittel zur Erkenntnis der Wahrheit, sondern sie ist ein bloßes Verständigungsmittel, ein Kommunikationsinstrument im Dienste der Lebenserhaltung. Mit diesem Sprachpragmatismus opponiert Nietzsche gegen die sprachphilosophische Tradition, die, unbeschadet nominalistischer Gegentendenzen, von der Antike bis ins 18. Jahrhundert im Prinzip die Idee der Einheit von Denken, Sprache und Sein vertrat. Dies ist allerdings nur die eine Seite der Medaille. Nietzsches sprachphilosophische Reflexion erschöpft sich nicht in der Sprachkritik, in der Entlarvung der Sprache als eines bloßen Scheinwesens, das sich mittels der Grammatik der Welt bemächtigt, sondern setzt sich auch mit der Sprache als schöpferischer Kraft auseinander. Die

Nietzschesche Sprachkritik richtet sich in erster Linie gegen die Sprache der Vernunft, gegen die rationalistischen Sprachauffassungen, die vom Prinzip der logischen Übereinstimmung von Denken, Sprechen und Sache ausgehen. Tritt die Sprache hingegen auf als spontaner, irrationaler Ausdruck der Intuition, der Kunst und des Mythos, kann Nietzsche sie durchaus positiv bewerten – ungeachtet der fundamentalen Sprachkritik, die den grundsätzlichen Fiktionscharakter der Sprache betont. Jedenfalls wird die Sprachreflexion zu einem Zentralproblem Nietzscheschen Denkens.

Nietzsche hat bereits in der frühen Abhandlung *Ueber Wahrheit und Lüge im aussermoralischen Sinne* (1873) die wesentlichen Aspekte seiner Sprachauffassung, insbesondere die These vom Fiktionscharakter der Sprache, entwickelt. Der zentrale Gedanke der Abhandlung ist die These vom Metaphern- bzw. Scheincharakter der Sprache. Die sprachlichen Zeichen sind bloße Fiktionen. Sie haben kein Korrelat in der Realität. *Verbum* und *res*, Wort und Sache, stehen sich fremd gegenüber. Der Mensch verfällt der Illusion, mit der Sprache die Dinge zu erfassen:

> Wir glauben etwas von den Dingen selbst zu wissen, wenn wir von Bäumen, Farben, Schnee und Blumen reden und besitzen doch nichts als Metaphern der Dinge, die den ursprünglichen Wesenheiten ganz und gar nicht entsprechen. (1, 879 – WL)

Die "Wahrheit" ist nur ein fiktionales Zeichensystem: "Was ist also Wahrheit? Ein bewegliches Heer von Metaphern, Metonymien, Anthropomorphismen [...]" (1, 880 – WL). In der Folgezeit wird dieser Sprachskeptizismus von Nietzsche konsequent weitergeführt und zugespitzt, wobei freilich die grundsätzlichen Aspekte bereits in *Wahrheit und Lüge* fixiert sind. Die Sprachkritik wird zum Vehikel der Vernunftkritik, der Metaphysik-, Moral- und Religionskritik. Mittels der Sprache macht sich der Mensch die Welt verfügbar. Mit Hilfe der Sprache überzieht er die Welt mit Ordnungssystemen. Metaphysik, Moral und Religion sind von der Vernunft gesetzte sprachliche Fiktionen, durch die der Mensch das Chaos des Lebens in einem Ordnungsgefüge aufhebt und beruhigt, um seiner Selbsterhaltung willen. Die Logik der Sprache täuscht eine Logik der Welt vor. Voraussetzung der Enthüllung der bisherigen Werte als Fiktionen ist die Demaskierung der Sprache als bloße Fiktion der Logik:

> Die "Vernunft" in der Sprache: oh was für eine alte betrügerische
> Weibsperson! Ich fürchte, wir werden Gott nicht los, weil wir noch an
> die Grammatik glauben… (6, 78 – GD)

Nietzsche kennt aber nicht nur den Sprachskeptizismus, sondern auch
den Sprachenthusiasmus. Schon in *Wahrheit und Lüge* unterscheidet er
zwischen "usuellen Metaphern" und "anschaulichen Metaphern" (1,
881 – WL), zwischen (logischen) "Begriffen" und (kreativen) "Intuitio-
nen" (1, 888 – WL). Er bekämpft die "Herrschaft der Abstractionen" (1,
881 – WL) zugunsten einer intuitiven Bildersprache. An die Stelle der
toten Begriffe sollen lebendige Bilder treten. Der abstrakten Begriffs-
sprache wird die lebendige "Anschauungsmetapher" entgegengestellt
(1, 882 – WL). Sie ist die Sprache des "Mythus", der "Kunst", des
"Traumes" (1, 887 – WL). So zeigt sich bei Nietzsche von vornherein
ein spezifischer Doppelaspekt der Sprache. Einerseits ist die Sprache
fiktive Sprache. Andererseits kann sie schöpferische Sprache sein.

Nur deshalb kann der Sprachkritiker Nietzsche zum Sprachenthusia-
sten werden, der die eigene dithyrambische Sprache, die Sprache des
Zarathustra, als höchste Möglichkeit der Sprache überhaupt ansieht
(vgl. 6, 304f. – EH). Seine Sprache ist eine Zeichen-Sprache. Dies zeigt
sich besonders deutlich in den Tier-Allegorien. Zarathustras engste
Vertraute sind von ihm selbst geschaffene Zeichen: der Adler, das
"stolzeste Thier", und die Schlange, das "klügste Thier" (4, 27 – Za).
Die Bedeutung der Zeichen kann allerdings wechseln. So kann der
Adler zum Sinnbild des Willens zur Macht werden (vgl. 6, 379 – DD),
und die Schlange kann den Geist der Schwere versinnbildlichen (vgl. 4,
201f. – Za). Immer wieder setzt Nietzsche Allegorien ein. So ist das
Kamel das Sinnbild des "Schweren", der Löwe das Sinnbild der "Freiheit", das Kind das Sinnbild des "Spiels" (vgl. 4, 29ff. – Za). Zarathustra ist der Virtuose der Gleichnisse:

> Hier kommen alle Dinge liebkosend zu deiner Rede und schmeicheln
> dir: denn sie wollen auf deinem Rücken reiten. Auf jedem Gleichniss
> reitest du hier zu jeder Wahrheit. (4, 231 – Za; vgl. Zitation in 6, 340 –
> EH)

Das Gleichnis wird zum artistischen Mittel der Weltbewältigung. Es ist
das rhetorische Instrument, mit dessen Hilfe das schaffende Subjekt
eine freie Verfügungsgewalt über die Dinge erlangt. Im Unterschied
zum in sich ruhenden Symbol sind die Gleichnisse, die Gleichnisse der
Zarathustra-Sprache, elastische, fluktuierende Chiffren des schaffen-

den Subjekts. "Mein Stil ist ein *Tanz*; ein Spiel der Symmetrien aller Art und ein Überspringen und Verspotten dieser Symmetrien. Das geht bis in die Wahl der Vokale." (B 6, 479 – 22.2.84). Zarathustra spielt virtuos mit der Sprache, inszeniert eine tänzerische Sprache, d.h. eine Sprache, die sich aller Verfestigung entzieht und ein freies, ironisches Spiel mit den Dingen treibt, ja dieses Spiel selbst zum Gegenstand der Ironie macht.

Bei allem Sprachenthusiasmus – Zarathustra ist sich des Scheincharakters auch der artistischen Sprache bewußt. Es heißt:

> Wie lieblich ist es, dass Worte und Töne da sind: sind nicht Worte und Töne Regenbogen und Schein-Brücken zwischen Ewig-Geschiedenem? […] Sind nicht den Dingen Namen und Töne geschenkt, dass der Mensch sich an den Dingen erquicke? Es ist eine schöne Narrethei, das Sprechen: damit tanzt der Mensch über alle Dinge. / Wie lieblich ist alles Reden und alle Lüge der Töne! Mit Tönen tanzt unsre Liebe auf bunten Regenbögen. – (4, 272 – Za)

Die Sprache, auch die Sprache Zarathustras, ist Schein. Auch die in der Tragödienschrift emphatisch bejahte "Anschauungsmetapher" erweist sich als Schein. Auch die vom Schaffenden hervorgebrachte Sprache ist Schein. Aber Zarathustra bejaht diesen Schein als die letzte und höchste Möglichkeit der Selbstentfaltung. In der Lüge des Scheins schafft sich der Schaffende eine zwar imaginäre, aber auch lebensintensivere Wirklichkeit. Der Dichter ist bei Nietzsche Lügner aus Notwendigkeit, gemäß dem Metaphern- und Lügencharakter der Sprache selbst. Die "sogenannten großen Künstler" sind nicht nur "Verlogenheitsenthusiasten", die als "Staatskünstler", aber besonders als "Kunstkünstler" "nur Unwahrheit und Verlogenheit" produzieren (*Thomas Bernhard*, Alte Meister, 62ff.), sondern bei Nietzsche lügen sie, weil sie nicht anders können, da die Lüge zum Wesen der Kunst gehört.

Die Lüge ist nicht nur das *videri*, das Täuschen, sondern auch das *lucere*, das Leuchten. Wenn im Dionysos-Dithyrambus *Nur Narr! Nur Dichter!* die illusionären Metaphern der dichterischen Sprache nicht nur als "lügnerische Wortbrücken", sondern auch als "Lügen-Regenbogen" bezeichnet werden (6, 378 – DD), so zeigt dies die Ambiguität der Lüge, des Scheins an. Die dichterischen Metaphern werden nicht lediglich als bloßer Schein, als bloße Täuschung demaskiert, sondern ihr Leuchten übt auch eine besondere Faszination aus. Der Regenbogen ist trügerischer und leuchtender Schein ineins. Der trügerische Schein wird zum ästhetischen Faszinosum. Es liegt nahe, daß der Schein unter diesen Voraussetzungen in wachsendem Maße einen Eigenwert erlangt. So bewundert Nietzsche, in der *Fröhlichen Wissenschaft* und in *Nietzsche contra Wagner*, an den Griechen die Fähigkeit,

> den Schein anzubeten, an Formen, an Töne, an Worte, an den ganzen *Olymp des Scheins* zu glauben! [...] Sind wir nicht eben darin – Griechen? Anbeter der Formen, der Töne, der Worte? Eben darum – *Künstler?*... (6, 439 – NW [= 3, 352 – FW, Vorrede von 1886])

Der "Olymp des Scheins" ist trügerischer, leuchtender und eigenwirklicher Schein ineins. Er ist erstens das Trügerische, die Täuschung, die Lüge. Er ist zweitens das Aufscheinen, das Leuchten, das Zum-Vorschein-Bringen. Er ist drittens die reine Formenwelt des freien Spiels. Diese drei Bedeutungen des Scheins lassen sich nicht grenzscharf trennen, sondern gehen vieldeutig schillernd ineinander über. Der "Olymp des Scheins" ist apollinischer Schein. Der junge Nietzsche schwärmt vom "olympischen Zauberberg" (1, 35 – GT) und deutet die "olympische Welt" als "verklärenden Spiegel" über den Daseinsabgründen (1, 36 – GT).

Die Apotheose des Scheins dispensiert Zarathustra nicht von der Notwendigkeit, sich der (unaufhebbaren) Dialektik von Wahrheit und Lüge zu stellen, ja diese Spannung, um der Redlichkeit willen, auf die äußerste Spitze zu treiben. Nietzsche beharrt auf dem Gedanken, daß der Dichter grundsätzlich ein Lügner ist. "Der Dichter sieht in dem Lügner seinen Milchbruder, dem er die Milch weggetrunken hat" (3, 510 – FW). Immer wieder wird der Dichter zum Gegenstand der Kritik. Das Gedicht *Dichters Berufung* (3, 639 – FWP) ist eine Parodie auf den poetischen Handwerker, den geschickten Versemacher, den monoton sein "Tiktak" hämmernden "Vogel Specht". Auch das Gedicht *Dichter-Eitelkeit* (3, 365 FWS) verspottet das geistlose Wortgeklingel der Reimschmiede. Ist dies eher eine Kritik an den *poetae minores*, den verspielten Epigonen, so wird im Gedicht *An Goethe* (3, 639 – FWP) auch die große Dichtung, die Dichtung eines von Nietzsche verehrten Genies, Thema der Kritik. Während am Ende von *Faust II* im *Chorus mysticus* die irdisch-vergängliche Welt als ein Symbol der göttlich-ewigen Welt erscheint ("Alles Vergängliche / Ist nur ein Gleichnis"), ist für den "Prinzen Vogelfrei" das "Unvergängliche" nur eine Dichter-Fiktion:

> Das Unvergängliche
> Ist nur dein Gleichniss!
> Gott der Verfängliche
> Ist Dichter-Erschleichniss… (vgl. 4, 110 u. 4, 164 – Za u. 10, 370)

"Gott" ist eine poetische Fiktion. Die ewigen Wahrheiten der Denker und Dichter enthüllen sich als Erdichtungen, erwachsen aus dem scheinbildenden Wesen des Lebens. Mit aller Vehemenz betreibt Nietzsche den Abbau der zeitlosen Wahrheit zugunsten des perspektivischen Scheins.

Es stellt sich die Frage, ob Zarathustra mit der Dichter-Kritik nur die poetischen Fiktionen des Zeitlosen oder darüber hinaus auch das Dichten schlechthin und damit auch sein eigenes Dichten meint. Seine Aussagen sind in dieser Hinsicht von einer gewissen Ambivalenz. So unterscheidet er zwischen einer trügerischen Dichtung des "Unvergänglichen" und einer wahrhaftigen Dichtung des 'Vergänglichen':

> Alles Unvergängliche – das ist nur ein Gleichniss! Und die Dichter lügen zuviel. – / Aber von Zeit und Werden sollen die besten Gleichnisse reden: ein Lob sollen sie sein und eine Rechtfertigung aller Vergänglichkeit! / Schaffen – das ist die grosse Erlösung vom Leiden, und des Lebens Leichtwerden. Aber dass der Schaffende sei, dazu selber thut Leid noth und viel Verwandelung. (4, 110 – Za)

Demnach wäre Zarathustra der Schaffende, dessen Sprache jenseits der Lüge anzusiedeln wäre. Aber die Aussage "Und die Dichter lügen zuviel" betrifft auch Zarathustra selbst. Im Kapitel *Von den Dichtern* zeigt sich die Paradoxie, daß Zarathustra einerseits den Dichter als Lügner entlarvt und andererseits sich selber zu den poetischen Lügnern zählt:

> Doch was sagte dir einst Zarathustra? Dass die Dichter zuviel lügen? – Aber auch Zarathustra ist ein Dichter. […] Aber gesetzt, dass Jemand allen Ernstes sagte, die Dichter lügen zuviel: so hat er Recht, – *wir* lügen zuviel. (4, 163 u. 164 – Za)

Damit stellt Zarathustra auch sich selber als Dichter kritisch in Frage. Dennoch scheint in dieser Selbstkritik ein ironischer Unterton mitzuschwingen, denn offenbar richtet sich Zarathustras Kritik in erster Linie gegen das bisherige Dichtertum, dem er generell Oberflächlichkeit vorwirft:

> Ach, wie bin ich der Dichter müde! […] Ich wurde der Dichter müde, der alten und der neuen: Oberflächliche sind sie mir Alle und seichte Meere. (4, 165 – Za)

Die bisherigen Dichter entsprechen nicht Zarathustras Konzeption des Schaffenden, da sie keinen neuen Daseins- und Weltentwurf gestaltet, sondern sich in verspielter "Eitelkeit" vor "Zuschauern" gespreizt haben (4, 166 – Za). Diesen eitlen Dichtern setzt Zarathustra den wahrhaft schaffenden Dichter, den 'verwandelten' Dichter entgegen:

> Verwandelt sah ich schon die Dichter und gegen sich selber den Blick gerichtet. / Büsser des Geistes sah ich kommen: die wuchsen aus ihnen. (4, 166 – Za)

VIII. Monolog und Verkündigung

Der wahrhafte Dichter, der wahrhaft Schaffende, verzichtet auf Schauspielerei, auf Selbstinszenierung vor einem Publikum und schafft nur noch um des Schaffens willen. Dadurch gewinnt sein Schaffen substantielle Echtheit. Der kunstschöpferische Prozeß in seiner höchsten Form ist Ausdruck der absoluten Einsamkeit des Schaffenden. In der *Fröhlichen Wissenschaft* trifft Nietzsche die fundamentale Unterscheidung zwischen der "monologischen Kunst" und der "Kunst vor Zeugen":

> *Wie man zuerst bei Kunstwerken zu unterscheiden hat.* – Alles, was gedacht, gedichtet, gemalt, componirt, selbst gebaut und gebildet wird, gehört entweder zur monologischen Kunst oder zur Kunst vor Zeugen. Unter letztere ist auch noch jene scheinbare Monolog-Kunst einzurechnen, welche den Glauben an Gott in sich schliesst, die ganze Lyrik des Gebets: denn für einen Frommen giebt es noch keine Einsamkeit, – diese Erfindung haben erst wir gemacht, wir Gottlosen. Ich kenne keinen tieferen Unterschied der gesammten Optik eines Künstlers als diesen: ob er vom Auge des Zeugen aus nach seinem werdenden Kunstwerke (nach "sich" –) hinblickt oder aber "die Welt vergessen hat": wie es das Wesentliche jeder monologischen Kunst ist, – sie ruht *auf dem Vergessen*, sie ist die Musik des Vergessens. (3, 616 – FW, 5. Buch, 1887)

Die Unterscheidung von "Monolog-Kunst" und "Kunst vor Zeugen" erhellt Nietzsches Auffassung vom wahrhaft Schöpferischen. Der "Kunst vor Zeugen" haftet immer ein Moment von Schauspielerei und Selbstinszenierung des Künstlers im Hinblick auf reale oder fiktive Zuschauer an. Die "monologische Kunst" hingegen hat Welt, Geschichte und Zuschauer, das ganze *theatrum mundi*, aber auch alle metaphysischen Instanzen hinter sich gelassen und entfaltet sich als *reines* Schöpfertum. Gott als ein letzter Zeuge, ein Zeuge der Einsamkeit – er wäre immer noch eine letztlich schützende, beruhigende Instanz, bei der das Subjekt sich aussprechen könnte. Wenn selbst dieser Zeuge entfällt, wird die Einsamkeit zur absoluten Einsamkeit.

Nietzsches ästhetisches Credo der "monologischen Kunst" als der absoluten, der bejahenden Kunst hat sich erst allmählich herauskristallisiert. So schreibt er in der Vorrede zum 2. Band von *Menschliches, Allzumenschliches* (1886), das monologische Sprechen habe sich bei ihm erst mit der Zeit durchgesetzt und sei zunächst die ironische Ausdrucksgebärde eines "Leidenden und Entbehrenden" gewesen:

> Damals lernte ich erst jenes einsiedlerische Reden, auf welches sich nur die Schweigendsten und Leidendsten verstehn: ich redete, ohne Zeugen oder vielmehr gleichgültig gegen Zeugen, um nicht am Schweigen zu leiden, ich sprach von lauter Dingen, die mich nichts angiengen, aber so, als ob sie mich etwas angiengen. (2, 374 – MA II)

Wenn hier der Monolog noch als eine Form der Kompensation und als eine Als-ob-Haltung erscheint, so wird er später zum Ausdruck des wahrhaft kreativen Subjekts. Ist es früher noch ein gespielter Monolog, so wird aus dem fiktiven Monolog später ein substantieller Monolog. Noch Mitte der siebziger Jahre stellt Nietzsche sich die Frage,

> ob ich nicht mit der monologisirenden Art meiner Schriften mir das Beste entzogen habe, was ein Autor sich wünschen kann – Übertragbarkeit seiner Ansichten und Fortleben, Fort*wachsen* derselben in fremden Seelen. (B 5, 107 – 11.8.75)

Nietzsche will wirken. Und er sieht diesen seinen Wirkungswillen beeinträchtigt durch seinen Monologismus. Andererseits bezeichnet er in einem Hinweis zur Erstausgabe von 1878 *Menschliches, Allzumenschliches* als "monologisches Buch" (2, 10 – MA I), eine immerhin offensive, provokatorische Schrift, die sich an ein Publikum wendet, um dessen Wertvorstellungen radikal abzubauen. Offenbar versteht Nietzsche hier unter 'monologisch' soviel wie exzeptionell, innovatorisch, revolutionär. Dieses Buch ist 'monologisch', weil in ihm ganz neue Perspektiven eröffnet werden, Durchblicke und Ausblicke, die der Umwelt, dem Leserpublikum noch gänzlich unvertraut sind. Insofern der Schreibende mit seinen neuen Wahrheiten noch allein ist, ist seine Schrift eine 'monologische' Schrift – unbeschadet der wirkungsästhetischen Intention des Textes. Demnach kann im Selbstverständnis Nietzsches auch eine kritisch-analytische Schrift eine 'monologische' Schrift sein. Man müßte freilich unterscheiden zwischen einem gezielt wirkungsästhetischen Monolog und einem rein ausdrucksästhetischen Monologismus. Der erweiterte, der wirkungsästhetische Monolog wendet sich nach außen und kann sich artikulieren als kritische Analyse (wie in *Menschliches, Allzumenschliches*) oder als dithyrambische Verkündigung (wie in den Ansprachen Zarathustras). Der umgrenzte, der ausdrucksästhetische Monolog wendet sich nach innen und wird zum reinen Selbstgespräch (wie in den 'Liedern' Zarathustras und in den Dionysos-Dithyramben). So unterliegt der Nietzschesche Monolog dem Wechsel von Kontraktion und Erweiterung, von Systole und Diastole. Grundsätzlich ist aber festzuhalten, daß Nietzsche im Prinzip den eigentlich 'monologischen' Monolog, das tiefe existentielle Selbstgespräch, meint, wenn er von "monologischer Kunst" spricht. Ein Fragment von 1884 lautet:

Es giebt

1) monologische Kunst (oder im "Zwiegespräch mit Gott")
2) gesellschaftliche Kunst, société vorausgesetzt, eine feinere Art von Mensch.
3) demagogische Kunst z.B. Wagner für das deutsche "Volk", Victor Hugo (11, 235)

Die *monologische* Kunst ist ein "Zwiegespräch mit Gott", weil sie existentielle, metaphysische Fragen aufwirft, weil es in ihr um das Menschsein selbst geht. Sie ist für Nietzsche die *wahre* Kunst. Die *gesellschaftliche* Kunst, die ein entsprechendes Publikum voraussetzt und etwa von den großen französischen *hommes de lettres* praktiziert wird, goutiert er aber gleichfalls, mit Blick auf ihre artistischen Qualitäten. Die *demagogische* Kunst, d.h. die Kunst der suggestiven Verführung, wie er sie vor allem bei Wagner vorzufinden glaubt, wird von ihm verworfen. Mit solchen Klassifikationen versucht Nietzsche, sich seines eigenen ästhetischen Standorts zu vergewissern und seine eigene Position zu rechtfertigen. Sein Anliegen ist die *monologische* Kunst.

Der Monolog ist Ausdruck der Einsamkeit. Die Einsamkeit Nietzsches ist eine absolute Einsamkeit. Immer wieder äußert er sich in seinen Briefen, Schriften, Gedichten und Fragmenten zur Einsamkeit. Bei ihm erfährt das Gefühl der Einsamkeit eine bis dahin nicht gekannte Zuspitzung. Aber die Einsamkeit ist bei ihm nicht nur eine elementare Bedrohung, sondern auch ein kreativer Zustand. Sein Verhältnis zur

"Einsamkeit" ist von doppeldeutiger, zwiespältiger Art. Einerseits ist die Einsamkeit, der "Frost der Einsamkeit" (4, 52 – Za), eine Bedrohung. Die "ungeduldigen und feurigen Geister" sind "vom Moor der Einsamkeit überwachsen" (12, 363 f.). Andererseits ist die Einsamkeit die notwendige Voraussetzung der Lebenssteigerung. Daher kann Nietzsche sie sogar hymnisch preisen. In *Ecce homo* schreibt er:

> Aber ich habe *Einsamkeit* nöthig, will sagen, Genesung, Rückkehr zu mir, den Athem einer freien leichten spielenden Luft... Mein ganzer Zarathustra ist ein Dithyrambus auf die Einsamkeit, oder, wenn man mich verstanden hat, auf die *Reinheit*... (6, 276 – EH)

Nietzsche gibt der Einsamkeit den Vorrang vor der Kommunikation:

> Auch an der Einsamkeit *leiden* ist ein Einwand, – ich habe immer nur an der "Vielsamkeit" gelitten... In einer absurd frühen Zeit, mit sieben Jahren, wusste ich bereits, dass mich nie ein menschliches Wort erreichen würde: hat man mich je darüber betrübt gesehn? (6, 297 – EH).

Um das Höchstmaß an Einsamkeit, die letzte, unüberbietbare Zuspitzung der Einsamkeit auszudrücken, spricht Nietzsche auch von der "Siebenten Einsamkeit" (6, 397 – DD [Die Sonne sinkt]), von "meiner siebenten *letzten* Einsamkeit" (6, 394 – DD [Das Feuerzeichen]). Nietzsche versteht sich als die Personifikation der Einsamkeit: "ich bin die *Einsamkeit* als Mensch... Daß mich nie ein Wort erreicht hat, das *zwang* mich, mich selber zu erreichen..." (13, 641). Die Einsamkeit muß ertragen werden. Bewältigt werden kann sie nur durch kreative Akte. Ein Fragment lautet: "Zarathustra. Dies sind die Lieder Zarathustras, welche er sich selber zusang, daß er seine letzte Einsamkeit ertrüge:" (11, 339). Die Einsamkeit kann bis zur Unerträglichkeit anwachsen. Sie kann aber auch zur 'dionysischen' Einsamkeit werden, in der Zarathustra, der Einsamste der Einsamen, aus einem Übermaß an Lebensenergie, einem Übermaß ihm zuströmender bzw. aus ihm selber aufsteigender Ideen und Visionen, schafft. Diese produktive Einsamkeit wiederum zeigt bei Nietzsche ein eigentümliches Doppelgesicht. Einerseits ist sie die *absolute* Einsamkeit, jene "*azurne* Einsamkeit" (6, 343 – EH), die alle Zweckrelationen von sich abweist und nur sich selber kennt. Andererseits ist Nietzsches Einsamkeit *funktionale* Einsamkeit. Sie dient der Hervorbringung des Übermenschen. Im Denken Nietzsches bilden beide Aspekte eine wesensmäßige Symbiose. Wenn er erklärt: "Mein ganzer Zarathustra ist ein Dithyrambus auf die Einsamkeit" (6, 276 – EH), so deutet dies gleichermaßen auf die Erfahrung der absoluten Bezugslosigkeit als auch auf die Idee des neuen Menschen hin. Wenn er das *Nachtlied* als "Dithyrambus der Sonnen-Vereinsamung" bezeichnet (6, 348 – EH), so gelangt auch darin der Doppelaspekt der Einsamkeit zum Ausdruck: das reine Auf-sich-selbst-Bezogensein und die tief wirkende Ausstrahlungskraft. Nietzsches Einsamkeit ist definiert durch Selbstsein und Entwurf.

Es zieht Nietzsche immer wieder in die Einsamkeit, denn als der Einsame ist er ganz bei sich selber, fern allem Scheinwesen der Welt. Es ist ein existentielles Pathos der Einsamkeit, das aus Zarathustra spricht:

> Oh Einsamkeit! Du meine *Heimat* Einsamkeit! Zu lange lebte ich wild in wilder Fremde, als dass ich nicht mit Thränen du dir heimkehrte! (4, 231 – Za)

Zarathustra liebt seine Einsamkeit. In gefühlsverstärkender Anapher heißt es erneut:

> Oh Einsamkeit! Du meine Heimat Einsamkeit! Wie selig und zärtlich redet deine Stimme zu mir! (4, 232 – Za)

Dieses Kapitel, *Die Heimkehr*, gehört in der Tat zu jenen Kapiteln, in denen Zarathustra nur noch mit sich selber spricht. Aber aufgrund des ihm innewohnenden Wirkungswillens schlägt bei Zarathustra der Monolog immer wieder in die Mitteilung um. Nietzsche ist ein großer Monologist, aber er ist auch ein großer Rhetor. Aus dem Übermaß des Schöpferischen vermag der Monolog des Einsamen umzuschlagen in das rhetorische Pathos der Verkündigung. Eine der Titelkonzeptionen Nietzsches lautet: "*An die höheren Menschen.* Herolds-Rufe eines Einsiedlers." (11, 220; vgl. 11, 338; 10,609). Hier bilden Monolog und Mitteilung eine wesensmäßige Einheit. Auf Grund der in ihm sich explosiv konzentrierenden Denkmotive drängt der Monolog zur Mitteilung, und die Mitteilung kann nur aus der Einsamkeit erwachsen. Nietzsche sieht sich genötigt, um der in der Einsamkeit gemachten bedeutenden Seinserfahrung willen zum Verkünder und Lehrer zu werden. Ein Fragment vom Sommer-Herbst 1884 lautet:

> Wenn ich mich jetzt nach einer langen freiwilligen Vereinsamung wieder den Menschen zuwende, und wenn ich rufe: wo seid ihr meine Freunde? so geschieht dies um großer Dinge willen. (11, 195)

Nietzsches Texte nehmen in wachsendem Maße einen suggestiven, persuadierenden Charakter an. Er habe geschrieben, "um mir Menschen heranzulocken [...] alle meine Schriften waren bisher ausgeworfene

Netze […] (11, 507 – 1885). Aber er weiß auch, daß dieses Unterfangen letztlich zum Scheitern verurteilt ist: "Das ist nun deine Sprache: und es nimmt mich Wunder, solltest du mit solcher Rede jemanden zu dir überreden" (10, 576 – 1883). Der Kommunikationswille schlägt zurück in den Monolog, denn außer Toten und Narren verstehen nur seine eigenen Tiere Zarathustra, und selbst die verstehen ihn nicht ganz. Zarathustra gelangt zur Einsicht, daß es zuletzt nur die "Einsamkeit" selbst ist, die man von ihm 'lernen' kann:

> Alles redet, Niemand hört mich singen: Oh daß ihr Stille von mir lerntet! Und das Leiden der Einsamkeit! (10, 575; vgl. 4, 233 – Za)

Dennoch wird der Monolog Zarathustras immer wieder zum expansiven Monolog. Immer wieder tritt dieser Monologist auf mit der Gebärde des Verkündigers. Besonders im ersten Teil des *Zarathustra*, in den "Reden Zarathustra's", dominiert der lehrhafte, wirkungsästhetische Impetus. Vorherrschend ist ein Thesen-Stil, ein pathetischer und provokativer Thesenstil, der die bisherigen Werte radikal in Frage stellt. Gegenstand der kritischen Destruktion sind die Moral (*Von den Lehrstühlen der Tugend*), die Metaphysik (*Von den Hinterweltlern*), die Leibfeindlichkeit (*Von den Verächtern des Leibes*), die Willensverneinung (*Von den Predigern des Todes*), der Staat (*Vom neuen Götzen*), die Gesellschaft (*Von den Fliegen des Marktes*). Der übergreifende Aspekt der Kritik ist das Wort vom Tode Gottes. Die Destruktion (der bisherigen Werte) ist allerdings verknüpft mit dem Entwurf (neuer Werte). In der Vorrede bilden die Gott-ist-tot-Philosophie und der Entwurf des "Übermenschen" eine komplementäre Einheit – ein Konzept, das den ganzen ersten Teil prägt und im Schlußkapitel, *Von der schenkenden Tugend*, nochmals gongschlagartig zum Ausdruck gebracht wird. Es herrscht ein thetischer Lapidarstil, in dem die ätzende Satire ebenso zur Geltung kommt wie das Pathos der Erhebung. Unverkennbar ist der Drang zur Mitteilung. Dieser auf Mitteilung gestimmte Redestil setzt sich im zweiten Teil fort. Aber hier zeigt sich auch bereits die Neigung zum lyrischen Monolog, zu einem Monolog, in dem zwar die Denkmotive Nietzsches weiterhin gegenwärtig sind, in dem der Schaffende sich aber ganz in sich selber zurückzieht. Solch verinnerlichte Monologe sind das *Nachtlied*, das *Tanzlied*, das *Grablied*, die *Stillste Stunde*. Im dritten Teil wird der Monolog zum beherrschenden Stilprinzip. Die Kapitel *Von der Seligkeit wider Willen, Vor Sonnen-Aufgang, Die Heimkehr, Von der grossen Sehnsucht, Das andere Tanzlied* und *Die sieben*

Siegel sind große Monologe von außerordentlicher Tiefgründigkeit. In ihnen verbindet sich der lyrische Monologismus mit einem gesteigerten Verkündigungspathos. Der die Tiefe des Menschseins auslotende lyrische Monolog wird zur philosophischen Mitteilung der großen Ideen Nietzsches. In den anderen Kapiteln des dritten Teils tritt der lyrische Monolog in den Hintergrund zugunsten der monumentalen Verkündigung, besonders im Kapitel *Von alten und neuen Tafeln.* Der vierte Teil, wegen der überstarken Allegorik gemeinhin als der schwächste Teil angesehen, verfällt in manchen Partien einem hektischen, hypertrophen Verkündigungspathos. Dennoch hat auch er seine Qualitäten. Ein Kapitel wie *Der Zauberer*, das ein so bedeutendes Gedicht wie "Wer wärmt mich, wer liebt mich noch?" enthält und die Zwiespältigkeit der Dichterexistenz exponiert, darf nicht gering veranschlagt werden. Und die Schlußverse des *Nachtwandler-Lieds ("Oh Mensch! Gieb Acht!")* gehören zu den tiefsten Versen, die überhaupt je geschrieben wurden. Im ganzen freilich fällt der vierte Teil aufgrund der schrillen Rhetorik, der grellen Allegorien, der überzeichneten Travestie *(Das Eselsfest)* ab. Die Verkündigungsgebärde droht in hieratischen Posen zu erstarren. Aber aufs ganze gesehen ist der *Zarathustra* eine produktive Synthese aus Monolog und Verkündigung.

Zweiter Teil

Wirkung

Vorbemerkung

Nietzsche, dieses europäische Ereignis, hat eine außerordentlich große Wirkung auf die Moderne, auf das geistige Leben der Jahrhundertwende und des 20. Jahrhunderts, ausgeübt. Nicht nur Philosophie, Kunst und Literatur, sondern auch Psychologie, Kulturkritik und Ideologien werden von Nietzsche entscheidend beeinflußt und geprägt. Nietzsches Wirkung ist kaum übersehbar. Sie zeigt sich, direkt oder indirekt, in allen Lebensbereichen. In der Philosophie hat er nicht nur die sogenannte Lebensphilosophie, sondern auch die Existenzphilosophie, die Fundamentalontologie, den Existentialismus und das nomadische Denken der neueren französischen Avantgarde in wesentlichen Punkten geformt, ja, er war die Initialzündung dieser Strömungen. In Kunst, Dichtung und Literatur ist er eine richtungweisende Gestalt, an der sich die neuen Kunstideen, die in diversen Literaturrevolutionen proklamierte neue Einheit von Kunst und Leben, das Pathos der schöpferischen Existenz, die Verquickung von Dichten und Denken, die Konzeptionen des unbedingten Schaffens, orientieren. Er ist der Wegbereiter der modernen Psychologien des Unbewußten, des Triebhaften, Submentalen. Die moderne Kulturkritik, dort, wo sie zur fundamentalen Epochenkritik wird, steht nicht zuletzt in der Nachfolge des Kulturkritikers Nietzsche, des brillanten Zeitkritikers, dessen Nihilismus-Analyse der Gegenwart in die Haut geätzt zu sein scheint. Im politischen Bereich hat man, unter Berufung auf den Willen zur Macht, Nietzsches Philosophie zur Ideologie der Macht, des Imperialismus, ja des Rassismus gestempelt. So zeitigt Nietzsches Denken und Dichten eine höchst perspektivenreiche Wirkung. Nietzsches Wort 'Gott ist tot' wirft weiterhin seinen schweren Schatten und dürfte auch in der Zukunft für alle Denkenden eine Herausforderung sein. Aber Nietzsche hat auch neue Freiheitsräume eröffnet. Er hat eine neue Freiheit des Denkens und Schaffens verkündet und praktiziert, die die 'moderne' Bewußtseinslage bis in die letzten Winkel infiltriert hat. Diese durchschlagende Wirkung Nietzsches hat ihre Ursache sowohl in einer negativen als auch in einer positiven Konsequenz seines Denkens: Es löst den Menschen aus allen Geborgenheiten, aber es macht ihn zugleich frei für ganz neue Möglichkeiten. Nietzsche stürzt ihn in die tiefste Krise und bietet ihm die höchste Freiheit. Bei Nietzsche steht das Menschsein selbst auf dem Spiel. Die von ihm aufgeworfenen Fragen betreffen die *conditio huma-*

na im Kern. Deshalb sind seine Probleme trotz des historischen Wandels der Nietzsche-Rezeption und -wirkung von 'zeitloser' Bedeutung. Nietzsche kann nicht zum antiquarischen Gegenstand werden, dem nur noch historisches Interesse gelten würde. Es könnte vielmehr sein, daß die von Nietzsche ausgehenden Antriebe sich erst in der Zukunft voll auswirken. Die bereits von Karl Jaspers 1935 getroffene Festellung behält auch für die Gegenwart Gültigkeit:

> Was *Nietzsche* bedeutet, ist ebensowenig klargeworden. Seine Wirkung in Deutschland wird von keinem anderen Philosophen erreicht. Aber es scheint, daß jede Haltung, jede Weltanschauung, jede Gesinnung sich ihn als Gewährsmann holt. Es könnte sein, daß wir alle noch nicht wissen, was dieses Denken im ganzen in sich schließt und bewirkt. (*Jaspers*, Vernunft und Existenz, 30)

Nietzsche ist kein historisches, sondern ein aktuelles Problem. Er ist zwar auch ein Kind seiner Zeit, des 19. Jahrhunderts, jener Epoche, die geprägt ist von Glaubenskrisen, Evolutionstheorie, Kunstpathos, vom Kult der großen Männer, von monumentalen Gebärden in Gesellschaft und Kultur. Diese zeittypischen Signaturen prägen auch Nietzsche, und vieles an seinen kulturkritischen, kunstprogrammatischen und anthropologischen Ideen muß aus dem Geist der Zeit verstanden werden. Es ist die Epoche Schopenhauers und Wagners, Heines und Feuerbachs, Burckhardts und Darwins. In diesem geistigen Umfeld operiert auch Nietzsche. Aber er erschöpft sich, ebensowenig wie Wagner, in einer epochentypischen Bedeutung, sondern weist weit über die eigene Zeit hinaus – was durch seine Wirkung und Rezeption in der Gegenwart eindrucksvoll bestätigt wird.

Freilich, das Nietzsche-Bild unterliegt historischen Wandlungen. In der Philosophie wurde aus dem Philosophen des 'Lebens' der Denker der existentiellen Grenzsituationen, der letzte Metaphysiker, der das Sein des Seienden neu bestimmte, und der nomadische Experimentator, der einem freien, offenen Denken zum Durchbruch verhalf. Im Gesellschaftlichen wandelte er sich vom Philosophen des 'Imperialismus' zum Denker der kritischen Aufklärung, vom kulturkonservativen Rechtfertiger der Macht zum epochenkritischen Analytiker des bestehenden Kultur- und Gesellschaftssystems. In Literatur und Dichtung wurde aus dem kultisch verehrten Hymniker mehr und mehr der kritische Essayist und programmatische Ästhetiker. In Folgendem geht es darum, die dichterische, literarische und kritische Wirkung Nietzsches vom Naturalismus über die Literatur der Jahrhundertwende und den Expressionismus bis hin zu Gottfried Benn zu verfolgen. Dabei zeigt sich, daß Nietzsche auch im binnenliterarischen Bereich auf mannigfaltige Weise wirkt. Der Dichter des *Zarathustra* setzt, vor allem zur Zeit der Jahrhundertwende, aber auch noch im Expressionismus, in der Lyrik ein hymnisches Pathos in Gang, das in vielfach monumentalen Gebärden dem unendlichen Leben, dem Mythos einer neuen Ursprünglichkeit, einer Erneuerung des Menschen huldigt. Der Prosaist Nietzsche, der Autor der revolutionären kritischen Schriften, wird zu einer Herausforderung für literarische Essayisten von der Jahrhundertwende bis zur Gegenwart. Der Artist Nietzsche, der Verfasser glanzvoller Kunstprosa und ingeniöser Aphorismen, wird zu einem stilistischen Maßstab moderner Prosa. Der Ästhetiker Nietzsche, der die Kunst in den höchsten Rang erhebt, wird zum geistigen Gewährsmann einer programmatischen Revitalisierung der Kunst, von George bis Benn.

I. Grundproblematik

Sucht man nach einem gemeinsamen Nenner der Nietzsche-Rezeption und -wirkung in der neueren Literatur, so bietet sich die Trias *Leben, Schaffen* und *Kunst* an. Nietzsches Ideen des schöpferischen Lebens, des schaffenden Künstlers und der metaphysischen Kunst üben von der Literatur der Jahrhundertwende über den Expressionismus bis hin zu Gottfried Benn eine eminente Wirkung aus. Nietzsches Lebensbegriff, sein lebensimmanentes Daseinsverständnis, das das Leben zu einem Wert an sich, zum höchsten Wert erhob, vermittelte ein neues Freiheitsbewußtsein, neue kreative Energien, ein neues Lebensgefühl. Nietzsches Künstlerbegriff, die Apotheose des Künstlers als der höchsten Form des Schaffenden, bedeutete speziell für den binnenkünstlerischen, den binnenliterarischen Bereich eine ungemeine Aufwertung der kreativen Existenz, rechtfertigte die Sonderstellung des Künstlers und verlieh ihm ein gesteigertes Selbstwertgefühl. Nietzsches Ideenwelt, vor allem seine Neubestimmung des Verhältnisses von Kunst und Leben, übt auf die Künstler, Dichter und Literaten eine geradezu suggestive Wirkung aus. Vor allem in der Kunst und Literatur der Jahrhundertwende, aber auch noch in expressionistischer Zeit und nicht zuletzt bei den vielleicht bedeutendsten Nietzsche-Rezipienten, Thomas Mann und Gottfried Benn, herrscht eine ausgesprochene Nietzsche-Verehrung. Um die Jahrhundertwende steigert sich diese Verehrung zum Nietzsche-Kult. Man stilisiert Nietzsche zum Übermenschen, zum Menschheitsgenius, zu einer quasi religiösen Erlöserfigur, zu einer Art Menschheitsheiland. Dieses hypertrophe Pathos läßt in der Folgezeit nach. Aber auch der expressionistische Enthusiasmus des Aufbruchs ist ohne Nietzsches Freilegung neuer, unendlicher Daseinshorizonte kaum denkbar. Und was die bei aller Nietzsche-Verehrung vergleichsweise distanziertere Haltung Thomas Manns und Gottfried Benns betrifft, so sind ihre ästhetischen Anschauungen in wesentlichen Punkten von Nietzsche geprägt.

Der Einfluß Nietzsches auf Kunst und Literatur seit der Jahrhundertwende ist unübersehbar. Nietzsche wird zum Musaget der deutschen Literatur. Ob es sich um die Hymniker der Jahrhundertwende, um George und seinen Kreis, um Rilke und Hofmannsthal, um Thomas und Heinrich Mann, um Benn oder Musil handelt – Nietzsche ist entweder ihr geistiger Präzeptor oder doch ein wichtiger Anreger ihres Denkens und Schaffens. Obschon er nicht für alle seine Rezipienten die zentrale Gestalt ist und er bei vielen Autoren häufig eine eher periphere Stellung einnimmt, da andere historische Einflüsse bei ihnen dominieren, so ist doch auch in diesen Fällen der Nietzsche-Einfluß wirksam. Man muß grundsätzlich unterscheiden zwischen dem offenen Einfluß (der sich in Thesen, Motiven und Sprache niederschlägt) und dem verdeckten Einfluß (der in dem ganzen geistigen Klima eines Autors seinen Widerhall findet). Es gibt die direkte und die indirekte Wirkung. Nietzsche wirkt nicht nur plakativ, sondern auch unterirdisch. Von Nietzsche gehen elementare Erschütterungen aus, die an bestimmten neuralgischen Punkten explosiv wirken, sich wellenförmig fortsetzen und dann in Ausläufern abklingen. Insofern ist er in der Tat das "Erdbeben der Epoche" (Benn). Seine Wirkung ist höchst facettenreich. So gibt es neben der direkten Übernahme bestimmter Motive und Thesen Nietzsches zur Begründung der eigenen Kunstdoktrin (Benn) die indirektere Nietzsche-Rezeption, in der Nietzsche als Gewährsmann einer Lebensform, einer ästhetischen Lebenshaltung, als Rechtfertigung der eigenen Künstlerexistenz erscheint (Thomas Mann), oder er wird zum Sujet einer ironischen Ambivalenz, die auf griffige Thesen verzichtet und Nietzsche als Stimulans der eigenen kritischen Mobilität des Denkens rezipiert (Musil). Aber diese Formen der thetischen, ästhetischen und ironischen Nietzsche-Rezeption sind nur Grundformen der Auseinandersetzung mit Nietzsche. Daneben gibt es eine Fülle von Reaktionsformen, die, Nietzsche entweder zentral oder marginal rezipierend, von pathetischer Verherrlichung über sachliche Distanz bis zur satirischen und parodistischen Kritik reichen. Nicht nur die *poetae maiores*, geistige Repräsentanten der Epoche wie Rilke, George, Benn und Thomas Mann, sondern auch eine Vielzahl von *poetae minores*, Autoren wie Hermann Conradi, M.G. Conrad oder Rudolf Pannwitz, sind Nietzsche-Adepten. Nietzsche zeitigt eine außerordentliche Breitenwirkung. Die intensive Beschäftigung mit Nietzsche bei jenen Dichtern und Schriftstellern, die sich ganz oder doch in wesentlichen Punkten auf Nietzsche kaprizieren, verbindet sich mit einer extensiven, die ganze Epoche durchdringenden Wirkung. Kaum ein moderner Autor kommt an Nietzsche vorbei.

Nietzsche muß allerdings nicht unbedingt zu einer Schlüsselfigur im Denken und Schaffen der Autoren werden, sondern er kann in ihrem Œuvre auch als Randfigur in Erscheinung treten. Aber in diesen Fällen kann seine Wirkung untergründig viel stärker sein, als es dem jeweiligen Autor selbst bewußt ist. Auch bei bedeutenden Geistern ist Nietzsche nicht in jedem Fall eine Zentralgestalt ihres Denkens. Aber auch dann, wenn er kein Leitmotiv ihrer Schriften ist, können sie von ihm stark geprägt sein. So taucht Nietzsche im Werk Ernst Blochs vergleichsweise selten auf. Aber Blochs utopisches Denken hat von Nietzsche wesentliche Impulse erhalten. In seinen okkasionellen Hinweisen zu Nietzsche stecken grundsätzliche Probleme, Fragen, die den Geist der Utopie in entscheidenden Punkten prägen. Es gibt auch Fälle, in denen Nietzsche zwar nicht ein beherrschendes Denkmotiv ist, aber doch im Gesamtwerk immer wieder, an entscheidenden Stellen, genannt wird. Das Beispiel einer lebenslänglichen Nietzsche-Rezeption, in der Nietzsche nicht zum Zentralmotiv wird, die aber immer wieder punktuell auf Nietzsche eingeht, in kultivierter Distanz, bietet Rudolf Kassner. Häufig ist Nietzsche ein Schlüsselmotiv unter anderen Hauptmotiven. Dies ist der Fall in der hieratischen Nietzsche-Rezeption Stefan Georges. Bei George ist Nietzsche ein wichtiger geistiger, ästhetischer Anstoß, aber er ist nur *ein* Motiv in einem komplexen Motivgeflecht, das sich von Platon bis zu Mallarmé erstreckt. Nun sind auch Benn und Thomas Mann, die wichtigsten Nietzsche-Rezipienten der neueren deutschen Literatur, nicht allein von Nietzsche beeinflußt worden. Sie lassen sich nicht monokausal, allein von Nietzsche her, in ihrem geistigen Habitus erklären. Aber Nietzsche steht im Zentrum ihrer Lebens- und Kunstauffassung, während er bei George häufig an den Rand gerückt wird – wenngleich George, wie Benn, Nietzsche-Gedichte verfaßt hat, die seine enge geistige Beziehung zu Nietzsche deutlich genug bekunden. Es gibt auch die sporadische Nietzsche-Rezeption. Dies ist der Fall bei Hofmannsthal, der Nietzsche nur punktuell rezipiert und ihn nur gelegentlich erwähnt. Es fehlt das kontinuierliche Interesse an Nietzsche. Dennoch ist der Einfluß Nietzsches auf den frühen Hofmannsthal nicht zu übersehen – ein Einfluß, der sich nicht nur in einer Reihe markanter Äußrungen zu Nietzsche, sondern auch in zentralen Motiven seines Frühwerks zeigt. Obschon Hofmannsthal nie ein Nietzscheaner war und schon allein aufgrund seines Spätbewußtseins, des Gefühls, einer zu Ende gehenden Epoche, der *décadence*, anzugehören, eine feingeistige Distanz zu Nietzsche wahrt, kann er sich doch dem Einfluß Nietzsches nicht entziehen. Nicht nur der apollinische Nietzsche, der Nietzsche der *clarté*, der artistischen Luzidität, sondern auch der dionysische Nietzsche, der Nietzsche des schöpferischen, abgründigen Lebens, hinterläßt, vor allem in seinem Frühwerk, unverwischbare Spuren. Bei manchen Autoren registriert man eine zwar intensive, aber vorübergehende Nietzsche-Rezeption. So steht Rilke um die Jahrhundertwende, vor allem im *Florenzer Tagebuch*, hinsichtlich der Ästhetik des Schaffens bzw. des Schaffenden im Banne Nietzsches. Aber dann läßt der Nietzsche-Einfluß nach, ja, die Beziehung zu Nietzsche scheint abrupt abzubrechen, und in der Folgezeit erwähnt Rilke Nietzsche kaum noch. Dies schließt freilich eine unterschwellige Wirkung Nietzsches auch im späteren Werk Rilkes nicht aus. Die unbedingte Daseinsbejahung der *Duineser Elegien* ist ohne Nietzsche kaum denkbar – unbeschadet gravierender Unterschiede zwischen dem Rilkeschen 'Engel' und dem Nietzscheschen 'Übermenschen'. Weiterhin ist zu berücksichtigen, daß die Nietzsche-Rezeption einzelner Schriftsteller spezifischen Wandlungen unterliegen kann. So ist Heinrich Mann um die Jahrhundertwende fasziniert vom dionysischen Lebensbegriff Nietzsches, während er Nietzsche später im Lichte der kritischen Aufklärung sieht. Alfred Döblin äußert sich um die Jahrhundertwende positiv zum Lebensbegriff Nietzsches, ausgehend von einer biologistischen Perspektive. Später meldet er angesichts des ideologischen und politischen Mißbrauchs Nietzsches moralische Bedenken gegenüber Nietzsche an. Eine veränderte Zeitsituation kann die Weltsicht des Rezipienten und damit auch sein Nietzsche-Bild verändern. Es gibt aber auch die konstante Nietzsche-Affirmation. Thomas Mann und Gottfried Benn halten über Jahrzehnte hin an Nietzsche als einem geistigen, ästhetischen Leitbild fest, unbeschadet spezifischer Einwände angesichts der veränderten Zeitsituation. Vor allem Benn war ein lebenslänglicher Nietzscheaner.

Von Bedeutung ist im Hinblick auf die Nietzsche-Rezeption auch das Gattungsproblem. Es ist für die Nietzsche-Adaption nicht unwichtig, ob sich ein Lyriker, ein Prosaist oder ein Dramatiker mit Nietzsche auseinandersetzt. Hier scheint ein spezifischer Gattungszwang zu walten, in dem Sinne, daß im allgemeinen vor allem Lyriker in stärkerem Maße zur emotionalen Identifikation mit ihrem Sujet neigen als Prosaschriftsteller, die in der Regel größeren Abstand zu ihrem Objekt halten. Die Prosaisten Thomas Mann, Robert Musil oder Alfred Döblin wahren, bei allem Nietzsche-Engagement oder Nietzsche-Interesse, doch die gewisse epische Distanz, während die Lyriker Benn und Rilke zur lyrischen Amalgamation Nietzschescher Themen und Motive tendieren und sie wiederholt den eigenen Texten integrieren. Man kann dies allerdings nicht zur Regel deklarieren, denn erstens mischen sich in der Moderne die Gattungen in vielfältiger Weise und zweitens zeigen sich bei den einzelnen Rezipienten je nach ihrer weltanschaulichen, mentalen und emotionalen Disposition häufig ganz unterschiedliche Reaktionen auf Nietzsche, in einer weiten Amplitude zwischen Identifikation und Distanz, ungeachtet der jeweiligen dichterischen Gattung. So zeigen die Nietzsche-Dramen des Expressionisten R.J. Sorge in rascher Abfolge ambivalente Distanz, emotionale Identifikation und schonungsloses Verdikt. Dabei ist allerdings zu berücksichtigen, daß es sich in den letzteren Fällen um lyrische Oratorien ohne dramatischen Vorgang handelt. Nietzsche-Motive und Zarathustra-Sprache können allerdings auch in echte Dramen Eingang finden, wie dies in Georg Kaisers *Bürgern von Calais* der Fall ist. Aber im expressionistischen Verkündigungsdrama herrscht der rhetorische Lyrismus, das deklamatorische Pathos, ein Pathos, das häufig genug die Sprache des *Zarathustra*, freilich auch die Sprache der Bibel imitiert. Es ist aber nicht nur der oratorisch-lyrische Nietzsche, der Nietzsche des *Zarathustra* und der *Dionysos-Dithyramben*, sondern auch der artistisch-prosaische Nietzsche, der Nietzsche der kritischen Schriften, der Aphorismen und Fragmente, der auf die moderne Literatur wirkt. Nicht nur der Dichter und Pathetiker, sondern auch der Aphoristiker und Polemiker Nietzsche fesselt und beeinflußt die Autoren der Moderne. Hier sei z.B. Kurt Hillers Streitschrift *Die Weisheit der Langenweile* erwähnt, deren Kulturkritik in Thematik und Sprache den Einfluß Nietzsches nicht verleugnet – ohne freilich dessen Niveau zu erreichen. Der moderne Essay und der moderne Aphorismus sind Nietzsche in hohem Maße verpflichtet. Das betrifft z.B. Th.W. Adorno ebenso wie Walter Benjamin, dessen Aphorismensammlung *Zentralpark* deutlich den Einfluß Nietzsches verrät. Nietzsches Wirkung auf den modernen Prosastil kann kaum überschätzt werden. Ob es sich um die artistische Prosa Benns, die ironische Prosa Thomas Manns oder die aphoristische Prosa Musils handelt – Nietzsche hat Pate gestanden (offen oder verdeckt). Wenn es auch zu einseitig wäre, den Prosastil der Moderne monokausal von Nietzsche abzuleiten, so ist er doch ein entscheidender Impuls. Artistik, Ironie und Satire, Pathos und Provokation, Parodie und Polemik, diese für die moderne Prosa so konstitutiven Ausdrucksformen, sind durch die Schule des Nietzscheschen Prosastils hindurchgegangen, zumindest in wesentlichen Punkten von ihm geprägt bzw. mitgeprägt worden.

Bei alledem ist ein Doppeltes zu beachten: erstens die extreme Schwankung in der Beurteilung Nietzsches von unbedingter Affirmation über kritische und ambivalente Distanz bis zu kompromißloser Negation und zweitens die historische Entwicklung der Rezeptionsphasen vom Naturalismus über die Jahrhundertwende und den Expressionismus bis zu repräsentativen Autoren der modernen Literatur und diversen, bis in die Gegenwart reichenden Ausläufern. Nietzsche wird in Dichtungen, Essays und Traktaten nicht nur zum Kultobjekt, sondern er kann auch zum Gegenstand der Kritik, der Parodie, Satire und Ironie, werden. Zudem kann man sich ambivalent zu ihm verhalten, im Sinne des Einerseits-andererseits, indem man auf bestimmte Aspekte positiv, auf andere negativ reagiert oder das Ganze ins Doppeldeutige rückt. Es gibt die Nietzsche-Verherrlichung, und es gibt die Nietzsche-Verurteilung, und es gibt zwischen diesen Extremen vielfältige Ambivalenzen und Zwischentöne. Nur eines gibt es nicht: Indifferenz. Nietzsche ist für die Dichter, Schriftsteller und Literaten eine Herausforderung. Man setzt sich in Gedichten, Romanen und Essays mit ihm auseinander. Dabei gibt es neben der offenen, direkten Aussage die verdeckte, indirekte Mitteilung. So äußert sich beispielsweise Thomas Mann in seinem Vortrag *Nietzsche's Philosophie im Lichte unserer Erfahrung* unmittelbar zu Nietzsche, bestimmte Thesen und Wertungen in die Charakterisierung Nietzsches einfügend, während er in seinem Roman *Doktor Faustus* vermittelte Aussagen über Nietzsche macht, indem er in Adrian Leverkühn eine Gestalt schafft, die die Züge Nietzsches trägt. Der interpretativen Rezeption Nietzsches im Essay steht die produktive

Wirkung Nietzsches im Roman gegenüber. Aber auch innerhalb eines Genres kann sich Unterschiedliches ereignen. Während beispielsweise die Nietzsche-Gedichte der Hymniker der Jahrhundertwende sich in der Regel in rhetorischen Attitüden erschöpfen, sind die Nietzsche-Gedichte Georges und vor allem Benns kreative Formen. Die Epigonen imitieren Nietzsche, die Motive und die Sprache Nietzsches; die kreativen Geister schaffen neue Perspektiven, in originärer Sprache. Die einen sprechen nur über ihr Sujet; die anderen gestalten ein Sujet. Die Rezeption und Wirkung Nietzsches muß auch im Lichte der literarischen Wertung gesehen werden. Der Kunstfaktor ist im Blick zu halten. Es ist ein Unterschied, ob Nietzsche Sujet eines Kunstgebildes ist oder ob er in kunstlosen Sprachgebärden 'verarbeitet' wird. Dabei gibt es allerdings auch jene Zwischen- und Übergangsformen, in denen sich künstlerische Ansätze und kunstloses Sprachgehabe mischen. Entscheidend ist freilich, daß die sprachlich schwachen Nietzsche-Adorationen nur noch historisches Interesse beanspruchen können, während die geistig und sprachlich hochwertigen Gebilde die jeweilige Rezeptionsphase überdauern und von aktueller Bedeutung sein können.

Die Nietzsche-Rezeption unterliegt nicht nur individuellen Abwandlungen durch einzelne Autoren, sondern ist auch geprägt vom jeweiligen Zeitgeist, von dem in der jeweiligen Epoche herrschenden geistigen Trend. Von der Jahrhundertwende bis zur Gegenwart vollzieht sich ein Wandel des Nietzsche-Bildes. Der allgemeine gesellschaftliche, kulturelle und literarische Strukturwandel seit der Jahrhundertwende hat in der Regel auch das Nietzsche-Bild verändert. Schon 1909 registriert Thomas Mann einen Wandel des Nietzsche-Bildes in dem kurzen Zeitraum von anderthalb Jahrzehnten. Während die Generation von 1870 von dem "Erlebnis" Nietzsche, von der psychologischen und lyrischen Intensität Nietzsches geprägt sei, sei er für die 15 Jahre später Geborenen der "Prophet" neuer Daseinsinhalte, der Verkünder des kraftvollen, schönen Lebens (vgl. *Thomas Mann*, Geist und Kunst, 208). In der Tat wird Nietzsche immer mehr zum Propheten der neuen Generation. Bis in die zwanziger Jahre huldigt man, vor allem im Umfeld des George-Kreises, dem 'Propheten' Nietzsche. Daneben aber berufen sich, schon seit der Jahrhundertwende, aufklärerisch-progressive Literaten auf den kritischen Nietzsche, den Nietzsche der kritischen Abhandlungen und Aphorismen. Im Expressionismus ist Nietzsche, bei nachlassendem Einfluß, Künstler, Prophet und Epochenkritiker. In der Folgezeit versachlicht sich auch im literarischen Bereich das Verhältnis zu Nietzsche, ungeachtet eines immer wieder aufflammenden Nietzsche-Enthusiasmus. Seit den dreißiger Jahren ist Nietzsche, zumindest für die Schriftsteller von Rang, nicht mehr Gegenstand einer unkritischen Verherrlichung, sondern er wird, nicht zuletzt unter dem Eindruck der Zeitereignisse, zu einem umstrittenen Sujet, das, je nach dem Blickwinkel der sich mit ihm auseinandersetzenden Schriftsteller, als Positivum oder als Verhängnis aufgefaßt wird. Neben der Nietzsche-Kritik gibt es weiterhin das Nietzsche-Pathos. Es ist vor allem Gottfried Benn, der seit den dreißiger Jahren Nietzsche in Gedicht und Essay unbedingte Reverenz erweist und neben dem einsamen Nietzsche den artistischen Nietzsche entdeckt bzw. dezidiert herausstellt. Der *ästhetische* Nietzsche, der *prophetische* Nietzsche, der *kritische* Nietzsche, der *artistische* Nietzsche – diese von Thomas Mann bis Benn sich erstreckende Linie ist die Grundlinie der literarischen Nietzsche-Rezeption. Nach 1945 läßt der literarische Einfluß Nietzsches spürbar nach, ja, er scheint über Jahre hin fast getilgt zu sein – eine durch das Zeitgeschehen bedingte Entwicklung. In der Tabula-rasa-Situation der Nachkriegsjahre, nach der Erfahrung von Krieg und Barbarei, war Nietzsches Erneuerungspathos fragwürdig geworden. Nach der Herrschaft der Untermenschen war der Übermensch suspekt geworden. Für die im Zeichen eines neuen Realismus angetretenen Nachkriegsschriftsteller war Nietzsche eigentlich kein Thema mehr. In der Folgezeit taucht Nietzsche zwar wieder in literarischen Texten auf, aber nicht als zentrales, sondern als marginales Motiv. Dies ist über Jahrzehnte hin so geblieben. Auch in der deutschen Gegenwartsliteratur ist Nietzsche an den Rand gedrängt. Andererseits darf man nicht vergessen, daß die wohl stärksten literarischen Potenzen auch noch der Nachkriegszeit, nämlich Thomas Mann und Gottfried Benn, Nietzsche weiterhin literarisch huldigen und ihre bedeutenden Nietzsche-Vorträge 1947 bzw. 1950 halten. Aber sie sind Repräsentanten der klassischen Moderne, nicht des neuen Realismus. Wenn somit die neuere deutsche Literatur fast den Eindruck erweckt, als habe sie Nietzsche tabuisiert, so ist er dennoch, untergründig, in ihr gegenwärtig, denn ohne Nietzsche, ohne sein weltimmanentes Daseinsverständnis, seine Nihilismus-Analyse, seinen ästhetischen Perspektivismus, seine Idee des freien Schaffens, hätte sich die moderne, auch die aktuelle Literatur in ihrer intellektuellen Mobilität und ihren ästhetischen Lizenzen kaum so vehement und frei entwickeln können. Wenn er in den literarischen Texten auch nur noch selten genannt wird, so ist er doch als gewissermaßen unsichtbarer Gast in ihnen gegenwärtig. Wenn dennoch der *literarische* Nietzsche heute im Abseits zu stehen scheint, so erfährt der *philosophische* Nietzsche gerade in der Gegenwart eine erstaunliche *renovatio*. Dies ist ein Indikator für ein erneut wachsendes Interesse an Nietzsche. Es ist zu erwarten, daß von der philosophischen Nietzsche-Renaissance neue, produktive Impulse auf die Literatur ausstrahlen werden, so daß eine Revitalisierung auch des literarischen Nietzsche erfolgen wird.

II. Realismus und Naturalismus

Zur Zeit der Jahrhundertwende hat Nietzsche Hochkonjunktur. Im voraufgegangenen Realismus und Naturalismus der siebziger und achtziger Jahre ist demgegenüber seine Wirkung eher begrenzt. Einer der ersten wichtigen Nietzsche-Rezipienten ist Michael Georg Conrad, aufklärerischer Humanist und Wegbereiter des Realismus, für den das Dreigestirn Zola, Wagner und Nietzsche das große künstlerische Vorbild war, der etwa 1872 in Neapel die *Geburt der Tragödie* entdeckte, zum Nietzsche-Anhänger wurde und übrigens Nietzsche 1877 auf einem Ausflug nach Sorrent begegnete. In den Porträtstudien *Gelüftete Masken* (1890) bringt er Nietzsche seine Huldigung dar. Er lobt Nietzsches *Fall Wagner* als "höchst geistreich, höchst paradox, höchst virtuos" (260). Er verteidigt Nietzsche gegen die Kritiker, die ihn logisch widerlegen wollen:

> Ganz umsonst. Und thöricht obendrein. Laßt Nietzsche Nietzsche sein! / Eine Empfindung widerlegt man nicht. Einen Gefühlsumschlag, eine Gedankenwende führt man nicht mit Prinzipien und Regeln auf andere Wege. [...] Er ist nur für sich, Nietzsche für Nietzsche. [...] Das aber ist für uns die Hauptsache: *daß er schreibt*. [...] Als *Schriftsteller* ist er ein kostbares Nationalgut. (274f.)

Der Aufklärer Conrad rückt den Kulturkritiker und Freigeist Nietzsche in den Vordergrund:

> Nietzsche ist der Schriftsteller der freiesten Geister, der grellsten Rücksichtslosen. Also fast kein Autor für heutige Deutsche im Reiche der Mitte und der gebenedeiten Mittelmäßigkeiten und Mittelstraßen. (260)

Nietzsche ist der "freieste aller freien Geister" (282). Conrad zitiert seinen Aufruf in der *Gesellschaft* von 1889, in dem er sich vehement für Nietzsche einsetzt, für die

Feststellung des Charakterbildes unseres unglücklichen genialen Friedrich Nietzsche, nach *unserer* persönlichen Auffassung des *geistig und künstlerisch höchststehenden deutschen Schriftstellers und Denkers in der zweiten Hälfte dieses Jahrhunderts* [...] (277 [= Die Gesellschaft, 918])

Schließlich folgt der anekdotische Bericht über die Begegnung mit Nietzsche in der "Villa Rubinacci" in "Sorrento", eine Begegnung, bei der es allerdings zu keinem Gespräch kam. Conrad, der einen "breitschultrigen Herrn" mit einem "erstaunlich üppigen, pechschwarzen Schnurrbart, nach Tartarenart abwärts gedreht, und ein paar wundersam großen Augen" beobachtet, erfährt erst bei der Abfahrt, daß es sich um Nietzsche handelt (vgl. 291-296). Daß Conrad sich sowohl für Nietzsche als auch für Zola begeistert – eine für Nietzsche indiskutable Synthese – ist nicht verwunderlich, denn der Aufklärer Conrad stützt sich auf den Kulturkritiker Nietzsche, und von daher kann er die Brücke zum Gesellschaftskritiker Zola schlagen. Freilich, ihn interessiert Nietzsche auch als Künstler, als dionysischer Künstler, wie ihn auch Wagner fesselt. Die Trias Zola–Nietzsche–Wagner wurde als irritierende Kombination empfunden. Conrad begegnet später der Frage, "wie ich als begeisterter Wagner- und Nietzsche-Verehrer zugleich mit dieser Schneid und Liebe für Emile Zola ins Zeug gehen konnte", mit der Feststellung, es sei klar gewesen, "wie Wagner, Nietzsche und Zola" "in ihrem Grundwesen als tragische Künstler eine so ungeheure Wucht revolutionärer Substanz trugen". "Solche Potenzen, mögen sie romantisch oder naturalistisch, dionysisch oder apollinisch ausgeprägt sein", bedeuten schöpferische Unruhe. Der sie verbindende Nenner ist der Wille zur Macht: "Die *Aesthetik der Macht* hat in allen dreien sich ihre imposantesten Triumphe zugerichtet." (*Conrad*, Von Zola bis Hauptmann [1902], 40f.). Conrad ist ein beständiger Nietzsche-Anhänger. Im Aufsatz *Jugend!* (1895) erklärt er zu Nietzsche: "Mit ihm stehen wir auf der Linie des aufsteigenden Lebens" (1). Daß Conrad seine kämpferische Schrift *Flammen!* (1882) mit dem Untertitel *Für freie Geister* versieht, signalisiert deutlich genug den Bezug zu Nietzsches Wendung *Ein Buch für freie Geister*, dem Untertitel zu *Menschliches, Allzumenschliches* (1878). Wenn Conrad, zur Zeit seines aufklärerischen, antiklerikalen Engagements, in Nietzsche den kritischen Aufklärer sieht, so erblickt er zugleich in ihm den großen Pathetiker des Lebens, wobei später auch deutschtümelnde Züge in sein Nietzsche-Bild einfließen (dazu generell *Stumpf*, M.G. Conrad, 75-88). Spätestens mit der

Jahrhundertwende wird Conrad vollends in den sich bahnbrechenden Nietzsche-Enthusiasmus einstimmen.

Nietzsche ist auch dort gegenwärtig, wo er nicht unmittelbar erwähnt wird. So geht John Henry Mackay, dem individualistischen Anarchismus Max Stirners verpflichtet, in seinem sozialkritischen Weltanschauungsroman *Die Anarchisten* (1891) zwar nicht auf Nietzsche ein, aber eine Äußerung wie, es sei "siegreich am Ende unseres Jahrhunderts allein die Lehre von der Souveränität des Individuums" (13), verrät (indirekt) auch den Einfluß Nietzsches. Im übrigen bestehen starke Affinitäten zwischen Stirner und Nietzsche. Schon Stirner verneint in *Der Einzige und sein Eigentum* (1845) "Gott", die "Menschheit", "die Freiheit, die Humanität, die Gerechtigkeit" und reduziert alles auf das "Ich" (3-5). Schon Stirner deklariert, "daß der Mensch den Gott getötet hat" (170). Es heißt auch bereits: "An dem Eingange der neuen Zeit steht der 'Gottmensch'." (170). Aber Stirner entwirft noch nicht die Idee eines neuen Menschen, eines "Übermenschen", sondern konzentriert sich auf den realen Menschen, auf die "Eigenheit" des Subjekts (171ff.).

Im Naturalismus hält sich die Wirkung Nietzsches in Grenzen. Nietzsches Lebensphilosophie, Kulturkritik und Psychologie hinterlassen zwar bei den Jüngstdeutschen ihre Spuren. Nicht nur in den Essays, sondern auch in den Dichtungen der Naturalisten ist Nietzsche gegenwärtig – ohne daß er in den literarischen Werken unbedingt genannt werden müßte. Ohne Nietzsches Hinwendung zum Leben und ohne seine Kritik der zeitgenössischen Kultur sind auch die Hinwendung zur Wirklichkeit und die Gesellschaftskritik der Naturalisten kaum denkbar. Auch die Naturalisten können sich dem Nietzsche-Klima nicht entziehen. Sie unterscheiden sich allerdings in zentralen Punkten von Nietzsche. Nicht der aristokratische Übermensch, sondern der reale Mensch, nicht eine neue Kultur, sondern die soziale Realität ist ihr Anliegen, wie sie sich auch nicht als individualistische Künstler, sondern als realistische Experimentatoren verstehen. Ihr Thema ist nicht das elitäre Individuum, der große Schaffende, sondern das soziale Milieu, die alltägliche Wirklichkeit (dazu generell auch *Pütz*, Nietzsche, 63-67). Man müßte freilich unterscheiden zwischen 'Realismus' und 'Naturalismus'. Für die kulturreformerischen 'Realisten', etwa für Conradi oder Conrad, ist Nietzsche ein geistiger Mentor, während er bei den sozialkritischen 'Naturalisten', etwa bei Hauptmann und Holz, eher in den Hintergrund gedrängt ist. In seiner Autobiographie *Das Abenteu-*

er meiner Jugend (1937) erinnert sich Gerhart Hauptmann, daß in seinen frühen Jahren Nietzsches Anti-Wagner-"Gewinsel" "uns Junge damals nur abstoßen konnte" und daß Nietzsche nicht das Vorbild der neuen Literaturgeneration war: "Friedrich Nietzsche war nicht unser Mann." (1075). Vor allem widerstrebt Nietzsches monologische Ideenwelt dem realistischen Sinn und sozialethischen Engagement der jungen Generation:

> Es fehlte uns auch damals die Zeit, subtile und komplizierte Gespinste des Gehirns, die wesentlich Selbstzweck schienen, zu verfolgen. Nein, wir hatten Besseres zu tun. Wir wollten blühen, wir wollten Frucht bringen. Um dies zu bewirken, mußten wir zugleich Bauer und Gärtner sein. Beide haben es mit dem Boden zu tun. (1075)

Entschieden lehnt Hauptmann Nietzsches Kritik des Mitleids ab:

> Friedrich Nietzsche rückt entschieden vom Mitleid ab, während Schopenhauer Mitleid für Liebe, Liebe für Mitleid hält. Diese Art Mitleid wird mir später 'Die Weber' diktiert haben. Aber ebensosehr der Zwangsgedanke sozialer Gerechtigkeit. (1079)

Georg Brandes wendet sich in einem Brief vom 4.9.1989 an Hauptmann gegen dessen "Lob des 'konsequentesten Realisten'", d.h. der naturalistischen Milieustudie *Papa Hamlet* (1889) von Arno Holz und Johannes Schlaf, wie er auch die in Hauptmanns naturalistischem Erstlingsdrama, *Vor Sonnenaufgang* (1889), von Loth verkündete "Menschenbeglückung" kritisiert. Er betont, der Schriftsteller müsse "ein wahrer Künstler, eine große Seele" sein, "sonst hilft Realismus und Konsequenz und Doktrin gar nichts". "Lesen Sie von Nietzsche die Bücher 'Jenseits von Gut und Böse' und 'Zur Genealogie der Moral'." (*Hauptmann*, Notiz-Kalender, 168). Brandes macht sich gegenüber dem aufkommenden Milieu-Realismus zum Anwalt Nietzsches. Hauptmann scheint sich die Mahnung zu Herzen genommen zu haben, denn am 6.11.1889 notiert er: "Nietzsche gelesen [...] wertvoll." (ebd., 188). In Hauptmanns *Friedensfest* (1890) erklärt Robert, er möchte "von Gott erlöst sein", worauf seine Mutter meint, nur ein "Halunke" sage so etwas (152 [3. Akt]). Dem liegt ein authentisches Gespräch zwischen der Mutter und dem Bruder Hauptmanns zugrunde. Am 31.12.1889 berichtet Carl Hauptmann dem Bruder brieflich: "Ich (Nietzsche zitierend): 'Ein Mensch muß kommen, der uns von Gott erlöst.' Muttel: Pfui, das is e Halunke, der das sagt." (Notiz-Kalender, 203). Nietzsches radikaler Atheismus stößt bei Hauptmann eher auf Widerstand. Zum

Zarathustra, den er 1888 zur Kenntnis genommen hat, schreibt Hauptmann in der Autobiographie:

> Die Welterneuerer, Weltverbesserer tauchten überall auf. Auch Nietzsche, dessen 'Zarathustra' eines Tages als Zeitsymptom im Asyl der Freien Straße lag, gehörte darunter. (1072)

Wenn Nietzsche damit zum naiven Heilslehrer trivialisiert wird, so persifliert Hauptmann ihn in einer kleinen Dialogskizze *Also sprach Zarathustra*, indem er dessen Pathos durch den Dialekt abbaut: "Hast du das? – 'Also sprach ...' Wie heeßt d'n das? – was was was – was is das? / 'ss – kann ich absolut nicht entziffern. 'm tatsächlich hast du das Buch." (Notiz-Kalender, 218). Nun hat Hauptmann selbst in der aus den Jesus-Studien (1885-1886) erwachsenden Prosaskizze *Der Apostel* (1890) eine Art Messias dargestellt, und zwar sicherlich nicht nur mit der Absicht der psychopathologischen Entlarvung (so *Guthke*, Hauptmann, 67), sondern durchaus auch aus einer inneren Affinität heraus. In Hauptmanns Bericht über das authentische Erlebnis mit einem messianischen 'Apostel' (Abenteuer, 1072f.) mischen sich ironische Distanz und heimliche Sympathie. Es scheint ein Votum für diese an "Jesus" (1072) erinnernde Gestalt zu sein, wenn Hauptmann sie gegen Nietzsche abgrenzt:

> Ein Übermensch, nach der Forderung Nietzsches, zu dem die blonde Bestie die Vorstufe bildet, wenn sie nicht der Übermensch selber ist, war dieser Apostel freilich nicht. (1073)

Hauptmann hält Distanz zu Nietzsche. Aber auch er ist von Nietzsche beeinflußt, vor allem in seinen Ideen von Griechentum, Mythos und Schöpfertum. Am 11.1.1925 notiert er in Rapallo: "Hand. 'Daß meine Hand ihren Glauben an Festes nicht ganz verliert.' Zarathustra, 210. / (Wunderbar, 1928 November versöhnt mich mit Nietzsche.)" (*Hauptmann*, Diarium, 97). Am 27.9.1930 trägt Hauptmann Nietzsches Jugendgedicht *Vor dem Kruzifix* in sein Tagebuch ein (Diarium, 146-149). Ein Nietzscheaner war Hauptmann allerdings nicht. Sein Mitleidsethos und Humanitätsdenken sind mit Nietzsches Vitalismus nicht vereinbar. In einer Tagebuchnotiz vom 1.9.1931, in der er sich gegen die "wüste Unkultur" Oswald Spenglers wendet, gegen dessen auf den "Untergang aller Kultur" hinauslaufendes Elaborat *Der Mensch und die Technik. Beitrag zu einer Philosophie des Lebens* (1931), sieht er in Nietzsche einen Wegbereiter dieses barbarischen Biologismus: "Was hat Nietzsche für Verheerungen angerichtet. Sein bleicher Verbrecher wird bei Spengler durch das Raubtier ersetzt." (Diarium, 175). Hauptmann sieht in Nietzsche aber nicht nur den Biologisten, sondern auch den Künstler. In der Rede *Das Theater wird bestehen!* (1931) zählt er Nietzsche mit Lessing, Schiller, Goethe und Wagner zu den Wegbereitern eines freien Theaters (vgl. 135). Im ganzen zeigt sich bei Hauptmann ein eher zwiespältiges Verhältnis zu Nietzsche. Nietzscheschen Utopien wie der Idee des Übermenschen und den biologistischen Konsequenzen dieser Philosophie steht er mit Skepsis gegenüber. Das schöpferische Künstlertum Nietzsches hingegen findet seine Zustimmung. Von einer produktiven Nietzsche-Rezeption kann bei ihm keine Rede sein.

Das betrifft die Realisten und Naturalisten insgesamt. In der von Wilhelm Arent 1885 herausgegebenen und mit Einleitungen von Hermann Conradi und Karl Henckel versehenen Lyrik-Anthologie *Moderne Dichter-Charaktere* wird Nietzsche nicht genannt. Aber sein Name fehlt auch in den programmatischen Hauptschriften der Realisten und Naturalisten. Weder in Carl Bleibtreus Schrift *Revolution der Litteratur* (1886) noch in Wilhelm Bölsches Schrift *Die naturwissenschaftlichen Grundlagen der Poesie* (1887) taucht der Name Nietzsche auf. In Conrad Albertis programmatischen Beiträgen *Natur und Kunst* (1890), die der Grundlegung eines neuen Realismus in der Kunst dienen sollen, wird Nietzsche nur am Rande erwähnt. So wendet sich Alberti gegen die "bei einem sonst so vorurteilslosen und klaren Denker wie Nietzsche" herrschende Auffassung, "die ganze Welt, die ganze Menschheit sei auch nur um der wenigen Genies willen da, und die Menschen für ihre Zwecke beliebig als Material zu gebrauchen, sei das Recht des Genies" (34). Daß Nietzsche dennoch für die realistischen Literaten von großer, ja überragender Bedeutung ist, zeigen folgende Sätze:

> Erbittet euch von einem pommerschen Gutsbesitzer Auskunft über Nietzsche! Schweigen des Todes wird euch antworten. Lindau und Blumenthal – die werden sie kennen. […] aber der Däne Georg Brandes hält einen Vortrag in Kopenhagen, in dem er Nietzsche verdientermaßen als einen der größten Denker der ganzen Philosophie feiert. (305f.)

Solche Ovationen an Nietzsche finden sich häufiger bei den neuen Realisten. Aber im ganzen bewahren sie Nietzsche gegenüber eine gewisse Reserve. Sie anerkennen Nietzsche als großen Denker und Kulturkritiker, aber in bezug auf eine neue realistische Methode in der

Literatur können von Nietzsche, dem geschworenen Feind des Naturalismus, kaum innovatorische Impulse ausgehen. So spielt Nietzsche in Kunstprogramm und Sprachexperiment des konsequenten Naturalisten Arno Holz kaum eine Rolle. In seiner Schrift *Die Kunst. Ihr Wesen und ihre Gesetze* (1891/92) ist Nietzsche kein Thema. Die Vorbilder sind vielmehr zu sehen "in den Comtes, den Mills, den Taines, den Buckles, den Spencers [...] in den Männern der Wissenschaft!" (Teil I, 89) und in den naturalistischen Schriftstellern, "Zola, Ibsen, Leo Tolstoi" (I, 41). Immerhin, Nietzsche wird erwähnt. Im Zusammenhang seiner Kritik der bisherigen Ästhetik beruft sich Holz auf Nietzsches "Geist des Zweifels": "Es wäre hohe Zeit, mit ihm endlich auch an das alte Götzenmysterium zu klopfen, das sich 'Kunstphilosophie' nennt." (I, 83). Der naturalistischen Kunstdoktrin von Arno Holz, die die Reproduktion der 'Natur' durch die 'Kunst' fordert, hätte Nietzsche allerdings nicht zugestimmt. In seiner Tragikomödie *Socialaristokraten* (1896) parodiert Holz das seit den achtziger Jahren virulente "Sozialaristokratentum", eine Synthese aus Individualismus Nietzschescher Provenienz und progressivem Sozialengagement (dazu *Scheuer*, Arno Holz, 187ff.). Julius Langbehn, der 'Rembrandtdeutsche', erklärt das "deutsche Bürgerthum" zu einer "innerlich aristokratisirten Masse": "Ganz Deutschland ist von latenter Sozialaristokratie erfüllt." (Rembrandt als Erzieher [1890], 153). Bei Holz wird der Typus des 'Sozialaristokraten', des sich sozial aufspielenden Nietzsche-Epigonen, zum Gegenstand der Ironie, Satire und Parodie. Er läßt den chauvinistischen Opportunisten und Karrieristen Gehrke schwadronieren:

> Ich gehöre nicht zu den verworrenen Jüngern eines Nietzsche. [...] Mein Ideal ist nicht, wie das jener Pseudogröße einer überwundenen Epoche, der bloße sogenannte *Übermensch*, sondern, wohlgemerkt, die *Übermenschheit*! (59)

In der Gestalt des Gehrke parodiert Holz den sozialistischen Freidenker und Volkspädagogen Bruno Wille, der in seiner *Philosophie der Befreiung* (1894) mit Nietzsche-Pathos die Menschheit durch kosmische Entgrenzung relativiert und von zukünftigen "Übermenschheiten" spricht: "Mag diese Menschheit untergehen, die Welt ist gross genug für zahllose Menschheiten und Übermenschheiten." (4). Er zitiert Zarathustras Wort von der Überwindung des "Menschen" durch den "*Übermenschen*" ("Was habt ihr gethan, ihn zu überwinden?") (4, 14-Za) und fragt die Zeitgenossen: "Ja, was habt ihr gethan, ihn zu überwinden? So frage auch ich mit skeptischem Tone." (34). Willes Ideal ist allerdings weniger der Nietzschesche "Übermensch" als der antiautoritäre "freie Vernunftmensch" in einer sozial reformierten Gesellschaft. Er grenzt allerdings, wie Nietzsche, das "starke Individuum" gegen den "Massenmenschen" ab (398). Holz stellt den modischen Nietzscheanismus ironisch in Frage. So wird in der Gestalt des Styczinski der Nietzsche-Enthusiasmus eines Stanislaw Przybyszewski parodiert. Im übrigen apostrophiert Holz Zarathustra als den "neuen philosophischen Salontiroler", und es zeugt von seinem Selbstbewußtsein, daß er seinen *Phantasus* für die Überwindung der von Nietzsche beklagten "Kurzatmigkeit" der deutschen Sprache hält (*Holz*, Evolution der Lyrik [1899/1918], 533, 670; vgl. 5, 190 – JGB: "wir Kurzathmigen"; längeres Nietzsche-Zitat bei Holz).

Eine durchschlagende Wirkung hat Nietzsche auf den Realismus oder gar den Naturalismus nicht ausgeübt. Wohl erweist man ihm in der Regel Respekt als dem Wegbereiter eines neuen Lebensgefühls, ja, er wird gelegentlich auch für den neuen Realismus in Anspruch genommen. So vertritt Paul Ernst in seinem Beitrag *Friedrich Nietzsche. Seine historische Stellung* (1890) die Auffassung, es käme nicht auf Nietzsches "Metaphysik" und "Erkenntnißthesen" an, sondern Nietzsche sei "mit dem Positivismus verbunden", er sei "Philosoph der Decadence", stehe in Opposition zur bürgerlichen Welt und glaube nicht an das "Absolute", sondern sei "Relativist" (489ff.). Im Aufsatz *Friedrich Nietzsche. Seine Philosophie* (1890) übt Paul Ernst allerdings schroffe Kritik an Nietzsche. Ernst, zu jener Zeit engagierter Sozialist, kritisiert Nietzsches Auffassung von "Herrenmoral" und "Sklavenmoral" und betont, daß die "Herrenmoral" nicht die "Ursache" der geschichtlichen Konstellationen, sondern die "logische Folge der ökonomischen Verhältnisse einer gewissen Zeit" sei. "Die Menschen entwickeln sich doch aber durch den Einfluß ihrer Umgebung." (518). Nietzsche ersetze die "Philosophie der Humanität" durch die "Philosophie der Brutalität", wie sie in der praktischen Politik durch Bismarck vertreten werde. Der Mensch sei "unentrinnbaren, ehernen Gesetzen unterworfen". "Daher haben wir nicht jenen philosophischen Größenwahn, welcher meint, alles umprägen zu können; wir wissen uns selbst geprägt." (519). Im Zeichen der Milieutheorie wird Nietzsches Schaffenstheorie als Irrweg abgetan. Aber auch wenn im Zeichen des neuen Realismus Nietzsches Philosophie grundsätzlich respektiert wird, so äußert man doch in der Regel Bedenken gegenüber dem Mangel an Gesellschaftsrealismus und

Sozialengagement bei Nietzsche. So respektiert zwar Martha Asmus in ihrem in der 'realistischen' *Gesellschaft* erschienenen Aufsatz *Ein Blick in Nietzsches Jenseits von Gut und Böse* (1895) Nietzsche, vor allem die "Wahrhaftigkeit", den "Grundzug seines Wesens" (538), aber in einer gerechten Gesellschaftsordnung dürfe der Wille zur Macht nicht nur 'aristokratische' Individuen, sondern müsse alle Menschen fördern. Nietzsches Kult des elitären Menschen fordert, im Zeitalter der Demokratie, des Sozialismus und des Realismus, Kritik heraus. Curt Grottewitz kritisiert in seinem Aufsatz *Der Kultus der Persönlichkeit* (1891) die Nietzsche-Hörigkeit der "kleinen Uebermenschen", deren aristokratischer Personenkult den demokratischen Tendenzen der Zeit zuwiderlaufe: "der Kultus der Persönlichkeit wächst von Tag zu Tage. [...] Nur seltsam: niemand kann leugnen, daß der Zug der Zeit ein *demokratischer* ist" (233). Im Aufsatz *Nietzsche's Herrenmoral und die Naturwissenschaft* (1897), in dem er eine Prüfung der "Meinungen" Nietzsches und der Nietzscheaner durch die "Tatsachen" besonders der "Naturforscher" fordert (1519), sieht er den "Kernpunkt" von Nietzsches "Schaffen" im "Egoismus" (1523). Andererseits wird Nietzsche in Anspruch genommen als Protagonist des 'Naturalismus', d.h. eines erweiterten Naturalismus, d.i. einer entschiedenen Hinwendung zur Wirklichkeit. So schreibt noch F.K. Benndorf in seinem Aufsatz *Naturalismus, eine Definition* (1912), der "Naturalismus", das "Wollen der gegenwärtigen Zeitseele", die "Verherrlichung der Realität als des unschätzbarsten Gutes", habe in Nietzsche "seinen stärksten Vorkämpfer gefunden". Nietzsche sei "Naturalist im obersten und radikalsten Sinne" (399).

III. Literatur der Jahrhundertwende

1. Hymniker der Jahrhundertwende

In der Dichtung der Jahrhundertwende wird Nietzsche immer wieder zur Kultfigur stilisiert. Vielfach erscheint er als religiöse Erlösungsgestalt, der man sich in Verehrung nähert, die man als Führer in eine neue Menschheitszukunft feiert und von der man überhaupt eine tiefgreifende Verwandlung des Lebens und der Welt erhofft. Ein Vorläufer dieses unkritischen Nietzsche-Kults ist Hermann Conradi, der bereits als Schüler um 1883/84 Nietzsche (und Stirner) las (dazu *Ssymank*, Leben

Conradis, LXXXIII). Vor allem der Gedanke des Übermenschen wird für ihn zum Motor der eigenen poetischen Produktion. Der *Zarathustra* wird ihm zur neuen Bibel. In einem Brief vom 14.7.1886 scheibt er: "Der Keim zum Uebermenschen liegt in jedem. Nur *einem* gelang die *Tat*: *Nietzsche*. – Er hat das *dritte* Testament geschrieben. Geht und lest seinen Zarathustra –!" (ebd., CLX).

In seinen Gedichten und in den Romanen *Phrasen* (1887) und *Adam Mensch* (1889) erweist sich Conradi als 'aristokratischer', exaltierter Jünger Nietzsches. In *Phrasen* lautet eine bezeichnende Stelle:

> Unter den Triumphklängen Wagners, unter den Melodien dieser gewaltigen Gewitterpsalms-Musik, werden wir armen Schächer – wir "Idealisten" *sans phrase* sterben – wir Jünger Nietzsches, dieses "Philosophen der Zukunft", der den großen Musikanten der Gegenwart längst übertrumpft hat und unterweilen in einem stillen Alpenthale sich damit befaßt, alle "Werte umzuwerten" … (43)

In seinem Gedicht *Triumph des Uebermenschen* aus den *Liedern eines Sünders* (1887) wird Nietzsches "Übermensch" durch den Vergleich mit Christus ins Religiös-Sakrale überhöht. Dabei ist es bezeichnend, daß der Übermensch die Passion Christi in einer neuen Heiterkeit, im dionysischen Tanz und in kosmischer Entgrenzung aufhebt:

> Siehe! Unter dem Baldachine
> Ewiger Unermeßlichkeit
> Heitert sich des Dulders Miene!
> Golgatha's blutrotes Schmerzenskleid
> Färbt sich zu weißem, bläulichem Glanze –
> *Himmelsprache*: köstlich Kristall,
> Drin sich erklären die Stäubchen im Tanze –
> Draus sich enthüllt das erlösende *All*! (145)

Conradis Gedicht wandelt an der Grenze des Gefühlskitsches. Es erschöpft sich in einem für die Zeit symptomatischen hypertrophen Verbalismus ohne substantiellen Gehalt.

Wie sehr das gleiche deklamatorische Pathos dann die Nietzsche-Panegyriken der Jahrhundertwende beherrscht, zeigt in exemplarischer Weise das Gedicht *Zarathustra* von M.G. Conrad aus dem Zyklus *Salve regina* (1899). Conrad dichtet Zarathustra wie folgt an:

Und wie in Adlerfängen blutend,
gebrochen,
und doch voll voll Übermenschen-Schöne
und Heilands-Glorie,
schwebt dein prometheischer Heldenleib
majestätisch
im Sternenreigen
durch die blaue Nacht
empor –

Tief unter dir dein Golgatha –
umrauscht von Sphären-Harmonien,
umtost von olympischen Traumes-Hymnen,
umstürmt von Dithyramben.
O Dionysos – Evoë!

Empor, empor! (95)

Auch bei Conrad wird der Hymnus auf Nietzsche zum leeren rhetorischen Pathos, zu einer in den Sprachkitsch umschlagenden Attitüde. Hier zeigt sich erneut die Gefahr der Nietzsche-Imitation. Man bedient sich der hymnischen Sprache Nietzsches, aber es reicht nur zu epigonalen Sprachposen, da weder die Erlebnistiefe noch die Sprachkraft Nietzsches erreicht wird. In Conrads Gedicht *Dem unbekannten Gott* ist von der Erschütterung und Sprachkraft des Nietzsche-Gedichts nichts mehr übriggeblieben. Da heißt es zum Schluß: "Du unbegreiflich rätselvoller Weltengott [...] Ich huldige dir mit heiterem Menschen-Gruß!" (67). Conrad huldigt Nietzsche auch in seinem utopischen Roman *In purpurner Finsterniß* (1895). In diesem sprachlich schwachen, in hohlem Pathos erstarrenden Roman verbindet sich die satirische Kritik an einem in Deutschland betriebenen falschen Nietzsche-Kult mit der Apotheose Nietzsches, dessen Ideale letzlich den Sieg davontragen. In einer grotesken Szenerie wird an Hand eines das Volk verführenden Zarathustra-Automaten der modische Zarathustra-Kult als Götzendienst, als "Lüge", als "satanisches Gaukelspiel", entlarvt (354). Der Zarathustra-Automat wird durch den Protagonisten, den "Pilger", den "Befreier", zerstört (356f.). Dieser erscheint als der wahre Zarathustra: "Heil dem Erlöser!" (358).

Die kultische Verehrung Nietzsches gelangt auch in Richard Dehmels hymnischem Gedicht *An Friedrich Nietzsche* aus den *Erlösungen* (1891) zum Ausdruck. Dehmel vermeidet zwar das sich überschlagende Pathos der Conradi und Conrad, aber auch sein Gedicht ist eine Nietzsche-Apotheose bzw. eine kultische Huldigung an Zarathustra. Der "Meister" macht dem "Jünger" durch die Sentenz "Folge mir nach!" klar, daß diese Nachfolge im eigenen Selbstsein besteht, so daß der Jünger ihn verläßt. In der Tat verlangt ja Zarathustra, daß seine "Gefährten" "sich selber folgen" sollen (vgl. 4, 25 – Za). Aber der Jünger steht weiterhin im Banne Zarathustras "und sprach also zu seiner Sehnsucht":

> Wahrlich! viele sind,
> deren Zunge trieft vom Namen Zarathustras,
> und im Herzen beten sie zum Gotte Tamtam;
> wahrlich, *allzu früh* erschien er diesem Volke!

Der Jünger beklagt, daß man Nietzsches Gedanken, den Willen zur Macht, das Schaffen, die Selbstapotheose ("den Gott Ich") und das Selbstopfer, nicht verstanden habe. Aber es fehlt auch hier nicht an Schwulst:

> Der Du Deine neue Sünde lehrtest,
> habe Dank! o dürft' ich dir
> dein letztes Wort vom Munde küssen,
> du lächelnder Priester des zeugenden Todes! (132f. [Ausg. von 1891])

Dehmel, der Nietzsche zu den "oratorischen Genies" zählt (*Dehmel*, Lebensblätter [1895], 21), warnt jedoch vor der fragwürdigen Rhetorik der zeitgenössischen Nietzsche-Epigonen, mit denen er im übrigen nicht verwechselt werden möchte. In einem *Offenen Brief an den Herausgeber der 'Kultur'* (1902) betont er seine geistige Selbstständigkeit gegenüber Nietzsche. Es sei "einfach *unrichtig*, daß 'kein anderer Denker und nur wenige Dichter mich so stark beeinflußt haben wie Nietzsche'". Die "Ehrfurcht" vor Nietzsche "erfordert ein volles Bekenntnis, auch *gegen* ihn". Dehmel gesteht zwar ein, daß Nietzsche ihn vor der Drucklegung der *Erlösungen* "acht Tage lang völlig berauscht" habe; "ich war besinnungslos hingerissen in die großartige Kampflust der Zarathustra-Rhythmen; dann aber trat eine ebenso völlige Ernüchterung ein"; er habe den *Nachruf an Nietzsche* (der spätere Titel des Nietzsche-Gedichts) bewußt in der "biblisch-romantischen Sprache" Nietzsches verfaßt und sei im übrigen der Lehre Nietzsche gefolgt und habe ihn verlassen:

> Das einzige positive Täflein, das der "Jünger" vom "Meister" empfangen hatte, trug auf der Rückseite eine Negation: folge mir *nicht* nach,

geh deinen eigenen Weg! Und ich "folgte ihm und – verließ ihn"; keinen anderen Denker oder Dichter habe ich so für immer verlassen. (58)

Dehmels Äußerungen müssen in erster Linie als Ausdruck seines
Selbstbehauptungswillens gegenüber dem übermächtigen Nietzsche
bewertet werden. In seiner dichterischen Sprache, seinem oratorischen
Pathos, ist Dehmel durchaus von Nietzsche abhängig. Er leugnet den
Einfluß Nietzsches, um sich als eigenständige Dichterexistenz zu profi-
lieren. Daher grenzt er sich denn auch ausdrücklich gegen Nietzsche ab,
gegen die Enthüllungspsychologie Nietzsches:

> Seine Psychologie ist von wesentlich anderer Art als die meine; er ist
> ein zweifelnder Zergliederer gewohnter Seelenregungen, ich bin ein
> gläubiger Zusammengliederer ungewohnter [...] Seine kritische Me-
> thode der Dekadenzspürerei kommt mir direkt kritikwidrig vor [...]
> (59)

In der Tat, Nietzsches Gedankenschärfe ist nicht nach dem Geschmack
hymnischer Gefühlslyriker. Andererseits ist Dehmels humane Gesinnung zu respektieren, die sich auf die "Grenzen der Menschheit" be-
sinnt und die "Züchtung des Übermenschen" als "Aberwitz" ablehnt.
Nietzsches Züchtungsbiologismus ist ihm suspekt, da der Übermensch
letztlich nicht ein physiologisches, sondern ein metaphysisches Problem sei. Nur "ein Gott", der von Nietzsche abgeschaffte Gott, könne
feststellen, ob ein vom Menschen gezüchteter "'Überhund'" wirklich
der "wahre Übermensch" sei (60). Es geht Dehmel um das "leibhaftige
Erleben", nicht um ein "übermenschliches Sehnsuchtsphantom" (61).
Dehmel geht auch auf Distanz zu Nietzsche, weil er das Ethos des
Menschen gegenüber dem Pathos des Übermenschen bewahren will.
Aber als Lyriker, als Hymniker, bleibt er trotz allen 'menschlichen'
Engagements letztlich doch ein Nietzsche-Epigone.

Für viele Nietzsche-Adepten ist Nietzsche eine Art Halbgott. Es fehlt
ihnen jede Distanz zu Nietzsche. Um die Jahrhundertwende grassiert
das Zarathustra-Fieber. Zarathustra wird in weiten Kreisen zum Religionsersatz. Er wird zum neuen Menschheitsgenius emporstilisiert.
Man identifiziert sich geistig und emotional mit den Lehren Zarathustras, verehrt ihn als Wegbereiter einer neuen Menschheit und imitiert
die Sprache des *Zarathustra*, ihr Verkündigungspathos. Das zeittypische Beispiel eines völlig unkritischen Zarathustra-Kults ist Friedrich
Kurt Benndorfs Gedichtsammlung *Hymnen an Zarathustra und andre
Gedicht-Kreise* (1900). Es handelt sich bei diesen 'Hymnen' um

epigonale *Zarathustra*-Paraphrasen, in denen unter Imitation des *Zara-thustra*-Stils die Denkmotive Zarathustras, der Wiederkunftsgedanke, das Gott-ist-tot-Motiv, die Negation des Christentums, die Erneuerung der Menschheit durch den neuen 'Heiland', Zarathustra, monoton vari-iert werden. Diesen schablonenhaften Panegyriken mangelt es an einer eigenen geistigen Note, an einer Reflexion und eigenem sprachlichen Zugriff. Zarathustra wird in hohem Pathos mit klappernden Versen gepriesen:

> [...]
> Bald klingt's wie Zürnen, bald wie Jubeln,
> wie Stimmen aus verschollner Zeit,
> bald wie erhabnes Prophezeien
> von einer Zukunft Herrlichkeit.
> [...]
> Mich dünkt, es sind Urmutter-Worte;
> die heilige Erda selber spricht:
> orakelhaft, in Bild und Gleichnis, –
> das blöde Ohr begreift es nicht.
> [...]
> Es ist wie Lenz- und Osterpredigt,
> es ist wie Ausblick auf das Meer,
> ein Balsam ist's für wehe Wunden:
> das Wort von der ewigen Wiederkehr!
> [...]
> Der Sturmwind schweigt, – mir schweigt er nicht,
> ich hör ihn brausen fort und fort
> – sieghaft an des Jahrhunderts Wende –
> im Zarathustra-Lied und -Wort! (3f. [1. Hymne])

In gesteiltem Pathos, in dem sich der archaisierende Rückgriff auf die germanische Erdgottheit mit pseudoreligiöser Metaphorik mischt, wird Zarathustra als Verkünder der Zeitenwende, als Prophet der neuen Zeit gefeiert. Einige der insgesamt zehn Hymnen versieht der Verfasser mit Überschriften: *Zarathustra der Dichter und Erwecker* (9), *Zarathustra der Heiland* (11), *Zarathustra der Prediger des freien Todes* (13), *Zarathustra der Nächtige* (15), *Zarathustra der Antichrist* (18). Wenn auch diese Zarathustra-Hymnen keinen künstlerischen Wert haben und sich in verbrauchten Metaphern, in Sprachhülsen erschöpfen, so sind sie doch von historischem Interesse, da sie der charakteristische Aus-druck des zeittypischen Nietzsche-Kults sind.

Von anderer literarischer Qualität ist Rudolf Borchardts Hymnus *Bacchische Epiphanie* (1901). Er demonstriert die starke Wirkung, die

Nietzsches Problematik des Dionysischen und Apollinischen auf die Dichtung der Jahrhundertwende ausübt. In diesem 10 Strophen umfassenden Panegyrikus, der in weiteren Fassungen anschwillt und in der endgültigen Fassung (1912) auf 38 Strophen ausgeweitet ist, erfolgt in weitgespannten Sprachbögen die Evokation des Dionysos:

> Zwischen Greif und Sphinge schreitend
> Kam der Rosenübergossne,
> Unerforschtem Thal entsprossne,
> Mit dem goldenen Horn.
> Zwischen seinen Füßen gleitend
> Schlichen Panther, und es scheuchten
> Nackte mit erhob[e]nen Leuchten
> Sie von seinem Pfad. (1. Strophe der 1. Fassung)

Es ist der Zug des *Dionysos triumphans*, den Borchardt in diesem Hymnus feiert, wobei in der ersten Fassung die dionysische Ekstase noch durch die apollinische Form diszipliniert, ja entschärft wird, während in der letzten Fassung das dynamisch-ekstatische Element voll zum Durchbruch gelangt, in einen Taumel mündend, in dem Dionysos wieder zum zerstückelten Dionysos wird. Aber auch hier wird der dionysische Inhalt in einer festgefügten Form entfaltet, unbeschadet der aufgelockerten Metaphern- und Szenenfolge. Im Unterschied zu vielen zweitrangigen Nietzsche-Hymnikern der Jahrhundertwende überläßt sich Borchardt nicht einfach einem sprachlich unkontrollierten Taumel, sondern sein auf Maß und Struktur gerichteter Stilwille bändigt das Elementare durch die Form. Zugleich gewinnt das Dionysische erst in der Form seine poetische Evidenz. Zu Motivik, Form und Fassungen des Gedichts vgl. *Fischer*, Nachwort zur *Bacchischen Epiphanie*.

2. Stefan George

Es ist vor allem der dithyrambische Nietzsche, der Nietzsche des *Zarathustra* und der *Dionysos-Dithyramben*, der die Dichter und Literaten der Jahrhundertwende fesselt. Daher kommt es denn auch immer wieder zu lyrischen Panegyriken auf Nietzsche. Nietzsche als Übermensch, als Religionsstifter, als Mythos – dies ist überhaupt ein Topos der Literatur der Jahrhundertwende. Dies zeigt sich auch bei Stefan George. Obschon George sich von den gängigen Sprachattitüden und verbrauchten Metaphern löst und in formaler Disziplin einen eigenen Ton entwickelt, reiht auch er sich in den Chor der hymnischen Nietzsche-Verehrer ein. In dem nach Nietzsches Tod entstandenen, zuerst in den *Blättern für die Kunst* erschienenen und dann im *Siebenten Ring* (1907) erneut veröffentlichten Gedicht *Nietzsche* (1900) wird Nietzsche zur religiösen Erlösungsgestalt überhöht. Er ist der "Donnerer", "der einzig war / Von tausenden aus rauch und staub um ihn" und den die Menschen nicht verstehen: "Blöd trabt die menge drunten" Nietzsche wird als eine ins Religiöse erhobene Gestalt mit Christus verglichen. Wie Christus erscheint er als Menschheitserlöser:

> [...]
> Dann aber stehst du strahlend vor den zeiten
> Wie andre früher mit der blutigen krone.
>
> Erlöser du! selbst der unseligste –
> Beladen mit der wucht von welchen losen
> Hast du der sehnsucht land nie lächeln sehn?
> Erschufst du götter nur um sie zu stürzen
> Nie einer rast und eines baues froh?
> Du hast das nächste in dir selbst getötet
> Um neu begehrend dann ihm nachzuzittern
> Und aufzuschrein im schmerz der einsamkeit. (*George*, W I, 231)

In diesem Gedicht, in dem er den einsamen Nietzsche gegen die 'blöde' "menge" abgrenzt, verehrt George in Nietzsche den großen Schaffenden, bei dem das Schaffen sich allerdings verselbständigt hat, indem er seine Sujets selber hervorbringt und wieder zerstört, um frei zu sein für das Schaffen neuer Sujets. Georges Gedicht erschöpft sich trotz der Verehrungshaltung nicht im Personenkult. Es zeigt nicht nur Affinität, sondern auch Distanz zu Nietzsche. Nietzsche wird in sakraler Monumentalität zum Menschheitsgenius stilisiert und erscheint als eine Art säkularisierter Religionsstifter, als eine die Zeiten überdauernde prophetische Gestalt – eine Konzeption, die der eigenen Vorstellungswelt Georges von der Berufung des Dichters weitgehend entspricht. Der Vergleich des heidnischen Nietzsche mit dem dornengekrönten Christus erhebt Nietzsche nicht nur in den höchsten Rang eines Menschheitserneuerers, sondern signalisiert auch eine Abgrenzung des dionysischen Lebens gegen die christliche Passion. Zarathustra sagt: "Diese Krone des Lachenden, diese Rosenkranz-Krone: ich selber setzte mir diese Krone auf" (4, 366 – Za). Es liegt nahe, daß diese "Rosenkranz-

Krone" ein Gegenbild zur "Dornenkrone" Jesu ist (vgl. Matth. 27, 29). Mit dem (dionysischen) Bild der "Rosenkranz-Krone" wendet sich Zarathustra gegen den christlichen Passionsgedanken, gegen die Dornenkrone, und zugleich stilisiert er sich durch die Gebärde der Selbstkrönung zum autonom Schaffenden. Obschon George nicht auf die Antithese Nietzsche – Christus zielt, hebt er doch die autonome Schaffenskraft, den rastlosen, ja ziellosen Schaffenstrieb Nietzsches hervor. Zugleich aber setzt er einen kritischen Akzent. Er wirft die Frage auf, ob Nietzsche nicht den "schmerz der einsamkeit" durch die Rückkehr zu den Menschen hätte überwinden sollen, ob er sich nicht dem "kreis den liebe schliesst" hätte anvertrauen sollen. Dem maßlosen Nietzsche, der in absoluter Einsamkeit eine Sphäre jenseits des Menschen erstrebt, steht der maßvolle George gegenüber, der in der Kommunikation das Humanum wahren will. Am Ende des Gedichts erliegt George offenbar einem produktiven Mißverstännis. Wenn er Nietzsche zitiert: "sie hätte singen / Nicht reden sollen diese neue Seele!" (vgl. 1,15 – GT [VS]), so meint er, Nietzsche hätte sich durch den Gesang in den Kreis der Menschen wieder einfügen können. Nietzsche aber meint, daß er sich schon in der Tragödienschrift einer dithyrambischen Sprache hätte bedienen sollen, um seine Gedanken durch diese küsntlerische Form sinnfällig zu machen. Aber nicht nur durch die Wendung zum Humanen, sondern auch durch das Prinzip der Form untescheidet sich George von Nietzsche. Sein Gedicht besteht aus vier blockhaft-statuarischen Strophen, die in lapidaren Aussagen, Fragen und Exklamationen sowie in monumentaler Metaphorik ihr Sujet eingrenzen und von einem hieratischen Pathos getragen sind. Während Nietzsches innere Zerrissenheit und motorische Unruhe kaum ein Sich-Verfestigen in objektiven Formen zulassen, ist George bestrebt, den Geist in festen Gesetzen und Gebilden zu objektivieren. Er ist offenbar der Auffassung, daß er selbst "der sehnsucht land", das Nietzsche noch nicht sah, gesehen und gestaltet habe. Der formstrenge George glaubt, das von Nietzsche vielleicht nur Geahnte in ästhetischen Formen verwirklicht zu haben. Gottfried Benn meldet in der *Rede auf Stefan George* (1934) Vorbehalte gegen Georges Mahnung an Nietzsche an:

> [...] er ruft ihm, dem rettungslos am Gedanken und Wort Zugrundegehenden, zu:
>
> Dort ist kein weg mehr über eisige felsen
> Und horste grauser vögel – nun ist not:
> Sich bannen in den kreis den liebe schließt ...

> Was für ein merkwürdiger Ruf nach dort oben: den Kreis, den Liebe schließt, den ruft George zwischen die Gletscher, als ob sie Organe besäßen, um Ratschläge entgegenzunehmen, und Rückwege bereithätten, um herabzuführen –, dort oben sehen Sie das unendliche Weitermüssen aus des Lebens Mittag in des Lebens Nacht, und hier die Möglichkeit heimzukehren, sich zu bannen, einen, der alles mit einem Kreis umschließt und der das Dämonische mit dem Menschlichen besiegt. (472)

Benn sieht klar, daß Nietzsches absolute Einsamkeit irreversibel ist, daß Nietzsche seinen Weg unausweichlich gehen mußte. George hingegen fühlt sich irritiert durch die lauten Gebärden Nietzsches, vor allem durch die Forderung nach dem "Übermenschen", den er als Bedrohung des Maßes und des Humanum empfand. Edgar Salin berichtet, George habe sich "am Wort und an der Lehre vom Übermenschen" gestoßen, denn "das allzu Laute war George doch schwer erträglich, die Übersteigerung dünkte ihm Gefährdung des schönen Maßes" (*Salin*, George, 283f.). Salin zitiert Äußerungen Georges vom 29.9.1920:

> "Das Gekrisch nach dem Übermenschen", sagte er, "fördert nur die Heraufkunft des Untermenschen. Ist es nicht besser, ganz bescheiden dafür zu sorgen, daß einmal der Mensch wieder dem höchsten Anspruch genügt?" (ebd., 284)

Zudem rügt George Charakterschwächen Nietzsches: "Nietzsche hat Wagner verraten. Wollen Sie diesen Treubuch rechtfertigen?" (ebd., 284). Zu dieser Zeit erklärt er auch, daß "auf ihn Nietzsche nie im aufbauenden Sinne gewirkt habe", der *Zarathustra* sei ihm "peinlich, ein Zwischen- und Mittelding"; er habe Nietzsche geschätzt als "Orator" und "Kämpfer", aber seinen Kampf gegen das Christentum uninteressant gefunden. "Wogegen man kämpft, da steckt man noch drin. Nicht Nietzsche war jenseits von Gut und Böse, sondern Algabal." (*Landmann*, George, 100). Nun, Nietzsche seinerseits hätte zweifelsohne das künstliche, bionegative Reich Algabals, diese sterile *l'art-pour-l'art*-Welt, zur Symptomatik der *décadence* gezählt. Diskutabel ist allerdings die Frage, ob Nietzsche seine kreativen Energien nicht zu sehr in seiner schon monomanisch anmutenden, ständig sich wiederholenden Kritik des Christentums verbraucht hat. George äußert sich wiederholt kritisch zu Nietzsche. Sein Haupteinwand ist, Nietzsche sei zu destruktiv, er entfalte keine wirklich neuen, konstruktiven Perspektiven. "Nietzsche habe viel gesagt, nur um auf den Kopf zu stellen."

(ebd., 167). Vor allem die Entlarvungspsychologie Nietzsches findet Georges Mißfallen. Seine "psychologische Auffassung der Inspiration – das sei grundfalsch" [vgl. 2, 146f. – MA I]. "Er läse Nietzsche manchmal zur Anregung, manchmal aber auch zum Ärger, um das nötige Gift zu haben." (ebd., 54). George distanziert sich sowohl vom Werk als auch von der Person Nietzsches: "Er hat weder Persönlichkeit, noch Lehre, noch Richtung." (ebd., 115). Es fragt sich, ob George seine im Gespräch geäußerte Nietzsche-Kritik nicht ein wenig überspitzt hat, denn noch im Nietzsche-Gedicht aus dem *Stern des Bundes* (1914), in dem der Name Nietzsches allerdings nicht genannt ist, feiert George Nietzsche als den großen Umwerter aller Werte, der die Menschheit vergeblich zur Umkehr aufrief, so daß sie nun dem Nihilismus ausgesetzt ist:

> Einer stand auf der scharf wie blitz und stahl
> Die klüfte aufriss und die lager schied
> Ein Drüben schuf durch umkehr eures Hier . .
> Der euren wahnsinn so lang in euch schrie
> Mit solcher wucht dass ihm die kehle barst.
> Und ihr? ob dumpf ob klug ob falsch ob echt
> Vernahmt und saht als wäre nichts geschehn . .
> Ihr handelt weiter sprecht und lacht und heckt.
> Der warner ging . . dem rad das niederrollt
> Zur leere greift kein arm mehr in die speiche. (*George*, W I, 362)

Das Thema des Gedichts ist die fatale Diskrepanz zwischen Genie und unschöpferischem Zeitgeist. Es ist eine spruchartige Hymne, die in adhortativen Bildern und Sentenzen im Namen Nietzsches ein schroffes Verdikt über den Zeitgeist ausspricht. Nietzsche hat ein "Drüben", d.h. die Umwertung aller Werte, vollzogen, aber die Menschheit bleibt ihrem "Hier", d.h. einem sinnlosen Getriebe, verhaftet. Die Hochschätzung Nietzsches durch George zeigt sich vor allem darin, daß nach Nietzsche niemand mehr da ist, der das Geschick der Menschheit wenden, dem abwärts rollenden "rad" der Geschichte in die "speiche" greifen könnte. Damit erhält Nietzsche eine exzeptionelle, mythische Dignität. Man hat darauf hingewiesen, daß die beiden letzten Zeilen des Gedichts auf einem Fragment Nietzsches beruhen. Die entsprechende Stelle lautet:

> Der Philosoph als *Hemmschuh im Rade der Zeit*. / Es sind die Zeiten großer Gefahr, in denen die Philosophen erscheinen – dann wenn das Rad immer schneller rollt – sie und die Kunst treten an die Stelle des

verschwindenden Mythus. Sie werden aber weit vorausgeworfen, weil die Aufmerksamkeit der Zeitgenossen erst langsam ihnen sich zuwendet. (7, 421; vgl. *Morwitz*, Kommentar, 358, sowie *Raschel*, George-Kreis, 64ff.)

Damit hat Nietzsche in der Tat die Thematik des Gedichts sowie das Bild des Zeit-Rades vorweggenommen. Nietzsche setzt aber noch die Möglichkeit der zukünftigen Einwirkung auf die Zeitgenossen voraus, während George die Ausweglosigkeit der Lage konstatiert. Festzuhalten ist, daß George in diesem Gedicht darauf verzichtet, die Grenzen Nietzsches aufzuzeigen, sondern ihn als Propheten und Mahner der Menschheit würdigt. Im Unterschied zum Nietzsche-Gedicht von 1900, das vor allem den einsamen Nietzsche herausstellt, rückt das 1914 veröffentlichte Nietzsche-Gedicht den zeitkritischen Nietzsche in den Vordergrund.

Friedrich Gundolf meint, mit Blick auf dieses Gedicht, George sei über Nietzsche hinausgelangt: "Er ist nicht mehr Kämpfer und Rufer, sondern wesentlich Bildner" (*Gundolf*, George, 30). Nun, Georges Gedicht ist von oratorischem Pathos getragen. Er tritt hier durchaus als 'Rufer' auf. Aber im Unterschied zu Nietzsches Dithyrambik des Lebens strebt er das Statuarische der Form an. Schon in der Reflexion *Über Kraft* (1896) deutet er Nietzsches Forderung nach elementarem Schreiben als Formanspruch, als Forderung nach ästhetischer Überwindung der andrängenden Lebensprobleme:

> Durch bezwingen dieser ausbrüche zeigt sich wahre kraft. So wird Nietzsches >schreibe mit blut< von vielen missverstanden: >zeige damit man dich für echt hält ohne scheu die flecke deiner wunden und die zuckungen deiner wollust<. Diese mögen wir aber gar nicht sehen · denn kunst ist nicht schmerz und nicht wollust sondern der triumf über das eine und die verklärung des andern. (*George,* W I, 531f.; vgl. 4,48 – Za)

George lehnt die in der Nachfolge Nietzsches überwuchernde, zügellose Dithyrambik ab und tritt als Anwalt des apollinischen Maßes auf. Im Brief an Gundolf vom 11.6.1910 schreibt er:

> In Nietzsche steht doch ziemlich alles. Er hat die wesentlichen grossen dinge verstanden: nur hatte er den PLASTISCHEN GOTT nicht (daher sein missverstehen der Griechen besonders Platons). (Briefwechsel, 202)

Während Nietzsche die 'dionysische' Antike entdeckt, huldigt George der 'apollinischen' Antike. Daß George die Platon-Kritik Nietzsches ablehnt, ist in seinem Schönheitsbegriff, in seiner Vorstellung vom Göttlichen und der Einheit von Leib und Seele begründet (dazu *David*, *George*, 324f.). Im Unterschied zu Nietzsches unplastisch-musikalischer Erlebnisweise richtet sich Georges Sicht ganz auf die plastisch-statuarische Form. Bezeichnenderweise nennt er eine Reihe von Gedichten aus dem *Teppich des Lebens Standbilder* (Werke I, 202-205). Dionysos-Dithyramben waren seine Sache nicht. Für George und seinen Kreis ist das zeitlose, gestalthafte Sein, für Nietzsches das dynamische, offene Werden die entscheidende Dimension.

In den *Blättern für die Kunst* wird wiederholt auch Nietzsche genannt, als einer der geistigen Gewährsmänner des neuen Kunstbewußtseins. Die markanteste Stelle lautet:

> Einfach liegt was wir teils erstrebten teils verewigten: eine kunst frei von jedem dienst: über dem leben nachdem sie das leben durchdrungen hat: die nach dem Zarathustraweisen zur höchsten aufgabe des lebens werden kann […] eine kunst aus der anschauungsfreude aus rausch und klang und sonne. (BfK 1892-98, 15f. [1896])

Hier bezieht sich George ausdrücklich auf Nietzsches Idee der Kunst als der höchsten Aufgabe des Lebens. Aber diese Sentenzen verdeutlichen zugleich den Unterschied zu Nietzsche. Die Kunst wird *über* dem Leben angesiedelt. Sie wird zwar, wie bei Nietzsche, vom Leben hervorgebracht und soll dem Leben den Glanz der Vollendung verleihen, wie sie überhaupt das Leben formen soll, aber sie verselbständigt sich bei George zum *mundus aestheticus*, zur reinen ästhetischen Formenwelt. Während für Nietzsche die Kunst eine Funktion des Lebens ist, wird sie von George und seinen Adepten zu einer ästhetischen Eigenwelt stilisiert. George spricht zwar auch vom "rausch", aber kaum im Sinne Nietzsches. Der "rausch" ist nur noch ein Ingrediens des apollinischen Kunstgebildes, nicht sein elementarer Ursprung. Die Nietzschesche Symbiose des Dionysischen und Apollinischen löst sich auf zugunsten der Verabsolutierung des Apollinischen, des klaren, maßvollen, formbewußten Geistes. Man erstrebt "die GEISTIGE KUNST", "eine kunst für die kunst" (10 [1892]) und steht damit nicht mehr in der Nachfolge Nietzsches, sondern bezieht sich auf die *l'art-pour-l'art*-Ästhetik, die *l'art spirituel* der französischen Symbolisten. Während Nietzsche dem Musikalisch-Lyrischen zuneigt, ist George auf das Visuell-Plastische gerichtet. Nicht das dionysische Leben, sondern die statuarische Form ist sein Anliegen. Bezeichnenderweise ist der Engel in Georges *Teppich des Lebens* (1900) eine sinnlich-plastische Gestalt, ausgestattet mit den ornamentalen Insignien des Jugendstils. Auch George kann die Kunst auf das 'Leben' beziehen, aber dann versteht er unter 'Leben' das 'schöne Leben', d.h. eine ästhetisch stilisierte Lebensform. In diesem Sinne einer Ästhetisierung des Lebens erscheint der Engel als "bote" des "schönen lebens" (W I, 172) Der Begriff des 'schönen Lebens', um die Jahrhundertwende ein Topos (dazu *Klein*, Jugendstil, 23ff.), ist nicht zu verwechseln mit Nietzsches 'dionysischem Leben'. Die Stilisierung des Lebens zur ästhetischen Gebärde lag Nietzsche fern. Die im Jugendstil verkündete Botschaft des 'schönen Lebens' ist weit entfernt von Nietzsches existentiellem Lebensbegriff.

Der Unterschied zwischen Nietzsche und George zeigt sich nicht nur in den ästhetischen Theoremen, sondern auch im Sprachduktus. Nietzsches lyrische Sprache ist eine spielerische Sprache, in der sich apodiktische Sentenzen und offene Fragen, Pathos und Ironie, Ernst und Heiterkeit mischen. Georges lyrische Sprache ist auf einen ganz unironischen Ernst der absoluten Aussage gestimmt; sie ist geprägt vom hieratischen Pathos der statuarischen Setzungen. Rückt Nietzsche, unbeschadet des für ihn typischen Dekretstils, die Dinge in offene Fragehorizonte, unterstellt George sie dem Gesetz der Eindeutigkeit. Ist Nietzsches Sprache eine Sprache der existentiellen Grenzsituationen, so erstarrt Georges Sprache häufig in einem exklusiven Sakralstil. "Vergleicht man die Sprachebenen, so sieht man das Offene bei Nietzsche, das Geschlossene bei George." (*Hillebrand*, Nietzsche I, 30). Bei George und seinen Anhängern besteht die Tendenz, das Elementar-Dionysische im Apollinisch-Geistigen aufzuheben. Zumindest ist man bestrebt, die Grenzenlosigkeit des Dionysischen einzudämmen und zu einem menschlichen Maß zurückzufinden. Ein charakteristisches Beispiel bietet Albert Verweys Gedicht *An Friedrich Nietzsche* (BfK, 9. Folge, 1910, 44f.). Verwey läßt eine aus Urgründen aufsteigende Stimme zu dem in seinem "wahnsinns-tal" weilenden Nietzsche sprechen: "Dionysos […] du herrscher trotz Apoll […] Wir wollen sein wie du bist trotz Apoll." Aber dann treten Apollo und Christus auf, der "Lichtgott" und der Gott der Menschenliebe. In der Schlußstrophe wird die Frage aufgeworfen, wie wohl der in Einsamkeit sterbende Nietzsche auf Apollo und Christus reagierte:

> Das dunkel kam · auf dich der einsam sass.
> Gewann Apollo? Christus? und das maass
> Von gut und böse regte sich bangensvoll
> In dir. Du starbst sacht und verlangensvoll.

Das Gedicht zeugt nicht von besonderer Originalität, sondern ist eher eine epigonale Stilübung, die den Einfluß von Georges Nietzsche-Gedicht aus dem *Siebenten Ring* nicht verleugnet. Interessant ist nur, daß hier der einsame Nietzsche an ein humanes, christliches Maß zurückgebunden wird.

Die Wirkung Nietzsches zeigt sich bei George und seinem Umfeld nicht nur in programmatischen Sentenzen und in der Symbolik von Dionysos und Apollo, sondern auch in bestimmten poetischen Motiven und Metaphern. Dies sei an einem prägnanten Beispiel verdeutlicht. Im *Zarathustra* heißt es: "Kannst du auch Sterne zwingen, dass sie um dich sich drehen?" (4, 80 – Za). George dichtet die Verse: "Riss ich nicht ins enge leben / Durch die stärke meiner liebe / Einen stern aus seiner bahn?" (BfK, 9. Folge, 43). Das Bild der Bezwingung des Sterns scheint George unmittelbar von Nietzsche übernommen zu haben. Die Verse Georges wirken wie eine Antwort auf die Frage Nietzsches. Allenthalben stößt man in den Lyrismen der Georgeaner auf die Spuren Nietzsches, auf Bilder und Metaphern, die verdeckt oder offen den Einfluß Nietzsches verraten. So taucht in Karl Wolfskehls Gedicht *Die Flamme* (BfK, 1898-1904, 86) der Vers auf: "die weisse wüste wächst und wächst" – ein unmittelbarer Anklang an Nietzsches Dithyrambus *Die Wüste wächst* (6, 382 – DD). Möglicherweise hat auch bei dem Bild der in der Wüste einsam aufsteigenden "flamme" ("Die ungeschürte flamme lodert hoch") Nietzsches Dithyrambus *Das Feuerzeichen* (6, 393 – DD) Pate gestanden, in dem gleichfalls die einsame "Flamme", die "Seele" Zarathustras, in den Himmel ragt ("lodert aufwärts, aufwärts: ihre stille Gluth"). Bei Ludwig Klages findet sich das Bild: "Flammende gipfel zwischen stern und all –" ([1899] BfK 1898-1904, 107) – es sind die typisch Nietzscheschen Naturmetaphern. Der Vers "Die tanne starrt in ungewisser enge" aus Klages' Gedicht *Die Wettertanne* ([1895], ebd., 106) erinnert an Nietzsches Vers "Und dunkler noch und treuer blickt die Tanne" aus dem Gedicht *Am Gletscher* (11, 325). Häufig werden Nietzsche-Motive auch verflacht. So erschöpft sich Wolfskehls *Dithyrambe* (BfK 1892-98, 120) in ornamentaler Verspieltheit und erotischer Pose: "Heil dir Dionysos! brich das reis! [...] Hüllen fallen Du bräutlicher werbe / Kränz uns in küssen!" Wolfskehls Gedicht

Ariadne (BfK 1898-1904, 76) wirkt wie eine schwache Reprise von Nietzsches *Klage der Ariadne* (6, 398 – DD). Die vergeblich die Vereinigung mit dem Geliebten erwartende Ariadne stellt im Schlußvers resigniert fest: "Kein fest beginnt kein fest … die welt ist leer." Im Gedicht *Der Tragiker* von August Oehler (BfK 1898-1904, 124) heißt es elegisch: "Ich will der Ariadne unaufhörlich denken. ." Auch Nietzsches "Adler"-Motiv, das Motiv des zu den "Sternen" aufblickenden Adlers (vgl. 3, 362 – FWS), des machtvollen Adlers (vgl. 6, 379 – DD), fehlt nicht bei den Georgeanern. Als Beispiel sei genannt Ludwig Derleths Gedicht *Die Adler* (BfK, 9. F., 69), in dem es heißt: "Wir strahlen auf um höher noch zu steigen […]" Obschon der George-Kreis nicht nur von Nietzsche beeinflußt ist und sich durch eine zur Stilisierung tendierende apollinische Geistigkeit sogar von Nietzsche löst, ist dieser dennoch in Programmatik und Dichtung der Georgeaner gegenwärtig.

Der Grundgedanke, den man im Kreis um George von Nietzsche übernimmt, ist der Gedanke des Schaffens, des Schaffenden. Seinen markanten programmatischen Ausdruck findet dies in dem von Ludwig Klages in den Blättern für die Kunst veröffentlichten Traktat *Vom Schaffenden* (BfK 1892-98, 143-147) – ein Versuch, der sich nicht nur im Titel, sondern auch im Text deutlich an das *Zarathustra*-Kapitel *Vom Wege des Schaffenden* anlehnt. Es heißt bei Klages: "die schöpferischen naturen kennzeichnet die tiefe liebe zum leben." (143). Und weiter:

> der schaffende […] wandelt über den verwirrungen des lebens und schlägt ihr bild in die fesseln lächelnder schönheitsform. in blutender seele flammt ihm grundlose begeisterung – über der leere des abgrundes entfaltet sie das gewebe von schönheit und erhabenheit. (143)

Der Gedanke des Erschaffens einer ästhetischen Welt über den Daseinsabgründen entspricht, ebenso wie die Idee des Schaffens "u m d e s w e r k e s w i l l e n" (144), dem Schaffensbegriff Nietzsches. Die Hinwendung zur reinen Schönheit, zum ästhetizistischen Spiel des Schönen, ist freilich nicht im Sinne Nietzsches. Aber der Gedanke des "schaffenden" ist ein genuin Nietzschescher Gedanke. Klages' Traktat *Aus einer Seelenlehre des Künstlers* (ebd., 136-142) läßt im Titel unüberhörbar Nietzsches Hauptstück *Aus der Seele der Künstler und Schriftsteller* (2, 141 – MA I) anklingen. Im Unterschied zu der von Nietzsche (in jenem Hauptstück aus seiner aufklärerisch-kritischen Pe-

riode) inszenierten Enthüllungspsychologe, die auch den Künstler entlarvt, ist der Klagessche Text von Künstler-Verehrung getragen, –
einem Künstler-Enthusiasmus, dem ansonsten auch Nietzsche huldigt.
Und es sind nicht zuletzt Nietzschesche Gedanken, die bei Klages auftauchen. Wenn Klages z.B. beklagt, daß die bisherige "ästhetik" sich
"zu wenig mit dem künstler selbst beschäftigt" habe (136), so erinnert
dies an Nietzsches Kritik der "Aesthetik": "In der ganzen Philosophie
bis heute fehlt der Künstler" (13, 357). Wie Nietzsche begreift Klages
die Kunst vom Künstler her. Auch die Äußerung von Klages, man dürfe
die "schönheit" nicht zum "sklaven vermeintlich noch höherer werte",
des "religiösen zweckbewusstseins", machen (136), ist eine Nietzschesche Maxime. Auch folgende Feststellungen von Klages haben ihren
Ursprung unverkennbar bei Nietzsche:

> die kunst heizt mit lebensdurst und großen selbstgefühlen und das ist die
> höchste wirkung die dichter und künstler wünschen dürfen. [...] Was ist
> der künstler? der künstler ist vor allem liebhaber des lebens – des lebens
> und seiner reize. hierin gleicht er dem man der that, dem feldherrn, dem
> helden [...] (137 u. 138)

Nietzsche verweist auf die "*Identität* im Wesen des *Eroberers, Gesetz-
gebers* und *Künstlers*" (11, 32). Klages' Ausführungen über den 'Schaffenden' verdeutlichen in exemplarischer Weise den Einfluß Nietzsches
auf die neue Literaturgeneration. Nietzsches Begriff des 'Schaffenden'
wird zum Zauberwort der Epoche. Vor allem George ist mit Nietzsche
durch den imperatorischen Gestus, das diktatorische Verkündigungspathos und die Apotheose des schöpferischen Künstlers verbunden. Sein
Algabal ist ein autonom Schaffender. Er bringt eine "schöpfung" hervor, "Wo ausser dem seinen kein wille schaltet". Aber es ist ein rein
künstliches, bionegatives Reich, in dem das lebensfeindliche Ich die
"schwarze blume", eine reine Kunstblume, erzeugen will (*George*, W I,
45 u. 47). Nietzsche hätte das als *décadence* abgetan. Künstliche Paradiese waren seine Sache nicht.

3. Hugo von Hofmannsthal

Die Nietzsche-Rezeption erfolgt nicht nur in der programmatischen
Berufung auf Nietzsche, sondern auch in der Form okkasioneller Bemerkungen zu Nietzsche. So kann man bei Hofmannsthal kaum von
einem dominanten Einfluß oder gar einer produktiven Weiterbildung

Nietzsches sprechen. Seine Wirkung beschränkt sich weitgehend auf eher marginale Äußerungen – die affirmativer, kritischer und ambivalenter Art sein können. Dabei ist es nicht der Orator, sondern der Artist Nietzsche, der Hofmannsthals Interesse weckt. Nicht der Pathetiker des dionysischen Lebens, sondern der Virtuose des artistischen Stils steht im Vordergrund der Hofmannsthalschen Nietzsche-Rezeption. Dies zeigt sich in einer Reihe marginaler Stellungnahmen. Hofmannsthal notiert: "Bei Nietzsches 'Fröhliche Wissenschaft' heitere Klarheit, das freie Lachen, der helle Hochmut." (Juni 1892 [Nachlaß]). Eine Notiz vom 6.7.1892 lautet: "Nietzsche ist die Temperatur, in der meine Gedanken crystallisieren" (Nachlaß). Sinnentsprechend heißt es im Brief an Arthur Schnitzler vom 13.7.1891: "En attendant les' ich Nietzsche und freue mich wie in seiner kalten Klarheit […] meine eigenen Gedanken schön crystallisieren." (Briefwechsel, 7). Nicht der dithyrambische Nietzsche, der Dichter des *Zarathustra*, sondern der artistische Nietzsche, der luzide Prosaist, vermittelt Hofmannsthal geistige Impulse. Das klare Denken und die stilistische Luzidität der Nietzscheschen Prosa fesseln den Sprachvirtuosen Hofmannsthal. Hofmannsthal stimmt nicht in das zeittypische Nietzsche-Pathos ein, sondern hält eigentlich immer einen gewissen geistigen Abstand zu Nietzsche. Im Unterschied zu vielen Zeitgenossen, für die Nietzsche, besonders der *Zarathustra*, ein sie tief aufwühlendes Ereignis ist, wahrt Hofmannsthal, unbeschadet der auch ihm eigenen Nietzsche-Verehrung, eine Art von kultivierter Distanz. Nietzsche war für ihn kein Damaskus-Erlebnis. Er ist ein moderater Nietzsche-Leser. Gelegentlich zeigt sich auch ein ironischer, ja humoristischer Abstand zu Nietzsche. Im Brief an Richard Beer-Hofmann vom 8.7.1891 schreibt er: "Gut. Also da les' ich gestern Menschliches, Allzumenschliches und esse Kirschenkuchen dazu." (Briefwechsel, 4). Der pläsierliche Genuß von Kirschkuchen bei der Nietzsche-Lektüre nimmt dem Sujet sein Pathos und rückt es in den Bereich des Menschlich-Idyllischen. Am Schluß des Briefs wird auch der "Übermensch" ironisiert, denn der "rechte Übermensch" dürfte vor nichts "Angst" und "Achtung" haben, "nicht einmal vor sich selbst" (4f.). Hofmannsthal reagiert auf Nietzsche mit einer eigentümlichen Mischung aus Ernst und Ironie. Im Brief an Schnitzler vom 27.7.1891 schreibt er, daß ihn das "Schlußcapitel und das Schlußgedicht zu Jenseits von Gut u Böse ergriffen" hätten, aber er fährt fort: "Nietz'sche Sentimentalität! Weinender Marmor! Stellen, die sogar auf Weiber wirken, ohne daß man den Stellen oder den Weibern bös werden müßte." (Briefwechsel, 9). Damit drückt Hofmannsthal sowohl seine echte Ergriffenheit als auch seine ironische Reserve gegenüber dem Gefühlspathos Nietzsches aus. Er kritisiert allerdings auch die Verflachung Nietzsches durch den Typus des zeitgenössischen *décadent*. Im Essay *Zur Physiologie der modernen Liebe* (1891), der sich mit der Schrift Paul Bourgets befaßt, heißt es: "und wir können ganz gut einer abgebrochenen Gedankenreihe Nietzsches nachspüren und zugleich einen blöden crevé um sein englisches smoking beneiden" (13). Bezeichnend ist auch eine Briefstelle vom 27.7.1892: "wir erleben bei 3 Seiten Nietzsche viel mehr als bei allen Abenteuern unseres Lebens, Episoden und Agonien, wir haben Hunde gern, wir [...] erleben [...] sehr hübsche Dinge" (Briefe I, 57). Der impressionistische Ästhet, der *fin-de-siècle*-Literat, konsumiert unterschiedslos tiefe Bildungserlebnisse und triviale Alltagserscheinungen. Hofmannsthal stellt der lebenzerstörenden "Reflexion" die lebenerhaltende "Naivetät" engegen, wie sie möglich sei in der "Selbsterziehung zum ganzen Menschen, zum Individuum Nietzsches" (Physiologie, 10). Nietzsche erscheint als Vorbild der Persönlichkeitsformung. Zudem bleibt er für Hofmannsthal ein "großer Stilist" (*Hofmannsthal*, Rudolf Borchardt [1916], 385). Aber immer wieder klingt in aller Hochschätzung Nietzsches auch die Ironie an. Im Essay *Österreich im Spiegel seiner Dichtung* (1916) schreibt Hofmannsthal:

> Denke ich an Männer wie Kant, Hölderlin, Nietzsche, so ist der geistige Aufschwung ohnegleichen vor meinem Auge und ich könnte an der Höhe des Fluges die Deutschheit und das Aufgeflogensein vom deutschen Geistesboden erkennen, nicht aber das Gefieder. Ein österreichischer Vogel fliegt nicht so hoch, daß man nicht das Gefieder erkennen könnte. (337)

Nicht der abstrakte deutsche Geist, wie er sich auch im protestantischen Rigorismus Nietzsches bekundet, sondern das sinnliche, barocke Lebensgefühl behagt Hofmannsthal. Es kommt hinzu, daß ihm das anarchische Temperament Nietzsches weniger liegt und er stärker zum klassischen Maß neigt. In den '*Aufzeichnungen zu Reden in Skandinavien*' (1916) erteilt er der (Nietzscheschen) Maßlosigkeit eine Absage und fühlt sich dem (Goetheschen) Maß verpflichtet. Er notiert: "Furcht vor Maßlosigkeit." (360). Er begrüßt den "Übergang vom Titanismus zur Erkenntnis der Gesetzlichkeit bei Goethe" (358). Mit Blick auf *Elektra* (1904) und *Jedermann* (1911) verweist er auf das "Suchen eines

Gesetzes [...] über dem Persönlichen und außerhalb des Persönlichen" (355). Er wirft die Frage nach einem dem "Werden" entzogenen "Sein" auf:

> die Frage nach dem Sein gegenüber dem Werden; denn um das geht es, daß in einer Welt, in welcher alles in ein Werden gefaßt wird, der Dichter nach dem Sein fragen muß, nach der Bahn, dem Gesetz, dem Bleibenden [...] (356)

Wenn damit Nietzsches Philosophie des Werdens in Frage gestellt sein sollte, so setzt Hofmannsthal zugleich dem Nietzscheschen Willen zur Macht Maß, Gesetz und Humanum im Sinne Goethes entgegen: "Dem Willen zur Macht trat in Goethe der Wille zum Maß gegenüber." (362). Der späte Hofmannsthal wendet sich dem Kulturkritiker und Kulturpropheten Nietzsche zu. In der Rede *Das Schrifttum als geistiger Raum der Nation* (1927) erscheint Nietzsche als der Kritiker des selbstzufriedenen "deutschen Bildungsphilisters" und als Vorkämpfer der "Suchenden" (398). Nietzsche erscheint als großes Individuum "mit dem Anspruch auf Lehrerschaft und Führerschaft", "mit dem Anhauch des Genius auf der hohen Stirn", mit dem Zug zum Prophetentum: "vielleicht ist er mehr Prophet als Dichter" (401). Freilich, Hofmannsthal hält Distanz zur "völligen, starrenden Einsamkeit" (401), zur "Hybris des Herrschenwollens" (404), zum "einsamen weltlosen Deutschen", zur "schrankenlosen Orgie des weltlosen Ich" (409). Es geht ihm um die Integration des "Ich" in die "Gemeinschaft" (412). Nicht ein elitärer Individualismus, sondern ein Gemeinschaftsethos im Sinne der Kulturnation ist nun Hofmannsthals Anliegen. Während Hofmannsthal in frühen Jahren den Artisten Nietzsche bewundert, gilt sein späteres Interesse dem Kulturkritiker Nietzsche. Der kulturpädagogische Impetus hat den artifiziellen Komplex verdrängt. Auffällig ist allerdings eine gewisse Diskontinuität in der Nietzsche-Rezeption Hofmannsthals. Er hat dies selbst so empfunden, denn schon im Brief an Raoul Richter vom 7.7.1903 schreibt er, mit Bezug auf dessen Buch *Friedrich Nietzsche. Sein Leben und sein Werk* (1903), es sei für ihn höchst nützlich

> im Zusammenhang über eine geistige Erscheinung belehrt zu werden, die mehrmals, besonders im frühen Entwicklungsalter, imponierend und aufregend in mein Leben getreten ist, ohne daß diese Eindrücke in mir eine rechte Kontinuität gefunden hätten. (Briefe II, 117f.)

In der Tat hat Nietzsche bei Hofmannsthal eher "Eindrücke", den Geist aktivierende Eindrücke, hinterlassen, als daß er für ihn ein zentrales, existentielles Erlebnis gewesen wäre. Er hat sich nur sporadisch, eigentlich nur *en passant* mit Nietzsche beschäftigt. Rudolf Kassner ist sogar der Auffassung, Nietzsche sei für Hofmannsthal nie von Bedeutung gewesen: "Nietzsche hat ihn nie beschäftigt oder gar beunruhigt" (Gespräch mit Hofmannsthal, 382).

Dennoch ist festzuhalten, daß Nietzsche nicht ohne Einfluß auf die Dichtung Hofmannsthals geblieben ist. In Entwurfsblättern zum *Tod des Tizian* (1891) (SW III, 344f.) finden sich Hinweise zu Nietzsche (Zitat und Zitatparaphrase aus Zarathustras Vorrede), die Einsamkeit, das Schaffen und den Tod Gottes betreffend, sowie Notizen zur "monologischen Kunst" und zum dionysischen Schaffen, die in die *Tizian*-Disposition eingefügt sind. Zarathustra erscheint als eine Präfiguration des Tizian. Beide sind große Schaffende, und eben durch die Idee des Schaffens sind sie miteinander verbunden. Das Schaffen ist für die Tizian-Jünger die Möglichkeit der Selbstentfaltung: "schaffend erkennen wir unsere Kraft, gehend den Weg. ." Sie haben aber (im Unterschied zu Zarathustra) nicht nur den Willen zum Leben, sondern auch die Sorge vor dem Tod: "Stimmungen: das starke Stimulans, die dionysische Weihe, die ihnen die Freude am lebenden, soll ihnen auch die Angst um den todten Tizian sein." Hofmannsthal verquickt, im Unterschied zu Nietzsche, das Motiv des dionysischen Schaffens mit dem Todesmotiv. Aber der Gedanke der Überwindung der Leere durch das Schaffen verbindet ihn mit Nietzsche. Wenn das "Leben" "unerträglich", wenn "dieses sinnlose bebende Suchen und Warten" zur Last wird, gibt es nur eine Lösung: Man "wird ein Künstler und schafft das Leben aus sich selbt heraus, das lachende, blühende, lebendige Leben" (Tagebuch eines jungen Mädchens [1893], 111). Tizian rückt in die Nähe Zarathustras, wenn Hofmannsthal notiert: "'Der Tod des Tizian', Episode des großen Propheten." (Aufzeichnungen, 93). Freilich, Schönheitskult, Melancholie und Todesverfallenheit hätte Nietzsche wohl zu den Symptomen der *décadence* gezählt. Eher hätte ihn der Gedanke gefesselt, daß der sterbende Tizian – durch die Kunst – das Leben feiert. Ein Gedanke aus dem Geiste Nietzsche ist die Sentenz im Tod des Tizian: "Der Tizian sterben, der das Leben schafft!" (SW III, 41). Auch Hofmannsthal bezieht die Kunst auf das 'Leben'. Ein "gutes Kunstwerk", in dem die "Geheimnisse des Lebens" sich wie in einem "Tempel" "offenbaren", muß den "Leser unmittelbar ins Leben entlassen" (Aufzeichnungen, 128). Zu Nietzsches *Genealogie der Moral* notiert Hofmannsthal: "Besitz: ein reiner Begriff vom schaffenden

Künstler und seinem geheimen Verhältnis zum Leben" (Zitat nach *Hillebrand*, Nietzsche I, 82). Man hat darauf hingewiesen, daß Hofmannsthal sich wiederholt zu Zarathustra geäußert hat und daß er in *Der Tor und der Tod* (1893) Schopenhauers Musikauffassung und Nietzsches Lebensbegriff miteinander verbunden habe (*Steffen*, Hofmannsthal u. Nietzsche, 78). In der Tat ist der in diesem kleinen lyrischen Drama auftretende dionysische Tod eine an Nietzsches Dionysos erinnernde Gestalt. Hofmannsthal bezieht sich, wie Nietzsche, auf die griechische Tragödie. In einem Beer-Hofmann am 22.7.1892 zugesandten Briefgedicht heißt es: "Dunkelglühende Musik: der / Tod der griechischen Tragödie, / Ein Verwandter des Adonis" (Briefe I, 53). Im Gedicht *Erlebnis* (1892) lautet ein Vers: "Das ist der Tod. Der ist Musik geworden" (SW I, 31). Der frühe Hofmannsthal steht im Banne des lyrischen Dreiklangs von Dionysos, Musik und Tod. Darin zeigen sich Affinität und Unterschied zu Nietzsche. Die Verquickung von Dionysos und Musik verbindet Hofmannsthal mit Nietzsche, die Einheit von Dionysos und Tod unterscheidet ihn von Nietzsche. Die *fin-de-siècle*-Schwermut war Nietzsche fremd. Hofmannsthals Claudio findet erst im Tod das Leben: "Da tot mein Leben war, sei du mein Leben, Tod!" (SW III, 79). Nietzsche hingegen will das dionysische Leben im Leben selbst erleben. Freilich, auch Zarathustra erklärt: "[…] noch ist der Tod kein Fest. Noch erlernten die Menschen nicht, wie man die schönsten Feste weiht" (4, 93 – Za). Aber dabei geht es um den Tod aus freier Entscheidung, um den "freien Tod". Hier ist das Todesmotiv nicht mit der Melancholie verknüpft. Nietzsche nimmt den Tod ins Leben hinein: "Ich will aus der *Zeugung* und aus dem *Tode* ein Fest machen." (10, 136; vgl. 10, 202). Im Unterschied zu dem von Nietzsche proklamierten Willen zum Leben ist der frühe Hofmannsthal der ästhetisch verfeinerte Spätling einer überreifen Kultur, dessen Existenz von Lebensdistanz, Melancholie und Endbewußtsein überschattet ist. Der entscheidende Unterschied der *décadence*-Ästheten zu Nietzsche liegt im Phänomen der Willenlosigkeit. Im Amiel-Essay *Das Tagebuch eines Willenskranken* (1891) beleuchtet Hofmannsthal die ästhetische Symptomatik der Willenlosigkeit im modernen Künstlertum. Im Essay *Gabriele d'Annunzio* von 1893 deutet er "jene unheimliche Willenlosigkeit" als "Grundzug des in der gegenwärtigen Literatur abgespiegelten Lebens" und spricht von "jenem Erleben des Lebens nicht als einer Kette von Handlungen, sondern von Zuständen" (150). Nicht die aktive Gestaltung, sondern die passive Hinnahme des Lebens kennzeichnet diesen

Stimmungsimpressionismus. Es entspricht den Gedanken Nietzsches, wenn Hofmannsthal die bloße Betrachtung des Lebens durch schöpferische Aktivität überwinden will. "Das Ungeheure des Lebens ist nur durch Zutätigkeit erträglich zu machen; immer nur betrachtet, lähmt es." "Leben und sich ausleben nur im Kampf mit den widerstrebenden Mächten." (Aufzeichnungen, 126 u. 127 [1895]). Bei Hofmannsthal bleibt in aller überfeinerten Formkultur und ästhetischen Noblesse der dionysische Untergrund im Sinne Nietzsches wirksam. In der Rückschau auf seine antiken Tragödien *Elektra* (1904), *Ödipus und die Sphinx* (1906) und *Alkestis* (1911) betont er ihren antiklassischen, dionysischen Charakter: "Meine antiken Stücke haben es alle drei mit der Auflösung des Individualbegriffes zu tun. [...] Elektra ist nicht mehr Elektra, weil sie eben ganz und gar Elektra zu sein sich weihte." (Aufzeichnungen, 201). Dies ist eine Sicht der Antike aus dem Geiste Nietzsches, aus dem Geiste der *Geburt der Tragödie* – wenngleich es in der *Elektra* nicht um das aus dem Untergang der Individuen siegreich hervorgehende dionysische Leben, sondern um den aus schicksalhafter Notwendigkeit erwachsenden menschlichen Gefühlsexzeß geht. Elektras Leben endet allerdings dionysisch, im mänadischen Tanz. Das Dionysische ist dann in der Oper *Elektra* (1909) von Richard Strauß, zu der Hofmannsthal das Libretto verfaßt, durch die Musik noch verstärkt worden. Im übrigen zeichnet sich um die Jahrhundertwende ein Trend zur Vertonung Nietzschescher Werke und Themen ab. Zu erwähnen sind nicht nur die "sinfonische Dichtung" *Also sprach Zarathustra* (1896) von Richard Strauß, sondern auch *Zarathustras Nachtlied* (1898) von Frederick Delius, die *Dionysische Phantasie* (1897) von Siegmund von Hausegger, das *Trunkene Lied* (1904) von Oskar Fried und Gustav Mahlers dritte Symphonie. Im Brief an Schnitzler vom 19.7.1892 schreibt Hofmannsthal, im Hinblick auf die (unvollendet gebliebene) "Renaissancetragödie" *Ascanio und Gioconda*, sein Antrieb sei die "eigentümlich dunkelglühende, dionysische Lust im Erfinden und Ausführen tragischer Menschen in tragischen Situationen" (Briefwechsel, 23). Nietzsche notierte, daß er durch die "dionysische Lust" das "*Tragische erst entdeckt*" habe (WzM, Nr. 1029). So greift Hofmannsthal Nietzsches Begriff der "dionysischen Lust" auf. Freilich, er will den tragischen Konflikt zwischen Mensch und Schicksal in einem Handlungszusammenhang gestalten, während für Nietzsche die Tragödie allein als Manifestation des Dionysischen bedeutungsvoll ist. Aber hinsichtlich des schöpferischen Prozesses ist Nietzsches "dionysische Lust" auch Hofmannsthals Anliegen. Doch auch der apollinische Schein ist bei Hofmannsthal von Bedeutung. Eine frühe Notiz lautet: "Wer die höchste Unwirklichkeit erfaßt, wird die höchste Wirklichkeit gestalten." (Aufzeichnungen, 40). Die "Tiefe" darf nur an der "Oberfläche" aufleuchten: "Die Tiefe muß man verstecken. Wo? An der Oberfläche." (ebd., 47). Nietzsche hatte verkündet, es gelte, bei der "Oberfläche" zu bleiben, den "Schein anzubeten". "Diese Griechen waren oberflächlich – *aus Tiefe!*" (3, 352 – FW). So taucht bei Hofmannsthal Nietzsches Problem von Tiefe und Oberfläche wieder auf (dazu *Meyer-Wendt*, Hofmannsthal, 136f.). Nur die in Form umgesetzte Tiefe ist ästhetisch relevant. Hofmannsthal kritisiert die deutsche "Tiefe" als Mangel an Formbewußtsein: "Deutsche tun sich viel auf die Tiefe zugute, die nur ein anderes Wort ist für nicht realisierte Form." (Aufzeichnungen, 55). Später nennt Benn einmal die "'Tiefe'" den "beliebten deutschen Aufenthalt" und setzt ihr die "Form" entgegen: "Gott ist Form." (Doppelleben, 164f.). In Benns Gedicht *Am Brückenwehr* (1934) heißt es programmatisch:

> formen, das ist deine Fülle,
> der Rasse auferlegt,
> formen, bis die Hülle
> die ganze Tiefe trägt. (GW III, 163)

Von Nietzsche über Hofmannsthal bis zu Benn ist die Umsetzung der gestaltlosen "Tiefe" in eine artistische "Form" ein ästhetisches Postulat. Auch das Nietzsche-Motiv der poetischen Lüge, des Dichters als des Lügners, wird bei Hofmannsthal angeschnitten. Im *Tod des Tizian* sagt der Dichter zum "Schauspieler", seinem "Zwillingsbruder": "Ich weiß, mein Freund, daß sie dich Lügner nennen" (SW III, 40 [Prolog]). Hier ist allerdings der Dichter ein Lügner nur in den Augen der Umwelt. Dennoch spielt das Problem von Wahrheit und Lüge auch bei Hofmannsthal eine Rolle. In *Gestern* (1891) heißt es:

> O goldne Lügen, werdend ohne Grund,
> Ein Trieb der Kunst, im unbewußten Mund!
>   [...]
> Wie süß, die Lüge wissend zu genießen,
> Bis Lüg und Wahrheit sanft zusammenfließen
>   [...]   (SW III, 19 [4. Szene])

Die Verquickung von Wahrheit und Lüge ist ein Nietzschescher Gedanke. Daß man "unbewußt" und "wissend" lügen kann, dies hat schon

Nietzsche betont. So spricht er einmal von der "Unschuld in der Lüge" (5, 103 – JGB), und im Dithyrambus *Nur Narr! Nur Dichter!* wird der Dichter als "Thier" bezeichnet, "das wissentlich, willentlich lügen muss" (6, 377 – DD). Hofmannsthal versteht, wie Nietzsche, 'Wahrheit' und 'Lüge' als Elemente des sich ständig wandelnden Lebens, mit dem Unterschied freilich, daß er diesen Wandel als ständigen Stimmungswechsel versteht. Eine Tagebuchnotiz vom 22.5.1891 lautet: "Jede Lüge, das heißt, jede Wahrheit ist erstarrte Stimmung; conservierte Stimmung, die nur ein Recht hatte mit den andern zu strömen und zu verrinnen." (SW III, 327). Nicht von ungefähr hat Hofmannsthal sich während der Entstehung von *Gestern* mit *Menschliches, Allzumenschliches*, kurz vorher mit *Jenseits von Gut und Böse* und dann bald mit der *Fröhlichen Wissenschaft* beschäftigt. (vgl. *Steffen*, a.a.O., 76). Bei Hofmannsthal geht es allerdings um die Psychologie der Stimmungen, der punktuellen Empfindungen, der nervösen Reizbarkeiten. Nietzsches Lebensmetaphysik wird beim frühen Hofmannsthal zur Stimmungspsychologie. Gerade die Willensschwächung ist auf die Lüge angewiesen. Nietzsche: "die décadents haben die Lüge *nöthig*" (6, 312 – EH). Auch das Phänomen der Lüge wird bei Hofmannsthal mehr aus den momentanen Stimmungen entfaltet, als daß er eine Ästhetik der Lüge entwickeln würde. Die Lüge als Wesensmerkmal des Lebens und der Kunst – diese Nietzschesche Grundidee verblaßt bei Hofmannsthal. Die Dialektik von Wahrheit und Lüge als Existenzmodus des Dichters hat ihn nicht zentral beschäftigt. Wohl aber die Krise der Sprache. Nietzsches Sprachkritik, wie sie vor allem in *Über Wahrheit und Lüge im außermoralischen Sinne* zum Durchbruch gelangt, kehrt bei Hofmannsthal wieder, vor allem im Essay *Ein Brief* (1901), im Chandos-Brief, in dem, wie bei Nietzsche, die Insuffizenz der Sprache gegenüber den Dingen zu einer fundamentalen Sprachskepsis führt. Bei Hofmannsthal verschärft sich die Sprachkrise noch, denn nun wird das Sprechen selbst zum Problem:

> Es ist mir völlig die Fähigkeit abhanden gekommen, über irgend etwas zusammenhängend zu denken oder zu sprechen. […] Ich empfand ein unerklärliches Unbehagen, die Worte "Geist", "Seele" oder "Körper" nur auszusprechen. (12)

Die von Francis Bacon im *Novum Organum* entwickelte Lehre von den *idola*, den auch die Sprache betreffenden Trugbildern, wird von Hofmannsthal zum konsequenten Sprachzweifel, ja zu einer Krise des Sprechens zugespitzt. Er notiert:

Worte sind versiegelte Gefängnisse des göttlichen Pneuma, der Wahrheit. / Götzendienst, Anbetung eines eidolon, Sinnbildes, das einmal für einen Menschen lebendig war [...] solche eidola sind die Begriffe der Sprache. (Aufzeichnungen, 105)

Beim frühen Benn verschärft sich dann die Sprachkrise noch, indem sie zur Bewußtseinskrise wird. Im provokatorischen Gedicht *Fleisch* (1917) heißt es: "Das Gehirn ist ein Irrweg. [...] Doch was ist außer Stein? Worte! Geplärr! [...] Ich speie auf mein Denkzentrum. / Worte haben wir hervorgehurt." (GW III, 34). So zeichnet sich von Nietzsche über Hofmannsthal bis zu Benn eine (sich verschärfende) Sprachkrise ab. Aber alle drei Dichter bleiben nicht bei der Sprachverneinung stehen, sondern kennen auch die Sprachbejahung. Nietzsche setzt dem "Begriff", den "usuellen Metaphern", das "Bild", die "Anschauungsmetapher", entgegen (1, 881f. – WL). Hofmannsthal denkt an eine "Sprache, von deren Worten mir auch nicht eines bekannt ist, eine Sprache, in welcher die stummen Dinge zu mir sprechen" (Ein Brief, 22). Benn wird zum Panegyriker des dichterischen Wortes, der in Gedichten wie *Ein Wort* (GW III, 208) das Wort zur alleinigen sinnstiftenden Kraft in der Leere der Welt erklärt.

4. Rainer Maria Rilke

Rilke war, sowenig wie Hofmannsthal, ein Nietzscheaner. Dazu war er seiner ganzen geistigen, seelischen und 'ästhetischen' Disposition nach zu sehr dem Sentiment, der Stimmung verhaftet, zu pathisch, zu sehr den Dingen hingegeben, zu monistisch, zu sehr geprägt vom Gedanken der universellen Einheit alles Seins. Weder der Wille zur Macht noch der Übermensch, weder das Pathos der Menschheitserneuerung noch die imperatorischen Gebärden sind signifikant für seine Dichtungen. Der Voluntarismus und Aktivismus Nietzsches war ihm im Grunde wesensfremd. Dem Nietzscheschen Tätigkeitsdrang, die Welt real umzuformen, steht bei Rilke eine eher passivische Haltung, die Hingabe an die Welt, gegenüber. Nietzsche ist der Dichter-Denker des Willens zur Macht, Rilke ist der Dichter der Innerlichkeit. Die Stimmung ist das Element Rilkes, zumindest des Rilke der Jahrhundertwende. Der frühe Rilke ist der unerreichte Virtuose der Stimmungen, der Stimmungsvaleurs, der Stimmungsnuancen, der Stimmungsvibrationen. Diese Stimmungen, die in den Anfängen noch rein subjektiv-persönliche Stimmungen sind, werden dann mehr und mehr Ausdruck eines lyrischen

Monismus, der die Überwindung der Subjekt-Objekt-Spaltung und damit die große Einheit aller Dinge beschwört. In ihm artikuliert sich weniger ein nietzscheanisches als vielmehr ein franziskanisches Lebensgefühl. Dennoch zeigt sich beim frühen Rilke ein Einfluß Nietzsches, und zwar in doppelter Hinsicht: zum einen in der Problematik der Einsamkeit und des Schaffens, in der Apotheose des schaffenden Künstlers, sowie im weltimmanenten, 'dionysischen' Daseinsverständnis, zum anderen im Motiv der Gottverlassenheit und in elitärer Kritik an der Gesellschaft. Die wichtigsten Zeugnisse des Nietzsche-Einflusses sind das *Florenzer Tagebuch* (1898) und die <*Marginalien zu Nietzsche*> (1900). Hinzu kommen die Erzählung *Der Apostel* (1896), die *Christus-Visionen* (1896/1898) und die Erzählung <*Ewald Tragy*> (1898).

Im *Apostel* läßt Rilke einen Elitemenschen Nietzschesche Philopheme verkünden: Kritik am "Gesetz der Liebe", an der "Nächstenliebe", Absage an die "Schwachen" und Verherrlichung der "Starken", des "Großen, Gewaltigen, Göttlichen", des "Werdens", Plädoyer für "Willen und Macht", Verachtung der "Menge" und Apotheose des großen Menschen. Von diesem Apostel heißt es: "Er sah wie ein Gott aus." (vgl. IV, 452-459). Obschon Rilke den *Apostel* als "mein halb tief ernstes, halb satirisches Glaubensbekenntnis" bezeichnet (W IV, 1009 – Brief vom März/April 1896) und damit auch eine gewisse kritische Distanz zu seinem Sujet zu erkennen gibt, dominiert doch das Credo, die Identifikation mit den Aussagen dieses elitären, 'aristokratischen' Subjekts. In diesem Text erweist sich Rilke in der Tat als Nietzscheaner. Das Ganze ist jedoch eher eine epigonale, situative Stilübung unter dem Eindruck der *Zarathustra*-Lektüre – wie auch die Affinität zu Gerhart Hauptmanns *Apostel* (1890) nicht zu übersehen ist (dazu *Neuse*, Apostel) – als Ausdruck einer grundsätzlichen, konstanten Einstellung Rilkes. Der junge Rilke möchte sich durch einen solchen Text vom Christentum befreien, um Freiheit zu gewinnen für das eigene Schaffen.

Kritisch in Frage gestellt wird das Christentum auch in dem balladesken Gedichtzyklus *Christus. Elf Visionen*. Dort ist Christus eine ahasverische Gestalt in einer von Gott verlassenen Welt. Er wird entmythologisiert: "ich bin kein Gott!" (W III, 151). In bacchantischem Taumel gibt er sich dem Leben hin, der Devise des "Weibes" folgend: "das Leben leben!" (W III, 150). Wie im *Zarathustra* (vgl. 4, 366 – Za) wird die Dornenkrone (Symbol des Leidens) durch die Rosenkrone (Symbol des Lebens) ersetzt (vgl. W III, 152). In der Vision *Venedig* verweist Jesus auf den Verfall der historischen Pracht, auf die überall herrschende Trauer: "und nur die Kirchen dauern noch und rufen" (W III, 155). Aber der alte Doge antwortet ihm, daß trotz der "großen, reichen Feste" in den "Prachtpalästen", d.h. in den Kirchen, zuletzt die Leere auch dort um sich greifen werde: "dann bleibt auch dein Palast für ewig leer". Es eröffnet sich eine das Christentum hinter sich lassende Dimension, das unendliche Leben selbst. Es ist diese Unendlichkeit, die der "Alte" in Gebetshaltung vergegenwärtigt: "Und dieses Knien schien weit hinauszuwachsen / vorbei an Christo und weit über ihn…" (W III, 156). In der Vision <*Judenfriedhof*> ist Jesus der "arme Jude, nicht der Erlöser"; er rechtet mit Gott: "Jehovah – weh, wie hast du mich mißbraucht" (W III, 157). Jesus spricht als ein Gescheiterter und ein Verzweifelter:

> Mein Alles war mir, Vater, deine Näh …
> Du Grausamer, und wenn du niemals warst,
> so hätte meine Liebe und mein Weh
> dich schaffen müssen bei Gethsemane. (W III, 158)

In diesen Versen zeigt sich sowohl eine Affinität als auch ein Unterschied zu Nietzsche. Die anklagende Apostrophe "Du Grausamer" ist offensichtlich ein Anklang an Nietzsches gegen den "unbekannten Gott" gerichtete Wendung "grausamster Jäger" (4, 314 – Za; 6, 398 – DD). In beiden Fällen spricht der verzweifelte Mensch den verlorenen Gott wie einen Feind an. Aber die Gottverlassenheit hat bei beiden unterschiedliche Konsequenzen. Nietzsche ist mit dem Tod Gottes, dem Nihilismus, konfrontiert, während Rilke von dem Gedanken getragen ist, daß Gott ein aus der menschlichen Gefühlskraft zu Schaffendes sei. Freilich, auch bei Rilke taucht der Gedanke der vehementen Destruktion der metaphysischen 'Lüge' auf. Christus will einen "Fluch" schleudern, "daß ich des Himmels blaues Lügentuch / mit seiner Schneide kann in Stücke reißen" (W III, 159). In einem quasi 'dionysischen' Protest will der vereinsamte Christus die "ganze Welt" zerstören, "vergiften":

> Weißt du kein Mittel, herben Haß zu stiften,
> der jeden Mann zum wilden Raubtier macht?
> [...]
> Kannst du nicht eine neue Lehre stiften,
> die Wahnsinnswut in jeder Brust entfacht.
> Ins Unbegrenzte steigre ihre Triebe
> [...]   (W III, 159)

In solch exzessiven, radikal 'vitalistischen' Gebärden verrät sich der Einfluß Nietzsches.

Die Rebellion gegen die etablierte Weltordnung und Gesellschaft zeigt sich auch in *Ewald Tragy*. Dort sagt der junge Tragy, das Gegenbild seines streng bürgerlichen Vaters:

> ich weiß, es gibt Gesetze und Sitten, und die Menschen pflegen sich mehr oder minder daran zu halten. Aber mich darfst du nicht zu diesen ehrsamen Staatsbürgern zählen, beste Tante. Ich bin mein eigener Gesetzgeber und König, über mir ist niemand, nicht einmal Gott – (W IV, 532)

Die Negation des konventionellen Moralsystems, die Autonomie des kreativen Subjekts und der Abbau eines den Menschen bindenden metaphysischen Prinzips – dies sind, deutlich genug, Nietzschesche Ideen. Tragy greift auch Nietzsches Motiv des Dichters als Narren auf. Bei Nietzsche heißt es: *"nur* Narr! *nur* Dichter!"* (6, 378 – DD). Bei Rilke ist zu lesen:

> Was soll man sagen? *Nur* Dichter? Das ist einfach lächerlich. Selbst wenn es möglich wäre – das ist ja kein Stand. Er trägt nichts, man gehört in keine Rangsklasse, hat keine Pensionsberechtigung, kurz: man steht in keinem Zusammenhang mit dem Leben. (W IV, 531)

Obschon die Krise der Dichterexistenz bei Nietzsche aus der existentiellen Paradoxie von Wahrheit und Lüge, bei Rilke hingegen aus der gesellschaftlichen Outsiderposition des Dichters begründet wird, stimmen beide doch in dem Grundgedanken überein, daß der Dichter ein Narr sei. Immerhin, auch Tragy registriert die Diskrepanz zwischen Sprache und Leben, zwischen pathetischer Sprache und einfachem Leben: "Und wundert sich über die großen Worte und über das kleine Leben irgendwo tief unten." (W IV, 549). Auch bei Tragy zeigt sich eine Sprachskepsis, ein Mißtrauen gegenüber dem raschen Verfügbarmachen der Welt durch die Sprache:

> Was ihn aber am meisten überrascht, das ist das Fertige aller dieser Überzeugungen, die sorglose Leichtigkeit, womit Kranz eine Erkenntnis neben die andere setzt, lauter Eier des Kolumbus: wenn eines nicht gleich aufrecht bleiben will, ein Schlag auf die Tischplatte und – es steht. (W IV, 549)

Mit dieser ironischen Sprachskepsis steht Rilke in der Nachfolge Nietzsches. Es ist das Mißtrauen gegen eine schablonierte, rhetorisch aufgeblasene Sprache, die die Dinge in fiktive Ordnungsschemata zwingt, aber das wirkliche Leben verfehlt. Der Erzähler führt den pathetischen Rhetoriker Kranz ironisch *ad absurdum*:

> Dann ist er gleich wieder bei der Sache und ist sogar an einem Höhepunkt, an der Stelle nämlich: "Wie ich Nietzsche überwand." / Aber Ewald Tragy hört aufeinmal nichtmehr zu. (W IV, 550)

Von seiten des Erzählers ist dies ein (indirektes) Votum für Nietzsche und gegen seine (gedankenlose) Verurteilung durch unschöpferische Existenzen. Tragy zeigt nietzscheanische Symptome. Auch die für Nietzsche so charakteristische Vereinsamung, der Kommunikationsverlust, das antwortlose Fragen ist für ihn kennzeichnend:

> Er bleibt vergessen. Er mag rufen und Zeichen geben. Seine Stimme reicht nirgends hin. [...] Und so ist es gar nicht erstaunlich, wenn Tragy zum Schluß erkennt, daß es niemanden gibt, dem er diesen Brief schicken kann, und daß niemand ihn verstünde [...] (W IV, 566 u. 567)

Im Unterschied zu Nietzsche, d.h. zu der von Nietzsche geforderten Lebensstärke, zeigt Tragy freilich Symptome der *décadence*, der Lebensschwäche: "Als ob ihm etwas fehlte zum Leben, irgend ein wichtiges Organ, ohne welches man eben nicht vorwärts kommt." (W IV, 559). Auch durch seine Sehnsucht nach menschlichem Zuspruch, nach Teilhabe am Menschlichen unterscheidet sich Tragy von Nietzsche, von dessen extremer Ichbezogenheit. Dennoch wird in bestimmten Motiven und Problemen die Affinität zu Nietzsche deutlich: im Selbstbewußtsein des Subjekts, in der Einsamkeit, in der Sprachskepsis.

Der entscheidende Einfluß Nietzsches auf den frühen Rilke aber liegt in der Problematik des Schaffens bzw. des Schaffenden. Am deutlichsten zeigt sich dies im *Florenzer Tagebuch*. Der Siegeszug, den Nietzsches Begriff des Schaffenden in der Literatur der Jahrhundertwende antritt, erreicht hier einen Höhepunkt. Stellenweise, d.h. in den Partien, in denen es um den einsam Schaffenden geht, liest sich das *Florenzer Tagebuch* wie reine Nietzsche-Exegese. Hier ist, in unmittelbarer Anlehnung an Nietzsche, der "Schaffende" ein Schlüsselbegriff. Pure Nietzsche-Paraphrase sind die Rilke-Passagen dennoch nicht, denn an bestimmten Punkten setzt Rilke durchaus auch eigene Akzente, unbeschadet der grundsätzlichen Abhängigkeit von Nietzsche. Man muß dabei im Blickfeld halten, daß die Nietzscheanismen nur einen Teil des *Florenzer Tagebuchs* ausmachen. Rilkes Interesse gilt darüber hinaus vor allem der "Schönheit", dem Schönheitskult der Renaissance-Künstler, der Frage nach "Gott" und der "Brüderlichkeit" mit den Dingen. Rilkes Grundgedanke ist die Idee, daß eigentlich jeder Mensch ein Schaffender ist: "Jeder schafft die Welt neu mit seiner eigenen Geburt; denn jeder ist die Welt." (29). Der Mensch ist seinem Wesen nach auf Schaffen hin angelegt. Aber erst im Künstler findet das Schaffen seinen wahren, höchsten Ausdruck. Der wahrhaft Schaffende ist der Künstler. Es heißt:

> Der Schaffende ist der weitere Mensch, der, über welchen hinaus die Zukunft liegt. [...] Der Künstler ist die Ewigkeit, welche hineinragt in die Tage. (29)

Dies ist eine Überlegung ganz aus dem Geiste Nietzsches. Der Künstler vergegenwärtigt das Ewige in der Zeit und entwirft das Zukünftige. Ständig fließen in die Kennzeichnung des "Schaffenden" Nietzsche-Motive ein. Wie Nietzsche ist Rilke getragen von einem elitären Pathos des einsam Schaffenden. Der Künstler schafft nicht für ein "Publikum", für die "Philister", die die Kunst als harmloses Spiel genießen möchten und für die der Künstler "eine Art Spaßmacher" ist oder die von der Kunst einen erzieherischen Einfluß erwarten. Es gibt keine wirkliche "Wechselbeziehung zwischen dem Schaffenden und der Menge" (26f.). Wie vor ihm Nietzsche und George grenzt Rilke mit dem 'aristokratischen' Pathos des Schaffenden den Künstler gegen die 'Menge' ab. Der Künstler schafft nicht für die 'Menge', sondern für sich selbst. Es geht im künstlerischen Schaffen nicht um die Wirkung auf ein Publikum, sondern um die Selbstverwirklichung des Schaffenden. Rilkes ästhetisches Credo liest sich wie eine Verkündigung Zarathustras:

> Wisset denn, daß die Kunst ist: das Mittel Einzelner, Einsamer, sich selbst zu erfüllen. [...] Wisset denn, daß die Kunst ist: ein Weg zur Freiheit. [...] Wisset denn, daß der Künstler für sich schafft – einzig für sich. [...] (27)

Selbstfindung durch Schaffen in Einsamkeit – dies ist die ästhetische Maxime des frühen Rilke. Der Künstler schafft, "bis er endlich hineinblicken kann in sich selbst"; "er schuf das würdige Heim für – sich selbst" (28). Rilke beharrt auf der Einsamkeit des Künstlers und hält es für fragwürdig, daß er zu einem eine "Religion" stiftenden "Heiland" werde (37), denn

> Ein solcher dürfte aber kein Künstler gewesen sein. Denn wenn ein Schaffender zu sich fand, bleibt er in seiner Einsamkeit; er will in der Heimat sterben. (38)

Wie für Zarathustra, der allein in der Einsamkeit zu sich selber findet: "Du meine *Heimat* Einsamkeit!" (4, 231 – Za), so ist auch für Rilke die Einsamkeit eine letzte Geborgenheit. Der Künstler "hat nirgends eine Heimat außer bei sich" (38). Wie für Nietzsche, der von dem über die Zeiten hinweg geführten "hohen Geistergespräch" der einsamen Genies spricht (1, 808 – PHG), gibt es für Rilke eine ästhetische Beziehung nur zwischen Einsamen: "Die Kunst geht von Einsamen zu Einsamen in hohem Bogen über das Volk hinweg." (40). Aber selbst die Kommunikation zwischen den Künstlern ist problematisch, da sie auf eine Beeinträchtigung der reinen Einsamkeit hinausläuft:

> Künstler sollen einander meiden. Die große Menge rührt nicht mehr an sie, wenn ihnen erst bestimmte Befreiungen gelungen sind. Zwei Einsame aber sind eine große Gefahr füreinander. (33)

Wie bei Nietzsche ist allein die Einsamkeit das Element des Schöpferischen: "Wenn es für den Künstler eine Verheißung gibt, der er vertrauen kann, ist es: der Wille zur Einsamkeit." (29). Die "Kunsttat" ist eine "Befreiung" allein für den Künstler selbst: "So ist die Kunst der Weg zur Kultur für den Künstler. Aber nur *seine* Kunst und einzig für ihn." Die Bedeutung des Schaffens liegt im "Weg zu sich selbst" (30). Rilke drängt den wirkungsästhetischen Aspekt ganz zurück zugunsten des ausdrucksästhetischen Aspekts. Als Ausdruck des einsam Schaffenden verfolgt das Kunstwerk keine weiteren Absichten. Im Zeichen dieser Ästhetik des nur sich selber darstellenden Künstlers verlieren auch übermenschliche Mächte ihre Relevanz: "Gäbe es Götter, wir könnten es nie erfahren; denn daß wir um sie wissen, genügt, sie zu vernichten." (38). Dies erinnert an das Wort Zarathustras: "*wenn* es Götter gäbe, wie hielte ich's aus, kein Gott zu sein! *Also* giebt es keine Götter." (4, 110 – Za). Wie bei Nietzsche verdrängt die Kunst die Religion. Die Religion erscheint als Ersatz für die unschöpferischen Menschen:

> Die Religion ist die Kunst der Nichtschaffenden. Im Gebete werden sie produktiv: sie formen ihre Liebe und ihren Dank und ihre Sehnsucht und befreien sich so. (32)

Wenn Rilke damit, wie Nietzsche, den unbedingten Vorrang der Kunst betont, so verkündet er doch keine Gott-ist-tot-Philosophie, sondern er sieht auch in der Religiosität, im Gebet, eine Form von 'Produktivität'. Rilke betont, wie Nietzsche, den Sonderstatus des Künstlers, aber er wahrt den Bezug zu einem Umgreifenden – das er "Gott" nennt. Unter

"Gott" versteht er nicht mehr den christlichen Schöpfergott, sondern das Leben selbst, das rätselhafte, unsagbare, unendliche Leben. Aber bezeichnenderweise ist "Gott" nicht ein Vorgegebenes, sondern ein zu Schaffendes. "Gott" ist die höchste Aufgabe des Menschen. Er muß aus der menschlichen Gefühlskraft geschaffen werden. Insofern ist auch "Gott" ein 'Kunst'-Gebilde:

> Gott ist das älteste Kunstwerk. […] Als alle Völker noch wie ein Mann waren, bildeten sie Gott aus Sehnsucht. […] Jeder kommt in Trauerkleidern vom Sterbebette seines Kindheitsgottes; aber bis er zuversichtlich und festlich geht, geschieht *in ihm* die Auferstehung Gottes. (41)

Dies betrifft auch den Künstler. Er ist zwar der einsam Schaffende, aber es ist das Ziel seines Schaffens, in sich den 'Gott' zu schaffen. So heißt es von den Schaffenden der Renaissance: "und die Liebe ließ sie Bilder beten und Gebete bauen"; "ein Einsamer" "fand den Gott bereit […] und hob ihn zitternd in die Herrlichkeit" (11). Entscheidend ist freilich nicht ein bestimmter Inhalt des Schaffens oder die Hervorbringung einer außermenschlichen Größe, sondern die kreative Gefühlsintensität selbst. Die "Kirche" war nur ein "Vorwand":

> Und doch war es so gleichgültig, ob Botticelli die Venus oder die Madonna malte; es wurde doch immer seine wunde und verweinte Sehnsucht. Und woran er zugrunde ging, war, daß er ein Ziel suchte außer sich selbst. (32)

Wenn "Gott" somit von der menschlichen Gefühlskraft hervorgebracht werden muß, so stellt sich allerdings die Frage, ob er nur eine Metapher des Gefühls oder eine eigene Wirklichkeit ist. Im *Stunden-Buch*, vor allem im *Buch vom mönchischen Leben* (1899), verbinden sich Sprachartistik und Gebetshaltung, in monologischen Apostrophen, in denen "Ich" und "Gott" in unlöslicher Wechselbeziehung, in unlöslicher Abhängigkeit voneinander stehen. Hier ist Gott ein zu Schaffender, ein durch die artifiziellen Gebete Hervorzubringender, und doch zugleich ein über den Menschen Hinausreichendes. Bei aller artistischen Selbstverliebtheit spricht hier ein demütiger Artist. Und bei aller Demutshaltung ist es der narzißtische Sprachvirtuose, der sich hier artikuliert. Jedenfalls zeigt sich ein charakteristischer Unterschied zu Nietzsche. Während Nietzsche "Gott" durch den "Übermenschen" ersetzen will, manifestiert sich bei Rilke trotz der Apotheose des einsam Schaffenden eine Integrationssehnsucht, die ihren Ausdruck im Begriff "Gott" findet. Bezeichnenderweise wahrt das Wort "Gott" bei Rilke seine Dignität.

Wie für Nietzsche stellt sich auch für Rilke die Frage nach dem Verhältnis von Schaffen und Werk. Auch Rilke faßt das Werk auf als Ausdruck des Schaffenden. Der Künstler "kann eigentlich nur durch seine Persönlichkeit" wirken. "Seine Werke sind Erlebnisse" (Florenzer Tgb., 98). Aber die großen Werke können den Künstler hinter sich lassen. In den "Gipfelzeiten der Kunst" kann von "einzelnen" so viel "Schönheit" "aufgebaut" werden, "daß das Werk nicht mehr nach ihnen verlangt. [...] In solchen Zeiten gibt es eine Kunst, aber keine Künstler." (24). Rilke vertritt zwar, wie Nietzsche, eine Schaffensästhetik, die das Kunstwerk als Ausdruck des erlebenden Subjekts begreift, aber er gelangt zugleich zu einer Werkästhetik, die das Werk als Werk ins Blickfeld rückt. Im Essay *Über Kunst* (1898) schreibt er:

> Die Kunst stellt sich dar als eine Lebensauffassung, wie etwa die Religion und die Wissenschaft und der Sozialismus auch. [...] Wenn ihr einmal die Welt unter den Füßen zerbricht, bleibt sie als das Schöpferische unabhängig bestehen und ist die sinnende Möglichkeit neuer Welten und Zeiten. [...] Das Kunstwerk möchte man also erklären: als ein tiefinneres Geständnis, das [...] losgelöst von seinem Urheber, allein bestehen kann. / Diese Selbständigkeit des Kunstwerkes ist die Schönheit. Mit jedem Kunstwerke kommt ein Neues, ein Ding mehr in die Welt. (W V, 426ff.)

Der Gedanke der Unabhängigkeit des Schöpferischen entspricht der Schaffensästhetik Nietzsches, nicht hingegen der Gedanke der Losgelöstheit des Kunstwerks von seinem Schöpfer. George, Rilke und später auch Benn stehen zwar im Banne des Nietzscheschen Schaffensbegriffs, aber sie gehen zugleich über die reine Schaffensästhetik hinaus und huldigen einer Werkästhetik, einer Ästhetik des selbständigen Kunstwerks. Dabei werden allerdings unterschiedliche Akzente gesetzt: George verkündet, im Zeichen des reinen Artefakts, die Trennung von Kunst und Leben; für Rilke ist das Kunstwerk Ausdruck des unsagbaren Lebens; bei Benn wird es zum statischen Gebilde, das er gegen Natur und Geschichte abschirmt.

Rilke verharrt nicht im subjektiven Erleben, sondern sein Impetus zielt auf die Totalität des Lebens. Dabei stellt sich, wie bei Nietzsche, die Frage nach dem Verhältnis von Sprache und Leben. Er macht, wie Nietzsche, die Grunderfahrung der Insuffizienz der Sprache gegenüber dem Leben. So schreibt er im Essay *Der Wert des Monologes* (1898):

> Aber man wird einmal aufhören müssen, >das Wort< zu überschätzen. Man wird einsehen lernen, daß es nur eine von den vielen Brücken ist,

die das Eiland unserer Seele mit dem großen Kontinent des gemeinsamen Lebens verbinden, die breiteste vielleicht, aber keineswegs die feinste. (W V, 435)

Die Warnung vor der Überschätzung des Wortes – sie ist bereits in der Sprachtheorie Nietzsches dezidiert formuliert. Insofern ist auch diese Sprachskepsis Rilkes ein Stück zumindest verdeckter Nietzsche-Rezeption. Rilke unterscheidet sich freilich durch seine harmonistische Integrationssehnsucht von dem dissonanten Weltverhältnis Nietzsches. Aber er stimmt mit Nietzsche wiederum in dem Gedanken überein, daß letztlich das Schweigen der wahre Ausdruck der Tiefe ist:

> Aber es giebt Mächtigeres als Taten und Worte. [...] Wir hätten sie kaum gebraucht, wenn wir Einsame geblieben wären, jeder auf einem Stern, und wir brauchen sie in der Tat nicht in den Augenblicken, da wir uns so einsam fühlen. (W V, 436)

Es ist das Pathos des Schweigens, das bereits von Zarathustra artikuliert wird:

> Dass mir Niemand in meinen Grund und letzten Willen hinab sehe, – dazu erfand ich mir das lange lichte Schweigen. (4, 220 – Za)

Und eine Zarathustra-Variante lautet:

> Und wieder versank Zarathustra in ferne Gedanken und Länder und in das Schweigen, das auch dem eignen Herzen aus dem Wege geht und keinen Zeugen hat. (11, 415)

Das Schweigen als letztes Refugium der tiefsten Wahrheit des einsamen Subjekts – dies ist für Nietzsche und Rilke gleichermaßen charakteristisch. Beide melden radikale Skepsis gegenüber der Sprache an. Nietzsche notiert:

> ich bin nur ein Worte-macher:
> was liegt an Worten!
> was liegt an mir! (13, 575)

Rilke betont, daß das "Leben" weit über die Worte hinausreicht:

> Mag sein, daß das Leben eine Weile lang in den Worten treibt wie der Fluß im Bett; wo es frei und mächtig wird, breitet es sich aus über alles; und keiner kann seine Ufer schauen. (W V, 442)

Es stellt sich im Hinblick auf Rilke die Frage nach dem Verhältnis von einsamem Ich und alles umfassendem Leben. Es zeichnet sich deutlich die Tendenz ab, über die Begrenzungen der Individualität hinauszugelangen, um sich mit dem grenzenlosen Leben zu verbinden. Hier ist wiederum Nietzsche, Nietzsches Idee des dionysischen Lebens, der Garant dieser Konzeption. In den Marginalien zu Nietzsches *Geburt der Tragödie* notiert Rilke, mit Bezug auf die "Verzückung des dionysischen Zustandes mit seiner Vernichtung der gewöhnlichen Schranken und Grenzen des Daseins" und die "Kluft" zwischen "der alltäglichen und der dionysischen Wirklichkeit" (1, 56 – GT):

> Das Dionysische Leben ist ein unbegrenztes In-Allem-Leben, zu dem der Alltag sich wie eine lächerliche kleine Verkleidung verhält. Aber da vermittelt die Kunst die Erfahrung, daß diese Verkleidung die einzige Möglichkeit bietet von Zeit zu Zeit in die großen Zusammenhänge einzutreten, die, über Momente und Metamorphosen hin, sich ausspannen. (W VI, 1165)

Hier zeigen sich in paradigmatischer Weise Affinität und Unterschied Rilkes zu Nietzsche. Die Auflösung des *principium individuationis* im dionysischen Lebensprozeß sowie die Unterscheidung von empirischer Scheinwelt und dionysischer Realität sind genuin Nietzschesche Gedanken. Aber Rilke gibt dem Nietzscheschen Lebensbegriff eine Wendung ins Monistische. Es ist im Grunde weniger das 'dionysische' 'Leben' Nietzsches als vielmehr eine 'franziskanische' Allbeseelung, was sein Lebensgefühl prägt. Es geht ihm um die in Elementargefühlen sich vollziehende universelle Einheit aller Lebenserscheinungen. Daher gewinnt denn auch, ganz im Unterschied zu Nietzsche, der "Alltag" bei ihm die positive Bedeutung der Welterschließung. Es handelt sich offenbar um ein produktives Mißverständnis. Rilke mißversteht die Leben-Schein-Dialektik Nietzsches. Für Nietzsche läßt das in den apollinischen Schein sich transzendierende Leben, das dionysisch-apollinische Kunstwerk, den "Alltag" konsequent hinter sich. Rilke hingegen gewinnt aus dem "Alltag" die neue Möglichkeit eines umfassenden Kontaktes mit dem Leben. Dabei ist die unterschiedliche Valenz des Begriffs 'Leben' bei Nietzsche und Rilke zu beachten. Nietzsche versteht unter "Leben" die dionysische, kreative Energie; Rilke versteht unter "Leben" das universelle, unsagbare Sein. Bezeichnenderweise führt Rilke in den Nietzsche-Marginalien wiederholt auch den Begriff "Gott" an. Er verweist zwar auf die "Auferstehung des Dionysos" (W VI, 1168), die "Stärke der dionysischen Gewalt" (W VI, 1174), die "große dionysische Musik" (W VI, 1169), aber er nennt die "unangewandte Kraft", die der Mensch "nicht imstande" ist "zu ertragen", nicht

"Dionysos", sondern "Gott", "Gott selbst" (W VI, 1163). Bezeichnenderweise spricht Rilke im *Florenzer Tagebuch* nicht von der "Auferstehung des Dionysos", sondern von der "Auferstehung Gottes" (41). Freilich, der Gottesbegriff Rilkes ist von eigentümlicher Doppeldeutigkeit. Einerseits muß Gott von der menschlichen Sehnsucht geschaffen werden. Andererseits ist er in allen Erscheinungen des Lebens gegenwärtig und auffindbar. "Ich finde dich in allen diesen Dingen" heißt es im *Stunden-Buch* (W I, 266). Für Rilke ist nicht die Kraftgebärde der Umwertung aller Werte, sondern die Demutshaltung des behutsamen Sich-Öffnens für die Dinge charakteristisch. Die "gehorsame Hingebung", die "Brüderlichkeit und Gleichheit mit den Dingen" (Florenzer Tgb., 71) prägt Rilkes Welthaltung. So heißt es vom "lyrischen Schaffen", man müsse "alle Gefäße bereithalten, um die wandernde Kraft schön zu empfangen" (W VI, 1170). Nun ist zwar in Nietzsches Tragödienschrift der Lyriker auch nicht der autonom Schaffende, sondern Vollzugsorgan vorsubjektiver Kräfte. Aber er ist ein Instrument des Dionysos und setzt das dionysische Leben in apollinische Bilder um. Bei Rilke ist er der den Dingen hingegebene, sie aufnehmende und verlebendigende Dichter. Rilke verleiht aber zugleich dem Künstler eine über die Tragödienschrift hinausreichende Bedeutung:

> Musik (Rythmus) ist der freie Überfluß Gottes, der sich noch nicht an Erscheinungen erschöpft hat, und an diesem versuchen sich die Künstler in dem unbestimmten Drange, die Welt nachträglich in *dem* Sinne zu ergänzen, in welchem diese Stärke, weiterschaffend, gewirkt hätte und Bilder aufzustellen jener Wirklichkeiten, die noch aus ihr hervorgegangen wären. (W VI, 1164)

Abgesehen davon, daß Rilke hier die "Musik" als Ausdruck nicht des "Dionysos", sondern "Gottes" deutet, versteht er den Künstler nicht als bloßes Instrument Gottes, sondern als produktive Potenz, die die Lücken der Schöpfung füllt. So weit war Nietzsche in der Tragödienschrift nicht gegangen. Er hatte dem Künstler weitgehend nur eine mediale Funktion zugestanden. Bei Rilke wird er zum Weiterdichter der Welt. Der spätere Nietzsche ist dann allerdings noch einen Schritt weitergegangen und hat den Künstler zur absolut autarken Größe erklärt. Interessant ist der kritische Vorbehalt Rilkes gegenüber der Tragödienschrift. Der Rückgriff auf Schopenhauers "Terminologie" und "Auffassung der Musik" sei sinnvoll, die "sofortige Anwendung alles eben Entdeckten auf die Schöpfungen Wagner's" hingegen eine "Enttäuschung":

man *will* gar nicht, daß Alles dieses Hohe, Verheißene sich *schon* erfüllt haben soll, vor allem glaubt man, daß der Verfasser des Buches, selbst geeignet ist *(als Dichter)* den Versuch zu machen zu einer "Auferstehung des Dionysos". (W VI, 1174 u. 1175)

Rilke, der die Grundgedanken der Tragödienschrift begrüßt und sie affirmativ paraphrasiert und interpretiert, möchte die in der Schrift geweckten Erwartungen offen halten. Die utopische Qualität der Schrift soll nicht durch die vorschnelle Festlegung auf das Musikdrama Wagners in Frage gestellt werden. Zudem lehnt Rilke das Gesamtkunstwerk ab. Wie Nietzsche, der nach der Loslösung von Wagner gegen die Vermischung der Künste protestiert, beharrt er auf der Eigenständigkeit der Künste: "In jedem Werke einer der Künste müssen alle Wirkungen 'der Kunst' erfüllt sein." (Florenzer Tgb., 44). Die von Nietzsche gleichfalls als Gesamtkunstwerk gedeutete griechische Tragödie kritisiert Rilke allerdings nicht, sondern er ist bestrebt, sie für das moderne Drama ästhetisch fruchtbar zu machen. Aufschlußreich ist jedenfalls, daß er nicht in Wagner, sondern in Nietzsche den Protagonisten einer zukünftigen Kunst und Kultur sieht. In diesem Sinne greift er die (retrospektive) Überlegung Nietzsches auf, daß er in der Tragödienschrift eigentlich "als Dichter" hätte sprechen bzw. "*singen* sollen" (1, 15 – GT [VS]). Der Einfluß Nietzsches auf den frühen Rilke hält sich zwar in gewissen Grenzen, ist aber im ganzen unübersehbar. Es ist vor allem Nietzsches Ästhetik des einsam Schaffenden und des dionysischen Lebens, die auf Rilke gewirkt hat. Offen oder verdeckt ist Nietzsche in den ästhetischen Anschauungen des frühen Rilke gegenwärtig. Aber auch in den Dichtungen Rilkes, in der Metaphorik mancher Gedichte, ist der Einfluß Nietzsches deutlich erkennbar. Das markanteste Beispiel ist der Rilke-Vers "Du Dunkelheit, aus der ich stamme, / ich liebe dich mehr als die Flamme [...]" (Stunden-Buch, W I, 258), der wie eine lyrische Paraphrase aus Nietzsches Gedicht *Ecce homo* wirkt: "Ja! Ich weiss, woher ich stamme! / Ungesättigt gleich der Flamme [...]" (3, 367 – FWS). Wenn auch die "Flamme" bei Nietzsche das ekstatische Ich meint, während sie bei Rilke gegenüber der "Dunkelheit" zurücktritt, ist doch die metaphorische Adaption evident. Freilich, der Adressat des schaffenden Ich ist bei Rilke nicht der "Übermensch", sondern der "Nachbar Gott" (Stunden-Buch, W I, 255), wie auch das lyrische Ich Rilkes sich nicht in 'aristokratische' Einsamkeit verschließt, sondern getragen ist vom Gefühl der brüderlichen Solidarität mit dem Leben, mit Gott, den Menschen und den Dingen. Überhaupt kann man generell feststellen, daß die Nietzsche-Adepten, von der Jahrhundertwende bis zum Expressionismus, Nietzsche zwar im Pathos des Schaffens gefolgt sind, in der Regel aber doch noch stärker eingebunden bleiben in umgreifende Sinnerfahrungen oder Wertvorstellungen, sei es der Gefühlsmonismus der allbeseelten Dinge, sei es der Ästhetizismus der reinen Kunst, sei es die religiöse Erneuerung, sei es das Ethos der Gemeinschaft.

Es ist bemerkenswert, daß Rilke Nietzsche nach der Jahrhundertwende kaum noch erwähnt. Das bedeutet nicht, daß der Einfluß Nietzsches auf Rilke getilgt wäre. Aber es zeichnet sich doch mehr und mehr eine Abwehrhaltung ab. Vielleicht wurde Nietzsche Rilke zu gefährlich. Vielleicht bedrohte Nietzsches 'Nihilismus', seine exzessive Radikalität der Zerstörung aller Werte, das in Rilke angelegte Kommunikationsbedürfnis, Integrationssehnsüchte, sein letztlich religiöses Weltverständnis. Jedenfalls berichtet Lou Albert-Lasard, Rilke

> lehnte es ab, sich Nietzsche zu nähern. Ich entsinne mich der Heftigkeit, mit welcher er meinen Vorschlag, ihn zu lesen, zurückwies. Ich denke mir indessen, daß trotz der Gegensätzlichkeit der Temperamente zwischen ihnen Gemeinsames zu entdecken wäre. Vielleicht ist eben dies der Grund, warum er ihm gefährlich schien (*Albert-Lasard*, Wege mit Rilke, 79).

Nun hat Rilke sich Nietzsche durchaus genähert, wie das *Florenzer Tagebuch* und die Marginalien zur Tragödienschrift klar bezeugen. Sein Nietzsche-Interesse beschränkte sich allerdings weitgehend auf das Problemfeld Einsamkeit, Schaffen, Leben. Für die kritischen Abhandlungen Nietzsches, die subversive Demontage aller Sinnzusammenhänge, dürfte er sich kaum interessiert haben, ja, hier dürfte der Grund einer Aversion gegenüber Nietzsche liegen. Und so schweigt sich denn Rilke nach der Jahrhundertwende über Nietzsche aus. Er bleibt im Hinblick auf Nietzsche eigentümlich stumm.

Dennoch wirkt Nietzsche bei Rilke untergründig, in verdeckter Form weiter. Nicht zuletzt die *Duineser Elegien* sind ohne Nietzsches Weltverständnis kaum denkbar. Die Bedeutungskomplexe, durch die Nietzsche (verdeckt) auf die *Elegien* wirkt, sind die Weltimmanenz, die Daseinsbejahung und die Kreativität. Rilke rühmt die Weltimmanenz des Daseins: "Hiersein ist herrlich." (7. Elegie). "*Hier* ist des *Säglichen* Zeit, *hier* seine Heimat." Im "Hiersein" sind wir die "Schwindendsten". Entscheidend ist, "nur *ein* Mal: *irdisch* gewesen zu sein" (9. Elegie). Es erfolgt die Bejahung, die Rühmung des Daseins in allen seinen Erscheinungsformen, ein Preisen der Vergänglichkeit, in der das Ewige erfahren wird, unter Aufhebung der Subjekt-Objekt-Spaltung, der Grenzen zwischen Sichtbarem und Unsichtbarem, zwischen Leben und Tod. "[…] da ist keine Stelle, die nicht trüge den Ton der Verkündigung […] ein reiner bejahender Tag" (7. Elegie). "Dass ich dereinst […] Jubel und Ruhm aufsinge zustimmenden Engeln." (10. Elegie). "Und diese, von Hingang lebenden Dinge verstehn, daß du sie rühmst" (9. Elegie). Diese Rühmung des Daseins wird vom Dichter vollbracht. Es ist der Dichter, der in schöpferischen Akten der Verwandlung die hymnische Bejahung des Daseins vollzieht. Die Bejahung ist aber immer ein Entwurf, ein Sich-Entwerfen auf ein reinstes Sein hin. Es ist ein ständiges immanentes Transzendieren auf ein Unendliches, nie voll zu verwirklichendes hin. Rilke bringt dies im Symbol des "Engels" zum Ausdruck. Es heißt: "Engel, und würb ich dich auch! Du kommst nicht. / Denn mein Anruf ist immer voll Hinweg". Der Engel ist ein "Unfaßlicher" (7. Elegie). Wenn Nietzsches "Übermensch" ein Entwurf des kreativen Willens ist, so steht Rilkes "Engel" in einem eigentümlichen Zwielicht, denn er ist einerseits ein Symbol der höchsten menschlichen Gefühlskraft und andererseits ein Sinnbild eines den Menschen übersteigenden reinsten Seins. "[…] wo er fühlender fühlt, bist du ein Neuling." (9. Elegie). Er ist "ein übermenschliches Wesen und wird als das uns im Fühlen unendlich übertreffende Wesen angerufen", aber es ist zugleich "eine höchste Möglichkeit des menschlichen Herzens selber, die hier als Engel angerufen wird" (*Gadamer*, Duineser Elegien, 248). Wie Nietzsches "Übermensch", so ist auch Rilkes "Engel" eine vom Menschen selbst entworfene Möglichkeit. Und wie bei Nietzsche, so wird auch bei Rilke der höchste menschliche Selbstentwurf ins 'Mythische' erhoben. Da die 'objektiv' vorgegebenen Mythen (z.B. der christliche Engel) sich aufgelöst haben, schafft der Dichter selbst einen Mythos, in einer "mythopoietischen Umkehrung", die die "Welt des eigenen Herzens" in eine "mythische Welt" verwandelt (ebd., 251). Der Engel kann zwar nur im höchsten menschlichen Fühlen vergegenwärtigt werden, aber als Symbol eines reinsten Fühlens, eines reinsten Seins übertrifft er den Menschen. Nietzsches "Übermensch" und Rilkes "Engel" – sie sind beide Entwürfe und Symbole des kreativen Menschen. In beiden Fällen entwirft sich der Mensch auf ein ihn Übersteigendes hin. Beide Male versucht er, sich eines Unbedingten zu vergewissern. Dennoch ist der Unterschied beträchtlich. Nietzsches Übermensch geht aus der absoluten Verfügungsgewalt des wollenden Menschen hervor. Rilkes Engel ist zwar auch ein vom Menschen hervorgebrachtes Wesen, übersteigt aber zugleich als ein Sinnbild des Seins selbst den Menschen. Nun übersteigt auch der "Übermensch" den "Menschen". Aber der Übermensch ist von Nietzsche als reale Möglichkeit des Menschen gedacht, während Rilkes Engel als eine letztlich nie zu realisierende Möglichkeit vorgestellt wird, wie auch der Übermensch eine Personalisierung des (potenzierten) Willens ist, während der Engel ein auch den Willen noch übersteigendes Sein ist. Nicht ohne Grund bezeichnet Rilke die *Elegien* als ein "Werk des Willens und der Gnade" (*Rilke/Gide*, Briefwechsel, 142 [Brief vom 15.5.1922]). Rilke weiß sich noch von 'Mächten' getragen, Nietzsche verabsolutiert den Schaffenden. Beide sind lyrische Monumentalisten. Aber Rilkes große artistische Sprachgebärden sind noch getragen von der Demut gegenüber den Seinsmächten, während Nietzsches imperatorische Sprache die absolute Freiheit des Schaffenden verkündet. Rilke faßt das Rühmen als Auftrag des Dichters auf: "Rühmen, das ists! Ein zum Rühmen Bestellter" (Sonette an Orpheus, 1. Teil, VII). Aber die Rühmung bleibt ewig unvollendet, da sich das zu Rühmende nie voll erfassen läßt: "Beginn immer von neuem die nie zu erreichende Preisung" (1. Elegie). Die absolute Rühmung übersteigt die Möglichkeit des Menschen: "mein Atem reicht für die Rühmung nicht aus" (7. Elegie). Nietzsche ist noch getragen vom Glauben an die Verwirklichungsmöglichkeit des "Übermenschen", während Rilke in der Gestalt des "Engels" alle Dinge in einen offenen, verschwebenden Bezug rückt. Wo Nietzsche noch mit apodiktischem Pathos den "Übermenschen" als konkrete Utopie verkündet, entfaltet Rilke in der offenen, fragenden Rühmung im "Engel" ein vieldeutiges Sinnbild des unfaßbaren Lebens, des ungreifbaren Seins. Aber das Gemeinsame von "Übermensch" und "Engel" liegt in ihrem mythopoietischen Charakter. Beide Figurationen sind Produkte der mythenbildenden Kreativität des Schaffenden. Freilich, der Schaffende unterliegt unterschiedlichen Antrieben. Dies zeigt sich besonders deutlich in der unterschiedlichen Konzeption der 'Inspiration'. Für Nietzsche ist die "Inspiration" Ausdruck des im Schaffenden wirkenden dionysischen Lebens (vgl. 6, 339 – EH). Rilke schreibt im Hinblick auf die *Duineser Elegien* und die *Sonette an Orpheus*: "Ich konnte nichts tun, als das Diktat dieses inneren Andrangs rein und gehorsam hinzunehmen" (Briefe, 829 – 12.4.1923). An anderer Selle schreibt er, mit Bezug auf die 10. Elegie: "Wunder. Gnade. – Alles in ein paar

Tagen. Es war ein Orkan [...]" (Briefe, 743 – 11.2.1922). Rilke erlebt sein Schaffen als überwältigende Inspiration:

> ich begann in dieser, nur durch die Leidenschaften des Weltraums erregten Einsamkeit die vielleicht größeste und reinste Arbeit meines Herzens [...] und der Strom des begnadeten Geistes war so gewaltig in mir [...] (Die Briefe an Gräfin Sizzo, 11 – 6.1.1922)

Nietzsche hingegen betont, unbeschadet des inspiratorischen Zwangs, das "Freiheits-Gefühl" und die "Macht" des Schaffenden (6, 340 – EH). Während Nietzsche den Akzent auf den aktiv Schaffenden legt, versteht sich Rilke als den Empfangenden, als den Empfänger eines Diktats. Nietzsche verabsolutiert den Schaffenden zur autonomen Größe. Rilke begreift den Schaffenden als einen vom Umgreifenden Inspirierten. Was beide allerdings verbindet, ist das weltimmanente Daseinsverständnis, die unbedingte Daseinsbejahung, die Rühmung des Daseins.

5. Würdigung, Kritik, Deutung

Seit den neunziger Jahren setzt eine intensive, engagierte Beschäftigung und Auseinandersetzung mit Nietzsche ein. Zur Zeit der Jahrhundertwende steht man noch ganz im Banne Nietzsches. Er ist ja, bis 1900, ein noch Lebender, eine Gestalt, die schon ein Mythos ist, eine Figur, die nicht nur durch ihr Werk, die revolutionären Denkmotive und die suggestive Sprache, sondern auch durch ihre Existenz, nicht zuletzt durch die geistige Umnachtung, allem Menschlichen entrückt zu sein scheint. Man nähert sich ihm in Verehrung, ja in Ehrfurcht. Man sieht in ihm eine, ja *die* epochale, wegweisende Gestalt. Nietzsche wird zur großen Herausforderung. Die Zeitgenossen sehen in ihm ein säkulares Ereignis. Er ist ein Phänomen, auf das man reagiert, reagieren muß, nicht nur in produktiver Reaktion, d.h. in dichterischer Form, sondern auch in reflexiver Rezeption, d.h. in essayistischer Form. Eine Flut von Essays, Untersuchungen und Kritiken legt beredtes Zeugnis ab von der ungemein starken Wirkung, die Nietzsche gerade um die Jahrhundertwende ausübt. Rezeptionsgeschichtlich ist dies überhaupt die Zeit seiner größten, intensivsten Wirkung. Es grassiert geradezu das Nietzsche-Fieber. Nietzsche wird zur Identifikationsfigur. In Nietzsche sieht man nicht nur die Grundtendenzen der Gegenwart und der Zukunft, sondern auch die eigenen, persönlichen Antriebe und Probleme verkörpert. Nietzsche wird nicht nur als (stärkster) Ausdruck des Zeitgeistes und (chiliastischer) Wegweiser in eine neue Zukunft, sondern auch als persönliches Problem, als Erwecker und Befreier der eigenen Lebensperspektiven, rezipiert. Kaum je ein anderer Denker oder Dichter hat so suggestiv auf seine Zeitgenossen gewirkt wie Nietzsche.

Aber neben dem Nietzsche-Enthusiasmus gibt es schon früh die Nietzsche-Kritik. Und es gibt Formen der zwischen Affirmation und Kritik schwankenden Nietzsche-Distanz. Nietzsche wird nicht nur als Hoffnungsträger, sondern auch als Provokation empfunden. Er ist nicht nur die Kultfigur, sondern auch der Störenfried der Epoche. Auf der einen Seite, bei den Nietzsche-Adepten, herrscht das Nietzsche-Pathos. Auf der anderen Seite, bei den Nietzsche-Kritikern, kommt es vielfach zur Nietzsche-Polemik. Sosehr er einerseits in emotionaler Identifikation als bahnbrechendes Genie gefeiert wird, sosehr kann er anderseits in schroffer Polemik als gefährlicher Scharlatan abgetan werden. Seine Kritiker sehen in ihm häufig eine Bedrohung philosophischer, ästhetischer und gesellschaftlicher Wertvorstellungen. Zwischen diesen extremen Formen der Nietzsche-Rezeption, dem Nietzsche-Rausch und dem Nietzsche-Verdikt, gibt es vielfältige Mischformen, in denen sich affirmative und kritische, pathetische und polemische Aspekte mischen. Neben dem apodiktischen Entweder-Oder gibt es das moderatere Sowohl-Als-auch. Nietzsche wird auch zum Streitobjekt, an dem sich das Pro und Contra der Stellungnahmen entzündet, häufig in Rede und Gegenrede. Es zeichnet sich ein breites Spektrum der Meinungen ab. Dabei herrscht in der Regel nicht die objektivierende Distanz, sondern das subjektive Engagement. Nicht differenzierte Analysen, sondern summarische Wertungen kennzeichnen diese Nietzsche-Rezeption. Man steht zumeist noch zu stark unter dem unmittelbaren Eindruck Nietzsches, als daß man eine distanzierte Beobachterposition einnehmen könnte. Die Auseinandersetzung mit Nietzsche ist gerade zu dieser Zeit weitgehend auch der Versuch einer eigenen Positionsbestimmung. Immer wieder fließen die Anschauungen, Emotionen und Postulate des Schreibenden in die Texte ein. Das Verhältnis zu Nietzsche ist unmittelbar, aktuell und situativ. Es ist unmittelbar, das heißt, man ist selbst direkt betroffen; man fühlt sich von Nietzsche persönlich angesprochen, herausgefordert oder bestätigt. Nietzsche wird zu einem Stimulans des eigenen Denkens und Fühlens. Er prägt die eigene Weltsicht. Es ist aktuell, das besagt, die von Nietzsche aufgeworfenen Fragen werden als epochenrelevante Probleme aufgefaßt; Nietzsche erscheint als Seismograph der Zeit, einer Zeit des Umbruchs und des Aufbruchs, der Auflösung des tradierten Weltbildes und des Aufbruchs zu ganz neuen Ufern. Man ist selbst in diesen Prozeß verwickelt, und da erscheint Nietzsche als prototypischer Ausdruck dieser Zeittendenz. Er ist der Garant der Zukunft. Es ist situativ, das bedeutet, es ist geprägt durch die Bestrebungen, Erwartungen und Stimmungen der Zeit, durch das Pathos der Jahrhundertwende, unbeschadet der vielfach auch zum Durchbruch gelangenden kritischen Nüchternheit in der Bewertung Nietzsches. Betroffenheit, Aktualität und Situationsbedingtheit – dies sind die Prämissen, unter denen man Nietzsche um die Jahrhundertwende rezipiert. Es gibt allerdings bereits um die Jahrhundertwende sachliche Nietzsche-Interpretationen, 'objektive' Phänomenbeschreibungen, in einer Reihe von Büchern und Abhandlungen. Obschon das Engagement der Autoren auch in diesen Publikationen nicht getilgt ist, so steht doch hier das Interesse an der sachlichen Klärung von Befunden im Vordergrund. Im übrigen ist festzustellen, daß nicht nur in den 'wissenschaftlichen', sondern auch in den essayistischen Nietzsche-Darstellungen der Jahrhundertwende viele diskutable Ansätze einer adäquaten Nietzsche-Deutung vorliegen. Sicherlich erschöpfen sich viele Veröffentlichungen in rhetorischem Pathos oder polemischen Verdikten und sind als ein Symptom des damaligen Zeitbewußtseins nur noch von historischem Interesse. Aber in einer ganzen Reihe von Publikationen zeigen sich trotz vieler pauschaler Aussagen und plakativer Verkürzungen doch innovatorische, weiterführende Aspekte eines sachbezogenen Nietzsche-Verständnisses. Vieles von dem, was eine spätere, strengere Nietzsche-Interpretation an grundlegenden Einsichten zutage gefördert hat, ist in manchen scharfsinnigen Beobachtungen der Jahrhundertwende vorweggenommen worden. Dies betrifft Person und Werk. Sowohl die Gestalt Nietzsches als auch die Zentralmotive seiner Schriften werden beschrieben und gekennzeichnet, meistens freilich noch in undifferenzierter Form.

Schon um die Jahrhundertwende zeichnet sich ein facettenreiches Bild Nietzsches ab. Schon früh rücken die verschiedenen Bedeutungen und Funktionen Nietzsches ins Blickfeld. Nietzsche der Philosoph, der Umwerter aller Werte, Nietzsche der Prophet, der Utopist der Zukunft, Nietzsche der Künstler, der artistische Sprachkünstler, Nietzsche der Psychologe, der ingeniöse Enthüllungspsychologe, Nietzsche der Kulturkritiker, der radikale Kritiker der zeitgenössischen Kultur und Gesellschaft – diese zentralen Aspekte der Person und des Werkes sind schon damals Themen der Nietzsche-Diskussion. Freilich, noch fehlt es an präzisen Detailanalysen, wie sie später im historischen Abstand zum Sujet entwickelt wurden. Aber im Grundriß, gewissermaßen im Rohbau, sind die Hauptprobleme bereits im Visier der Nietzsche-Exegeten. Zwar ist der Blick in der Regel nur auf einen Partialaspekt, auf den Philosophen oder den Dichter oder den Kulturkritiker oder den Psychologen Nietzsche, gerichtet, wie auch die eigene Wertung sowie zeitbedingte Anschauungen die Blickrichtung leiten und das simplifizierende Schlagwort immer wieder in den Vordergrund drängt, aber das kann nicht darüber hinwegtäuschen, daß die Essays, Würdigungen und Kritiken und vor allem manche Monographien viele förderliche Einsichten enthalten, die nicht nur ein historisches, sondern auch ein aktuelles Interesse beanspruchen können. Liest man die diversen Abhandlungen und Stellungnahmen im Sinne einer wechselseitigen Erhellung des Sujets, zeichnet sich ein durchaus multiperspektivisches Bild ab. Zudem beherrscht noch nicht der Aufruf die literarische Szene. Noch setzt man sich mit den aufgeworfenen Fragen trotz eines Vereinfachungsstils in diskursiver, argumentativer Form auseinander. Um die Jahrhundertwende ist noch nicht, wie später im Expressionismus, das Manifest, der Aufruf, der Appell, sondern der Essay, die Abhandlung, der Traktat das dominante Genre der literarischen Kritik. Nicht der expressive Plakatstil, sondern der argumentative Essaystil prägt die Nietzsche-Darstellungen der Jahrhundertwende. Dies impliziert bei allem Engagement letztlich ein höheres Maß an Sachlichkeit. Die Nietzsche-Rezeption ist auch ein gattungsspezifisches Problem. Während im Gedicht, wie im Manifest, das hymnische Pathos vorherrscht, nötigen Essay, Aufsatz und Kritik zur argumentativen Beschreibung und Auseinandersetzung. Die Wahl des Genres ist freilich abhängig vom Trend der Epoche und von der Intention des Schreibenden. Jedenfalls ist die Nietzsche-Rezeption der Jahrhundertwende nicht nur (der inzwischen historisch obsolete) Ausdruck einer bestimmten Zeit, sondern sie präludiert auch (in ihrer Komplexität) wesentliche Aspekte der späteren Nietzsche-Deutung – wenngleich noch in der Hektik des unmittelbaren Betroffenseins. Dabei zeigt sich eine (auch in der Gegenwart noch andauernde) Schwierigkeit hinsichtlich der Klassifizierung Nietzsches. Es besteht eine latente Unsicherheit in der Frage, ob Nietzsche nun in erster Linie Philosoph, Dichter, Psychologe oder Kulturkritiker und Kulturerneuerer ist. Symptomatisch sind die Bemerkungen Martin

Bubers in seiner Glosse *Ein Wort über Nietzsche und die Lebenswerte* (1900):

> Ist er "Philosoph"? Er hat keinen einheitlich gefügten Gedankenbau aufgestellt. Ist er Künstler? Er hat keine Gestalten geschaffen. Ist er Psycholog? Sein tiefstes Wissen ist das um die *Zukunft* der Seelen. Ist er Dichter? Nur dann, wenn wir an die Dichter denken, wie sie einstmals gewesen sein sollen: "Seher, die uns etwas von dem Möglichen erzählen" […] Ist er der Stifter einer neuen Gemeinschaft? Viele stehen auf in seinem Namen, aber sie kommen nicht zusammen […]

All dies macht nicht die wahre Bedeutung Nietzsches aus. Der wahre Nietzsche ist ein Prophet, der Verkündiger des "Lebens":

> Denn er war ein Abgesandter des Lebens. Ein Apostel, vielleicht auch nur ein Täufer und Rufer. Was er verkündete, war nicht sein eigenes Sein, sondern seine Sehnsucht.

Die Hauptthemen der Nietzsche-Rezeption der Jahrhundertwende sind die Person, die Philosophie, das Künstlertum, die Psychologie und die Kulturkritik Nietzsches. Dabei ist es bezeichnend, daß die Gestalt Nietzsches in diesem Themenfeld einen hohen Stellenwert einnimmt, ja, von ihr aus Nietzsches Denken und Dichten im wesentlichen erklärt wird. Fast durchgängig wird ein enger Bezug zwischen Werk und Person vorausgesetzt. Das Werk wird weitgehend als Ausdruck der Person gedeutet. Dies führt zu einem ausgesprochenen Personalismus. Die Person Nietzsches, der Mensch und der Denker und Dichter Nietzsche, steht im Mittelpunkt der Deutungen. Die Person ist der perspektivische Bezugspunkt und das kreative Zentrum der Ideen. Die Einheit von Werk und Person ist die selbstverständliche Grundlage der Nietzsche-Auslegungen. Diese personalistische Sicht führt vielfach zu einem Personenkult, der die Gestalt Nietzsches häufig ins Übermenschliche stilisiert. Nicht mehr der Mensch, sondern der Mythos Nietzsche ist das Thema der hypertrophen Nietzsche-Adepten. Dieser Personalismus kann allerdings auch die Pathetik mit der Psychologie verbinden und den Menschen Nietzsche, freilich einen überhöhten Menschen, ins Blickfeld rücken. Zudem kann nicht nur der Nietzsche *triumphans*, sondern auch der leidende Nietzsche zum Thema werden. Insofern ist das Bild Nietzsches schon um die Jahrhundertwende durchaus perspektivenreich. Es dominiert allerdings der Nietzsche-Kult.

Noch stärker, d.h. massiver, als in Literatur und Dichtung zeigt sich dies in der bildenden Kunst, in Nietzsche-Porträts, Nietzsche-Büsten,

Nietzsche-Statuen und Nietzsche-Monumenten (vgl. *Krause*, Nietzsche-Kult). Ein symptomatisches Beispiel der Stilisierung Nietzsches zum Übermenschen, zum Menschheitserlöser ist Fritz Schumachers gigantischer Entwurf zu einem Nietzsche-Monument, einem "Sieges- und Heldenmal" (1898) (vgl. *Krause*, 166-172; vgl. Abb. 7). Der Kommentar Schumachers kann als Ausdruck einer damals weitverbreiteten, vor allem im Jugendstil virulenten Nietzsche-Adoration gelten:

> ein Nietzsche-Denkmal: ein stiller Rundtempel in einsamer Hochebene; oben breitet ein Menschheitsgenius die Arme sehnend in die Höhe, unten recken sich finstere Giganten in ihren Fesseln. (*Schumacher*, Stufen [1935], 199; vgl. dazu Benns ironische Kritik [Oelze II, 94])

Der hyperbolische Nietzsche-Kult läuft Gefahr, daß die Kunst in den Kitsch umschlägt. Dies zeigt sich exemplarisch in Darstellungen wie Ernst Moritz Geygers Illustration zu Nietzsches Parabel *Der Riese* (1895) (vgl. *Krause*, Abb. 3) oder Alfred Soders Exlibris *Der nackte Nietzsche im Hochgebirge* (1907) (Abb. 24). Solche in pompösem Kitsch erstarrenden Nietzsche-Darstellungen finden sich freilich auch noch nach der Jahrhundertwende, etwa in Leo Wieses Allegorie auf Nietzsches *Zarathustra* (1920) (Abb. 34). Der Nietzsche-Monumentalismus muß aber nicht *per se* zum ornamentalen Kitsch üppig wuchernder Bilder werden, sondern kann sich auch in strengeren, formal disziplinierteren Formen präsentieren, wie dies Max Klingers Bronzeherme *Friedrich Nietzsche* (1902) (Abb. 14) und seine Marmorherme *Friedrich Nietzsche* (1914) (Abb. 33) oder Max Kleins Sitzstatue *Friedrich Nietzsche* (1903) (Abb. 16) und Max Kruses Marmorbüste *Friedrich Nietzsche* (1898) (Abb. 8) beispielhaft bezeugen. Auch diese Darstellungen zeigen einen monumentalen Nietzsche. Aber es ist doch ein noch dem Menschlichen verhafteter Nietzsche. Freilich, in den monumentalen Posen weist er zugleich entschieden über die realistische Darstellung eines empirischen Subjekts hinaus. Bei Klinger ist es ein kraftvoller, heroischer Nietzsche, bei Kruse ein träumerischer, prophetischer Nietzsche, bei Klein ein meditativ in sich versunkener Nietzsche. Neben den monumentalen gibt es aber auch realistische Darstellungen. So ist Siegfried Schellbachs Gipsbüste *Friedrich Nietzsche* (1895) (Abb. 4) ein wirklichkeitsgetreues Porträt Nietzsches. Die Nietzsche-Ikonen zeigen also durchaus unterschiedliche thematische Ausprägungen. Zudem wird nicht nur der heroische, sondern auch der leidende Nietzsche zum Sujet der Künstler. Nietzsche wird nicht nur zum Halbgott stilisiert, sondern es zeigt sich auch ein Interesse am kranken Nietzsche. Dies bekundet besonders eindrucksvoll Hans Oldes Nietzsche-Porträt, die Radierung *Friedrich Nietzsche* (1899) (Abb. 9). Olde, der den kranken Nietzsche fotografiert, malte kein Monumentalbild, sondern zeichnete einen leidenden Menschen, einen mit tiefliegenden Augen, mit erloschenem Blick düster vor sich hin starrenden Nietzsche im Krankenhabit. Daß dieser schonungslose Realismus den Protest der auf idealisierende Darstellungen bedachten Schwester Nietzsches hervorrief, versteht sich nahezu von selbst. Aber auch der leidende Nietzsche kann zur heroischen Figur stilisiert werden. So erscheint er in dem anonymen Exlibris *Nietzsche mit der Dornenkrone* (um 1900) (Abb. 13) als Märtyrergestalt. Die Passion Christi wird auf Nietzsche übertragen. Arnold Kramers Statuette *Friedrich Nietzsche im Krankenstuhl* (1898) (Abb. 6) zeigt einen stillen, vor sich hin sinnenden Nietzsche, einen 'menschlichen' Nietzsche. Aber hinter dieser im umgebauten Nietzsche-Archiv aufgestellten Statuette stellte man eine (unbekannte) Kleinplastik *Zarathustra-Nietzsche mit Adler und Schlange* auf. In diesem Arrangement wird der Mensch Nietzsche doch wiederum ins Übermenschliche überhöht. In der Grundtendenz zielen die figuralen Nietzsche-Darstellungen der Jahrhundertwende auf kultische Überhöhung des Sujets.

Ähnlich verhält es sich mit der literarischen Nietzsche-Rezeption. Auch hier dominiert die Nietzsche-Verehrung. Nietzsche wird als das große, bahnbrechende Genie der Epoche gefeiert. Die Philosophie des 'Übermenschen', die Sprache Zarathustras, die Psychologie der Enthüllung und die kompromißlose Kulturkritik werden emphatisch bejaht, als Ausdruck einer genialen Persönlichkeit, die, in Auseinandersetzung mit der Gegenwart, der Menschheit neue Zukunftsperspektiven eröffnet. Aber im literarischen Bereich ist die Zustimmung nicht ungeteilt. Es treten auch die Kritiker Nietzsches auf den Plan. Schon damals erhebt man gegen Nietzsche jene Vorwürfe, die fortan den Negativ-Katalog der Nietzsche-Kritik bilden werden: extreme Ichbezogenheit, fehlender Realitätssinn, imperiale Attitüde, Elite-Kult, Hybris, subversive Geisteshaltung, Gesellschaftssabotage, fataler Biologismus, politische Gefährlichkeit. So unterliegt das Bild Nietzsches schon damals extremen Schwankungen. Häufig enthalten auch die im Prinzip affirmativen Darstellungen und Stellungnahmen kritische Vorbehalte. Die Auseinandersetzung mit Nietzsche erfolgt in Kritiken, Essays und Monographien. Bei aller durch die zeitliche Nähe zu Nietzsche beding-

ten Überschwenglichkeit oder Verurteilung sind viele Veröffentlichungen doch schon durch eine spezifische Sachlichkeit gekennzeichnet. Vielfach mischen sich Anerkennung und Kritik. Ein charakteristisches Beispiel in dieser Hinsicht ist bereits J.V. Widmanns Besprechung *Nietzsche's gefährliches Buch* (1886), eine Rezension von
Jenseits von Gut und Böse. Der Rezensent anerkennt den Nonkonfor-
mismus und die Zeitkritik Nietzsches, dem er attestiert, er habe "origi-
nelle Gedanken" und sei ein "muthiger und kräftiger Schwimmer gegen
den Strom", aber man könne nur an der "lebhaften und schönen Form"
"Wohlgefallen" empfinden, während der "Inhalt" "grundfalsch" sei;
die "Ausfälle gegen Demokratie, Volksaufklärung und höhere Bildung
des Weibes" seien befremdlich bei einem "so reifen Denker". Diese
frühe Rezension, die Nietzsche mehrfach zitierend erwähnt, mit Stolz,
daß man sein Werk als "Dynamit" bezeichnet (vgl. B 7, 251, 252, 256,
258), antizipiert wesentliche Aspekte der späteren Nietzsche-Kritik,
nämlich die Anerkennung seiner geistigen Dynamik und die Kritik
seines Amoralismus und seiner Gesellschaftsferne. Die für viele Kritiker symptomatische Ambivalenz der Wertung zeigt sich auch in Carl
Spittelers Sammelbesprechung *Friedrich Nietzsche aus seinen Werken*
(1888), in der Nietzsche als eine geistige Potenz ersten Ranges anerkannt wird, in der aber seine einzelnen Werke extrem unterschiedliche
Wertungen erfahren. Die *Geburt der Tragödie* enthalte "herrliche
Schätze", sei aber zu "abstrakt". Zu den *Unzeitgemäßen Betrachtungen*
verhält sich der Rezensent eher ironisch. Die Wagner-Abhandlung solle
man "auf dem Altar von Bayreuth" liegenlassen. *Menschliches, Allzumenschliches* ist eine "Sammlung von Abfällen", "wo Perlen und Stroh
wahllos miteinander vereinigt sind". Die *Morgenröthe* hingegen wird
gelobt wegen ihrer "Ideenfülle". Auch die *Fröhliche Wissenschaft* ist
ein "Meisterstück". Im *Zarathustra*, Ausdruck eines ruhelosen Su-
chens, sei Nietzsche "plötzlich in eine poetische Form" geschlüpft,
ohne ein Dichter zu sein. Der *Zarathustra* sei kein "Fortschritt", sondern ein "Seitensprung". Die *Genealogie der Moral* schließlich sei ein
scharfsinniger Angriff auf die Moral, aber stilistisch verfehlt: "Unsere
Hoffnungen auf Nietzsche den Schriftsteller sind durch die 'Genealogie' bedeutend gesunken." Nietzsche hat sich mit den Kritiken Widmanns und Spittelers auseinandergesetzt. Er bemerkt ironisch, Spittelers Besprechung habe ihm "großes Vergnügen gemacht", aber Spitteler habe den Neuentwurf der Schriften nicht begriffen, das "Uebege-
wicht der seltneren und neuen Zustände der Seele über die normalen"

(B 8, 244 – 4.2.88). Spittelers Kritik sei ein "tolles Gemisch von richtiger Witterung und Oberflächlichkeit, von Achtung und Unverschämtheit, von Ernst und Trivialität" (8, 253 – 13.2.88). Nietzsche wirft seinen Kritikern vor, sie hätten ihn überhaupt nicht begriffen. Im Kapitel *Warum ich so gute Bücher schreibe* heißt es:

> Zuletzt kann Niemand aus den Dingen, die Bücher eingerechnet, mehr heraushören, als er bereits weiss. Wofür man vom Erlebnisse her keinen Zugang hat, dafür hat man kein Ohr. (6, 299f. – EH)

Die Diskussion um Nietzsche zieht bald weitere Kreise, wobei es bejahende, verneinende und ambivalente Stellungnahmen gibt. Es gibt nicht nur den Enthusiasmus und das Verdikt, sondern auch die Sachlichkeit in dieser frühen Periode der Nietzsche-Rezeption. Das frühe Beispiel einer um sachliche Beschreibung und Analyse des Sujets bemühten Darstellung ist der Essay *Aristokratischer Radicalismus. Eine Abhandlung über Friedrich Nietzsche* (1890) von Georg Brandes. Brandes, der noch mit Nietzsche im Briefverkehr stand und 1889 in Kopenhagen die ersten öffentlichen Vorträge über Nietzsche gehalten hat, nennt den "selbst in seinem Vaterlande wenig gekannten" Nietzsche "einen der interessantesten Schriftsteller" des "gegenwärtigen Deutschlands", einen "Geist von bedeutendem Rang", der eine Herausforderung darstelle (52). Im Mittelpunkt des Essays steht Nietzsches Idee des schöpferischen Individuums, der "großen Persönlichkeiten" (61), der "große Mensch" als "Selbstzweck" (68), als "sein eigener Gesetzgeber" (70). Es ist das Anliegen von Brandes, diesen "aristokratischen Radicalismus" gegenüber der den Menschen determinierenden Milieutheorie zu rechtfertigen, wobei er allerdings keine bloße Nietzsche-Ovation betreibt, sondern durchaus auch kritische Akzente setzt. Er konstatiert z.B., daß Nietzsche zuletzt "allen äußeren Maßstab für seinen eigenen Werth verloren" habe (89).

Nietzsche wird schon früh zum Gegenstand ausführlicherer Darstellungen. Hier ist vor allem die Monographie *Friedrich Nietzsche in seinen Werken* (1894) von Lou Andreas-Salomé zu erwähnen. Die Verfasserin, die bereits im Aufsatz *Zum Bilde Friedrich Nietzsches* (1891/92) den Menschen Nietzsche porträtiert und seine Ideenwelt beschrieben hatte, zeichnet in drei Kapiteln ("Wesen", "Wandlungen" und "'System'") ein einprägsames Bild Nietzsches. Für sie sind die Ideen und Werke Nietzsches Ausdruck seiner Persönlichkeit, seiner 'Erlebnisse'. Aufzeigen will sie: "das *Gedanken-Erlebnis* in seiner

Bedeutung für Nietzsches Geisteswesen – das *Selbstbekenntnis* in seiner Philosophie" (13). Es wird betont, "daß er im Grunde nur für sich dachte, für sich schrieb, weil er nur sich selbst beschrieb, sein eigenes Selbst in Gedanken umsetzte" (11). Nietzsches Werke sind Selbstdarstellung. Seine "Philosophie", die Umwälzung in *"Logik"*, *"Ethik"* und *"Ästhetik"*, erwächst aus dem Seelenprozeß. Seine "neue Zukunftsphilosophie" ist das *"Mysterium einer ungeheuren Selbst-Apotheose"* (139f.). Die Studie ist geprägt von Erlebnispsychologie und Einfühlungsästhetik. Das Erlebnis des Denkers Nietzsche als Grundlage seiner Philosophie und die verstehende Einfühlung des Interpreten bilden das methodische Gerüst. Die bei allem Engagement sachbezogenen Deutungen haben den Zeitgenossen den Weg zu einem vertieften Nietzsche-Verständnis gebahnt.

Schon früh zeichnen sich jedoch auch die Kontroversen um Nietzsche ab. So wendet sich Rudolf Steiner in der Schrift *Friedrich Nietzsche. Ein Kämpfer gegen seine Zeit* (1895) vehement gegen das "mystische Ungetüm, das Frau Salomé aus dem Übermenschen gemacht hat", "in dem augenblicklich verbreitetsten Buche über Nietzsche" (10). Steiner, dessen "Bild des Übermenschen" "genau das Gegenteil" jenes "Zerrbildes" sein will (10), zeichnet einen eher realistischen "Übermenschen". Der "Übermensch", das Hauptthema seines Buches, ist für ihn im wesentlichen durch zwei Grundmerkmale gekennzeichnet, durch die Hinwendung zur Natur und durch den Impetus zum Zerstören. Im übrigen herrscht auch bei Steiner die psychologische Betrachtungsweise, die das Werk und die Ideen in der Person begründet sieht. Nietzsches Antrieb sei das "eigene Selbst" (25). Zuletzt stelle er "dann vollends die eigene Person in den Mittelpunkt des Weltgeschehens" (147). Seine Gedanken zielten nicht auf ein Begreifen von Welt und Mensch, sondern seien "psychische Entladungen, durch die er sich berauschen wollte" (150). Nietzsche sei weder ein "origineller Philosoph" noch ein "Religionsstifter" oder ein "Prophet", sondern ein Leidender, ein "Märtyrer". Sein "Genie" liege nicht in der "Produktion neuer Gedanken". "Alles, was das neunzehnte Jahrhundert an Ideen hervorgebracht hat, wäre auch ohne Nietzsche da." (182). Die Deutungen von Andreas-Salomé und Steiner zeigen in exemplarischer Weise, wie Nietzsche schon früh gegensätzlichen Wertungen unterliegt, wie er affirmativ-idealistisch und kritisch-realistisch gedeutet wird – unbeschadet der Übereinstimmung, in der das Werk auf die Person zurückführenden psychologischen Optik, der vom 'Erlebnis' ausgehenden Deutung.

Der enge Zusammenhang zwischen Person und Werk wird in der frühen Nietzsche-Rezeption immer wieder hervorgehoben. In seiner Studie *Friedrich Nietzsche. Seine Persönlichkeit und sein System* (1890), einer enthusiastischen, bilderfreudigen Beschreibung des Menschen und der Ideen, stellt Ola Hansson Nietzsche als den großen Kulturerneuerer und Menschheitspropheten heraus. Er ist der "eigentliche centrale Sturmherd, von dem die grossen Wogen ausgehen" (29). Er hat "zwei positive Ideale aufgestellt: eine neue Cultur und neue Menschen" (10). Der Individualist, Kulturkritiker und Prophet ist das Thema der Studie. Ihr hypertrophes Pathos ist symptomatisch für weitverbreitete, sich auf Nietzsche berufende Erneuerungsphantasien: "Wann wird er kommen […] der neue Zarathustra, der Erste der Arier, wann wird er aufgehen, der blonde Herr, gleich der Morgenröthe über dem Meere?" (28). In Hanssons Aufsatz *Friedrich Nietzsche und der Naturalismus* (1891) erscheint Nietzsche als der schöpferische "Gegenpol des Naturalismus", ein Schaffender, der alles überragt, "gegen den Zola ein wissenschaftlicher Dilettant, Ibsen ein moralischer Spießbürger, Tolstoi ein confuser Ignorant, gegen den sie alle Drei als Geister Pygmäen sind" (275). Der Nietzsche-Enthusiasmus steigert sich zur Nietzsche-Schwärmerei. Dies zeigt sich in eklatanter Weise bei Stanislaus Przybyszewski, der in der Schrift *Zur Psychologie des Individuums. I. Chopin und Nietzsche* (1892) Nietzsche als den ingeniösen Psychologen der Stimmungen und des Unbewußten, der das "grosse Misstrauen gegen alles Bewusste gelehrt" habe (29), und zugleich als einen "reinen Intelligenz- und Gehirnmenschen" (32) kennzeichnet. Vor allem aber das Rauschhafte fesselt Przybyszewski an Nietzsche. In exaltiertem Pathos beschreibt er den "Übermenschen" als einen "salto-mortale der entfesselten, in Orgien schwelgenden Vernunft", als ein "Rausch-Delirium der aus den Fugen geratenen, in tausend Stücke zersplitterten Seele" (42).

Um die Jahrhundertwende wird Nietzsche als Protagonist eines neuen Lebensgefühls und Wegbereiter einer neuen Kultur gefeiert. So bezeichnet Otto Julius Bierbaum in der Flugschrift *Deutsche Lyrik von heute* (1891) Nietzsche als den "tiefsten und kühnsten Denker der heutigen Zeit", die den "Trieb nach neuen Werten" habe und "umwälzerisch und schöpferisch zugleich" sei (4). Dies ist eine zeitsymptomatische Äußerung. Der Nietzsche-Enthusiasmus schließt allerdings kritische Einschränkungen nicht aus. In seinem Essay *Tschandala Nietzsche* (1899) beschreibt Arthur Moeller-Bruck, getragen vom (zeittypischen)

Pathos der "Seher", der "Prophetengestalten", "die wie Riesen aus der Menge emporwachsen" (10), den Kulturkritiker, Künstler und Zukunftsvisionär Nietzsche. "Durch den Individualismus den Mythus und durch diesen Mythus die neue Kultur zu gewinnen: das ist die Metamorphose, die Nietzsche seiner Gegenwart vorschrieb." (21). Nietzsche zeigte allerdings auch eine "Unfähigkeit zum Leben" (48), und mit dem "Uebermenschen" schuf er "nur ein grosses wesenloses Symbol, ein unendlich erhabenes Phantom!" (50f.). Für die Zeitgenossen stellt sich die drängende Frage nach Utopie und Realität in der Philosophie Nietzsches. Karl Bleibtreu vertritt in der Schrift *Byron der Uebermensch* (1897) die Auffassung, Nietzsches Philosophie des "Uebermenschenthums", des "großen Individuums", die sich gegen die gegenwärtige "Herrschaft der demokratischen Massennivellirung" wende (138), sei noch völlig unrealistisch, aber möglicherweise die Philosophie und Praxis des 20. Jahrhunderts. Einerseits hält Bleibtreu Nietzsche für einen lebensfremden Romantiker, anderseits deklariert er ihn zum Philosophen der Zukunft:

> Nietzsche nämlich lebt trotz all' seiner Betonung realistischer Lebensanschauung dennoch vollkommen im Wolkenkukuksheim, bleibt ein deutscher Metaphysiker und Romantiker, der nur ein Bürger derer, die da kommen werden. (138)

Im Unterschied zu Nietzsche ist Byron der Mann der Tat (der Solidarität mit den Unterprivilegierten übt): "'*Also sprach Zarathustra*', ja wohl, aber also *lebte, handelte* und *schuf* Byron" (138). Er "vertritt die Sache der Schwächeren, der Unterdrückten gegen seine Standesgenossen" (139). Aber nicht nur die Frage nach der lebenspraktischen Bedeutung der Nietzscheschen Philosophie wird zum Problem, sondern im Zeitalter der Naturwissenschaften stellt sich zugleich die Frage nach dem Verhältnis von utopischem Entwurf und naturwissenschaftlicher Erkenntnis. In seinem Aufsatz *Das Geheimnis Friedrich Nietzsches* (1894), den er als Würdigung des Nietzsche-Buches von Andreas-Salomé versteht, nennt Wilhelm Bölsche, Verfechter einer monistischen Evolutionstheorie, Nietzsche einen "königlichen Gast am reichen Tisch der Menschheit" (1026). Der sich für die Freiheit von Kultur und Forschung einsetzende Aufklärer und Freidenker Bölsche respektiert den von "trotzigstem Individualgefühl" geprägten Nietzsche als den "äussersten Gegner alles Zwanges, aller geistigen Knebelung" (1029). Aber der Naturforscher Bölsche macht die Einschränkung, daß Nietzsche der "neuen, gewaltig fordernden Macht", der *"Naturwissen-schaft"*, gegenüber "ohne Wappnung" gewesen sei (1031). "Er hat uns nicht erlöst. […] Am Ende des Jahrhunderts steht Darwin, nicht Zarathustra." (1033). Im Prinzip ist jedoch festzuhalten, daß die aufklärerischen Geister der Zeit in Nietzsche einen Garanten ihrer Bestrebungen sehen. Dafür stehen Namen wie Wilhelm Bölsche, Bruno Wille und Michael Georg Conrad.

Nietzsche ist aber für die Zeitgenossen nicht nur von allgemeiner kulturpädagogischer Bedeutung, sondern er greift auch in das persönliche Leben ein. Er steigert das individuelle Lebensgefühl, provoziert freilich auch Krisen. Er ist nicht nur ein kulturelles Problem, sondern auch eine existentielle Herausforderung. Dies zeigt sich beispielhaft bei Christian Morgenstern. Morgenstern hat sich intensiv mit Nietzsche auseinandergesetzt, um die Jahrhundertwende, aber auch noch in der Folgezeit. Kennzeichnend für ihn ist die spontan-emotionale Reaktion auf Nietzsche. Es ist bezeichnend für die Nietzsche-Schwärmerei des frühen Morgenstern, daß sein erstes Buch, *In Phanta's Schloß* (1895), die Dedikation "Dem Geiste Friedrich Nietzsches gewidmet" enthält und daß er das Widmungsexemplar an Nietzsches Mutter schickte (vgl. *Morgenstern*, Briefe, 65). In seinem Beitrag *Nietzsche, der Erzieher* (1896) begrüßt er, im Geiste Nietzsches, den Fest-Gedanken:

> *Ein* Fest verbrüdert uns, *eine* Feier lässt uns in allen Schauern tragischen Glücks erzittern, dass wir die ganze Welt um uns verschenken –: der grosse Mensch. […] Man muss ihn [Nietzsche] erleben, nicht erlesen wollen. (709)

Nicht in bloßer Buchgelehrsamkeit, sondern nur im unmittelbaren Erleben ist Nietzsche wahrhaft zu erfassen. In Morgensterns Erinnerungsbuch *Stufen* (1927) finden sich eine Reihe aphoristischer Notizen aus den früheren Jahren, die gleichfalls von erlebnisintensiver Nietzsche-Rezeption zeugen. Angezogen vom "großen Menschen", der "eine Abbreviatur des ganzen Weltgeheimnisses ist" (1901) (60f.), schwingt sich Morgenstern zu existentiellem, freilich auch pompösem Pathos auf:

> Alles Große macht sterben und auferstehn. Wer an Nietzsche und Lagarde nicht immer wieder stirbt, um an ihnen auch immer wieder aufzuerstehen, dem sind sie nie geboren worden. (1907) (78)

In den Textstücken mit dem Titel *Nietzsche* (1896-1912) (86-92) stellt Morgenstern Nietzsche emphatisch als den großen Menschheitserneuerer heraus: "Man sieht Nietzsche ins Auge und weiß, wo das Ziel der Menschheit liegt." (1897) (87). Nietzsche ist für Morgenstern in erster Linie nicht der virtuose Künstler, sondern der große Mensch:

> Ich kann damit nichts anfangen, – Nietzsche sei vor allem ein großer Künstler, ein großer Stilist, Artist gewesen. Was heißt das, vor allem. Was macht denn den großen Stil, wenn nicht der Mensch von überragendem Rang, der geborene Führer und Schöpfer? (1907) (90)

Es kommt darauf an, "wer da spricht und was – nicht nur wie – gesprochen wird" (1912) (91). Morgenstern erschöpft sich aber nicht in einem unkritischen Nietzsche-Enthusiasmus, sondern meldet zunehmend auch kritische Bedenken an. So notiert er 1906: "Der Zarathustra ist bei allen Einzelheiten unbestreitbarer Größe eines der schlechtesten Bücher, die es gibt." Er ist ein "Mischmasch von Grandiosem und Banalem" (89). Nietzsches Entwürfe zum *Willen zur Macht* hingegen sind die "gewaltigste Offenbarung menschlichen Geistes, die ich kenne" (Briefe, 137 – 24.2.1902). Später ist Morgenstern allerdings der Meinung, Nietzsches Philosophie sei keine "Morgenröte", sondern "Abendröte" und führe in die "Nacht" (1912) (92). Wichtiger aber als diese Schwankungen in der Bewertung Nietzsches ist für Morgenstern jedoch ein erlebter Nietzsche, "denn wenn je einer, habe ich Nietzsche *erlebt*" (1912) (92). Nietzsche als Erlebnis – das ist um die Jahrhundertwende eine zeittypische Erfahrung. Symptomatisch ist die Bemerkung Rudolf Steiners: "Ich verstand ihn, als ob er für mich geschrieben hätte" (*Steiner*, Nietzsche, 15). Wilhelm Weigand berichtet in *Welt und Weg. Aus meinem Leben* (1940), daß einst, Mitte der achtziger Jahre, Nietzsche-Aphorismen "wie der Blitz in meine Seele schlugen" (14). Die Nietzsche-Lektüre vollzieht sich im Zeichen des *tua res agitur*. Nietzsche wird zur Identifikationsfigur. Man erkennt sich in ihm wieder oder glaubt sich in ihm wiederzuerkennen oder projiziert sich auf ihn. Zugleich aber überhöht man ihn ins Übermenschliche. Er ist nicht nur Identifikations-, sondern auch Leit- und Kultfigur.

Nietzsche wirkt nicht nur durch seine Ideen, sondern auch durch seine Sprache. Der Künstler, der Sprachkünstler Nietzsche findet bei den meisten Rezipienten ein positives, ja enthusiastisches Echo. Man verehrt nicht nur den Philosophen des Lebens, sondern auch den Artisten der Sprache. Schon früh gibt es Stimmen, die Nietzsches Bedeutung nicht in seiner Philosophie, sondern in seiner Dichtung, überhaupt in seiner Sprache ausgedrückt finden. So schreibt Heinrich Hart in seinem Aufsatz *Ein Typus* (1892), in dem er den "Übermenschen" ein "Tier" mit "Flügeln" nennt, dessen "Weisheit" die "Weisheit der Gasse" sei (288):

> Und doch ist Nietzsche ein Genie, nicht als Denker, sondern als Dichter, nicht nur das Was, sondern durch das Wie seiner Verkündigung; er ist zu groß, um ein Typus zu sein. (289)

Schon im Brief an Nietzsche vom 4.1.1877 hatte Heinrich Hart dem Verfasser der Tragödienschrift seine Ovation dargebracht "und gefunden, daß wol noch Keiner so tief in das Wesen der Kunst und künstlerichen Schöpfung jemals eingedrungen ist, wie Sie" (B II 6/1, 477). Hart ehrt in Nietzsche den Dichter und Ästhetiker. Die Zeitgenossen bewundern vor allem die Sprache des *Zarathustra*. Gustav Landauer läßt in seinem Roman *Der Todesprediger* (1893), den Helden, einen zwischen individualistischen und anarchistischen Utopien hin und her schwankenden Einzelgänger, im Hinblick auf den *Zarathustra* sagen:

> Sie kennen es nicht? Alle Achtung vor Ihnen. Lernen werden Sie nicht mehr viel von ihm können. Aber die Sprache! die Sprache. Es ist ein wundersames Buch. Geben Sie her. Ich will Ihnen einiges davon zeigen. (190)

Später meldet Landauer allerdings Vorbehalte gegen die Sprachkonzeption Nietzsches an. In der Schrift *Skepsis und Mystik* (1903) kritisiert er die "Sprachkritik" Nietzsches und meint, Nietzsche habe die "Fragwürdigkeit der Sprache" gar nicht erkannt (65). Landauer stützt sich auf Fritz Mauthners Werk *Beiträge zu einer Kritik der Sprache* (1901/02), in dem die Insuffizienz der Sprache als Mittel der Welterkenntnis festgestellt wird. Aber gerade dies hatte schon der Sprachkritiker Nietzsche behauptet. Mauthner ist freilich der Auffassung, Nietzsche habe infolge seiner Ambition, "Denker und *zugleich* Sprachkünstler sein zu wollen", als Sprachkritiker versagt. Er habe seine eigene Sprache von der Sprachkritk ausgenommen: "Sein Mißtrauen gegen die Sprache ist unbegrenzt; aber nur solange es nicht *seine* Sprache ist." (Bd. I, 366). Es ist dies eine problematische These, denn Nietzsche rückt ja auch die eigene Sprache ins Zwielicht von Wahrheit und Lüge.

Aber der Sprachkritiker Nietzsche ist um die Jahrhundertwende noch kein Zentralthema. Man huldigt dem Dichter Nietzsche. Caesar Flaischlen meint in seinem Aufsatz *Zur modernen Dichtung* (1895), daß Nietzsches

Sprache allein schon die ganze alte Philosophie allmählich unmöglich machen wird. Er führte uns auch hier zu uns selbst zurück und konzentrierte uns auch hier immer mehr auf die eigene schöpferische Individualität. (241)

Leo Berg hebt in seiner Studie *Friedrich Nietzsche* (1889) Nietzsches sprachliche Virtuosität hervor und sieht in ihm den größten neueren Sprachkünstler überhaupt. Sein "Stil" sei

> der virtuoseste, den je ein deutscher Schriftsteller seit Heine und Schopenhauer geschrieben, und den beider hinter sich lassend: schärfer, noch mehr durchgeistigt und tiefer schneidend als derjenige des ersten, und schlanker, biegsamer, graziöser und elastischer als der des letzten, fast auf alle Gedanken und Empfindungen gestimmt. Jedes Ding schimmert hier gleichsam in allen Farben des Regenbogens, zugleich bestrahlt von der siegreich wieder hindurchgedrungenen Sonne. (23f.)

Nietzsches Sprache ist demnach von höchster Luzidität und Elastizität. Sie ist sowohl von analytischer Prägnanz als auch von spielerischer Leichtigkeit. Sie löst die Dinge aus ihrer statischen Fixation, zeigt sie in ihren perspektivischen Brechungen und hat zugleich welterhellende Kraft. Freilich, Nietzsches Synopse, die Zusammenschau der Welt in großen Ideen, kann die Realien aus dem Blickfeld verlieren. Der sprachliche Höhenflug, die "Vogelperspective" (24), ermöglicht große Weltentwürfe, aber die Details der Wirklichkeit entschwinden ihm. Der Sprachsuggestion Nietzsches können sich auch seine Kritiker nicht entziehen. So kann auch Johannes Schlaf in seiner Anti-Nietzsche-Schrift *Der 'Fall' Nietzsche. Eine 'Überwindung'* (1907) nicht umhin, mit Blick auf den *Zarathustra* und die Dithyramben, die Sprachpotenz Nietzsches anzuerkennen:

> Man rühmt an Nietzsche den großen Sprachschöpfer. Es ist keine Frage: man tut es mit Recht. Wir haben seit unsren Klassikern keinen größeren Sprachmeister gehabt als ihn; und es verhält sich so, daß er der deutschen Sprache neue Offenbarungen abgerungen hat. (244)

In einem deutschtümelnden Sprachpurismus wendet sich Schlaf allerdings gegen die vom "Französischen" beeinflußten "Spielereien", gegen die "artistische Lust an der Frivolität", gegen den "unerträglich" "parodierten Bibelstil", gegen "all diese Jonglierereien und Kapriolen, die er der deutschen Sprache aufgenötigt und aufdressiert hat" (244). Die beiden ersten Teile des *Zarathustra* sind "eine Leichtfertigkeit und eine *Sünde* gegen den Geist der deutschen Sprache" (245). Dies ist typisch für eine verbreitete kulturkonservative Nietzsche-Rezeption. Man schätzt den 'deutschen' Dithyrambiker, aber man lehnt den 'französischen' Artisten ab. Aber auch innerhalb des deutschen Sprachraums sieht Schlaf in Nietzsche nur einen "Übergang". "Er ist durchaus kein Sprachschöpfer im Sinne Luthers oder Goethes." (245). Symptomatisch für ein weitverbreitetes Vorurteil ist die Feststellung Schlafs: "Zum Dichter war Nietzsche vorbestimmt", aber nicht "zum wirklich ernst zu nehmenden Denker" (13). Hans Landsberg konstatiert in seiner Schrift *Friedrich Nietzsche und die deutsche Litteratur* (1902): "Er war *Künstler*, nicht Philosoph." (11). Vielfach wird Nietzsche sogar als die stärkste künstlerische Potenz der Epoche angesehen. So bezeichnet M.G. Conrad in seinem Aufsatz *Der Kampf um Nietzsche* (1899) Nietzsche als die "genialste Künstlernatur des Jahrhunderts" (813). Angesichts der weltanschaulichen Kämpfe um Nietzsche vertritt man auch die Auffassung, daß allein sein Künstlertum unumstritten sei. In diesem Zusammenhang ist vor allem auf Julius Zeitlers immer noch lesenswertes Buch *Nietzsches Ästhetik* (1900) hinzuuweisen, in dem der Künstler Nietzsche und seine Kunstanschauung im Mittelpunkt stehen.

> Nietzsche ist nur als Künstler zu verstehen. Als solcher wird er auch bleiben. Als Dichter, als Stilist, als Sprachschöpfer und Sprachbildner ist Nietzsche unwiderleglich. In allen anderen Punkten ist er anfechtbar, hat er oft nicht einmal Waffen, sich zu verteidigen, als Künstler aber ist er ewig gerechtfertigt. (17)

Nietzsche als Künstler verstehen – dies setzt auch beim Rezipienten künstlerische Sensibilität voraus. In seiner Schrift *Friedrich Nietzsche. Ein psychologischer Versuch* (1893), in der er Nietzsche "ein Ereignis und – ein Verhängnis in der modernen europäischen Cultur" nennt (5), ist Wilhelm Weigand der Auffassung, daß es nicht genüge, als Philosoph Nietzsche widerlegen zu wollen, sondern daß man Psychologe und Künstler sein müsse, um ihn wirklich zu verstehen (6).

Nicht nur der Philosoph und der Künstler, sondern auch der Psychologe Nietzsche findet Beachtung. Nietzsche erscheint als scharfsinniger Enthüller menschlicher Seelentiefen. Am entschiedensten hebt Leo Berg in der Studie *Friedrich Nietzsche* diesen psychologischen Aspekt hervor. Nietzsche ist der "grösste Virtuos der deutschen Sprache", und die "staunenswerte Tiefe dieses Philosophen liegt vor allem im Psychologischen" (24). Durch Nietzsche gelangen wir "in ganz ferne, völlig unentdeckte Eilande der menschlichen Seele" (18). Aber Berg erkennt

229

auch, daß Nietzsche sich nicht in der Psychologie erschöpft, sondern durch seine Philosophie, durch den Entwurf neuer Ideen, dem Menschen neue Horizonte eröffnet:

> Die Kunst, Probleme zu stellen und Rätsel zu lösen, in tiefste und ungeahnte Abgründe der Seele hineinzuleuchten, um gleich im nächsten Augenblick wieder weite Perspektiven zu eröffnen und über schwindelnde Ideen-Brücken hinwegzufliegen, das macht ja eben den Reiz und die Bedeutung seiner Schriften aus. (24)

Berg deutet Nietzsche nicht monokausal, sondern multiperspektivisch. Für ihn ist Nietzsche Künstler, Philosoph und Psychologe in einem. Und nicht zuletzt in der Vereinigung dieser Funktionen spendet er ihm höchstes Lob. Er ist allerdings kein unkritischer Laudator. Er registriert bei Nietzsche Mangel an Realitätssinn und Dekadenzsymptome. Die "Hymnen auf den Ueber-Menschen" sind "poetisch" und von "eigenem Zauber", aber "manchmal zu pomphaft und überschwänglich": "es ist eine überreife, überladene, es ist eine '*Decadence-Kunst*'" (21). In der Schrift *Der Übermensch in der modernen Litteratur* (1897) unterscheidet Berg drei Phasen des Nietzscheschen Menschenbildes: 1. "der *freie Mensch*", 2. "der *neue Adel*", 3. "der *Übermensch*" (70f.). Der "Übermensch" ist eine vage Utopie:

> Nietzsche sagt nicht, wer und was der Übermensch ist, denn dieser schwebt vollständig in der Luft und ist nur mit wenigen Strichen ins Blaue gezeichnet. Er ist ein Wort, ein Ideal, ein Gedanke, ein Traum, ein Wunsch, eine Sehnsucht [...] (71f.)

Berg gibt dann einen eingehenden Überblick über ähnliche Konzeptionen des großen Menschen von Hebbel (Gott als "kämpfender Heros" [97]) und Wagner (Siegfried als der "geborene Gottesstürzer" [98]) bis zu Dostojewski (Raskolnikow als der "Prophet des Immoralisten, des Übermenschen" [107]) und Strindberg (der in den Romanen *Tschandala* und *An offener See* das Übermenschentum problematisiere). Bergs Nietzsche-Schriften verbinden die enthusiastische Affirmation mit der sachlichen Kritik.

Man setzt sich aber nicht nur mit dem Philosophen, Künstler und Psychologen auseinander, auch der Kulturkritiker Nietzsche wird zum Streitobjekt. Man identifiziert sich mit ihm, man distanziert sich von ihm, man protestiert gegen ihn. Seine vehemente Kultur-, Gesellschafts- und Staatskritik wird von manchen progressiven Geistern als Fortschritt begrüßt, von vielen konservativen Kritikern hingegen als

Provokation verurteilt, wie es auch die ambivalente Kritik gibt, die bestimmte Aspekte der Nietzscheschen Kulturkritik akzeptiert, andere hingegen ablehnt oder Nietzsche partiell in die eigene Weltanschauung integriert. Schon früh kommt es zu scharfen Angriffen und polemischen Ausfällen gegen Nietzsche. Es zeigen sich Spannungen zwischen dem radikalen Zeitkritiker Nietzsche, der den etablierten Kulturbetrieb in seinen Grundfesten zu erschüttern versucht, und dem herrschenden Kulturkonservativismus, der in Nietzsche eine Bedrohung sanktionierter Kulturwerte erblickt. Ein fatales Beispiel der Degradierung Nietzsches durch einen inkompetenten Kritiker ist das 1873 pseudonym unter dem Titel *Herr Friedrich Nietzsche und die deutsche Cultur* erschienene chauvinistische Pamphlet zu Nietzsches Schrift über David Strauß. Der unter dem Pseudonym B.F. firmierende Verfasser, unter dem man Bernhard Förster, den späteren Schwager Nietzsches, aber auch Hans Blum, Redakteur der *Grenzboten*, vermutet hat (dazu *Krummel* I, 20), unterstellt Nietzsche "verminderte Zurechnungsfähigkeit", "geistige Störung" und "fixe Idee" (105) und fragt: "Wann ist Deutschland jemals größer, gesunder, des Namens eines Kulturvolkes würdiger gewesen als heutzutage?" (109). Nietzsche wird als Saboteur der durch die nationale Machtpolitik angeblich geförderten deutschen Kultur angeprangert. Nietzsche hat das freilich anders gesehen. In der nach dem deutsch-französischen Krieg aufgekommenen nationalen Hochstimmung sieht er die Gefahr, "unseren Sieg in eine völlige Niederlage zu verwandeln: *in die Niederlage, ja Exstirpation des deutschen Geistes zu Gunsten des 'deutschen Reiches'*" (1, 159f. – DS).

Aber auch die Anhänger Nietzsches stimmen seinen gesellschaftlichen Anschauungen keineswegs immer zu, sondern zeigen hier häufig kritische Reserve, ja in manchen Fällen sogar entschiedene Ablehnung. Für M.G. Conrad ist Nietzsche "der genialste und stärkste Gährungserreger, der kühnste Frager und Muthmacher im Moralischen, Intellectuellen und Künstlerischen", das "schönste und reichste Phänomen moderner Culturkritik" (Kampf um Nietzsche, 812). Aber in seiner Schrift *Der Übermensch in der Politik* (1895) wendet er sich gegen den volksfremden Aristokratismus der Nietzsche-Epigonen, gegen den "unverstandenen Nietzscheismus", das "girgelhafte Zarathustra-Affentum" (26), den "Übermenschen-Herrschsuchtswahn" (29). Im Zeichen von "Demokratie" und "Humanität" ist der "wurzellose Übermensch" der "Nietzscheaner" höchst fragwürdig (43). Auch Nietzsche selbst wird in die Kritik einbezogen. Conrad kritisiert Nietzsches Kritik des

"Demokratismus": "Nietzsche, der sonst so tiefe und furchtlose Denker, irrt hier vollständig. Sein *Mangel an natur- und volkswissenschaftlicher Einsicht* ist geradezu erbarmungswürdg" (38). Es zeichnet sich für die progressiven Nietzsche-Anhänger eine fatale Diskrepanz zwischen der kreativen Potenz und der antidemokratischen Einstellung Nietzsches ab. Es öffnet sich eine Kluft zwischen dem elitären, 'aristokratischen' Menschenbild Nietzsches und den modernen demokratischen Ideen und sozialen Notwendigkeiten. Es gibt allerdings Versuche, diese Kluft zu überbrücken und den elitären Nietzscheanismus mit der sozialen Demokratie zu versöhnen. Zu einer Herausforderung wird das Thema Nietzsche und der Sozialismus. Es gibt Bestrebungen, Nietzsche, den schroffen Kritiker der Demokratie und des Sozialismus, in ein modernes, humanitäres Sozialbewußtsein einzubinden. Man möchte eine Synthese zwischen Nietzsche und Marx, den scheinbar unversöhnlichen feindlichen Brüdern, herstellen. In seinem Aufsatz *Nietzsche und der Sozialismus* (1892) verkündet Franz Servaes die Synthese von Nietzsche und Sozialismus:

> Nietzsche und der Sozialismus –? Der radikale Aristokrat und die radikale Demokratie –? Sind das nicht zwei Todfeinde, die sich in alle Ewigkeit heftig befehden müssen? Oder ist doch ein Gemeinsames zu finden? (86)

Engagiert vertritt Servaes die Meinung, durch die Revolutionierung bestehender Wert- und Ordnungssysteme seien Nietzsche und der Sozialismus trotz aller äußeren Divergenzen innerlich verbunden. Durch die "Revision der ganzen Weltanschauung" und die "Systematik des Zweifels"

> schlägt der Nietzscheanismus in den Sozialismus ein. […] Nietzsche und der Sozialismus, beide sind sie revolutionär und beide zukunftsträchtig. […] Weil sie aber von entgegengesetzten Weltgegenden kommen, so wird Nietzsche zu einer Kritik des Sozialismus, und der Sozialismus zu einer Kritik Nietzsches. (88)

Der radikale Individualismus und das radikale Sozialengagement sollen miteinander verbunden werden. Das neue Schlagwort lautet: "Sozialaristokratie". Dabei kann sich der sozialethische Impetus mit einer sozialdarwinistischen Sicht verbinden, wie dies in Bruno Willes Aufsatz *Socialaristokratie* (1893) der Fall ist. Samuel Lublinski vertritt in seinem Aufsatz *Die versunkene Glocke und der falsche Nietzsche* (1897) die Auffassung, Nietzsches Sozialismus Kritik beruhe lediglich auf seiner Aversion gegen moderne Vermassungstendenzen und es gebe durchaus Affinitäten zwischen Nietzsche und Marx. Trotz "Demokratenhaß" und "Lehre vom Uebermenschen" "bestehen viele Berührungspunkte zwischen Nietzsche und dem Begründer der Internationale". Die Gemeinsamkeit liege in der Kritik des arbeitsteiligen "Spezialistentums", welches den Menschen zum "mechanisch wirkenden Werkzeug" degradiere (1142). Nietzsche diagnostiziere, wie Marx, das Phänomen der Entfremdung. Lange vor der Entdeckung der Trias Nietzsche-Marx-Freud durch die neuere französische Avantgarde hat man zur Jahrhundertwende inversive Beziehungen zwischen Nietzsche und dem Sozialismus registriert. Lublinski wird freilich mehr und mehr zum Nietzsche-Kritiker. In seinem Beitrag *Der Liberalismus und die moderne Litteratur* (1899) konstatiert er hinsichtlich des 'Nietzscheanischen' einen Widerspruch zwischen dem "heroisch-imperatorischen Zug" und dem "jauchzend-lebensfreudigen des freigewordenen Individuums" (86). Nicht der Nietzscheanismus, sondern der Liberalismus biete die Möglichkeit einer Erneuerung der modernen Literatur (88). Im *Ausgang der Moderne* (1909) wirft dann Lublinski Nietzsche die Unfähigkeit zur Kulturschöpfung vor (vgl. 72f.). Im Aufsatz *Zehn Jahre nach Nietzsche* (1910) hält er zwar an Nietzsches "Bedeutung für unsere Zeiten" fest (359), erklärt aber zentrale Gedanken seiner Philosophie für überwunden:

> Die Lehren vom Uebermenschen, von der ewigen Wiederkunft und von der Herren- und Sklavenmoral sind die drei grundlegenden Sätze seiner Lehre, die wir überwunden haben müssen, bevor wir ihn als Bestandteil in unsere Zukunft aufnehmen. (367)

Stark ausgeprägt ist zur Jahrhundertwende die Tendenz zu einer Synthese von Nietzsches aristokratischem Individualismus und einem neuen Gemeinschaftsbewußtsein. Symptomatisch ist der Nachruf *Zu Friedrich Nietzsches Tod* (1900) von Ferdinand Avenarius. Dort heißt es:

> Und in einer Zeit der geistigen Nivelliererei hat er wie keiner dazu gethan, die Bedeutung des Einzelnen, der Persönlichkeit klar zu machen. Das wollen denn doch auch wir bedenken, die wir das Genie nur als die Blüte des Ganzen auffassen, wir, denen deshalb das Volk keine verächtliche Masse ist, wir Aristokraten zwar, aber Sozialaristokraten. (430f.)

Deutlich zeichnet sich um die Jahrhundertwende die Tendenz ab, den Personalismus Nietzsches, die Ichbezogenheit seines Denkens, mit einem Menschheitsidealismus zu verbinden. So konstatiert Paul Ernst inzwischen nicht mehr einen sozialkritischen Realismus, sondern einen neuklassischen Idealismus vertretend, in seinem Essay *Friedrich Nietzsche* (1900): *"Nietzsches Philosophie ist personalistisch: er bezieht alle Werte nur auf sich."* (10). Dieses Denken aber hat Bedeutung für die Gemeinschaft, die Gesellschaft, die Menschheit. Ernst spricht sogar vom "Sozialismus" Nietzsches. Aber im Unterschied zum "demokratischen Sozialismus", der das "allgemeine Wohlbehagen" zum Ziel hat, "hat der Sozialismus – sagen wir nur das Wort! – Nietzsches das Ziel, *das Niveau der Menschheit zu erhöhen, indem er eine höhere Gattung in ihr erzeugt"* (34). Es ist die *"große That Nietzsches"*, *"daß er ein ethisches Ziel aufgestellt hat"* (36f.). Nietzsche hat der Menschheit neue Perspektiven eröffnet:

> *Daß er es gewagt hat, uns überhaupt wieder ein höheres Ziel zu zeigen, das genügt, um ihn für immer unter die größten Wohlthäter der Menschheit zu reihen.* (37)

Die Menschheitsmission Nietzsches ist nicht unumstritten. Sowohl von kulturkonservativer als auch von linksprogressiver Seite wird Nietzsche angegriffen. Julius Hart fühlt sich aufgerufen, in seiner Schrift *Der neue Gott. Ein Ausblick auf das kommende Jahrhundert* (1899) eine deutschtümelnde Philippika gegen Nietzsche zu halten. Es ist die Rede von den "romantisch-dilettantisch-weibischen Empfindungen der Nietzscheschen Welt", vom "Prunk und Glanz der Worte, die so dürftigen Inhalt verhüllen", vom "Täuscher und Betrüger" (79f.). Die Ausführungen werden zum chauvinistisch-rassistischen Pamphlet, wenn Hart den "Individualismus" Nietzsches als "durch und durch ausländisches Gewächs" (88), seine "Anschauungen" als "romanische Rassenanschauungen" bezeichnet, ihn als "echten Vertreter der westlich-slavischen Welt" diskreditiert (110) und der "alten Welt der Romanen" eine "neue Kultur germanischen Geistes", die "nordische Seele" entgegenhält (116). Gustav Landauer hat in seiner Kritik des *Neuen Gottes* (1899) die Polemik Harts als "blind tappende Ungerechtigkeit" und "naiven Chauvinismus" mit Nachdruck zurückgewiesen; außerdem "finden sich die besten Gedanken Harts in anmutiger Schärfe und erfreulicher Klarheit schon bei Nietzsche" (120). Im Eingang zu ihren Flugschriften *Das Reich der Erfüllung* (1900/1901) verkünden die Brüder Heinrich und Julius Hart "die echt monistische, die Identitätsweltanschauung" (4), die "neuen Menschen" (5), die "Starken und Freien"

(7). Obschon der letztere Hinweis unzweideutig den Einfluß Nietzsches verrät, wie auch der Untertitel "Ein vorläufig Wort an die Wenigen und an Alle" deutlich genug an den *Zarathustra* Untertitel "Ein Buch für Alle und Keinen" erinnert, weisen sie in ihrem Harmoniebedürfnis in der Flugschrift *Vom höchsten Wissen* die "Absurditäten der Tolstojschen, wie der Nietzscheschen Moral" zurück (47). Heinrich Hart hat Nietzsche freilich auch in positivem Licht gesehen, freilich nur als Element eines die Gegensätze tilgenden, harmonischen Weltbildes. In *All und Ich* (1905) meint er, "daß man zugleich Christ und Buddhist sein, zugleich mit Plato und Kant, mit Tolstoi und Nietzsche gehen kann" (154). Er wendet sich gegen die Philosophie der Stärke. Im Essay *Am Ausgang des neunzehnten Jahrhunderts* (1890) schreibt er: "das höchste Menschentum ist überhaupt nicht da, wo Nietzsche es sucht, sondern erst da, wo gar kein *Gegensatz* von Stärke und Schwäche mehr empfunden wird" (192). In diesem Aufsatz, in dem die Bedeutung Feuerbachs, Tolstois, Nietzsches und Ibsens für die "moderne Weltanschauung" erörtert wird, heißt es allerdings auch, freilich mit spezifischen Vorbehalten: "Wer an Tolstoi erkrankt ist, wird an Nietzsche gesunden." (182). Hart betont vor allem den die bisherigen Werte negierenden, provokativen Skeptizismus Nietzsches ("der Prophet der Skepsis") sowie seine Universalität: "Er ist in demselben Grade Dichter und Künstler wie Philosoph." (186). Nietzsches Bedeutung für die "moderne Weltanschauung" wird herausgestellt: "Wer in diese sich einzuleben strebt, kann an Nietzsche nicht vorbeigehen." "Er befreit den Menschen von der Vergangenheit und fordert ihn auf: Entscheide dich für und wider aus dir selbst" (189). In *Wir Westfalen* (1905) betont Hart die Bedeutung Nietzsches für das Aufkommen eines neuen, freieren Lebensgefühls:

> Die Worte Lebensfreude, Ausleben, Sinnlichkeit, Freiheit gewannen neuen Inhalt. Die Werte, die Nietzsche geahnt, sollten sich in Leben und Tat umsetzen. Ein neues Weltempfinden, heller, sonniger, weitherziger als das alte, eine neue Weltanschauung war im Keimen. (92)

Solchen Nietzsche-Ovationen stehen Nietzsche-Verdikte gegenüber. In seinem *Anti-Zarathustra* (1899) greift Otto Henne am Rhyn Nietzsche vehement an. Nietzsches Werke seien "subjektive Stimmungsprodukte", die durch "mystische Dunkelheit und traumhafte Nebelwelt" blendeten (V) und zur "Verachtung von staatlicher Ordnung, Recht, Religion und Wissenschaft" führten (IX). Der Verfasser begrüßt, "daß die hoffnungsvolle Jugend anfängt, das Zarathustra-Blendwerk zu durchschauen" (X). Er ruft bei der Aburteilung Nietzsches den "trefflichen Julius Hart" als Kronzeugen an (X).

Nietzsche sieht sich nicht nur kulturkonservativen, sondern auch sozialkritischen Angriffen ausgesetzt. Franz Mehring, der Ahnherr der marxistischen Nietzsche-Kritik, brandmarkt in Aufsätzen wie *Zur Philosophie und Poesie des Kapitalismus* (1891), *Nietzsche gegen den Sozialismus* (1897) und [*Über Nietzsche*] (1899) Nietzsche als Philosophen des kapitalistischen Gesellschaftssystems. Er ist der reaktionäre Vordenker der herrschenden Klasse: "Subjektiv ein verzweifeltes Delirium des Geistes, ist diese sogenannte Philosophie objektiv eine Verherrlichung des großen Kapitalismus, und als solche hat sie ein großes Publikum gefunden." (Über Nietzsche, 182). Nietzsche wird aber nicht nur zum Gegenstand der Sozialkritik, sondern man bezweifelt auch seine Kulturbedeutung. So hebt Johannes Schlaf zwar die "Leitsterne" des "'*Europäers'*" und des "'*Übermenschen'*" als bleibendes "Verdienst" Nietzsches hervor, aber dieser ist doch nicht der "Schöpfer" einer "modernen deutschen oder europäischen Kulur" (Der 'Fall' Nietzsche, 4). Ein gewisser Ludwig Stein stößt in seinem Essay *Friedrich Nietzsche's Weltanschauung und ihre Gefahren* (1893) Kassandra-Rufe aus. Er hält Nietzsche für einen zynischen Modephilosophen, der einen unheilvollen Einfluß ausübe. Er wirft ihm einen verhängnisvollen, reaktionären "Culturüberdruß" vor (395). Die Kritik an Nietzsche kann zur hemmungslosen Polemik werden. Die schlimmsten Ausfälle gegen Nietzsche hat sich der Kulturkritiker Max Nordau geleistet, in seinem fragwürdigen Opus *Entartung* (1892/93). Nordau, der der gesamten Moderne die Diagnose der kulturschädlichen Degeneration stellt, entfacht eine unkontrollierte Polemik. Das Nietzsche-Kapital (Bd. II, 301-396) ist eine einzige Nietzsche-Beschimpfung. Nietzsches "System" wird als "tobsüchtige Form" der "Geistesstörung" denunziert (353). Für den Pamphletisten ist die "Thatsache, daß ein erklärter Tobsüchtiger in Deutschland für einen Philosophen gehalten werden und Schule machen konnte, immer noch eine schwere Schmach für das deutsche Geistesleben der Gegenwart" (396). Nordau, der, ausgehend von Lombroso, die "Entarteten" in Kunst und Literatur demaskieren will (VII), zählt Nietzsche zu den biologischen Degenerationserscheinungen. Weniger rüde fällt die Nietzsche-Kritik von Ferdinand Tönnies aus. In seinem Buch *Der Nietzsche-Kultus. Eine Kritik* (1897) warnt er vor der unkritischen Übernahme Nitzschescher Ideen, vor gefährlichen

Folgen der Philosophie Nietzsches und vor der Überschätzung Nietzsches. Dem kritischen Soziologen Tönnies sind "diese neue Lehre vom Übermenschen, von der aristokratischen Wertung und Umwertung", die "Herrenmoral" (VII), der Gedanke der "Züchtung" (15) höchst suspekt, und er ruft im Umgang mit Nietzsche zur "Besonnenheit und Nüchternheit" auf (VIII). Nicht zuletzt mit Blick auf die sich bildenden Nietzsche-Gemeinden und die Nietzsche-Epigonen spricht er sein Verdikt über Nietzsche aus: "Das System ist nur ein Hexensabbat von Gedanken [...] diese Lehren [...] können in der That berauschend und betäubend wirken im schlimmsten Sinne." (111). Es ist allerdings die Frage, ob man nicht unterscheiden muß zwischen den substantiellen Inhalten und dem extrem provokativ zugespitzten Stil Nietzsches. So spricht Fritz Lienhard in seinem Aufsatz *Friedrich Nietzsche* (1900) von "Nietzsches brutal klingenden und auch thatsächlich überreizten Schlagworten und Wendungen wie 'Herrenmoral', 'Sklavenmoral', 'Umwertung aller Werte', 'Uebermensch', 'Wille zur Macht', 'Jenseits von Gut und Böse' u.s.w.". "Es ist in erster Linie *Nietzsches Ton*, der so viel Unheil angerichtet hat und anrichtet" und die "'Modernen', die Menschlein mit den Nerven, fasciniert und zur Nachäffung reizt" (4). Vielfach richtet sich die Kritik weniger gegen Nietzsche selbst als gegen die Nietzsche-Epigonen und -Imitatoren. Im Heißlaufen der Gefühle und in überdrehten Sprachposen bringen sie ihr Idol in Mißkredit.

Nietzsches elitärer Individualismus, sein Höhenmenschpathos und seine Volksfremdheit haben immer wieder Widerspruch herausgefordert. Kein Geringerer als Leo Tolstoi polemisiert in dieser Hinsicht mit Verve gegen Nietzsche. Tolstoi, der große Moralist, übt scharfe Kritik an Nietzsche, dem großen Immoralisten. In der Schrift *Was ist Kunst?* (1898) verwirft er jene elitäre Geisteshaltung der "Anhänger Nietzsches", die die "'Übermenschen'" proklamieren und die "dumme Herde" verachten (102). Die Ersetzung der "Sittlichkeit" durch "Schönheit" in "unserer Gesellschaft" sei nicht zuletzt von "ihrem Propheten Nietzsche und seinen Anhängern" verursacht worden (197). In *Über das, was Kunst genannt wird* (1896) nennt er den "Übermenschen" den "höchsten, verfeinerten Typ des Müßiggängers" (428). Das "Ideal des Übermenschen" sei Ausdruck eines kruden Machtwillens (Was ist Kunst, 198). In *Über Shakespeare und das Drama* (1903) hält er die "Lehre Nietzsches" für eine Modeerscheinung und zählt sie zu den "Massensuggestionen", "die schnell wieder vergehen und der Vergessenheit anheimfallen" (285). Tolstoi, der die idealistische Ästhetik des elitären Genies und der reinen Kunst kompromißlos ablehnt und leidenschaftlich eine engagierte, volksnahe Kunst fordert, sieht in Nietzsche nur einen substanzlosen Snob. Nietzsche provoziert aber nicht nur den moralischen Protest, sondern auch die kritische Ironie – bei den deutschen Autoren freilich seltener. Das prägnanteste Beispiel ist Bernard Shaws sozialkritische und philosophische Komödie *Mensch und Übermensch* (*Man and Superman*) (1903). Dort wird das Motiv des "Übermenschen" in einem halb pathetischen, halb ironischen Stil ins Spiel gebracht. In diesem satirischen Spiel um den Typus eines modernen Don Juan erklärt der Teufel: "Für den Übermenschen sind auch Männer und Frauen einfach Arten, auch sie außerhalb der moralischen Welt." Auf die Frage der Statue: "Und wer zum Teufel ist der Übermensch?" antwortet der Teufel:

> Oh, was ist die neueste Mode unter den Lebenskraft-Fanatikern. Haben Sie im Himmel unter den Neuankömmlingen nicht diesen deutschpolnischen Irren getroffen? Wie hieß er noch? Nietzsche? – Die Statue: Nie gehört. – Der Teufel: Nun, er kam zuerst hierher, bis er wieder zu Verstand kam. Ich hatte einige Hoffnungen auf ihn gesetzt, aber er war ein eingeschworener Lebenskraft-Anbeter. Er war es, der diesen Übermenschen wieder ausgegraben hat, der so alt ist wie Prometheus; und das zwanzigste Jahrhundert wird diesem neuesten aller alten Träume nachlaufen, sobald es der Welt, des Fleisches und Ihres ergebenen Dieners müde geworden ist. (260f. [3. Akt])

Bemerkenswert ist, daß bereits um die Jahrhundertwende Nietzsche Gegenstand nicht nur von Essays, Kritiken und Würdigungen, sondern auch von Monographien und Spezialanalysen ist. Hier sind neben der bereits erwähnten monographischen Darstellung von Andreas-Salomé und der ästhetischen Untersuchung von Zeitler eine Reihe relevanter Publikationen anzuführen – die freilich nur eine kleine, wenngleich repräsentative Auswahl aus der Überfülle der Veröffentlichungen über Nietzsche darstellen. Eine zugleich sachliche und wertende Darstellung ist Theobald Zieglers Schrift *Friedrich Nietzsche* (1900). Nietzsche ist ein "glänzender *Stilist*", er ist "*Aphorist*", "*Paradoxist*" und "*Dichter*", er ist der "Dichter unter den Philosophen", "eine durch und durch poetische, künstlerische Natur", "Symbolist und Mystiker", "Psychologist und Analytiker" (2ff.). Zieglers Untersuchung enthält viele sachbezogene Beobachtungen zur Philosophie und Dichtung Nietzsches, etwa zu den diversen Implikationen des "Übermenschen" (137-148). Raoul

Richter unterscheidet in seinen Vorlesungen *Friedrich Nietzsche. Sein Leben und sein Werk* (1903) zwischen der (historischen) Person und dem (bleibenden) Werk. Nietzsche sei zwar ein "ganz persönlicher Denker", der den Leser zu "Widerspruch oder Zustimmung" zwinge, aber die "*wissenschaftliche* Betrachtung" muß "Persönlichkeit" und "Werk" trennen (V). Nietzsche lasse sich nicht auf *eine* Funktion festlegen: "bald ist er Künstler, bald Forscher, bald Prophet" (67). Diese "*Triplicität*" "ist auch der Grund, warum Nietzsche weder als Künstler, noch als Gelehrter, noch als Prophet, noch als Philosoph ein Stern erster Größe geworden ist" (68). Theodor Lessing will in seinem Vortragszyklus *Schopenhauer – Wagner – Nietzsche. Einführung in moderne deutsche Philosophie* (1906), der die sachliche Deutung mit der kritischen Beleuchtung verbindet, in die "Seelenwelt der drei größten Gestalter unserer Tage" einführen (2). Lessing, der bei Nietzsche "ästhetische, intellektuale und religiöse Periode" unterscheidet (252), setzt im Hinblick auf die erste und die letzte Periode als Ideal Nietzsches an: "Der Künstler oder *Dichter*. Der in sich ruhende, die Welt durch Abkehr überwindende *Heilige*. Und endlich der vollendet weise, nicht mehr staunende *Philosoph*. – Also: *Kunst, Religion* und *Philosophie* (im Sinne von Lebensweisheit) sind ihm letzter *Zweck* und letzte *Betätigung* des menschlichen Geschlechtes!" (253). Auch hier wird also die Komplexität der Funktionen Nietzsches hervorgehoben, freilich nicht kritisch, sondern affirmativ. Immer wieder ist man auch bemüht, die kulturelle Bedeutung Nietzsches ins Licht zu rücken. So möchte R.M. Meyer in seiner Monographie *Nietzsche. Sein Leben und seine Werke* (1913) nicht nur den "Stilisten" und "Philosophen", sondern vor allem auch Nietzsches "Bedeutung für die deutsche Kultur" untersuchen (VII). Und immer wieder steht die Person Nietzsches im Mittelpunkt von Darstellungen. Nicht unerwähnt bleiben darf in diesem Zusammenhang Elisabeth Förster-Nietzsches monumentale Biographie *Das Leben Friedrich Nietzsche's* (1895-1904).

Um 1900 setzt auch bereits die philosophische Nietzsche-Interpretation ein. Es können hier wiederum nur wenige Titel genannt werden. Alois Riehl charakterisiert in seiner Studie *Friedrich Nietzsche. Der Künstler und der Denker* 1897) nicht nur die Bedeutung des "Lebens", sondern auch die Funktion der "Kunst", des "Dionysischen" und "Apollinischen", den Begriff der "Kultur", den "Stil" sowie den Zusammenhang von "Werk" und "Person". Er rückt den Künstler Nietzsche in den Mittelpunkt. Nietzsche, bei dem "der Künstler den Denker überwiegt" (50), hat die "Lehre von der beständigen Selbsterlösung der Welt durch die Kunst" verkündet (55). Hingewiesen sei auch auf Ernst Horneffers Schrift *Nietzsches Lehre von der ewigen Wiederkunft* (1900) sowie auf seine *Vorträge über Nietzsche* (1900). Bemerkenswert ist, daß Horneffer bereits die Einheit von Übermenschidee und Wiederkunftsgedanke hervorhebt: "Der Übermensch und die ewige Wiederkunft sind keine Gegensätze. [...] Es ist ein Zusammengehörendes, ein untrennbares Ganze." (Wiederkunft, 25). Erwähnenswert ist auch Hans Vaihingers Buch *Nietzsche als Philosoph* (1902). Er würdigt den Stilisten und Dichter Nietzsche, den "Aphoristiker", den "Lyriker", den "Symbolisten" (17-23), deutet seine Philosophie als eine Synthese aus Schopenhauer und Darwin (43ff.) und setzt sich mit den Einzelaspekten der Kulturkritik Nietzsches auseinander. Einerseits ist Nietzsche "subversiv" und kann bei den "Unvorsichtigen und Unreifen" schweren Schaden anrichten, anderseits kann er eine "Revision und Neubegründung" der herrschenden Weltanschauung bewirken (104f.). Nietzsche übt eine enorme Wirkung aus: "Friedrich Nietzsche ist heute ein litterarischer Machthaber ersten Ranges. [...] Die poetische Litteratur und die Kunst zeigen tiefe Spuren dieser Einwirkung Nietzsches." (9). In seiner *Philosophie des Als Ob* (1911) analysiert Vaihinger Nietzsches "Lehre vom bewusst gewollten Schein" (771-790). Nietzsches Fiktionalismus sei eine "*Metaphysik des Als-Ob*", die die Bedeutung des "Scheins im Ganzen des Weltgeschehens" herausstelle (787). Ein Markstein in der philosophischen Aufarbeitung Nietzsches ist Georg Simmels Vortragszyklus *Schopenhauer und Nietzsche* (1907). Es ist das Verdienst Simmels, den Nietzscheschen Lebensbegriff aus seiner biologistischen Verengung gelöst und in seiner eigenen Wertqualität herausgehoben zu haben. Aufgrund der allein in ihm selbst angelegten Steigerungsmöglichkeiten wird das "Leben" zum Selbstzweck, zum höchsten Wert:

> Durch diesen in ihm unmittelbar gelegenen Trieb und die Gewähr der Erhöhung, Bereicherung, Wertvollendung *kann das Leben selbst zum Zweck des Lebens werden* und ist damit der Frage nach einem Endzweck enthoben, der jenseits seines rein und natürlich verlaufenden Prozesses läge. (4)

Bei Nietzsche bricht ständig das "Gefühl für die Feierlichkeit des Lebens" durch (4). Er umgibt das "Leben" mit einer Aura des Erhabenen und Numinosen. Insofern ist die Frage nach lebenstranszendenten Werten für ihn irrelevant.

Um die Jahrhundertwende hat Nietzsche seine unmittelbarste und breiteste Wirkung. Dichter, Philosophen und Kritiker stehen in seinem Bann. Man hat das Gefühl, durch Nietzsche aus allen Erstarrungen des Lebens, allen philosophischen, künstlerischen, gesellschaftlichen und persönlichen Frustrationen, herausgerissen zu werden und die Welt ganz neu zu erleben. Nietzsche wird als epochale Wende verstanden. Daß mit Nietzsche ein neues Zeitalter, eine neue Epoche des Denkens, Fühlens und Lebens, begonnen habe, ist ein Topos der Zeit. Wie stark Nietzsche damals als epochales Ereignis und geschichtlicher Wendepunkt empfunden wurde, bezeugt exemplarisch das Pathos, mit dem Max Halbe in seiner Autobiographie die Nietzsche-Stimmung jener Zeit beschreibt. In *Scholle und Schicksal* (1933) nennt er Nietzsche das "große Säkularereignis jener Epoche":

> seine unsichtbaren Strahlen drangen bis in die fernsten Bezirke, revolutionierten die Geister, wühlten den Urgrund der Seelen auf und bereicherten unser Sprachgut […], wie es seit Luthers Tagen nicht mehr geschehen war. Ich denke hier zuvörderst an den Zarathustra, dessen ungeheurer Wirkung ich für einige Zeit ganz erlag. (409)

In *Jahrhundertwende* (1935) stilisiert Halbe den Tod Nietzsches zum mythischen Symbol der Zeitenwende:

> War es nicht wie ein Gleichnis, daß der Wanderer und Kämpfer zwischen zwei Weltaltern gerade auf der Grenzscheide zweier Jahrhunderte dahinging, deren einem sein irdisches Leben und Schaffen, deren anderem die Unendlichkeit seiner geistigen Nachwirkung angehörte? (300)

Es ist bezeichnend, wie auch noch nach Jahrzehnten die suggestive Wirkung Nietzsches anhält. Typisch sind die Bemerkungen Rudolf Kassners, der in seinem *Buch der Erinnerung* (1938) Nietzsche den "größten Geist des ausgehenden Jahrhunderts" nennt (85) und ihn als epochalen Wendepunkt deutet:

> Nietzsche ist ein Schicksalsmensch erster Ordnung, und so ist sein Buch: *Der Wille zur Macht* ein Schicksalsbuch. […] Nietzsche ist der Mann der Weltwende zwischen dem 19. und dem 20. Jahrhundert, keiner kann neben ihm als das gelten, und so ist dieses eine Buch das einer Weltwende, sooft ich es aufschlage. Noch gestern fand ich die Geschichtsphilosophie Spenglers in einem einzigen Satz darin vorweggenommen. (138 u. 139)

Nietzsche ist eine große geschichtliche Gestalt, aber zugleich überschreitet er die Geschichte, denn ihm ist der "Durchbruch vom Geschichtlichen ins Mythisch-Metaphysische gelungen" (140).

Nietzsche wird zum großen Befreiungserlebnis. Harry Graf Kessler beschreibt in seinem Aufsatz *Erlebnis mit Nietzsche* (1935) die irrationale, ja magische Wirkung, die Nietzsche auf ihn und seine Generation ausgeübt hat:

> In uns entstand ein geheimer Messianismus. Die Wüste, die zu jedem Messias gehört, war in unseren Herzen; und plötzlich erschien über ihr wie ein Meteor Nietzsche. [...] Unsere Generation war wohl die erste, die von Nietzsche tief beeinflußt wurde. [...] Sein immer stärker anschwellender Widerhall bedeutete den Einbruch einer Mystik in die rationalisierte und mechanisierte Zeit. (392, 401, 403)

Nietzsche wurde zum Symbol einer ästhetischen Opposition gegen die Zwänge des von Naturwissenschaft, Industrie und Vermassung geprägten Zeitalters. Um die Jahrhundertwende ist er für viele Poeten, Bildungsbürger und Intellektuelle die große Identifikationsfigur, die ihnen den (geistigen) Ausbruch aus den Funktionsprozessen der modernen Zivilisation und den Rückzug in die (kreative) Innerlichkeit ermöglicht. Nietzsche verkörpert in Werk und Person eine Art Leitfigur und Orientierungshilfe für den von den Zivilisationsmechanismen frustrierten 'Kultur'-Menschen. Diese auf dem Antagonismus von 'Zivilisation' und 'Kultur' resp. Kunst basierende Haltung, die man (kritisch) als ästhetischen Eskapismus und (affirmativ) als kreativen Selbstbehauptungswillen deuten kann, wird auch später bei anderen schöpferischen Existenzen, allerdings in schwächerer Form, zum Epochensymptom, etwa im Hinblick auf Rilke in den 20er und 30er Jahren und im Hinblick auf Benn in den 50er und 60er Jahren. Rilke bot noch einmal einen 'metaphysischen' Daseinsentwurf, und Benn fesselte die vom Krieg verstörten und von der Nachkriegsgesellschaft enttäuschten Intellektuellen durch sein Identifikationsangebot der monologischen Existenz. Freilich, das mythisierende Pathos der Jahrhundertwende war nicht mehr möglich – auch nicht mehr im Hinblick auf Nietzsche. Dazu war zu Schlimmes geschehen, dazu war die Desillusionierung zu groß.

IV. Expressionismus und Folgezeit

Im Expressionismus übt Nietzsche weiterhin eine starke Wirkung aus. Zwar erreicht er im literarischen Expressionismus nicht mehr die Breitenwirkung wie in der Literatur der Jahrhundertwende, wie auch seine kultische Verehrung im ganzen nachläßt und überhaupt die Fieberkurve der Nietzsche-Rezeption deutlich sinkt, doch sein Einfluß ist weiterhin unübersehbar, und sei es auch nur in indirekter Form, indem das durch Nietzsche inaugurierte Lebensgefühl die Bewußtseinslage der Dichter und Literaten untergründig prägt. Offen oder verdeckt, direkt oder indirekt ist Nietzsche ein geistiger Promotor auch des Expressionismus. Es sind vor allem die Unbedingtheit seines Lebensentwurfs, seine Idee des Schaffens, seine Verabsolutierung des kreativen Subjekts, sein lebensimmanentes Daseinsverständnis, seine Idee der Erneuerung des Menschen, sein Voluntarismus der Tat, überhaupt sein Unbedingtheitsstreben und nicht zuletzt sein großes Pathos, was im Expressionismus unverwechselbare Spuren hinterläßt, ja vielfach durchschlagende Wirkung hat. Nietzsche hat die Bahnen vorgezeichnet, in denen der radikale Traditionsbruch und die messianischen Zukunftsutopien der Expressionisten sich entfalten konnten. Das expressionistische Streben nach dem Absoluten, nach einem die empirische Realität hinter sich lassenden Unbedingten, hat nicht zuletzt von Nietzsche entscheidende Anstöße erhalten. Aber nicht nur Nietzsches Idealismus, sein Erneuerungsidealismus, sondern auch sein 'Vitalismus', die Hinwendung zum dionysischen Leben, finden bei den Expressionisten ihren Niederschlag. Im ganzen ist es der Aufbruchsenthusiasmus, die Erwartungshaltung, durch die Nietzsche auf die Expressionisten gewirkt hat. Er hat jene Stimmungen geweckt, die für den (programmatischen) Expressionismus so charakteristisch sind: radikaler Bruch mit der Tradition, Zerbrechen der etablierten Formen, Aufbruch zu neuen Ufern, geistig-seelische Erneuerung des Menschen durch einen neuen Daseins- und Weltentwurf. Aber nicht nur die progressiven, zukunftweisenden Utopien des messianischen Expressionismus, sondern auch die regressiven Utopien, die ins Submentale, Vorpersonale tendierenden Integrationssehnsüchte mancher Expressionisten, haben von Nietzsche Impulse erhalten. Obschon die Themen Nietzsches häufig abgewandelt werden, kann man doch grundsätzlich feststellen, daß die metaphysischen, idealistischen und vitalistischen Aspekte des Expressionismus von Nietzsche mitgeprägt worden sind. Dabei lassen sich nicht immer bestimmte

Denkmotive Nietzsches in den expressionistischen Texten dingfest machen. Es ist vor allem auch die geistige Atmosphäre, die Nietzsche-Stimmung, die deutlich spürbar ist. Das ganze Lebensgefühl der Zeit ist von Nietzscheschem Geist durchdrungen. Auch wenn Nietzsche oder Nietzschesche Philosopheme nicht unmittelbar genannt werden, infiltrieren sie doch Geist und Atmosphäre der expressionistischen Dichtungen und Manifeste. Die expressionistischen Seelenlandschaften sind durchtränkt von Nietzsche-Stimmungen. Er setzt psychische Energien frei, aktiviert die geistige Mobilität und stimuliert die kreativen Fähigkeiten. Nietzsche ist ein Energiespender. Nicht nur der Denkinhalt, sondern auch die Denkbewegung ist wichtig. Gerade im Expressionismus wirkt das Prozessuale des Nietzscheschen Denkens kaum weniger stark als die inhaltliche Mitteilung. Nietzsches Verzicht auf feste, statische Positionen zugunsten der permanenten, dynamischen Bewegung kommt dem motorischen Denken der Expressionisten entgegen. Bedingt durch die Spannung zwischen Wirklichkeit und Utopie, wird die Bewegung auf offene Horizonte hin zum Agens des Schreibens. Nicht das Abstecken fester inhaltlicher Positionen in der Realität, sondern das Entwerfen utopischer Ziele im Unendlichen macht den Charakter dieser Denkform aus – zumindest betrifft dies den 'messianischen' Expressionismus. Dabei kann das angestrebte Ziel gegenüber dem motorischen Entwurf in den Hintergrund treten. Der Weg kann wichtiger sein als das Ziel. Es spielt daher letztlich keine Rolle, ob sich die Ziele im Irrealen und Imaginären verlieren. Entscheidend ist der Prozeß selbst. Und hier erweist sich Nietzsche als eine eminente Antriebskraft.

Dennoch kann man die Expressionisten nicht pauschal als Nietzscheaner bezeichnen. Sie sind es weniger als viele Dichter und Literaten der Jahrhundertwende. Nietzsche prägt nicht mehr in der expliziten Weise der Jahrhundertwende die geistige Physiognomie des Expressionismus, dazu sind die historischen Einflüsse zu komplex. Nicht nur Sturm und Drang und Aufklärung, sondern auch Romantik und Jugendstil haben Pate gestanden. Von einem allgemeinen Nietzsche-Rausch, wie er für die Jahrhundertwende so symptomatisch ist, kann im Expressionismus kaum noch die Rede sein. In Einzelfällen gelangt allerdings auch im Expressionismus der Nietzsche-Enthusiasmus vehement zum Durchbruch. Und diesen Fällen kommt Signalwirkung zu. Aber Nietzsche ist nicht mehr das alles überragende Fanal der Zeit. Das hängt damit zusammen, daß neue Motive und Perspektiven in den Vordergrund drängen. Dabei kann Nietzsche zwar ein wichtiger Impuls sein, aber seine Ideen können überlagert werden von anderen Leitgedanken. Dies zeigt sich am deutlichsten im Menschenbild. Im Grunde übernehmen die Expressionisten Nietzsches Idee der Erneuerung des Menschen. Sie sind, wie Nietzsche, davon überzeugt, daß der Mensch von Grund auf verändert werden müsse. Die Forderung nach der Erneuerung des Menschen ist der gemeinsame Nenner. Aber die Expressionisten huldigen nicht mehr dem "Übermenschen". Nietzsches 'aristokratisches' Ideal des "Übermenschen" wird im Expressionismus von der ethischen Utopie des "neuen Menschen" verdrängt. An die Stelle der heroischen Einsamkeit des elitären Individuums tritt das Postulat mitmenschlicher Solidarität. Das Pathos des Übermenschen wird vom Ethos der Gemeinschaft abgelöst. Zumindest ist dies der Trend der Zeit. Zudem ist Nietzsches Gott-ist-tot-Philosophie nicht mehr das Thema der Expressionisten. Im Gegenteil, es erfolgt eine neue Hinwendung zu einem metaphysisch Absoluten, das man "Gott" nennt – was immer im Einzelfall darunter verstanden wird. Der Begriff "Gott" erhält neue Dignität. Wichtig ist, daß die Expressionisten nicht mehr den "Übermenschen" anstreben, sondern sich an einem metaphyischen Bezugspunkt, an "Gott", orientieren. Wenn auch der Begriff "Gott" vage und vieldeutig bleibt, ein imaginärer Fluchtpunkt, so zeigt sich darin doch eine un-nietzscheanische, religiöse Fragestellung. Benn wird später feststellen, auch der Expressionismus habe "seine Gedanken über Gott" zum Ausdruck gebracht (Lyrik des expressionistischen Jahrzehnts, IV, 382). Damit sind die Bahnen Nietzsches verlassen. Auch die Kunst erlangt einen neuen Stellenwert. Sie wahrt, wie bei Nietzsche, ihre herausragende Bedeutung. Aber im Unterschied zu Nietzsche wird sie in einen ethischen oder religiösen Kontext eingebunden, und im Unterschied zum Schönheitskult der Jahrhundertwende soll sie alle ästhetischen Fassaden durchbrechen, um zum Ursprünglichen des Lebens, zu den wesentlichen Dingen des Daseins durchzustoßen und das tiefere Wesen des Menschen und der Welt zum Vorschein zu bringen. Kasimir Edschmid, einer der Wortführer des literarischen Expressionismus, schreibt: "Aber die Menschheit weiß noch nicht, daß die Kunst nur eine Etappe ist zu Gott." (*Edschmid*, Expressionismus, 67). Die Expressionisten verherrlichen zwar, wie Nietzsche, das schöpferische Ich, aber sie erklären es nicht zum *creator omnipotens*. Die Bindung des Künstlers an metaphysische und ethische Forderungen macht auch den um die Jahrhundertwende mit Nietzsche betriebenen Personenkult weitgehend obsolet. Nietzsche wird zwar weiterhin verehrt, und Edschmid verleiht einer weitverbreiteten Stimmung Ausdruck, wenn er "Nietzsches heiligen Namen" nennt (Jugend, 22), aber Nietzsche ist keine Kultfigur mehr. Man verehrt ihn, aber man betet ihn nicht an.

Wenn Nietzsche auch im Expressionismus nicht mehr wie zur Zeit des *fin-de-siècle* ein dominantes Thema der literarischen Szene ist, so ist er gleichwohl nicht *ad acta* gelegt. Er ist nicht nur Sujet von Dichtungen, von Dramen und Gedichten, sondern er wird auch in Traktaten, Manifesten und Kritiken erwähnt, wie er auch Gegenstand umfangreicherer Darstellungen werden kann. Obschon die Nietzsche-Welle im ganzen ein wenig abgeebbt ist, setzt man sich doch weiterhin intensiv mit Nietzsche auseinander, in dichterischer und literarischer Form. Dabei tritt in der Regel der unkritische Nietzsche-Kult zurück zugunsten eines existentiellen Betroffenseins, für das Nietzsche der Dichter menschlicher Grenzsituationen ist. Die kultische Überhöhung Nietzsches ist eher die Ausnahme. Im Einzelfall kann Nietzsche auch innere Krisen heraufbeschwören, etwa in der Spannung von nietzscheanischer und religiöser Weltsicht. Nicht nur die Hinwendung zu Nietzsche, sondern auch die Loslösung von Nietzsche ist ein akutes Problem. Zudem treten neben den (weiterhin symptomatischen) Pathos-Formen Parodie, Satire und Ironie stärker in Erscheinung. Nietzsche ist nicht nur Thema des Pathos, des *genus grande*, des erhabenen Stils, sondern er kann auch Gegenstand der parodistisch-satirischen Kritik werden. Einerseits wahrt Nietzsche die Aura des Erhabenen, ja Numinosen; andererseits versucht man, ihn zu reduzieren und zu entlarven. Wenngleich diese Demaskierungstendenz nicht zeittypisch ist, so melden sich doch in dieser Hinsicht nicht zu überhörende Stimmen zu Wort. Es gibt auch die Tendenz, sich von Nietzsche zu befreien. So wird Nietzsche – in Dichtung, Programmatik und Kritik – zu einem umstrittenen Gegenstand im Sinne des Entweder-Oder. Man beruft sich weiterhin auf ihn, als den geistigen Gewährsmann des Aufbruchs, aber man versucht auch, sich von ihm abzustoßen, um einer neuen Sicht des Menschen und der Welt zum Durchbruch zu verhelfen. Einerseits knüpft das Erneuerungspathos der messianischen Expressionisten an Nietzsche an; anderseits wird das Nietzsche-Pathos kritisch in Frage gestellt, nicht zuletzt im Zeichen eines neuen Realismus. Das Pathos des *Zarathustra* wird vielfach als fragwürdig empfunden. Auch dort, wo sich die Groteske als literarische Form durchsetzt, funktioniert dieses Pathos nicht mehr. Aber Nietzsche ist nicht nur der Dichter des *Zarathustra*, sondern er ist auch der Autor kritischer Abhandlungen und witziger Aphorismen.

Auch dieser analytisch-aufklärerische Nietzsche zeitigt im Expressionismus Wirkungen. Dann ist nicht der Pathetiker des Übermenschen und des dionysischen Lebens, sondern der Kulturkritiker Nietzsche gefragt, der schonungslose Kritiker seiner Zeit. Der zeitkritische, witzige Nietzsche wird von den aufklärerischen Expressionisten für die eigenen Intentionen in Anspruch genommen. Man sieht in ihm einen Vorkämpfer der aktuellen Gesellschaftskritik und einen Bahnbrecher neuer gesellschaftlicher Lebensformen.

So zeigt sich in expressionistischer Zeit ein komplexes, facettenreiches Nietzsche-Bild, unbeschadet der vielfach pauschalen, plakativen Äußerungen zu Nietzsche. Stilistisch dominiert der programmatische Stil. Nicht die differenzierte Analyse, sondern der plakative Appell, diese überhaupt für die programmatischen Expressionisten symptomatische Ausdrucksform, prägt die Nietzsche-Rezeption. Noch weniger als in der Essayistik der Jahrhundertwende geht es um objektive, sachliche Phänomenbeschreibung als vielmehr um Aufruf und Mahnruf. Man will nicht in tiefgründigen Deutungen in das Werk Nietzsches eindringen, sondern man greift, in plakativer Verkürzung, bestimmte Themen Nietzsches auf, um sie im Hinblick auf die eigenen existentiellen, künstlerischen und gesellschaftlichen Probleme zu aktualisieren. Dabei wird Nietzsche allerdings, stärker als in der Literatur der Jahrhundertwende, in spezifische Konnotationen eingebunden. So können sich nietzscheanische, christliche und aufklärerische Motive überschneiden, wie auch romantische und mystische Elemente in die expressionistische Nietzsche-Rezeption einfließen. Nicht die monokausale Berufung auf Nietzsche, sondern die multiperspektivische Aufnahme von Problemen aus allen Geistesströmungen, die für das expressionistische Lebensgefühl relevant sind, ist für die expressionistische Adaption kennzeichnend. Da ist auch Nietzsche nur *ein* Stein in einem weitverzweigten Gedankenbau bzw. nur *ein*, wenngleich ein wichtiges Element in den programmatischen Entwürfen. Immerhin, er ist in Dichtungen, Abhandlungen und Manifesten weiterhin gegenwärtig.

1. Dichtung

Die Thematisierung Nietzsches in Dichtungen ist im Expressionismus im ganzen eher rückläufig. Aber sie fehlt nicht. Sowohl in Dramen als auch in Gedichten kann Nietzsche das Thema sein, wie auch Nietzschesche Motive und Nietzschescher Sprachduktus sich in Thematik und Sprache expressionistischer Dichtungen niederschlagen. Die intensivste (und extensivste) dichterische Auseinandersetzung mit Nietzsche findet sich bei Reinhard Johannes Sorge, einem Wegbereiter und Protagonisten des expressionistischen Dramas. Der junge Sorge hat das usuelle Nietzsche-Erlebnis. Nietzsche erscheint als Befreier von "allen mystischen Träumen": "Ich erstarke in meiner Lebensauffassung. Einfluß Nietzsches." (Tgb., Juli 1910 – *Rockenbach*, Sorge, 24). Dem grüblerischen, zum Mystizismus neigenden Sorge eröffnet der *Zarathustra* ein neues, lebensimmanentes Daseinsverständnis. Er strebt nicht, "über die Sterne in Träumen zu flüchten", sondern will "hier auf diesem Jammerplaneten wohnen", "in Schönheit leben, Wirklichkeit und Schönheit vereinigen" (Brief vom Sept. 1910 – *Rockenbach*, 252). Die Wirkung Nietzsches ist deutlich spürbar, wenngleich dieser Schönheitsbegriff eher dem Jugendstil entstammt. Bei aller intensiven, ihn im Innersten aufwühlenden Auseinandersetzung mit Nietzsche – zum totalen Nietzscheaner ist Sorge nicht geworden. Er war eine zu stark religiöse (und auch unphilosophische) Natur, als daß er den Lehren Nietzsches bedingungslos hätte zustimmen können. Was er im Januar 1910 ins Tagebuch schreibt, bleibt im Grunde der Kern seiner Lebensauffassung: "Wilde und tiefe Sehnsucht nach einem Ewigseienden, Wandellosen, Unirdischen." (*Rockenbach*, 161). Sein letztlich religiöses, auf ein transzendentes Absolutum gerichtetes Anliegen hat Sorge auch in der Hinwendung zu Nietzsche kaum verleugnet. Freilich, in der "dramatischen Phantasie" *Odysseus* (Januar 1911) inszeniert Sorge im Zarathustra-Stil ein den Gedanken der ewigen Wiederkehr verherrlichendes Erlösungsspiel. Er stellt dem Stück die Widmung voran: "Der ewigen Wiederkehr Seher: Friedrich Nietzsche". Odysseus, von seinem Verkündiger, dem Seher, mit allen Insignien eines neuen Zarathustra ausgestattet, tritt auf als der große Befreier, als Inkarnation von Licht, Kraft und Freiheit, als der Erlöser zu neuem Leben: "In Grund vernichtend gründet stärkere Gewalt / Stärkere Mächte großem Leben prächtiger." (272). Wie am Ende des *Zarathustra* wird zum Schluß im Bild der Morgenröte der Aufgang eines neuen Lebens verkündet: "Ein morgenroter Sonnenstrahl loht aus der Tiefe über den Himmel, Morgenhelle ringsum." Odysseus steht da "in der Freude des Siegers" (273). Es ist ein Heros a là Zarathustra, der sich hier wie der verkörperte Wille zur Macht präsentiert. Zweifellos ist dieses kurze Spiel ein Stück Nietzsche-Exegese. Ob allerdings Nietzsches Idee der ewigen Wiederkunft das Thema ist, ist fraglich. Obschon der Seher in kosmischer Vision verkündet: "Ewige Wiederkehr in ewigen Ringen" (254), geht es doch eher um eine bestimmte Wiederkehr (die Wiederkehr des Odysseus) als um die ewige Wiederkehr (die ewige Wiederkehr des Gleichen). Sorge allerdings schreibt:

> Der Fantasie zugrunde liegt ein großes geistiges Erlebnis: Nietzsches 'Ewige Wiederkehr'! Der geniale Gedanke [...] warf mich als solcher nieder [...] Aus diesem geistigen Erlebnis schuf ich den Odysseus. (Brief, Pfingsten 1911 – Werke I, 406)

Ob der *Odysseus* allerdings mehr ist als eine epigonale Pose, ist eine andere Frage. Dehmel, dem Sorge den *Odysseus* zusandte, reagiert höchst ungehalten und meint, es sei eine "romantische Aufwärmung der Antike, wie sie jetzt Mode ist". "Das ist ästhetische Maskerade, nicht dramatische Poesie." (*Sorge*, Werke I, 407).

Sorge verharrt nicht in einer unbedingten Nietzsche-Verehrung. Schon bald, in der Szene *Zarathustra. Eine Impression* (Juli 1911), problematisiert er Nietzsche. In diesem Szenarium diskutieren mehrere Personen, die unterschiedliche Lebenskreise und Weltanschauungen verkörpern, engagiert über Nietzsches Hauptwerk. Einerseits wird der *Zarathustra* vom Rang her mit der Bibel verglichen, seine herausragende Bedeutung wird betont, der Umwertungsgedanke wird hervorgehoben; andererseits wird Skepsis laut hinsichtlich der Diskrepanz zwischen Idee und Wirklichkeit. Da erklärt der junge Künstler, in einer Art Nietzsche-Rausch: "Ich sehe die Tat. Noch schwindelt mir." (315). Dieser Feuerkopf schreitet dann zur Tat und erschießt, unter Berufung auf den *Zarathustra*, einen Krüppel. Wie ist die Tat zu bewerten? Für den Arzt ist der Täter ein "Schwärmer"; für den Irrenarzt ist Eitelkeit das Motiv (317); für den Dichter hat die Tat auf Grund des *Zarathustra* ihren Sinn: "es hat nach diesem Buch Sinn." (318). Der Täter erklärt seine Eigenverantwortlichkeit: "Ich fliehe nicht, ich werde meine Tat verantworten!" Er beruft sich auf den *Zarathustra*: "Wozu hätte ich sie sonst getan." (319). Die Nietzsche-Diskussion wird fortgeführt. Schließlich erscheint Nietzsche selbst auf der Szene. Er nimmt gegenüber dem Täter eine eigentümlich doppeldeutige Haltung ein: "Du hast töricht getan, Fremder, aber warum nicht auch gut? Siehe selbst zu!" Die Bewertung der Tat ist nicht Sache einer übergeordneten Autorität, sondern liegt in der Selbstverantwortung des Täters. Dann aber scheint Nietzsche sich mit der Tat zu identifizieren: "Ihr last alle das Buch. Was wollt ihr von mir? Einer ward getötet. Fliegen ihr." (325). Am Ende ruft eine Stimme: "Ist dieser wahnsinnig?" Der Irrenarzt antwortet: "Noch nicht." (326) Damit ist Nietzsche ins Zwielicht gerückt. Zumindest scheint sich hier eine Ambivalenz anzudeuten. Einerseits scheint der Autor Nietzsches Philosophie der absoluten Tat zu respektieren; andererseits scheint er den Wahncharakter der Tötung signalisieren zu wollen. Im historischen Abstand wirkt die Szene eher wie ein Nietzsche-Happening. Sorge war in seinem Wesen ein zu religiöser Mensch, als daß er sich mit Nietzsche völlig hätte identifizieren können. In dem nur wenig später folgenden Opus *Antichrist. Dramatische Dichtung* (September 1911) verkündet er die Synthese von Dionysos und Christus. Er stellt dem Stück den "Letzten Spruch Nietzsches" voran: "Hat man mich verstanden? / Dionysos gegen den Gekreuzigten?" (vgl. 6, 374 – EH). Daß er die apodiktische Aussage Nietzsches (*"Dionysos gegen den Gekreuzigten …"*) in eine (rhetorische) Frage verwandelt, signalisiert die Auflösung der Antithese. Sorge löst die Nietzschesche Antithese Dionysos – Christus in einer 'mystischen' Synthese auf. Dies wird bereits im hymnischen Prolog "Christus und Nietzsche" programmatisch formuliert: "Den beiden Brüdern / Geist in Geist / Neigt der Jünger fromm das Knie." Nietzsche ist nicht der "Antichrist", sondern der "Auferstandene" (328). Im szenischen Dialog zwischen dem "Meister (Jesus Christus)" und dem "Jünger Judas (Nietzsche=Zarathustra)" rechtfertigt der Jünger seinen Verrat am Meister mit der Berufung auf das "Leben": "Du lehrtest das Leben fliehen. Verderbnis war Dir alles Lebendige […] Aber in mir erwachte die Liebe zu allem Lebendigen […]" (332). Der Meister lehnt dies als Mißverstehen seines Lebensbegriffs ab. Der Dialog läuft dann im wesentlichen auf eine Identifikation der Weltanschauung von Meister und Jünger hinaus. Der christliche Gedanke des ewigen Lebens und Nietzsches Idee der ewigen Wiederkunft werden als Ausdruck ein und derselben Grundhaltung gedeutet. Der Jünger gelangt zur Einsicht:

> Er hatte gesagt: *Das Ewige Leben.* […] Ich sagte: *Die Ewige Wiederkehr.* […] da kam wie ein Sturmwind und Sternfall die tiefe Erkenntnis. Denn ich gewahrte unser beider Zeichen als eines Lichtes und eines Reiches, und daß mein Reich ebensowenig von dieser Welt war wie seines, einer unirdischen Welt Reich. (345)

Nietzsche erscheint damit als christlicher *homo religiosus*, der, seinen Irrtum erkennend, sich zuletzt mit Christus solidarisiert. Die von Sorge mit rhetorischem Aufwand betriebene Christianisierung Nietzsches ist Ausdruck einer Innerlichkeit, die auf die rationale Druchdringung der Probleme verzichtet und nur an die Emotionen appelliert. Die Sprache erschöpft sich in einem schwülstigen Pathos, dessen gnadenlos monotone Rhetorik den Leser eher ermüdet als geistig aktiviert. Ist Sorge im *Antichrist* noch um eine Synthese von Nietzscheanismus und Christentum bemüht, so schleudert er in dem pathetischen Redemonument *Gericht über Zarathustra. Vision* (Mai 1912) den Bannstrahl gegen Nietzsche. Nun schlägt die Nietzsche-Begeisterung endgültig in Nietzsche-Verdammung um. Es ertönt der Ruf:

> In meines Herrn Namen, Zarathustra! / Zarathustra, steh auf aus deinem Grab! / Gericht zu halten, bin ich gekommen; Gericht wird längst über dich gehalten, Gericht ist auch schon über dich gehalten, über deinen Leib, Gericht zu halten über deinen Leichnam bin ich gesandt. (98)

Adhortative Gestik, rituelle Sprache und hymnisches Pathos verwandeln dieses lyrische Szenarium in eine Predigerkanzel, von der herab ein religiöser Ekstatiker den antichristlichen Zarathustra verurteilt und zur Umkehr aufruft. Zarathustras Schaffen erscheint als Werk des Satans: "Da blies dich an Satanas / Aus schrecklicher Nähe" (115). Die christliche Heilsgewißheit und der luziferische Zarathustra – das ist der große Gegensatz, den Sorge in donnerndem Predigerton entfaltet. Er schreckt selbst nicht davor zurück, einen Engel vom Himmel niedersteigen und mit dem Schwert auf Zarathustra einschlagen zu lassen. Dieses Zarathustra-Tribunal, das ständig in unfreiwillige Komik umzuschlagen droht, ist aus einer seelischen Erschütterung hervorgegangen (dazu *Susanne Sorge*, Unser Weg, 35). Sorge, der im September 1913 zum Katholizismus konvertierte, hat sich nur unter schweren seelischen Krisen von Nietzsche gelöst. In einem Brief vom 7.1.1913 schreibt er über sein Verkündigungsdrama *Der Bettler* (Dezember 1911):

> Im Bettler sind ja schon stark christliche Ansätze [...] Meine Seele war immer christlich, aber durch Nietzsche irregeführt in Sonn' und Sterne verfangen; ... Im Bettler sprach ich ganz ahnungslos den Namen Gottes aus, mehrere Mal, und glaubte doch ein rechter Bekenner N's zu sein, der Gott leugnet. (Werke II, 325)

Obschon die messianischen Expressionisten der erklärt christlichen Gläubigkeit Sorges in der Regel nicht gefolgt sind, so signalisiert doch Sorges Nietzsche-Rezeption die neue Sicht Nietzsches im Expressionismus: Nicht mehr ein ästhetizistischer Lebenskult, sondern existentielle, metaphysische Probleme prägen die Auseinandersetzung mit Nietzsche.

Der zentrale Impuls, der von Nietzsche auf den Expressionismus gewirkt hat, ist die Idee der Erneuerung, der Erneuerung des Menschen. Freilich, es ist nicht mehr die Idee des Übermenschen, das elitäre Pathos eines von den Menschen sich abhebenden neuen Menschenwesens, sondern die Idee des Menschen, des in mitmenschlicher Solidarität aufgehenden wahren Menschen, was den expressionistischen Messianismus prägt. Dies zeigt sich in exemplarischer Weise bei Georg Kaiser, vor allem in seinem Erneuerungsdrama *Die Bürger von Calais* (1913). Dieses Verkündigungsdrama ist eine Art Symbiose aus Nietzscheanismus und Urchristentum. In einer Mischung aus Bibelsprache und Zarathustra-Pathos wird in appellierender, suggestiver Sprache, die häufig zum Redemonument wird, die Idee des neuen Menschen verkündet. Typisch nietzscheanisch ist vor allem die das Drama leitmotivisch durchziehende Problematik von 'Wille', 'Tat' und 'Werk'. Zarathustras Sentenz "Segne den Becher, welcher überfliessen will" (4, 12 – Za) taucht bei Kaiser fast wörtlich wieder auf: "Ich bin ein Becher – der überfließt – –" (3. Akt). Es ist, wie bei Nietzsche, die zur Mitteilung, zur Verkündigung drängende schöpferische Kraft, die kreative Überenergie. Die "verwandelten Täter", die "neuen Täter", die Einheit von "Tat" und "Täter", von "Wille" und "Tat" (2. Akt) – dies ist ein Voluntarismus Nietzschescher Observanz. Auch der Gedanke, daß der "Weg" wichtiger sein könne als die "Ankunft" (2. Akt), daß es auf den "Aufbruch" ankomme, vor allem aber auf den "neuen Menschen" ("ich habe den neuen Menschen gesehen") (3. Akt), entspricht im Prinzip der Nietzscheschen Erneuerungsutopie. Aber die Idee des "neuen Menschen" wurzelt auch in christlichen Vorstellungen. Bei Paulus ist Christus der neue Adam: "Der erste Mensch ist von der Erde und irdisch; der andere Mensch ist der Herr vom Himmel." (1. Kor. 15, 47). Wenngleich der "neue Mensch" des Expressionisten Kaiser nicht Christus, sondern der sich selbst erneuernde Mensch ist, ist doch in ihm der Gedanke des neuen Adam wirksam. Vor allem aber der Opfer-Gedanke, das Selbstopfer für die Menschen, die Gemeinschaft, wie es sich im Freitod des Eustache de Saint-Pierre bezeugt, ist ein genuin christlicher Gedanke. Für Nietzsche hingegen ist der Freitod kein altruistischer Akt, sondern ein Akt der Selbstbestimmung des elitären Subjekts (vgl. das Zarathustra-Kapitel *Vom freien Tode*). In den *Bürgern von Calais* mischen sich nietzschescher Voluntarismus und christlicher Altruismus – im Zeichen der Erneuerungsidee. Dabei ist für Kaiser die Sprache, die zur Wahrheit führende Dialektik der Sprache, von zentraler Bedeutung. Daher beruft er sich auch auf die Rhetoriker Platon, Nietzsche und Jesus. Überhaupt zeigt sich bei Kaiser ein Zug zum Synkretismus, freilich zu einem produktiven Synketismus. Im Aufsatz *Der kommende Mensch* (1922) schreibt er, im Hinblick auf den "Menschen" als "Schöpfer" der die "Idee" darstellenden "Figur":

> (ich erinnere an Platon, der sein Ideenwerk in von Menschen gesprochenen Dialogen Gestalt werden läßt! – an Nietzsche, der die scharf plastische Figur Zarathustra gesprächig macht! – an Jesus als Mensch!) (681)

Platon, Nietzsche und Jesus, d.h. Platonische Dialogtechnik und Formgestaltung, Nietzschesche Energie und Rhetorik und urchristliche Solidarität mit den Mitmenschen – dies sind integrale Elemente des Kaiserschen Weltbildes. An anderer Stelle heißt es:

> Ich kenne nur zwei Unsterbliche: Plato und Nietzsche. Wenn ich auf eine einsame Insel verbannt würde, hätte ich an den Büchern dieser Beiden vollauf genug. ([Die zwölf unsterblichen Dichter], 1926 – 698)

Was Kaiser speziell von Nietzsche übernimmt, sind vor allem das Schaffensprinzip und der Erneuerungsutopismus. In *Der kommende Mensch* scheibt er:

> Der Mensch ist auf dem Weg! [...] Der Mensch dieser Zeit muß sich entschließen: sich als Übergang für kommende Menschheit zu sehen. [...] Das Mittel der Energie verbindet Idee und Vitalität zur Einheit. (679 u. 681)

"Vitalität" – das ist bei Kaiser nicht eine biologische Kategorie, nicht der bloße Bios, sondern eine geistige Kraft, eine Funktion der "Idee". Dies alles, der Mensch als Suchender, der Mensch als Übergang zu einem zukünftigen Menschentum, die Synthese von Geist und Vitalität, entspricht der Ideenwelt Nietzsches. Auch die Nietzschesche Schaffensästhetik, der Gedanke, daß dem Schaffensprozeß der Vorrang vor dem Schaffensprodukt gebühre, findet sich bei Kaiser wieder. Im Aufsatz *Formung von Drama* (1922) formuliert er: "Der Schöpfer schafft des Schaffens wegen – nicht um der Schöpfung willen." (685). Der im Aufsatz *Vision und Figur* (1918) von Kaiser dekretierte Zusammenhang von visionärer Schau und rhetorischer Mitteilung wirkt wie ein Stück Zarathustra-Exegese, wie eine Reprise der Nietzscheschen Relation von Einsamkeit und Verkündigung:

> Aus Vision wird Mensch mündig: Dichter / Mit dem Grad der Heftig-
> keit, in der sie ihm geschah, verbreitet sich die Mündung für Ausspra-
> che: große Mitteilung strömt hin – in tausendmal tausend Worten Rede
> von der Vision, die einzig ist. (664)

Dies erinnert stark an Nietzsches Enthusiasmus der "Inspiration" (vgl.
6, 339f. – EH). Nietzscheanisch wirkt auch der persuadierende Gestus:
"Nur von diesem Gegenstand kann er noch reden – will nur noch zu
diesem überreden." (665). Auch Nietzsche will überreden. Auch Zarathustras Sprache ist eine persuadierende Sprache. Wer eine "Wahrheit"
"lehren" will, muß "verführen" (5, 95 – JGB). Wenn Kaiser somit die
Schaffensästhetik Nietzsches fortführt, so hebt er doch zugleich stärker
auf die Form, die Umsetzung der "Vision" in "Figur", ab: "das Heiß-
flüssige muß in Form starr werden!" (666). Die Form ist allerdings nicht
Selbstzweck, sondern soll den Erneuerungsimpetus vorantreiben: "Von
welcher Art ist die Vision? / Es gibt nur eine: die von der Erneuerung
des Menschen." (666).

Die Wirkung des Nietzscheschen Erneuerungsgedankens zeigt sich
auch bei nicht-nietzscheanischen, religiösen Dichtern des Expressionismus. Selbst ein un-nietzscheanischer Künstler wie Ernst Barlach führt
in der Selbstdeutung seines von christlichen Symbolen durchsetzten,
wenngleich vor allem aufgrund des Freitod-Motivs nicht unbedingt
christlichen Erneuerungsdramas *Der Arme Vetter* (1918) Nietzsche als
Kronzeugen der Selbst-Findung an. Er deutet die jeden Trost verwei-
gernde Rebellion seines Protagonisten Hans Iver als einen Akt nietzschescher Selbstbefreiung:

> "Wenn es einen Gott gäbe, wer könnte es ertragen, keiner zu sein!" so
> ähnlich spricht einmal Nietzsche. Da ist viel Wahres drin. Dies: "Ent-
> weder alles oder nichts!" denke ich, kann man im Drama ruhig verlan-
> gen, wo es gilt, ein Grundgefühl absolut und radikal auszusprechen.
> (*Barlach*, Briefe I, 540 – Frühjahr 1919)

Die (leicht veränderte) Zarathustra-Sentenz (vgl. 4, 110 – Za) erhält bei
Barlach eine neue Bedeutung. Hans Iver hat nicht den Übermenschen
im Sinn, sondern er ist der am Dasein Leidende, der allein durch das
Selbstopfer zum wahren Menschsein gelangt. Aber es ist immerhin
bemerkenswert, daß Barlach sich bei der Frage des radikalen Entweder-
Oder und der unbedingten Forderung nach Selbst-Erneuerung auf
Nietzsche bezieht.

So wie Nietzsche den Menschen als konzentrierte Lebensenergie begreift, so sieht auch Kaiser in der "Energie" den Zentralimpuls des Menschen, und wie Zarathustra, der erklärt: "Schreibe mit Blut" (4, 48 – Za), erwächst auch für Kaiser das Schaffen aus dem "Blut":

> Nehmen wir alles, was der Mensch tut, als Energieleistung. Energie ist das Wunder im Menschen – und dies Wunder wurde Blut, aus dem er schöpfte – sich selbst schafft. Der Mensch ist die Wirklichkeit, die alles ermöglicht – nämlich den Menschen. (Der kommende Mensch, 683)

Hier wird, ganz im Sinne Nietzsches das Schaffen, das Sich-selber-Schaffen, verabsolutiert. Bei Nietzsche heißt es allerdings auch, "dass Blut Geist ist" (4, 48 – Za). Dies entspricht der Auffassung Kaisers, für den der schöpferische Prozeß ein "Denk-Spiel", "Denk-Lust" ist (Das Drama Platons [1917], 662). Auch Nietzsches Kritik der traditionellen Wirkungsästhetik von Furcht und Mitleid zugunsten einer auf dem Prinzip von Stärke und Schwäche beruhenden Ausdrucksästhetik des schaffenden Lebens kehrt bei Kaiser wieder:

> Form von Energie ist Dichtung. Mit dieser Festsetzung tritt die neue Ästhetik auf. Die bisherige von Furcht und Mitleid für Wirkung von Dichtwerk besteht nicht länger. Wir urteilen nur noch nach Stärke und Schwäche der verausgabten Energie des Schöpfers von Dichtwerk. (Der kommende Mensch, 682)

Kaiser unterstellt Nietzsche allerdings, offenbar in Unkenntnis der Nietzscheschen Kritik am aristotelischen Katharsis-Prinzip (vgl. 2, 173 – MA I), Nietzsche habe sich im Hinblick auf die "Wirkung von Drama" noch nicht von *Furcht und Mitleid*" gelöst: "Schopenhauer und Nietzsche (von dem nur das Sprachwerk – nicht sein Denkwerk bleibt) dünnten den breiigen Nebel nicht." (Formung von Drama, 686). Daß Kaiser die Philosophie Nietzsches zugunsten seiner Sprache abwertet, dürfte daran liegen, daß der "Übermensch" nicht sein Thema ist, während Nietzsches Sprachkraft ihn fesselt.

Nietzsche beschäftigt nicht nur repräsentative Dramatiker wie Sorge und Kaiser, sondern er wird wiederholt auch zum Thema von Gedichten. Dabei gibt es allerdings keine grenzscharfe Trennung der Gattungen, denn Sorges Dramen beispielsweie sind lyrische Oratorien, in denen sich die Grenze zwischen Drama und Lyrik bzw. zwischen Dramatischem und Lyrischem verwischt. Dennoch wahren, bei aller Gattungsmischung, die Einzelgattungen auch im Expressionismus ihr Eigenrecht.

Immer wieder tauchen in der expressionistischen Lyrik Motive und Probleme Nietzsches auf. Die hymnischen Gebärden der expressionistischen Lyriker sind ohne Nietzsche kaum denkbar. Bezeichnenderweise schwingen sich in der Lyrik die Nietzsche-Anhänger noch einmal zu hymnischem Pathos auf. Hier kann sogar das Motiv des Übermenschen erneut zum Thema werden. Daneben gibt es freilich auch die kritische Satire und das groteske Spiel mit Nietzsche. Das charakteristische Beispiel einer weiterhin ungebrochenen Nietzsche-Hymnik bietet das Gedicht *Nietzsche* (1919) von Arthur Drey, Mitarbeiter des *Sturm* und der *Aktion*. In einem hyperbolischen Pathos, das die Nietzsche-Adorationen der Hymniker der Jahrhundertwende fast noch übertrifft, wird Nietzsche als der einsame, von den Menschen verfolgte Übermensch gefeiert, der zuletzt hilflos im Gebirge umherirrt. Dabei wird eine jugendstilartige, an Rilke gemahnende Metaphorik aufgeboten ("Ein Dichter sang! Und wie aus Orgelkehlen / Erströmten Gärten blühender Musik –"). Auch der sentimentale, Nietzsche mit einem weinenden Kind vergleichende Kitsch wird nicht verschmäht. Freilich, das Gedicht ist zugleich expressive Gebärde, das die verzweifelte Situation des von Gott und der Welt verlassenen Nietzsche zu vergegenwärtigen sucht:

[...]

> So steht der Gott-Mensch in der Welt umher,
> Ein Schöpfer, den die Schöpfermacht enttäuscht.
> Was soll er schaffen, wenn das Erdenheer
> Doch jeden Helfer wütend blind zerfleischt?
>
> Schon wirft das Volk ihm Steine ins Gesicht,
> Volk eines Lands, dem seine Größe gilt.
> Und jedes Wort, das sein Gedanke spricht,
> Verstummt im Sturm, der heulend ihn erfüllt.
>
> Er eilt, und flieht das lebende Gewimmel,
> In fernes Felsgebirg, sein eigner Feind.
> Da stößt er Tränenströme in den Himmel,
> Ein Kind, das nichts mehr weiß, als daß es weint.

Es sind Motive und Klänge, die an die Nietzsche-Gedichte Stefan Georges erinnern. Aber George vermied den Kitsch. Zudem fehlt dem Gedicht Dreys die geistige Disziplin Georges. Nicht der Formwille des Symbolisten, sondern der Ausdruckstrieb des Expressionisten ist hier tätig geworden. Die Hyperbel wird zum Stilprinzip. Nietzsche ist der große Anreger des neuen, expressiven Pathos. In seinem in der *Aktion* veröffentlichten Sonett *Lyrik* (1913) fordert Paul Boldt in exklamatorischem Pathos eine spontane, dynamische Lyrik, den expressionistischen Schrei ("Gebäre Verse – Schreie, nervgespannt!") und beruft sich dabei auf Nietzsche:

> [...]
> Arbeite und forciere deinen Stil!
> Bete zu Nietzsche! Spanne dich mit Verven
> Des Croisset-Christus, Jesus unsrer Nerven.

Boldts Verse zeigen einen energischeren sprachlichen Zugriff und mehr Reflexivität als Dreys Gedicht. Auch schwingt in allem Pathos ein ironischer Unterton mit ("Croisset-Christus" – Anspielung auf den Stückeschreiber Francis Croisset). Das Gedicht wird zur Ausdrucksgebärde elementarer Spannungen. Der Impetus zur Selbstbehauptung des Ich stimuliert den Willen zum dichterischen Wort. Ein spezifischer Zug von Modernität findet Eingang ins Gedicht. Die pathetischen Gesten der usuellen Hymnik mischen sich mit zivilisationslyrischen Elementen. Die Wendung "Bete zu Nietzsche!" zeigt allerdings, daß Nietzsche auch für Boldt eine adorable Gestalt ist, wenngleich diese hymnische Aufforderung nicht auf die Erhöhung Nietzsches zur Sakralfigur, sondern auf den exzellenten Stilisten Nietzsche zielt.

Im Prinzip wird auch in expressionistischer Zeit im Hinblick auf Nietzsche das mythisierende Pathos nicht preisgegeben. Dies zeigt sich in exemplarischer Weise in Theodor Däublers *Hymne an Friedrich Nietzsche* (1910). Däubler stellt dem trauernden Orpheus, dem "Dichter unterweltlich-tiefer Leiden", den heiteren Nietzsche bzw. Zarathustra (der "heiter und alleinsam schreitet") gegenüber, dessen Emblem, der "Adler", das Symbol von Freiheit und Erlösung ist:

> Doch sieht er jetzt: steil kreist auch überm andern Seher
> Ein Adler hoch und herrlich, ohne leuchtend zu erlahmen.
> Wie stolz er fliegt! Er kommt der Erde selten näher
> Und scheint Planetenbahnen sicher nachzuahmen.

Hier ist Nietzsche eine mythische Gestalt, der übermenschliche Seher, der aus kosmischen Fernen zu den Menschen spricht. Er ist ein der Wirklichkeit entrückter Prophet. Dennoch äußert er sich auch zur Zeitgeschichte. Däubler läßt den "Fremden", d.i. Nietzsche, über die irdischen Zustände philosophieren. Von der "Erde" heißt es: "Sie fliegt davon! Zu Abenteuern, Flottenrüsten!" Die krude politische Realität wird zum Erneuerungssymbol metaphorisiert. Die alte Welt wird negiert, aber auch die modernen Ideen der Humanität und Gleichheit werden von diesem "Fremden" desavouiert:

> Ich hasse Wächter alter Staaten, die zerfallen,
> Die statt des Glückes nur ihr Greisentum beschützen,
> Die uns von Nächstenliebe und Gesellschaft lallen,
> Als müßte jeder sich auf eine Krücke stützen.
>
> [...]
>
> Ich hasse Heuchler, ein Geschlecht voll Weiberweichheit,
> Zu bleichen Lebensweisheiten verfügt euch Schwächung!
> Der Heldensinn versinkt in eingezirkter Gleichheit:
> Schon fühlt kein Witternder das Glück der Wertzerbrechung!

In solch holprigen Versen werden Nietzschesche Denkmotive und Postulate auf Spalier gezogen und verflacht. Nietzsche wird, wie in Georges Nietzsche-Gedicht von 1914, als der prophetische Mahner und Kritiker der Epoche herausgestellt. Aber die Verse erschöpfen sich in elitärer, heroischer Attitüde und sprachlichem Leerlauf. Wenn hier, im *Nordlicht*, im hymnischen Opus des Sonnen-Mythos, Nietzsche als der *vates* erscheint, so stellt Däubler im Essay *Das Eigentum Ägyptens* (1917/1929) dem Abschnitt *Vor den Pyramiden* als Motto den Text von Nietzsches Spruchgedicht *Meine Härte* ("Ich muß weg über hundert Stufen") (3, 358 – FWS) voran (149). Die Pyramide, "aus der Freiheit geborenes Gebot und zugleich des Daseins Urgebundenheit" (161), findet im Aufwärts-Streben Nietzsches ihre Entsprechung. Zugleich aber kann Däubler eine nüchternere Haltung gegenüber Nietzsche einnehmen. Ironisch äußert er sich in der Essay-Sammlung *Der neue Standpunkt* (1916):

> Nietzsche hat darum ein Probeseil gespannt: er ging viel, ohne Taumel, drauf umher, vielleicht mit der Absicht, selbst hinunterzuspringen, selbstbestimmend zu zerschellen. Leider ist er aber verunglückt! (71)

Hier ist Nietzsche nicht mehr der mythische Übermensch, sondern der scheiternde Mensch. Auch im Brief an den Nietzsche-Verehrer Rudolf Pannwitz vom 17.10.1920 zeigt Däubler kritische Reserve gegenüber Nietzsche, dem "bedeutenden Menschen, den auch ich liebe, ohne ihm folgen zu können". Er übt Kritik an Nietzsches imperatorischem "Stil": "Er terrorisiert, (wie Schopenhauer das Lesen) macht ihn eitel, um ihn zu zwingen!" Däubler anerkennt allerdings, daß Nietzsche das "Stromnetz" "unter uns, um uns … in uns" sei (*Zeller*, Expressionismus, 102). Es zeigt sich bei Däubler im Hinblick auf Nietzsche ein Wandel von hymnischem Enthusiasmus zu einer Verehrungshaltung mit kritischen Untertönen.

Nietzsches lyrische Ausstrahlung zeigt sich auch dort, wo er nicht ausdrücklich Thema des Gedichts ist oder im Gedicht genannt wird. Die ekstatischen Lyrismen der Expressionisten verdanken der Dithyrambik Nietzsches entscheidende Impulse.[1] Ein charakteristisches Beispiel ist in dieser Hinsicht die Lyrik Ernst Stadlers. In ihr tauchen häufig Nietzschesche Motive und Metaphern auf. Das Motiv des 'Aufbruchs', Stadlers Grundmotiv, die Thematik des dionysischen Lebens und der zerbrochenen Formen und die entsprechende Naturmetaphorik verleugnen nicht den Einfluß Nietzsches. Gedichte aus dem *Aufbruch* (1914) wie *Reinigung, Form ist Wollust, Resurrectio, Die Befreiung* und vor allem *Der Aufbruch* und *Fahrt über die Kölner Rheinbrücke bei Nacht* entsprechen in ihrer Tendenz zur Verwandlung, Dynamisierung und Entgrenzung der Dinge weitgehend einem Aufbruchspathos à la Zarathustra. Im Gedicht *Form ist Wollust* ist das ekstatische Aufsprengen aller festen Formen das Thema ("Form und Riegel mußten erst zerspringen") (Dichtungen, 138). Im Gedicht *Der Aufbruch* entfaltet Stadler in militanter Metaphorik eine elementare Dynamik des ekstatischen Lebens, die er in einen Untergang münden läßt: "[…] und vor dem Versinken / Würden unsre Augen sich an Welt und Sonne satt und glühend / trinken" (139). Im Gedicht *Anrede* dürfte der Vers "Ich bin nur Flamme, Durst und Schrei und Brand" (168) eine Nietzsche-Reminiszenz sein. Die Metapher "Flamme" erinnert, wie bei Rilke, deutlich an die "Flamme" in Nietzsches Gedicht *Ecce homo*. Im Rheinbrücken-Gedicht wird erneut eine (hyperbolische) Dynamik des elementaren Aufbruchs entfaltet, eine dionysische Lebensgebärde, die in den ekstatischen Untergang mündet:

> Und dann die langen Einsamkeiten. Nackte Ufer. Stille. Nacht.
> Besinnung. Einkehr. Kommunion. Und Glut und Drang
> Zum Letzten, Segnenden. Zum Zeugungsfest. Zur Wollust. Zum
> Gebet. Zum Meer. Zum Untergang. (Dichtungen, 169)

---

1 Im Aufsatz *Zur Geschichte der deutschen Lyrik seit 1910* (1924) stellt H.E. Jacob Nietzsche als den entscheidenden Wegbereiter der neuen lyrischen "Fruchtbarkeit auf der sonst kargen deutschen Erde" heraus: "*Friedrich Nietzsche*. Die Jahre 1900 bis 1907 bedeuten für Deutschland endgültig den geistigen Sieg Nietzsches […]" Was die neue Kreativität ausmacht, ist von Nietzsche ausgegangen: "der Glaube an die Superiorität des Tat- und Kraftmenschen über das Leben" (11f.).

Hier werden Affinität und Unterschied zu Nietzsche deutlich. Die Ekstatik des Lebens wirkt wie ein Weiterklingen von Nietzsches dionysischer Lebensgebärde – vermischt mit einem Rilke-Klang ("die langen Einsamkeiten"), wie er sich auch in *Anrede* findet. Dennoch ist der Unterschied zu Nietzsche nicht zu übersehen. Stadler thematisiert zwar auch das wollende, sieghafte Subjekt, aber er neigt zugleich zu einem dionysischen Monismus, zu einer rauschhaften Identifikation von Welt und Ich, die, unbeschadet aller Nietzsche-Anklänge, letztlich über Nietzsche hinausweist, dessen Zarathustra nicht von ichauflösender Integrationssehnsucht, sondern vom Willen zur Macht getragen ist. Nietzsche verkündet zwar das dionysische Leben, aber nicht die rauschhafte Selbstaufgabe des Ich. Zudem sind viele Gedichte des *Aufbruchs* nicht von dionysischem Lebensverlangen, sondern von humanitärem Ethos geprägt (vgl. z.B. das Gedicht *Judenviertel in London*). Schließlich ist zu erwähnen, daß bei Stadlers frühem Gedichtband *Praeludien* (1905) nicht Nietzsche, sondern das *fin-de-siècle* Pate gestanden hat. In diesen Gedichten herrschen noch der melancholische Stimmungslyrismus Hofmannsthals und Rilkes und die exquisiten Sprachposen Georges. Wenn somit die symbolistische Lyrik Stadlers noch in einem stimmungslyrischen Schönheitskult verharrt, der eher dem von Nietzsche kritisierten Ästhetizismus der *décadence* entspricht, so ist seine expressionistische Lyrik zu sehr durch die Mischung von Aufbruchsenthusiasmus, Kommunikationssehnsucht und Mitleidsethos geprägt, als daß sie von genuin Nietzschescher Art wäre. Es ist die Frage, ob die (freilich schon im Hinblick auf Nietzsche problematische) Kategorie 'Vitalismus' den Zentralnerv der Stadlerschen Gedichte trifft – sofern man unter 'Vitalismus' die pure Lebensdynamik zu verstehen hat (zum 'Vitalismus' Stadlers vgl. *Martens*, Vitalismus, 131ff., 144-179; ders., Aufbruch, 141-147). Als generelles Etikett für den Expressionismus ist 'Vitalismus' eine zu pauschale, zumindest undifferenzierte Klassifikation. Freilich, im Expressionismus gelangen immer wieder auch rein vitalistische Antriebe zum Durchbruch. Ein (allerdings nur mit Einschränkungen) auf Nietzsche zurückführbarer 'Vitalismus' zeigt sich z.B. in einem frühexpressionistischen Text wie Oskar Kokoschkas ekstatischem Szenarium *Mörder, Hoffnung der Frauen* (1907), wo der (von Otto Weininger enthüllte) Kampf der Geschlechter in exzessiven Gebärden des animalischen Lebens vorgeführt wird. Der dort auftretende Über-Mensch ist aber allenfalls ein wildgewordener Nietzscheaner, denn zum wahren Nietzscheaner fehlt ihm die geistige

Disziplin. Er verfällt einem ziel- und sinnlosen Rausch des orgiastischen Lebens.

Festzuhalten aber ist, daß Nietzsches Begriff des dionysischen Lebens im Expressionismus starke Wirkung zeitigt. Dabei aber erschöpft sich das dionysische Leben, wie bei Nietzsche, nicht in bloßer Triebhaftigkeit. Das 'Dionysische' ist darüber hinaus das Kraftfeld, in dem das Ich alle Erstarrungen des Lebens und den Nihilismus der Werte überwinden will, um zu einer neuen, existentiellen Sinnerfahrung zu gelangen. Nicht die bloße Triebbefriedigung, sondern ein Unendlichkeitsverlangen kennzeichnet diesen dionysischen Impetus. Im dionysischen Leben will das entfremdete Subjekt eine neue Sinnstruktur gewinnen. Dies zeigt sich exemplarisch in Gottfried Benns früher Szene *Ithaka* (1914). Auch hier herrscht Enthemmung. Aber sie erfolgt als 'geistige' Auseinandersetzung mit der rationalistischen Blockierung des elementaren Lebens durch die empirischen Naturwissenschaften. In der Gestalt des Professors der Pathologie, der sie kausalanalytisches Denken lehrt, greifen die rebellierenden Studenten den sie frustrierenden Rationalismus der Zeit an. Es ist der Protest gegen jenes "Ignorabimus", das Emil Du Bois-Reymond in seinem Vortrag *Über die Grenzen des Naturerkennens* (1872) verkündet hatte. Die "Weltbesiegerin unserer Tage, die Naturwissenschaft" steckt die "wahren Grenzen ihres unermesslichen Reiches" ab (1) und dekretiert im Hinblick auf das "Räthsel" von "Materie und Kraft" definitiv den "Wahlspruch" "*Ignorabimus!*" (33). In Benns *Ithaka* erfolgt die vehemente Auseinandersetzung zwischen dem "Ignorabimus" und "Dionysos". Als der massiv bedrängte Professor ausruft: "Hier siegt die Logik! Überall der Abgrund: Ignorabimus! Ignorabimus!", schlägt der Student Lutz auf ihn ein:

> Ignorabimus! Das für Ignorabimus! […] Forsche tiefer, wenn du uns lehren willst! […] Unser Blut schreit nach Himmel und Erde und nicht nach Zellen und Gewürm. Ja, wir treten den Norden ein. Schon schwillt der Süden die Hügel hoch. Seele, klaftere die Flügel weit; ja, Seele! Seele! Wir wollen den Traum. Wir wollen den Rausch. Wir rufen Dionysos und Ithaka! – (GW II, 302 u. 303)

Im Zeichen des dionysischen Lebens erfolgt der exzessive Aufstand gegen die Herrschaft der Vernunft, der Logik, der Naturwissenschaften. Der Antagonismus von "Norden" und "Süden", d.h. von Vernunft und Leben, ist unmittelbar ein Nietzsche-Motiv (vgl. vor allem Nietzsches Gedicht *Im Süden* [3, 641f.]). Insbesondere aber das "Dionysos"-Motiv und die Dichotomie "Traum" und "Rausch" sind unmittelbarer Ausdruck der Wirkung Nietzsches. Daß hier das Dionysische keine bloße Vitalgebärde ist, signalisiert das Wort "Seele". Es verweist auf eine den bloßen Bios hinter sich lassende Innerlichkeit. Bezeichnenderweise wollen die Studenten "lieber die finsterste Mystik hören" als die moderne "Intellektakrobatik" (295). Nietzscheanisch ist auch der voluntative Zug, der aktive Impetus, das Durchsetzen-Wollen des Dionysischen. Un-nietzscheanisch ist freilich die in *Ithaka* sich gleichfalls zeigende, für den frühen Benn typische Regressionstendenz ins Animalisch-Vegetabilische. Wenn Rönne erklärt: "Aber wegen meiner hätten wir Quallen bleiben können. […] Das Gehirn ist ein Irrweg" (299), so ist das nicht mehr die Linie Nietzsches. Im Hinblick auf das dionysische Leben aber zeigt sich beim frühen Benn der (Nietzscheanische) Wille zum aktiven Verwirklichen des Ursprünglichen. Nietzsche ist der entscheidende Impuls für die dionysischen Lebensgebärden der Expressionisten.

Im Expressionismus erfolgt die unbedingte Freisetzung der schöpferischen Subjektivität. In seinem plakativen Essay *Souveränität* (1919) verkündet Otto Flake die grenzenlose Freiheit des Ich: "Herrischer werden wir, freier – kühner, beginnende Souveränität. Ich proklamiere die Souveränität." (340). In der frühen Szene *Der Vermessungsdirigent* (1916) läßt Gottfried Benn Picasso auftreten und erklären:

> […] wir werden nicht geboren, wir erschaffen uns – […] Und wenn es die letzte Stunde ist, Ihr Augenbrechen, Ihre letzte Brunst: wir erschaffen uns, und ich gehe, mich zu erschaffen. – (GW II, 350)

Dies ist ein Gedanke aus dem Geiste Nietzsches, denn bei ihm ist ja der Schaffende die höchste, freie Potenz. Nietzsche wird denn auch im Text genannt. Pameelen sagt: "Beethoven, Nietzsche, Picasso. Freies Feld, Gewitterstimmung." (332). Nietzsche (den der frühe Benn allerdings sonst kaum direkt nennt) ist ein Protagonist der neuen schöpferischen Freiheit. Im Protest gegen die naturalistische Doktrin von der Determination des Menschen durch Trieb, Milieu und Vererbung proklamieren die Expressionisten die absolute Freiheit des Schaffenden. Im Sinne Nietzsches vertritt man die Idee der freien Selbstentfaltung des Menschen durch kreative Akte. Später hat Benn im Essay *Expressionismus* (1933) als die "Grundhaltung" des Expressionismus resp. des Futurismus und Kubismus die "Wirklichkeitszertrümmerung" und das "rücksichtslose An-die-Wurzel-der-Dinge-Gehen" bezeichnet, eine Methode, deren Movens das "absolute Ich", der "schöpferische Geist" ist (243). Hier findet Nietzsches Schaffensästhetik ihre Bestätigung.

Jedenfalls gehen von Nietzsche prägende Impulse auf die expressionistische Lyrik aus. Von ihm kommen entscheidende Denkanstöße und Sprachimpulse. So greift Walter Rheiner im Titel seines Gedichts *Amor fati* (1920) ein Grundmotiv Nietzsches auf. Er verwandelt allerdings Nietzsches denkerisches Motiv, die unbedingte Bejahung des Daseins in allen seinen Erscheinungsformen, in eine ekstatische Todestrunkenheit:

> Ich verbrenne groß im Feuer meiner Nächte, meiner Tage.
> Einer ungekannten Liebe hingegeben; Jubel, Klage
> auf den Lippen! Tod-verbunden. Trunken einer letzten Lust.
>
> (*Rheiner*, Kokain, 165)

Es gibt im Expressionismus aber auch den Protest gegen Nietzsche. Man meldet Skepsis an gegenüber seinen Innovationen. Die skeptische Distanz kann zur grotesken Satire werden. Jakob van Hoddis erteilt in seinem Gedicht *Umschwung* (1907/1909) in schnoddrigem Witz dem Nietzscheschen 'Egoismus' eine Absage, zugunsten einer Mitleidsethik:

> [...]
>
> Endlich! Endlich bin bereit ich,
> Ganz mit Mildigkeit geladen
> Mitleidstoll und gegenseitig
> Meine Wollust auszubaden.
>
> Nietzsche werde überwunden,
> Wir beginnen auszumisten
> Aus der Welt die ungesunden
> Schrankenlosen Egoisten.
>
> [Also in der Seele Schlünden
> Will ich wieder Forschung treiben,
> Eine neue Ethik gründen.
> Dogmen stürzen. Skizzen schreiben.]
>
> (*van Hoddis*, Weltende, 17)

Van Hoddis, Mitbegründer des "Neuen Clubs", des späteren "Neopathetischen Cabarets", und Verfasser des bahnbrechenden Gedichts *Weltende* (1911), fordert den "Umschwung" von der Selbstverherrlichung des Ich zur mitmenschlichen Solidarität. Der dem Gedicht anhaftende Zug ins Skurrile täuscht nicht über das echte Anliegen des Autors hinweg. In einem versifizierten Parlandostil, in dem sich Pathos und Satire mischen, wird mit lakonischer Schärfe die 'Überwindung' Nietzsches gefordert. Die kabarettistische Provokation ist Ausdruck einer inneren Spannung, der Spannung zwischen Nietzscheanismus und Gottsuchertum. Van Hoddis, durch Kurt Hiller mit Nietzsche vertraut gemacht, ist, wie seine literarischen Mitstreiter, dem Einfluß Nietzsches ausgesetzt und sieht sich zur Auseinandersetzung mit ihm genötigt. Ernst Blass schreibt später über die im 'Café des Westens', im 'Café Größenwahn', tagenden Mitglieder des 'Neuen Clubs': "Was lag in der Luft? In der Luft lag vor allem van Gogh, Nietzsche, auch Freud, Wedekind. Gesucht wurde ein postrationaler Dionysos …" (Weltende, 121). Aber bei van Hoddis wird die Hinwendung zu 'Dionysos' durch die Suche nach 'Gott' verdrängt. In der 'Tirade' *Der Feind* (1914) lauten bezeichnende Sentenzen: "Die Massen sind unterwegs, um Gott zu suchen. […] Sind wir die letzten, die Gott spüren dürfen? […] Der Nihilismus wird positiv und will Thesen haben. Die Gott hassen, werden Gläubige." (Weltende, 81f.). Hier ist die Loslösung von Nietzsche evident. Dennoch kann sich van Hoddis dem Einfluß Nietzsches nicht entziehen. Sowohl seine destruktiven Tendenzen, seine Gesellschaftskritik, als auch seine Erneuerungsversuche tragen den Nietzsche-Stempel. Dies zeigt sich etwa in der Reflexion auf das Verhältnis von Kunst und Leben. Wie bei Nietzsche sollen sich "Kunst" und "Leben" gegenseitig steigern:

> So ist die Beziehung zwischen Kunst und Leben wieder hergestellt. Denn Kunstwerk am Kunstwerk bildet sich das Leben an der Dichtung und die Dichtung am Leben. Wie sich Fackel an Fackel entzündet. (Weltende, 79 [Von Mir und vom Ich, 1913])

Auch die Hinwendung zum spontanen, kreativen "Ur-Ich", dem "Postulat des Denkens" (ebd., 78), erinnert an Nietzsches dionysisches Subjekt. Eine Paraphrase der Anfangssätze des *Zarathustra* ist die Wendung:

> Und er verließ seine Freunde und seine palmenumrauschte Lagerstätte und die schokoladenfarbene Nacht seiner Heimat und gründete die Religion derer, die ohne Gründe lachen – […] (Weltende, 85 [Trilogie der Leidenschaftslosen])

Objektiv ist dies eine Zarathustra-Parodie. Aber das Motiv des freien Lachens, der von der Logik befreiten Heiterkeit, ist ein genuin Nietzschesches Motiv und von van Hoddis durchaus 'ernst' gemeint. Freilich, un-nietzscheanisch ist die dem Text inmhärente Tendenz zur Nonsens-Poesie ("Deines Unsinns Bünde", ebd.). Der Protagonist dieses Prosastücks ist ein Witze erzählender Affe. Das Pathos Nietzsches rückt ins Zwielicht des Grotesken.

Manche Literaten und Kritiker warnen vor der Überschätzung Nietzsches. Karl Kraus bestreitet in seiner satirischen *Razzia auf Literarhistoriker* (1912) dem Nietzscheschen Aphorismus den Witz. Nietzsche habe "den Aphorismus besser geschmeckt als gekonnt"; es sei "Pathos" ohne "Humor" und vermittle den "Eindruck von einer schwerfälligen Zeit" (37). Im Gedicht *Der Antichrist* (1921) parodiert Kraus das Zarathustra-Pathos und sieht in Nietzsches Umwertung nur eine neue Fabrikation von Fiktionen:

> Wie heiter und listig und insgeheim,
> wie viel verheißend und frustra!
> Und das Ergebnis ist dieser Reim,
> denn also versprach Zarathustra.
>
> [...]
>
> Man lachte sich über den Herrgott schief,
> metaphysische Sehnsucht zu stillen.
> Ein kategorischer Diminutiv
> verlieh uns zur Macht den Willen.
>
> [...]
>
> An diesem halkyonischen Fest
> wird die Welt noch lange kranken.
> Die deutsche Literatenpest
> hat sie dem Arzt zu verdanken.
>
> Der christliche Gott ist gut genug,
> daß er uns von dem Übel erlöse.
> Es verhieß uns ein anderer Pfaffenbetrug
> ein Jenseits von Gut und Böse.

Diese Verse, die nicht unbedingt von artistischer Perfektion sind, sondern eher ein wenig klapprig wirken, eher trivial als witzig, stellen Nietzsches Gott-ist-tot-Philosophie, seinen Immoralismus, den Willen zur Macht, die dionysische Lebensgebärde drastisch in Frage, in Wortspielen, die um provokativen Witz und parodistische Pointen bemüht sind. Nietzsche erscheint hier als ein Verhängnis. Er übt eine unheilvolle Wirkung aus. Durch die Verneinung der traditionellen metaphysischen Werte hat er eine Kulturkrise heraufbeschworen. Seine Adepten und Epigonen, die in seinem Fahrwasser schwimmenden Literaten, sind ein Kultursyndrom. Der Satiriker stellt der Moderne die Diagnose des im Zeichen Nietzsches vollzogenen Wertezerfalls. Dem will er Einhalt gebieten. Er will Nietzsche mit seinen eigenen Waffen, dem beißenden Spott und der ätzenden Demaskierung, schlagen. Er will ihn durch die parodistische Verkehrung seiner Motive und Begriffe thematisch und sprachlich *ad absurdum* führen. So ist Nietzsche, der die Philosophen, Dichter und Priester als Betrüger zu entlarven versuchte, selbst ein 'Pfaffe' und 'Betrüger', denn sein 'Jenseits von Gut und Böse' ist selbst wiederum eine Fiktion, eine Hinterwelt. Nietzsche fängt sich in seinen eigenen Netzen. Das Wortspiel "versprach Zarathustra" ist ein ironisches Signal. Es soll anzeigen, daß die Botschaften Zarathustras nur leere Versprechungen waren. Obschon dies nicht das Gedicht eines pathetischen Expressionisten, sondern eines kulturkritischen Satirikers ist, dessen Markenzeichen Scharfsinn und Luzidität sind, ist dies doch ein Symptom der um 1920 lauter werdenden Kritik an Nietzsche. Auch im Umfeld des Expressionismus mehren sich die Stimmen, die kritische Vorbehalte gegenüber Nietzsche anmelden. Neben dem Nietzsche-Pathos gibt es zunehmend auch die Nietzsche-Satire. Seltener ist jener moderate, humoristische Ton, den einst Max Dauthendey in seinem *Bänkelsang vom Balzer auf der Balz* (1904) angeschlagen hatte:

> "Ein Übermensch bist Du, ei was!
> Ach sage mir, wie macht man das?" –
>
> "Mein Lieber das ist gar nicht schwer,
> Man ist einfach nicht menschlich mehr.
>
> [...]   (8)

Das Bild der dichterischen Nietzsche-Rezeption im Expressionismus wäre unvollständig, würde nicht auch die Wirkung Nietzsches auf die expressionistische Prosa berücksichtigt. Obschon in der Prosa der Einfluß Nietzsches geringer ist als in Drama und Lyrik, fehlt er doch nicht. Die Loslösung von der realistischen Deskription, die Freiheit des kreativen Subjekts im Umgang mit dem Weltstoff, die eruptive Expressivität, die assoziativen Sprünge und akausalen Kombinationen – diese Symptomatik der expressionistischen Kurzprosa bezieht ihre poetische Lizenz nicht zuletzt von Nietzsche. Ob es sich um die artistischen Expressionen eines Gottfried Benn, die autonomen Konstruktionen eines Carl Einstein oder das eruptive Pathos eines Kasimir Edschmid handelt – Nietzsche hat entscheidende Anstöße gegeben. In den 'Vorbemerkungen' zu *Die Entfaltung. Novellen an die Zeit* (1921) spricht Max Krell von den "drei deutschen Sprachschöpfern", "Luther, Goethe, Nietzsche" (VI), feiert die Sprache des *Zarathustra* als "groß" und "ursprünglich" (VII) und deutet die Sprache der "jüngeren Dichter", der Edschmid, Schickele und Sternheim, als Konsequenz der innovatorischen Sprache Nietzsches:

> Nie bisher wurde so knapp, konzentriert geschrieben, nie ein Begriff so sehr bis ins Letzte gesättigt mit der Fülle der Möglichkeiten. Das ist ein Nachhall Nietzsches, von dem aus die tiefste Urbarmachung des Wortes begann. (X)

In der frühen Prosa Benns tauchen immer wieder Nietzsche-Motive auf. Am markantesten in *Der Geburtstag* (1916), wo es heißt:

> Er spürte in sich hinein: Das Gefühl. Den Überschwang galt es zu erschaffen gegen das Nichts. [...] Er konnte in diesem Land nicht bleiben –: Südlichkeiten! Überhöhung! (GW II, 53)

Die Überwindung des Nihilismus durch das Schaffen, die Lebenssteigerung, die Selbsterlösung des Ich durch kreative Akte, und die Verneinung der empirischen Realität zugunsten des visionären Südmotivs sind genuin Nietzschesche Motive. Wie bei Nietzsche ist die "Zersprengung" der Wirklichkeit ein elementarer Antrieb (GW II, 47) und wird die "Schaffung der neuen Syntax" betrieben, um den "Du-Charakter des Grammatischen auszuschalten" (40). Wie bei Nietzsche ist die "Metapher" fragwürdig geworden. Sie ist "ein Fluchtversuch, eine Art Vision und ein Mangel an Treue" (49). Wie bei Nietzsche wird die Welt als "Spiel" gedeutet. Die "Menschheit" "hatte Ordnung herstellen wollen in etwas, das hätte Spiel bleiben sollen" (55). Wie bei Nietzsche ist "Venedig" ein Stimulans (59). Im Prosastück *Der Garten von Arles* (1920) wird, wie bei Nietzsche, Heraklit angerufen, als "erster einsamer Schöpfer", für den das Prinzip gilt: "das Absolute ist der Traum" (GW II, 88). Wie bei Nietzsche wird eine "hyperämische Metaphysik", d.h. eine aus dem dionysischen Leben erwachsende 'Metaphysik', verkündet (85). Autogene Kreativität, dionysisches Leben und monologische Sprache, diese Nietzscheschen Grundprobleme, sie sind konstitutiv für die expressionistische Prosa Benns. Freilich, die Krise des Bewußtseins, die Regressionstendenz, ist eher un-nietzscheanisch.

Eine wirklich produktive Wirkung Nietzsches kann sich in der Dichtung nur dort ergeben, wo der Kunstfaktor zur Geltung kommt. Dies ist bei Benn, im artistischen Arrangement der Texte, der Fall – im Unterschied etwa zu Kasimir Edschmid, dessen expressionistische Prosa sich weitgehend in deklamatorischem Pathos erschöpft. Edschmids Novellen-Sammlungen *Die sechs Mündungen* (1915), *Das rasende Leben* (1915) und *Timur* (1916) verleugnen nicht die Wirkung von Nietzsches dynamischem, dionysischem Lebensbegriff, aber sie setzen ihn nicht in einen künstlerischen Text um. In der Novelle *Der tödliche Mai* (1915) wird das Leben in einer hyperpathetischen Sprache beschworen: "Da ging eine unfaßbare Sehnsucht nach Glühendem, Rasendem in ihm auf, er bog sich vor Gier nach der Stadt." (29). Es droht der Kitsch: "daß ich singend wie ein Engel van Dycks gegen tausend Mündungen Kanonen gehen könne" (39f.). Nietzsches dionysisches Leben wird zum exaltierten Gefühlsrausch: "daß ich vor der ungeheuerlichen Berauschtheit des Daseins mich hinwarf und weinte und grenzenlos den Tod zu fürchten begann" (40). In der Novelle *Der Bezwinger* trägt Edschmids Timur, wie der Über-Held Kokoschkas, Züge eines (überdrehten) Nietzscheaners. Auf den ersten Blick entspricht er den Renaissance-Machtmenschen Nietzsches. Er ist geballte Energie: "Mit dreitausend ausgewählten Hauptleuten entflammte er die Erde mit schlagenden Hufen." (209). Zarathustrisch mutet die Sonnen-Metaphorik an: "Hinter seinem Kopf stieg die Sonne aus dem Gebirg, und sein Gesicht […] wuchs zu Granit hinein in die roten Kreise […]" (221). Timur ist "durchbraust von Gott" (222). Aber es ist nicht der Dionysos Nietzsches, der ihn durchpulst, sondern er inszeniert nur (mythisch verbrämte) Orgien der Gewalt. Damit entfernt er sich weit von Nietzsche.

Im Hinblick auf Schaffensprozeß und Kunstkonzeption wirkt sich der Einfluß Nietzsches intensiv bei Carl Einstein aus. Es sind vor allem die Ideen des kreativen Subjekts, des Schaffens qua Erschaffens und des Perspektivismus, die die ästhetischen Theoreme und spirituellen Konstruktionen Einsteins mitprägen. Auch für Einstein ist "Wahrheit" keine objektive Größe mehr, sondern ein Produkt des schaffenden Subjekts. Im Essay *Der Snobb* (1909) (später *Snobb*) deklariert er:

> Wir haben keine Wahrheit mehr, die alten Notdürfte und Verpflichtungen des Instinkts sind abgeblaßt. […] Ein Gesetz, ein sichtbares ist zu konstruieren, das uns trennt, das uns Glaube gibt, trotzdem es unsere Konstruktion ist. Unsere Konstruktion; denn das Gesetz der ursächlichen Folgen über uns hinauszudehnen, ist sinnlos. (172 u. 173)

Dies entspricht Nietzsches Idee der Selbsterlösung des Subjekts durch das Schaffen einer Eigenwelt. Auch die Forderung nach einer "fordernden schöpferischen Sittlichkeit, einer solchen, die den gegenwärtigen Menschen steigert und den künftigen bestimmt", dieses Postulat, das Einstein im Aufsatz *Das Gesetz* (1914) erhebt (177), könnte von Nietzsche stammen. Im Aufsatz *Zu Paul Claudel* (1914) verweist Einstein auf Nietzsches "Gefühl des Überflusses im Tragischen der Griechen", das "jeglichen Schrecken" "im Mysterium positiv bestimmt" (22). Immer wieder betont er die perspektivische Gebundenheit alles Denkens und Schaffens. Im Prosatext *G.F.R.G.* (1913/1918) läßt er den "Irren" sagen:

> Größen sind doch nur so groß, als wir sie sehen. Die Perspektive ist wahr, die Wissenschaft Täuschung. Der Irre ist der vollendete Wissenschaftler. Weil ich dies behaupte und dagegen mein Hirn einsetze, hält man mich hier. Der Wissenschaftler ist irr, denn er sucht die Wahrheit. (94f.)

Ganz im Sinne Nietzsches erfolgt der Protest gegen die Herrschaft der Logik zugunsten des Perspektivismus, der kreativen Perspektive. Die "Wahrheit" ist nur eine Fiktion der Vernunft. Geist, Leben und 'Wahrheit' finden sich allein in den Produkten des schöpferischen Subjekts. Wahrheit erwächst erst aus dem Willen des diktatorischen Subjekts. Im Prosatext *Der unentwegte Platoniker* (1918) heißt es: "Dies ist es. Die Wahrheit müßte aus mir hervortreten, wie die eckig geschwollene Ader einer erzürnten Hand." (29). Es ist allerdings auch eine "entsetzliche Einsicht, daß alles nur Perspektive ist" (Der Snobb, 173). Nietzsche kann auch bei Einstein in ein ironisches Zwielicht gerückt werden. Im grotesken Experimentalroman *Bebuquin* (1906/1909) repliziert Bebuquin auf die Feststellung Nebukadnezars, daß alles nur "eine Machtfrage, eine Sache der Benennung, der Selbsthypnose" sei:

> Sie sind wohl aus Sachsen und haben Nietzsche gelesen, der darüber, daß man ihm das Polizeiressort nicht anvertraute, wahnsinnig wurde und in die Notlage kam, psychologisch angebohrte Bücher zu schreiben? (193f.)

Dies ist allerdings nur scheinbar eine Nietzsche-Parodie, denn in diesem insgesamt grotesken Text können auch die Ideen Nietzsches nur in grotesker Form dargeboten werden. *Bebuquin* ist eine mit allen Mitteln der grotesken Deformation und Aufhebung der Wirklichkeit inszenierte a-mimetische Konstruktion des experimentierenden 'Geistes'. Es ist ein

Geist, der auf der Suche nach dem "Wunder" ist (194) und der überzeugt ist, "daß das Phantastischste die Logik ist" (196). Bemerkenswert ist, daß bei Einstein die Sprach- und Dichterkritik Nietzsches wiederkehrt:

> Er sah ein, daß es verfehlt sei, sich Dichter zu nennen; daß er in der Kunst immer im Rausch der Symbole bleibe. [...] noch immer fand er, daß die sprachliche Darstellung eben nur unreine Kunst sei, gemessen an der Musik. (197)

Auch bei Einstein kann die Sprachdiktatur in den Sprachzweifel umschlagen. So zeigt sich bei ihm eine starke Nietzsche-Affinität. In einem zentralen Punkt weicht er allerdings von ihm ab, und zwar in seiner Konzeption des absoluten Kunstwerks. In den Aufsätzen *Anmerkungen* und *Totalität* (1914) verkündet er als höchste Intention die "Totalität", die er definiert als ein "geschlossenes Gebilde" (476). Die höchste Form von "Totalität" ist das Kunstwerk. Das "Schaffen des Kunstwerks" ist das "Schaffen von Inhalten, die an sich gesetzmäßig, d.h. transzendent sind" (278). Was ansteht, ist das an den "unmittelbaren Lebensprozeß" anknüpfende "Erschaffen von Gegenständen" (477). Mit dieser Ästhetik der transzendenten Form löst sich Einstein von der Nietzscheschen Lebensfunktionalität der Kunst. Dieser Absolutismus des Denkens zeigt sich noch in der in den frühen dreißiger Jahren verfaßten *Fabrikation der Fiktionen*, mit dem charakteristischen Unterschied, daß in diesem ideologiekritischen Werk nicht mehr die Kunst, sondern die Gesellschaft verabsolutiert wird. Nun dementiert Einstein sich selber, d.h. seinen früheren Kunstabsolutismus, wenn er die moderne Kunst als Subjektivismus, Artistik und Fiktionalität abtut, sich gegen das "Gespenst einer autonomen Kunst" wendet und eine "ästhetische Realität mit besonderen Gesetzen" zugunsten der "positiven Wirklichkeit" negiert (110). Nietzsche erscheint nun als problematischer Philosoph des Individualismus und Biologismus:

> Nietzsche formulierte eine Metaforik des Individuums, er dichtete den Mythos der Züchtung. Der Darwinismus wurde reaktionär verwagnert. Nietzsche konzentrierte die Werte in den schmalen Winkel des Übermenschen und ersetzte den metaphysischen durch den socialen [oder biologischen] Dualismus. (304)

Unbeschadet dieser Nietzsche-Kritik ist Einsteins Interpretation der Geistesgeschichte als Metapherngeschichte eine Nietzsche-Reprise:

Die Dichter reimten in Metafern, die aus alten Symbolen abgeleitet waren. Im großen ganzen ist die Geistesgeschichte die Historie der Paraphrasen, der Ableitungen und Surrogate. (224)

Auch der Kritiker des 'bürgerlichen' Individualismus ist in der Grundkonzeption seiner Entlarvungsstrategie weiterhin von Nietzsche geprägt.

2. Programmatik

Der Einfluß Nietzsche schlägt sich im Expressionismus nicht nur in Dichtungen, sondern auch in Programmschriften, Abhandlungen, Tagebüchern und Kritiken nieder. Dabei zeigt sich die Wirkung Nietzsches in verschiedenartigen Problemkreisen – die sich allerdings im einzelnen vielfältig überlagern. Aber es lassen sich doch einige Hauptaspekte herausschälen: das Leben (vgl. bes. Salomo Friedlaender), die Utopie (vgl. bes. Ernst Bloch), die Aufklärung (vgl. bes. Kurt Hiller), der Aufbruch (vgl. bes. Ernst Stadler), die Ichbezogenheit (vgl. Georg Heym), die Zeitkritik (vgl. u.a. Carl Sternheim), die Parodie. In diesem expressionistischen, aktivistischen und kulturkritischen Umfeld hat Nietzsche seinen spezifischen Stellenwert. Er gibt wichtige Denkanstöße, er prägt Zielrichtungen, er wird zum unmittelbaren Erlebnis.

Von zeittypischer Bedeutung ist die spontane, ichbezogene Nietzsche-Rezeption Georg Heyms. Zunächst ist allerdings festzustellen, daß in seinen wichtigsten Dichtungen, in den Gedichtbänden *Der ewige Tag* (1911) und *Umbra vitae* (1912), Nietzsches Lebensgefühl kaum mehr eine Rolle spielt – unbeschadet metaphorischer Affinitäten in Einzelbildern (dazu *Martens*, Aufbruch, 139-147). Der Dichter des Verfalls, des Untergangs, der Apokalypse ist kein Nietzscheaner. Die Heymschen Untergangsvisionen bilden geradezu einen Gegensatz zu Nietzsches Aufgangsvisionen. Aber Heym neigt zugleich einem heroischen Pathos zu, nicht nur in seinen früheren Jahren, sondern auch in programmatischen Äußerungen noch in expressionistischer Zeit. Insofern steht er doch wiederum Nietzsche nahe. Beim jungen Heym bricht sogar die zeittypische Nietzsche-Begeisterung durch. Bezeichnend für die enthusiastische Hinwendung zu Nietzsche ist das Pathos, mit dem er im Tagebuch am 17.2.1906 Nietzsche feiert:

Und dennoch. Seine Lehre ist groß. Was man dagegen sagen mag, sie giebt unserm Leben einen neuen Sinn, daß wir Pfeile der Sehnsucht seien nach dem Übermenschen, daß wir alles Große und Erhabne in uns nach unsern besten Kräften ausgestalten und so Sprossen werden auf der Leiter zum Übermenschen. […] O ein schwerer Tropfen zu sein, in der dunklen Wolke, die den Blitzstrahl birgt, der den Übermenschen auf die Erde schleudert. Ferner und ferner sehen lernen, sich wegwenden vom Augenblick und dem Übermenschen zu leben, lehrt uns Zarathustra. Und diese Lehre kann uns auf uns allein stellen. (*Heym*, Tagebücher, 44)

In diesem Panegyrikus mit einer Zarathustra-Paraphrase (vgl. 4, 18 – Za), die dann noch durch ein längeres Zarathustra-Zitat über den "Vernichter" und den "*Helden*" erweitert wird (vgl. Tgb., 45 u. 4, 53f. – Za [Vom Baum am Berge]), ist Zarathustra der wegweisende Garant des von Heym in dieser (vorexpressionistischen) Phase ersehnten eigenständigen, radikal neuen Daseinsentwurfs. Zarathustra ist der Prophet des enthusiastischen Aufbruchs in eine neue Zukunft. Hier ist Heym geradezu ein Nietzsche-Anbeter. Zumindest steht er in seinem Banne. Am 11.7.1906 notiert er: "Und so beginnt Zarathustras Untergang" (Tgb., 54; vgl. 4, 28 – Za). Am 20.7.1906 schreibt er ins Tagebuch:

> Ja es sind keine Götter, es kann keine Götter geben, der große Pan ist tot, aber ich muß sie mir schaffen, um mit ihnen sprechen zu können, denn mit wem sollte ich es sonst. (Tgb., 54)

Dies wirkt wie eine Mischung aus Hölderlin und Nietzsche. Hölderlins Klage um die Götterlosigkeit und Nietzsches Idee des Schaffens scheinen hier eine Symbiose eingegangen zu sein. Heym nennt denn auch "Hölderlin, Nietzsche, Mereschkowski, Grabbe" die "4 Helden meiner Jugend" (Tgb., 86 – 2.5.1907). Heym entwickelt aber aus seiner Nietzsche-Lektüre keine eigene Philosophie, keine großen programmatischen Entwürfe oder Manifeste, sondern er rezipiert Nietzsche spontan-emotional und bezieht ihn unmittelbar auf die eigene Lebenssituation. "O daß es mir gelingen möchte, mein Leben nun umzugestalten, um ein Pfeil zum Übermenschen zu werden." (Tgb., 44). Dies ist die Forderung, die er im zitierten Panegyrikus an sich selber stellt. Seine Nietzsche-Rezeption vollzieht sich im Zeichen des *tua res agitur*. Angesichts menschlicher Kontaktlosigkeit ("gleichgültige Mädchen", "korpsstudentische Kreise und Anschauungen") will er aus der bürgerlichen Ordnungswelt ausbrechen. "Bald wird's Zeit, Nietzsche seinen Schritt nachzutun." (Tgb., 98 – 19.10.1907). Heym setzt seine literarischen Vorbilder unmittelbar in Bezug zur eigenen Existenz: "Was ich vor Nietzsche, Kleist, Grabbe, Hölderlin … voraus habe? Daß ich viel, viel vitaler bin. (Tgb., 138 – 4.7.1910). Extreme Ichbezogenheit kennzeichnet Heyms Rezeption seiner dichterischen Mentoren. Bezeichnend ist die Notiz: "Niemand denkt soviel über sich nach, wie ich." (Tgb., 176 – 20.12.1911). Auch Heyms spontane, affektive Zeitkritik erwächst aus dem Impetus nach persönlicher Selbstverwirklichung:

> Mein Gott – ich ersticke noch mit meinem brachliegenden Enthousiasmus in dieser banalen Zeit. Denn ich bedarf gewaltiger äußerer Emotionen, um glücklich zu sein. (Tgb., 164 – 15.9.1911)

Dies erinnert an Nietzsches Zeitkritik. Aber während Nietzsches Opposition zum Zeitgeist auf eine generelle Kulturkritik hinausläuft und allgemeine philosophische und ästhetische Probleme impliziert, ist Heyms Zeitkritik von eher situativer, ichbezogener Art. In seinen Reflexionen steht immer die eigene Person im Vordergrund. An der Geschichte interessieren ihn, wie Nietzsche, vor allem die großen Ereignisse und Akteure. Aber er bezieht alles auf sich selber: "Ich sehe mich in meinen wachen Phantasien, immer als einen Danton, oder einen Mann auf der Barrikade" (ebd.). Immer wieder stößt man in den Tagebüchern Heyms, vor allem neben vielen Hölderlin-Allusionen, auf Nietzsche-Motive. Er problematisiert z.B., im Sinne Nietzsches, das Verhältnis von Kunst und Leben. So ist ihm die "Dichtkunst" "ein sehr kümmerliches Surrogat für die Tat und für das Leben" (Tgb., 153 – 7.12.1910). Auch das Nietzsche-Motiv des "unbekannten Gottes" taucht auf: "Mich dünkt oft, daß mein Leben ein Opfer ist für einen unbekannten Gott." (Tgb., 60 – 13.8.1906). Wie Nietzsche und Hölderlin beschwört der junge Heym wiederholt die antiken Götter. Die Beschäftigung mit Hölderlin festigt in ihm den "Glauben an Helios, an das Licht, die Sonne, das ganze heilige Weltall" (Tgb., 63 – 14.9.1906). "Und ich bete […] zu Helios" (Tgb., 65 – 24.9.1906). Zu dieser Zeit ist Heym noch stark von einem Bedürfnis nach Hingabe an überindividuelle Mächte geprägt. Auch das ihm von Hölderlin und Nietzsche her vertraute Dionysos-Motiv fehlt nicht. Heym notiert:

> Will ich dem Dyonysos und der magna mater opfern, so verkehrt sich alles in Niederes, Unwahres, Häßliches. Wer soll mich nun noch erlösen? (Tgb., 60 – 18.8.1906)

Aber die antiken Göttergestalten sind bei Heym nicht echte mythische Erlebnisse, sondern mythologische Bildungsrequisiten, lyrische Versatzstücke eines zeittypischen Monismus. Auch ein Gedicht wie *Dionysos* (1910) (*Heym*, Lyrik, 14ff.), in dem der Dichter die Wiederkehr des Dionysos beschwört, ist eher Ausdruck eines antikisierenden Bildungspathos als einer ursprünglichen Vergegenwärtigung des Mythos. Es ist die naive kultische Verehrung einer Ersatz-Gottheit. Es ist eine lyrische Paraphrase der Nietzscheschen Antithese von Dionysos und dem Gekreuzigten. Der Dichter beklagt die Verstoßung des Dionysos durch den "neuen Gott", den Gekreuzigten, und fordert die Revitalisierung des Dionysos: "Kehr wieder, Gott. Erlösung, rufen wir. / Erlöse uns vom Kreuz und Marterpfahl." Hier ist Dionysos nicht gegenwärtig, sondern er wird elegisch beschworen, wie denn auch Heym resigniert notiert: "Nichts von den dyonisischen Hainen [...]" (Tgb., 84 – 5.4.1907). Heines gegenchristliche Dionysien (vgl. *Die Götter im Exil*; *Die Göttin Diana*) und Nietzsches (vertiefter) antichristlicher Dionysos-Glaube kehren bei Heym wieder. Sie drohen bei ihm allerdings zur saloppen Stilübung zu erstarren. Pate gestanden hat Nietzsche bei den blasphemischen Wendungen in Heyms Drama *Atalanta oder Die Angst* (1910/1911): "Du alter Gott [...] du alter Narr. [...] Ach, du alter Bettler." (*Heym*, Prosa u. Dramen, 381 u. 383). Im übrigen huldigt der frühe Heym noch einem klassizistischen, dem *fin de siècle* nahen Schönheitsbegriff. Angesichts der Götterlosigkeit wendet er sich der Schönheit zu: "Götter sind nicht, das ist schon ganz klar. Aber wir glauben doch an die Schönheit." Ein unmittelbarer Anklang an Nietzsches Wort 'Gott ist tot' ist Heyms Feststellung: "Die Götter sind tot." Es ist ein Jugendstil-Topos, wenn er sich angesichts der "toten Götter" aufgerufen fühlt, "zu der Sonne zu beten" (Tgb., 62 – 5.9.1906). Wie Nietzsche huldigt Heym der Renaissance. So erwähnt er mehrfach Leonardo da Vinci (vgl. Tgb., 33, 133, 153, 188). Aber im Unterschied zu Nietzsche geht er nicht auf weltanschauliche und künstlerische Fragen ein, sondern ihn interessiert die Künstlerbiographie. Die geniale Künstlerpersönlichkeit fesselt ihn als Identifikationsmuster, als Spiegel der eigenen Lebensproblematik. Wie Nietzsche begeistert sich Heym für die Renaissance und die Antike. Aber die "Sehnsucht nach der Renaissance oder Hellas" entspringt der "Lust an dem Genuß" und der "Freude an Schönem" (Tgb., 93 – 13.8. 1907) – eine eher klassizistische Vorstellung. Heym suchte in den großen Vorbildern der Vergangenheit, in großen Persönlichkeiten und Kulturepochen die Bestätigung des eigenen Strebens nach Ursprünglichkeit, Freiheit und Selbstverwirklichung. Dies betrifft auch seine Nietzsche-Rezeption. Obschon er sich eine Reihe Nietzschescher Schriften zur Lektüre vormerkt (vgl. *Martens*, Aufbruch, 132), kommt es nicht zu einem vertieften Studium der philosophischen und ästhetischen Probleme Nietzsches. Zu sehr ist Heym auf seine persönlichen, existentiellen Probleme fixiert, als daß er sich einer objektiven Analyse seiner Idole widmen könnte. Es herrschen das pathetische Bekenntnis, die subjektive Auseinandersetzung, die emotionale Identifikation. In einigen kleineren Schriften hat Heym allerdings die ihn persönlich beschäftigenden Probleme ins Allgemeine ausgeweitet. In dem in der Weihnachtsnacht 1909 ganz aus dem Geiste Nietzsches geschriebenen *Versuch einer neuen Religion* erklärt er die "herrschende Religion" für tot und konstatiert: "Es wird Zeit, uns mit einer neuen Religion zu umgeben." (S. 164). Heym schwebt ein mit "Priestern", "Tempeln" und "Gottesdiensten" zu inszenierender Kult der Natur und des großen Menschen vor. Er fordert den "Willen zum Diesseits, zu seinen Helden und Menschen", sieht im "Christus Jesus" den "großen Menschen" ("*Wir werden ihn entgöttern* und ihm dafür die Krone der Menschheit verleihen") und erhebt die programmatische Forderung: "*Heroen*verehrung sei das eine Ziel, *Natur*verehrung das andere." (S. 165). Im Textstück *Eine Fratze* (1911) wirft er der Gegenwart Mangel an "Begeisterung, Größe, Heroismus" vor (173). Im Textstück *Über Genie und Staat* (1912) beklagt er das Scheitern der "Genies" am "Staat" und verlangt die Errichtung einer "anständigen Aristokratie" (174f.). Dies sind ins Plakative übersetzte Nietzscheanismen. Heym kann sich allerdings auch schnoddrig zu Nietzsche äußern. Als ein Freund den *Zarathustra* einsteckt, "meinte er etwas von oben herab: 'Wat da drin steht, weeß ik lengstens schon.' 'Na na', erwiderte ich. 'Schön, jieb man her', antwortete er, nahm den 'Zarathustra' und behielt ihn wochenlang." (*Heym*, Dokumente, 9). Wo Heym die subjektive Selbstaussprache hinter sich läßt, in seinen expressionistischen Dichtungen, ist der Einfluß Nietzsches, zumindest hinsichtlich der Grundthematik, kaum noch spürbar. Der Expressionist Georg Heym, der in apokalyptischen Bildern Untergang und Verfall des Menschen, der Gesellschaft, der Welt darstellt, ist kein Nietzscheaner mehr. Freilich, die Nietzscheanismen wirken bei Heym weiter nach. So erinnert sein "Traum" von dem die "Stiere" schlagenden "Adler" (Tgb., 192 – 14.12.1911) an Nietzsches auf die "Lämmer" niederstoßenden "Adler" (6, 379 – DD). Dennoch löst sich der 'Expressionist' Heym von Nietzsche. In der Lyrik des

Verfalls würde Nietzscheanismus auch kaum funktionieren. Dies betrifft auch den bedeutendsten Dichter des Verfalls, Georg Trakl, bei dem allenfalls in seiner frühen lyrischen Prosa durch das Auftauchen des Dionysos-Motivs ein (verdeckter) Einfluß Nietzsches vorliegen könnte. In seinem frühen Prosastück *Maria Magdalena* bekränzt die dem ekstatischen Tanz und der erotischen Promiskuität hingegebene Hetäre die "Statue des Dionysos" und umarmt den "kalten Marmor", aber sie erstarrt bei der Begegnung mit Jesus und folgt bedingungslos "jenem seltsamen Propheten" (22f.). Dionysos muß Christus weichen. Es ist eine Konstellation, die von fern an das Widerspiel von Venus und Maria in Eichendorffs *Marmorbild* erinnert. Nietzsche spielt bei Trakl kaum eine Rolle.

Bei Stadler hingegen ist der Einfluß Nietzsches evident, nicht nur in der Dichtung, sondern auch in der Programmatik. Schon im Textstück *Neuland* (1902) verkündet er als das "höchste Ziel des Künstlers":

> Seht vorwärts! Seht in Morgensonnen! Vorwärts sahen alle großen Geister der Weltgeschichte, Christus und Giordano Bruno, Luther und Nietzsche. Zerschmettert die alten Tafeln und schreibt euch euer eigen Gesetz aus euerem Eigen-Willen! Habt den Mut, neu zu sein! (260)

Es ist die Lehre, die Zarathustra im Kapitel *Von alten und neuen Tafeln* verkündet. Die Metapher der die neue Zukunft eröffnenden "Morgensonnen" verweist unmittelbar auf Zarathustra, der ja mit einer "Morgensonne" verglichen wird (4, 408 – Za). Stadler hat in einer Reihe von Aufsätzen wesentliche Aspekte Nietzsches herausgestellt. Im Essay *Penthesilea* (1909) weist er auf die nach Kleist von Nietzsche vollzogene Neuentdeckung der dionysischen Antike, das "dionysische Lebensgefühl", hin (264). Im Aufsatz *Fritz Lienhard* (1914) erwähnt er den Zeitkritiker Nietzsche (295), deutet auf den Umwerter aller Werte hin (301) und zählt Nietzsche zu den "Repräsentanten dieser entgötterten Epoche" (302). In der Besprechung *Romain Rolland: Jean-Christophe* (1913) wird auf die Idealismus-Kritik Nietzsches verwiesen: "Wie Nietzsche erkennt er die Verlogenheit der idealistischen Phrase." (434). Im Vorlesungsbruchstück *Geschichte der deutschen Lyrik der neuesten Zeit* (1914) hebt Stadler die zentrale Bedeutung Nietzsches für die moderne Lyrik hervor. Die entscheidenden Impulse gehen von Nietzsches Konzeption des Lebens und seiner expressiven Sprache aus:

> Nietzsche hat zunächst sprachlich gewirkt. Die inspiratorische Gewalt des im Zarathustra geschaffenen lyrischen Prosastils […] alles das hat

im stärksten Maße auf die lyrische Sprache der nachfolgenden Zeit gewirkt. Der neue lyrische Stil ist nicht zu denken ohne diesen Einfluß [...] (453)

Voraussetzung der neuen Sprache ist die "Glorifizierung des Lebens" bei Nietzsche (456). Durch das "dionysische Weltgefühl" erlangt der "Begriff des Lebens" eine "nie geahnte Wichtigkeit" (455). Der Literarhistoriker Stadler beschreibt die dichterische Wirkung Nietzsches, wobei Richard Dehmel im Mittelpunkt der Ausführungen steht, aber auch Hinweise auf Hofmannsthal, George, Mombert und Borchardt gegeben werden. Stadler betont, daß diese Wirkung Nietzsches nicht auf seinen philosophischen Theorien, sondern auf seiner künstlerischen Kreativität beruhe: "Ideell hat Nietzsche auf die deutsche Dichtung weniger durch bestimmte Lehren gewirkt als durch das allgemeine seiner Lebens- und Kunstauffassung." (454). Stadler hat nicht nur den 'dionysischen', sondern auch den 'apollinischen' Nietzsche im Blickfeld. Im Aufsatz *Die neue französische Lyrik* (1912) schreibt er, daß Nietzsche an Wagner "Feuer und Helle des Südens", "Leichtigkeit, Klarheit, Präzision" vermißt habe (425; vgl. 6, 37 – WA). Die *Geburt der Tragödie* bringe mit dem "Urtrieb des dionysischen Menschen nach apollinischer Verklärung" "nur ein tiefstes Wesensmerkmal des deutschen Geistes" zum Ausdruck (425f.). Die Bemerkungen Stadlers zu Nietzsche drehen sich demnach in der Hauptsache um den Lebensbegriff, die Sprachkraft und die dichterische Wirkung sowie (ansatzweise) um die Zeitkritik Nietzsches.

Eng verknüpft mit dem 'Leben' und dem 'Aufbruch' ist die Utopie. Dies zeigt sich am eindrucksvollsten bei Ernst Bloch. Schon in seinem Aufsatz *Über das Problem Nietzsches* (1906) stellt Bloch fest:

Aber Nietzsche hat dem Begriff des Subjekts, der von den früheren Philosophen der Aufklärung mit steigernder Tiefe durchgearbeitet worden war, die stärkste qualitative, d.h. in die Tiefe führende Bestimmung gegeben. Der Inhalt des Subjektiven ist nach Nietzsche nicht nur das allgemein Menschliche, wie Kant lehrte, sondern das Leben selbst. Das Wort ist sehr vieldeutig. (569)

Im Aufsatz *Der Impuls Nietzsches* (1913) nimmt Bloch eine ambivalente Haltung zu Nietzsche ein. Einerseits übt er Kritik an "Nietzsches kahl heroischer Emportendenz, die es weder zur Gestalt noch zur Tiefe bringt" (106). Andererseits konstatiert er, allerdings mit kritischem Vorbehalt: "Das suchende Ich nun entzündete sich an einem Denken, das endlich wieder anglühte." (106). Er anerkennt Nietzsches "Kampf gegen den kalten, undionysischen, unmystischen Menschen", gegen eine Welt "ohne Subjekt und ohne Traum" und begrüßt Nietzsches "Essayraum der Hoffnung", "ein umwendendes Wollen, ein motorisches Denken des Neuen" (107). Es ist in der Tat häufig weniger der Inhalt als vielmehr die Mobilität des Nietzscheschen Denkens und Schaffens, die auf die ihm folgenden Generationen wirkt. Bezeichnend sind die Bemerkungen Blochs:

> So hat Nietzsche immer nur präludiert und als er zum Thema übergehen wollte, riß die Saite. [...] Es sind in seinen Büchern immer nur dämmernde Andeutungen zu finden. [...] Seine Größe liegt durchaus nicht in seinen Werken, sondern viel mehr in seinen Wünschen. Mit einem Wort: er ist kein Erfüller, sondern ein Prophet. (Über das Problem Nietzsches, 568)

Das utopische Potential, der Entwurf, der Prozeß ist letztlich wichtiger als der Inhalt, das Ziel, das Ergebnis. Dies ist auch für den Expressionismus symptomatisch, dessen Zentralmotiv, die Erneuerung des Menschen, nicht ein feststehender Inhalt, sondern eine das Schaffen mobilisierende regulative Idee ist. Nietzsches Denken ist geprägt von einer beträchtlichen utopischen Kraft. Da die Gegenwart ihm immer nur als Negativität, als ein zu Überwindendes erscheint und damit Vergangenheit und Zukunft seine eigentlichen Zeitdimensionen sind, findet die Utopie bei ihm einen kräftigen Nährboden, und zwar als regressive, rückwärtsgewandte Utopie oder als progressive, zukunftsgläubige Utopie. So betreibt er die Revitalisierung der Antike oder entwirft den zukünftigen Übermenschen. Daß es sich dabei nicht um statische, sondern um dynamische, nicht um finale, sondern um prozessuale, um inhaltlich nicht festlegbare, sondern um inhaltlich offene Utopien handelt, entspricht der Motorik des Nietzscheanischen Denkens. Blochs Utopie ist zwar konkreter, gesellschaftsbezogener, aber im Prinzip entspricht sie der motorischen Utopie Nietzsches. Die Anfangssätze von Blochs *Geist der Utopie* (1918) klingen wie eine (etwas kantige) Nietzsche-Reprise:

> Es ist genug. Nun haben wir zu beginnen. In unsere Hände ist das Leben gegeben. Für sich selber ist es längst schon leer geworden. Es taumelt sinnlos hin und her, aber wir stehen fest, und so wollen wir ihm seine Faust und seine Ziele werden. (9)

Der "utopische Überschuß in diesem unserem Dasein" (Geist der Utopie [1923], 247) ist auch das Agens Nietzsches, wie es auch der Schaffensphilosophie Nietzsches entspricht, wenn Bloch verkündet: "Ich selbst bin aber, um zu schaffen." (ebd., 210). Bloch ist freilich der Auffassung, Nietzsche habe, wie Bergson, den *"Geist"* verleugnet, und setzt dem dionysischen "Rauschzustand" die "mystisch reine Geistigkeit" entgegen (ebd., 258). "Nicht Dionysos also, sondern der Funke, das Denken der Seele, der Geist der Seele, der *erleuchtete* Seelengrund ist die höchste mystische Konkretion." (ebd., 259). Hinter dem dionysischen Leben entdeckt Bloch die religiöse Innerlichkeit, als das existentielle Selbst. Das in Nietzsches *Geburt der Tragödie* über dem "dionysischen Ozean" aufgehende "Lichtbild Apollons" hält er für fragwürdig und verabsolutiert das Dionysische, das er aber ins Existentiell-Religiöse umwendet: "die Urrealität des Dionysos, tiefer gesehen, des Christus" (Ausgabe von 1918, 177). Der "neue Mensch" (ebd., 230) erwächst aus einer "Ethik und Metaphysik der Innerlichkeit" (Ausgabe von 1923, 205). Was den "Künstler allein bewegt: Seele, Ausdruck und Inhalt" (Ausgabe von 1918, 177).

Später, in seinem Werk *Erbschaft dieser Zeit* (1935), im Textstück *Der Impuls Nietzsche*, äußert sich Bloch kritisch zum machtpolitischen Mißbrauch Nietzsches, deutet aber Nietzsches Grundtendenzen als utopischen Protest gegen die Entfremdung des Menschen. Der "Übermensch" sei zum "Unmenschen" geworden ("Nietzsche meinte es anders") (358). "Dionysos" ist der Protest des verdinglichten "Subjekts" gegen die Mechanismen der Zivilisation. Er ist das "Zeichen für abstrakt-phantastische Flucht in Anarchie". Er ist die "Gegenbewegung des 'Subjekts' gegen die Objektivität". Zwar "blühen" "in seinem Namen" "Sport, Tanz, Kriegsfurie, Jugendbünde, 'Urdämonen', Naturgefühle", aber er ist "nicht bloß der hemmungslose Reflex des Kapitals", "sondern er ist formale Ausschweifung in ein unbestimmtes Außersichsein, Außer-der-Zeit-Sein schlechthin" (359). Der wahre Dionysos ist nicht "blutbesudelt, kreißende Ananke und Mordnatur", sondern "Zeichen des Ungekommenen, Ungewordenen im Menschen". In Dionysos manifestiert sich das Prinzip "Hoffnung" (361). Wenn Bloch somit unterscheidet zwischen dem falschen und dem wahren Dionysos und Nietzsche damit exkulpiert, so übt er später dezidiert Kritik an Nietzsche. In der Schrift *Karl Marx und die Menschlichkeit* (1968) unterscheidet er zwischen "jener deutschen Heilslinie, die von Hegel zu Marx führt" und der "deutschen Unheilslinie", die "von Schopenhauer zu Nietzsche und den Folgen führt" (104). Im *Prinzip Hoffnung* (1938-1947) grenzt er den 'rationalen' Naturbegriff Rousseaus gegen den 'irrationalen' Naturbegriff Nietzsches ab

> Rousseaus "Naturmensch" war arkadisch und vernunftgemäß, Nietzsches "Naturmensch" dagegen war dionysisch und vernunftfremd; das heißt, der eine erfüllte die Wünsche der Aufklärung, der andere die Wünsche des Imperialismus (und zugleich der unter Bürgern schwelenden "antikapitalistischen Sehnsucht"). (75)

Nietzsche erscheint als Gegner der Aufklärung, der Vernunft und des Fortschritts und als Propagandist eines zur Barbarei führenden Irrationalismus. "Dionysos" freilich steht in der Doppelmöglichkeit von Barbarei und Erneuerung:

> Da ist der Dionysos, der nach unten hin zum Tanz der Mörder rief [...] Da ist der andere Dionysos, der den Tanz gegen den Geist der Schwere pries [...] Auch diese Art Flügelbrausen ließ teilweise [...] nicht zu fernen Meeren, sondern in den nahen Blutsee des Faschismus tragen [...] (462)

Es "steckt Mehrdeutigkeit im Dionysos" (462). Das Dionysische kann sowohl zur Erneuerung als auch zur Entstellung des Menschen führen. Es steht bei Bloch im Zwielicht von konkreter Utopie und potentieller Barbarei. Letztlich hält er an der Unterscheidung zwischen Nietzsche selbst und dem mißbrauchten Nietzsche fest. Er identifiziert Nietzsche nicht mit dem Faschismus, sondern registriert die Möglichkeit seiner ideologischen Instrumentalisierung:

> Allerdings haben Sorel wie Nietzsche nicht bewußt für faschistischen Gebrauch gearbeitet; insofern sind ihre Macht-Wunschbilder noch ante rem. [...] Nietzsches Wille zur Macht hatte sich bereits vom Bismarck-Reich abgewendet, und der Faschismus wäre ihm vielleicht Gelächter gewesen und schmerzliche Scham. Trotzdem waren beider Lehren faschistisch brauchbar [...] (1108)

Im Unterschied zur dogmatischen Aburteilung Nietzsches durch Georg Lukács, den Kirchenvater der marxistischen Literaturkritik, wird Bloch der Komplexität des Problems weitgehend gerecht. Während Lukács dekretiert, Nietzsche sei "kein Philosoph", produziere "hohle Konstruktionen wie die Wiederkehr des Gleichen" und leugne "reaktionär" die "bewegenden Kräfte der Menschheitsentwicklung" (Vorwort zu 'Von Nietzsche zu Hitler' [1966], 9), behält Bloch den Unterschied zwischen Absicht und Wirkung Nietzsches im Blickfeld.

Der expressionistische Nietzsche ist der Nietzsche des *Lebens*, des *Willens*, der *Erneuerung*. Man feiert in Nietzsche den Philosophen, der die Zweiweltentheorie zugunsten der Immanenz des Lebens aufgehoben und die religiösen, transzendenten Werte in das Leben selbst projiziert habe. Nicht Nietzsches Gott-ist-tot-Philosophie, sondern seine Verherrlichung des "Lebens" wird zur Zeit des Expressionismus positiv aufgenommen, und zwar in der Weise, daß nun das "Leben" selbst religiöse Dignität erhält. So schreibt Salomo Friedlaender in seinem Buch *Friedrich Nietzsche. Eine intellektuale Biographie* (1911):

> Der Wert aller Werte, die Idee aller Ideen, Gott, wenn man will, ist von Nietzsche nicht entwertet, entgottet, desidealisiert; sondern verweltlicht worden – es ist das Gegenstück zum Pantheismus. Ja, diese Idee dringt nun endlich – als *amor* nicht mehr *dei*, sondern *fati* – in das Leben, in die Physis ein, und nun kommt hierdurch erst unsere Natur zum echten Vorschein [...] (9)

Nietzsche hat es unternommen, "alle *Werte* des Lebens in Fluß zu bringen" (47). Im Mittelpunkt der die einzelnen Werke Nietzsches deutenden und ständig historische Vergleiche anführenden Erörterungen stehen das schöpferische Subjekt und das unendliche Leben. Das "echt autokratische Individuum" (110), die "Herrschaft und Herrlichkeit" des "Menschen", seine "Autokratie und Individualität" (111) sind gefordert. Der neue Freiraum des Subjekts ist das Leben selbst:

> Man imaginiere die eigene Göttlichkeit! Man verwandle sich in die Unendlichkeit, in die Unerschöpflichkeit selber, erlebe das Leben über alle Grenzen hinaus [...] (11)

Die Freisetzung des Lebens macht die historische Bedeutung Nietzsches aus:

> In der Geschichte der Philosophie ist deswegen der Fall Nietzsche so epochal, weil hier, durch die Hahnenschreie, Feuerbach und Stirner angekündigt die goldene Sonne des mächtigen Lebens herrlich und heilig wieder aufgeht! (129)

In seinem philosophischen Hauptwerk, *Schöpferische Indifferenz* (1918), sieht Friedlaender im "Dionysismus" den Ausdruck des neuen Welterlebens (151-161), hebt den "Dionysier Nietzsche" hervor (151) und spricht von der im "Christentum selber" angelegten "dionysischen Initiative" (155). Im Aufsatz *Der Antichrist* (1921) nennt er Nietzsche den "weltlichen Heiland" (370). Das "sogenannte Übermenschentum

Nietzsches" sei keine Hybris, sondern "bescheidner als jede kleine Menschheit, die sich zu Gott aufrecken möchte" (373). Hier, bei Friedlaender, wird die Idee des 'Übermenschen' gerechtfertigt, im Unterschied zu den messianischen Expressionisten, deren 'neuer Mensch' eher urchristliche Züge zeigt.

Nietzsche ist in expressionistischer Zeit aber auch der Philosoph der Tat, der aktiven Umgestaltung der Welt. Es ist nicht verwunderlich, daß Kurt Hiller, der Begründer des 'Aktivismus', der Ideologe der 'Logokratie', sich auf Nietzsche beruft. Hiller, der vor dem zeitgenössischen Irrationalismus warnt – "Neuerdings wird mit 'Intuition' wieder Unfug getrieben" (*Hiller*, Zur Auswahl, 551) –, interessiert Nietzsche in erster Linie als der kritisch-skeptische Aphoristiker. In seiner Streitschrift *Die Weisheit der Langenweile* (1913) führt er Nietzsche häufig an. Er spricht von den "Verkündigungen des Großkaisers der letzten Menschen, welcher Nietzsche hieß", und fährt fort: "*Sinnlich und skeptisch: das ist – die Kunst.*" (Weisheit, I, 246). Hillers Interesse gilt nicht dem Pathos, sondern dem Witz Nietzsches. Er ordnet Nietzsche in die Reihe großer Kritiker ein, die "Witz als Kunstgriff" zur "Erkenntnis" nutzten: "der Witz Voltaire's und Lichtenberg's, der Witz Nietzsche's, der Witz Kerr's […] der Witz des großen Karl Kraus" (I, 94). Hier ist Nietzsche nicht der Vorläufer einer pathetischen Kunst, einer Kunst der Verherrlichung des dionysischen Lebens, sondern einer witzigen Kunst, einer Kunst der kritischen Aufklärung. Hiller verweist auf Nietzsches Kritik am "System"-Denken (I, 14), auf den "Mut zur Macht", den Nietzsche "'aktiven Nihilismus' genannt hat" (I, 20), auf Nietzsches Bildungskritik (vgl. I, 57ff.), auf die "Tat", das von Nietzsche bewirkte "Verändernde" (I, 74), auf den "Verfasser des 'Willens zur Macht'" (I, 180). Er zieht den (generellen) Schluß: "So ist Kunst schaffen Wille zur Macht" (I, 241). Nietzsche ist für Hiller der Philosoph der Tat, der kritische Aufklärer, der witzige Kulturkritiker. Der Philosoph des Willens findet bei dem Programmatiker des Aktivismus ein positives Echo. Hiller hat Nietzsche außerordentlich hoch eingeschätzt. Noch in seiner Autobiographie *Leben gegen die Zeit* [*Logos*] (1969) bezeichnet er Nietzsche als eine der größten Potenzen der Menschheitsgeschichte:

> Friedrich Nietzsche ist schon allein deshalb einer der paar ganz überragenden Denker seit Echnaton, weil im Mittelpunkt seiner Lehre das unübertreffbar leidenschaftliche Ja zum Leben steht. […] Nietzsche ist für mich (seit mehr als sechzig Jahren, ohne Schwanken je) kraft seines

geschriebenen Werks der größte Mensch aus den beiden letzten Jahr-tausenden. (8f.).

Es sind im wesentlichen drei Hauptaspekte, die noch den späten Hiller an Nietzsche fesseln: das Leben, der Geist, das Ethos. Nietzsches Lebens-, Willens- und Tatbejahung entspricht der Grundhaltung Hillers, denn es "wird ein mit beethovenal-nietzscheischer Leidenschaft das Leben bejahender, ja bejubelnder Mensch den Pessimismus nicht mitmachen" (*Hiller*, Leben gegen die Zeit [Eros] [1973], 8f.). Hiller rechtfertigt auch das Prinzip der "'Rangordnung' – ein Begriff, den Nietzsche mit Recht in die Philosophie gerettet hat […] Ich, ich finde 'Rangordnung' lobenswert." (Logos, 25). Nietzsche ist aber auch der große Meister des klaren Stils, der romanischen *clarté*, dem Hiller seine "Latinitas", den "Hang zu sprachlicher Logik, Tektonik und Luzidität" mitverdankt (Logos, 37). Zuletzt ist Nietzsche für Hiller ein Baustein in der universellen Synthese aus Platonismus, Sozialismus und Christen-tum, wobei er die Versöhnung von Dionysos und Christus, d.h. von Lebensbejahung und Leidensfähigkeit, von dionysischem Aufschwung und mitmenschlicher Solidarität, fordert:

> Es ist der Auftrag an das Jahrhundert, die Geistlinie, die von der Berg-predigt zum Kommunistischen Manifest führt, konvergieren zu lassen mit jener andern gewaltigen Linie: Platon-Nietzsche. Das Christentum muß hell, heidnisch, hellenisch werden – Dionysos den Gekreuzigten in seine Seele nehmen. Daran arbeiten wir alle, ob wir wollen, ob nicht. (Logos, 141)

Der für Hiller so wichtige Vitalismus und Voluntarismus Nietzsches hat auch Otto Flake geprägt. Der Expressionismus-Kritiker Flake fordert, daß nicht nur die "Idee", sondern auch die "Vitalität", die zur "Tat" führende "Energie", die kreative Maxime sein müsse (*Flake*, Die fünf Hefte [1920], 10). Es ist eine geistige "Vitalität". Flake ist mehr Expres-sionist, als er wahrhaben möchte. Ganz aus expressionistischem Geist erwächst die Vorstellung, daß die "souveräne Geistigkeit" die "natürli-chen Gesetze" außer Kraft setzen könne (ebd., 21f.). Es ist nur konse-quent, daß Flake Nietzsche ins Feld führt. Er verweist auf den "Versuch des von Gott nicht mehr redenden Nietzsche, das Leben als eine durch souveräne Disziplin ermöglichte Steigerung von Dynamik zu predigen", und er wendet sich gegen das religiöse Pathos Paul Claudels: "Ist es nicht Nietzsche, ist es nicht Hillers Aktivismus, Döblins Polemik dage-gen?" (20). Nietzsches Entdeckung des "Dionysos und Apollo im Hellenischen" ist eine "Anweisung zur Steigrung von Vitalität" (17). Es geht dabei nicht um den bloßen Bios, sondern um eine vitale Geistigkeit, um die Freisetzung der "geistigen Energie in uns" (20). Auch Flake verteidigt, wie Friedlaender und mit Bezug auf Rudolf Pannwitz, den Begriff des "Übermenschen". Der "Übermensch" ist die Aufkündigung des "Gehorsams gegen absolutistische Gebote" (204). Was Flakes Verhältnis zu Nietzsche betrifft, so gelangt er später, nach der Erfahrung von NS-Diktatur und Zweitem Weltkrieg, zu einer kritischeren Sicht. Im Vortrag *Nietzsche* (1945), in dem er Nietzsche weiterhin respektiert, als "einen der glühenden Geister" und "einen Meister unserer Sprache", betont er im Hinblick auf den NS-Terror die "Paradoxie" der moralischen Integrität des Menschen und der geistigen Mitverantwortlichkeit des Philosophen Nietzsche:

> Es kann nicht der geringste Zweifel bestehen, daß er nie, aber auch nie die Abscheulichkeiten, die in den Lagern begangen wurden, gebilligt hätte. […] Der Geist des Dritten Reiches war nicht sein Geist – und doch, es war seine Philosophie, die der bösartigsten, erbarmungslosesten Lehre der Menschenbehandlung den gedanklichen Unterbau stellte. (300f.)

In seinem Buch *Nietzsche. Rückblick auf eine Philosophie* (1946/47) hebt Flake die Diskrepanz zwischen Entwurf und Wirklichkeit, Absicht und Wirkung, Vernunft und Irrationalität hervor, unter kritischer Beleuchtung der Schwächen Nietzsches. Nietzsche habe den "Vernunftwert" an den "Rauschwert" preisgegeben (185). Er sei eine "tragische Erscheinung", da er "nicht gestalten kann, was er anstrebt" (65). Es besteht eine Verantwortlichkeit für die Wirkung der Idee in der Wirklichkeit: "Die verwirklichte Idee hat ein anderes Gesicht als die gedachte: in der Praxis wird Dionysos Ares sein." (186). Der "Übermensch" ist ein romantisches Literaturprodukt. "Wird es konkret gemacht, in Tat umgesetzt, so kommt unter der Maske des Übermenschen das Gesicht des Untermenschen, die Fratze des Chaos hervor." (195).

Was den Vitalismus Nietzsches betrifft, so spielt er auch bei Carl Sternheim eine wichtige Rolle, wenngleich bei Sternheim Nietzsche bzw. der Nietzscheanismus auch kritisch beleuchtet wird. Sternheim rezipiert Nietzsche vor allem im Kontext seiner Gesellschaftskritik. Dabei zeigt sich eine eigentümliche Ambivalenz von Nietzsche-Affirmation und Nietzsche-Kritik. In Sternheims satirischem Lustspiel *Die Hose* (1911) beruft sich der Pseudo-Dichter Scarron mit rhetorischem Pathos auf Nietzsche:

Er lehrt das Evangelium der Zeit. Durch das mit Energien begnadete Individuum kommt Ziel in die unübersehbare Masse der Menschen. Kraft ist höchstes Glück. (III, 1)

Scarron frönt dem "Gedanken: das Schwache, Lebensunfähige, muß dem Starken, Gesunden weichen." (III, 1). Aber gerade in puncto Vitalität ist Scarron ein Versager, so daß er zur Karikatur des Nietzscheaners wird. In ähnlicher Weise ist der neurasthenische Mandelstam eine Karikatur des zeitgenössischen Wagnerianers. Möglicherweise will Sternheim in der Gestalt des Scarron auch an Nietzsche selbst Kritik üben (so *Reichert*, Nietzsche u. Sternheim, 25). Andererseits stellt schon Franz Blei fest, daß Sternheims Kritik des Bürgertums dem "kritischen Denken" Nietzsches entspricht (*Blei*, Das Zaubertheater, 793). Und Sternheim hat Jahre zuvor Nietzsche die zeitgenössische Verehrung gezollt. Im November 1906 stimmt er enthusiastisch dem Amoralismus Nietzsches zu: "Etwa mit Nietzsche zu sagen: Es wäre entsetzlich, wenn wir noch an die Sünde glaubten: sondern, was wir auch thun werden – es ist unschuldig." Er begrüßt es, daß Nietzsche die "Ethik" zugunsten der "Aesthetik" verwerfe und daß "das *Starke* für ihn das *Schönste* ist". Die Devise lautet: "Für die Menschheit Nietzsche/ Für den Menschen Goethe." (Briefe I, 845, 848f. – 25.11.1906). Später nimmt Sternheim Nietzsche gegenüber eine eher ambivalente Haltung ein. Einerseits scheint er ironischen Abstand zu Nietzsche (und dem zeitgenössischen Nietzscheanismus) zu halten; andererseits scheint er Nietzsches Vitalismus und Kulturkritik zu goutieren. In *Berlin oder Juste milieu* (1920) bedauert er, daß die "verhätschelte Rasse der Berliner" nicht der Lehre des "einzigen freien Deutschen, Nietzsche," in "jauchzender Lebenslust" gefolgt sei, daß sie nicht "jenseits von Gut und Böse auf Grund großer Bankguthaben dionysische Laune" ausgelebt habe (125). Ist dies noch von ironischer Doppeldeutigkeit, so macht er sich zum eindeutigen Sprecher Nietzsches, wenn er programmatisch erklärt, "nicht Ironie und Satire" sei die Absicht seiner Komödien, sondern die Darstellung der "Kraft": "Einmaliger, unvergleichlicher Natur riet ich jedem Lebendigen zu leben" (139) – eine freilich etwas einseitige Selbstdeutung, denn der satirische, parodistische Charakter des *Bürgerlichen Heldenlebens* dürfte außer Frage stehen. In *Tasso oder Kunst des Juste milieu* (1921) bezieht sich Sternheim erneut auf Nietzsches Vitalismus, wenn er erklärt, der "Deutsche" habe versäumt, sich an dem "rauheren Zarathustra" zu orientieren und "einen brutalen Egoismus in vernünftiger Schöpfung zu entdecken" (199). Auch in den dreißiger Jahren kann Sternheim noch für Nietzsche votieren. In Aufzeichnungen von 1937 verweist er auf sein Wunschbild: "Nietzsche zeigt die Möglichkeit einer Religion, ohne Kultur, Kirche, ohne Christentum und Gott durch die Vereinigung der vollen Vernunft und der vollen Gefühlsexpansion." (Tagebuchblätter, 1). Nietzsche ist der Mensch der Grenzsituationen: "Nietzsche der ecce homo, ein Menschheitsvertreter, an dem das Leben das Exempel all seiner Gefahr, aber auch all seiner Kräfte bewiesen hat." (ebd., 2). Den Heroenkult Nietzsches teilt Sternheim allerdings nicht. Im Unterschied zum Napoleon-Kult Nietzsches nennt er Napoleon das "grösste menschliche Scheusal nach Nero" (Briefe II, 399 – 28.12.1932 [Vorwort des 'Kleinen Katechismus']). Den modischen Nietzscheanismus der absoluten Freiheit des Individuums lehnt er ab. André Gides immoralistische Autobiographie *Si le grain ne meurt* (*Stirb und werde*) (1920/1925) nennt er "unverantwortlich". Dieses "Monstrum" "in seiner schülerhaften Abhängigkeit von dem Paralytiker Nietzsche ist Gift in den Händen Heranwachsender!" (Briefe II, 435 – 28.7.1936). Gide erscheint als nietzscheanischer Jugendverführer. Thomas Mann hat das übrigens anders gesehen. In der Kritik *'Si le grain ne meurt ...'* (1929) verteidigt er die "Bekenntnisse des anstößigen Schriftstellers" (400) als Ausdruck eines "Moral-Individualismus" (402), würdigt ihre literarische Qualität und fragt nach dem Einfluß Nietzsches: "Hatte Gide Nietzsche schon gelesen, als er die Gefährlichkeit der christlichen Moral für das Leben, die 'kräftigsten Instinkte' entdeckte [...]?" (403).

Zur Zeit des Expressionismus beruft man sich immer wieder auf Nietzsche. Im Zeichen Nietzsches gewinnen Leben, Schaffen und Kunst neue Bedeutung. Er ist der *spiritus rector* einer neuen schöpferischen Freiheit, eines realitätstranszendierenden Pathos, einer revolutionären Weltumgestaltung. Man führt ihn gegen den Ästhetizismus der Jahrhundertwende und gegen den Naturalismus ins Feld. Nietzsche ist der Denker, der die Wirklichkeit erträgt und sie zugleich überwindet. Er ist der Mann der Tat. Dies rechtfertigt sein Pathos. So schreibt Erich Unger 1910/11 im *Sturm*, der *Zarathustra* sei ein "Machtausbruch des Geistes ohne Gleichen" (*Unger*, Nietzsche, 381); Nietzsches "Gelächter", "ein Zeichen der Macht, die Wirklichkeit zu ertragen, wie sie ist", überwinde die sterile "'Würde'" des George-Kreises und überbrücke die bisher zwischen "Alltag" und "Pathos" bestehende Kluft (*Unger*, Vom Pathos, 316). In seinem Aufsatz *Das neue Pathos* (1909) rechtfertigt Stefan Zweig das Pathos als rhetorischen Ausdruck des aktiven Willens zur Wirkung:

> Und dieses neue Pathos, das "ja sagende Pathos *par excellence*" im Sinne Nietzsches, ist vor allem Lust, Kraft und Wille, Ekstase zu erzeugen. […] *Das neue Pathos muß den Willen nicht zu einer seelischen Vibration, zu einem feinen ästhetischen Wohlgefühl enthalten, sondern zu einer Tat.* (1703f.)

Das neue Pathos soll sowohl die Wesenserfassung als auch die kosmische Entgrenzung der Dinge bewirken. Nicht nur die naturalistische Nachahmung der äußeren Dingwelt, sondern auch die symbolistische Wiedergabe der seelischen Stimmungen soll im pathetischen Entwurf des universellen Lebens überwunden werden. Und hier ist Nietzsche einer der großen geistigen Gewährsmänner. In seinem Aufsatz *Die Dichtung der neuen Generation* (1918) schreibt Frantz Clement:

> Der Realismus war seinerseits das pathosfeindliche Prinzip par excellence. Der erste Pathetiker der Moderne, ihr größter und bezauberndster ist Friedrich Nietzsche; er ist für die Jugend der Helfer zur neuen Hymnik, zur Überwindung der seelischen Kleingewerbekunst. Und wie sie von ihm zur kosmischen Dichtung, zum Jasagergestus getrieben wurde, so hetzte er sie auch in eine Pathetik hinein, die sich allmählich als wirkliche Verzückung über die Schauspiele der Welt und die sie bewegenden Kräfte äußerte. (5)

Das hymnische Pathos Nietzsches bietet den Dichtern und Literaten von der Jahrhundertwende bis in den Expressionismus die Möglichkeit zur kosmischen Entgrenzung der empirischen Realität und damit zur Erfassung der Totalität des Lebens.

Mit Nietzsche, der sich als "Dynamit" empfand (6, 365 – EH), will man alle Erstarrungen aufbrechen. Emphatisch verkündet Rudolf Kurtz in seinem Manifest *Der junge Dichter* (1913): "Ein dämonisch Getriebener, der erstarrte Formen mit Dynamit sprengt […]" (1). Eduard Korrodi mahnt in seinem Aufsatz *Die Jüngsten der deutschen Literatur* (1914) den "neuen Dichter", sich an Nietzsches Begriff der "Inspiration" (vgl. 6, 339 – EH) zu orientieren (39). Wilhelm Herzog schreibt über Nietzsche: "Kein Sozialist, aber dennoch einer der kühnsten Weltrevolutionäre" (*Rubiner* [Hg.], Die Gemeinschaft [1919] 64). Im Zeichen einer neuen religiösen Innerlichkeit und mitmenschlichen Solidarität kann Nietzsche aber auch zurückgedrängt werden. H.E. Jacob gibt dem "Kometen" Dostojewski den Vorrang vor Nietzsche:

Nietzsche schmilzt vor ihm. Nicht mehr die Achse Stark-oder-Schwach, sondern die Achse Gut-oder-Böse [...] läuft durch die menschlichen Ordnungen. Man ist wieder *diesseits* von Gut und Böse. (Verse der Lebenden [1924], 23)

Der religiöse, von Mitleidsethos getragene Expressionismus distanziert sich von Nietzsches Immoralismus. Häufig zeigt sich hinsichtlich der neuen Religiosität eine gewisse Ambivalenz gegenüber Nietzsche. Eckart von Sydow meint im Essay *Das religiöse Bewußtsein des Expressionismus* (1919), in dem er auf die Revitalisierung der "religiösen Tendenzen" durch den "Expressionismus" verweist (193):

> Die heutige Religiosität der Expressionisten ist eben nicht eindeutig christlich, noch weniger freilich nietzscheanisch. Es kreuzen sich vielmehr in ihr beide Arten des religiösen Welterlebnisses. (194)

Man erstrebt die Synthese aus Nietzscheanismus und Christentum, aus nietzschescher Lebensdynamik und christlicher Verinnerlichung. Im Zeichen des neuen Gemeinschaftsethos wird Nietzsches Höhenmenschentum problematisch. Im Aufsatz *Der doppelte Ursprung des deutschen Expressionismus* (1919) konstatiert von Sydow:

> Die Lehre Nietzsches war letzten Endes doch abstrakt geblieben, rein auf das innerliche Selbst-Gefühl in ihrer Wirkung beschränkt deshalb [...] Und dann blieb die Lehre vom Übermenschen wirkungslos aus einem viel wesentlicheren Grunde: sie war zu individualistisch eingestellt [...] (228)

Der "Wille zum reinen Individualismus" zerstört die "Brücke zwischen ihm und der Umwelt" (229). Die engagierten Expressionisten setzen der extremen Ichbezogenheit Nietzschescher Observanz das Ethos der mitmenschlichen Kommunikation entgegen. Nicht der 'Übermensch', sondern der 'Mensch' war ihr Anliegen.

Seine antinaturalistische Kunstauffassung und mythopoietische Kreativität werden als Erneuerungssignale aufgefaßt. In der Schrift *Europas neue Kunst* (1920) verweist F.M. Huebner auf die "Nivellierung des Menschen, die Friedrich Nietzsche als den Schrecken der Schrecken empfand" und die gerade zur Zeit des *Zarathustra* das Leben gelähmt habe, da die Künstler aufhörten, "als Schöpfer von Mythologien und lebensbestärkenden Illusionen zu wirken" und sich "vollkommen in den Dienst der haargenauen Beobachtung und der getreuen Nachahmung der Natur" stellten (82). In seiner Besprechung von Ludwig Rubiners Schrift *Der Mensch in der Mitte* (1917) (Rez. 1918) zählt Rudolf Kayser Nietzsche zu den großen Weltverändern: "Die Jung-Hegelianer; die großen Sozialisten; Wienbarg und Nietzsche: sie alle zielen auf Änderung des Weltzustandes, auf ein neues gesellschaftliches Dasein" (989). Es entspricht den Ideen Nietzsches, wenn Kayser im Aufsatz *Das Ende des Expressionismus* (1920) den "Personalismus" fordert, die "Steigerung des Ichs zum Selbst, des Seins zum Werden, der Existenz zur Lebendigkeit" (256f.). Im Aufsatz *Der Weg der neuen Dichtung* (1919) sieht Kayser in Nietzsches Philosophie "Plan und Vorläufer des nach-nihilistischen Menschen", und er sieht es als "unsere Aufgabe" an, "seine Konsequenzen zu ziehen, die neuen Werte zu setzen, den neuen Geistestypus zu beginnen" (112). In der kulturkritischen Schrift *Die Zeit ohne Mythos* (1923), in der er angesichts des modernen Nihilismus eine Erneuerung des Mythos fordert, verweist Kayser auf Nietzsches "heiligen Kampf" "gegen den entmythisierten [...] Mythos des Nach-Renaissance-Europa" (94). In seinem Porträt *Friedrich Nietzsche* (1930) zieht er das Fazit, daß Nietzsche einerseits im Abklingen und doch weiterhin ein Energiespender sei:

> Wir sind deshalb in der guten Lage, von keinem Schlagwort der Nietzsche-Mode der achtziger und neunziger Jahre je bezaubert gewesen zu sein. Die Probleme dieser unserer Väterzeit sind uns fremd. Wir begreifen heute nicht mehr die Parteikämpfe pro und contra Nietzsche [...] (39)

Wenngleich damit die "Nietzsche-Legende selbst" zu Ende und der "Nachmittag Nietzsches" gekommen sei, so müsse doch zugleich ein "Morgen" mit "großen Perspektiven" folgen (40). Nietzsche ist weiterhin das kreative Agens der Epoche: "Nietzsche ist die große, schöpferische Unruhe, die auch unser Zeichen noch ist." (41). Und des weiteren ist die Rede von der "Nietzsche-Mission in unserer Zeit" (42). Nietzsche ist nicht "nur tragischer Ausgang, ein Jahrhundertende", sondern er ist von eminenter Aktualität: "Dieser geistige Heroismus und diese Skepsis: sie sind auch die Kräfte-Ströme, die die kritische Situation der europäischen Gegenwart durchdringen." (43).

Bei allem existentiellem Erneuerungspathos – es fehlt im Expressionismus auch nicht an dekorativen Lyrismen. In den aphoristischen Skizzen *Salto mortale* (1913) von Paul Hatvani wird Nietzsche in Bildern des ornamentalen Jugendstils vergegenwärtigt:

> Da lieg ich, und ein Wort blickt auf. Ein Name: Nietzsche. / Einzeln fließen die Buchstaben durch mein Gehirn. Ich buchstabiere: Nie-tz-sche. [...] Nie-tz-sche: eine Fahne flattert im Wind. In drei großen Falten flattert sie. Drei Mädchen tanzen ein Lied. (70)

Man setzt sich mit Nietzsche aber auch im saloppen Parlandostil auseinander. So heißt es in Emil Szittyas *Kuriositäten-Kabinett* (1923), Nietzsche sei ein "komischer Philosoph", aber seine "Worte" könnten das "Tun" aktivieren und den "Landstreicher" zum "einzigen freien Menschen" machen (25). Nietzsche taucht auch in Franz Bleis *Großem Bestiarium der modernen Literatur* (1922) auf. "Er ist vielleicht der bedeutendste Zoologe des Naturparkes." (51). Er ist "der Antichrist als Provokation des Christos", der "bisher kühnste Protestant", der "für die höchste Not des Glaubens" die "verzweifeltsten Aphrodisiaca zum amor dei" "entdeckt" (53). So ist Nietzsche Sujet nicht nur der pathetischen Erhebung, sondern auch des ornamentalen Stimmungslyrismus, des witzigen Parlando und der halb ernsten, halb ironischen Charakterisierung. Er ist nicht nur eine Identifikationsfigur, sondern man geht auch auf Abstand zu ihm, ironisch, parodistisch – ohne sich freilich seiner Faszination völlig entziehen zu können. Es kommt auch zu produktiven Mißverständnissen. Im Bestreben, die Originalität des expressionistischen Lebensentwurfs herauszustellen, kann man den Lebensbegriff Nietzsches verengen. Hermann Bahr, der schon in seinen *Studien zur Kritik der Moderne* (1894) Nietzsche wiederholt für die Literaten des *fin-de-siècle* in Anspruch nimmt, erklärt in *Expressionismus* (1916):

> [...] der Expressionist [...] will den Menschen wieder zurechtstellen, nur sind wir jetzt weiter als Nietzsche [...] uns soll die Kunst nicht bloß das Leben "verschönern" [...] sondern Kunst muß selber Leben bringen, Leben schaffen aus sich selbst, Leben als des Menschen ureigenste Tat tun. (83)

Bahr, der Nietzsches Textstück *Gegen die Kunst der Kunstwerke* (2, 453f. – VM) zitiert, mißversteht hier allerdings Nietzsche, insofern er ihm Ästhetizismus unterstellt. Tatsächlich geht es Nietzsche aber um die Selbstentladung des Lebens in der Kunst. Später notiert er: "Was liegt an all unsrer Kunst der Kunstwerke, wenn jene höhere Kunst, die Kunst der Feste, uns abhanden kommt!" (3, 446 – FW). Der wahre Künstler produziert kein bloßes Artefakt, sondern verwandelt das Leben selbst in ein Kunstwerk, in ein Fest. Es ist ja gerade Nietzsche, der immer wieder fordert, daß die Kunst Leben schaffen soll.

Nicht nur Enthusiasmus, sondern auch Kritik prägt die Nietzsche-Rezeption. Häufig kommt es zu Nietzsche-Kontroversen. Ein Beispiel: In der Schrift *Nietzsche der falsche Prophet* (1914) von Otto Ernst wird Nietzsche in Grund und Boden verdammt. Nietzsche, der "Philosoph des extremen Individualismus und der Ichvergöttlichung" (4), der "klassische Philosoph der Profitanarchisten" (42), ein Philosoph, dessen Gottesleugnung und Amoralismus dem "Wahnsinn", dem *"Größenwahnsinn des Individuums"* entspringen (50), ist eine Kulturgefahr. Vom "Nietzscheanismus" ist "eine unheimlich fortschreitende Vergiftung unserer Volksseele" zu befürchten (133). "Der Bildungsphilister von heute ist 'unentwegter' Nietzscheaner" (125). In seiner Gegenkritik *Der Bildungsphilister als Geistesrichter* (1914) nennt Carl Dallago Ernsts Schrift das "ergötzliche Schauspiel" eines "Bildungsphilisters auf Plattfüßen" (723), der keine Ahnung vom "Schaffen eines Geistesmenschen" habe (724). Eine solche Kontroverse um Nietzsche hat zeittypischen Charakter. Immer wieder treten Kritiker auf den Plan, die Nietzsche als Modephilosophen, Kultursaboteur und Gesellschaftsfeind attackieren. Vielfach unterscheidet man allerdings auch zwischen Nietzsche und einem modischen Nietzscheanismus oder Nietzsche-Epigonentum. Zudem gibt es Versuche, Verfälschungen Nietzsches, insbesondere den politischen Mißbrauch Nietzsches, abzuwehren. Schon 1911 heißt es in der *Aktion*, Nietzsche sei "zur Lärmtrommel geworden und zum Mißbrauch des Jahrhunderts" (*Ilgenstein*, Nietzsche, 1263). Aber auch Nietzsche selbst wird angegriffen. Die "Idee vom *Übermenschen*" gehört zu den "bedrohlichsten Versuchungen" und hat keinen Halt in der "Wirklichkeit". "Nietzsche selbst hielt sich für den tatsächlichen Übermenschen, aber er war nur ein Überphilologe." (*Solowjew*, Übermensch [1897], 549f.). Nietzsches "'Umwertungsversuch' hat sich längst als Wertlosigkeit gewertet", denn eine "wahre Umwertung" hätte für die "in der öffentlichen Meinung Europas jahrhundertelang" Unterdrückten erfolgen sollen (*Schaefer*, Umwertung [1917], 238). Die in der progressiven *Aktion* erfolgende Nietzsche-Kritik schließt allerdings apologetische Stellungnahmen nicht aus. So wird Nietzsche gegen seine epigonalen Kritiker in Schutz genommen, mit der Begründung, "daß noch der Paralytiker Nietzsche ein exakterer Denker war" als seine "Nachfolger" (*G. Fuchs*, Nachfolger [1913], 763). Der wichtigste Beitrag der *Aktion* zu Nietzsche ist Franz Pfemferts Aufsatz *Die Deutschsprechung Friedrich Nietzsches* (1915). Pfemfert übt scharfe Kritik am chauvinistischen Mißbrauch Nietzsches.

Mit Bezug auf im "Berliner Tageblatt" veröffentlichte patriotische Äußerungen zu Nietzsche von Werner Sombart (BT v. 6.9.1914), von der Schwester (BT v. 16.9.1914) und von Fritz Mauthner (BT v. 11.10. 1914) protestiert Pfemfert gegen die nationalistische Instrumentalisierung Nietzsches im Kriege:

> Wie konnte Solches ungehindert geschehen? Hat denn kein Deutscher diesen Nietzsche gelesen? [...] Nietzsche, dessen Preußen- und Deutschenhaß heute kein Ausländer übertreffen kann? [...] Die Deutschsprechung Nietzsches ist ein ungeheuerlicher Vorgang! (321f.)

Pfemferts Protest gegen die nationalistische Verfälschung Nietzsches, den er mit deutschfeindlichen Äußerungen Nietzsches aus *Ecce homo* untermauert, wirft ein erhellendes Licht auf die im Kriege um sich greifende Militarisierung Nietzsches. Seine Apologeten nehmen Nietzsche gegen diese Tendenz in Schutz. So wendet sich auch Wilhelm Herzog in seinem Aufsatz *Friedrich Nietzsche und die Deutschen* (1919) vehement gegen die Inanspruchnahme Nietzsche für Nationalismus, Militarismus und Herrenmenschentum:

> Führer der herrschenden Klassen, die Menschenverachtung, Krieg und Mord als etwas Notwendiges, als etwas Heroisches bejubelten, – fühlten sich als Herrenmenschen von Europa. Man wollte Übermensch sein, bevor man Mensch war. (4)

Ungeachtet mancher kritischer Vorbehalte wird Nietzsche von der Jahrhundertwende bis in die dreißiger Jahre von den kunst- und kulturorientierten Autoren meistens als Symbol, Seismograph und Leitfigur der Epoche empfunden. Ein Beispiel ist Hermann Hesse. In dem vor dem Deutschen-Monisten-Bund gehaltenen Vortrag *Faust und Zarathustra* (1909) wird Nietzsches Lehre für den Monismus in Anspruch genommen:

> Hier aber schaust du den neuen Tempel: Zarathustra. [...] Einheit des Seins – Monismus – und Entwicklung, das sind die mächtigen Säulen, die das Gewölbe dieses Tempels tragen. Edeltum und Überwindung des Niederen zum Höheren, des Menschen zum Übermenschen ist das Gesetz, das er dir auferlegt. (30f.).

In Hermann Hesses 1919 anonym erschienener Bekenntnisschrift *Zarathustras Wiederkehr. Ein Wort an die deutsche Jugend. Von einem Deutschen*, einem den Zarathustra-Stil kopierenden Manifest, wird Zarathustras Hinwendung zum eigenen Selbstsein zur generellen Forderung erhoben, da dies für die desillusionierte Jugend die einzige Erneuerungsmöglichkeit sei:

> Zarathustra ist kein Lehrer [...] Zarathustra ist *der Mensch*, er ist Ich
> und Du. Zarathustra ist der Mensch, nach dem ihr in euch selber auf der
> Suche seid [...] Er hat gelernt, Zarathustra zu sein. Das ist es, was auch
> ihr von ihm lernen wollet [...] (10) Die Welt ist nicht da, um verbessert
> zu werden. [...] Ihr seid aber da, um ihr selbst zu sein. (29).

Damit wehrt Hesse, auch noch nach dem Krieg, im Zeichen Zarathustras alle 'progressiven' Tendenzen zur Welt- und Gesellschaftsverän-
derung ab und ruft zur individuellen Selbstverwirklichung auf. Das
Zarathustra-Pathos wirkt ungebrochen weiter. In seiner Rechtfertigung
dieses Aufrufs erinnert Hesse allerdings an den Nonkonformisten
Nietzsche, den "Unzeitgemäßen und Vereinsamten" (S. 42), den er, im
Geiste einer "übernationalen Menschlichkeit" (40), der deutschen Jugend als geistiges Vorbild empfohlen habe. "An diesen Geist, als dessen
letzten Prediger ich Nietzsche empfand, wollte und mußte ich appellie-
ren." (42) (Über *Zarathustras Wiederkehr*, 1919). Dann aber setzt sich
bei Hesse das Bewußtsein der epochalen Krise und der Verlorenheit des
Menschen durch. Im *Steppenwolf* (1927) wird auf die "zwischen zwei
Zeiten" in die Krise geratene "ganze Generation" verwiesen:

> Eine Natur wie Nietzsche hat das heutige Elend um mehr als eine
> Generation voraus erleiden müssen, – was er einsam und unverstanden
> auszukosten hatte, das erleiden heute Tausende. (204)

Nun ist Nietzsche nicht mehr das Symbol des individuellen Aufbruchs,
sondern der Seismograph der allgemeinen Krise. Die gesellschaftliche
Krise der zwanziger Jahre wirkt sich nun auch in der Nietzsche-Rezeption Hesses aus.

Im Expressionismus zeigt sich der Einfluß Nietzsches nicht nur bei
den Dichtern und Literaten, sondern auch bei den bildenden Künstlern,
den Malern und Bildhauern. Es seien einige Beispiele angeführt. Franz
Marc betont die Autonomie des Schaffens:

> Gerade *reine* Kunst denkt so wenig an die "andern", hat so wenig den
> "*Zweck*", *die Menschen zu einigen* wie Tolstoi sagt, verfolgt überhaupt
> keine Zwecke, sondern ist einfach sinnbildlicher Schöpfungsakt, stolz
> und ganz "für sich"! (Briefe, 58 – 30.3.1915)

Es ist bemerkenswert, daß Marc sich in diesem Zusammenhang auf
Nietzsche beruft: "aber lies Du jetzt einmal Nietzsche: Jenseits von
Böse und Gut – Genealogie der Moral: der Antichrist und Morgenröte"
(ebd.). Damit entspricht Marcs Auffassung vom Schaffen im Prinzip
der Nietzscheschen Schaffens- und Ausdrucksästhetik. Der Künstler

soll unbehindert von heterogenen Zwecken dem reinen Schaffensimpetus Ausdruck verleihen. Daß ein so leidenschaftlicher Mensch wie Edvard Munch sich von Nietzsche besonders stark angezogen fühlt, ist kaum verwunderlich. Eine suggestive Wirkung hat der *Zarathustra* auf ihn ausgeübt. Er war für den sich dem Schicksal ausgeliefert fühlenden Munch ein Befreiungserlebnis. "Nietzsches System der tragischen Polarität der Geschlechter, von Leben und Geist, von Kunst und Leben, Rausch und Harmonie" war eine Antwort auf entscheidende Lebensfragen (*Urbanek*, Munch, 131). Im *Fries des Lebens* hat Munch diese Spannungen eindrucksvoll gestaltet. Der expressive *Tanz des Lebens* (1899-1900) entspricht, ebenso wie seine Schöpfung *Die Sonne* (1910-1916), weitgehend dem Nietzscheschen Pathos des 'Lebens'. Den Impuls zu seinem Schaffen sah er im Willen, "im Tanz dabeisein", im "Tanz des Lebens" (Zitat nach *Urbanek*, 135). Daß Munch Porträt-Studien von Nietzsche anfertigt, überrascht nicht. Sein Bild *Friedrich Nietzsche* von 1906 zeigt einen in der Gebirgslandschaft ruhig dastehenden Nietzsche, einen stillen Propheten, eine zwar monumentale, aber zugleich menschliche Gestalt (zu Munchs Nietzsche-Porträts vgl. *Krause*, Nietzsche-Kult, 194ff., vgl. Abb. 23 u. 24). Aufschlußreich ist Munchs brieflicher Kommentar zu seinem Nietzsche-Bild, in der Fassung von 1905 (in der im Unterschied zur Fassung von 1906 am oberen Bildrand noch eine Sonne leuchtet):

> Ich habe ihn als den Dichter des Zarathustra zwischen den Bergen in seiner Höhle dargestellt. – Er steht auf seiner Veranda und schaut hinunter in ein tiefes Tal. Über den Bergen steigt eine strahlende Sonne empor. Man kann an die Stelle denken, wo er davon spricht, daß er im Licht steht, aber wünschte, im Dunkel zu sein. (Zitat nach *Svenaeus*, Der heilige Weg, 27 – Die Spannung von Licht und Dunkel ist offenbar eine Anspielung auf Nietzsches *Nachtlied*, während die Beschreibung der Landschaft offensichtlich den Schluß des Zarathustra paraphrasiert ("Höhle", "dunkle Berge", "Morgensonne" [4, 408 – Za])

Munchs Monumentalgemälde *Die Geschichte* (1911) zeigt einen an Zarathustra erinnernden Lehrer in der elementaren Landschaft. "Man könnte das Gemälde auch mit einer Entlehnung aus 'Also sprach Zarathustra' 'Der Baum am Berge' nennen." (*Svenaeus*, 43). Nietzsche kann in der bildenden Kunst extrem unterschiedlich dargestellt werden. So zeigt die (grün bemalte) Gipsplastik *Friedrich Nietzsche* (1912) von Otto Dix einen expressiv-dämonischen Nietzsche, einen abgründigen Nietzsche mit fast raubvogelartigem Ausdruck und fliehendem Profil –

ganz im Unterschied zur klassisch-heroischen Nietzsche-Büste Max Klingers (dazu *Krause*, Nietzsche-Kult, 190f.; vgl. Abb. 31).

Auch in den programmatischen Äußerungen bildender Künstler ist der Einfluß Nietzsches spürbar. Vor allem seine Idee des Schaffens wirkt. So veröffentlicht August Macke im *Blauen Reiter* (1912) den Aufsatz *Die Masken*, in dem es heißt:

> Schaffen von Formen heißt: leben. Sind nicht Kinder Schaffende […] Der Mensch äußert sein Leben in Formen. […] Formen sind Äußerungen starken Lebens. (55ff.)

Solche Formulierungen könnten auch von Nietzsche stammen. Im Tagebuch Oskar Schlemmers taucht wiederum die Wendung auf: "Schaffen von Formen heißt: Leben. Kinder sind Schaffende" (Tagebücher, 34 – 10.4.1915). Schlemmer, der frühe Schlemmer, ist von Nietzsche gefesselt, aber später, zur Zeit des Expressionismus, weist er Nietzsches Kritik an Christus zurück:

> Nahm von Berlin den Nietzsche. Der Philosoph meiner Jugend. Jugenderinnerungen daher. Spitz, Spitzfindigkeit. Findig. Ich möchte seinen Antchrist widerlegen. Die Künstler lieben Christus. Den Urchrist, – nicht das Christentum. (Tagebücher, 35 – 13.4.1915).

Schlemmer kritisiert die expressionistische Überbetonung des "Dionysischen" (Briefe, 70 – 23.9.1918) und setzt den "Ekstase-Expressionisten" seine Kunst der "mathematisch-konstruktiven Elemente" entgegen (Briefe, 93 – 7.8.1920). Es gibt aber auch die Tendenz zum Monologismus. Es erinnert an Nietzsches Wort von der "monologischen" Musik Beethovens (13, 405), wenn Paul Klee vom "in sich selbst ruhenden Gesang" Beethovens spricht und folgert: "Ich für meine Person finde im Monologischen allmählich einen ganz besonderen Reiz." (Tagebücher, 187). Nietzsches Theoreme haben (freilich häufig nur in verdeckter Form) auf die moderne Kunst gewirkt. Picasso schreibt:

> Wir wissen alle, daß Kunst nicht Wahrheit ist. Kunst ist eine Lüge, die uns die Wahrheit begreifen lehrt, wenigstens die Wahrheit, die wir als Menschen begreifen können. Der Künstler muß wissen, auf welche Art er die andern von der Wahrhaftigkeit seiner Lügen überzeugen kann. (Zitat nach *Hofmann*, Moderne Kunst, 483).

Nietzsches These vom Lügencharakter der Kunst und von der Suggestion der künstlerischen Lüge ist hier *in nuce* ausgesprochen. Manchmal übt Nietzsche eine direkt stimulierende Wirkung auf die künstlerische Produktivität aus. So schreibt de Chirico:

Das wahrhaft Neue, was Nietzsche entdeckt hat, ist eine fremdartige und tiefe, grenzenlos mysteriöse und einsame Poesie, die auf der Stimmung eines Herbstnachmittags beruht, wenn das Wetter klar ist und der Schatten länger als im Sommer. (Zitat nach *Hess*, Dokumente, 112)

Dies wirkt sich unmittelbar auf das Schaffen de Chiricos aus:

Ich hatte begonnen, Sujets zu malen, mit denen ich das starke mysteriöse Gefühl auszudrücken versuchte, das ich in den Büchern Nietzsches entdeckt hatte: die Melancholie der schönen Herbstnachmittage in den italienischen Städten. (ebd.)

Ausdrücklich bezieht sich de Chirico auf Nietzsches Maxime von der Überwindung des Nihilismus durch die Kunst:

Die Kunst wurde durch die modernen Philosophen und Dichter befreit. Schopenhauer und Nietzsche lehrten als erste die tiefe Bedeutung des Nicht-Sinns des Lebens und wie dieser Nicht-Sinn verwandelt werden könne in Kunst. (ebd.)

Deutlich spürbar ist der Einfluß Nietzsches, des Motivkomplexes Krieg, Nihilismus, Kunst, bei vielen Expressionisten im Ersten Weltkrieg. Max Beckmann, der den Krieg als Grenzsituation zwischen Leben und Tod, aber auch als 'ästhetische' Faszination erlebt ("Für mich ist der Krieg ein Wunder"), erblickt in der Kunst die Möglichkeit der Überwindung des Nichts. Es ist die "Idee"

von Vaterland, Liebe, Kunst und Religion, mit der wir das finstre schwarze Loch immer wieder so ein bißchen verdecken können. Dieses grenzenlose Verlassensein in der Ewigkeit. Dieses Alleinsein. (*Beckmann*, Briefe, 43 u. 66 – 18.4. u. 24.5.1915)

Daß der *Zarathustra* im Krieg als Brevier mitgeführt wird, ist kaum verwunderlich. "Dix trug wie Beckmann und andere zwei Bücher bei sich: die Bibel und Nietzsches 'Zarathustra'" (*Schubert*, Otto Dix, 21).

Nietzsches Ausstrahlung ist universell. Auch die Dadaisten berufen sich auf Nietzsche. In seiner Einleitung zum *Dada-Almanach* von 1920 zitiert Richard Huelsenbeck eine längere Passage aus *Jenseits von Gut und Böse*, in der Nietzsche das Zeitalter als "Karneval grossen Stils" bezeichnet und die Originalität der kreativen Geister nur noch in ihrer Funktion als "Parodisten der Weltgeschichte und Hanswürste Gottes" sieht (5, 157 – JGB – 7). Für Huelsenbeck hat der Dadaismus diese Prognose Nietzsches verwirklicht. "Dada […] hat sich zum Parodisten der Weltgeschichte und zum Hanswurst Gottes gemacht" (8). In der Schrift *Dada siegt* (1920) hebt Huelsenbeck den allgemeinen Einfluß Nietzsches auf die Dadaisten hervor: "So komisch das klingt, wir hatten alle Nietzsche gelesen" (17). Vor allem Nietzsches Relativierung aller Ordnungssysteme wird von den Dadaisten als Freisetzung neuer Kräfte in Leben und Kunst empfunden:

> Wir hatten mit Nietzsche die Relativität der Dinge und den Wert der Skrupellosigkeit schätzen gelernt, wir aspirierten nach dem Bluff, einer großen strahlenden Universalität der Mittel, die sich im Leben so gut wie in der Kunst äußern konnte. (ebd., 17)

Es ist der Kulturkritiker und Lebensphilosoph Nietzsche, der die Dadaisten interessiert. Noch in seinem Beitrag *Dada heute* (1957) schreibt Huelsenbeck: "Wir brauchten den Wind, von dem Nietzsche spricht, um die Nebel der offiziellen und konventionellen Phraseologie zu zerblasen." (16). "Es ist das Leben, das hinter allem steht, und der Ulk war nur eine Funktion des Lebens." (15). In einem 1959 verfaßten Vorwort zu seinen *Phantastischen Gebeten* von 1916 nennt Huelsenbeck auch Nietzsche als Zeitsymptom: "Der Krieg, der Zerfall der viktorianischen Welt, Nietzsche, Picasso, Jesus Christus – ja alles das." (11). In seiner Autobiographie *Mit Witz, Licht und Grütze. Auf den Spuren des Dadaismus* (1957) zählt er auch Nietzsche zu seinen geistigen Gewährsmännern (vgl. 110). In der Einleitung *Dada oder Der Sinn im Chaos* (1964) bezieht er sich bezüglich der Dialektik von Nichts und Kreativität auf Nietzsche. Der Umschlag aus der "Leerheit" in die "Kreativität" ist "das Wissen (wie Nietzsche es hatte), daß die Umwertung aller Werte" eine "kreative Irrationalität" entfacht (15). Nicht nur Lebensbegriff, Perspektivismus und Kulturkritik Nietzsches, sondern auch sein Pathos des freien Individuums, der schöpferischen Energie und der explosiven Kunst wirken auf die Dadaisten. "Dada aber schrie für die Freiheit des Individuums, für die Person, für die Kunst, für die symbolische Kraft der einmaligen Leistung." (*Huelsenbeck*, Vorwort, a.a.O., 13). "Nietzsche war unser Gott damals." (*Huelsenbeck*, Vortrag vom 6.2.1970).

Auch Hugo Ball läßt sich von Nietzsche imspirieren. Schon ein Gedicht wie *Der Gott des Morgens* (1913) verrät in seiner dionysischen Dithyrambik den Einfluß Nietzsches:

> Auf dem Verdeck des segelnden Schiffes noch stürmt
> er dahin, der Gott,
> Lachend und jauchzend, rufend und weckend, die
> Syrinx blasend
> Mit hellem Getön.

Aber nicht nur das dionysische Leben, sondern auch der trügerische Schein beschäftigt Hugo Ball. In seinen (stark überarbeiteten) Aufzeichnungen *Die Flucht aus der Zeit* (1927) notiert er (unter dem Datum vom 3.7.1915): "Die Erscheinungswelt ist nichtig und von der Maja erbaut." (37). Es ist eine Notiz unter dem Einfluß Nietzsches (und Schopenhauers). Voraussetzen kann man den Einfluß Nietzsches auch bei Balls Kritik des Künstlers und der Kunst. In Balls Vortrag über Wassily Kandinsky (1917) heißt es: "Die Künstler in dieser Zeit wenden sich gegen sich selbst und gegen die Kunst." (692). Aber die dadaistische Anti-Kunst läuft selbst wiederum auf eine neue Kunst hinaus. Die Künstler lassen den trügerischen Schein der empirischen Wirklichkeit hinter sich und schaffen aus dem schöpferischen Leben, dem "Chaos", heraus neue Formen. Sie "lösen sich ab von der Erscheinungswelt" und "schaffen", in "sieghaftem Jubel", "neue, bisher unbekannte Erscheinungsformen und Geheimnisse" (692). Zugleich ist der Künstler ein trügerischer Spieler. Im Gedicht *Intermezzo (Gaukler Vauvert)* erscheint der Künstler, ganz im Sinne Nietzsches, als Doppelexistenz von Schaffendem und Lügner:

> Ich bin der große Gaukler Vauvert.
> In hundert Flammen lauf ich einher.
> [...]
> Ich bin aus dem Abgrund der falsche Prophet,
> Der hinter den Rädern der Sonne steht.
> Aus dem Meere beschworen von dunkler Trompete,
> flieg ich im Dunste der Lügengebete.

Im 1914 bis 1920 entstandenen "Roman" *Tenderenda der Phantast* läßt Ball einen an Zarathustra erinnernden "Seher" auftreten, der, in einer Mischung aus nietzscheanischer und christlicher Heilserwartung, auf dem Marktplatz einer Menge einen neuen Gott verkündet. Der Autor nennt ihn allerdings einen "Scharlatan", der mit einer "eigenen Theorie" "eine Himmelfahrt in Aussicht stellt" (11). In der von ihm geplanten Doktorarbeit *Nietzsche, ein Beitrag zur Erneuerung Deutschlands* resp. *Nietzsche in Basel. Eine Streitschrift*, deren Entwurf er 1910 niederschrieb, stellt Ball vor allem den Reformer, den Kunst und Kultur reformierenden Nietzsche heraus. Er sieht in Nietzsche den Reformator, der durch das Dionysische, den Immoralismus und die Kunst einer Erneuerung der Kultur Bahn bricht. Nietzsche ist der "Kulturdenker", der "seinen Begriff des Philosophen als eines Reformators konzipierte"

(Nietzsche in Basel, 8). Nietzsches Verdienst liegt im Hervorkehren des "Dionysischen", das zur "Herrlichkeit" führt (18), im Immoralismus (28ff.), der "jede *moralische*" Weltdeutung zugunsten der "*ästhetischen* Weltauffassung" ablehnt (35), und in der Glorifikation der Kunst, in der Sehnsucht nach einem "Zeitalter der Kunst", in dem sich die "Befreiung" und "Bändigung" der "Leidenschaften, des Trieblebens, der Natur" vollzieht (26). Nietzsche fordert die "Tat":

> Der dithyrambisch überschäumende Nietzsche-Dionysos, der nach Widerständen geradezu sucht, glaubt seine Zeit reif genug für die Möglichkeit einer befreienden *Tat*. (26)

Aber schon im Kandinsky-Vortrag konstatiert Ball warnend den modernen Abbau aller Werte, die "Entgötterung der Welt", zitiert plakativ Fundamentalsätze Nietzsches und weist auf die fatalen historischen Folgen hin:

> Gott ist tot. Eine Welt brach zusammen. Ich bin Dynamit. Die Weltgeschichte bricht in zwei Teile. [...] Eine tausendjährige Kultur bricht zusammen. [...] Umwertung aller Werte fand statt. [...] Eine Revolution gegen Gott und seine Kreaturen fand statt. Das Resultat war eine Anarchie der befreiten Dämonen und Naturmächte. (688f.)

In der zeitkritischen Schrift *Zur Kritik der deutschen Intelligenz* (1919) geht Ball ebenfalls auf Abstand zu Nietzsche. Nun sieht er in ihm einen Gewaltphilosophen, der

> in dem Augenblick zusammenbricht, wo er mit dem grössten Satanisten der neueren Geschichte, mit Napoleon Bonaparte, zusammentrifft, und sich gezwungen sieht, die strengste Despotie, die Züchtung, die Dressur zu fordern. (227f.)

Im Zeichen eines religiös-humanitären Anliegens ist der Übermensch fragwürdig geworden: "Der Uebermensch muss dem Mitmenschen weichen." (19). Im forciert zeitkritischen Diarium *Die Flucht aus der Zeit* nimmt Ball gegenüber Nietzsche eine ambivalente Haltung ein. Einerseits wird Nietzsche als Bedrohung einer humanitären Kultur empfunden; andererseits wird er weiterhin zu den großen Kulturschöpfern gezählt. Ball warnt:

> Das bekannte Philosophenwort 'Gott ist tot' beginnt ringsum Gestalt anzunehmen. Wo aber Gott tot ist, dort wird der Dämon allmächtig sein. (171 – 21.5.1917)

In diesen Tagebuchnotizen werden im einzelnen Nietzsches Biologismus, Übermenschentum und Antiklerikalismus schroff abgelehnt. Aber zugleich versagt Ball Nietzsche nicht den Respekt:

> Goethe und Nietzsche haben am Bilde der Nation so bewußt gearbeitet wie nur ein Töpfer an einer Form [...] Die Entscheidungen dieser beiden Geister sind mit der größten Ehrfurcht aufzunehmen und dürfen nur nach sorgfältigster Prüfung verworfen werden. (276 – 3.6.1920)

Obschon Nietzsche in den dadaistischen Manifesten kaum genannt wird, hat er doch, verdeckt, die Dadaisten beeinflußt. Es ist daher kaum verwunderlich, daß ehemalige Dadaisten aus der Rückschau Nietzsche in ihre Kunstauffassung einbeziehen. So bemüht Hans Arp in seinem Erinnerungsbüchlein *Unsern täglichen Traum ...* (1955) das Begriffspaar apollinisch-dionysisch zur Kennzeichnung des dadaistischen Bildgedichts: "Das Bildgedicht ist apollinisch-dionysisch und 'nicht in verschiedenen Augenblicken, sondern in demselben Augenblick trunken und nüchtern' zugleich." (69). Auch Nietzsches Idee des zugleich faszinierenden und trügerischen Scheins fehlt nicht in diesen Reflexionen. Es heißt von der "Schönheit":

> Ist sie ein Trugbild, ein Schleier, ist sie Maya? Noch als Trugbild, noch als Maya vermag sie uns so zu fesseln, zu bestricken, zu bannen, daß unser Leben ihr gehört. (90)

Arp warnt freilich auch, unter Anspielung auf den *Zarathustra* bzw. die Zarathustra-Attitüden des modernen Menschen, vor der Verdunkelung der Welt durch ein fragwürdiges Höhenmenschentum:

> Je emsiger die Menschen in den Falten des
> göttlichen Mantels wühlen,
> > je mehr sie zarathustren und gaurisankaren,
> > > desto dunkler wird das Dunkle auf unserer
> Erde. (95)

Nietzsches Wirkung zeigt sich aber nicht nur im Dadaismus, sondern auch im Futurismus und Surrealismus. Die futuristischen Avantgardisten lesen Nietzsche und fühlen sich durch ihn in ihrem Lebensgefühl bestätigt und bestärkt. Es sind vor allem dessen Kulturkritik, Individualismus und Vitalismus, die den jungen Bilderstürmern imponieren. In Nietzsche sehen sie einen der Wegbereiter der eigenen revolutionären, anarchischen Intentionen. Nietzsches Auflösung der Trennwand zwischen Kunst und Leben wird von den Futuristen verstanden als Vorwegnahme der eigenen Lebensdynamik. Seine Kulturkritik ist für sie eine Antizipation der eigenen Kultursabotage. Nietzsche braucht in den futuristischen Manifesten nicht unbedingt genannt zu werden. Wenn es im Manifest der *Futuristischen Malerei* von 1910 heißt: "Alles ist in Bewegung, alles ist in Fluß", so ist der Bezug zu Heraklits *panta rhei* ('alles fließt') klar (Giacomo Balla fügt den Spruch übrigens emblematisch in ein Bild ein), aber auch Nietzsches Philosophie des Werdens hat Pate gestanden (vgl. *Calvesi*, Zum Futurismus, 1). Der von den Futuristen immer wieder proklamierte "Dynamismus" (vgl. z.B. *Severini*, Dynamismus [1913], *Boccioni*, Dynamismus [1913]) ist auch ein Widerhall des Nietzscheschen 'Dynamismus'. Auch die futuristische Verherrlichung des Krieges konnte sich auf Nietzsche berufen, wenngleich die bei Nietzsche primär geistig gemeinte Apologie des 'Krieges' bei den Futuristen zur chauvinistischen Parole verkommt (vgl. z.B. das von Marinetti, Boccioni, Carrà, Russolo unterzeichnete *Politische Programm des Futurismus* vom Oktober 1913, in dem es heißt: "Alles ist erlaubt, nur nicht Feigling, Pazifist und Antiitaliener zu sein."). Es war nur konsequent, daß der Futurismus politisch in den Faschismus mündete. Später wird sich Gottfried Benn bemüßigt fühlen, in der *Rede auf Marinetti* (1934) bewundernd festzustellen, "wie Ihr Futurismus den Faschismus miterschuf" (480). Nietzsche, ein allerdings simplifizierter Nietzsche, ist in den Proklamationen der Futuristen gegenwärtig. Wenn in dem von Marinetti 1908 verfaßten *Manifest des Futurismus* die "Liebe zur Gefahr" verkündet wird, so entspricht dies der Maxime Nietzsches: "*gefährlich leben!*" (3, 526 – FW). Wenn auch Nietzsches existentielle Devise im futuristischen Manifest zur Verherrlichung von "Krieg", "Militarismus", "Patriotismus" verflacht und wenn er auch der Forderung nach Zerstörung der traditionellen Kultur zugunsten der dynamischen Technik auf keinen Fall zugestimmt hätte, so ist doch die von ihm verkündete Liebe zur Gefahr ein Impuls für eine radikale Avantgarde. Nietzsche hatte seiner Devise hinzugefügt: "Baut eure Städte an den Vesuv!" (3, 526 – FW). Marinetti läßt in *L'Aeroplano del Papa* (1914) den Vulkan sagen: "Nicht bauen darf man, nur sein Lager aufschlagen." (dazu *Baumgarth*, Futurismus, 134). Die Futuristen vereinigen den Nietzscheanismus mit der Technik. So ist M. Morasso "ein überzeugter Anhänger Nietzsches und zugleich ein glühender Verehrer des technischen Fortschritts" (ebd., 126). Boccioni "liest abwechselnd Nietzsche und Jules Verne" (*Apollonio*, Futurismus, 21) und malt ein (leider verschollenes) Porträt Nietzsches (vgl. *Baumgarth*, Futurismus, 73).

Die Surrealisten beziehen sich kaum noch ausdrücklich auf Nietzsche. Aber sie beziehen sich auf Freud. Dessen für die Surrealisten so wichtige Theorie des Unbewußten ist aber ohne Nietzsches Entdeckung des Trieblebens nicht denkbar. Das "Es" taucht "lange vor Freud bei Nietzsche in 'Also sprach Zarathustra'" auf (*Simon*, Nietzsche u. Freud, 157f.). Der von André Breton im *Manifest des Surrealismus* (1924) mit Bezug auf Freud im Zeichen des "Traums", der "künftigen Auflösung dieser scheinbar so gegensätzlichen Zustände von Traum und Wirklichkeit in einer Art absoluter Realität", in einer "*Surrealität*" (18), verkündete Aufstand gegen die "Herrschaft der Logik", gegen den herrschenden "absoluten Rationalismus" (15) hat seine tiefere Wurzel bei Nietzsche. Breton fühlt sich den "Entdeckungen Freuds zu Dank verpflichtet" (15), aber er übersieht, daß hinter Freud Nietzsche steht. Es ist ein durch Freud vermittelter Nietzsche, der im Surrealismus seine Wirkung zeitigt. Die "psychologischen Tiefensonden" Nietzsches, die er mit Raffinement "punktuell gezielt einsetzte" (*Metken*, Handschuh, 275), wirken auch im Surrealismus nach. Das Gemälde *Der Surrealismus und die Malerei* (1942) von Max Ernst stellt einen Polypen dar, der Linien auf eine Leinwand zeichnet. Es besteht eine eigentümliche Diskrepanz zwischen dem archaischen Ungeheuer und der Eleganz der zeichnenden Hand. Der kreative Polyp, das "Selbstporträt des Malers bei der Arbeit", zeichnet "mit der Hingabe eines Schlafwandlers" (*Passeron*, Surrealismus, 20). Das Diktat des Unbewußten führt ihm die Hand. "Wie Nietzsche dazu aufrief, mit dem eigenen Blute zu schreiben, so können wir sagen, daß auch Max Ernst uns dazu auffordert, mit den libidinösen Polypen zu malen, die uns innewohnen." (ebd., 19). Hier ist allerdings einschränkend anzumerken, daß Nietzsche nicht an automatische Diktate des Unbewußten, an eine *écriture automatique*, dachte, sondern an den unter Einsatz der ganzen Existenz schaffenden Geist. Das Schlüsselwort "Blut" ist an jener Stelle bei Nietzsche kein Signalwort für das 'Unbewußte', sondern es wird bezogen auf den "Geist" (4, 48 – Za). Zudem ist festzuhalten, daß Nietzsches 'Wille zur Macht' den freien Selbstentwurf des Menschen impliziert, während das 'Unbewußte' der Psychoanalyse und des Surrealismus ihn determiniert. Die Frage ist allerdings, ob nicht die *écriture automatique* eine arbeitshypothetische Fiktion war. Die Erkenntnisse der Psychoanalyse wurden von den Surrealisten in spielerischer Freiheit künstlerisch verarbeitet. Breton erklärt: "Einzig das Wort Freiheit vermag mich noch zu begeistern." Die "*größte Freiheit*" ist "die des Geistes" (Manifest, 12). Dem hätte

Nietzsche zugestimmt. Zu einer Zentralgestalt wird Nietzsche im Surrealismus allerdings nicht. Bezeichnenderweise wird er in Maurice Nadeaus *Geschichte des Surrealismus* (1945) überhaupt nicht erwähnt. Dennoch gehört er zu den geistigen Vätern dieser gegen Vernunftherrschaft und Systemzwang protestierenden und die irrationalen Tiefenschichten des Menschen zutage fördernden Kunstrevolution.

Nietzsche, insbesondere sein *Zarathustra*, ist eine Fundgrube für die psychoanalytische Erforschung des Menschen. Freud erwähnt ihn allerdings nur selten. Immerhin gibt es einige markante Stellen. So macht er in seiner *Traumdeutung* (1900) eine Anspielung auf Nietzsches Umwertungsgedanken: "es findet zwischen Traumaterial und Traum tatsächlich eine völlige '*Umwertung aller psychischen Werte*' statt" (327). In seinen *Charaktertypen* (1916) interpretiert er den "bleichen Verbrecher" aus dem *Zarathustra* (4, 45ff. – Za [Vom bleichen Verbrecher]) als den "Verbrecher" aus Schuldgefühl" (253). Zarathustra analysiert freilich nicht nur die Symptomatik von Schuld und Tat, sondern geht es ihm um die Freiheit vom Schuldbewußtsein. Triebpsychologie und Kulturkritik bilden die Brücke zwischen Freud und Nietzsche. In Freuds Abhandlung *Das Unbehagen in der Kultur* (1930) ist die "Kulturentwicklung" durch "Triebsublimierung" geprägt (227). Auch die Schönheit ist sublimierter Trieb: "Die 'Schönheit' und der 'Reiz' sind ursprünglich Eigenschaften des Sexualobjekts." (214). Nietzsche hatte notiert, daß die "Verschönerung" in der "Paarungszeit der Geschlechter" am stärksten sei, daß sie "Ausdruck eines *siegreichen* Willens" sei (13, 293). Hier zeigen sich Affinitäten zwischen Freud und Nietzsche. Kunst und Kultur als sublimierter Geschlechtstrieb – Nietzsche hat die psychoanalytischen Interpretationsmodelle der Moderne vorweggenommen. Aber während für Freud die Kunst nur eine "milde Narkose", nur eine "flüchtige Entrückung aus den Nöten des Lebens" ist (212), ist sie für Nietzsche darüber hinaus der Entwurf einer neuen Sinnstruktur. Zudem herrscht im psychoanalytischen Reduktionsschema von Sublimation und Kompensation ein strenger Determinismus des Seelenlebens, wohingegen bei Nietzsche der Entwurfcharakter der menschlichen Existenz hervorgehoben wird. Freud geht auch auf das sozialpsychologische Problem der "Führer"-Figur ein. In *Massenpsychologie und Ich-Analyse* (1921) charakterisiert er die "Masse" als "ein Wiederaufleben der Urhorde" mit einem "überstarken Einzelnen" als Leitfigur. Vom "Urvater der Horde" heißt es: "Zu Eingang der Menschheitsgeschichte war er der *Übermensch*, den Nietzsche erst von der Zukunft erwartete." Diesem "Urvater" entspreche in der Gegenwart der "Führer", die "Herrennatur" (114f.).

Im Hinblick auf die psycho-analytische Deutung Nietzsches sind vor allem bestimmte Thesen C.G. Jungs von Interesse. Nach Jung ist Nietzsche der elementaren Spannung von Unbewußtem und Bewußtsein ausgesetzt, einer Spannung, die sein ganzes Schaffen prägt. Dabei schälen sich aus den Bemerkungen Jungs zu Nietzsche zwei Hauptaspekte heraus, nämlich Nietzsche als Entdecker und Nietzsche als Verdränger des Unbewußten. Mit seinem das traditionelle Bild der Antike 'bloßstellenden' "dionysischen Erlebnis" hat Nietzsche die archetypische Regression vollzogen: "Dionysos bedeutet den Abgrund der leidenschaftlichen Auflösung aller menschlichen Besonderung in die tierhafte Göttlichkeit der uranfänglichen Seele" (Traumsymbole [1944], 199). Der "verlorene Dionysos" fehlt dem "modernen Menschen" (ebd., 226). Schon Nietzsche hat den Traum "als eine phylogenetisch ältere Art des Denkens" aufgefaßt (Psychologie des Traumes [1916], 99). Jung zitiert Nietzsches Wort, daß wir im Traum "das Pensum früheren Menschenthums" noch einmal durchmachen (Traumsymbole, 255; s. 2, 32 – MA I). Hier ist allerdings festzustellen, daß Nietzsche, in seiner kritisch-aufklärerischen Periode, das "Traumdenken" nicht nur als Wiederaufleben "uralten" "Menschenthums" in uns (2, 32 – MA I), sondern auch als Fabrikation von Fiktionen, von "Lügen und Unsinn", von "Narrheit" (2, 32 – MA I), versteht. Nach Jung setzt Nietzsche der determinierenden Kraft des (kollektiven) Unbewußten den (individuellen) Willen zur Selbstbehauptung entgegen. Er sei bestrebt, die andrängende Macht des Unbewußten, der archetypischen Kräfte, durch geistige Entwürfe kompensatorisch in den Griff zu bekommen und zu überwinden. Jung verdeutlicht dies am Motiv der Schlange:

> Nietzsche entschied sich im 'Zarathustra' zur Verwerfung der Schlange und des "häßlichsten Menschen" und damit zu einem heroischen Bewußtseinskampf, welcher folgerichtigerweise zu dem im 'Zarathustra' vorausgesagten Zusammenbruch führte. (Traumsymbole, 235)

Jungs Interpretationsschema: Nietzsche hat das ihn bedrohende Unbewußte zurückgedrängt, allein auf die Entwürfe des Bewußtseins vertraut und damit seinen eigenen Untergang programmiert. "Das Schlangenerlebnis des Hirten in Nietzsches 'Zarathustra' wäre demnach ein fatales Omen" (ebd., 228). Diese Deutung ist höchst problematisch, denn die Tötung der Schlange ist für ihn der entscheidende spontane

Akt der Befreiung vom 'Geist der Schwere', von allen innerpsychischen und heterogenen Zwängen, von allen den Menschen unterjochenden Wertkomplexen. Sie ist Voraussetzung der angestrebten Selbstverwandlung: "Nicht mehr Hirt, nicht mehr Mensch, – ein Verwandelter, ein Umleuchteter, welcher *lachte*!" Das weckt in Zarathustra eine unstillbare "Sehnsucht nach diesem Lachen" (4, 202 – Za [Vom Gesicht und Räthsel]). Nicht die Verdrängung des Unbewußten, sondern die Befreiung von Zwängen ist der Sinn des Schlangenerlebnisses. Selbst wenn man durch metakritische Introspektion die Autorperspektive relativiert, bleibt doch der dem Schlangenerlebnis zugrunde liegende Impetus zu einem neuen Daseinsentwurf das *punctum saliens* der Parabel. Für Jung ist allerdings der "Übermensch" ein Fehlentwurf:

> Man lese einmal aufmerksam und mit psychologischer Kritik Nietzsches 'Zarathustra'. Nietzsche hat mit seltener Konsequenz und mit der Leidenschaft eines wirklich religiösen Menschen die Psychologie jenes "Übermenschen", dessen Gott tot ist, dargestellt; jenes Menschen, der daran zerbricht, daß er die göttliche Paradoxie in das enge Gehäuse des sterblichen Menschen eingesperrt hat. (Mutterarchetypus [1938], 100)

Damit deklariert Jung, in der Verquickung von psychologischer Analyse und religiöser Wertung, den christlichen Gott zur maßgeblichen Instanz des "Übermenschen" und macht die Hybris des Menschen für sein Scheitern verantwortlich. Es ging Nietzsche aber nicht um die Vergöttlichung, sondern um den Selbstentwurf des Menschen. Nach Jung ist der 'Individuationsprozeß', der Weg von den unbewußten Mächten zur bewußten Person, auch bei Nietzsche der Versuch, sich selber zu ertragen. Jung konstatiert,

> daß man nichts schwerer erträgt als sich selbst. ("Du suchtest die schwerste Last, da fandest du dich". Nietzsche.) Aber auch diese schwerste Leistung wird möglich, wenn man sich von den unbewußten Inhalten unterscheiden kann. (Das Ich und das Unbewußte [1928], 110; Zitat: 6, 391 – DD [Zwischen Raubvögeln])

Nietzsche versucht, den Zwängen des Unbewußten mit dem "Beherrschungsgedanken", "mit dem Herrenmenschen und dem überlegenen Weisen, ohne Teufel und ohne Gott", beizukommen (ebd., 121). Jung erklärt die Bilderwelt des *Zarathustra* aus dem Archetypus. Zarathustra führt zurück in die mythische Seinserfahrung:

> Zarathustra ist für Nietzsche mehr als poetische Figur, er ist ein unwillkürliches Bekenntnis. [...] Im Erlebnis dieses Archetypus erfährt der

Moderne die urälteste Art des Denkens als eine autonome Tätigkeit, deren Objekt man ist. (Über die Archetypen [1934], 39f.)

Jung verkennt, daß Nietzsche im *Zarathustra* nicht nur Mythologeme wiederbeleben, sondern vor allem einen neuen Daseins- und Weltentwurf entfalten will, daß in ihm nicht Psychozwang, sondern Freiheit herrscht, daß Zarathustra primär nicht auf Vergangenheit, sondern auf Zukunft hin fixiert ist und daß der *Zarathustra* vor allem auch eine aus dem freien Spiel mit der Sprache erwachsende mythopoietische Konstruktion ist.

Sofern Nietzsche wesentlich vom Gedanken des Entwurfs ausgeht, steht ihm die Individualpsychologie eines Alfred Adler näher als die Theorie des kollektiven Unbewußten. Adler interpretiert den Menschen als ein auf ein Ziel hin sich entwerfendes Individuum:

> *Jede seelische Erscheinung kann, wenn sie uns das Verständnis einer Person ergeben soll, nur als Vorbereitung für ein Ziel erfaßt und verstanden werden.* (*Adler*, Individualpsychologie [1914], 21)

Nicht die psychoanalytische Ursache, sondern das individualpsychologische Ziel ist das für den Menschen relevante Phänomen. Mit dem Gedanken aber, daß der Mensch ein immer sich Entwerfender ist, hat Adler einem Grundgedanken Nietzsches in der Psychologie Bahn gebrochen. Adler bringt denn auch 'Traum' und 'Ziel' zusammen und bemerkt hinsichtlich der "Untersuchung der Träume", "daß erst die Einfühlung in die reale Situation die '*Rationalisierung*' (*Nietzsche*) des Endzieles und seine '*logische Interpretation*' erzwingen kann" (Adler, Traum und Traumdeutung [1913], 224). Was Adler von dem Psychologen Dostojewski ("als den ihn auch *Nietzsche* gefeiert hat") sagt, trifft auch (zumindest partiell) auf Nietzsche zu:

> Sein Verständnis und seine Erörterungen *über den Traum* sind heute noch nicht überholt, und sein Begriff, daß niemand handelt und denkt, ohne daß ein *Ziel*, ein Finale vor seinen Augen steht, trifft mit den modernsten Leistungen der Individualpsychologie zusammen. (*Adler*, Dostojewski [1918], 290)

Nicht nur der Philosoph und Dichter, sondern auch der Psychologe Nietzsche gibt der Moderne grundlegende Anstöße. Psychoanalyse, Archetypenlehre und Individualpsychologie erhalten von ihm entscheidende Impulse.

Im binnenliterarischen Bereich zeichnet sich in nachexpressionistischer Zeit in der Nietzsche-Rezeption eine Doppeltendenz ab. Einerseits ist Nietzsche weiterhin eine wegweisende Gestalt insbesondere kulturkonservativer Autoren. Angesichts des allgemeinen Wertezerfalls sieht man in ihm einen Hoffnungsträger im Hinblick auf eine Erneuerung von Kunst und Kultur. Häufig wird er allerdings auch für politisch restaurative Bestrebungen in Anspruch genommen. Nicht nur der Kulturreformer Nietzsche, sondern auch der Philosoph des Willens zur Macht steht im Raum. Andererseits wird Nietzsche mehr und mehr zum Gegenstand gesellschaftskritischer Fragen progressiver Autoren. Angesichts der zeitgenössischen Re-Mythisierungstendenzen und der damit verbundenen politischen Funktionalisierung Nietzsches wird Nietzsche nicht als Verheißung, sondern als Verhängnis empfunden. Der in den zwanziger Jahren sich deutlich abzeichnende Gegensatz zwischen Mythos und Sachlichkeit, d.h. zwischen pseudomythischen Regressionstendenzen und gesellschaftskritischer Progressivität, spiegelt sich auch in der Nietzsche-Rezeption. Hinsichtlich der Darstellung Nietzsches gibt es weiterhin das Pathos, die pathetische Überhöhung Nietzsches, aber es gibt auch die Provokation, den ironischen, parodistischen und satirischen Abbau Nietzsches. Einerseits wird er weiterhin als übermenschliche Gestalt verehrt; andererseits schraubt man ihn ins Menschlich-Allzumenschliche zurück. Dazwischen gibt es die eher moderate Nietzsche-Rezeption, die in ihm den großen, aber auch den leidenden Menschen sieht und seine Philosopheme teils bejaht, teils in Frage stellt. Affirmation, Kritik und Ambivalenz prägen gleichermaßen die Auseinandersetzung mit Nietzsche.

Als Repräsentanten des mehr traditionalistischen Nietzsche-Bildes, in dem der Künstler, Kulturreformer oder Menschheitserneuerer Nietzsche dominiert, seien in diesem Zusammenhang Stefan Zweig, Rudolf Pannwitz und Rudolf Kassner angeführt. In Stefan Zweigs Essay *Friedrich Nietzsche* (1925) ist Nietzsche weiterhin eine Identifikationsfigur. In seiner nicht ohne Pathos geschriebenen, aber höchst luziden Darstellung stellt Zweig Nietzsche als nomadischen Geist, als Philosophen der Freiheit, als experimentierenden Spieler, als großen Sprachkünstler, als Denker der Einsamkeit heraus. Nietzsches anarchisches Denken löst alle festen Systeme auf. In metaphernfreudiger Sprache formuliert Zweig:

> Mit Nietzsche erscheint die schwarze Freibeuterflagge des Piraten zum erstenmal auf den Meeren der deutschen Erkenntnis: ein Mensch anderer Art, anderen Stammes, Philosophie nicht mehr im wissenschaftlichen Kathedertalar, sondern kriegerisch gepanzert und bewehrt. (232)

Der "nomadische Zwang seiner Natur" (228) führt bei Nietzsche zu "jener maßlosen Freiheit, die der Freieste gegen alles, also auch gegen sich selber fühlt" (244), macht ihn zum "verwegenen Spieler" (246), zum "Prinzen Vogelfrei, Immoralisten, Skeptiker, Dichter und Musikanten" (250). Es ist ein "Wortirrtum, Nietzsche einen Philosophen [...] zu nennen"; er ist vielmehr ein "Künstler", mit "allen Schauern der plötzlichen Inspirationen" (240). Sein Schicksal ist die absolute "Einsamkeit" (269ff.). Zugleich hebt Zweig die kulturhistorische Bedeutung Nietzsches hervor. Nietzsche, das "unerhörteste Schauspiel des Geistes, das unserem stürzenden Jahrhundert geschenkt war" (207), ist ein "Erzieher zur Freiheit", der "große Mahner", das "herrlichste Gewitter des Geistes vor dem furchtbarsten Gewitter der Geschichte" (282f.).

Ist Zweigs Essay bei allem aufrüttelnden Pathos doch von psychologischer Klarsicht, so zeigen sich bei (dem literarisch schwächeren) Rudolf Pannwitz Züge einer unkontrollierten Nietzsche-Adoration. In hypertrophem Pathos betreibt er die Mythisierung Nietzsches. Einige seiner Schriften enthalten allerdings auch sachliche Einsichten. Zudem ist seine Nietzsche-Rezeption von zeitsymptomatischer Art. In seiner *Einführung in Nietzsche* (1920) nennt er Nietzsche den "höchsten begriff des deutschen namens", das "heiligtum des deutschen geistes", einen "halbgöttlichen helden" (1) und stilisiert ihn zur Sakralfigur einer Elite: "er ist kein prophet fürs volk sondern ein prophet für die propheten." (4). Im Traktat *Die Religion Friedrich Nietzsches* (1919) deutet er Nietzsches Philosophie als Religion, und zwar als "kosmische Religion" (602). Nietzsche ist der Vorkämpfer einer kosmischen Naturreligion. Der Mensch ist mit dem Kosmos verbunden und trägt in sich die Kräfte des Kosmos. In der *Trilogie des Lebens* (1929), deren Hauptteil aus der paramythischen Dichtung *Zarathustras andere Versuchung* besteht, inszeniert Pannwitz ein steriles Zarathustra-Spektakel. Es handelt sich um ein schwaches, weitgehend in leerem Pathos, in einem hypertrophen Verbalismus sich erschöpfendes Opus, in dem Zarathustra als ein vom Volk verehrter Führer, Halbgott und Herrscher über ein Reich der Innerlichkeit auftritt, in bedeutungsvoll gemeinten, aber letztlich substanzlosen Sprüchen seine Lebensweisheit verkündet und sich zuletzt mit einem Hymnus auf das Leben von den Menschen verabschiedet, in der Pose eines dionysischen Christus. Das Ganze läuft auf einen epigonalen, pseudomythologischen Synkretismus hinaus, mit der Epiphanie Zarathustras und um ihn sich rankenden Epiphänomenen wie Apollon, Christus und Herakles. Eine klare gedankliche und stilistische

Konzeption ist kaum erkennbar. Zum Ende hin sagt Zarathustra, dessen "masz" "eines rasenden übermaszes rettend-messendes masz" ist:

> Mit diesem ward ich der ewge abschied . mit ewgem abschiede bin ich der engel Gottes . als engel Gottes bin ich die *ewige* liebe . / Aus meiner unseligkeit beselige ich euch alle : mit der *ewigen* liebe . (285)

Solche *Zarathustra*-Imitationen sind im übrigen seit der Jahrhundertwende *en vogue*. Ein weiteres, charakteristisches Beispiel sind Johannes Verweyens *Gebete eines Gottlosen* (1920). Dort sendet der "Gottlose", der ganz im Stile Zarathustras spricht, ein "Gebet" an den "Genius des Lebens" (763). Pannwitz bildet hier keine Ausnahme. Nietzsche bleibt für ihn die große Leitfigur. Noch in *Nietzsche und die Verwandlung des Menschen* (1943) sieht er in Nietzsche den Wegbereiter einer fundamentalen Erneuerung des Menschen und der Welt durch den schöpferischen Geist als Organ des Lebens. Im Aufsatz *Nietzsche und die Gegenwart* (1951) übt er Zeitkritik. Nietzsche habe die Schrecknisse der Gegenwart vorausgesehen. Er verweist auf die Aktualität des Nihilismus und die Bedeutung des Nietzscheschen Lebensbegriffs als Gegenkraft zum Nihilismus:

> Nietzsches Philosophie ist die erste Philosophie des *Lebens*. Sie entspringt dem Bewußtsein, daß unser Leben durch eine ihm feindliche und verderbliche Werteordnung bedroht ist, die den europäischen Menschen zur Degenereszenz und zum Nihilismus geführt hat. (294)

Die Nietzsche-Rezeption von Pannwitz ist das Beispiel einer von den Zeitläuften unbeirrten, über Jahrzehnte konstanten und unkritischen Nietzsche-Verehrung.

Demgegenüber zeigt sich bei anderen kulturkonservativen Autoren eine sachlichere, distanziertere, wenngleich durchaus auch engagierte Sicht Nietzsches. Rudolf Kassner verbindet den Respekt vor Nietzsche mit der Kritik an seinem Extremismus. In *Die Mystik, die Künstler und das Leben* (1900) meint er, Nietzsche, "dieser grösste aller Ästhetiker", habe die "Gegensätze zu schroff" formuliert und die innere "Einheit" von "Hass" und "Liebe" übersehen (185). In *Die Moral und die Musik* (1905) bezeichnet er Nietzsches "Willen zur Macht" als eine "ganz und gar schlechte, erbärmliche Allegorie zu Schopenhauers 'Wille zum Leben'" (611). In *Dilettantismus* (1910) vermißt er bei Nietzsche "Gemeinsinn" und "Humor" (34). Im Nachwort (1953) zu *Von den Elementen der menschlicher Größe* (1911) nennt er den "Übermenschen" eine "Überspannung auf dem Boden des Nichts" (100). Kassner bewahrt sich Nietzsche gegenüber die eigene geistige Freiheit. Er vermag sich zwar der Wirkung Nietzsches nicht zu entziehen, aber er mildert oder kritisiert die zentralen Denkmotive Nietzsches, ausgehend von einem die klassische Humanitätsidee mit einem tiefgründigen Monismus verbindenden Menschenbild. Auch Kassner setzt sich über Jahrzehnte hin mit Nietzsche auseinander. Im *Buch der Erinnerung* (1938) schreibt er: "Nietzsche ist ein Schicksalsmensch erster Ordnung, und so ist sein Buch: *Der Wille zur Macht* ein Schicksalsbuch." (138). Aber er findet die kritischen Schriften "langweilig" und hält den *Zarathustra* für "formlos", "ein Buch ganz und gar ohne schöpferische Mitte, darum so entsetzlich aufdringlich, zudringlich, laut", "die Folge einer großen Überanstrengung, eines schauerlichen Sichübernehmens" (140). Zugleich spricht Kassner freilich von einer "wundervollen Übereinstimmung zwischen Mensch und Werk" bei Nietzsche (141). Aber es überwiegen die Bedenken. Sie sind grundsätzlicher Art. Im Zeichen eines ästhetischen Humanismus werden ihm Wille zur Macht, Übermensch und Wiederkunft höchst fragwürdig, wie er sich auch von Nietzsches Genie- und Heroenkult und seiner Kritik des Christentums distanziert. In der Schrift *Der goldene Drachen* (1957) empfiehlt er, den "Willen zur Macht" "zu üben und zugleich zu verschweigen" (169), lehnt es, mit Blick auf Wagner und Nietzsche, ab, "das Genie vor den Menschen zu setzen" (185), bezeichnet Nietzsches "Übermenschen " als ein "Gespenst" (192), das ihn "gleich zu Beginn" "gestört" habe (198) und das "nichts vom Kinde" wisse (201), hält Nietzsches Kritik des Christentums für "flach" (200) und empfindet den *Zarathustra* "als zu üppig, prahlend, ein wenig auch eitel", stilistisch zu "forciert" (198). Er konstatiert, daß Hofmannsthal "wohl früher als andere im deutschen Sprachbereich das Sichübernehmen in 'Also sprach Zarathustra' gespürt" habe (Gespräch mit Hofmannsthal, 1954, 382). Er meldet wiederholt Vorbehalte gegen den Wiederkunftsgedanken an und erklärt: "Nietzsches ewige Wiederkehr hat nur in einem Geisterreich Sinn." (Der blinde Schütze, 1959, 548). Zustimmend vermerkt er, daß Rilke kein "Heldenverehrer" gewesen sei, weder im Sinne Wagners oder Nietzsches noch im Sinne Carlyles, Emersons oder gar Treitschkes (Zen, Rilke und Ich, 1956, 500f.). Kassner stellt bei sich selber einen Wandlungsprozeß fest. In den "90er Jahren" sei er begeistert gewesen vom "Willen, Willen zum Leben, Willen zur Macht" und habe sich an Goethe, Schopenhauer, Nietzsche und Wagner orientiert (Für Kensik, 1956, 642). Kassner löste sich von den Nietzscheanismen. Er gelangte zu einer tiefgründigen Symbolik des Lebendig-Gestalthaften, zu einem spekulativen Monismus von Körper und Geist, Mensch und Kosmos.

In den zwanziger und dreißiger Jahren dreht sich die Nietzsche-Diskussion aber nicht nur um künstlerische, kulturelle, sondern auch um gesellschaftliche, politische Fragen. Dabei zeichnen sich als Extrempositionen eine rechtskonservative Bejahung und eine linksprogressive Verurteilung Nietzsches ab. So wird Nietzsche von Exponenten der sog. "Konservativen Revolution" in Anspruch genommen, jener Strömung der zwanziger Jahre, die die Wiederherstellung voraufklärerischer Strukturen betreibt, in Kultur und Politik, die sowohl die Kulturnation anstreben als auch zum Totalitarismus führen kann (dazu generell *Mohler*, Kons. Rev.). Einer der Wegbereiter ist Oswald Spengler, der "kluge Affe" Nietzsches[2], der "detestable Nietzsche-Parodist" (*Thomas Mann*, Briefe 1889-1936, 202 u. 321; vgl. *Th.M.*, Nietzsche's Philosophie, 42). Im *Untergang des Abendlandes* (1917-1922) verweist Spengler häufig auf Nietzsche (Lebensbegriff, Wille zur Macht, Nihilismus, Übermensch). Im Grundzug verhält er sich affirmativ zu ihm. Als Vorbehalte führt er an, Nietzsche sei noch ein Romantiker gewesen, es habe sich inzwischen ein historischer Wandel zum Realismus hin vollzogen und Nietzsche habe noch nicht die Relativität der Kulturkreise erkannt. Der realistische Spengler registriert einen historischen Abstand zum romantischen Nietzsche: "Und es liegt bereits wieder eine ganze Welt zwischen der Zeit Nietzsches, in der noch ein letzter Zug von Romantik wirksam war, und der Gegenwart, die von aller Romantik endgültig geschieden ist." (62f.). Im realistischen Dreiklang von Zivilisation, Biologismus und Cäsarismus ist der Künstler Nietzsche ausgeschaltet. Im Aufsatz *Nietzsche und sein Jahrhundert* (1924) deutet Spengler Nietzsche gleichfalls als Romantiker (Einsamkeit, Übermensch, Ferne), sieht aber hier zugleich in ihm einen Vorläufer der eigenen kulturmorphologischen Geschichtsauffassung. Nietzsche habe den Schritt von der "Geschichts*beschreibung*" zur "Geschichts*psychologie*" getan und erkannt, "daß Kulturen, Zeitalter, Stände, Rassen eine Seele haben wie einzelnen Menschen" (118f.). Der "Wille zur Macht" sei "stärker als alle Grundsätze und Lehren" und mache die "Geschichte", die "wirkliche Geschichte" (121). Dieser Biologismus der Stärke

---

2 Es ist keine Originalmetapher Thomas Manns. Nietzsche selbst wurde bereits als "kluger Affe Wagners" apostrophiert (Zitat nach *Conrad*, Masken, 272). Im übrigen wird im *Zarathustra* der "Narr" als der "Affe Zarathustra's" bezeichnet (4, 222 – Za [Vom Vorübergehen]).

führt zur Ideologie der Stärke. Allein das "harte Tun", dessen Verkörperung für Nietzsche Cesare Borgia war, hat Geltung, während die "Moral der Ideologen und Weltverbesserer" überflüssig ist (124). Dies ist die Absage an die Demokratie und das Votum für den Cäsarismus.

Der Lebensbegriff Nietzsches bzw. der biologistischen Nietzscheaner stößt aber auch auf Widerstand. Man wirft die Frage nach einem ethischen Wertmaßstab des Lebens auf. Der Neukantianer und Wertethiker Heinrich Rickert fordert in seinem *System der Philosophie* (1921), die "Philosophie des Lebens" müsse aufgehen in einer "Philosophie der Werte" (48f.). In seiner Schrift *Die Philosophie des Lebens. Darstellung und Kritik der philosophischen Moderströmungen unserer Zeit* (1920) kritisiert er den durch Nietzsche in der Gegenwartsphilosophie in Mode gekommenen Begriff des "Lebens", den "modernen Biologismus" und verweist auf das "Wertprinzip", "das nicht aus dem bloß aufsteigenden Leben selber kommt" (137). Auch der Kulturkritiker Theodor Lessing meldet Skepsis gegenüber dem Nietzscheschen Lebensbegriff an. In seinem Essay *Nietzsche* (1925) erhebt er Einspruch gegen den biologistischen Kult der Lebensstärke: "Man orakelte von Lebensreligion, Lebensethik, Lebensmetaphysik; von einer 'Heiligkeit' des Lebens. – – Ja! Welches Leben ist denn gemeint?" Wer das "Leben", das "Starksein", "zum Maßstab eines Werthaltens macht, der begibt sich der Möglichkeit des Wertens überhaupt". "Und so drehte sich auch Nietzsches Denken im Kreise. Kraft ist ihm Wert, und Wert ist ihm Kraft." Lessing verurteilt die vor allem von den zeitgenössischen Nietzsche-Epigonen betriebene "Götzenanbetung des 'Lebens'". Nietzsche gerate "in die Zwickmühle: Hie Leben – Hie Geist" (54f.).

Schon in den zwanziger, aber dann besonders seit den dreißiger Jahren setzt eine verstärkte Kritik an den fatalen politischen Konsequenzen der Ideologisierung Nietzsches ein. Vor allem die progressiven, gesellschaftskritischen Schriftsteller machen auf die schlimmen Folgen eines (weitgehend mißverstandenen) Nietzsche aufmerksam. Arnold Zweig macht Nietzsche voll verantwortlich für den Faschismus. Zweig, der sich 1934 mit dem Plan trägt, "den Roman von Nietzsches Umnachtung zu schreiben" (Briefe, 85 – Brief an Sigmund Freud vom 28.4.1934), sieht, wie er im Brief an Freud vom 6.6.1934 schreibt, in Nietzsches dekretierendem Verkündigungspathos die Vorwegnahme der faschistischen Befehlssprache. Es bestehe bei Nietzsche eine "schreckliche Kluft zwischen Sein und Schreiben", zwischen "seiner weichen, zarten, infantil-schüchternen Haltung" und den "Donnerworten, die das Nazitum vorwegnahmen". "Ich möchte das Gemälde des heutigen Deutschland mit seinen Lehren verbinden, meine Wut, meinen Haß, meine Verachtung in seine Gestalt tragen" (Briefe, 91). Die Kritik zielt aber letztlich nicht auf Nietzsche, sondern auf die Epoche. Nietzsche soll zum Vehikel der Zeitkritik werden:

> Der Kern meines Plans ist natürlich die Möglichkeit, einen antideutschen Affekt so grimmig und total zu entladen, wie er auf keinem anderen Wege gestaltbar ist. Auch seine Verachtung gegen den deutschen Antisemitismus, die weltbekannt ist, macht ihn zum Helden dieses Romans völlig unentbehrlich. (Briefe, 95 – 8.7.1934 – an Freud)

Im Text *Nietzsches böser Genius* (1934) schreibt Zweig:

> Der einsamste Geist, den seine Empfindlichkeit immer weiter aus dem Dunst der deutschen Massen vertrieb, und der aus komplexbeladener Seele zum Romantiker und Aristokraten wurde, ist durch eigene Schuld zum Schutzpatron derjenigen herabgewürdigt worden, denen er Dutzende von Seiten der wildesten Abneigung gewidmet hat. (290)

Zweig konstatiert die Verantwortlichkeit Nietzsches, aber er verweist auch auf den Mißbrauch Nietzsches und die (antizipierte) Kritik Nietzsches an der faschistischen Ideologie. Dem einsamen und zeitkritischen Nietzsche versagt Zweig seine Achtung nicht. Aber er meint, daß erst Freud die wissenschaftliche Analyse der "menschlichen Seele" vollzogen habe (Briefe, 35 – 2.12.1930). "Vater Freud" hat "all das getan, was der Nietzschefritz nur malte" (Briefe, 85 – 24.4.1934). In Zweigs Nietzsche-Beurteilung mischen sich Kritik und Respekt:

> Eine Jugendliebe ist mir dieser F.N. gewesen, bewundert als Prosaist einschließlich auch als Denker, aber nie weiter als bis zum Zarathustra. Die späteren Werke machten mir immer mehr Widerspruch rege. (Briefe, 91 – 6.6.1934).

Zweig respektiert den einsamen, menschlichen Nietzsche, während er den pathetischen, heroischen Nietzsche ablehnt. Er unterscheidet zwischen den Philosophemen Nietzsches und dem Menschen Nietzsche:

> Und seine Grundgedanken werden alle ad absurdum geführt, das Laute, Wagnerische seines Heroenkults, die Zarathustra-Lisztmusik, der Anti-Sozialismus, alles. Übrig aber bleibt die Person, der wunderbar reine Wesenskern […] der halkyonische Nietzsche, kein Dionysos, ein Mensch […] (Briefe, 99 – 12.8.1934)

Die "hymnische Einsamkeit des Zarathustra" "wird die bleibende Nietzsche-Musik werden", während das "Tristan-Getöse des Zarathustra" sich verflüchtigen wird (ebd.). Einsamkeit, Menschlichkeit und Zeitkritik – dies sind die positiven Aspekte des Zweigschen Nietzsche-Bildes.

Nietzsche wird auch zum Gegenstand der Parodie, Satire und Ironie. Typisch für ein ironisch-parodistisches Verhältnis zu Nietzsche sind die Aperçus Kurt Tucholskys. Er notiert: "Ist es ein Zufall, daß die Vertreter der wildesten Gewaltlehren, Nietzsche, Barrès, Sorel, keine zwanzig Kniebeugen machen konnten? Es dürfte kein Zufall sein." (Schnipsel, 1931, 324). Die Diskrepanz zwischen der vitalen Philosophie und der schwächlichen Konstitution Nietzsches ist ein beliebtes Thema der Kritiker. Tucholsky will das Pathos Nietzsches durch Trivialisierung abbauen: "'Im Manne ist ein Kind versteckt, das will spielen…', sagte Nietzsche. 'Kinder hab ich alleine', sagte Lottchen, als ich ihr das Zitat vorhielt." (Der verspielte Mann, 1931, 135; vgl. 4, 85 – Za). Tucholskys Kritik richtet sich allerdings in erster Linie gegen die Nietzsche-Epigonen und ihre Posen. Ein *Kartengruß aus dem Engadin* setzt ein mit den Versen: "Unten im weißen Nietzsche-Haus / geht Ludwig Fulda ein und aus und ein und aus. / Wegen kongenial." (GW 4, 471 – 1926). An anderer Stelle, an der er den von Nietzsche erfundenen "snobistischen Superlativ" bespöttelt, schreibt Tucholsky: "Die Schönheit der Prosa dieses Philosophen hat manche Früchte getragen; seine kleinen Höcker trägt die ganze Familie." (<mit>, 1928, 20). Von den neudeutschen Nietzsche-Rezipienten heißt es: "Doch diese Knaben haben Nietzsche gelesen und falsch gelesen, und Simmel verdaut, aber halb verdaut, und Spengler ausgelacht und sich angesteckt." (Der neudeutsche Stil, 1926, 403). Tucholskys Kritik steigert sich zur Zeitsatire. So geißelt er die "Fülle der Privatdozenten", die "gereckte Pathetik der Kriegsmetaphysiker",

> die sich bemühten, das kriegerische Gemisch von Börse, Ressortstänkerei, einem größenwahnsinnigen kaiserlichen Kommis und unverantwortlichen Ministern mit Nietzsche, Goethe, Konfuzius und dem lieben Gott persönlich in Beziehung zu bringen. (Das Felderlebnis, 1922, 263)

Tucholsky, der in manchen Partien von Nietzsches Essayistik nur eine "Blendung" sieht ("die Flamme ist gar nicht so stark, sie wird nur wundervoll reflektiert"), hält den modernen Essayisten vor, was alles sie von Nietzsche übernommen haben:

Von Nietzsche jene Wichtigtuerei mit dem Wissen […] Von Nietzsche jene Pose der Einsamkeit, die bei den Nachahmern nicht weniger kokett ist als der Ausdruck jener Einsamkeit beim Meister; 'man' lese das heute nach, und man wird erstaunt sein, wie blank poliert die Schmerzen aus Sils-Maria sind. (Die Essayisten, 1931, 191f.)

Nun kann kaum von Einsamkeits*pose* bei Nietzsche die Rede sein. Er hat nicht mit der Einsamkeit kokettiert, sondern er hat sie zutiefst erlitten. Seine Epigonen freilich haben die Einsamkeit vielfach zur ästhetischen Attitüde kultiviert. Tucholsky rückt Nietzsche in ein ironisches Zwielicht, aber der eigentliche Gegenstand seiner Ironie sind die Nietzsche-Imitatoren, die sich in Nietzsche-Posen gefallen, ohne Nietzsches schöpferische Energie aufzuweisen:

Sie haben an Nietzsche nicht gelernt, gut deutsch zu schreiben. Er war ein wunderbarer Bergsteiger; nur hatte er einen leicht lächerlichen, bunt angestrichenen Bergstock. Sie bleiben in der Ebene. Aber den Bergstock haben sie übernommen. (ebd., 192)

Auch der witzige Umgang mit Nietzsche ist eine Form der Auseinandersetzung mit ihm. Er entschärft das hohe Pathos und macht Nietzsche 'menschlich', häufig freilich allzu menschlich.

Von satirischem Amüsement sind die Äußerungen von George Grosz zu Nietzsche bzw. zu Nietzsche-Adepten. So ist er zwar "angenehm" berührt, als de Chirico ihm sagt, "er lese jetzt viel Nietzsche" (Briefe, 127 – 23.8.1931), wie ihm auch "Dixens Nietzsche-Büste" zu imponieren scheint (Briefe, 206 – 28.11.1934), aber dann findet er das Nietzsche-Engagement der Künstlerkollegen lächerlich: "War neulich mit Kikeriki Giorgio de Chirico zusammen […] Schätzt auch Nietzschen (Kikeriki war ja eine Zeitlang Mitglied der Faschisten in Roma)." (Briefe, 265f. – 17.11.1937). "Dix bechäftigte sich 'rührend' auch mal mit Nietzsche, dem Übermenschen (wir lachten Tränen) – das war so um 1880, bevor er Professor wurde." (Briefe, 420 – 13.12.1948). Mit bissigem Humor wird Nietzsche persifliert:

Nachher hieß es jedoch "Nietzsche, Nietzsche über alles, über alles in der Welt." Der umarmte, bevor sie ihn wegsteckten, noch einmal mit Entzücken einen italienischen Esel. "Was tun Sie denn so den ganzen Tag so allein hier", fragte Peter Gast den Übermenschen, als er ihn auf einer Segantinischen Wiese liegend zufällig antraf. "Ich fange mir Gedanken" sagte die "blonde Bestie". (Briefe, 314 – 3.3.1943).

Grosz demonstriert in zeitkritischem Verismus die fatalen politischen Folgen des Nietzscheanismus. Er bemerkt zu seinem Bild *Kain oder der Zweite Weltkrieg* (1944), auf dem an einem in "vielleicht" "übermenschliche Gedanken" versunkenen Hitler ein Heer von Skeletten hochkriecht: "*Cain* oder *Hitler in Hell* [...] in seinem Kopf ist Nietzsche, Rassenwahnsinn, und Revolution" (Briefe, 374 – 16.8.1946). In diesem Zusammenhang ist auch auf John Heartfields Hitler-Montagen zu verweisen. In der Fotomontage *Adolf der Übermensch: Schluckt Gold und redet Blech* (1932) ist Hitlers Wirbelsäule eine Geldsäule (die die Verbindung Hitlers mit dem Großkapital symbolisiert). Hitler erscheint als demagogische Entartung des "Übermenschen". Auch Nietzsche selbst ist den zeitkritischen Veristen suspekt. Grosz will sich lieber "mit Emerson, Thoreau & dem genialen Mark Twain begnügen, als in die eckigen, dicksohlige Fußstapfen von Nietzsche Fritz oder Strindbergaugust zu treten" (Briefe, 336 – 22.7.1944).

Im übrigen ist Nietzsche bis in die Gegenwart ein Sujet der Satire für bildende Künstler. Es sei nur verwiesen auf M.M. Prechtls Kunstplakat *Denker Nietzsche, Täter Hitler*. Dieses provokative Plakat war Titelbild eines SPIEGEL-Hefts (1981/24), in dem Rudolf Augstein in dem zeitkritischen Essay *Ein Nietzsche für Grüne und Alternative?* eine Reihe fataler, in Frustrationen und im Machtwillen begründeter Affinitäten zwischen Hitler und Nietzsche skizziert. Er zieht das Fazit: "'Dynamit', wonach Nietzsche lechzte, war der Täter Hitler. Er, der Schreibtäter Nietzsche, war es nicht." (184). Aber auch der leidende Nietzsche wird zum Sujet der bildenden Kunst. In der Collage *Sonnenfinsternis und Corona* (1978) von Joseph Beuys sind zwei Photos übereinander geklebt, ein Zimmer mit düsterem Mobiliar und eine Reproduktion der den geistig erloschenen Nietzsche zeigenden Radierung von Hans Olde. In einem mit Bleistift auf sein aus Farbflecken mit kühlen Blautönen und warmem Braunrot bestehendes Aquarell *Mai hinter Schloß Belvedere (Weimar)* (1941) geschriebenen lyrischen Text hatte Beuys, damals Luftwaffensoldat, noch das Dionysische gepriesen. Dem Schaffen, das in "geistiger Schau" die "Natur" in ein "Idealbild", das "geläuterte Kunstwerk" verwandelt, liegt eine "unendliche Kraft, dies dionysische Erbe und Überquellen", eine "biologische Vererbung" zugrunde. Wie eine Nietzsche-Paraphrase wirkt die Schlußpassage: "Der Mensch kann was er will durch sein Genie und seinen fanatischen Willen das dionysische ins apollinische / Apollo mit Dionysus / nordische Mythologie" (*Beuys*, Wasserfarben, Abb.2 u. S.24) (vgl. *Frenzel*, Prophet, 75).

Seit den dreißiger Jahren wird die Frage immer akuter, ob Nietzsche für den Faschismus mitverantwortlich ist, ob seine Philosophie hier ein ideologisches Reservoir bereitgestellt hat. Karl Kraus verneint dies entschieden. In der *Dritten Walpurgisnacht* (1933) erhebt er Einspruch gegen die Vereinnahmung Nietzsches durch den Nationalsozialismus:

> Nietzsche? Nicht doch, doch nicht! Er wäre, trotz aller Schwankung zwischen den Kulturen, für untermenschliche Methoden, zur Natur zurückzufinden, für eine Grausamkeit, die zugleich unappetitlich ist, vermöge seiner Hinneigung zu romanischen und semitischen Lebensformen kaum heranzuziehen. Wohl hat es ihn nach den "Barbaren des zwanzigsten Jahrhunderts" verlangt, welche er aber doch wieder in ihrer Vorhandenheit nachdrücklichst abgelehnt hat. (59)

Obschon dieses Votum ein wenig überpointiert ist, da Nietzsche immerhin in den "*Barbaren* des zwanzigsten Jahrhunderts" jene "Elemente" begrüßte, "die der *größten Härte gegen sich selber* fähig sind" (WzM, Nr. 868), weist Kraus doch zu Recht die Faschisierung Nietzsches zurück. Er zitiert eine Reihe von eindeutig antideutschen und prosemitischen Nietzsche-Sentenzen (63f.). Die Verbindung Nietzsche-Hitler hält er für einen fatalen Mißgriff. Völlig abwegig ist für Kraus das Posieren Hitlers neben der Büste Nietzsches:

> War schon die Einführung Hitlers in die Welt Wagners ein Mißgriff, so ist es vielleicht eine noch größere Fahrlässigkeit, daß man ihn auf die geistige Verwandtschaft mit Nietzsche aufmerksam gemacht hat, ja geradezu ein faux pas, ihn im Weimarer Kreise neben der Büste zu photographieren. [...] Was ist dem Weimarer Kreis nur eingefallen? Wie konnte Goebbels den Führer so irreführen, daß er ihm solches Nebenbild empfahl? (63f.)

Ähnlich äußert sich später Jaspers:

> Hitler ließ sich im Nietzsche-Archiv in Weimar, begeistert begrüßt von Frau Förster-Nietzsche, neben der Nietzsche-Büste photographieren. Einen Augenblick wurde Nietzsche fast zum Philosophen des Nationalsozialismus. Doch bald ließ man ihn, wissend warum, stillschweigend fallen. (*Jaspers*, Nietzsches Bedeutung [1950], 346)

Hitler hatte vom Denken Nietzsches kaum eine Ahnung, allenfalls diffuse Vorstellungen im Sinne seines Rassenwahns (dazu generell *Langreder*, Nietzsche, 45-59). Es ist kein Zufall, daß er ihn in *Mein Kampf* (1925/1926) überhaupt nicht erwähnt. Sein Adlatus Alfred Rosenberg verweist in seinem Machwerk *Der Mythus des 20. Jahrhunderts* (1930) nur an wenigen Stellen auf Nietzsche. Er wirft den "marxistischen nomadischen Wanderpredigern" vor, sie hätten im Namen Nietzsches "Rassenverseuchung" verursacht, "während doch gerade Nietzsche die rassische Hochzucht erstrebte". "Das deutsche Volk hörte nur von Lösung aller Bindungen, Subjektivismus, 'Persönlichkeit' und nichts von Zucht und innerem Hochbau." Nietzsche sei in dieser Frage, "neben Lagarde und Wagner", "fast der einzige Weitschauende" gewesen (530f.). Die nationalsozialistische Nietzsche-Deutung lief im wesentlichen auf die rassistische Entstellung Nietzsches hinaus, unter massiver Diffamierung der Intellektuellen. Dabei hat sich die NS-Führungsclique kaum eingehend mit Nietzsche befaßt. Er diente der offiziellen Propaganda allenfalls als Lieferant von Schlagworten. Es "konnten Begriffe wie die 'blonde Bestie', der 'Übermensch' und der 'Wille zur Macht' im faschistischen Sinne umgedeutet werden" (*Stakkelberg*, Nietzsche, 438). Festzuhalten ist, daß Nietzsche auf keinen Fall ein Rassist war. Er hat zwar in der "Rassen"-Frage eine Reihe gefährlicher Äußerungen von sich gegeben, im Sinne einer Macht- und Züchtungsideologie, aber er hat auch scharfe Kritik am rassistischen Chauvinismus seiner Zeit geübt: "Maxime: Mit keinem Menschen umgehn, der an dem verlognen Rassen-Schwindel Anteil hat." (U II, 433). Völlig deplaziert ist jedenfalls ein Urteil wie: "Es ist kein Zweifel, daß Nietzsche auf diesem Weg zur Bestialität ein Markstein, wenn nicht überhaupt der Wendepunkt ist." (*Sandvoss*, Hitler u. Nietzsche, 201). Nietzsche und der Nationalsozialismus – ein höchst diffiziles, prekäres Thema. Wahrscheinlich hätte Nietzsche in Hitler einen plebejischen Demagogen gesehen, wie er wohl Mussolini für eine Karikatur der römischen Cäsaren gehalten hätte. Auf keinen Fall hätte er diesen beiden Pseudogrößen die Bedeutung Bismarcks oder Napoleons zugestanden. Wenn schon nicht aus moralischen, so hätte er sie aus ästhetischen Gründen abgelehnt, als Führer von Massenbewegungen, die seinem 'aristokratischen' Individualismus sowieso *contre cœur* gewesen wären – es sei denn, er hätte, wie später vorübergehend Benn, im Willen des 'Führers' und in den braunen Marschkolonnen die Inkarnation des 'Willens zur Macht' gesehen. Aber das ist eher unwahrscheinlich. Wahrscheinlich hätte er sich, wie George, dem Nationalsozialismus verweigert und nicht, wie Benn, in den Nationalsozialisten die die "liberale und individualistische Ära" überwindenden "Barbaren des zwanzigsten Jahrhunderts (*Nietzsche*)" erblickt (Antwort an die literarischen Emigranten, 248). Aber dies sind Vermutungen. Definitive Aussagen sind in dieser Frage nicht möglich. Festhalten kann man lediglich, daß Nietzsches Ideen sich sowohl positiv als auch negativ auswirken können. In dieser Hinsicht trifft zu, was Max Halbe in *Scholle und Schicksal* (1933), freilich mit einem nationalen Touch, über die Wirkungen Nietzsches schreibt:

> falsch gehandhabt, als Werkzeug von Unberufenen, können sie ebenso großen Schaden stiften wie im umgekehrten Falle unermeßlichen Segen. Auch Nietzsches Wort ist diesem Verhängnis nicht entgangen. Sein Herrenmensch, seine blonde Bestie, um nur ein paar von jenen damaligen falsch verstandenen Modebegriffen zu nennen, haben in den Köpfen der Mittelmäßigen eine heillose Verwirrung angerichtet und sind von der Schar unserer auswärtigen Feinde sogar als politische Argumente gegen uns verwertet worden. (409)

Nicht übersehen darf man im übrigen die Ohnmacht Nietzsches im Hinblick auf historische Prophylaxe. Max Horkheimer trifft, im Lichte der kritischen Gesellschaftstheorie, den Sachverhalt, wenn er, unter Berufung auf Nietzsches Besorgnis, "dass man Unfug mit mir treibt" (6, 365 – EH), feststellt: "Er hat die Führer in die herrliche Zukunft, die Marktschreier der Herrenrasse vorausgeahnt. Verhüten jedoch konnte er gar nichts." (Aktualität Schopenhauers, 248). Nietzsches Denken und Schaffen zielte nicht auf Unterdrückung, sondern auf Freiheit. Zu Recht verweist Herbert Marcuse auf die "befreiende Atmosphäre von Nietzsches Denken" (Der eindimensionale Mensch, 228). Generell könnte man, *cum grano salis*, sagen, daß nicht der wahre, sondern der mißbrauchte Nietzsche der Vorläufer des NS war.

Symptomatisch für die Nietzsche-Rezeption moderner Autoren ist allerdings, daß sich mit der Veränderung der politischen Situation, besonders angesichts der Bedrohung durch den Faschismus, auch die Beurteilung Nietzsches ändern kann. Dies zeigt sich in exemplarischer Weise bei Alfred Döblin. Um die Jahrhundertwende äußert er sich positiv zu Nietzsche, zu Nietzsches Biologismus; in den zwanziger Jahren respektiert er in ihm den großen Künstler, Wegbereiter eines neuen Naturalismus und Zeitkritiker; seit den dreißiger Jahren hält er ihn für gesellschaftspolitisch gefährlich. Um die Jahrhundertwende setzt er sich mit dem Biologismus Nietzsches auseinander, im affirmativen Sinne einer Synthese von idealistischen und naturwissenschaftlichen Aspekten bei Nietzsche. Im Aufsatz *Der Wille zur Macht als Erkenntnis bei Friedrich Nietzsche* (1902) hält er es für falsch, Nietzsche "als den 'Kämpfer gegen seine Zeit' hinzustellen" [Anspielung auf Rudolf Steiners Nietzsche-Buch von 1895], das heißt, ihn in Opposition zu "einem bis zum Exceß naturwissenschaftlichen Zeitalter" zu setzen (322). Trotz der Polemik gegen die Naturwissenschaften sei Nietzsches Philosophie des Willens zur Macht durch sie geprägt: "der Geist moderner Naturwissenschaft schwebt hier über den Wassern"; Nietzsche stehe da "gleichsam als der fleischgewordene Wille zur Naturwissenschaft in der Philosophie" (323). Im Aufsatz *Zu Nietzsches Morallehre* (1903) deutet Döblin Nietzsches Philosophie als Synthese aus "Metaphysik" und "Empirismus": "Eine eigentümliche Verbindung geht bei Nietzsche Metaphysik und Empirismus ein, die das eigentliche Wesen seiner Philosophie ausmacht." (333). "Der Standpunkt der empirischen Weltanschauung, auf die wir Nietzsche stoßen sahen, ist ein subjektiver Idealismus auf biologisch sensualistischer Grundlage." (334). Döblins positive Bewertung Nietzsches hält bis um 1930 an. Er konzediert dem Lyriker Nietzsche "stark empfundene ethisierende Sachen" (Reform des Romans, 1919, 36), verweist auf die "großen historischen, vom Naturalismus eingegebenen Ausblicke Nietzsches" (Der Geist des naturalistischen Zeitalters, 1924, 77), nennt das "freie Fabulieren", das "Spiel mit der Realität", "mit Nietzsches Worten ein Überlegenheitsgelächter über die Fakta, ja über die Realität als solche" (Der Bau des epischen Werks, 1929, 109), zitiert zustimmend das "Wort Nietzsches" "von den Geistigen, die in Deutschland wie ein Kranichzug über das Volk fliegen" (Vom alten zum neuen Naturalismus, 1930, 141) und bezieht sich auf Nietzsches Skepsis gegenüber dem "preußisch-deutschen Sieg" von 1870/71 (Einführung in eine Arno Holz-Auswahl, 1951, 149). Anderseits wird Döblin Nietzsche-Kritiker. Er wirft ihm Versagen im gesellschaftlich-sozialen Bereich vor. Nietzsche habe eine reaktionäre Herrenmensch-Philosophie verkündet und damit faktisch bestehende Machtverhältnisse ideologisch sanktioniert. Und er habe die gesellschaftlichen Ursachen seiner eigenen Isolierung nicht erkannt. In *Wissen und Verändern!* (1931) schreibt Döblin:

> Und was er in Moralgeschichte, Psychologie Starkes geleistet hat, kann nicht hindern, seine Übel zu nennen. Er stellte – im feudalistischen Deutschland – ein Herrenideal auf! [...] Er hätte etwas nachdenken sollen über seine eigene Ohnmacht im Reich und warum er unstet und flüchtig, ewig isoliert hier herumirrte. (72)

Mit Blick auf Benn, der "ein geschworener Nihilist auf den Spuren Nietzsches" und "Machtanbeter" sei, verweist Döblin auf "Nietzsches amoralische Gewalttheorie", die rechtsorientierte Kräfte "reif" machte "für eine Annäherung an das Konservativ-Feudalistische, dann an den Nazismus" (Die deutsche Literatur, 1938, 192f.). Zugleich verwirft Döblin nun Nietzsches Biologismus. Im Hinblick auf "die beiden Kraftlinien, die sozialistische und die biologische, die aus dem 19. in das 20. Jahrhundert herüberliefen", erscheint Nietzsche als Protagonist und Wegbereiter des Biologismus. Unter seinem Einfluß hat sich die "biologische Idee des Übermenschen und dann der Herrenrasse" machtpolitisch durchgesetzt. Döblin fügt allerdings hinzu, daß in der modernen Rassentheorie die Idee des Nietzscheschen "Übermenschen" überdeckt und pervertiert worden sei durch eine rassistische Herrenmensch-Ideologie, durch die "Idee des arischen Herrenmenschen" (Die literarische Situation, 1946, 7ff.). Aufschlußreich ist, daß Döblin um 1900, also zu einer politisch vergleichsweise ruhigen Zeit, an Nietzsches Biologismus keinen Anstoß nimmt, ihn aber später, unter der Drohung und Praxis des Faschismus, für eine Gefahr hält. Es ist dies ein symptomatisches Beispiel dafür, wie der Epochenwandel einen Wandel in der Bewertung Nietzsches nach sich ziehen kann.

V. Klassische Moderne und Aktualität

Der Einfluß Nietzsches in der modernen deutschen Literatur beschränkt sich nicht auf die reflexive Rezeption, sondern zeigt sich auch in der produktiven Wirkung. Die großen Autoren der klassischen Moderne, Schriftsteller wie Thomas Mann, Gottfried Benn und Robert Musil, reflektieren nicht nur über Nietzsche, in Essay, Brief, Tagebuch oder Aphorismus, sondern bei ihnen erfolgt auch die kreative Integration Nietzsches ins Kunstwerk, in Roman, Erzählung oder Gedicht. Nietzsche ist bei ihnen Gegenstand sowohl der ästhetischen Reflexion als auch des ästhetischen Gebildes. Der Kunstfaktor kommt ins Spiel. Freilich, auch die theoretischen, programmatischen Äußerungen dieser Autoren haben künstlerische Qualität. Ihre Essays sind Kunstessays. Insofern sind die Grenzen zwischen essayistischer Reflexion und künstlerischer Gestaltung bei ihnen fließend. Die Nietzsche-Vorträge Thomas Manns und Benns sind selbst künstlerische Gebilde. Und es kann, *vice versa*, im eigentlichen Kunstwerk die Reflexion über Nietzsche erfolgen, zum Beispiel in Thomas Manns *Doktor Faustus*, wo im Teufelsgespräch essayistische Expertisen über Nietzschesche Philosopheme inszeniert werden, oder in Gedichten Benns, in denen Nietzsche zitiert wird. Dennoch kommt den Kunstwerken selbst ein Sonderstatus zu. Daß Nietzsche in ihnen einen spezifischen Stellenwert erlangt, signalisiert seine eminente Bedeutung für die künstlerische Moderne. Nun taucht Nietzsche schon seit der Jahrhundertwende nicht nur in Essays, sondern auch in Dichtungen auf. Aber in der Regel war er dort Thema der *poetae minores*, die sich seiner in ekstatischem Überschwang bemächtigten, ohne ihn künstlerisch zu verarbeiten. Bei den *poetae maiores*, den produktiven Potenzen der Moderne, hingegen wird er zum künstlerischen Strukturelement. Das literarische Gefälle zwischen beiden Gruppen ist beträchtlich. Dabei muß man allerdings berücksichtigen, daß Nietzsche auch schon um die Jahrhundertwende, bei George, Rilke und Hofmannsthal sowie beim frühen Heinrich Mann, in Texten von literarischer Qualität gegenwärtig ist. Aber zum wirklich konstitutiven Faktor einer ästhetischen Struktur wird er doch erst bei Autoren wie Thomas Mann und Gottfried Benn. Bei ihnen ist Nietzsche zudem ein konstantes, über Jahrzehnte hin wirksames Motiv ihrer literarischen Texte. Es kommt hinzu, daß die mit Nietzsche befaßten Werke dieser Autoren stärker auf die aktuelle Moderne wirken als die Nietzscheana auch ihrer literarisch bedeutenden Vorgänger.

Nietzsche wird zum Funktionselement einer ästhetischen Struktur. Seine Denkmotive, bedeutungsvollen Zitate und hintergründigen Allusionen werden künstlerisch integriert. Sie gewinnen strukturbildende Funktion im Kunstwerk. Dabei kann die Autorperspektive affirmativ, kritisch oder rein spielerisch sein. Die Denkmotive, Zitate und Allusionen können thetisch eingesetzt werden. Dann haben sie die Funktion, Nietzschesche Theoreme, mit denen der Autor übereinstimmt, zu verifizieren. Sie können aber auch variantenreich abgewandelt werden. Dann signalisieren sie eine spielerische Freiheit des Autors gegenüber dem Sujet. Schließlich können sie auch in einen neuen Sinnkontext eingefügt werden. Dann werden sie funktionalisiert im Hinblick auf die Geisteshaltung des Autors. Wenn Benn im Gedicht *Turin* (GW III, 177) einen Satz Nietzsches zitiert, so dient dies der Verifikation der Lebenssituation Nietzsches. Wenn Thomas Mann im *Doktor Faustus* den Teufel Nietzscheanismen verkünden läßt, so stimmt er zwar mit dessen ästhetischen Thesen offenbar überein, wandelt aber Nietzsche ab, indem er ihn dämonisiert. Wenn Musil im *Mann ohne Eigenschaften* Nietzsche oder Nietzsche-Motive ins Spiel bringt, dann rückt er sie zumeist ins Zwielicht von Pathos und Parodie, läßt keine eindeutige Stellungnahme des Erzählers erkennen und praktiziert auch im Hinblick auf Nietzsche das Stilprinzip der Ambivalenz. Dabei ist der Unterschied der literarischen Gattungen nicht unerheblich. Der Lyriker hat in der Regel ein spontaneres, unmittelbareres Verhältnis zu seinem Sujet als der Prosaist, der seinen Gegenstand aus epischer Distanz beleuchtet. Freilich, auch die Romane Thomas Manns und Musils enthalten direkte Nietzsche-Zitate. Aber im lyrischen Gedicht hat das Zitat konzentriertere Aussagekraft als im epischen Kontext, wo es einem weitgespannten Erzählzusammenhang integriert ist. Man darf die Gattungsgrenzen in dieser Hinsicht allerdings nicht zu scharf ziehen. Benn zitiert Nietzsche immer wieder in seinen Essays, in seiner Kunstprosa, und da zeigt er die gleiche Unmittelbarkeit und das gleiche Pathos wie im Gedicht. Dabei ist allerdings zu beachten, daß diese Prosa von Lyrismen durchsetzt ist, so daß sich in vielen Passagen die Gattungsgrenzen verwischen. Andererseits kann sich der Erzähler Thomas Mann in der Beschreibung Nietzschescher Denkmotive zu lyrischem Pathos aufschwingen, wie dies vor allem die zitathaltige Paraphrase der 'Inspiration' aus Nietzsches *Ecce homo* im Teufelsgespräch bezeugt. Zitate können klar und offen, aber auch verdeckt und versteckt sein. Unterscheidet man zwischen dem 'offenbaren' und dem 'kryptischen' Zitat (*H. Meyer*, Zitat, 12f.), so hat man es bei Benn mit dem offenen Nietzsche-Zitat zu tun (das zwar verändert werden kann, aber nicht gezielt verborgen wird), während Thomas Mann neben dem offenen auch das kryptische Zitat anwendet (das sogar zum Doppelzitat werden kann, wie dies bei dem Personendreieck Adrian Leverkühn – Marie Godeau – Rudi Schwerdtfeger der Fall ist, das nicht nur auf die Beziehung Nietzsche – Lou von Salomé – Paul Rée, sondern auch auf Motive Shakespeares anspielt (vgl. *Thomas Mann*, Entstehung, 104; dazu: *H. Meyer*, Zitat, 228f.). Hier ist der Begriff 'Zitat' in weitestem Sinne zu nehmen. 'Zitat' ist nicht nur die wörtliche Übernahme, sondern auch die Adaption ganzer Motivkomplexe.

Aber nicht nur im 'Zitat', sondern überhaupt auch im geistigen Gehalt und in der ästhetischen Struktur eines literarischen Textes kann sich die prägende Wirkung eines Sujets zeigen. Dies muß nicht zur völligen Identifikation in Aussage und Stil führen – die birgt die Gefahr der epigonalen Erstarrung in sich. Von ästhetischer Relevanz ist allein die produktive Weiterbildung des literarischen Vorbildes. Nur wenn der Rezipient in der literarischen Adaption ein eigenes, kreatives Profil zeigt, hat sein Text ästhetischen Wert. So steht Benns expressionistisches Gedicht *Ikarus* (GW III, 46) mit seinem dithyrambischen Pathos, vor allem mit dem Motiv des Raum und Zeit tilgenden Mittags, in der Nachfolge Nietzsches. Aber im Impetus zur regressiven Destruktion des Bewußtseins löst es sich von Nietzsche. Während bei Nietzsche der panische Mittag zum Symbol der ewigen Wiederkehr und des Übergangs vom Menschen zum Übermenschen wird, ist er bei Benn Ausdruck der Krise des Bewußtseins und des Impulses nach Reintegration ins Animalisch-Vegetabilische. Die Anverwandlung des Motivs "Mittag" ist eine produktive Anverwandlung. Das Motiv erhält bei Benn einen neuen Stellenwert. Aber es kommt nicht nur auf einzelne Motive an. Ein ganzer Text kann nietzscheanisch eingefärbt sein. So sind die Gedichte und die Prosa Benns durchsetzt von der Thematik der Einsamkeit, der monologischen Existenz. Benn beruft sich dabei nicht zuletzt auf Nietzsche. Wie bei Nietzsche ist bei ihm die Einsamkeit kreative Einsamkeit. Aber bei ihm verbindet sich die Einsamkeit mit Trauer und Melancholie. Dies unterscheidet ihn von Nietzsche. Aber auch der Stil hat sich verändert. Benn hat Diktion und Tonlage Nietzsches aufgegeben. Während Nietzsche in wachsendem Maße die Einsamkeit in dithyrambischen Aufschwungsgebärden mit der dionysischen Selbstapotheose verbindet, wird sie bei dem Melancholiker Benn in meditativer Distanz zum Leben reflektiert, in einer zunehmend gestillten Tonlage. Stilistisch ist aber vor allem die Bennsche Montagetechnik Nietzsche noch fremd. Sie mußte ihm noch fremd sein, da erst mit der immensen Erweiterung des kulturellen, zivilisatorischen und gesellschaftlichen Horizonts im 20. Jahrhundert eine in die disparatesten Bereiche ausgreifende literarische Montagetechnik möglich war. Die Universalgeschichte forderte Einlaß in die Literatur. Sie forderte neue Ausdrucksformen. Eine neue Diktion und ein neues Vokabular waren erforderlich. Dennoch verliert Nietzsche seine historische Sprengkraft nicht. Wenn auch manche Denkmotive Nietzsches (wie der Übermensch und die ewige Wiederkunft) schon bei den meisten Vertretern der klassischen Moderne nur noch historisches Interesse wecken, ja, der Übermensch ihnen höchst suspekt geworden ist, so behalten doch andere Schlüsselprobleme Nietzsches (wie die Gott-ist-tot-Philosophie, die Problematik von Nihilismus und Kunst, das Problem der einsamen, kreativen Künstlerexistenz) ihre aktuelle Bedeutung. Sie werden freilich in einen neuen Kontext gestellt, so bei Benn in den Kontext der statischen Existenz und der absoluten Kunst. Für die wirklich schöpferischen Existenzen ist die

Auseinandersetzung mit Nietzsche nur sinnvoll und tragfähig als produktive, weiterführende Auseinandersetzung. Thomas Mann beschränkt sich nicht auf eine Reproduktion der Lebensgeschichte und Ideenwelt Nietzsches, sondern er schafft in Adrian Leverkühn eine Kunstfigur, die in bestimmten, zentralen Punkten der Existenzproblematik und Lebensgeschichte Nietzsches entspricht, aber in anderen, nicht unerheblichen Aspekten von Nietzsche abweicht, wie sie überhaupt eine synthetische Figur ist, in die die verschiedensten geistesgeschichtlichen Motive einfließen. Nietzsche ist nur *ein*, allerdings das wichtigste Element in einem komplexen Bedeutungsfeld. Schon durch die Wahl eines Musikers zum Protagonisten des Romans hält der Autor einen gewissen Abstand zum authentischen Nietzsche. Durch die Erzählerfigur des Humanisten Zeitblom wahrt er bei allem emotionalen Beteiligtsein am Schicksal seines Helden eine in seiner humanen Geisteshaltung begründete epische Distanz zu dem dämonischen Musiker. Er ist allerdings auch erzähltechnisch auf den vermittelnden Erzähler, auf eine auktoriale Erzählhaltung angewiesen, denn nur sie ermöglicht die facettenreiche Beleuchtung des Sujets. Ein personales Erzählen, eine Darstellung aus der Perspektive Leverkühns, wäre auf eine Identifikation mit der dämonischen Existenz hinausgelaufen. Vor dieser Identifikation schreckt Thomas Mann zurück. Sofern Leverkühn nicht nur ein Paradigma der modernen Künstlerexistenz, sondern auch ein Symbol der dämonischen Zeitgeschichte mit ihren romantischen Ursprüngen ist, mußte Thomas Mann auf Abstand gehen. Aber auch der Mensch und Künstler Leverkühn ist nicht völlig mit Nietzsche identisch. Seine konstitutionelle Kälte, seine romantischen Dämonien, sein bionegatives Schaffen, seine Absage an den ästhetischen Schein – dies unterscheidet ihn von Nietzsche. Durch die absolute Einsamkeit und die kreative Inspiration ist er allerdings mit ihm verbunden. Die Figur ist ein charakteristisches Beispiel für die produktive Anverwandlung Nietzsches durch einen bedeutenden Autor der modernen Literatur. Nietzsche wird als eine überragende Gestalt der Geistesgeschichte angenommen und aktualisiert, aber er wird zugleich in einen weitergreifenden Sinnkontext gestellt. Nietzsche wird zum fundamentalen Denkanstoß für die Auseinandersetzung mit der Zeitgeschichte, mit dem Deutschtum, mit dem Problem von Dämonie und Humanität. Er wird allerdings auch und vor allem zum ästhetischen Anreiz einer perspektivenreichen Reflexion auf die Situation der modernen Künstlerexistenz. Daß Thomas Mann bei der Frage nach den Ursachen des Geschehens weder Gesellschaftsanalyse noch Sozialpsychologie betreibt, sondern mit kulturhistorischen und kunstästhetischen Kategorien operiert, zeigt seine Bindung sowohl an die klassisch-romantische Tradition als auch an die Kulturkritik Nietzsches. Eine moderne Problemstellung wird mit traditionalistischen Mitteln bewältigt. Entscheidend ist, daß Nietzsche noch in einem nach dem Zweiten Weltkrieg erschienenen bedeutenden Roman zum Paradigma der Zeitgeschichte und der Künstlerexistenz wird.

Die produktive Anverwandlung Nietzsches ist eine perspektivische, engagierte und kreative Anverwandlung. Nietzsche wird von seinen bedeutenden Rezipienten kaum je wertneutral rezipiert. Es ist kaum das Interesse an objektivem Erkenntniszuwachs, sondern vorrangig die spezifische Perspektive des Rezipienten, die die Nietzsche-Deutungen leitet. Existenzproblematik, Weltsicht und Zielsetzung des Rezipienten fließen in sein Nietzsche-Bild ein. Obschon in bestimmten Punkten, vor allem im Problemfeld von schöpferischem Leben, schaffendem Künstler und höchster Kunst, weitgehend Übereinstimmung zwischen den einzelnen Rezipienten besteht, wird Nietzsche von ihnen doch jeweils aus einem besonderen Blickwinkel gesehen und gedeutet. Man wählt aus der Motivvielfalt Nietzsches bestimmte Motive aus, die der eigenen Weltsicht korrespondieren. Man setzt bestimmte Wertakzente, die aus den eigenen Wertvorstellungen erwachsen. Man beruft sich auf bestimmte Postulate, die den eigenen Intentionen entsprechen. Auch wenn man davon ausgeht, daß es *den* Nietzsche, den 'objektiv' verifizierbaren, allgemeinverbindlichen Nietzsche nicht gibt, nicht geben kann, da jede Nietzsche-Interpretation dem (Nietzscheschen) Perspektivismus-Prinzip unterliegt, so sind doch die weltanschaulichen, ästhetischen und persönlichen Prämissen in den Nietzsche-Deutungen der Künstler und Schriftsteller besonders stark ausgeprägt. Freilich, die produktiven literarischen Geister verwandeln Nietzsche nicht in ein bloßes Medium des eigenen Erlebens. Sie sind vielmehr durchaus auch an Sachklärungen interessiert. Aber zugleich besteht eine starke Tendenz, Nietzsche zum Kronzeugen der eigenen Anschauungen zu instrumentalisieren. Dabei ist allerdings nicht zu verkennen, daß sich gerade aus der subjektiven Sicht, die sich häufig auf bestimmte Partialaspekte konzentriert, der Blick für die jeweilige Problematik schärfen kann. Auch darf man nicht außer acht lassen, daß die Schriftsteller und Dichter sich als Künstler mit Nietzsche auseinandersetzen und daß die künstlerische Nietzsche-Deutung ihren eigenen Spielraum hat. Es ist eben ein Unterschied, ob Philosophen, Psychologen, Soziologen oder

Künstler sich mit Nietzsche bechäftigen. Der Künstler kann freiere, ästhetische Lizenzen im Umgang mit dem Sujet Nietzsche beanspruchen. Zudem geht es dem Künstler nicht nur um die Mitteilung von Inhalten, um die Information über Probleme und Denkmotive Nietzsches, sondern er will auch durch die Art und Weise seiner Darstellung das Phänomen Nietzsche verlebendigen. Nicht nur das Was, sondern auch das Wie der Darstellung ist von Bedeutung. Man darf daher die essayistischen Äußerungen und dichterischen Gestaltungen zu Nietzsche nicht nur unter dem Aspekt ihrer sachlichen Stimmigkeit bewerten, sondern muß sie auch als Ausdruck eines küntlerischen Impetus lesen. Die literarischen Nietzsche-Rezeptionen sind nicht zuletzt experimentelle Annäherungen an einen *rocher de bronze*, an eine autoritative Gestalt, die zum ästhetischen Anreiz der eigenen produktiven Energien wird. Man projiziert eigene Probleme in Nietzsche hinein – Probleme, die freilich häufig erst durch Nietzsche akut geworden sind. Man nutzt Nietzsche als ästhetisches Stimulans für den eigenen Schaffensprozeß, den eigenen Schreibduktus. Man beruft sich auf Nietzsche im weltanschaulichen Disput. Nietzsche ist geistige Projektionsfigur, ästhetischer Probierstein und weltanschauliche Orientierungshilfe. Aber es gibt nicht nur die Annäherung an Nietzsche, sondern auch die Loslösung von ihm. Nietzsche kann zur Provokation werden, gegen die man sich schreibend zur Wehr setzt. Auch die Selbstbehauptung gegenüber Nietzsche kann ein wesentlicher Antrieb sein. Nietzsche kann schließlich zum Gegenstand des ironischen Spiels werden. Man sieht sich in die Auseinandersetzung mit ihm genötigt, hält ihn aber durch Zweideutigkeit auf Distanz. Aber wie immer man sich zu Nietzsche verhält, ob affirmativ, kritisch oder ambivalent, er ist in jedem Falle für den Schreibenden eine nicht zu umgehende Herausforderung.

Es ergibt sich für die Nietzsche-Deuter, auch für die literarischen Interpreten, die Schwierigkeit, daß sie sich bei Nietzsche einer Komplexität von Funktionen konfrontiert sehen: dem Philosophen, dem Psychologen, dem Kulturkritiker und – dem Künstler Nietzsche. Daß für die literarischen Nietzsche-Exegeten der Künstler und die Kunst im Mittelpunkt ihrer Reflexionen und Gestaltungen stehen, versteht sich von selbst. Nietzsche als der Schaffende, als die kreative Existenz schlechthin, ist ihr Zentralthema. Da sich aber bei Nietzsche die Einzelfunktionen kaum voneinander trennen lassen, sondern sich vielfältig überschneiden, muß auch die literarische Nietzsche-Rezeption mit den künstlerischen Problemen auch die philosophischen, psychologischen und kulturkritischen Aspekte berücksichtigen. In der Tat haben die großen Autoren der klassischen Moderne diesen komplexen Zusammenhang gesehen. Thomas Mann hat immer neben dem Künstler vor allem den Psychologen und Kulturkritiker Nietzsche im Blickfeld. Gottfried Benn erklärt Nietzsche zum Präzeptor des modernen Denkens und Schaffens überhaupt. Heinrich Mann rückt den Künstler Nietzsche in einen gesellschaftspolitischen Kontext. Robert Musil entfaltet in Zitaten und subtilen Allusionen die ästhetischen, psychologischen, kulturkritischen und gesellschaftlichen Implikationen Nietzscherscher Denkmotive. Hermann Broch rückt Nietzsche in den Kulturhorizont des Zerfalls der traditionellen Wertsysteme und der Forderung nach Entfaltung neuer Werte. Ernst Jünger sieht in Nietzsche den heroischen Vordenker des alle menschlichen Bereiche durchdringenden modernen Nihilismus. Albert Camus erblickt in Nietzsche den freien Menschen der metaphysischen und historischen Revolte gegen die bestehenden Kultur- und Gesellschaftssysteme. Alle diese am Künstlertum Nietzsches interessierten Schriftsteller isolieren den Künstler Nietzsche nicht, sondern stellen ihn in einen übergreifenden kulturhistorischen Kontext. Keiner von ihnen verbannt Nietzsche in den ästhetischen Elfenbeinturm. Sie alle erkennen, daß Kunst und Künstlertum bei Nietzsche unlöslich verquickt sind mit Philosophie, Psychologie und Kulturkritik und daß sein künstlerisches Schaffen auf die Welt, auf Weltveränderung zielt. Nietzsche hat jede *l'art-pour-l'art*-Ästhetik radikal abgelehnt und den "*Künstler*-Philosophen" gefordert (12,89), d.h. den die Welt umschaffenden Denker. Damit aber gerät sein Denken schon gewissermaßen *per definitionem* in außerästhetische Zusammenhänge. Nur diese Intention erklärt ja auch seine universelle, weit über die Literatur hinausreichende Wirkung.

Die Schriftsteller haben der Komplexität des Sujets Rechnung getragen. Sie haben die philosophischen, psychologischen, kulturkritischen und gesellschaftlichen Konditionen und Intentionen des Künstlers Nietzsche berücksichtigt, mehr oder weniger stark, je nach dem Standort des Rezipienten, ja, häufig wird der Künstler Nietzsche von dem Philosophen, Psychologen oder Kulturkritiker Nietzsche verdeckt. Gerade die künstlerischen Nietzsche-Exegeten neigen dazu, bestimmte Motiv- und Problemkomplexe aus dem Werk Nietzsches herauszugreifen und sie zum zentralen Antrieb des Nietzscheschen Schaffens und Denkens zu erklären. Häufig werden Partialaspekte in den Vordergrund gerückt, ja verabsolutiert. Gerade in den künstlerischen Nietzsche-Darstellungen herrscht das Stilprinzip Perspektivismus. Gerade bei den Schriftstellern gelangt das perspektivische Deuten voll zum Durchbruch. Ihre Nietzsche-Auslegungen sind besonders stark geprägt von der jeweiligen Sichtweise des Schreibenden. Darüber hinaus kann es, vor allem in Dichtungen, zu ästhetischen Transformationen kommen, in denen das Bild Nietzsches umgeformt wird. Die Künstler und Schriftsteller formen sich weitgehend Nietzsche nach ihrem Bild. Das muß nicht auf die Preisgabe intersubjektiv verifizierbarer Sachverhalte an die subjektive Sicht des Rezipienten hinauslaufen. Perspektivismus ist nicht gleichzusetzen mit subjektivistischer Deutungswillkür. Gerade die perspektivistische Deutung kann durch ein forciertes Engagement, durch das kreative Interesse am Sujet dessen Physiognomie treffender, markanter nachzeichnen, bestimmte Gesichtspunkte prägnanter akzentuieren und überhaupt neue Aspekte entdecken. Sie kann eine weiterführende ästhetische und kognitive Erhellung des Phänomens implizieren. So haben vor allem die Nietzsche-Deutungen Thomas Manns und Benns zu einem vertieften Verständnis Nietzsches beigetragen – unbeschadet oder gerade wegen der perspektivischen Brechungen ihrer Nietzsche-Bilder. Die diversen Nietzsche-Deutungen der einzelnen Autoren stimmen in bestimmten Punkten überein, vor allem im Hinblick auf die kreative Potenz und historica Bedeutung Nietzsches. Sie können aber auch voneinander abweichen und unterschiedliche Motive Nietzsches als die für sie relevanten Motive herausheben. Wenn auch im Hinblick auf das Künstlertum Nietzsches kaum ein Dissens besteht, so gibt es doch erhebliche Deutungsunterschiede hinsichtlich der Funktion dieses Künstlertums. Jeder hat 'seinen' Nietzsche, Benn den artistischen Nietzsche, Thomas Mann den ästhetischen Nietzsche, Heinrich Mann den aufklärerischen Nietzsche, Musil den aphoristischen Nietzsche, Broch den wertethischen Nietzsche, Jünger den heroischen Nietzsche, Camus den revoltierenden Nietzsche. Dies sind natürlich plakative Verkürzungen. Im einzelnen können sich diese Aspekte vielfältig überschneiden. Aber sie signalisieren immerhin eine Grundtendenz. Vielfach bewegen sich die literarischen Nietzsche-Interpreten ganz im binnenkünstlerischen Bereich, im Problemfeld von Kunst und Künstlertum. Dann wieder überschreiten sie die ästhetische Immanenz des Kreativen, ja drängen sie häufig sogar in den Hintergrund, um heterogene Probleme und Intentionen in den Mittelpunkt ihrer Überlegungen zu rücken.

Von paradigmatischer Bedeutung sind die Nietzsche-Rezeptionen Thomas Manns und Gottfried Benns, jener beiden Autoren, auf die Nietzsche am intensivsten (und extensivsten) gewirkt und bei denen er die stärkste produktive Wirkung gezeitigt hat. Bei beiden steht das Künstlerische, die ästhetische Problematik, im Mittelpunkt ihrer Reflexionen über Nietzsche. Im Grundprinzip, d.h. hinsichtlich der eminenten künstlerischen Bedeutung Nietzsches, besteht Übereinstimmung zwischen ihnen. Dennoch gibt es erhebliche Unterschiede, nicht nur in Akzentuierungen, sondern auch im Grundsätzlichen. Thomas Manns Interesse gilt in erster Linie dem Künstler und Menschen Nietzsche. Immer wieder geht er in seinen Schriften sowohl auf den Menschen Nietzsche, den leidenden, den sich verzehrenden und für die Menschheit aufopfernden Menschen, als auch vor allem auf den Künstler Nietzsche ein, wobei ihn primär der Prosaist, der virtuose Prosaist der kritischen Schriften, interessiert. Bei Benn hingegen steht die Kunst, das Kunstgebilde, im Zentrum seiner Reflexionen über Nietzsche. Die monologische Existenz, die Überwindung des Nihilismus durch die Kunst und die Kunst als Artistik – dies sind seine Hauptthemen in Sachen Nietzsche. In formelhafter Zuspitzung könnte man sagen: Thomas Manns Interesse richtet sich primär auf die Künstlerexistenz, Benns Interesse gilt in erster Linie dem Kunstwerk. Während Thomas Mann sich – häufig in erlebnisintensiver Ergriffenheit – mit einem Künstlerschicksal beschäftigt, konzentriert sich Benns intentionale Sicht stärker auf das ästhetische Gebilde – ohne die existentielle Problematik Nietzsches aus dem Blickfeld zu verlieren. Besonders deutlich werden die unterschiedlichen Perspektiven Thomas Manns und Benns am Problem von Kunst und Moral. Thomas Mann hat in Nietzsche immer auch den Humanisten gesehen und sein kulturkritisches Potential für die Entwicklung einer europäischen Humanität in Anspruch genommen. Er hat allerdings auch Nietzsches Destruktion der Moral zugunsten des Lebens verurteilt. Benn hingegen klammert Humanität und Moral als Wertungskriterien aus und verabsolutiert die Kunst. Für ihn ist die Frage nach Kunst und Moral falsch gestellt, da der Künstler seinem immanenten Schöpfungsimpuls folgt. Der Moralist Thomas Mann wirft die Frage nach der moralischen Verantwortlichkeit des Künstlers, nach dem Verhältnis von Kunst und Humanität auf. Der Artist Benn entzieht den Künstler der Moral, wie überhaupt allen heterogenen Zwecken, und ist nur am artistischen Arrangement der Sprache interessiert.

Auch der *modus operandi* ist von unterschiedlicher Art. Bei Thomas Mann dominiert die einfühlende Beschreibung, bei Benn die thesenhafte Setzung. Thomas Mann verlebendigt Nietzsche in seinen Essays durch ein differenziertes Einfühlungsvermögen in Leben, Atmosphäre und Ideenwelt Nietzsches, freilich auch durch kritische Reflexion über die positiven und schädlichen Theoreme Nietzsches. Benn operiert mit apodiktischen Thesen. Er stützt vor allem sein ästhetisches Credo der absoluten Kunst durch Nietzschesche Fundamentalsätze über die Kunst als höchste Ausdrucksform des Lebens. Thomas Mann bevorzugt die deskriptive Darstellung, Benn den thetischen Stil. Thomas Mann beschreibt in narrativem Duktus, in dem sich identifikatorische Aussagen mit subtilen Beobachtungen und distanzierteren Wertungen mischen, den Menschen, Künstler und Kulturpsychologen Nietzsche. Benn ist demgegenüber vor allem an Nietzsches ästhetischen Maximen gelegen. In lapidaren Sentenzen dogmatisiert er sie zu Hauptmaximen der eigenen Kunsttheorie. Musil wiederum ist weder an Deskription noch an Thesen interessiert. Für ihn ist Nietzsche, der Sprachartist, der Aphoristiker, ein ästhetischer Anreiz zum offenen, experimentellen Schreiben. Er legt Nietzsche kaum je auf definitive Aussagen fest, sondern ist an der artifiziellen, kritischen Mobilität seines Denkens interessiert. Dies liegt in der Perspektive seines Denkens und Schreibens, das die Unumstößlichkeit, das So-und-nicht-anders, vermeidet und statt dessen das Sowohl-Als-auch, das Offene, Unbestimmte, Potentielle bevorzugt. Nietzsche ist für ihn kein Philosoph des Tatsächlichen, sondern ein Vordenker des Möglichen. Nietzsches Denken ist für ihn ein den Möglichkeitsbereich offen haltendes Denken. Wo bei Benn die Rigorosität der eindeutigen Aussage herrscht, zeigt sich bei Musil eine spielerische Vieldeutigkeit. Nicht die axiomatische Thetik, sondern die spielerische Ambivalenz ist charakteristisch für seine Nietzsche-Rezeption. Auch vermeidet er die suggestive, persuasive Tonlage zugunsten der analytischen, artifiziellen Reflexion. Im Unterschied zu Thomas Mann und Benn geht er in seinen Reflexionen über Nietzsche dem Pathos aus dem Weg. Während bei Thomas Mann und Benn das Pathos der Identifikation mit Nietzsche dominiert, herrscht bei Musil die Ironie der Distanz vor.

Es gibt allerdings auch charakteristische Übereinstimmungen zwischen diesen drei literarischen Potentaten. Alle drei würdigen den Sprachkünstler Nietzsche, und zwar den artistischen Sprachvirtuosen. Alle drei stehen dem *Zarathustra* höchst skeptisch gegenüber. Thematisch ist ihnen das Pathos der Erneuerung des Menschen und der Menschheit fremd, und sprachlich sind ihnen die dithyrambischen Aufschwungsgebärden fragwürdig geworden. Daß das Zarathustra-Pathos bei den neueren Autoren der klassischen Moderne kaum noch Anklang findet und bei den Schriftstellern der nachklassischen, aktuellen Moderne kein Thema mehr ist, ist ein markantes Indiz für den mit dem Epochenwandel einhergehenden Wandel der Perspektive und Wertung. War der *Zarathustra* um die Jahrhundertwende, aber auch noch im Expressionismus und zum Teil noch in den zwanziger Jahren für die Rezipienten Nietzsches *opus maximum*, so verliert er in der Folgezeit zunehmend an Gewicht. Er gerät in Kollision zur Zeitgeschichte. Angesichts der industriellen, technologischen und kollektivistischen Versachlichung der modernen Welt war das extrem individualistische Pathos des *Zarathustra*, vor allem die Idee des "Übermenschen", kaum noch durchzuhalten. Es ist allerdings die Frage, ob der *Zarathustra* nicht auch für die neuere Literatur thematisch und ästhetisch fruchtbar sein könnte, – sofern man ihn nicht identifikatorisch, sondern metakritisch liest, ihn seines zeitbedingten rhetorischen Faltenwurfs und seiner hyperbolischen Metaphorik entkleidet und sich mit den 'zeitlosen' Themen, mit der Gott-ist-tot-Problematik, dem Postulat nach unbedingter Eigenverantwortlichkeit des Menschen, der Funktion des utopischen Denkens in der modernen Massengesellschaft, literarisch auseinandersetzt. Im übrigen ist festzuhalten, daß der *Zarathustra* schon zu seiner Zeit ein kreativer Protest gegen den zeitgenössischen Realismus war. Mit dem *Zarathustra* protestierte Nietzsche nicht nur gegen das Wertsystem der abendländischen Metaphysik, sondern auch gegen den seiner Meinung nach unschöpferischen Realismus in Literatur und Gesellschaft. Er setzte der Wirklichkeit eine Utopie, der Massengesellschaft einen Mythos entgegen. Wenn auch das übersteigerte Pathos des *Zarathustra* und der zentrale Inhalt dieser Utopie, die Idee des "Übermenschen", historisch obsolet sein mögen, so könnte doch das utopische Potential als solches, der Appell an den Menschen als ein auf immer neue Möglichkeiten hin sich entwerfendes Lebewesen, von aktueller Relevanz für die Literatur sein. Die aber hat die utopische Qualität des *Zarathustra* kaum noch entdeckt. Es wäre jedoch die Frage, ob nicht eine Enthistorisierung des *Zarathustra*, seine Befreiung vom pathetischen Rankenwerk des 19. Jahrhunderts, zu seiner neuen Aktualisierung in der Literatur führen könnte. Wenn auch die Nietzsche-Rezeption irreversiblen historischen Wandlungsprozessen unterliegt, so sind doch auch Neuentdeckungen verschütteter Probleme und Motive möglich.

Die Nietzsche-Rezeptionen auch und gerade der großen Autoren sind geprägt nicht nur von den individuellen Perspektiven der Rezipienten, sondern auch von den zeitgeschichtlichen Tendenzen und Ereignissen. Individualstil und Epochenstil mischen sich in ihnen. Sosehr die individuellen Nietzsche-Bilder auch im einzelnen differieren, sosehr sind sie auch ein Spiegel des Zeitgeistes. So stimmen die Nietzsche-Deutungen Thomas Manns und Benns bei aller unterschiedlichen Perspektivität doch darin überein, daß sie auf die Zeitereignisse reagieren, sei es in Form der Integration Nietzsches in die Zeitgeschichte (Thomas Mann), sei es in Form der Freisprechung Nietzsches von der Zeitgeschichte (Benn). In jedem Fall konnte man nach zwei Weltkriegen kaum noch im Stile der Jahrhundertwende über Nietzsche schreiben. Insofern hat die Zeitgeschichte determinierende Wirkung auf die jeweiligen Nietzsche-Deutungen. Dennoch darf dieser Faktor auch nicht überbewertet werden. Bei allem zeitbedingten Wandel in der Sicht Nietzsches zeigt sich in den grundsätzlichen Fragen eine erstaunliche Konstanz in der Bewertung Nietzsches. Thomas Mann hält, unbeschadet spezifischer, zeitbedingter Revisionen, im Prinzip auch noch in den späten Jahren an seinem früheren Nietzsche-Bild fest. Es überdauert gewissermaßen die Zeitereignisse. Auch bei Benn zeigt sich diese von den Zeitereignissen im Prinzip unberührte Konstanz seiner Nietzsche-Deutung. Und selbst Heinrich Mann, der später Nietzsche entschieden mit der Zeitgeschichte konfrontiert, gibt sein frühes, dionysisches Nietzsche-Bild nicht auf, sondern erweitert es um den aufklärerischen Nietzsche. Diese Konstanz ist nicht nur Ausdruck der individuellen, bildungsbürgerlichen Kulturerfahrung dieser Autoren, sondern sie signalisiert auch die zeitüberdauernde Bedeutung und Wirkung bestimmter Denkmotive und der Sprachpotenz Nietzsches. Bei aller historischen Relativität vieler Einzelprobleme Nietzsches zeigen sich in seinem Werk offenbar auch ahistorische Konstanten. Erst sie ermöglichen Autoren wie Thomas Mann und Benn eine Jahrzehnte überdauernde affirmative Nietzsche-Rezeption. Es kommt hinzu, daß kreative Autoren nicht nur auf den Zeitgeist reagieren, sondern ihn auch ihrerseits prägen bzw. ihm produktive Impulse geben. Ihr Reagieren ist ein produktives Reagieren. Und hier erlangt Nietzsche einen spezifischen Stellenwert. Man verteidigt Nietzsche gegen seinen Mißbrauch. Man stellt die Frage nach der Mitverantwortlichkeit Nietzsches für das Zeitgeschehen. Aber man führt Nietzsche auch gegen die Zeit ins Feld. Man beruft sich auf ihn als Garant einer humanen Gesinnung in einer inhumanen Zeit, als freien Denker in einem unfreien Zeitalter, als kreative Existenz in einer unschöpferischen Epoche. Die Bewahrung von Kunst und Kultur, von Freiheit und Humanität in einer kulturlosen, ja kulturfeindlichen Epoche wird auch von Nietzsche her begründet. Nietzsche wird nicht nur als Bedrohung, sondern auch als Befreiung empfunden. Er wird zu einem Hoffnungsträger. Aus seinen Schriften gewinnt man neue Kraft zur Selbstbehauptung des Individuums in den kollektivistischen Mechanisierungsprozessen der modernen Welt. Von ihm aus rechtfertigt man die Freiheit des Denkens und Schaffens. An ihm entzündet sich der Widerstand gegen die Repressionen eines totalitären Staates oder einer kulturlosen Gesellschaft. Diese Bedeutung gewinnt er zumindest in der Optik seiner wichtigsten Rezipienten. Ob sie damit in jedem Fall einem objektiven Befund entsprechen, ist eine andere Frage. Im Hinblick auf seine historische Funktion im Bewußtsein seiner Rezipienten ist entscheidend, daß sie in ihm eine Gewähr für Freiheit, Kunst und Humanität sehen.

Man kann diese Inanspruchnahme Nietzsches aus psychologischen, historischen und ästhetischen Ursachen ableiten. Psychologisch hätte man es dann mit dem Versuch des entfremdeten Subjekts zu tun, sich in der labyrinthischen Orientierungslosigkeit der modernen Funktionsprozesse einen Halt zu verschaffen. Eine Insuffizienz in der Wirklichkeit würde dann kompensiert durch das Identifikationsangebot eines großen Geistes. Mit der Orientierung an Nietzsche hätte man die Möglichkeit gewonnen, die realen Frustrationen zu überwinden und eine neue Lebensperspektive zu erlangen. Zweifellos, Nietzsche kann für den vereinsamten Intellektuellen zu einem Identifikationsangebot werden. Dies zeigt sich deutlich bei Benn, für den die Einsamkeit und die Kunstauffassung Nietzsches eine Vorwegnahme, Bestätigung und Rechtfertigung des eigenen Monologismus und der eigenen Kunstauffassung bedeuten. Der von der Realität, von Gesellschaft, Geschichte und Natur, radikal enttäuschte Intellektuelle findet in Nietzsche ein Gegengewicht gegen den ihn bedrängenden Nihilismus. In diesem Sinne könnte man die Nietzsche-Affirmation Benns auch als Kompensation lesen. Ob dies aber bei Thomas Mann noch funktioniert, ist fraglich. Er will durch Nietzsche kaum eine reale Insuffizienz kompensieren. Das psychologische Motiv der Nietzsche-Verehrung könnte bei ihm allenfalls im Bestreben liegen, den eigenen Kunstbegriff und das Humanitätsprinzip durch die Berufung auf einen bedeutenden historischen Gewährsmann zu rechtfertigen. Was den historischen Aspekt der Hinwendung zu Nietzsche betrifft, so ist es vor allem die bereits in der Romantik virulente und dann in der Moderne noch gewachsene Spannung zwischen Künstler und Gesellschaft, die den Künstler nötigt, dem Druck der Gesellschaft durch eine Gegenstrategie zu begegnen. Einerseits wird der Künstler durch die Gesellschaft in eine Outsider-Position gedrängt. Andererseits versucht er, die historische Situation, d.h. vor allem die gesellschaftlichen Zwänge, durch Berufung auf autoritative Gestalten wie Nietzsche zu bewältigen. Die psychologischen und gesellschaftlichen Deutungsmodelle reichen aber nicht aus, um die starke Beziehung repräsentativer moderner Autoren zu Nietzsche zu erklären. Von entscheidender Bedeutung ist der ästhetische Aspekt, d.h. das Problem der Kreativität. Die Künstler und Schriftsteller agieren nicht nur aus dem defizienten Modus einer individuellen Insuffizienz oder eines gesellschaftlichen Drucks, sondern ihr primärer Antrieb ist der kreative Impuls selbst. Der Schaffensimpuls erwächst nicht nur aus dem Protest gegen die entfremdete Gesellschaft und den herrschenden Kulturbetrieb, sondern er ist eine Qualität *sui generis*. Zuletzt handelt es sich um ein Schaffen um des Schaffens willen. So hat Benn sich immer wieder auf den im Menschen angelegten Schöpfungstrieb berufen. Der kreative Impetus gehört zur *conditio humana*. Wenn sich der Schaffensprozeß nicht monokausal erklären läßt und vielfältige Motivationen, besonders psychologische und gesellschaftliche Beweggründe, in ihn hineinspielen, so ist doch, zumindest bei den *poetae maiores*, die existentielle Problematik des Schaffen-Wollens und Schaffen-Müssens ihr Hauptantrieb. Im Lichte dieses ästhetischen Axioms, das sich vor allem auf Selbstaussagen der Autoren stützt, hat auch die intensive Beschäftigung mit Nietzsche ihre produktive Funktion. Aus den Schriften Nietzsches schöpfen seine produktiven Rezipienten neue geistige Energie für das eigene Schaffen. Sie erschöpfen sich nicht in epigonaler Imitation, sondern leisten die produktive Anverwandlung Nietzsches.

Dies betrifft allerdings in erster Linie die kreativen Autoren der klassischen Moderne. Die Gegenwartsschriftsteller beschäftigen sich kaum mit Nietzsche. Sie nehmen allenfalls am Rande von ihm Notiz. Immerhin, einige Autoren setzen sich durchaus auch mit Nietzsche auseinander. Aber es sind Ausnahmen, die nur die Regel bestätigen, daß Nietzsche im ganzen kein Thema der Gegenwartsliteratur ist. Autoren wie Heinrich Böll, Günter Grass, Martin Walser, Uwe Johnson oder

H.M. Enzensberger zeigen an Nietzsche kaum Interesse. Im Zeichen eines weitgehend durch Zeit- und Gesellschaftskritik geprägten Realismus verlieren der elitäre Individualismus, das Pathos des Lebens und die Apotheose der Kunst, diese Spezifika Nietzscheschen Denkens und Schaffens, ihre die klassische Moderne prägende Bedeutung. Von der 'Kahlschlag'-Literatur der ersten Nachkriegsjahre bis zur aktuellen Gegenwartsliteratur spielt Nietzsche keine relevante Rolle mehr. Zu sehr werden die individuellen, existentiellen Erfahrungen als Ausdruck gesellschaftlicher, sozialer Prozesse verstanden, als daß hier Nietzscheanismen die Autorenperspektive bestimmen könnten. Aber auch in der eher esoterischen oder artistischen Literatur der Gegenwart, in der das kreative Subjekt wieder in den Vordergrund rückt, ist Nietzsche nicht der *spiritus rector*. Die Gegenwartsschriftsteller haben in der Regel kein Verhältnis mehr zu Nietzsche. Irgendwann, zumeist in frühen Jahren, haben sie sich zwar alle einmal mit Nietzsche beschäftigt, zumindest Nietzsche-Lektüre betrieben, aber dann haben sie ihn verdrängt, oder er war für sie einfach nicht mehr relevant. Nicht nur die gesellschaftskritische, sondern auch die mehr individualistische Gegenwartsliteratur hat sich von Nietzsche gelöst. Hier zeigt sich in besonders markanter Weise, wie die Rezeption bzw. Nicht-Rezeption geistiger Bedeutungsträger nicht zuletzt von der jeweiligen historischen, gesellschaftlichen Situation abhängig ist. Nach der Erfahrung zweier Weltkriege und angesichts einer von gesellschaftlichen, sozialen und industriellen Faktoren und Funktionsprozessen geprägten Epoche stellte sich für die Schriftsteller die Frage: Was soll uns jetzt noch Nietzsche?! Dabei verkannte man freilich, daß die eigenen Proteste gegen eine als repressiv empfundene Gesellschaft in Nietzsche ihren entschiedensten Vorläufer haben. Die Freiheit des Künstlers, des künstlerischen Schaffens, die Sprachreflexion, die Sprachkritik ebenso wie die Sprachartistik, und die massive Kulturkritik – diese progressiven Nietzscheanismen wirken untergründig auch in der Gegenwartsliteratur weiter. Wenn auch der dithyrambische Nietzsche, von wenigen Ausnahmen abgesehen, in ihr *ad acta* gelegt ist, so hätte sie sich ohne den aufklärerischen und artistischen Nietzsche weder in ihren gesellschaftskritischen Intentionen noch in ihrer sprachlichen Verfügungsfreiheit so konsequent entwickeln können. Immerhin, völlig verschwunden ist Nietzsche nicht von der literarischen Bildfläche. Wenn er auch kein literarisches Sujet mehr ist bzw. in der Literatur nur noch rudimentär auftaucht, so fordert er doch einzelne Autoren zur Auseinandersetzung mit ihm heraus. Es ist nicht ohne Bedeutung für die aktuelle Nietzsche-Rezeption, daß beispielsweise in Texten von Peter Handke, Thomas Bernhard und Ingeborg Bachmann Nietzsche auftaucht – der lyrische, der kritische, der artistische Nietzsche. Dies sind allerdings eher vereinzelte, nicht zeittypische Nietzsche-Rezeptionen. Auch sind die Hinweise dieser Autoren zu Nietzsche nicht von zentraler Bedeutung in ihrem Werk. Es handelt sich eher um verstreute, okkasionelle Bemerkungen, mit Ansätzen freilich zur zwar peripheren, aber doch relevanten literarischen Integration des Sujets. Die suggestive Ausstrahlung, die Nietzsche auf die klassische Moderne ausübte, hat er in der Gegenwartsliteratur verloren. Wenn er dennoch, wenngleich vereinzelt, bei wichtigeren Schriftstellern der Gegenwart genannt wird, so ist dies ein Zeichen dafür, daß er auch in der aktuellen Literatur noch nicht abgestorben ist, sondern auch in ihr Wirkungen zeitigt. Es bleibt abzuwarten, ob sich diese Tendenz verstärkt, ob der literarisch verschüttete Nietzsche zu neuem Leben erwacht. Dabei kann es nicht um eine literarische Nietzsche-Restauration gehen, um den Rückfall in einen neuen Nietzsche-Kult, sondern es stellt sich die Frage nach einer literarischen Aktualisierung Nietzsches im Zeichen der auch für die Gegenwart bedeutsamen existentiellen, ästhetischen und gesellschaftlichen Probleme Nietzsches. Fraglich ist allerdings, ob die spektakulären Inszenierungen Nietzsches, wie sie neuerdings im Tanztheater, in Happenings oder in dramatischer Szenerie angeboten werden, diesem Anspruch genügen oder ob dies nicht eher Ausdruck eines modischen Trends zum Sensationellen ist. Jede Epoche wird, wie bei jeder schöpferischen Existenz der Geistesgeschichte, auch jeweils ihren eigenen Nietzsche entdecken und ihn in den jeweiligen zeitgeschichtlichen Kontext stellen. Dennoch haben die großen Autoren der klassischen Moderne, vor allem Thomas Mann und Gottfried Benn, der Nietzsche-Rezeption Maßstäbe gesetzt, die auch für die Gegenwart ihre Bedeutung behalten, unbeschadet individueller und zeitbedingter Abwandlungen oder Neuformungen des Nietzsche-Bildes.

1. Thomas Mann

Thomas Mann ist Nietzsche-Adept. Über mehr als ein halbes Jahrhundert hin hat Nietzsche ihn beeinflußt. Von den Anfängen bis in die Spätzeit hat Nietzsche sein Denken und Schaffen geprägt. Sowohl in seinem Erzählwerk, in Novellen und Romanen, als auch in Essays und Briefen spielt Nietzsche eine wichtige, ja zentrale Rolle. Dabei gilt sein Interesse vor allem dem Künstler und dem Menschen Nietzsche, dem artistischen Künstler und dem leidenden Menschen. Nietzsche übt auf ihn eine ästhetische Faszination aus, und zugleich nimmt er Anteil am tragischen Schicksal der Person. Sein Verhältnis zu Nietzsche ist gekennzeichnet von persönlicher Betroffenheit und emotionaler Unmittelbarkeit. Für Thomas Mann ist Nietzsche noch ein "Erlebnis", freilich ein generationstypisches Erlebnis. In den Notizen zu *Geist und Kunst*, einem "Litteratur-Essay", formuliert er 1909:

> Wir um 70 Geboren<en> stehen Nietzsche zu nahe, wir nehmen zu unmittelbar an seiner Tragödie, seinem ·persönlichen· Schicksal theil (– vielleicht dem furchtbarsten, ·am meisten Ehrfurcht gebietenden· [geistigen] Schicksal [, das es gegeben hat] ·der Geistesgeschichte·) [,]. Unser Nietzsche ist der Nietzsche militans. Der Nietzsche triumphans gehört den 15 Jahre nach uns [g]Geborenen. Wir haben von ihm [den] die psychologische[n] [Radikalismus] ·Reizbarkeit·, den lyrischen Kritizismus, das Erlebnis Wagners, das Erlebnis des Christentums, das Erlebnis der Modernität, – Erlebnisse, von denen wir uns niemals vollkommen trennen werden, so wenig, wie erselbst sich je vollkommen davon getrennt hat. (208)

Dies ist in der Tat der geistige Rahmen, in dem sich die Nietzsche-Rezeption Thomas Manns in den Grundzügen entfaltet, auch noch in den späteren Jahren, unbeschadet spezifischer Modifikationen vor allem hinsichtlich der Verbindung von Erlebnis und Ironie, Spontaneität und Distanz. Thomas Mann hat mit diesen Notizen schon früh die für ihn relevanten Essenzen Nietzsches hervorgehoben: Nietzsche ist der große Künstler, Psychologe und Kritiker, und er ist zugleich die tragische Existenz. Er ist Stimulans der eigenen "Erlebnisse" und Impetus der "Modernität".

In den *Betrachtungen eines Unpolitischen* (1918) erscheint Nietzsche als ingeniöser Künstler, als romantischer Philosoph des Lebens, als virtuoser Kritiker, als scharfsinniger Kulturpsychologe. Thomas Mann steht im Banne der Trias Schopenhauer-Nietzsche-Wagner. Er spricht vom "Dreigestirn ewig verbundener Geister", von diesen "europäischen Ereignissen: Schopenhauer, Nietzsche und Wagner" (53). Diese "drei Namen", die die "Fundamente meiner geistig-künstlerischen Bildung" darstellen (53) und denen er sich als "ehrfürchtiger Schüler" nähert (58), bilden für Thomas Mann eine unlösliche Einheit: "Die drei sind eins." (58). Bei allem identifikatorischen Pathos hat er aber auch ein Gespür für die historische Relativität dieses "Dreigestirns": "Deutschland, die Welt stand in seinem Zeichen, bis gestern, bis heute – wenn auch morgen nicht mehr." (58). Angesichts der Zeitereignisse hat Thomas Mann das Gefühl einer Bedrohung der von Schopenhauer, Nietzsche und Wagner repräsentierten großen Kultur durch eine kulturlose Zivilisation. Bezeichnenderweise nimmt er Nietzsche auch für das Zentralmotiv der *Betrachtungen*, den Antagonismus von (deutscher) Kultur und (westlicher) Zivilisation, in Anspruch. Bereits Nietzsche habe den "unsterblich wahren Gegensatz von Musik und Politik, von Deutschtum und Zivilisation" klar formuliert (24). Weiterhin ist Nietzsche das große "Erlebnis":

> dies zeitbeherrschende Erlebnis, das alles geistige Erleben der Epoche bis in seine letzten Zerteilungen beeinflußt und das ein auf unerhört neue, moderne Art heroisches Erlebnis war [...] (108)

Die Kategorie des 'Erlebnisses' und des 'Erlebens', seit Wilhelm Diltheys *Das Erlebnis und die Dichtung* (1905) die beherrschende produktions- und rezeptionsästhetische Kategorie, ist für Thomas Mann die selbstverständliche Form der Nietzsche-Aneignung. Im Lichte des Erlebnisses schälen sich für Mann in den *Betrachtungen* drei Hauptaspekte der Nietzsche-Adaption heraus: 1. der romantische Lebensphilosoph, 2. der artistische Künstler und 3. der kulturkritische Psychologe. Zentrale Bedeutung hat für ihn Nietzsches Erneuerung, Freisetzung und Glorifikation des Begriffs "Leben":

> Der *Lebensbegriff*, dieser deutscheste, goethischste und im höchsten, religiösen Sinn konservative Begriff, ist es, den Nietzsche mit neuem Gefühle durchdrungen, mit einer neuen Schönheit, Kraft und heiligen Unschuld umkleidet, zum obersten Range erhoben, zur geistigen Herrschaft geführt hat. (62)

Thomas Mann rezipiert den Nietzscheschen Lebensbegriff im Sinne des klassisch-romantischen Lebensbegriffs. Es ist die Rede von "Nietzsche's 'Lebens'-Romantik" (402). Er distanziert sich von dem vitalistischen Lebensbegriff der zeitgenössischen Nietzscheaner, die "das starke, hohe, mächtige, unschuldig-sieghafte, gewalttätige und namentlich *schöne* Leben, das Cesare-Borgia-Leben" auf ihre Fahnen geschrieben haben. Es ist nicht zuletzt ein Seitenhieb gegen Heinrich Mann, wenn er betont, er habe schon früher den "ästhetizistischen Renaissance-Nietzscheanismus rings um mich her" als ein Mißverstehen Nietzsches 'verachtet' (402). Thomas Mann warnt vor dem Wörtlich-Nehmen Nietzsches: "Sie nahmen Nietzsche beim Wort, nahmen ihn wörtlich." Aus jenen Kraftgebärden spreche aber nicht Nietzsche selbst, sondern sie seien Ausdruck eines "Wunschbildes" (402f.). Es kommt nicht auf die wörtliche Aussage, sondern auf die geistige Intensität an. Der wahre Nietzsche kann sich hinter seinen Worten verbergen. Noch entschiedener äußert Thomas Mann diesen Gedanken im *Lebensabriß* (1930): "ich nahm nichts wörtlich bei ihm, ich *glaubte* ihm fast nichts" (229).[1] Und im Vortrag *Nietzsche's Philosophie im Lichte unserer Erfahrung* (1947) heißt es noch zugespitzter: "Wer Nietzsche 'eigentlich' nimmt, wörtlich nimmt, wer ihm glaubt, ist verloren." (46).

Diese Äußerungen zeigen, daß Thomas Manns Verhältnis zu Nietzsche nicht nur durch das spontane Erlebnis, sondern auch durch die ironische Brechung geprägt ist. Von jener (problematischen) "Lyrik" Nietzsches, die die "Verherrlichung des 'Lebens' auf Kosten des Geistes" betrieben habe, heißt es: "es gab nur eine Möglichkeit, sie mir zu assimilieren: als Ironie". Nicht der "heroisch-ästhetische Rausch", sondern die "Verbürgerlichung", d.h. Vergeistigung und Humanisierung, des vitalen Lebens ist Manns Anliegen (Lebensabriß, 229). Dies aber leistet allein die Ironie. Ausgehend von der (fragwürdigen) Auffassung, Nietzsche habe die "Selbstverneinung des Geistes zugunsten des Lebens" verkündet, beruft sich Mann auf die Ironie: "In meinem Falle wurde das Erlebnis der Selbstverneinung des Geistes zugunsten des Lebens zur Ironie" (Betrachtungen, 19). Deutlich zeigen sich hier Affinität und Distanz zu Nietzsche. Thomas Mann unterliegt der Faszination des Nietzscheschen Lebensbegriffs, aber durch die Ironie geht er zugleich auf Abstand. In der Ironie bewahrt sich der Geist letztlich seine Freiheit gegenüber dem Leben. Mann will den Mythos mit der Bürgerlichkeit, das Dionysische mit dem Humanum verbinden. Er sieht sich der Schwierigkeit konfrontiert, "den Begriff der Bürgerlichkeit mit dem der Genialität zu vereinigen" (ebd., 79). Er strebt die Synthese von

---

1 Schon Alois Riehl hatte in seinem Nietzsche-Buch von 1901 die Warnung ausgesprochen: "Man hüte sich also, Nietzsche wörtlich zu nehmen. Er liebt alles stark zu sagen und liebt es, das Stärkste zu sagen." (29).

Leben und Moral an. Das künstlerische Schaffen zielt nicht auf ein "ästhetisches Vollkommenheitsideal", sondern auf ein "ethisches Lebenssymbol". Thomas Mann verkündet als sein ästhetisches Credo eine "bürgerlich-ethische Artistik" (ebd., 78). Wo vor ihm Nietzsche eine dionysische Artistik verkündet und nach ihm Benn eine absolute Artistik proklamiert, fordert Thomas Mann eine ethische Artistik. Er deutet seine ästhetisch so virtuose Darstellung des Verfalls als Ausdruck eines ethischen Impetus:

> Denn das Häßliche, die Krankheit, der Verfall, *das ist das Ethische*, und nie habe ich mich im Wortsinn als 'Ästheten', sondern immer als Moralisten gefühlt. (ebd., 79)

Dies ist die Symptomatik der "Bürgerlichkeit": "verspätete Bürgerlichkeit machte mich zum Verfallsanalytiker" (ebd., 78). Wenn Thomas Mann sich somit als Moralisten versteht, so doch als künstlerischen Moralisten bzw. als moralistischen Künstler. "Ethik, Bürgerlichkeit, Verfall: das gehört zusammen, das ist eins. Gehört nicht auch die Musik dazu?" (ebd.). Manns Anliegen ist die Symbiose von Kunst und Bürgerlichkeit. Seine ästhetischen Reflexionen bewegen sich im Umfeld der Nietzscheschen Dialektik von Kunst und Leben, aber er schreckt zurück vor den Konsequenzen des gefährlichen Lebens à la Nietzsche und setzt ihm Ironie, Humanität und Moralismus entgegen. Im Grunde zieht er dem extremen Gefährdungen ausgesetzten anarchischen Künstlertum die moderaten Dämonien einer kultivierten Bürgerlichkeit vor. Dabei ist allerdings zu berücksichtigen, daß die programmatische Forderung nach einer bürgerlich-ethischen Kunst erst in den *Betrachtungen* erfolgt und daß das Interesse des frühen Thomas Mann in erster Linie der Kunst und dem Künstlertum gilt, einem Künstlertum freilich, das sich von vornherein durch das 'Leben' in Frage gestellt sieht. Die Kluft zwischen Künstlertum und Leben ist sein zentrales Thema. Nun, auch Nietzsche, dieser dionysische Hamlet, vermag seine großen Entwürfe nicht im Leben zu verwirklichen. Aber er ist getragen von einem Pathos des "Lebens", des dionysischen Lebens, das bei Thomas Mann zur ironischen Vermittlung von 'Geist' und 'Leben', von Künstlertum und Bürgerlichkeit verblaßt.

Dennoch darf nicht aus dem Blickfeld verloren werden, daß Thomas Manns Begriff des Künstlertums, des schaffenden Künstlers, Nietzsche sehr nahesteht. In der Rückschau hebt er, in einer Option für Schopenhauer, Nietzsches Künstlertum als das Hauptelement des Nietzsche-

Einflusses hervor. Er schreibt, mit Bezug auf die "Philosophie Schopenhauers":

> Ein *seelisches* Erlebnis ersten Ranges und unvergeßlicher Art, – während dasjenige Nietzsche's eher ein geistig-künstlerisches zu nennen wäre. (Lebensabriß, 230)

Es versteht sich dabei nahezu von selbst, daß ihn primär der Prosaist Nietzsche interessiert. Man darf bei der Nietzsche-Rezeption Thomas Manns das Gattungsproblem nicht ignorieren. Thomas Mann ist Erzähler, und er wahrt Nietzsche gegenüber bei aller erlebnisintensiven Affinität doch die epische Distanz. Nietzsche ist (primär) eine lyrische Existenz, Thomas Mann eine epische Existenz. Der (dithyrambische) Lyriker Nietzsche zeigt kaum Interesse am Roman. Der (distanzierte) Epiker Thomas Mann zeigt kaum ein Interesse für die Lyrik. Thomas Mann überbrückt diese Gattungsdifferenz, indem er Nietzsche für den Roman vereinnahmt. Im Vortrag *Die Kunst des Romans* (1940) unterstellt er Nietzsche ein intensives Interesse am "modernen Romancier" mit seinen "sozialen", "psychologischen" und "kritizistischen" Intentionen, ja, für ihn ist Nietzsche auf Grund der Kombination von "Künstler" und "Erkennendem", "Kunst" und "Wissenschaft" sogar "selbst eine Art von 'Romancier'" (358). Bezeichnenderweise kritisiert Thomas Mann in den *Betrachtungen* die (vom Lyriker George mit Bezug auf Nietzsches Selbstaussage [1, 15 – GT, VS] vertretene) Auffassung,

> daß diese Stimme hätte singen mögen, statt 'bloß' zu reden, daß Nietzsche als neuer Hölderlin und deutscher Poet sich hätte erfüllen sollen, statt zu sein, was er war: nämlich ein *Schriftsteller* von oberstem Weltrang; ein Prosaist von noch viel mondäneren Möglichkeiten als Schopenhauer, sein großer Lehrer; ein Literat und Feuilletonist höchsten Stils […] ein europäischer Intellektueller […] (63)

Nicht der Dichter, der Lyriker Nietzsche, sondern der Schriftsteller, der Prosaist Nietzsche interessiert Thomas Mann, denn nur den Prosaisten Nietzsche vermag der Prosaist Thomas Mann sich produktiv anzuverwandeln, und nur der Prosaist Nietzsche hat den Fortschritt gefördert. Thomas Mann ist der Meinung, daß Nietzsches

> Einfluß auf die Entwicklung, den '*Fortschritt*', ja! geradezu den *politischen Fortschritt* Deutschlands durch kein Empedokles-Fragment, auch nicht durch irgendwelche Lieder des Prinzen Vogelfrei oder selbst Dionysos-Dithyramben gekennzeichnet wird, sondern durch Produk-

tionen, die in Haltung und Geschmack, in ihrer Leichtigkeit und Bösartigkeit, ihrem Raffinement und ihrem Radikalismus dermaßen undeutsch und antideutsch sind wie der ewig bewunderungswürdige Essay 'Was bedeuten asketische Ideale?'. (ebd., 63f.)

Schon im Brief an Maximilian Harden vom 30.8.1910 hatte Thomas Mann geschrieben: "Aus guten Pamphleten lernt man, meine ich, mehr über einen Geist, als aus Hymnen. Was wüßte man ohne Nietzsche heute in Deutschland über Wagner?" (Briefe 1889-1936, 86). Der dithyrambische Lyriker wird zugunsten des progressiven, artistischen Prosaisten desavouiert. Nicht der Dichter des *Zarathustra*, sondern der Verfasser der kritischen Schriften weckt Thomas Manns genuines Interesse. Er bewundert in Nietzsche den kulturkritischen Sprachartisten, den virtuosen Prosaisten, den genialen Literaten, den ingeniösen Psychologen, den progressiven Aufklärer. Es gehört zu den gewissen Zweideutigkeiten der *Betrachtungen*, daß sie das konservativ-romantische Deutschtum mit dem progressiv-aufklärerischen Europäertum verbinden. So ist auch Nietzsche nicht nur der romantische Philosoph des Lebens, sondern auch der aufklärerische Europäer:

Es ist nicht zu bezweifeln: Nietzsche hat, unbeschadet der tiefen Deutschheit seines Geistes, durch seinen Europäismus zur kritizistischen Erziehung, zur Intellektualisierung, Psychologisierung, Literarisierung, Radikalisierung oder, um das politische Wort nicht zu scheuen, zur *Demokratisierung* Deutschlands stärker beigetragen als irgend jemand. Ich stelle fest, daß unser gesamtes Zivilisationsliteratentum bei ihm schreiben gelernt hat, – worin ein Widerspruch liegt, der letzten Endes keiner ist. (ebd., 64)

Thomas Mann betont die Symbiose von "Kunst" und "Kritik" bei dem artistischen Prosaisten Nietzsche, die "gewaltige Verstärkung des prosaistisch-kritizistischen Elementes in Deutschland, die Nietzsche bewirkt hat", in der Nachfolge Heinrich Heines (ebd., 65). Der Prosaschriftsteller Thomas Mann schätzt die artistischen Fertigkeiten des Prosaisten Nietzsche, und der Humanist Thomas Mann anerkennt, bei allem romantischen Konservativismus, die kulturkritische Prosa Nietzsches als historischen Beitrag zum "Fortschritt in westlich-demokratischer Richtung" (ebd.).

Thomas Manns Nietzsche-Bild schillert in den verschiedensten Farben. Nietzsche ist für ihn nicht nur der Philosoph des Lebens und der Literat des Fortschritts, sondern auch der Psychologe des Verfalls. Der

Verfallsanalytiker Nietzsche ist sein literarisches Vorbild. In der Analytik der Dekadenz weiß er sich in der Nachfolge Nietzsches. In den *Betrachtungen* heißt es:

> Wenn aber eben diese Grundstimmung mich zum *Verfalls*psychologen machte, so war es Nietzsche, auf den ich dabei als Meister blickte; denn nicht so sehr der Prophet irgendeines unanschaulichen "Übermenschen" war er mir von Anfang an, wie zur Zeit seiner Modeherrschaft den meisten, als vielmehr der unvergleichlich größte und erfahrenste Psychologe der Dekadenz... (58)

Hinsichtlich des Nietzsche-Einflusses auf seine eigenen Deskriptionen des Verfalls sind Thomas Manns Aussagen freilich von einer gewissen Widersprüchlichkeit. In einem Brief vom 26.12.1947 schreibt er: "Ich schreibe ja immer 'Verfalls'geschichten; mein erster Roman gleich war eine solche – herkommend vom Nietzsche-Erlebnis" (Briefe 1937-1947, 580). In den *Betrachtungen* hingegen schreibt er, der Nietzsche-Einfluß habe sich in seinem Werk erst im Tonio Kröger (1903) durchgesetzt, aber hinfort dominiert:

> Die Sache war die, daß, während in 'Buddenbrooks' nur der Schopenhauer-Wagner'sche Einfluß, der ethisch-pessimistische und der episch-musikalische, sich hatte geltend machen können, in 'Tonio Kröger' das Nietzsche'sche Bildungselement zum Durchbruch kam, das fortan vorherrschend bleiben sollte. (67)

Dies dürfte den Sachverhalt am ehesten treffen, denn in der Tat sind explizite Nietzsche-Motive in den *Buddenbrooks* kaum dingfest zu machen. Allenfalls könnte in der Beschreibung des Verfalls der Verfallsdiagnostiker Nietzsche (bewußt oder unbewußt) Pate gestanden haben. Hinsichtlich des *Tonio Kröger* sieht Thomas Mann das Nietzsche-Element in der "Verteidigung" des "dithyrambisch-konservativen Lebensbegriffs des lyrischen Philosophen" "gegen den moralistisch-nihilistischen Geist, gegen die 'Literatur'"; die Erzählung sei der zur "*erotischen Ironie*" gewordene Ausdruck der Spannung von "Geist" und "Leben" (67). Wenn Thomas Mann sich dabei als Anwalt des Nietzscheschen Lebensbegriffs begreift – eine These, die zum Topos der Forschung geworden ist –, so ist dies allerdings höchst problematisch, denn wenn er den "Namen des Lebens" versteht als "eine verliebte Bejahung alles dessen, was nicht Geist und Kunst, was unschuldig, gesund, anständig-unproblematisch und rein vom Geiste ist", und ihn bezieht auf "die Welt der *Bürgerlichkeit*, der als selig empfundenen Gewöhnlichkeit" (67), so entfernt er sich damit weit vom Lebensbegriff Nietz-sches. Das Moment des Unschuldig-Gesunden entspricht zwar noch dem Nietzscheschen Begriff des "Lebens", aber die Trennung von "Leben" und "Geist" und vor allem die Verbindung von "Leben" und "Bürgerlichkeit" laufen dem Lebensbegriff Nietzsches geradezu zuwider. Diese 'Verbürgerlichung' entspricht nicht dem Geiste Nietzsches, ja, sie ist eher das Gegenteil dessen, was Nietzsche sich unter dem "Leben" vorstellte. Aber auch die Erlebnisse, Reflexionen und Stimmungen Tonio Krögers sind kaum von spezifisch Nietzscescher Art. Sicher, Thomas Mann weist zu Recht darauf hin, daß das im *Tonio Kröger* auftauchende "Wort 'Erkenntnisekel'" "gut nietzsche'sches Gepräge" habe (Freud und die Zukunft, 216), aber die Lebenssehnsucht Tonio Krögers ist eine eher un-nietzscheanische Sehnsucht nach der gesunden Bürgerlichkeit. Zudem bezieht Thomas Mann den Begriff "Erkenntnisekel" an anderer Stelle auf die "Philosophie Schopenhauers" (Lebensabriß, 229f.). Er nennt den *Tonio Kröger* einmal "meinen 'Werther'" (Briefe 1937-1947, 202 [26.7.1941]). Aber gerade von Werther-Stimmungen war Nietzsche weit entfernt. Thomas Mann hat denn auch den Nietzsche-Aspekt seiner Novelle eingeschränkt, wenn er scheibt, *Tonio Kröger* sei "ins Modern-Problematische fortgewandelter 'Immensee', eine Synthese aus Intellektualismus und Stimmung, aus Nietzsche und Storm" (Betrachtungen, 78). Sowohl hinsichtlich der Problematik des Verfalls als auch hinsichtlich der Geist-Leben-Problematik hat Thomas Mann Nietzsche zumindest perspektivisch verengt. Im Unterschied zu Thomas Mann betreibt Nietzsche nicht nur die Diagnose, sondern auch die Überwindung des Nihilismus. Vor allem aber ist sein Begriff des 'dionysischen' Lebens nicht identisch mit Thomas Manns Begriff des 'bürgerlichen' Lebens. Zudem versteht Nietzsche die Kunst als Funktion des Lebens, während Thomas Mann den Dualismus von Kunst und Leben betont.

Die Bewältigung dieses Antagonismus erfolgt durch die mit den Gegensätzen spielende Ironie. Die Ironie ist Manns Stilideal. Und er sieht auch Nietzsche im Licht der Ironie:

> Ich habe oft empfunden, daß Nietzsche's Philosophie einem großen Dichter auf ganz ähnliche Weise zum Glücksfall und Glücksfund hätte werden können, wie die Schopenhauers dem Tristan-Schöpfer: nämlich zur Quelle einer höchsten, erotisch-verschlagensten, zwischen Leben und Geist spielenden *Ironie* … Nietzsche hat seinen Künstler nicht, oder noch nicht, wie Schopenhauer, gefunden. Wenn aber ich auf eine

Formel, ein Wort bringen sollte, was ich ihm geistig zu danken habe, – ich fände kein anderes als eben dies: die Idee des Lebens [...] (Betrachtungen, 62)

Bemerkenswert sind diese Äußerungen in doppelter Hinsicht. Zum einen hält Thomas Mann Nietzsche offenbar nicht für einen "großen Dichter" – ein indirektes Mißtrauensvotum gegen den *Zarathustra* als Dichtung –, sondern für einen Philosophen, dessen Philosophie erst noch in Dichtung umgesetzt werden müsse. Zum andern scheint er durchblicken zu lassen, daß er selbst Nietzsches Philosophie in Dichtung umgesetzt habe. Dies aber dürfte eher ein produktives Mißverständnis als eine adäquate Amalgamation Nietzsches sein. Überhaupt möchte man zögern, Thomas Mann einen genuinen Nietzscheaner zu nennen, denn zu sehr hält er epische Distanz, und zudem bleiben ihm Philosopheme wie der Wille zur Macht, der Übermensch und der Wiederkunftsgedanke wesensfremd. Es ist charakteristisch für den Epiker Thomas Mann, daß er sich bei allem Nietzsche-Enthusiasmus keinem Nietzsche-Rausch hingibt, sondern auf gedanklicher Klarheit beharrt. Bezeichnend ist die Schilderung einer *Zarathustra*-Lesung anläßlich eines "Nietzsche-Abends" in einem Brief vom 2.1.1901, in dem er feststellt

daß W. erfreulicher Weise nicht irgendwelche zusammenhanglose Bruchstücke des Zarathustra zum Besten gab, sondern ein bestimmtes Thema ausgewählt hatte, nämlich jene Gesänge, die von den Leiden und Freuden des *Schaffenden* handeln [...] Bewundernswerth war, wie die Psalmodik des Zarathustra bei der Lektüre keinen Augenblick in Klang und Musik zerfloß, sondern wie stets die Gedanken klar, plastisch und eindringlich hervortraten. (Briefe 1889-1936, 21f.)

Ein Doppeltes ist an dieser Briefstelle bemerkenswert. Einmal ist Thomas Mann primär an Zarathustra als dem "Schaffenden" interessiert, und zum andern legt er Wert auf die klare, luzide Darbietung der Zarathustra-Motive. Der *Zarathustra* wird nicht in rauschhafter Identifikation, sondern in geistiger Distanz rezipiert. Aus Manns Äußerungen spricht die apollinisch-epische Existenz, die zwar fasziniert ist vom dionysischen Leben, aber letztlich Abstand zu ihm hält und es als ästhetisches Phänomen mehr betrachtet als erlebt. Bezeichnend ist die Bemerkung Manns in jenem Brief, daß er "den halben Ring und den halben Tristan zu hören bekommen" habe, daß aber die "Musik" die "Kunst" sei, "der ich, unerwiderte Liebe im Herzen, sehnsüchtig nachlaufe" (22). Man könnte Thomas Manns Haltung als apollinische Distanz bei Angerührtsein durch die dionysische Musik bezeichnen. Rauschhafte Identifikationserlebnisse waren ihm eher fremd. Daher wahrt er auch, bei aller Wagner- und Nietzsche-Verehrung, sowohl gegenüber den Wagnerschen Rauschgefühlen als auch gegenüber Nietzsches Verherrlichung des Dionysischen eine gewisse intellektuelle Reserve.

Es ist letztlich weniger der dionysische als vielmehr der apollinische Nietzsche, der Thomas Mann fesselt. Er wirft die Frage auf, ob nicht Nietzsches Philosophie des "Lebens" eine Form der Ästhetik des "Schönen" sei:

> Er hat das 'Gute' nicht vor das Tribunal des Schönen, – vor das des Lebens selbst hat er es gezogen … oder wäre das ein und dasselbe? Hat er das Schöne vielleicht nur mit einem neuen, heiligrauschvollen Namen genannt, – mit dem des Lebens? (Betrachtungen, 62)

Hier meldet sich der 'Ästhet' Thomas Mann zu Wort, dessen Hauptinteresse dem Schönen gilt und der daher letztlich dem Apollinischen den Vorrang vor dem Dionysischen einräumt bzw. das Dionysische im Apollinischen aufhebt. Dies wäre im Prinzip von Nietzsches genetischer Dialektik des Dionysischen und Apollinischen her zu rechtfertigen. Aber bei Mann verselbständigt sich das Schöne zu einem Eigenwert, den es bei Nietzsche nicht hat. Nun ist Mann allerdings nicht der rein apollinische Epiker. Er sieht sich in vielfältiger Weise der Duplizität, den Spannungen und Brechungen des Apollinischen und Dionysischen ausgesetzt. Er fühlt sich vom Dionysischen angezogen, aber er dämpft es – durch den Geist, die Humanität, die Ironie. Freilich, der 'bürgerliche' Lebensbegriff kann durch den dionysischen Lebensbegriff unterlaufen werden. Im *Tod in Venedig* (1912) wird im Motivfeld von Kunst, Schönheit und Rausch das bürgerliche Leben in Frage gestellt. In der sinnlichen Gegenwart des schönen Knaben Tadzio und im Exkurs über Platons Idee des Schönen ist Aschenbach ganz von der Schönheit erfüllt. Im Traum vom "*fremden Gott*" (393) mit seinem orgiastischen Gefolge sieht er sich den dionysischen Elementargewalten ausgesetzt. Sein Verhältnis zu Tadzio ist gekennzeichnet durch eine eigentümlich schillernde Mischung von apollinischem Schönheitskult und dionysischer Erotik. Es ist eine apollinisch-dionysische Welt, in die der Bildungsbürger Aschenbach ausgewichen ist und in der er sich innerlich den gefährlichsten Abenteuern hingibt. Aber zur dionysischen

Identifikation gelangt er dennoch nicht. Wenn er auch ein "Enthusiasmierter" ist (373), so bleibt er doch der Beobachter, der eine letzte Schranke nie überschreitet. In allem rauschhaften Schönheitsverlangen, in allen Gefühlswirrnissen hält er doch gewissermaßen epische Distanz. Vor allem aber darf nicht vergessen werden, daß apollinische Schönheit und dionysisches Leben in dieser Erzählung überschattet sind von Krankheit, Verfall und Tod. Der schöne Knabe ist "kränklich" (365), und Aschenbach fällt der in Venedig grassierenden Cholera zum Opfer. Aber Aschenbach kann schon mit seiner Körperlichkeit, seinem "alternden Leib", der "süßen Jugend" nicht genügen (394), und seine kosmetische Verwandlung in einen "blühenden Jüngling" (395) enthüllt den ganzen Widerspruch von Sein und Schein, in den er verstrickt ist. In seiner "tiefen Instinktverschmelzung von Zucht und Zügellosigkeit" fühlt sich der "Alternde" zwar dem "Rausch" verbunden (376), aber er hat weder die Fähigkeit noch die Möglichkeit, im Rausch aufzugehen. Aschenbach hat dionysische Visionen, aber er ist keine dionysische Existenz. Diese Welt des Schönen und Rauschhaften ist durchsetzt mit den Stigmata der *décadence*. Aschenbach gehört zu den "Dionysiern des Todes" (Über die Ehe [1925], 256). Im *Tod in Venedig* ist "die Faszination des Todes, der Triumph rauschhafter Unordnung über ein der höchsten Ordnung geweihtes Leben" geschildert (Einführung in den Zauberberg [1939], 330). Es zeigen sich Affinität und Unterschied zu Nietzsche. Das Motiv des Rausches verbindet Thomas Mann mit Nietzsche, das Motiv des Todes entfernt ihn von Nietzsche. Seine Erzählhaltung begründet er von Nietzsche her. Seine von Nietzsches "Wagner-Kritik" beeinflußte "Ironie", "ein Element meiner geistigen Verfassung und meiner Produktion", präge auch den *Tod in Venedig* (Mein Verhältnis zur Psychoanalyse [1925], 91). Wenn Thomas Mann sich mit der Geisteshaltung und dem Stilmittel der Ironie auf Nietzsche beruft, so trifft dies allenfalls auf die kritischen Schriften Nietzsches zu. Den dionysischen Nietzsche erfaßt er damit nicht, ja, durch die Ironie unterläuft, schwächt und zersetzt er Nietzsches 'naives' Pathos des dionysischen Lebens. Überhaupt wird bei ihm das elementare Leben ständig durch den ironischen Geist gebrochen. In der Novelle *Tristan* (1903), in der gleichfalls die "Schönheit" mit dem "Tode" verquickt ist und Gabriele Eckhoff, jene bürgerliche Isolde, als "Todesschönheit" erscheint (190), wird das rauschhafte Erlebnis durch psychologisierende Ironie relativiert. In *Wälsungenblut* (1906) wird Wagners Mythos von Siegmund und Sieglinde durch Ironie verbürgerlicht. Während bei

Wagner Siegfried, der kraftvolle Held, die Inkarnation des sieghaften Lebens, aus der Geschwisterliebe hervorgeht, erschöpft sich der Inzest bei Thomas Mann in einer bionegativen Faszination des Schönen. Es herrscht die Symptomatik der *décadence*.

Thomas Mann kann sich allerdings auch zum großen Pathos des Lebens im Sinne Nietzsches aufschwingen. In dem (stilistisch den lyrischen Dramen Hofmannsthals verpflichteten) Drama *Fiorenza* (1905) läßt er in pathetischem Überschwang die großen Themen Nietzsches Revue passieren: das "Schaffen" (737, 757), den "Schaffenden" (766), die Überwindung der "Moral" durch den "Kultus der Schönheit und des Lebens" (750), das "Leben" als "Fest" (767; vgl. 764, 798), den "Leib" (779), das "Dionysos"-Motiv (781), die "Dichter"-Kritik (799), das Motiv des "unbekannten Gottes" (804), die Trias "Prophet", "Künstler", "Heiliger" (806), das "starke Ich", die "Welt" als "Instrument, um drauf zu spielen", den das *"ewige Fest"* hervorbringenden Komplex von "Macht", "Kunst" und "Leben" (810), den Impetus, *"Herr"* werden zu wollen (811), d.h. den Willen zur Macht. In diesem Text hat Thomas Mann die zentralen Denkmotive Nietzsches auf Spalier gezogen, kaum noch in ironischer Distanz, vielmehr in panegyrischer Affirmation. Er spricht freilich von der "dick aufgetragenen Ironie" in der Schilderung des "Künstlervölkchens" (Betrachtungen, 69). Er betont allerdings auch, in dieser "dramatischen Novelle" seien "Leben und Kunst zu einer Idee verschmolzen" (ebd., 68), wie er auch hervorhebt, daß bestimmte "Repliken" "vom Geiste Nietzsche's durchtränkt" seien (ebd., 108). Dann wieder erklärt er, es handele sich nicht zuletzt um eine "Satire auf die Demokratisierung des Künstlerischen" (ebd., 284). Mit wachsendem zeitlichen Abstand rückt er die kritischen Aspekte in den Vordergrund. In dem an eine "katholische Zeitung" gerichteten Brief *Über 'Fiorenza'* (1908) schreibt er, er sei dort nicht ein "Verherrlicher", sondern ein "Kritiker" der Renaissance und der Mönch Savonarola sei der "eigentliche Held" (17). Im *Lebensabriß* erklärt er, er habe den "Untergang einer ästhetischen Epoche und das Heraufkommen einer sozialen Leidenswelt", den "Sieg des Religiösen über das Kulturelle" dargestellt (245). Im offenen Brief an den 'Weser-Kurier' *Über 'Fiorenza'* (1955) schreibt er, das Thema sei das "Einander-Entgegentreten des ästhetischen und des religiösen Willensimpulses, der Ideen des ewigen Festes und der heiligenden Vergeistigung des Lebens" (257). Diese Selbstdeutungen haben ihr Gewicht. Aber auch der Prior, der die rauschhafte, ästhetizistische Welt des Lorenzo in religiösem Erneuerungsfanatismus kritisch in Frage stellt, vertritt Nietzschesche Ideen, vor allem in seinem Machtwillen. Der Nietzscheanismus prägt im Grunde beide Ideenträger.

Thomas Manns Nietzsche-Rezeption schwankt zwischen Pathos und Ironie. Im *Vorspruch zu einer musikalischen Nietzsche-Feier* (1924) bezeichnet er Nietzsche als "Erkenntnislyriker". Bei Nietzsche zeige sich eine "innere Zusammengehörigkeit von Kritik und Lyrik", eine "innere Einheit von Kritik und *Musik*" (235). Hier hat Thomas Mann einmal den Lyriker Nietzsche im Blickfeld, aber eben den kritischen, auf Erkenntniszuwachs zielenden Lyriker. Zugleich aber verbindet er die Kritik mit der Prophetie. Er versucht, Kritik, Musik und Prophetie in eine Einheit zu zwingen:

> Kritik aber heißt Scheidung und Entscheidung, und die Musik war es, an die die höchsten Entscheidungen seines Geistes und seiner Seele, seines prophetisch regierenden Gewissens sich knüpften. (235)

Nun sieht er nicht mehr nur den kritischen und dionysischen, sondern auch den prophetischen Nietzsche. Nicht zuletzt unter dem Einfluß des mythologisierenden Nietzsche-Buchs von Ernst Bertram schwingt sich Thomas Mann bei der Kennzeichnung von Nietzsches Bedeutung für Gegenwart und Zukunft geradezu zu kultischem Pathos auf, wenn er feststellt, daß Nietzsche

> zu einem Seher und Führer in neue Menschenzukunft geworden ist. / Dies ist er uns: ein Freund des Lebens, ein Seher höheren Menschentums, ein Führer in die Zukunft, ein Lehrer der Überwindung all dessen in uns, was dem Leben und der Zukunft entgegensteht, das heißt des Romantischen. (236)

Dabei ist auch der Vergleich Nietzsche-Wagner bemerkenswert. Während Wagner "nur der letzte Verherrlicher und unendlich bezaubernde Vollender einer Epoche blieb", überwindet Nietzsche die Romantik, um der Zukunft willen. Er ist "zum Evangelisten geworden eines neuen Bundes von Erde und Mensch" (237). Hier huldigt Thomas Mann dem Propheten Nietzsche. Nietzsche als kritischer Psychologe und als visionärer Menschheitsgenius – diese scheinbar polaren Gegensätze sucht Thomas Mann in seinem Nietzsche-Bild zu vereinigen. In diesem Vorspruch jedenfalls kommt auch der prophetische, heroische Nietzsche zur Geltung. Er wird, fast noch im Stil der Jahrhundertwende, zu einer Art Übermensch stilisiert. Nun ist auch für Thomas Mann (der damit dem Zeitenwandel entspricht) Nietzsche nicht mehr nur der "Nietzsche militans", sondern auch der "Nietzsche triumphans", der "Prophet" einer neuen Welt (vgl. Geist und Kunst, 208).

Dominant ist bei Thomas Mann allerdings das Wechselspiel von Pathos und Ironie. Das zeigt sich nicht zuletzt im *Zauberberg* (1924). Schon der Titel spielt an auf Nietzsches Wort vom "olympischen Zauberberg" (1, 35 – GT), vom "hellenischen Zauberberg" (1, 131 – GT). Freilich, bei Thomas Mann ist der Begriff ironisch getönt. Der *Zauberberg* ist kein Nietzsche-Roman. Weder wird die Person Nietzsches thematisiert, noch sind Nietzsche-Motive das explizite Thema. Dennoch zeigen sich Affinitäten zu Nietzsche, etwa in den Disputen über Künstlertum, Genie, Krankheit, Musik. Aber der kulturgeschichtliche Universalismus reicht weit über die Fragestellungen Nietzsches hinaus. Zudem werden alle Motive aus epischer Distanz in ein ironisches Zwielicht gerückt. Ein charakteristisches Beispiel für Nietzsche-Nähe und Nietzsche-Distanz ist das *Schnee*-Kapitel. Einerseits erinnert Hans Castorps halkyonisches Erlebnis der absoluten Einsamkeit im Hochgebirge deutlich an entsprechende Stimmungen und Erlebnisse im *Zarathustra*. Die Tilgung der empirischen Realität, die Aufhebung des normalen Raum-Zeit-Gefühls, die erhabene Bedrohlichkeit der Gebirgslandschaft und das Gefühl der absoluten Vereinsamung – all dies wirkt wie eine großangelegte Zarathustra-Reminiszenz. Ebenso trägt die Vision des südlichen Meeres Nietzscheanische Züge. Zudem bestehen "überraschende Parallelen" zu "Nietzsches Vorstellung vom 'grossen Mittag'" (*Pütz*, Thomas Mann und Nietzsche, 103). Hans Castorp schwingt sich sogar zu hymnischem Pathos auf: "Oh, oh, genug, ganz unverdient, was war denn das für eine Seligkeit von Licht, von tiefer Himmelsreinheit, von sonniger Wasserfrische!" (517). Man glaubt, Zarathustra zu vernehmen: "Oh Himmel über mir, du Reiner! Tiefer!" (4, 207 – Za). Anderseits bleibt Hans Castorp auch in diesem "Urschweigen" (501), in allem "heimlich-heiligen Schrecken" (502) der Zivilisationsmensch, der die "kontrollierende Vernunft" (510) nicht ausschaltet. Er ist überwältigt von der Urlandschaft, aber er geht nicht in ihr auf. Der Erzähler merkt ironisch an: "Hans Castorp hegte Sympathie mit den Elementen in seiner schmalen, zivilisierten Brust" (502). Angesichts der jugendstilartigen Idylle mit Tanz, Mädchen und Hirtenflöte am Meer bleibt er in allem "Entzücken" doch der Gedankenmensch: "Er wurde des Schauens nicht satt und fragte sich dennoch beklommen, ob ihm das Schauen denn auch erlaubt sei" (519). Diese Frage stellt sich kein dionysischer Mensch. Der ironische Erzähler läßt denn auch seinen Helden in die "hochzivilisierte Atmosphäre des 'Berghofs'" zurückkehren: "Beim Diner griff er gewaltig zu. […] Was er gedacht, verstand er schon diesen Abend nicht mehr so recht." (525).

In den dreißiger Jahren läßt das Nietzsche-Pathos bei Thomas Mann nach. Nietzsche ist nicht mehr ein zentrales, sondern eher ein marginales Motiv. Es ist bezeichnend, daß Thomas Mann in dieser Zeit große Essays über Goethe, Wagner, Schopenhauer und Freud, aber keine Abhandlung über Nietzsche verfaßt. Das Fehlen eines Nietzsche-Essays ist allerdings nicht ein Spezifikum dieser Jahre. In *Dostojewski – mit Maßen* (1946) stellt er denn auch fest, es sei "merkwürdig genug", daß er zwar mehrere "ausführliche Studien" über Tolstoi und Goethe, nicht aber über Dostojewski und Nietzsche verfaßt habe, obschon sie ihn bereits in der Jugend tief erschüttert und später ständig beschäftigt hätten. Er habe über sie "nie zusammenhängend geschrieben: über Nietzsche nicht und nicht über Dostojewski. Ich bin den Nietzsche-Aufsatz schuldig geblieben, den Freunde oft von mir gefordert haben, und der auf meinem Wege zu liegen schien." (7). Dies dürfte seinen Grund in einer gewissen Scheu Thomas Manns vor 'dämonischen' Existenzen wie Nietzsche und Dostojewski haben, während epische Massive wie Goethe und Tolstoi eher seiner eigenen epischen und humanen Gesinnung entsprachen. Dennoch fällt auf, daß er speziell in den dreißiger Jahren, in denen er ausführliche Abhandlungen über die für ihn relevanten Geistesgrößen schreibt, sich nicht zu einem Essay über Nietzsche genötigt sieht. Das hängt offenbar damit zusammen, daß ihn in wachsendem Maße nicht mehr das dionysische 'Leben', sondern die kalmierende 'Humanität' interessiert. Der humanisierte Mythos und die epische Klassizität sind nun sein Anliegen. Da konnte Nietzsche keine Schlüsselstellung mehr einnehmen. Er wird denn auch in der Regel nur noch funktional erwähnt, vor allem in den Essays über Wagner und Schopenhauer, aber auch im Hinblick auf Goethe und Freud. Immerhin, Thomas Mann verleugnet nicht das "Dreigestirn". Aber er erweitert es um Goethe. In der Rede *Goethe als Repräsentant des bürgerlichen Zeitalters* (1932) nennt er als den "Fixsternhimmel unserer Jugend", "unserer Herkunft": "Goethe, Schopenhauer, Wagner, Nietzsche" (86). Aus dem Terzett ist ein Quartett geworden.[2] Dabei

---

2 Die Zuordnung Nietzsche-Goethe findet sich bereits verschiedentlich in den *Betrachtungen eines Unpolitischen* und taucht dann in der Essayistik der Folgezeit häufiger auf.

nimmt er eine humanisierende Verbürgerlichung Nietzsches vor. Er sieht ihn zwar noch als quasi religiöse Erlösungsgestalt, wenn er betont, daß mit seinem "Opfertode am Kreuz des Gedankens unsäglich Neues sich anbahnte" (87), aber er deutet ihn nun primär als bürgerlichen Geist im Sinne Goethes:

> noch dieser Friedrich Nietzsche –, wo lagen denn seine Wurzeln als im Erdreich bürgerlicher Humanität? Und eine solche Selbstüberwindung des Bürgerlichen kraft des Geistes finden wir in Goethe's Altersroman, den 'Wanderjahren'. (87)

An die Stelle des rauschhaften, heroischen Nietzsche ist ein 'verbürgerlichter', humanisierter Nietzsche getreten. Nietzsche ist der europäische Humanist. Die Zeitereignisse, besonders der drohende Faschismus und der zeitgenössische Blut-und-Boden-Kult, bewirken eine Distanz gegenüber dem Nietzscheschen Lebenskult. Im Zeichen der zu bewahrenden Humanität wird das kultische Pathos des Lebens fragwürdig und weicht der dem Humanum verpflichteten Ironie. In der Rede *Goethe's Laufbahn als Schriftsteller* (1932) wird Goethe als der "Größte" bezeichnet, da er das "Geniehafte und Vernunftvolle", "Dämonie und Urbanität" in sich vereinigt habe. Nietzsche sei "hierin vollkommen sein Schüler" (104). Es bestehe eine "Lehrer-Schüler-Beziehung zwischen Goethe und Nietzsche" (105). Nietzsche erscheint nicht mehr so sehr als autonome, sondern weitgehend als abhängige Größe. Aufschlußreich ist in dieser Hinsicht auch die Bemerkung im Brief an Ludwig Marcuse vom 17.4.1954 über Schopenhauer: "Er hat Freud anticipiert vor Nietzsche, der immer sein Schüler blieb." (Briefe 1948-1955, 335). Im Essay *Leiden und Größe Richard Wagners* (1933) heißt es allerdings, daß Freuds "seelische Radikalforschung und Tiefenkunde bei Nietzsche in großem Stil vorweggenommen ist" (126). In der Rede *Freud und die Zukunft* (1936) wird die "Liebe zur Wahrheit *als Psychologie*" "aus der hohen Schule Nietzsche's" abgeleitet (215). Freuds Analyse des "'Es' und Ich" sei 'metaphysisch' von Schopenhauer und

---

In einem Brief vom 1.3.1923 nennt Thomas Mann Goethe und Nietzsche "meine höchsten Meister" (Briefe 1889-1936, 207). Im Textstück *Kosmopolitismus* (1925) ist die Rede von den "auf deutsch erlebten" kosmopolitischen "Erlebnissen" "Goethe, Lichtenberg, Schopenhauer, Nietzsche und Wagner". "Die beiden letzten […] waren die stärksten und bestimmendsten." (150). Im Fragment *Von europäischer Humanität* (1927) wird das "Hakenkreuz" als eine 'beschämende' "Beschränktheit im Lande Goethe's und Nietzsche's" bezeichnet. Im Vergleich zu "Nietzsche's echtem Humanismus" seien seine Machttheoreme obsolet (165).

'psychologisch' von Nietzsche geprägt (220). Der Psychologe Nietzsche wahrt also bei Thomas Mann seine Dignität.

Mann wirft aber die Frage nach dem Verhältnis von Psychologie und Mythos auf. In *Leiden und Größe Richard Wagners* erblickt er in der Symbiose von *Psychologie, Mythos* und *Kunst* die entscheidende, für die Gegenwart bedeutsame Leistung Wagners – und Nietzsches. Es sind "zwei Mächte", die man gemeinhin als Gegensätze auffaßt, die aber in Wahrheit eine Einheit bilden:

> sie heißen *Psychologie* und *Mythus*. Man will ihre Vereinbarkeit leugnen, Psychologie erscheint als etwas zu Rationales […] Sie gilt als Widerspruch zum Mythischen, wie sie als Widerspruch zum Musikalischen gilt, obgleich ebendieser Komplex von Psychologie, Mythus und Musik uns gleich in zwei großen Fällen, in Nietzsche und Wagner, als organische Wirklichkeit vor Augen steht. (125)

Nietzsche, Wagner und Freud bezeugen, in jeweils spezifischer Weise, daß "das Interesse fürs Mythische, Menschlich-Urtümliche und Vorkulturelle mit dem psychologischen Interesse aufs engste zusammenhängt" (126). Im Bestreben, der zeitgenössischen Entstellung des Mythos zum barbarischen Mythos durch die Idee der Humanität entgegenzuwirken, will Thomas Mann den Mythos durch Psychologisierung vermenschlichen. So verleiht er den Wagnerschen Mythen neue Aktualität. Ungeachtet der von ihm betonten menschlichen und künstlerischen Schwächen Wagners sieht er Wagners Werk nun in der Doppeloptik von regressivem Romantizismus und progressivem Weltentwurf – ganz im Unterschied zu Th.W. Adorno, der im *Versuch über Wagner* (1937/38) die Auffassung vertritt, die regressiv-mythischen Tendenzen Wagners blockierten die humanitär-progressiven Erfordernisse, und Wagners Antisemitismus geißelt, dem übrigens Nietzsche entgegengetreten sei (21). Die Synthese von Mythos und Psychologie, die er bei Wagner und Nietzsche vorgeprägt sieht, hat Thomas Mann in der Tetralogie *Joseph und seine Brüder* (1933-1943) literarisch verwirklicht. In der ironischen Psychologisierung der mythischen Personen und Motive erfolgt die Humanisierung des Mythos. Im Vortrag *Joseph und seine Brüder* (1942) erklärt Thomas Mann, mit Bezug auf Alfred Rosenbergs "bösartiges Lehrbuch" *Der Mythus des 20. Jahrhunderts*, das "Wort 'Mythos'" stehe "heute in einem üblen Geruch" und er habe im Josephsroman den Mythos vermenschlicht: "Der Mythos wurde in diesem Buch dem Faschismus aus den Händen genommen und bis in den letzten Winkel der Sprache hinein *humanisiert*" (384). Nietzsche ist nicht der Gewährsmann dieser Konzeption. Aber Thomas Mann ist überzeugt, daß Nietzsche sich in der aktuellen Konfrontation von Barbarei und Humanität für die Humanität entschieden hätte. In der *Ansprache zu Heinrich Manns siebzigstem Geburtstag* (1941), in der er zwischen der "rauschvoll anti-humanen Lehre" Nietzsches und dem menschlichen Nietzsche der Briefe unterscheidet[3], verleiht er der Überzeugung Ausdruck, daß Nietzsche sich auf die Seite der antifaschistischen Emigranten geschlagen hätte:

> Wer zweifelt, daß er sich im Grabe umdrehen würde, wenn er dort unten erführe, was man aus seinem Macht-Philosophem gemacht hat? […] Er, der als Emigrant lebte, schon unterm Kaiserreich – wo wäre er heute? Bei uns wäre er, in Amerika. (209)

Es ist bemerkenswert, daß Thomas Mann dieses Vertrauensvotum zu einer Zeit ausspricht, in der man Nietzsche vielfach zum Philosophen einer kruden Machtpolitik verfälschte. Nietzsche bleibt für ihn der kritische, aufklärerische Kulturpsychologe. Im Essay *Schopenhauer* (1938) sieht er weiterhin Nietzsches "Sendung" in der Verbindung von "Kunst und Erkenntnis, Wissenschaft und Leidenschaft" (253). Was die Schopenhauer-Rezeption Nietzsches betrifft, so ist er der Auffassung, Nietzsche, der lebensbejahende "Dionysier", der den "moralistisch-lebensverneinenden Pessimismus" Schopenhauers ablehne, sei doch dessen "Schüler" geblieben. "So blieb Nietzsche Schopenhauerianer" (283f.). Im Hinblick auf die Modernität allerdings gesteht Mann Nietzsche den Vorrang zu:

> In dieser Beziehung steht Schopenhauer zwischen Goethe und Nietzsche, er bildet den Übergang zwischen ihnen, – 'moderner', leidender, schwieriger als Goethe, aber sehr viel 'klassischer', robuster, gesunder als Nietzsche […] (287)

Damit schlägt Thomas Mann jenen Motivkomplex an, der ihn in der Folgezeit im Hinblick auf Nietzsche besonders beschäftigen wird, nämlich die Thematik von Modernität, Künstlertum und Krankheit.

---

3 "Persönlich war er eine zarte, komplizierte, tief leidensfähige Künstlernatur, fremd aller Brutalität und primitiven Gesundheit, – eine christliche Natur, wenn nicht in der religiösen, so doch in der konstitutionellen Bedeutung des Wortes. Aber im heroischen Widerspruch zu sich selbst bildete er eine rauschvoll anti-humane Lehre aus, deren Lieblingsbegriffe Macht, Instinkt, Dynamismus, Übermenschentum, naive Grausamkeit, die 'Blonde Bestie', die amoralisch triumphierende Lebenskraft waren. Zuweilen, privat, in seinen Briefen, kam ein ganz anderer Nietzsche zum Vorschein, als der seiner Bücher." (209)

Diese Problematik findet ihren literarischen Niederschlag in dem 1947 erschienenen Nietzsche-Roman *Doktor Faustus*. Thomas Mann hat die Bezeichnung "Nietzsche-Roman" *cum grano salis* akzeptiert. In der *Entstehung des Doktor Faustus* (veröffentlicht 1949) bemerkt er, es sei "so viel 'Nietzsche' in dem Roman, so viel, daß man ihn geradezu einen Nietzsche-Roman genannt hat" (104). Mittels "Montageprinzip" und "Zitat" wird Adrian Leverkühn zur Figuration Nietzsches:

> Da ist die Verflechtung der Tragödie Leverkühns mit derjenigen Nietzsche's, dessen Namen wohlweislich in dem ganzen Buch nicht erscheint, eben weil der euphorische Musiker an seine Stelle gesetzt ist, so daß es ihn nun nicht mehr geben darf; die wörtliche Übernahme von Nietzsche's Kölner Bordell-Erlebnis und seiner Krankheitssymptomatik, die Ecce Homo-Zitate des Teufels [...] (103)

Nicht mehr der Nietzsche *militans* oder der Nietzsche *triumphans*, sondern der Nietzsche *dolens*, der leidende Nietzsche, ist das Sujet des Romans. Nicht der 'gesunde', sondern der 'kranke' Nietzsche ist das Thema. Mann deutet die Lebensgeschichte und die Entwicklung seines Denkens als fortschreitende Degeneration. In einem Brief vom 26.12. 1947 betont er seine "Kritik" an Nietzsche und schreibt:

> Und doch kann man kaum radikaler vorgehen, als indem man sein Leben als die Geschichte einer inspiratorisch wirksamen Paralyse und die Entwicklung seiner Philosophie als die Verfallsgeschichte eines ursprünglich zeitkritisch berechtigten Gedankens darstellt. (Briefe 1937-1947, 580)

Krankheit und Verfall werden in diesem Roman, den Thomas Mann als den "richtigen Nietzsche-Roman" bezeichnet (ebd.), zwar kritisch beleuchtet, aber zugleich als Stimulanzien des Produktiven aufgefaßt. Nietzsches "Paralyse" ist eine *inspiratorische* Paralyse. Zudem wird die Krankheit nicht nur im Lichte des Schöpferischen gesehen, sondern auch ins Religiöse überhöht. Nietzsche ist nicht nur ein Kranker und ein Künstler, sondern auch ein Heiliger. Mann vergleicht ihn mit dem Fürsten Myschkin aus Dostojewskis Roman *Der Idiot*, betont die Verbindung von psychologischer Analyse und religiöser Sicht bei Dostojewski und hebt hervor, daß Myschkin "Christus-Züge" trage (ebd.). Nietzsche sei eine Art Myschkin-Gestalt:

> Und wenn man unter einem Heiligen nicht einfach einen frommen Mann versteht, sondern den Typ etwas unheimlicher sieht, so hatte

Nietzsche sehr viel, ergreifend viel vom Heiligen, – die einfachen Leute in Turin haben das deutlich gefühlt. "Un Santo!" (ebd.)

Es ist bezeichnend für das Nietzsche-Bild noch des späten Thomas Mann, daß er sein Nietzsche-Porträt nicht nur als psychologische Studie, als Fall-Studie, sondern darüber hinaus als Darstellung eines irrationalen Phänomens von religiöser Dignität versteht. Psychologisierung und Mythisierung Nietzsches gehen bei Thomas Mann Hand in Hand.

Die Verbindung von Psychologie und Mythos bewährt sich auch noch im *Doktor Faustus*. Die Nietzsche-Figur Adrian Leverkühn steht in einem eigentümlichen Zwielicht von Krankheit und Dämonie. Sie erschöpft sich nicht in einer psychologisch beschreibbaren Krankheitssymptomatik, sondern es haftet ihr eine Aura des Numinosen an. Thomas Mann hält trotz der aufgrund der konkreten zeitgeschichtlichen Erfahrungen geschärften kritischen Sicht der historisch fatalen Wirkungen Nietzsches am Prinzip des produktiven Künstlertums als eines letztlich irrationalen Phänomens fest. Der Roman zeigt eine spezifische Multivalenz. Er ist nicht nur Personalroman, sondern auch Zeitroman. Einerseits verkörpert Leverkühn das kreative, aber bionegative Künstlertum. Andererseits ist er ein Symbol des dämonischen Deutschtums. Er ist in dieser doppelten Hinsicht eine Nietzsche-Figuration. Dabei steht Thomas Mann in der Spannung von Dämonie und Humanität. Einerseits sieht er sich der Faszination des Dämonischen ausgesetzt. Andererseits will er das Dämonische durch das Humanum dämpfen. Zudem kann das Dämonische nur aus einer gewissen epischen, humanen Distanz in seiner symbolischen Transparenz voll vergegenwärtigt und objektiviert werden. Thomas Mann schaltet den humanistischen Erzähler ein, "um eine gewisse Durchheiterung des düsteren Stoffes zu erzielen und mir selbst, wie dem Leser, seine Schrecknisse erträglich zu machen"; "denn es erlaubte mir, die Erregung durch alles Direkte, Persönliche, Bekenntnishafte, das der unheimlichen Konzeption zugrunde lag, ins Indirekte zu schieben" (Entstehung, 102f.). Es zeigt sich ein eigentümliches Zusammenspiel von emotionaler Identifikation und humaner Distanz. Dies verdeutlicht erneut, daß Thomas Mann bei aller emotionalen Betroffenheit durch Nietzsche immer einen gewissen intellektuellen, humanen Abstand zu ihm hält. Er wehrt sich (instinktiv und bewußt) gegen die totale Identifikation, da sie auf die Auflösung der humanen Gesinnung und der geistigen Disziplin im Rauschhaft-Dämonischen hinauslaufen würde. Die "Einschaltung des Narrators" hat allerdings auch einen erzähltechnischen Grund. Sie ermöglicht die "doppelte Zeitebene", die Verschränkung der 'erschütternden' "Erlebnisse" mit dem zeitgeschichtlichen Bericht (ebd., 103).

Der Roman ist reich an Nietzsche-Allusionen. Leverkühns Künstlertum, seine Einsamkeit, sein scheiternder Eheversuch, seine Krankheitssymptomatik, sein Zusammenbruch – sie sind der Lebensgeschichte Nietzsches entnommen. Zugleich werden Denkmotive Nietzsches in den Text eingefügt. Vor allem das Teufelsgespräch ist weitgehend eine Nietzsche-Paraphrase. So erklärt der Teufel:

> Deine Neigung, Freund, dem Objektiven, der sogenannten Wahrheit nachzufragen, das Subjektive, das reine Erlebnis als unwert zu verdächtigen, ist wahrhaft spießbürgerlich und überwindenswert. Du siehst mich, also bin ich dir. Lohnt es zu fragen, ob ich wirklich bin? Ist wirklich nicht, was wirkt, und Wahrheit nicht Erlebnis und Gefühl? Was dich erhöht, was dein Gefühl von Kraft und Macht und Herrschaft vermehrt, zum Teufel, das ist die Wahrheit, – und wäre es unterm tugendlichen Winkel gesehen zehnmal eine Lüge. (243)

Dies entspricht *in nuce* Nietzsches Philosophie des Perspektivismus, die die objektive Wahrheit aufgibt zugunsten des subjektiven Erlebnisses, die die 'Wahrheit' als Steigerung des Erlebens, als Erlebnisintensität erfährt. Die lebenssteigernde Lüge erhält den Vorrang vor der lebensschwächenden Wahrheit. Auch die Problematik von Gesundheit und Krankheit wird vom Teufel angeschnitten:

> Und ich wills meinen, daß schöpferische, Genie spendende Krankheit, Krankheit, die hoch zu Roß die Hindernisse nimmt, in kühnem Rausch von Fels zu Felsen sprengt, tausendmal dem Leben lieber ist als die zu Fuße latschende Gesundheit. [...] Vor dem Faktum der Lebenwirksamkeit, mein Guter, wird jeder Unterscheidt von Krankheit und Gesundheit zunichte. (243)

Dies entspricht im Grundzug der Denkweise Nietzsches, wie der Teufel überhaupt ein Nietzscheaner zu sein scheint. Nietzsche hat allerdings keinen Kult der Krankheit betrieben. Er unterscheidet zwischen der degenerativen Krankheit, die, wie bei Wagner, Ausdruck der "Erschöpfung" ist, und der produktiven Krankheit, die die Funktion einer höheren Gesundheit ist: "Die Krankheit selbst kann ein Stimulans des Lebens sein: nur muss man gesund genug für dies Stimulans sein!" (6, 22 – WA). Im Gedanken der kreativen Möglichkeiten der Krankheit stimmt der Teufel mit Nietzsche überein. Ganz im Sinne Nietzsches beruft sich der Teufel auf das Spontan-Schöpferische. Seine emphatische Schilderung der "Inspiration", "einer Inspiration, bei der es keine Wahl, kein Bessern und Basteln gibt, bei der alles als seliges Diktat empfangen wird" (238), geht unmittelbar auf Nietzsche zurück, auf die Beschreibung der "Inspiration" in *Ecce homo*, in der es heißt: "ich habe nie eine Wahl gehabt" (6, 339 – EH). Und wie bei Nietzsche, der in *Menschliches, Allzumenschliches* im Zusammenhang des künstlerischen Schaffensprozesses auf die "Notizbücher Beethoven's" verweist (2, 146 – MA I), so werden auch im Teufelsgespräch "Beethovens Skizzenbücher" erwähnt (238). Nietzsche wendet sich allerdings an jener Stelle *gegen* die "Inspiration" und votiert für das sachliche Machen. Perspektivismus, Kreativität und Inspiration – in diesen Punkten hat Nietzsche dem Teufel Pate gestanden. Aber es gibt auch Aspekte, in denen sich der Teufel von dem großen Präzeptor unterscheidet. So entspricht vor allem die Vorstellung, daß die "Inspiration" nur im Bündnis mit dem "Teufel" möglich sei (238), nicht dem Geiste Nietzsches. Diesem wäre eine Dämonisierung des Künstlers nicht nur wider den Geschmack gewesen; sie hätte auch seiner Ästhetik des freien, autonomen Künstlers nicht entsprochen. Zudem versteht Nietzsche den Künstler nicht vom untergehenden, sondern vom aufgehenden Leben her. Während im Teufelsgespräch die Kunst der Spannung von "Steigerung und Verfall" ausgesetzt ist (*Pütz*, Künstlerexistenz, 117), ist sie, im Selbstverständnis Nietzsches, Ausdruck des dionysischen Lebens. Die Problematik der Kunst spitzt sich zu auf die Frage nach Schein und Spiel. Hier zeigen sich bei Leverkühn Affinität und Abstand zu Nietzsche. Er ist wie Nietzsche in die Dialektik von Wahrheit und Lüge verstrickt. Als Künstler ist er ein Gaukler im Sinne Nietzsches. Wie Nietzsche stellt er das harmonische, in sich selber ruhende Kunstgebilde kritisch in Frage. Er sieht sich mit der Frage nach der Wahrheit des Kunstwerks konfrontiert, der Frage,

> ob das Werk als solches, das selbstgenügsam und harmonisch in sich geschlossene Gebilde, noch in irgendeiner legitimen Relation steht zu der völligen Unsicherheit, Problematik und Harmonielosigkeit unserer gesellschaftlichen Zustände, ob nicht aller Schein, auch der schönste, und gerade der schönste, heute zur *Lüge* geworden ist. (181)

Hier erhebt Leverkühn, wie Nietzsche, Protest gegen den schönen Schein der Kunst, freilich im Zeichen nicht des dionysischen Lebens, sondern der gesellschaftlichen Wirklichkeit. Zugleich zeichnet sich ein wesentlicher Unterschied zu Nietzsche ab. An dieser Stelle ist der Begriff "Lüge" nicht im Sinne der das Leben steigernden ästhetischen "Lüge" Nietzsches zu verstehen, sondern hier handelt es sich um die moralische "Lüge", die den Menschen an den schönen Schein verrät. Während Nietzsche den Vorrang der Kunst vor Wahrheit und Erkenntnis betont, taucht für Leverkühn die Frage auf, ob sich nicht die scheinhafte Kunst vor einer tieferen Wahrheit verantworten, ob nicht die Kunst überhaupt auf den Schein verzichten und zur Erkenntnis werden müsse. Es heißt:

> Das Werk! Es ist Trug. Es ist etwas, wovon der Bürger möchte, es gäbe das noch. Es ist gegen die Wahrheit und gegen den Ernst. [...] Schein und Spiel haben heute schon das Gewissen der Kunst gegen sich. Sie will aufhören, Schein und Spiel zu sein, sie will Erkenntnis werden. (181)

Damit stellt Leverkühn nicht nur den schönen Schein der Klassik, sondern auch den apollinischen Schein Nietzsches in Frage. Angesichts der realen menschlichen Situation wird die Fiktionalität der Kunst fragwürdig. "Werk" und "Schein" verfallen der "Kritik":

> Sie erträgt Schein und Spiel nicht mehr, die Fiktion, die Selbstherrlichkeit der Form [...] Zulässig ist allein noch der nicht fiktive, der nicht verspielte, der unverstellte und unverklärte Ausdruck des Leides in seinem realen Augenblick. Seine Ohnmacht und Not sind so angewachsen, daß kein scheinhaftes Spiel damit mehr erlaubt ist. (241)

Angesichts des menschlichen Leides wird die Ästhetik des Scheins aufgegeben zugunsten der Erkenntnis- und Wahrheitsfunktion der Kunst. In dieser Frage zeigt sich ein beträchtlicher Abstand zu Nietzsche.

Thomas Mann ist immer ein Nietzsche-Verehrer geblieben. Aber die konkreten zeitgeschichtlichen Erfahrungen, Exil, Krieg und NS-Terror, führen auch bei ihm, in bestimmten Punkten, zu einer kritischen Revision des Nietzsche-Bildes, zu spezifischen Vorbehalten, ohne daß Nietzsches überragende Bedeutung grundsätzlich in Frage gestellt würde. In seinem Vortrag *Nietzsche's Philosophie im Lichte unserer Erfahrung* (1947) erweist Thomas Mann Nietzsche weiterhin die Reverenz. Seine Bedeutung als virtuoser Künstler, ingeniöser Psychologe und schonungsloser Kulturkritiker wird in diesem fazitziehenden Nietzsche-Essay erneut bestätigt. Nietzsche ist weiterhin das verehrungswürdige Genie, das, nicht zuletzt der Krankheit kreative Impulse verdankend, die geistige Situation der Epoche wesentlich geprägt hat. Zugleich aber meldet Thomas Mann nun auch kritische Vorbehalte gegenüber Nietzsche an, und zwar sowohl in ästhetischer als auch und vor allem in ethischer Hinsicht. Die ästhetische Kritik zielt vor allem auf den *Zarathustra*. Zarathustra, "dieser gesicht- und gestaltlose Unhold und Flügelmann" sei "keine Schöpfung, er ist Rhetorik, erregter Wortwitz, gequälte Stimme und zweifelhafte Prophetie", "eine an der Grenze des Lächerlichen schwankende Unfigur" (27). Dies überrascht nicht, da der distanzierte Epiker Thomas Mann sowieso zum lyrischen Rhapsoden Nietzsche kaum ein Verhältnis hat. Aber immerhin hatte er früher das Prophetische bei Nietzsche anerkannt, ja gepriesen. Nun sind ihm, nicht zuletzt aufgrund der Zeitgeschichte, die Prophetien Nietzsches höchst fragwürdig geworden. Nun registriert er auch die Selbstüberschätzung Nietzsches und schreibt, "daß mir überhaupt das Verhältnis Nietzsche's zu dem Zarathustra-Werk dasjenige blinder Überschätzung zu sein scheint" (26). Thomas Mann übt nun Stil-Kritik an Nietzsche. Die "Schreibweise" Nietzsches sei "allmählich in einen unheimlich mondänen und hektisch heiteren, zuletzt mit der Schellenkappe des Weltenspaßmachers sich schmückenden Über-Feuilletonismus entartet" (28). Thomas Mann verehrt weiterhin den Sprachkünstler Nietzsche, aber er lehnt nun den hyperbolischen Stil des späteren Nietzsche ab. Nietzsches extremer Sprachstil erscheint ihm als rhetorische Attitüde und hypertrophes Pathos. Gravierender als die ästhetische ist die ethische Kritik. Nun problematisiert Thomas Mann den Lebensbegriff Nietzsches und stellt die Frage nach dem 'Sinn' des 'Lebens':

> Das Leben über alles! Warum? Das hat er nie gesagt. Er hat nie einen Grund dafür angegeben, warum das Leben etwas unbedingt Anbetungswürdiges und höchst Erhaltenswertes ist, sondern hat nur erklärt, Leben gehe über Erkennen, denn mit dem Leben vernichte das Erkennen sich selbst. (35)

Gegen Nietzsches Idee des "Lebens" setzt Thomas Mann das Prinzip der "Humanität". "Moral", "Humanität" und "Geist" bilden einen Sinnkomplex, vor dem auch das "Leben" sich zu rechtfertigen hat. Im Menschen gelangt das "Leben" über sich hinaus und wird *"Geist –* und Geist ist die Selbstkritik des Lebens" (36). Mann erhebt zwei Haupteinwände gegen Nietzsche. Erstens habe er den Geist an das Leben und zweitens die Moral an das Leben preisgegeben. Dies sind die beiden fatalen Fehldeutungen Nietzsches:

> Soviel ich sehe, sind es zwei Irrtümer, die das Denken Nietzsche's verstören und ihm verhängnisvoll werden. Der erste ist eine völlige, man muß annehmen: geflissentliche Verkennung des Machtverhältnisses zwischen Instinkt und Intellekt auf Erden, so, als sei dieser das gefährlich Dominierende, und höchste Notzeit sei es, den Instinkt vor ihm zu retten. (36) […] Der zweite von Nietzsche's Irrtümern ist das ganz und gar falsche Verhältnis, in das er Leben und Moral zueinander bringt, wenn er sie als Gegensätze behandelt. Die Wahrheit ist, daß sie zusammengehören. Ethik ist Lebensstütze […] (37)

Obschon Thomas Mann damit Nietzsches Lebensbegriff einseitig biologistisch interpretiert, so grenzt er sich doch gegen Nietzsches Amoralismus durch ein unabdingbares Postulat ab: die Restitutio der Moral und damit der Humanität. Nietzsches Lebensbegriff wird den Erfordernissen der durch die Barbarei entstellten Humanität nicht gerecht. Dennoch ist der Nietzsche-Vortrag, aufs Ganze gesehen, auf einen affirmativen, apologetischen Ton gestimmt. Er ist mehr eine Rechtfertigung als eine Kritik Nietzsches. In den Grundzügen zeichnet der Vortrag erneut das frühere Nietzsche-Bild Thomas Manns. Das "Genie" Nietzsche hat "als Sprachkünstler, Denker, Psycholog die ganze Atmosphäre seiner Epoche verändert" (23). Die "Krankheit" ist ein Stimulans seines Schaffens. Entscheidend ist, *"wer* krank ist" und was ein Genie aus seiner Krankheit macht (23). Die Krankheit schärft das ästhetische Sensorium und entbindet schöpferische Kräfte, ja, "Krankheit" und "Genie" bilden eine Symbiose, denn mit der "Krankheit" entfaltet sich überhaupt erst Nietzsches "Genie" (25). Auch im Vortrag verweist Thomas Mann auf die Erleuchtungserlebnisse Nietzsches und zitiert aus der Passage über die *Inspiration* in *Ecce homo* (26). Auch im Vortrag ist Nietzsche der leidende, ins Religiöse überhöhte Mensch. Er bietet das "Schauspiel einer erschütternden Selbstkreuzigung" (25). Noch einmal wird Nietzsche zur religiösen Erlösungsgestalt stilisiert:

> Daß Philosophie nicht kalte Abstraktion, sondern Erleben, Erleiden und Opfertat für die Menschheit ist, war Nietzsche's Wissen und Beispiel. (49)

Für Thomas Mann bedeutet Nietzsche nun die Verquickung von Lebensenthusiasmus und Leidensfähigkeit. Nietzsche habe das "Leben" verherrlicht und zugleich dem "Leiden" gehuldigt. Sein Leben sei "Rausch" und "Leiden" gewesen, "mythologisch gesprochen die Vereinigung des Dionysos mit dem Gekreuzigten" (34). Zugleich ist Nietzsche weiterhin der ingeniöse Psychologe: "Zum Psychologen ist er geboren, die Psychologie ist seine Urleidenschaft" (32). Diese Psychologie sei als Fremdanalyse genial, mache aber vor der Selbstanalyse halt. Mann konstatiert, "daß *alles* einem genialen Psychologen zum Objekt demaskierender Erkenntnis werden kann, nur nicht das eigene Genie" (25f.). Man kann hinzufügen, daß Nietzsche offenbar vor der psychologisierenden Selbstanalyse zurückschreckte, weil er damit seine Selbststilisierung, seine Selbstapotheose gefährdet hätte. Thomas Mann, der im übrigen "Nietzsche's Kampf gegen die christliche Moral" für "ein Ereignis *innerhalb* der Geschichte des Christentums" hält (Entstehung, 184), sieht in dem Wort "Gott ist tot" ein Votum für den "Menschen". Es ist ein aus "Menschenliebe" gesprochenes Wort (Vortrag, 48). In diesem Sinne sei Nietzsche Humanist und Aufklärer:

> Er muß es sich gefallen lassen, ein Humanist genannt zu werden, wie er es dulden muß, daß man seine Moral-Kritik als eine letzte Form der Aufklärung begreift. (48)

Im Zeichen des Humanitätsgedankens nimmt Thomas Mann Nietzsche vor dem Faschismus-Vorwurf in Schutz. Nietzsche habe zwar, besonders durch Züchtungstheoreme, seinem Mißbrauch in der "Schund-Ideologie des Faschismus" Vorschub geleistet (41), aber der "Faschismus als Massenfang, als letzte Pöbelei und elendestes Kultur-Banausentum, das je Geschichte gemacht hat", sei diesem elitären Geist "im tiefsten fremd" (42). Im Nietzsche-Vortrag zeichnet Thomas Mann ein facettenreiches Bild Nietzsches und charakterisiert ihn als Künstler, als Psychologen, als Dionysier, als religiöse Opfer- und Erlösungsgestalt, als Humanisten, als Menschen. Diese Nietzsche-Deutung geht aus vom Menschen Nietzsche, vom kreativen und leidenden Menschen. Erst von ihm aus entfalten sich die philosophischen, ästhetischen, psychologischen, kulturkritischen und religiösen Probleme. Die Person Nietzsches steht im Mittelpunkt. Diese Person hat allerdings repräsentative Bedeutung für die Epoche. Sie hat für die eigene Gegenwart zentrale Bedeutung. Dabei ist der Essay keine neutrale Analyse, sondern geprägt von der Perspektive und dem Engagement des Rezipienten. Viele Züge Thomas Manns fließen in sein Nietzsche-Bild ein. Vor allem die Humanisierung Nietzsches ist ein wesentliches Anliegen Thomas Manns. Ständig mischen sich 'objektive' Deutungen mit 'subjektiven' Sichtweisen. Es ist dies eine Form der produktiven Anverwandlung Nietzsches, wie sie für alle bedeutenden Nietzsche-Interpreten charakteri-

stisch ist. Es geht ihnen nicht nur um sachliche Klärung und Erkenntniszuwachs. Es vollzieht sich vielmehr eine Auseinandersetzung mit
Nietzsche, in der man sich des eigenen Standorts zu vergewissern
versucht. Dabei ist es vor allem die literarische Form des Essays, die die
Möglichkeit des freien Spiels mit dem Sujet bietet.

2. Heinrich Mann

Auch Heinrich Mann hat Nietzsche gehuldigt. Um die Jahrhundertwende zeigt sich bei ihm sogar ein Nietzsche-Enthusiasmus, wie er sich in
dieser Unmittelbarkeit und Spontaneität kaum je bei Thomas Mann
findet. Der frühe Heinrich Mann ist begeisterter Nietzsche-Adept. Er ist
fasziniert von Nietzsches rauschhafter Verherrlichung des Lebens, steht
im Banne des *Zarathustra* und leitet aus Nietzsche einen Kult der Stärke
und Schönheit ab. Aber Nietzsche spielt bei ihm nicht die zentrale,
lebenslängliche Rolle wie bei seinem Bruder. Bei Heinrich Mann läßt
sich eine Entwicklung vom ästhetizistischen Nietzsche-Pathos zur aufklärerischen Nietzsche-Deutung verfolgen. Der frühe Heinrich Mann
hat ein ästhetisch-rauschhaftes Verhältnis zu Nietzsche. So huldigt er
im frühen Gedicht *Bekehrungsgeschichte* (1891) in generationstypi-
schem Pathos dem *Zarathustra*.

> Und wieder nach dem Zarathustra langt
> Er nun, als ob es sich von selbst verstünde,
> Daß dort gwißlich seine Sehnsucht fände,
> Wonach sie, je erwacht, verlangend späht.
>
> Je mehr er liest, die Träume flieh'n, ihm bangt
> Vor Eises Hauch, der ihm entgegenweht – –
> Doch als ein neuer Tag durchs Fenster glühte,
> Er fand gesundet ihn und hart zum Streit,
> Fand einen Menschen – mehr noch: Männlichkeit –
> Und alles Andre war verscholl'ne Mythe.

Hier geht die romantische "Sehnsucht" über in eine maskulinische Entschlossenheit. Nicht der lyrisch-romantische, sondern der voluntativ-
heroische Nietzsche steht hinter dieser Versübung. Beide Elemente, ein
romantischer Ästhetizismus und ein energetischer Vitalismus, mischen
sich beim frühen Heinrich Mann zum zeittypischen Nietzsche-Pathos.
Es zeichnet sich allerdings auch bereits der gesellschaftlich-kulturelle
Aspekt ab, damals freilich zunächst noch in nationaler Tönung. Im

Essay *Zum Verständnisse Nietzsches* (1896) betont er "das soziale Moment wie das volkstümliche" bei Nietzsche (249). Nietzsche habe keinen "kleinlichen Individualismus" vertreten (247), er sei "kein Anarchist oder Skeptiker" gewesen (251), sondern in ihm habe ein 'starkes' "Kulturvolk" seinen "Propheten" gefunden (248). Dabei bringt Mann allerdings die "Rasse" ins Spiel. Es ist die Rede von der "deutschen Rasse" (248), der "germanischen Rasse" (250), von der "Vervollkommnung der Rasse und der Gesellschaft" (251). Vom "'Uebermensch'" heißt es, er sei weder der "Triumph des *Kapitalismus*" noch ein "metaphysischer Traum", sondern ein "soziales und ein Rassen-Symbol" (246). Mann will damit den Realismus und die Gesellschaftsrelevanz Nietzsches hervorheben. Seine Äußerungen zeigen zwar eine rassisch-deutschtümelnde, aber keine rassistisch-chauvinistische Tendenz.

Dominant ist beim frühen Heinrich Mann allerdings nicht der realistische, sondern der dionysische Nietzsche. Im *Minerva*-Manuskript (1901) notiert er sich Reflexionen Nietzsches über das lebenssteigernde "Rauschgefühl", über "Kraft" und "Stärke", über die "Künstler", denen "eine Art Jugend und Frühling, eine Art habitueller Rausch im Leben eigen sein" muß (Zitat nach *Werner*, Heinrich Mann, 96). Von rauschhaftem Lebensgefühl à la Nietzsche ist die Romantrilogie *Die Göttinnen* (1903) geprägt. Hier wirkt sich der Nietzscheanismus sowohl in den jugendstilartigen Bildern eines schönen, rauschhaften Lebens als auch in einem amoralistischen Vitalismus aus. Die Kunsterlebnisse, Träume und Visionen der Violante von Assy kulminieren in der rauschhaften Entgrenzung der eigenen Person zum Medium der halluzinatorischen Vergegenwärtigung der großen Vergangenheit, vor allem der italienischen Renaissance, die in prunkvoll-phantastischen Bildern neu ersteht (dazu *Werner*, Heinrich Mann, 96ff.). Zugleich wird der von einem Höhenmenschentum praktizierte Wille zur Macht thematisiert. Es wirkt wie eine Reprise von Nietzsches Pathos des Machtmenschen, wenn es vom Geschlecht der Assy heißt:

> Sie alle waren Menschen der Entzweiung, der Schwärmerei, des Raubes und der heißen, plötzlichen Liebe. […] Überall empfanden die Schwachen, das weiche und feige Volk, ihre lachende Grausamkeit und ihre harte, fremde Verachtung. […] Sie waren unbedenkliche Abenteurer […] stolz und dürstend nach Größe […] (13)

In diesem Romanwerk wird immer wieder die epische Distanz aufgegeben zugunsten solch pathetischer Redemonumente, in denen das große, machtvolle Individuum verherrlicht wird. Anfang 1894 hatte der Nietzscheaner Heinrich Mann auf einer Italienreise notiert:

> Große und starke, mit einem Wort heroische Seelen pflegen den Streit der Pflichten anders zu lösen, als der ängstliche, von kleinlichen Gewohnheiten und Rücksichten eingeengte Mittelschlag der Philister. Geniale Naturen, die auf sich selbst beruhen, erweitern durch ihre Handlungen, indem sie das Maß ihrer inneren Kraft und Größe als ein Beispiel vorleuchten lassen, ebenso sehr die Grenzen des sittlichen Gebietes, wie geniale Künstler die hergebrachten Schranken ihrer Kunst durchbrechen und weiter hinausrücken. (Zitat nach *Schröter*, Heinrich Mann, 44)

Im Unterschied zu Thomas Mann, der primär den subtilen Ästheten, Psychologen und Kritiker Nietzsche im Blickfeld hat, hebt der frühe Heinrich Mann entschieden auf Nietzsches Kult des heroischen Individuums, des vom Willen zur Macht durchdrungenen Künstlertums ab. Ist Thomas Mann vor allem am geistig differenzierten Künstlertum Nietzsches interessiert, so zeigt ich bei Heinrich Mann ein ästhetizistischer Vitalrausch, ein Kult des machtvollen Genies. Heinrich Mann schwingt sich zu dithyrambischem Pathos auf, Thomas Mann verläßt nie ganz die epische Beobachterposition.

Heinrich Mann sieht allerdings auch die Verbindung von Ästhetizismus und Dekadenz. In der Künstlernovelle *Pippo Spano* (1903) zeigt sich bei dem Tragödiendichter Mario Malvolto, einer Art d'Annunzio, eine fatale Diskrepanz zwischen Leben und Kunst, Künstlerpathos und Lebensschwäche. Er ist ein pathetischer Rhetoriker, der sich nach den "Condottieri des Lebens" sehnt (27). Aber er ist nur der Schauspieler, der "Komödiant" des Lebens (26). Hier mag Nietzsches Kritik des "Schauspielers" als eines Scharlatans in das Motiv hineinspielen. Im Symbol des Renaissance-Übermenschen Pippo Spano, des großen Condottiere, steht dem schwächlichen Ästheten der Anspruch des starken Lebens gegenüber. Hinter der Welt des trügerischen Scheins zeigt sich das rauschhafte, starke Leben als große Vision. Thomas Mann hat diesem Renaissance-Kult nicht gefrönt. Die Verherrlichung der Renaissance-Machtmenschen hat er verworfen. Heinrich Mann hingegen ist gefesselt von der Nietzscheanischen Renaissance. Nicht ohne Berechtigung hat Gottfried Benn in seiner *Rede auf Heinrich Mann* (1931) Rausch und Kunst als Gemeinsamkeit Nietzsches und Heinrich Manns herausgestellt – freilich unter Ausklammerung von dessen Gesellschaftssatire und Sozialkritik.

In der Folgezeit löst sich Heinrich Mann von Nietzsche, d.h. vom amoralistischen Nietzsche des Willens zur Macht. Im zeitkritischen Essay *Geist und Tat* (1910) ist nicht mehr Nietzsche das große Vorbild, sondern die "Geistesführer Frankreichs, von Rousseau bis Zola," (10) erscheinen nun als die Wegbereiter einer neuen Gesellschaft. Im Zeichen von Aufklärung, Humanität und Demokratie übt Heinrich Mann scharfe Kritik an den "abtrünnigen Literaten", für die das "Leben des Volkes" nur ein "Symbol" der "eigenen hohen Erlebnisse" sei (13). Nietzsche erscheint als der geistige Vorläufer und Anreger dieses Literatentypus:

> Was erklärt diesen Nietzsche, der dem Typus sein Genie geliehen hat, und alle die, die ihm nachgetreten sind? Ist es der überwältigende Erfolg der Macht, den diese Zeit und dies Land sahen? Die Hoffnungslosigkeit, die eigene Natur durchzusetzen, heute und hier? (12f.)

Heinrich Mann unterscheidet allerdings zwischen dem von ihm weiterhin respektierten Nietzsche und dem zeitgenössischen Nietzscheanismus mit seinen fatalen politischen Folgen. Im Essay *Kaiserreich und Republik* (1919) führt er die allgemeine "Gewaltanbetung" (25) auf ein Mißverstehen und den Mißbrauch von Nietzsches Philosophie der "Macht" zurück. Nietzsches philosophischer "Wille zur Macht" sei zum kruden politischen Machtwillen umfunktioniert worden:

> Nietzsche hat, wie jedes große Talent, einen Zeitgeist um mindestens zehn Jahre vorweggenommen. Seine Amoralistik wie sein Aristokratismus sind Gewächse des Jahrganges 1870. Sie reiften früher bei ihm als im Lande; aber hinter Borgia handelte Bismarck, und seinen philosophischen Willen zur Macht beflügelte das Deutsche Reich. Der Gegenstand seines Machtwillens freilich war größer als diese: es war der Geist. (35)

Nun ist Nietzsche für Heinrich Mann nicht mehr ein Stimulans des rauschhaften Lebens, sondern ein Gegenstand der gesellschaftlichen Zeitkritik. Aus dem dionysischen Nietzsche ist ein politischer Nietzsche geworden. Dabei wehrt Mann die Militarisierung Nietzsches ab. Ausdrücklich verwirft er die Instrumentalisierung Nietzsches zum Schutzpatron des Militarismus:

> Wenn im Jahre 1914 viele der Unseligen, die hinausgetrieben waren gegen eine mißverstandene Welt, in ihren Tornistern den "Zarathustra" getragen hätten, dann ist aus ihren Tornistern Lachen erschallt. Mit ihnen kämpfte, leider, kein Nietzsche. (35)

Nietzsche ist für Heinrich Mann zum *homo politicus* geworden. Während Thomas Mann in seinen 'unpolitischen' *Betrachtungen* Nietzsche primär als kulturhistorische Erscheinung würdigt, gilt nun Heinrich Manns Interesse den politischen, gesellschaftlichen Konsequenzen der Philosophie Nietzsches bzw. des Nietzscheanismus. Mit Verve setzt er sich gegen die chauvinistische Funktionalisierung Nietzsches zur Wehr.

Im ganzen aber spielt Nietzsche in der Folgezeit bei Heinrich Mann nur noch eine periphere Rolle. Abgesehen vom Nietzsche-Essay von 1939, beschränken sich die Hinweise zu Nietzsche in den Essays und im Erzählwerk Heinrich Manns auf Marginalien, auf Randbemerkungen freilich, denen jeweils grundsätzliche Bedeutung zukommt. Im Essay *Berlin* (1923) zählt er Nietzsche zu den geistigen Wegbereitern einer kosmopolitischen Humanität. Er habe den "1870 Geborenen", den "Utopisten" der "sozialen Gerechtigkeit", des "Völkerfriedens", des "auf Vernunft zu errichtenden Menschenglücks" Impulse gegeben:

> Ihre Meister wirkten erweiternd, befreiend; Nietzsche gegen die Vaterländer, für Europa, Zola für Dreyfus und von jeher für die Wahrheit, Ibsen für geistige Befreiungen, Tolstoi gegen den Krieg. (74)

Daß Heinrich Mann Nietzsche hier in die Reihe der aufklärerischen, humanitären und pazifistischen Geister einfügt, signalisiert die Wertschätzung, deren Nietzsche sich auch noch bei dem Gesellschaftskritiker Heinrich Mann erfreut. Wenn auch Nietzsche kein Zentralthema seiner Epochenanalysen ist, so entschwindet er doch seinem Blickfeld nicht. Es bleibt sein Anliegen, den verfälschten Nietzsche gegen den wahren Nietzsche in Schutz zu nehmen. Auch der Emigrant Heinrich Mann hält an Nietzsche fest. Im Essay *Der Weg der deutschen Arbeiter* (1936) schreibt er:

> Die Einsichtigsten im Lande sind heute bei weitem die Arbeiter: das sei bemerkt für Aristokraten oder Herrenmenschen, die Nietzsche in den falschen Hals bekommen haben. Die "Herde" ist nicht immer dort, wo man meint. Die Schöpse können unter den Herrenmenschen zu suchen sein. (168)

Die Verfälschung Nietzsches zum Ideologen eines fragwürdigen Herrenmenschentums wird zurückgewiesen. Im übrigen huldigt Heinrich Mann, unbeschadet seines gesellschaftskritischen Engagements, weiterhin der Ästhetik des einsamen Denkers. Im Essay *Sammlung der Kräfte* (1934) wendet er sich gegen die gesellschaftspolitische Funktionalisierung des Schriftstellers und beharrt auf dem Prinzip der produktiven Einsamkeit, freilich im Sinne nicht des *l'art-pour-l'art*, sondern der *littérature engagée*:

> Ein Denker, erst recht ein gestaltender Denker, muß allein bleiben können: erstes seiner Wagnisse. Nur wer es trägt, wird schöpferisch. Niemandem sonst als seiner unmittelbaren Persönlichkeit wird eine Schöpfung glücken [...] (128)

Heinrich Mann denkt hier an die prekäre Situation des Schriftstellers im Dritten Reich. Aber er mag auch an Zola gedacht haben, der das "Schicksal der Menschen" vom "einsamen Denker" abhängig macht (Zola-Zitat nach *H. Mann*, Zola [1915], 254). Zugleich mag auch Nietzsches Pathos des einsamen Künstlers in diese Überlegung hineinspielen.

Heinrich Mann wird nicht zum Nietzsche-Gegner, sondern bleibt Nietzsche-Sympathisant, unbeschadet der Kritik, die er zur Zeit der nationalsozialistischen Gewaltherrschaft an Nietzsche, vor allem freilich an dem mit Nietzsche betriebenen schlimmen Mißbrauch übt. Im Essay *Nietzsche* (1939) zeigt sich eine eigentümliche Ambivalenz in der Beurteilung Nietzsches. Einerseits werden die von Nietzsches Machtphilosophie ausgehenden Gefahren durchaus gesehen. Andererseits wird deutlich unterschieden zwischen Nietzsche und seiner zeitgenössischen Entstellung. Im Grunde läuft der Essay nicht auf eine Kritik, sondern auf eine Apologie Nietzsches hinaus. Heinrich Mann konstatiert die historische Breitenwirkung Nietzsches, dabei unterscheidend zwischen Nietzsches schöpferischem Werk und dem grassierenden epigonalen Nietzscheanismus:

> Ein Denker und Schriftsteller hat seit dem Aufhören seiner Arbeit fünfzig Jahre, und nahezu vierzig seit seinem Tode weitergelebt. Er hat eine Welt, die für das Vergangene immer weniger Teilnahme aufbringt, mit sich beschäftigt, als wäre er fortwährend zugegen. [...] Die Menge seiner Anhänger und Nachahmer beweist für sein Werk und seine fruchtbare Wirkung gar nichts. (277)

Zugleich betont Heinrich Mann den historischen Wandel des Nietzsche-Bildes. Es ist von generationstypischer Relevanz und signalisiert paradigmatisch den historischen Umschwung vom Nietzsche-Enthusiasmus der Jahrhundertwende zur Nietzsche-Sicht der Gegenwart, wenn er feststellt:

> Das Werk eines Vergangenen wächst und verändert sich [...] Es ist
> längst nicht mehr dort stehen geblieben, wo wir es einst kennen lernten,
> als wir jung waren und Nietzsche lebte. (277)

Mit Nietzsche wird nun nicht mehr eine optimistische Zukunftserwartung verknüpft. Er ist zur Bedrohung geworden. Sein Werk, das "fruchtbar" sein sollte, ist "furchtbar" geworden:

> Sein Werk ist furchtbar, es ist bedrohlich geworden, anstatt daß es uns
> hinrisse wie vor Zeiten. Damals schien es uns selbst zu rechtfertigen,
> wir verstanden es nach den Neigungen unseres Geistes, mit einge-
> schlossen seine Ausschweifungen. Wir vertrauten mit Freuden dem
> Individualisten, der es bis auf das Äußerste war, dem Gegner des
> Staates, – noch eher wär' er ein Anarchist, als ein ergebener Bürger des
> "Reiches". 1890 und die nächsten Jahre war dies eine Haltung der
> persönlichen Unabhängigkeit. Derart bereitete man sich auf die eigenen
> Leistungen vor, und höchst willkommen war dieser Philosoph. (277)

Nietzsche war für die Generation der Jahrhundertwende eine Identifikationsfigur. Er war ein Probierstein der gesellschaftlich frustrierten, nach individueller Freiheit und kultureller Erneuerung strebenden Intellektuellen. Angesichts der realen Ohnmacht des geistigen Individuums in einer pragmatischen Umwelt ermöglichte er die Flucht bzw. den Rückzug in eine rauschhafte Innerlichkeit. Insofern übte er eine kompensatorische Funktion aus. Seine Wirkung erschöpfte sich freilich nicht in dieser sozialpsychologischen Problematik, sondern er war auch eine ästhetische Herausforderung. Er war der große Anreger der kreativen Ambitionen der Dichter und Schriftsteller. Er war der Garant geistiger Unabhängigkeit. So hat er nicht nur auf den frühen Heinrich Mann, sondern auch auf viele Generationsgenossen gewirkt. Ein halbes Jahrhundert später hat sich die Situation radikal verändert. In einer von brutaler Machtpolitik geprägten Zeit ist der dionysische Individualismus Nietzsches nicht mehr gefragt. An seine Stelle ist der militante, 'heroische' Nietzsche getreten. Man beruft sich auf seinen Immoralismus und seine Machttheoreme. Die offiziöse Propaganda ideologisiert ihn zum Philosophen einer rücksichtslosen Machtpolitik. Nun sehen sich auch seine Verteidiger einem politisch gefährlichen Nietzsche konfrontiert. Es stellt sich für sie die Frage nach der Verantwortlichkeit Nietzsches. Man votiert für und gegen Nietzsche, und man nimmt eine ambivalente Haltung ein. Heinrich Manns Einstellung ist von einer gewissen Zwiespältigket. Einerseits beharrt er darauf, daß Nietzsches

Probleme zutiefst geistige Probleme gewesen seien. Andererseits ist er der Auffassung, die gefährlichen Konsequenzen seien im Werk Nietzsches potentiell angelegt:

> Seine frühen jungen Leser, denen die Gefahr, die Härte, das Opfer noch erspart blieben und innerlich so fern wie möglich lagen, haben das anrückende Zeitalter der Ungesetzlichkeit und der Kriege niemals bedacht. Ihm selbst war es als Erfahrung dunkel, sonst hätte er es nicht herbeigerufen. Er kannte die Schlachtfelder des Geistes, im Grunde wollte er keine andern kennen. Indessen, wenn nicht der Denker, enthielt doch sein Werk das Chaos, mitsamt dem Antrieb, es zu entfesseln. (278)

Damit wird Nietzsche einerseits exkulpiert, andererseits ins Zwielicht gerückt. Heinrich Mann beschränkt sich nicht auf die probate Unterscheidung Hie Nietzsche – Hie Nietzsche-Mißbrauch. Er verweist auf die eigengesetzliche Wirkung des Werkes:

> Die großen Bücher besitzen ein Leben, das einer, der sie schreibt, weder ermißt noch voraussieht. Sie wissen mehr als er. Sie bringen selbst hervor, sie greifen weiter als er konnte. Sie machen aus Menschen und Dingen, was er nicht gewollt hat, obwohl seine unbekannten Tiefen danach verlangten. Von seiner offenkundigen Natur sind sie, eines ihm fremden Tages, das unheimliche Gegenteil. Geboten und gut wäre es, zu ihm selbst zurückzufinden. Nietzsche aufspüren, ihn wieder entdecken, hieße wahrhaftig, ihn nochmals mit den Augen des Zwanzigjährigen lesen, neu sein Gedanke, unbefleckt sein Ruhm. (278)

Die Trennung von Person und Werk, die Betonung der Eigengesetzlichkeit des Werkes und die Hervorhebung der submentalen Antriebe, die Unterscheidung von bewußt Gewolltem und unbewußt Angestrebtem, zeigen die Ambivalenz der Wertung. Die wirkungsästhetische und tiefenpsychologische Deutung dient der Rechtfertigung Nietzsches. Nietzsche, die Person, ist weder verantwortlich für die eigendynamischen Wirkungen seines Werkes noch für Impulse des Triebhaft-Unbewußten. Angesichts der aktuellen Entstellungen Nietzsches kommt es darauf an, den wahren Nietzsche wieder zu entdecken. Dies aber ist der von ideologischem Ballast befreite Nietzsche des frühen Heinrich Mann. Dies ist keine Nietzsche-Nostalgie, sondern der Versuch, den echten Nietzsche wieder zum Vorschein zu bringen.

Heinrich Mann will nicht einfach nur sein früheres Nietzsche-Bild restaurieren. Er sieht Nietzsche nun im Licht der Aufklärung. Aufklärung, Kritik und Erkenntnis werden nun als die Signa Nietzsches herausgestellt. Bezeichnend ist die veränderte Sicht des Cesare Borgia. Hatte er einst Nietzsches Renaissance-Idol zu den "schönen Ungeheuern der Renaissance" gezählt und mit seinem Untergang den Gedanken der "Schicksalsnotwendigkeit" verknüpft (Zum Verständnisse Nietzsches, 247), so heißt es nun, der "Erdichter des Übermenschen" habe sich in einen "unglücklichen Abenteurer", einen Spezialisten für "Giftmorde" "vergafft". Im übrigen sei Nietzsche "geistig viel eher in Frankreich als in Italien zu Hause" gewesen (295). Als Kronzeugen werden Montaigne und Voltaire angeführt. Nun ist Nietzsche für Heinrich Mann in erster Linie nicht mehr der dionysische, sondern der aufklärerische Nietzsche, der in der Nachfolge Voltaires steht. Mit Bezug auf Nietzsches Wort über Voltaire als einen "grandseigneur des Geistes" (6, 322 – EH) und die Voltaire-Widmung in *Menschliches, Allzumenschliches* heißt es:

> Die Jugend heute und die von morgen hat allen Anlaß, zurückzukehren zu einem "grand-seigneur des Geistes", der Voltaire für seinesgleichen hielt und schrieb ihm eine Widmung – jetzt läßt man sie fort. Lernten doch seine neuen Leser von ihm die Leidenschaft der Erkenntnis, nichts anderes! (298)

Angesichts einer vernunftfeindlichen Epoche ist der freie Denker, der kritische Aufklärer Nietzsche für Heinrich Mann nun von zentraler Bedeutung. Man muß im Blickfeld halten, daß der Anfang 1939 erschienene Essay zu einer Zeit geschrieben wurde, in der sich über Europa die Kriegswolken zusammenzogen. Angesichts des totalitären Staates und der latenten Kriegsgefahr war der Appell an Vernunft und Humanität zu einem immer dringlicheren moralischen Postulat geworden. Daß der engagierte Demokrat, Sozialhumanist und Pazifist Heinrich Mann Nietzsche als Gewährsmann des geistigen und gesellschaftlichen Fortschritts ins Feld führt, bezeugt nicht nur seine weiterhin bestehende Hochschätzung Nietzsches, sondern ist auch von zeitsymptomatischer Bedeutung. Unter dem massiven Druck der politischen Barbarei und angesichts eines mißbrauchten Nietzsche konnte eine positive Nietzsche-Wertung sich nicht auf die Apologie Nietzsches beschränken, sondern mußte ihn auch offensiv herausstellen, als Vorkämpfer des freien Denkens, ja der Menschenrechte. Wenn diese Tendenz sich auch schon früher bei Heinrich Mann abzeichnet, so zeigt sie sich in dieser Entschiedenheit doch erst im Nietzsche-Essay von 1939. Heinrich

Mann verliert dabei nicht den kritischen Blick auf Nietzsche, aber er sieht in ihm nun eine aufklärerische Potenz ersten Ranges. Sein Nietzsche-Essay hat appellierenden Charakter. Er soll aufrufen zur Besinnung auf die wahren Werte der europäischen Kultur. Er soll, in einer unmenschlichen Zeit, aufrufen zur Freiheit und zur Menschlichkeit. Der Moralist Heinrich Mann aktiviert Nietzsches Philosophie im Sinne der aufklärerischen Ideen. Er verfällt dabei nicht einer naiven Nietzsche-Begeisterung. Deutlich setzt er Zeichen der Distanz. Der Essay endet mit der halbironischen Sentenz: "Er ruhe in Frieden." (304). Heinrich Manns Stellung zu Nietzsche ist von eigentümlicher Ambivalenz. Einerseits lehnt er Nietzsches Amoralismus ab. Andererseits sieht er in Nietzsche den Aufklärer. In seiner 1946 veröffentlichten, aber schon in den Anfängen des amerikanischen Exils begonnenen zeitgeschichtlichen Autobiographie *Ein Zeitalter wird besichtigt* schildert er die intensive Wirkung von Tolstois *Kreutzersonate*, die selbst den "Ungläubigsten" irritiert habe: "Eine dynamische Moral (soeben hatte Nietzsche uns sogar ihre ohnmächtigen Reste ausgeredet) brach jäh herein." (36). Den Deutschen wirft er ihren Amoralismus vor: "Um sich in Morallosigkeit tief hineinzuknien ('moralinfrei' ist leider eine Wortbildung Nietzsches), haben sie keinen Hitler abgewartet." (34). Wenn somit Nietzsches Amoralismus als fragwürdig empfunden wird, so ist er andererseits ein europäischer Geist. Er habe selbst auf Churchill gewirkt: "Nun hat dieser Churchill sich wortwörtlich einen 'guten Europäer' genannt. Das hat er von Nietzsche, und Nietzsche sprach – für ihn." (64). Nietzsches Wort vom "*guten Europäer*" (2, 309 – MA I) wird nicht von den NS-Machthabern, die meinen, "sie wären Europa" (64), sondern von ihrem Widerpart, Winston Churchill, eingelöst. Erneut zeigt sich die Ambivalenz, das Sowohl-Als-auch, in der Nietzsche-Wertung. Einerseits fragt Heinrich Mann, mit Bezug auf Voltaires Verurteilung des "Bösen":

> Was läßt sich dagegen noch anfangen mit der Apologie des Bösen? Was mit Nietzsche, einem gutherzigen Wesen, schwach, auf Schonung angewiesen, und forderte den Menschen bedenkenlos! (118)

Andererseits ist Nietzsche "der gute Europäer, der Hasser des 'Reiches' (bei ihm immer in Anführungsstrichen) und Zögling der französischen Moralisten" (119). Aber er ist auch der Philosoph des Herrenmenschentums. Und als solcher muß er sich ironische, satirische Seitenhiebe gefallen lassen:

Nietzsche hat, wie Wagner, seinen Siegfried, er nennt ihn "blonde Bestie", auch "Herrenmensch": es ist seine Glanznummer. Nietzsche, ohne diesen Akt am freischwebenden Trapez, wäre niemals populär geworden. Seine "Genealogie der Moral" hätte meinesgleichen ihm gedankt. […] Die "blonde Bestie", der "Herrenmensch" zu sein darf jeder sich einbilden: das Exemplar, das Nietzsche darbietet, sein Cesare Borgia, war ein rötlicher Spanier. (119)

Den kritisch-aufklärerischen Nietzsche akzeptiert Heinrich Mann, für den elitär-übermenschlichen Nietzsche hat er nur noch bissigen Spott übrig. Er betont die fatale Diskrepanz zwischen Utopie und Wirklichkeit. Nietzsches "Herrenmensch" ist zur Projektionsfigur inferiorer Machtmenschen verkommen. Der 'moralinfreie' "Herrenmensch" wurde zur blutigen Realität:

Er sieht nicht aus wie der Traum des armen Nietzsche von einem Borgia – der in seinen wirklichen Tagen auch nur ein Jammerprinz war. […] Unser Borgia […] ist grausam, weil er Komplexe verdrängen muß. […] Das Phänomen schwelgt in den Greueln, die ein menschlicher Durchschnitt für ihn verübt. […] Dies sind einige der psychologischen Nötigungen, die den Herrenmenschen machen: Nietzsche hat ihn nicht gekannt, aber Voltaire – und nach ihm wir. (120)

Angesichts der kriminellen Praktiken der neuen 'Herrenmenschen' stellt sich die Frage: Sind Nietzsches Vorstellungen von den "zukünftigen *Herren der Erde*" (WzM, 638 [Nr. 957]) durch die Wirklichkeit bestätigt oder dementiert worden? Diese in der Diskussion um Nietzsche immer wieder auftauchende Frage wird von Heinrich Mann, wie auch von Thomas Mann, mit Hinweisen auf das Mißverhältnis zwischen der moralisch integren Person Nietzsches und den Fatalitäten seiner amoralistischen Machtlehre sowie zwischen den realitätsfremden Entwürfen eines hektischen Visionärs und der konkreten Wirklichkeit der praktischen Machtpolitik beantwortet. Es ist die Frage, ob diese Erklärung ausreicht, denn ganz so naiv war Nietzsches Ideologie einer zu züchtenden "Herren-Rasse" nicht. Er hat wiederholt einem Züchtungsbiologismus das Wort geredet. Freilich, bei seinen Ideen einer "Herren-Rasse", der "zukünftigen 'Herren der Erde'" denkt er nicht an geistlose Fanatiker der Macht, sondern ihm schwebt eine "Aristokratie" "philosophischer Gewaltmenschen und Künstler-Tyrannen" vor (WzM, 640f. [Nr. 960]). Sein politisches Ideal ist nicht der von kulturfeindlichen Führungscliquen beherrschte totalitäre Gewaltstaat, sondern eine in den Willen zur Macht übersetzte und biologisch drapierte Platonische Philosophen-Diktatur. Wie ernst soll man Nietzsches Herrenmensch-Ideologie nehmen? Es spricht einiges für die Auffassung Heinrich Manns, daß man Person und Werk trennen müsse, daß man sich in erster Linie auf die Person konzentrieren soll und den im Werk artikulierten hypertrophen Ideen nicht zu starkes Gewicht beimessen dürfe. Faktisch läuft dies auf die Kompensationsthese hinaus, derzufolge Nietzsche persönliche Insuffizienz durch große Gesten und Entwürfe auszugleichen versucht hat. Freilich, diese psychologische Erklärung reicht nicht aus. Die Motivation ist komplexer. Es ist ein Komplex philosophischer, ästhetischer und psychologischer Antriebe, aus dem die Utopien Nietzsches erwachsen.

Was die Nietzsche-Rezeption Heinrich Manns betrifft, so ist sie von epochentypischer Bedeutung, und zwar in mehrfacher Hinsicht. Sie ist erstens geprägt vom Engagement des Rezipienten. Es ist eine Form der höchst engagierten Auseinandersetzung mit der Person und den Ideen Nietzsches, mit dem Lebensbegriff, der Kunst- und Kulturauffassung und den Gesellschaftsanschauungen Nietzsches – immer unter dem Vorzeichen des *tua res agitur*. Immer geht es auch um eine Standortbestimmung des Rezipienten – im Kontext der Zeitgeschichte. Sie ist zweitens geprägt vom Wertungsprinzip der Ambivalenz. Immer wieder werden sowohl die positiven als auch die negativen Aspekte Nietzsches hervorgehoben, wie auch sowohl der dionysische als auch der aufklärerische Nietzsche ins Blickfeld gerückt wird. Sie ist drittens geprägt vom Epochenwandel. Der zeitgeschichtliche Wandel von der Wilhelminischen Ära über die Weimarer Republik bis zu Drittem Reich und Exil verändert das Nietzsche-Bild. Ging es zur Zeit der Jahrhundertwende um die Ästhetik des schönen, rauschhaften Lebens und des künstlerischen Individualismus, so tritt in den späteren Jahrzehnten ein gesellschaftspolitischer Humanismus in den Vordergrund. In dieser Hinsicht ist die Nietzsche-Rezeption Heinrich Manns nur die individuelle Variante eines epochentypischen Prozesses. Freilich, ein Schriftsteller dieses Ranges reagiert nicht nur auf den Zeitgeist, sondern er gibt ihm geistige Impulse. Hinsichtlich der Bewertung Nietzsches ist er nicht zuletzt der Vorläufer eines aufklärerischen Nietzsche-Bildes, wie es in neuerer Zeit von der 'Kritischen Theorie' entwickelt wurde. Dabei hat Heinrich Mann allerdings, sowenig wie Thomas Mann, eine grundlegende Revision seines Nietzsche-Bildes vorgenommen. Er hat vielmehr, den humanitären und gesellschaftlichen Notwendigkeiten entsprechend, angesichts der veränderten zeitgeschichtlichen Situation neue Akzente gesetzt. Dabei zeigt sich bei ihm allerdings, im Unterschied zu Thomas Mann, eine verschärfte gesellschafts- und sozialkritische Tendenz. Mit Thomas Mann verbindet ihn wiederum die konstante Akzeptanz Nietzsches als eines großen Denkers und Künstlers. Freilich, er wendet sich gegen den "Anspruch Nietzsches" auf eine kulturerneuernde zeitlose Kunst und erklärt: "Die Kunst besteht und vergeht in Wirklichkeit mit der jeweiligen Gesellschaft" (Nietzsche, 285). Die Essenz der Nietzsche-Deutung Heinrich Manns liegt darin, daß er sowohl den ästhetisch produktiven Nietzsche als auch das kulturkritische Potential Nietzsches hervorhebt und für die eigene Auseinandersetzung mit Gesellschaft, Kunst und Kultur fruchtbar macht.

3. Gottfried Benn

Nietzsche ist das große produktive Vorbild Benns. Er ist der geistige Präzeptor, auf den Benn sich immer wieder beruft. Der Name Nietzsche, die Probleme Nietzsches und Nietzsche-Zitate durchziehen, seit den dreißiger Jahren, leitmotivartig das Bennsche Œuvre. Nietzsche ist Maßstab und Projektionsfigur. Hinsichtlich der ihn zentral beschäftigenden Fragen, der Probleme der monologischen Existenz, der perspektivistischen Weltauffassung und der absoluten Kunst, beruft sich Benn immer wieder auf Nietzsche. Er ist für Benn die Autorität *katexochen* in jenem Problemfeld, das für ihn von alles entscheidender Bedeutung ist, im Problemfeld des 'Schöpferischen'. Was Benn an Nietzsche fasziniert, ist vor allem dessen Kunstauffassung, die metaphysische Begründung und Rechtfertigung der Kunst. Nietzsches Idee der Kunst als der höchsten Form des schöpferischen Lebens und sein Postulat der Überwindung des Nihilismus durch die Kunst werden für Benn zum ästhetischen Credo. Aber nicht nur die ästhetischen Maximen Nietzsches, sondern auch seine existentielle Befindlichkeit, die Grundsituation der absoluten Einsamkeit, sind für Benn von zentraler Bedeutung. In Nietzsche sieht er die eigene Existenz- und Bewußtseinslage, wie überhaupt die Situation des modernen isolierten, entfremdeten Subjekts vorweggenommen. Zugleich aber ist Nietzsches Prinzip der perspektivischen Interpretation und Formung der Welt für Benn die Rechtfertigung des eigenen künstlerischen Verfahrens, nämlich des freien Spiels mit dem Weltstoff durch das kreative Subjekt. Im Zeichen der Idee des Schöpferischen werden *Kunst*, *Monolog* und *Perspektivismus* zu den Eckpfeilern der Bennschen Weltsicht. Nietzsche wird für Benn zur ästhetischen und existentiellen Orientierungshilfe. Nicht zuletzt in jenen Phasen, in denen er sich dem massiven Druck der Zeitlage ausgesetzt sieht, beruft er sich auf Nietzsche, als einen *rocher de bronze* in allen Wirrnissen der Epoche. Dabei betreibt Benn keinen unkritischen Nietzsche-Kult. Er macht durchaus auch kritische Vorbehalte gegenüber Nietzsche geltend, vor allem im Hinblick auf das Verhältnis von 'Geist' und 'Leben' und sein Verkündigungspathos. Hier kann Benn sogar ironische, ja sarkastische Bemerkungen zu Nietzsche machen. Aber im Grundzug ist sein Verhältnis zu ihm von einer affirmativ-verehrenden Haltung geprägt.

Auffällig ist allerdings, daß der Name Nietzsche bei Benn im expressionistischen Jahrzehnt und auch noch in den zwanziger Jahren kaum fällt. Dies wirkt zunächst um so erstaunlicher, als viele expressionistische Generationsgenossen sich häufig auf Nietzsche beziehen. Aber im Grunde überrascht dies gar nicht so sehr, denn der frühe Benn gehört nicht zu den programmatischen Expressionisten. Er hat weder messianische Manifeste oder Dichtungen noch kunstprogrammatische Schriften verfaßt. Der frühe Benn ist weder an Zukunftsutopien noch an Kunstprogrammatik interessiert. Insofern ist es nur konsequent, daß Nietzsche in seinem Frühwerk fast gar nicht genannt wird. Dies schließt allerdings die Wirkung Nietzsches auf die frühen, expressionistischen Dichtungen Benns nicht aus. Nicht nur in bestimmten Motiven, sondern auch in den Sprachspannungen und im dithyrambischen Gestus mancher Textpassagen ist Nietzsche gegenwärtig. Es kommt nicht nur auf die direkte Nennung, sondern auch auf die indirekte Wirkung an. Der späte Benn schreibt, mit Blick auf seine expressionistische Schaffensperiode:

> Natürlich hatte man Vorbilder, die einem vorschwebten, natürlich bewegten einen innere Strebungen, natürlich hatte man Notizen von Dingen und Sätzen, die einen aus irgendeinem Anlaß einmal erregten, aber der Ablauf beim Schreiben dann war völlig unter Zwang. [...] Zu Edmées Zeit stand "das Südwort" bei mir hoch im Kurs, vom Süden umlagerte Worte und Themen verschafften mir Auferstehung, eröffneten meine Verschlüsse – [...] (AB, 202 [Brief an D. Wellershoff vom 22.11.1950]).

Benn konzediert Einflüsse, beharrt freilich auf der dann einsetzenden Eigendynamik des Schaffensprozesses. Was den Nietzsche-Einfluß betrifft, so zeigt er sich zweifelsohne im Südmotiv. Auch die retrospektive Deutung des frühen "Pameelen"-Komplexes in Benns *Lebensweg eines Intellektualisten* (1934) impliziert charakteristische Motive Nietzsches: die Auflösung des "Ich" (38), die Absage an die *"Wahrheit"* (44), die Faszination des "Dionysischen" (45). Daß Benn diese Problematik verquickt mit dem Formprinzip der *"Ausdruckswelt"* (44), ist eine Interpretation *post festum*. Aber die Hervorhebung des Schöpferischen entspricht bereits den expressionistischen Texten:

> der Schwellungscharakter der Schöpfung ist evident, in den Fluten, in den Phallen, in der Ekstase, im Produktiven wird es aufgenommen vom lyrischen Ich […] (46)

Dies hätte Nietzsche unbedingt unterschrieben, ja, dies ist eine Exegese seiner Schöpfungstheorie. Nicht unterschrieben hätte er Benns Verabsolutierung des evokatorischen Wortes, der "Chiffre", der "schwarzen Letter" (Epilog und lyrisches Ich [1921/27], 12).

Schon der frühe, expressionistische Benn ist an den Stromkreis Nietzsche angeschlossen. Gedichte, Prosa und Szenen sind durchsetzt mit Nietzsche-Motiven und -Stimmungen. Das Gedicht *Karyatide* (1916) (GW III, 45) wirkt wie eine dichterische Bestätigung der Problematik des Dionysischen und Apollinischen. Das Thema des Gedichts sind Rausch, Tanz und Schein. In dithyrambischen Apostrophen, in exzessiven, anaphorischen Imperativen und in einer hyperbolischen Kontrastbildlichkeit erfolgt die Aufsprengung der statuarisch-kompakten Realität durch die dionysische Lebensdynamik und den schönen Schein. Der Lastcharakter der Realität soll durch den rauschhaften Lebensvollzug überwunden werden. Das Gedicht ist eine einzige appellierende Sprachgebärde:

> Entrücke dich dem Stein! Zerbirst
> die Höhle, die dich knechtet! Rausche
> doch in die Flur! Verhöhne die Gesimse –
> sieh: Durch den Bart des trunkenen Silen
> aus einem ewig überrauschten
> lauten einmaligen durchdröhnten Blut
> träuft Wein in seine Scham!
>
> Bespei die Säulensucht: toderschlagene
> greisige Hände bebten sie

verhangenen Himmeln zu. Stürze
die Tempel vor die Sehnsucht deines Knies,
in dem der Tanz begehrt!

Breite dich hin, zerblühe dich, oh, blute
dein weiches Beet aus großen Wunden hin:
sieh, Venus mit den Tauben gürtet
sich Rosen um der Hüften Liebestor –
sieh dieses Sommers letzten blauen Hauch
auf Astermeeren an die fernen
baumbraunen Ufer treiben; tagen
sieh diese letzte Glück-Lügenstunde
unserer Südlichkeit
hochgewölbt.

In diesem explosiven Gedicht geht das dionysische Motiv des alle
Verfestigungen aufsprengenden "Tanzes" über in das apollinische
Motiv der eine imaginäre Bilderwelt des Südens suggerierenden
"Glück-Lügenstunde". Es ist ein Lyrismus à la Nietzsche. Nietzsche
spricht im Hinblick auf den Gegensatz "der alltäglichen und der diony-
sischen Wirklichkeit" von der "Weisheit des Waldgottes Silen: es ekelt
ihn" (1,56f. – GT). Auch im Gedicht Benns ist der "Silen" ein Symbol
des Wirklichkeitsekels und des Rauschverlangens. Vor allem aber im
Motiv des "Tanzes" ist Nietzsche gegenwärtig. Für Nietzsche ist der
Tanz die ekstatische Selbstentgrenzung und höchste Selbststeigerung
des Menschen. In der *Geburt der Tragödie* heißt es, daß der dionysische
Mensch im Begriff sei, "tanzend in die Lüfte emporzufliegen [...] als
Gott fühlt er sich" (1, 30 – GT). Zarathustra verkündet:

> Ich würde nur an einen Gott glauben, der zu tanzen verstünde. [...] Jetzt
> bin ich leicht, jetzt fliege ich, jetzt sehe ich mich unter mir, jetzt tanzt ein
> Gott durch mich. (4, 49 u. 50 – Za)

Die Selbstbefreiung durch den Tanz – sie ist auch das Thema des
Bennschen Gedichts. Aber Nietzsches Wirkung zeigt sich nicht nur im
dionysischen Tanz, sondern auch im trügerischen Schein. Die "Glück-
Lügenstunde" entspricht Nietzsches Idee des lügnerischen Scheins als
der Glückserfahrung des Menschen. Er notiert: "Das Glück am Dasein
ist nur möglich als Glück am *Schein*" (12, 116). Schließlich ist das
Motiv der "Südlichkeit" ein genuin Nietzschesches Motiv. Das Bennsche Motivfeld Rausch, Tanz, Lüge und Süden ist von Nietzsche vorgegeben. Im Bild der "Venus" vereinigen sich Schönheit und Rausch. Sie

wird zum Sinnbild der dionysisch-apollinischen Befreiung von der Realität. Von ihr geht eine große Verführungskraft aus. Nietzsche spricht vom verführerischen "Zauber", den das "Auge der Venus" auf die "Immoralisten" ausübt (12, 510). Eros und Aphrodite sind ihm gegenchristliche Symbole des Lebens: "So ist es dem Christenthum gelungen, aus Eros und Aphrodite – grossen idealfähigen Mächten – höllische Kobolde und Truggeister zu schaffen" (3, 73 – M). Bei Benn ist das Venus-Motiv nicht mit diesen weltanschaulichen Implikationen belastet. Aber auch bei ihm ist es ein Gegenmotiv, ein Gegenbild zur repressiven Realität. Das Motiv hat ihn auch später noch gefesselt. Im *Roman des Phänotyp* verweist er auf den "leichten Rausch" den ihm das "Überblättern" eines kunsthistorischen Bildbandes angesichts der "Venusse, Ariadnen, Galatheen" verschaffe (171). Aber nun herrscht nicht mehr das Dionysische, sondern die Trauer. Es heißt von den Frauengestalten, sie

> verschleiern ihre Trauer, lassen Veilchen fallen, senden einen Traum. Venus mit Mars; Venus mit Amor, hingelagert, ein weißes Kaninchen an der Hüfte, zwei Tauben, eine helle und eine dunkle, zu Füßen vor einer Landschaft, die sich weit verliert. (172)

Benn spielt an auf Bilder in dem Kunstband *Das weibliche Schönheitsideal in der Malerei* (1912) von H. Schulze, auf Tizians *Venus* (Abb. 84), Guercinos *Venus, Cupido und Mars* (Abb. 124) (vielleicht schwebte ihm auch Botticellis *Venus und Mars* vor), Piero di Cosimos *Venus, Mars und Amor* (Abb. 11; vgl. P 2, 782f.). Die dionysische Venus der *Karyatide* ist einer trauernden Venus gewichen. Freilich, schon in *Karyatide* deutet sich die Melancholie des Abschieds an, denn es ist die *letzte* "Glück-Lügenstunde". Benn selbst hat später dieses Gedicht als Ausdruck des "Dionysischen" gedeutet (vgl. Lebensweg, 45f.) und damit auf einen Schlüsselbegriff Nietzsches zurückgegriffen. Das Gedicht entspricht aber nicht nur in der Motivik, sondern auch im *genus dicendi*, in seinem Pathos des Aufschwungs, dem hymnischen Lyrismus Nietzsches. Es ist ein monologischer Dithyrambus, getragen von ekstatischem Überschwang. Die Anrede richtet sich nicht an höhere Mächte, sondern an das Ich selbst, an das im Ich angelegte dionysische Leben. Im Sinnbild der Karyatide artikuliert sich das Subjekt. Benn praktiziert hier die "Rauschmethode" (Lebensweg, 45) – die ihm von Nietzsche her vertraut war. Dennoch ist sein Gedicht keine Nietzsche-Imitation. Es ist eine produktive Anverwandlung Nietzsches. Benn

setzt durchaus auch neue Akzente, sowohl in der zugespitzten Provokation als auch im elegischen Stimmungslyrismus, wie auch Benn der
zerebralere Lyriker ist, der "Sänger" "mittels Gehirnprinzip", wie es im
Gedicht *Der Sänger* (1925) (GW III, 59) heißt. In der Rückschau zählt
Benn die *Karyatide* zu dem "schönen, sinnlosen, überlebten Zeug" der
Rönne-Zeit (Oelze I, 311 [11.4.1942]). Das Ganze ist ihm nun offenbar
zu ästhetizistisch, zu sehr imprägniert von einem *fin-de-siècle*-Timbre.
Er unterschlägt die expressive Sprengwirkung des Gedichts. Im Motiv
der Karyatide hat er, ganz im Sinne Nietzsches, die statische, festgefüg-
te Wirklichkeit durch das dynamische, dionysische Leben aufge-
sprengt.[4]

Der Einfluß Nietzsches zeigt sich in der expressionistischen Lyrik
Benns besonders deutlich auch im Gedicht *Ikarus* (1915) (GW III, 46).
Es erfolgt das dithyrambische Ansprechen des "Mittags" als der pani-
schen Stunde, in der Zeit, Raum und Vernunft getilgt sind:

> O Mittag, der mit heißem Heu mein Hirn
> zu Wiese, flachem Land und Hirten schwächt,
> daß ich hinrinne und, den Arm im Bach,
> den Mohn an meine Schläfe ziehe –
> o du Weithingewölbter, enthirne doch
> stillflügelnd über Fluch und Gram
> des Werdens und Geschehns
> mein Auge.

Dieser Impetus zur Aufhebung der Subjekt-Objekt-Spaltung, zur ursprünglichen Einheit von Welt und Ich findet sich auch bei Zarathustra:

> – wann, Brunnen der Ewigkeit! du heiterer schauerlicher Mittags-
> Abgrund! wann trinkst du meine Seele in dich zurück? (4, 345 – Za
> [Mittags])

Bei Benn wie bei Nietzsche herrscht die Sehnsucht nach Reintegration
in das ursprüngliche Leben, nach einer *unio mystica* mit dem Sein

---

4 Diese Problem hat auch Rilke beschäftigt. Im Gedicht *Das Lied der Bildsäule* (W I,
376) aus dem *Buch der Bilder* möchte die Bildsäule "vom Steine zur Wiederkehr / ins
Leben, ins Leben erlöst" werden. "Ich sehne mich so nach dem rauschenden Blut; / der
Stein ist so still." Aber Rilke verharrt in der optativischen Gebärde. Im Rodin-Essay
von 1902 schreibt er zu Rodins *Karyatide*: "Auf jedem kleinsten Teile dieses Leibes
liegt der ganze Stein wie ein Wille, der größer war, älter und mächtiger [...] Tragen
ohne Ende. So ist die *Karyatide*." (W V, 175). Während bei Benn die Karyatide zur
Expression des dionysischen Lebens wird, ist sie für Rilke Ausdruck der zu ertragenden
Schwere des Seins.

selbst. Auch der Sprachduktus Benns weist auf Nietzsche zurück. Die dithyrambischen Apostrophen, die O-Exklamationen, der Hyperbelstil, die Evokation eines reinsten Seins, der dionysischen Lebensunmittel-barkeit – diese Signa des Bennschen Gedichts sind im *Zarathustra* viel-fältig vorgeprägt. Dennoch ist der Unterschied nicht unerheblich. Bei Nietzsche ist das sinnliche Erlebnis des "Mittags" von symbolischer Transparenz im Sinne seiner Philosophie des "großen Mittags". Es ist zuletzt ein 'geistiges' Erlebnis. Der frühe Benn hingegen sieht sich einer fundamentalen Krise des Bewußtseins ausgesetzt. In *Ikarus* zielt die dithyrambische Sprache auf eine regressive Identifikation mit dem Leben, auf Bewußtseinstilgung im Einswerden mit dem Animalischen und Vegetabilischen:

> Das Tier lebt Tag um Tag
> und hat an seinem Euter kein Erinnern,
> der Hang schweigt seine Blume in das Licht
> und wird zerstört.

Nietzsche hatte geschrieben:

> Dann sagt der Mensch "ich erinnere mich" und beneidet das Thier, welches sofort vergisst [...] So lebt das Thier *unhistorisch*: denn es geht auf in der Gegenwart [...] (1, 249 – HL)

Aber Nietzsche geht es dabei nicht um die Negation des Bewußtseins, sondern er will klarmachen, daß zum "Handeln" "Vergessen" gehört, nicht "Vergessen überhaupt" (1, 250 – HL) (das dem Menschen unmög-lich ist), aber das Vergessen der das Handeln blockierenden Vergangen-heit. Benns regressive Bewußtseinskrise hätte Nietzsche als Schwäche-symptom gedeutet. Aber Benn bleibt nicht bei der Negation stehen. In der Grundtendenz sind seine expressionistischen Texte gekennzeichnet durch die dialektische Spannung von Verneinung und Entwurf. Der vehementen Destruktion der empirischen Wirklichkeit steht die sugge-stive Evokation einer visionären Welt gegenüber. Benn entzieht sich dem Realitätsdruck und der Bewußtseinskrise durch den Rückzug in den Traum, den Rausch, die Vision – ein Vorgang, den man als Flucht und Kompensation, aber auch als kreative Opposition gegen eine sinn-lose Wirklichkeit deuten kann. In *Ithaka* setzt er dem naturwissen-schaftlichen Denken das dionysische Leben entgegen, im *Vermes-sungsdirigenten* wird das Prinzip der schöpferischen Selbstgestaltung verkündet, in Prosastücken wie *Gehirne, Die Reise, Die Insel, Der Geburtstag* wird die massive Realität durch eine rauschhafte Innenwelt unterlaufen. Wenn auch Lebensphilosophie, Psychologie des Unbewußten und Theorien des Prälogischen in diesen Texten ihre Spuren hinterlassen haben, so ist doch der eigentliche Initiator Nietzsche. Vor allem der Gedanke der Neuschaffung der Welt durch kreative Akte ist von Nietzsche inspiriert.

Auch in nachexpressionistischer Zeit, in den zwanziger Jahren, hält der Einfluß Nietzsches auf Benn an, wenn auch sein Name weiterhin kaum fällt. Es sind vor allem die Idee des elementaren Lebens und die Problematik der monologischen Existenz, durch die Nietzsche auf Benn wirkt. Es ist noch nicht (wie dann seit den dreißiger Jahren) der artistische Nietzsche, sondern der dionysische und monologische Nietzsche, der in den zwanziger Jahren auf Benn wirkt. So wird im *Modernen Ich* (1920) Dionysos beschworen: "Hellstes Griechenland, die Taineschen Hellenen, arme sparsame junge Rasse und plötzlich: aus Thrazien: Dionysos." (20). Das Motiv des dionysischen Lebens wird verquickt mit dem Motiv der monologischen Existenz: "Es ist Mittag über dem Ich […] Es ruft; Echo ruft – das ist keine Stimme, keine Antwortstimme, kein Glück, kein Ruf." (21 u. 22). Benn beruft sich in diesem Essay hinsichtlich des Lebensbegriffs und der Ichproblematik auf eine Reihe historischer Autoritäten, von Heraklit bis Bergson, aber Nietzsche nennt er nicht. Aber gerade sein Einfluß ist am stärksten spürbar, nicht nur im Dionysos-Motiv und im Motiv der echolosen Einsamkeit, sondern auch im Gott-ist-tot-Motiv – "Gott vertrieben, wo immer er stand" (16) –, im "Gedanken des autonomen Ich" (16), in der "Aktivität des schöpferischen Ich" (608), in der Kritik der "Mitleidsmoral" (608) und nicht zuletzt in der Hinwendung zum "südlichen Wort" (20). Wenn Benn im *Garten von Arles* (1920) von einer "hyperämischen Metaphysik" (85) und in *Zur Problematik des Dichterischen* (1930) von einer "hyperämischen Theorie des Dichterischen" (82) spricht, so wirkt dies wie eine Reprise von Nietzsches dionysischem Lebensbegriff und seiner "Physiologie der Kunst" (6, 26 – WA). Mit der Symbiose des 'Metaphysischen' und 'Hyperämischen' erweist sich Benn einmal mehr als Nietzscheaner. In den zwanziger Jahren ist es noch nicht der Artist, sondern der Biologist Nietzsche, der Benns Auffassung vom schöpferichen Prozeß mitprägt. In dieser Zeit ist für Benn noch nicht der 'Geist', der meditative Geist, sondern das 'Leben', das elementare Leben, das im Menschen wirksame schöpferische Agens. Im Essay *Der Aufbau der Persönlichkeit* (1930) sieht Benn die wesentlichen Erkenntnisse der modernen Physiologie, Psychologie, Traumlehre und Mythenforschung von Nietzsche vorweggenommen. Nietzsche habe mit der Deutung des "Geistes" als Funktion des "Leibes" der "biologischen Idee" der "menschlichen Persönlichkeit" zum Durchbruch verholfen (91). Er habe mit dem Zarathustra-Vers "Nacht ist es: nun reden lauter alle springenden Brunnen. Und auch meine Seele ist ein springender Brunnen" (4, 136 – Za [Das Nachtlied]) bereits jene Erkenntnis ausgesprochen, die in dem die "gesamte moderne Psychologie" enthaltenden Satz "aus Freuds Traumdeutung" zum Ausdruck gelange: "in das Nachtleben scheint verbannt, was einst am Tage herrschte" (98; vgl. *Freud*, Die Traumdeutung, 540: "In das Nachtleben scheint verbannt, was einst im Wachen herrschte"). Schon Nietzsche habe den "engen Zusammenhang von Traum und primitiver Denkweise" erkannt und den Traum als das "uralte Stück Menschentum in uns" bezeichnet (100; vgl. 2, 33 – MA I).

Benn beruft sich aber nicht nur bezüglich des Lebensbegriffs, sondern auch hinsichtlich der Geschichtsproblematik auf Nietzsche. In *Zur Problematik des Dichterischen* wird der Gegensatz von Künstler und Geschichte erörtert, unter Berufung auf Nietzsche: "Ist künstlerische Größe überhaupt historisch wirksam, greift sie in den Prozeß des Werdens ein? Griff Nietzsche ein?" (72). Benn integriert Nietzsche in sein bereits damals sich abzeichnendes Denkmodell des grundsätzlichen Antagonismus von Kunst und Geschichte. Benn, der die "soziologische Theorie des Dichterischen" (67) ablehnt zugunsten der "hyperämischen Theorie des Dichterischen", bindet dieses Theorem an den Monologismus. Nietzsche wird ihm zur Projektionsfigur der eigenen monologischen Existenz:

> Es gibt nur den Einsamen und seine Bilder [...] unter Menschen ist er als Mensch unmöglich, das sagt Nietzsche von Heraklit [...] Eine dunkle, eine unverbrüchliche Gestalt. Sein großes Tier die Krähen: "sie schrein und ziehen schwirren Flugs zur Stadt, bald wird es schnein, weh' dem, der keine Heimat hat". (82f.; vgl. Nietzsche: "Unter Menschen war Heraklit, als Mensch, unglaublich" [1, 758 – CV – Über das Pathos der Wahrheit], sowie 11, 329 [Der Freigeist])

Mehr und mehr identifiziert sich Benn mit dem einsamen Nietzsche. Der Lebensbegriff Nietzsches hingegen wird problematisch. In wachsendem Maße setzen sich bei Benn Skepsis, Resignation und Melancholie durch, die eine Apotheose des Lebens nicht mehr zulassen. Bezeichnenderweise lautet das Leitmotiv des monumentalen Prosastücks *Urgesicht* (1929): "Das Leben will sich erhalten, aber das Leben will auch untergehen" (111; vgl. 117 u. 118). Entspricht Benn mit dem

Hinweis auf den Selbsterhaltungstrieb noch dem Lebensbegriff Nietzsches, so löst er sich mit dem Hinweis auf den Untergangstrieb von ihm. Mit diesem Motiv steht er der "Todestrieb"-Hypothese, wie sie Freud in *Jenseits des Lustprinzips* (1920) entwickelte, näher als Nietzsche. Freud verbindet den Todestrieb allerdings mit dem Aggressionstrieb, wenngleich für ihn der (selbstzerstörerische) Todestrieb der primäre Antrieb ist. Stärker als die Selbsterhaltungsimpulse betont Benn die letalen Tendenzen des Lebens, dieser "chthonischen Macht" (111). In diesem Punkt ist er in der Tat kein Nietzscheaner mehr. Agnostizismus kennzeichnet sein Verhältnis zum Leben: "Nach Jahren des Kämpfens um Erkenntnis und die letzten Dinge hatte ich begriffen, daß es diese letzten Dinge wohl nicht gibt." (110). Benn rückt in der geistig-seelischen Disposition von Nietzsche ab. Nicht Dionysos, sondern Thanatos prägt nun seinen Lebensbegriff.

In den dreißiger Jahren vollzieht Benn eine Wende von Dionysos zu Apollon, vom dionysischen Leben zum apollinischen Geist. Im Essay *Expressionismus* (1933) beruft er sich zwar auf "Nietzsches Wort", "daß die Kunst die einzige metaphysische Tätigkeit sei, zu der das Leben uns noch verpflichte" (249), aber zugleich fordert er nun, daß "jenes triebhafte, gewalttätige und rauschhafte Sein, das in uns lag und das wir auslebten", aufgehoben werden müsse in "Form und Zucht", und er wünscht, "daß Dionysos endet und ruht zu Füßen des klaren delphischen Gottes" (251f.). Der artistische Geist verdrängt das elementare Leben. Im Essay *Pallas* (1943) blickt Benn zwar noch zurück auf die "Feier" des "Dionysos", aber Dionysos wird zurückgedrängt von "Pallas", der bionegativen Göttin, die das "Gesetz der Kälte, der geringen Gemeinschaft" verkörpert. Sie verweist auf die "Welt als spirituelle Konstruktion", das "Sein als einen Traum von Form", auf die "Ausdruckswelt" (365ff.). Nietzsche wird nun für den formproduktiven Geist in Anspruch genommen. Er sei der Initiator der "neuen Biologie, die der Geist verlangte und schuf", der Wegbereiter einer "neuen Realität, geschaffen von den Beauftragten der Formvernunft" (367). Dionysos muß dem "Ausdruck" weichen: "Die Götter tot, die Kreuz- und die Weingötter, mehr als tot: schlechtes Stilprinzip" (Lebensweg, 42). Faßte Benn einst die Kunst als Ausdruck des dionysischen Lebens auf, so hat sie sich für ihn nun zum reinen *mundus aestheticus* verselbständigt: "[…] wir, machten Götter und Kunst, dann nur Kunst" (Doppelleben, 159).

Seit den dreißiger Jahren verkündet Benn die These vom fundamentalen Antagonismus zwischen "Geist" und "Leben". Dabei versteht er unter "Leben" die 'biopositive' Realität von Natur, Geschichte und Zivilisation und unter "Geist" die 'bionegative' Kraft des Produktiven. Im Zeichen dieses Gegensatzes wird ihm der Lebensbegriff Nietzsches höchst fragwürdig. Im Essay *Nach dem Nihilismus* (1932) unterstellt er Nietzsche, er denke "*biologisch positiv*", darwinistisch, während es nun auf die "*bionegativen* Werte" ankäme, denn der "Geist" sei "*dem Leben übergeordnet*", "ihm konstruktiv überlegen, als formendes und formales Prinzip" (159). Die Überwindung des "Nihilismus" kann allein durch den "konstruktiven Geist" erfolgen (151). Hier zeichnen sich Affinität und Unterschied zwischen Nietzsche und Benn ab. Sie stimmen überein im Prinzip des Schöpferischen. Beide huldigen einem "Ich schöpferischer Freiheit" (151). Aber Benn sieht das Agens des Schöpferischen nicht mehr im dionysischen Leben, sondern im formbewußten Geist. Nicht zuletzt unter dem Druck des im NS-Staat verkündeten und praktizierten geistfeindlichen Biologismus zieht sich Benn ins Refugium des kontemplativen Geistes zurück. In dieser Zeit häufen sich kritische Äußerungen zu Nietzsche. So tut er in einem Brief vom 24.11.1934 den Lebensbegriff Nietzsches salopp ab: "Die neue Formel ist ja eben: *nur* Geist. Alles nur Geist! Das 'Leben'? Du lieber Gott, das ist ja schon bei Nietzsche ein Krampf." (Oelze I, 41). Im Unterschied zu Nietzsche glaubt Benn nicht mehr an die Verwirklichung des 'Geistes' im 'Leben'. Am 16.9.1935 schreibt er:

> *Einen* Schritt sind wir weiter als er, nach meiner Meinung einen sehr weitreichenden in die Zukunft dieser Finallage [...]: er hatte noch nicht die Geschichte u die Natur vom Geist getrennt, er glaubte noch an ihren Ausgleich, jedenfalls an ihre Beziehung, während wir das doch garnicht mehr tun. (Oelze I, 71f.)

Benns Plädoyer für den "Geist" ist zugleich ein Mißtrauensvotum gegen das "Leben" und damit gegen Nietzsche. Am 30.4.1936 schreibt er:

> [...] der Geist oder das Leben, es ist unversöhnbar beides, was Nietzsche noch nicht sah. Es *verwirklicht* sich nicht eines im andern, das ist politisches Geschwätz; "das Leben" ist überhaupt keine Wirklichkeit [...] Jenseits der "Geschichte" beginnt die Wirklichkeit, *die anthropologische Wirklichkeit der geistigen Formen*. (AB, 69f. [Brief an E. Pfeiffer-Belli])

Dem dynamischen Leben setzt Benn in wachsendem Maße die statische Kunst entgegen. In einem Brief vom 3.11.1940 wird Nietzsche mit ironischem Unterton als "unser so oft zitierter Titan" apostrophiert, und weiter heißt es dort:

> N. war ein grosser Romantiker. Eine romantische Mythe. Seinem Lebensausgang, der "geistigen Umnachtung", haftet zweifellos etwas Bürgerlich-Idealistisches an. […] Aber in mir ist eine Wiederkehr dieser Zwänge zum Statischen u. Affektlosen, zur Form […] (Oelze I, 249)

Dem Gegensatz von "Geist" und "Leben" korrespondiert der Antagonismus von "Sein" und "Werden". In einer Buchbesprechung von 1940 schreibt Benn:

> Zarathustra war das Ejakulat eines riesigen Genies, aber selbst dies muß heute mit seinem Namen dafür büßen, daß es die reine Vision verließ und dynamisch, das heißt in damaligem Sinne biologisch-darwinistisch, wurde. Ein großer arbeitender Geist […] wird kaum das Sein verlassen zugunsten des Werdens […] (Figuren, 271)

Während für Nietzsche das Werden, das sich permanent entfaltende, dynamische Werden, das Entscheidende ist, ist für Benn das Sein, die Statik der lebenstranszendenten Artefakte, die zentrale Kategorie. Nietzsche verkündet eine Metaphysik des Werdens, Benn eine *Statische Metaphysik* (Roman des Phänotyp, 158-163), eine "Metaphysik der Form" (Nach dem Nihilismus, 159). Allein im Statischen, in der Form, im Kunstgebilde glaubt Benn eine der Geschichte und dem ständigen Wechsel des Werdens und Vergehens entzogene, zeitlose, unantastbare Dimension gefunden zu haben.

Unter diesen Auspizien wendet er sich gegen den Evolutionismus Nietzsches, gegen dessen Züchtungsideen. In *Züchtung II* (1940) schreibt er:

> Nietzsche will züchten. Zarathustra, die riesige Züchtungsvision! – Die "Erkenntnis" durchdringt das "Leben". Die Wahrheit "einverleibt" sich dem menschlichen Typ. Die Idee *verwirklicht* sich. *Verwirklichen* soll sich: Nietzsches Erkenntnis, Nietzsches Wahrheit, Nietzsches Idee! Das war die Lage der Züchtungsphilosophie bei Nietzsches Tod. (296)

Diese Konzeption lehnt Benn nun mit Entschiedenheit ab. Er zeigt sich erstaunt über "Verkündigungspathetik, Religionsstifterembleme – Adler und Schlange" (297). In *Züchtung I* (1933) schlug er allerdings noch ganz andere Töne an und verkündete eine "halb aus Mutation und halb aus Züchtung" erwachsende Verwandlung des Menschen zum "neuen Menschen", zum "deutschen Menschen" (216). Nun, 1940, muß er feststellen, daß "ein anderer Züchter" gekommen ist, der "die Halluzination des Einsiedlers durch die Konzentrationslager und die Genickschüsse der Staatsverwaltung ergänzte" (296). Nietzsches Zukunftsutopie ist ins Zwielicht krimineller Praktiken gerückt. Hatte Benn im Essay *Dorische Welt* (1934) die *Geburt der Kunst aus der Macht* proklamiert (281-287) und bei Nietzsche das "titanische Hinaufstemmen" aller Geistesformen "ins Machtmäßige" registriert (291), so muß er nun angesichts der schlimmen zeitgeschichtlichen Erfahrungen die fatale Diskrepanz zwischen Kunst und Macht eingestehen. Im Hinblick auf Nietzsche hat dies bei Benn einen perspektivischen Wandel vom biologistischen zum artistischen Nietzsche zur Folge. Der Nietzsche-Adept Benn hält nun den pathetischen Nietzsche, den dithyrambischen Verkünder eines neuen Menschentypus, für obsolet und wendet sich dem kritischen, virtuosen Prosaisten Nietzsche zu. In *Züchtung II* heißt es:

> Wir erblicken Nietzsche heute nicht im Halbdunkel seiner pathetischen Wirklichkeitszüchtung, sondern im unfaßbar tiefen Glanz seiner Prosa als Verklärung der Verneinung. (297)

Der Prosaist Nietzsche – er findet gleichermaßen das Interesse Thomas Manns und Benns. Aber bei Thomas Mann ist dies das zentrale Motiv seiner Nietzsche-Rezeption, während es bei Benn eher ein peripheres Motiv ist. Zudem ist der Prosaist Nietzsche für Thomas Mann der kritische, aufklärerische Kulturpsychologe, während er für Benn der alle Inhalte negierende Artist ist. Das Artistische bei Nietzsche hatte Benn schon in der *Rede auf Heinrich Mann* (1931) und in der Hommage *Heinrich Mann zum sechzigsten Geburtstag* (1931) hervorgehoben. Aber dort geht er nicht auf den Prosaisten Nietzsche, auf dessen Stil ein, sondern führt die Kunsttheoreme Nietzsches zur Charakterisierung der artistischen Prosa Heinrich Manns an. Benns Stoßrichtung zielt auf den Abbau des biologistischen Zukunftsutopismus zugunsten der statischen Existenz, des monologischen Geistes. Deshalb muß er den "Züchtungsoptimismus" Zarathustras ablehnen (Weinhaus Wolf, 147). Dem Dynamismus der Nietzscheschen Zukunftsutopien, die die Umsetzung der Idee in die Wirklichkeit anstreben, setzt Benn die Statik des absoluten Kunstwerks entgegen, das auf der strikten Trennung von Geist und Wirklichkeit beruht. Das Fazit von *Züchtung II* lautet:

> Was objektiv bleibt, ist nicht die Prophetie von Zukünften, sondern es sind die abgeschlossenen hinterlassungsfähigen Gebilde. Was bleibt, ist das zu Bildern verarbeitete Sein. Der Erfolg der Dynamik: Klassik! Hier halten wir, es ist 1940. (298)

Benns Nietzsche-Kritik kann über die Ideenkritik hinausgehen und in die Personalkritik umschlagen. In einem Brief vom 24.8.1941 kritisiert er die Selbststilisierung bzw. Selbstmythisierung Nietzsches:

> Ich lese öfter in Nietzsche-Büchern, ohne Sensationen von ihm zu erwarten. Mir wird sehr deutlich, eine wie peinliche u. lächerliche Figur er hätte werden müssen, wenn er auch nur einen einzigen Teilstrich unter dem Niveau geblieben wäre, das er tatsächlich allerdings erreicht hat. Diese unaufhörlichen Hinweise auf sich selbst u. seine einmalige historische Bedeutung sind ja durchaus unerträglich (Oelze I, 283)

Nietzsche empfand sich noch als eine Größe von welthistorischer Bedeutung, die mit dem *Zarathustra* die entscheidende Wende in der Geschichte der Menschheit vollzogen habe. Er ist davon überzeugt, "daß ganze Jahrtausende auf meinen Namen ihre höchsten Gelübde thun" (B 6, 506 [Brief an Franz Overbeck vom 21.5.1884]). Benn war da bescheidener. In *Doppelleben* schreibt er:

> Ich blicke nicht in die Zukunft, meine Gedanken ergreifen und begreifen sich nur als eine regional begrenzte, phänotypische, höchstens drei Jahrzehnte repräsentative Zwangslage einer Generation. (165f.)

Nietzsche hatte noch Inspirationserlebnisse, denen er zukunftsträchtige, zeitlose Bedeutung zuschrieb. Er konnte noch, im 19. Jahrhundert, Selbstapotheose betreiben, die eigene Person zum Dionysos stilisieren. Benn, der skeptische Intellektuelle, der "Intellektualist" des 20. Jahrhunderts, setzt sich nicht mehr absolut, sondern relativiert die eigene Tätigkeit. Nietzsches hektische Selbststilisierung ist ihm fragwürdig geworden. Zugleich aber glaubt Benn, bei Nietzsche auch Selbstzweifel hinsichtlich des eigenen Werkes ausmachen zu können. In einem Brief vom 26.2.1938 äußert er sogar die Vermutung, Nietzsches Zusammenbruch sei möglicherweise die Folge von Selbstskepsis gegenüber dem *Zarathustra* gewesen:

> N. brach vielleicht zusammen, weil er sich plötzlich so sehr des Zarathustras schämte, seines züchterischen Optimismus, seiner Verwirklichungshoffnungen im Soziologischen und Physiologischen, seines psychophysischen Traums, seiner darwinistischen Pathetik. Das war ja altmodisch, lag lange vor dem Alten Testament, fast vor dem Garten Eden […] (Oelze I, 180)

Nun, Selbstskepsis war kaum die Ursache von Nietzsches Zusammenbruch. Eher ist das Gegenteil der Fall. Eher hat ihn die Selbstapotheose, verbunden mit dem Kommunikationsverlust, in den 'Wahnsinn' geführt – sofern er nicht der Schwere seiner Grundideen erlag oder sich in Höhenerlebnisse hineinsteigerte, die Realitätskontakt und Identität auflösten. Jedenfalls hatte Nietzsche bis zum Ende nicht das Bewußtsein, ein Gescheiterter zu sein. Benn projiziert die eigenen Zweifel am *Zarathustra* in Nietzsche hinein, wobei er den *Zarathustra* einseitig biologistisch deutet und verkennt, daß der Entwurf des "Übermenschen" ein primär geistiger Entwurf ist. Aber Benns Ablehnung des *Zarathustra* ist nicht nur von der Kritik des biologistischen Evolutionismus, sondern darüber hinaus von einer grundsätzlichen Kritik des eschatologischen Denkens geleitet. Die messianischen Entwürfe eines neuen Weltzustandes sind ihm grundsätzlich suspekt. Er entdeckt in Nietzsche christliche Relikte, den *homo religiosus*, einen rigorosen Idealisten aus dem geistigen Milieu des deutschen Protestantismus. In einem Brief vom 5.3.1937 schreibt er, mit Blick auf "*alle* grossen Geister der weissen Rasse", die immer nur "ihren Nihilismus" 'bekämpft' und 'verschleiert' hätten:

> Was für ein positiver Jüngling ist eigentlich dieser Nietzsche darunter! Wie treudeutsch noch der Zarathustra u. alle diese Züchtungsphantasmagorieen! Doch evangelisches Pfarrhaus! *Das* war sein Zusammenbruch, dass er endlich nicht mehr konnte u. sah, was los war. Endlich brach es durch, der weisse Nihilismus! "Du hättest singen sollen, meine Seele". (Oelze I, 165f.)

Hier zeichnet sich ein produktives Mißverständnis ab. Nietzsche will mit jener Wendung (vgl. 1, 15 – GT [VS]) zum Ausdruck bringen, daß er die *Geburt der Tragödie* eigentlich in dithyrambischem Stil hätte verfassen sollen. Er setzt das dithyrambische Pathos, das 'Singen', nicht in Gegensatz zum Verkündigungs- und Erneuerungspathos. Er wollte nicht einen Gegensatz zwischen monologischem Lyrismus und oratorischer Verkündigung herausstellen. Im übrigen bedeutet der *Zarathustra* für ihn nicht den Durchbruch, sondern die Überwindung des Nihilismus. In extremer Zuspitzung seiner Kritik wirft Benn Nietzsche vor, er habe den NS-Terror geistig vorweggenommen und überhaupt durch sein Machtprinzip Selbstverrat betrieben. Er fährt in jenem Brief fort:

> Nun war es zu spät; er hatte zu lange gezüchtet u. gewettert u. in S.A.-vorahnungen sich ergangen. Er hatte sich noch nicht sauber getrennt vom Sieg u von der Macht und den Stuhlbeinheroen der Saalschlachtkämpfer; der lebenslange grosse Verrat des inneren Menschen: das war es, was zu Turin u. Jena führte. (Oelze I, 166)

Diese Schuldzuweisung erfolgt aus der Perspektive der statischen, monologischen Existenz. Deutlich wirkt die Zeitgeschichte auf die Wertung ein. Benn, der sich nach seinem fatalen NS-Engagement von 1933 angesichts der repressiven Machtpolitik längst wieder vom Nationalsozialismus gelöst hat, betreibt eine Art Selbstrechtfertigung, wenn er Nietzsches Denken in Züchtungs- und Machtkategorien zurückweist. Er unterschlägt, daß Nietzsche ein Gegner des Nationalismus war und eine kosmopolitische Gesinnung vertrat. Diskutabel ist die Frage, ob Nietzsche seine geistige Energie nicht zu sehr in hektischen Menschheitsentwürfen verbraucht und sein lyrisches, existentielles Potential dabei häufig zu sehr in den Hintergrund gedrängt hat. Aber die geistige Kraft des "inneren Menschen" bekundete sich für Nietzsche gerade in der Wirkung auf die Welt. Freilich, es gibt bei ihm auch rein monologische Texte, Passagen, die auf jede Verkündigungsgeste verzichten. Benn, dessen Interesse nicht dem Orator, sondern dem Monologisten Nietzsche gilt, vermißt bei Nietzsche die konstante Konzentration auf die inneren, existentiellen Probleme des Subjekts.

Benn ist aber in erster Linie nicht Nietzsche-Kritiker, sondern Nietzsche-Verehrer. Nietzsche ist geradezu sein Idol. Verglichen mit ihm sind die modernen Geister nur Epigonen. Im Brief an Oelze vom 28.11. 1949 heißt es:

> "Du hättest singen sollen, meine Seele" – eigentlich hat *J e n e r* tatsächlich schon alles, aber auch restlos alles vorweggenommen und ausgesprochen, woran wir herumstochern, diese 50 Jahre sind ein reines Nachplappern und Auswalzen seiner gigantischen Gedanken und Leiden. So auch dies mit dem Singensollen, ach wie Recht hatte er mit dieser finalen Erkenntnis. (Oelze II, 269)

Dies ist wiederum ein Panegyrikus auf Nietzsche, in dem (für die Briefe Benns vielfach typischen) lockeren Parlandostil. Aber auch hier deutet Benn seine eigene Problematik in Nietzsche hinein, wenn er auf dessen Finalbewußtsein verweist – ein allerdings nicht unproblematischer Hinweis, denn Nietzsche denkt im Hinblick auf sein Schaffen nicht an eine Finalsituation, sondern an Innovation. Es ist im übrigen auffällig, daß die scharfe Kritik Benns an Nietzsche, an dem biologistischen Nietzsche, in die NS-Zeit fällt. Später, in der Nachkriegszeit, hat er Nietzsche wieder exkulpiert und ihn von jeder politischen Verantwortlichkeit freigesprochen. Nun hat er allerdings auch in erster Linie den artistischen Nietzsche im Blickfeld. Es zeigt sich, daß auch Benns Nietzsche-Bild von der zeitgeschichtlichen Situation mitgeprägt wird. Zumindest werden unter dem Eindruck der Zeitgeschichte bestimmte Aspekte Nietzsches hervorgehoben. Zur Zeit der NS-Diktatur, in der der Wille zur Macht das oberste politische Prinzip war und der Züchtungsbiologismus grassierte, setzte sich Benn mit Nietzsches Macht- und Züchtungsgedanken auseinander, zunächst affirmativ, dann kritisch. Nach dem Zusammenbruch des Regimes entfällt diese Notwendigkeit. Nun ist Nietzsche für Benn der apolitische Künstler. Wiederum prägt die Eigenperspektive Benns sein Nietzsche-Bild. Benn, der aus dem NS-Debakel nicht etwa die Konsequenz einer Neubesinnung auf demokratische, humanitäre Prinzipien zieht, sondern Geschichte und Politik grundsätzlich verwirft, den Unterschied zwischen totalitärer und demokratischer Staatsform ignorierend, sieht nun in Nietzsche den unpolitischen Artisten – der seiner eigenen Geisteshaltung entspricht.

Nun unterliegt das Nietzsche-Bild Benns allerdings keinem grundsätzlichen Wandel. Es zeigen sich vielmehr in den einzelnen Schaffensperioden und Zeitsituationen bestimmte Modifikationen bzw. Umakzentuierungen in der Nietzsche-Rezeption Benns. Im Prinzip herrscht in seinem Nietzsche-Bild Konstanz. Es ist der schöpferische Nietzsche, der Benns Nietzsche-Deutung konstant prägt. Nietzsche ist für Benn gewissermaßen die kreative Maximalexistenz. Dies ist das zentrale, durchgängige Motiv seiner Nietzsche-Rezeption. Es findet seinen programmatischen Niederschlag in bestimmten Schlüsselthesen: in den Theoremen von der Kunst als der einzigen, letzten metaphysischen Tätigkeit des Lebens, von der Kunst als dem höchsten Stimulans des Lebens (sinngemäß) und von der Rechtfertigung der Welt allein als eines ästhetischen Phänomens sowie in den Theoremen des Perspektivismus, des Monologs und der Artistik. Dies sind die Aspekte, die, unbeschadet kritischer Vorbehalte gegen Nietzsche, die Nietzsche-Rezeption Benns leitmotivisch durchziehen. Das Wort von der "Kunst als der höchsten Aufgabe und der eigentlich metaphysischen Thätigkeit dieses Lebens" (1, 24 – GT) wird von Benn immer wieder zitiert und ist der Fundamentalsatz seiner Nietzsche-Rezeption. So schreibt er im *Lebensweg eines Intellektualisten* über die Kunst:

> was gab es denn außer ihr? "Die Kunst als die letzte metaphysische Tätigkeit innerhalb des europäischen Nihilismus", der Satz aus dem "Willen zur Macht" stand allem zuvor. (54)

Benn bezieht sich hier auf den *Willen zur Macht*, 578, Nr. 853. Dabei ergänzt er Nietzsches Wendung "metaphysische Tätigkeit" durch das

Epitheton "letzte" – auch dies eine Form der produktiven Anverwandlung. Benn, dessen Weltsicht durch das Bewußtsein der Finallage geprägt ist, setzt hier auch im Hinblick auf die Kunst den Finalakzent. Im Brief an Oelze vom 7.1.1948 lautet seine Formel: "Die Kunst als die letzte metaphysische Tätigkeit Europas –" (Oelze II, 109), wie auch in der *Rede auf Heinrich Mann* die "Kunst", die "eigentliche Aufgabe des Lebens", als "letzte Transzendenz" bezeichnet wird (415). Ansonsten zitiert Benn die Nietzsche-Formel in fast wörtlicher Übereinstimmung (vgl. Heinrich Mann zum sechzigsten Geburtstag, 132; Züchtung I, 216f.; Expressionismus, 249; Probleme der Lyrik, 500). Auch Nietzsches Wort von der alleinigen Rechtfertigung der Welt als "ästhetisches Phänomen" (1, 17, 47, 152 – GT) wird von Benn angeführt. Er verweist auf jenes "dunkle Wort", das "Nietzsche-Wort von der Rechtfertigung der Welt allein als ästhetisches Phänomen" (Lebensweg, 65). 'Ästhetische' Rechtfertigung des Lebens heißt soviel wie schöpferische Rechtfertigung des Lebens. Benn beruft sich auf diese Sentenzen, um die eigene produktive Tätigkeit zu rechtfertigen. Nietzsches Aussagen sind autoritative Aussagen, die das eigene Tun legitimieren. Mit der Formel von der Kunst als dem "Stimulans des Lebens" wußte Benn weniger anzufangen, da für ihn die Kunst nicht eine Funktion des Lebens, sondern eine autonome Realität war. Aber in dem bei Benn wiederholt auftauchenden Begriff des "provozierten Lebens" gelangt dennoch Nietzsches Begriff vom "Stimulans des Lebens" (13, 521) zur Geltung. Im Prosastück *Provoziertes Leben* (1943) heißt es mit Blick auf die Kunst

> Leiden heißt am Bewußtsein leiden, nicht an Todesfällen. Arbeiten heißt Steigerung zu geistigen Formen. Mit einem Wort: *Leben heißt provoziertes Leben.* (341)

Im *Ptolemäer* (1947) lauten entsprechende Sentenzen:

> Gesteigertes, provoziertes Leben – Spannungen, Extraits! […] Das war eine Fontäne von notierten Sachen, studierten Einzelheiten, und dann schleuderte ich sie hin. Das war Leben! (247)

Damit betont auch Benn die lebenssteigernde Wirkung der Kunst. Nietzsche bezieht die Kunst freilich noch stärker auf den vorgegebenen Lebensprozeß (das Leben wird durch die Kunst intensiviert), während für Benn die Kunst selbst das "Leben" ist (das "Leben" wird durch die Kunst erzeugt). Aber bei beiden wird durch die Kunst 'Leben' stimuliert. Die Kunst als Kreativität, Rechtfertigung und Steigerung des

Lebens – dieser ästhetische Dreiklang Nietzsches wird von Benn affirmativ aufgenommen und produktiv verarbeitet.

Der zentrale Gedanke, den Benn von Nietzsche übernimmt, ist die Idee des Schöpferischen, das sich für ihn in der dreifachen Ausprägung des *perspektivischen, monologischen* und *artistischen* Verhaltens zur Welt entfaltet. Im Hinblick auf Perspektivismus und Monologismus entspricht er dem Denken Nietzsches, hinsichtlich der Artistik geht er über Nietzsche hinaus. Die Idee des Perspektivismus übernimmt Benn unmittelbar. Im Brief an Oelze vom 27.1.1933 schreibt er:

> Anstelle des Begriffs der *Wahrheit* u. der Realität, einst theologisches, dann wissenschaftliches Requisit, tritt ja jetzt der Begriff der P e r - s p e c t i v e .. "Perspectivismus", von Nietzsche stammend, von Ortega in letzter Zeit populärgemacht. Der Formtrieb, der Gestaltungs- u Abgrenzungstrieb braucht ja Material, Stoff. Aber man verwendet ihn nicht im Wahrheitssinn, sondern perspectivistisch. Man entwickelt eine P e r s p e c t i v e . Ist diese *existentiell* glaubhaft, überzeugend als Ausdruck eines Sehens, einer Vision, ist ihr Zweck erfüllt. (Oelze I, 27)

Nicht eine objektiv-allgemeingültige Wahrheit, sondern die subjektiv-existentielle Evidenz bestimmt das Verhältnis des Menschen zur Welt. Die Ablösung der "Wahrheit" durch die "Perspektive", dieses das Denken und Schaffen Nietzsches leitende Prinzip, prägt auch Benns Weltverhältnis. Durch den Perspektivismus erhält das Subjekt eine neue, kreative Freiheit, denn nun werden Erlebnis, Imagination und Experiment in den höchsten Rang erhoben. Die Welt wird zum Experimentalstoff des schöpferischen Ich. Nietzsches Zarathustra und Benns Ptolemäer, der eine in dithyrambischem Überschwang, der andere in melancholischer Meditation, sind gleichermaßen kreative Existenzen, die die Welt als Stoff für ihre Experimente benutzen. Zarathustra will den Menschen zum "Übermenschen" umformen, der Ptolemäer sieht in der Welt nur noch ästhetisches Material. Benn ist mit Nietzsche durch den kreativen Perspektivismus verbunden. Dennoch ist der spezifische Unterschied nicht zu übersehen. Nietzsches Experimentalphilosophie, die das Leben als Versuch auffaßt, will die Welt neu prägen, radikal umformen, von Grund auf verwandeln. Benns Experimentalästhetik, für die das Leben bloßer ästhetischer Rohstoff ist, will eine Formwelt über der realen Welt errichten. Dem dynamischen Leben Nietzsches setzt der Ptolemäer die statische Form entgegen: "Es war die Konstruktion des 'Lotoslandes', in dem nichts geschieht und alles stillsteht" (Der Ptolemäer, 222). Ist Nietzsches Anliegen die Geburt des "Übermenschen", so geht es Benn um die "Formgeburt" (ebd., 211). Zudem hat der Ptolemäer, im Unterschied zu dem willensstarken Zarathustra, das Bewußtsein, nicht nur ein Schaffender, sondern auch ein Ausgelieferter zu sein. Offenbar in Anspielung auf Nietzsches Vers "Ja! Ich weiss, woher ich stamme!" aus dem Gedicht *Ecce homo* (3, 367-FWS) formuliert er:

> Nein, ich bin kein Pessimist – woher ich stamme, wohin ich falle, das ist alles überwunden. Ich drehe eine Scheibe und werde gedreht, ich bin Ptolemäer. (Der Ptolemäer, 256)

Benn geht, wie Nietzsche, vom Prinzip der Multiperspektivität aus. Das "Existentielle" besteht aus einer Vielzahl von "Perspektiven" (Roman des Phänotyp, 158). In dem bis Ende 1944 entstandenen Gedicht *Statische Gedichte* (GW III, 236) bezeichnet der Begriff "Perspektivismus" die dichterische Verfahrensweise:

> [...]
> Perspektivismus
> ist ein anderes Wort für seine Statik:
> Linien anlegen,
> sie weiterführen
> nach Rankengesetz –
> *Ranken sprühen* –,
> auch Schwärme, Krähen,
> auswerfen in Winterrot von Frühhimmeln,
>
> dann sinken lassen –
>
> du weißt – für wen.

Die Begriffe "Perspektivismus" und "Statik" verweisen inhaltlich auf die subjektive Weltsicht der statischen Existenz und formal auf den *modus operandi*, die experimentierende Ausdrucksgebärde. Der Begriff "Statik" ist hier offenbar sowohl Stilbegriff (der die konstruktive Fügung der Wörter bezeichnet) als auch Kunstbegriff (der die prinzipielle Statik des Kunstgebildes meint). In der asyndetischen Reihung lapidarer Infinitivsätze wird die rhythmische Bewegung des kreativen Vorgangs ausgedrückt. Das Motiv der "Krähen" ist eine Reminiszenz an Nietzsches "Krähen"-Gedicht. Aber bei Benn werden die "Krähen" gewissermaßen erst durch den Sprachprozeß selbst hervorgebracht. Stärker als bei Nietzsche ist der Aspekt des Sprachexperiments betont. Benn begründet das Motiv vom künstlerischen Akt aus ("Rankengesetz", "*Ranken sprühen*"). Diese sprachimmanente Ästhetik lag Nietzsche noch fern. Vor allem mit dem Begriff "Statik" geht Benn über Nietzsche hinaus. Aber auch seine Grundstimmung ist eine andere. Während bei Nietzsche in den *Dionysos-Dithyramben* selbst noch in der Grenzsituation der absoluten Einsamkeit das dionysische Leben das Subjekt trägt, herrscht in Benns *Statischen Gedichten* eine melancholische Todesgewißheit, ein resignativ-gestillter Ton, ein auf Abschied gestimmtes Grundgefühl. Wo bei Nietzsche eine halkyonische Tonlage dominiert, herrschen bei Benn die dunklen Molltöne vor.

Der Perspektivismus ist verknüpft mit dem Monologismus. Benn und Nietzsche stimmen überein in der existentiellen Grunderfahrung der Einsamkeit. Bei beiden ist die Einsamkeit ein Schlüssel- und Leitmotiv, der Modus der Existenz. Aber bei beiden zeigt sie auch ein Doppelgesicht. Einerseits ist sie Ausdruck der Leere. Andererseits ist sie Voraussetzung der Kreativität. In der Einsamkeit Nietzsches findet Benn die Bestätigung der eigenen Einsamkeit. Dies zeigt sich deutlich am Motiv der "Wüste". Im Essay *Pessimismus* (1943) zitiert Benn Nietzsches "Wüsten"-Verse aus dem Gedicht *Der Freigeist* (11, 329) und deutet sie als Ausdruck einer zuletzt zum Zusammenbruch führenden Verzweiflung über den Verlust aller Inhalte:

> Oder was hatte den angestrengtesten Verklärer des Daseins betroffen […] was hatte Nietzsche verloren, daß die Welt ein Tor wurde "zu tausend Wüsten stumm und kalt", gibt es eine andere Auslegung für diese schwerwiegenden Verse mit ihrem Titel "Vereinsamt" als die Annahme des Verlustes von jedem Glauben an Gemeinschaft, an Höherwollen und Höherkönnen des Starken […] kam vielleicht von hier aus der Zusammenbruch […]? (360; vgl. Nietzsche – nach fünfzig Jahren, 492f.; Erwiderung an Alexander Lernet-Holenia, 308; zum Titel *Vereinsamt* vgl. *Nietzsche*, Gedichte [Kröner], 478)

Das Motiv der Wüste taucht bei Benn, wie bei Nietzsche, wiederholt auf. Im Gedicht *Kommt –* (GW III, 320) heißt es: "Allein in deiner Wüste", und im Gedicht *Reisen* (GW III, 327) sieht sich das Ich der "Wüstennot" ausgesetzt. Aber die Einsamkeit, die Konfrontation mit dem Nichts, hat auch eine positive Bedeutung. Selbstsein und Kreativität sind bei Benn, wie bei Nietzsche, nur in der Einsamkeit möglich. Aus der Einsamkeit erwächst der Monologismus. Er ist die höchste, letztmögliche Form der künstlerischen Selbstaussprache. Nietzsches Begriff der "monologischen Kunst" ist auch bei Benn ein Schlüsselbegriff. Benn stellt sich mit diesem Begriff ausdrücklich in die Nachfolge

Nietzsches. Im *Roman des Phänotyp* (1944) führt er Nietzsches Wort von der "monologischen Kunst" (3, 616 – FW, Nr. 367) an, unter (leicht unscharfer) Zitation der Schlußpassage. Nietzsche habe die grundlegende Feststellung getroffen,

> daß die Welt nur als ästhetisches Phänomen zu deuten und zu ertragen sei. Zu oft hat er die Kunst, nicht die Natur, als die letzte metaphysische Aufgabe der europäischen Rasse dargestellt – die monologische Kunst, sie ruht auf dem Vergessenen, sie ist die Musik des Vergessens. (169)

Hier verbinden sich die Theoreme der "metaphysischen Aufgabe" und des "ästhetischen Phänomens" mit dem Prinzip der "monologischen Kunst". In dieser Nietzscheschen Trias bewegt sich auch das Kunstdenken Benns. In *Probleme der Lyrik* (1951) betont Benn den "monologischen Zug" des "modernen Gedichts", hebt den Charakter der Kunst als "monologische Kunst" hervor und bezweifelt, daß die "Sprache überhaupt noch einen dialogischen Charakter in einem metaphysischen Sinne" habe (528). Wenn er den "monologischen Charakter der Lyrik" hervorhebt, sie als "anachoretische Kunst" bezeichnet und erklärt, "daß Gedichte an niemanden gerichtet sind" (502; vgl. Soll die Dichtung das Leben bessern?, 592), so entspricht er damit der Konzeption Nietzsches, der die "monologische Kunst" gegen die "Kunst vor Zeugen" abgrenzt (3, 616 – FW). Mit Bezug auf körperliche Schwierigkeiten Nietzsches und dessen Metapher von der "Seele" als einem "springenden Brunnen" (4, 136 – Za) zieht Benn die (monologische) Konsequenz: "Also in sich selber seine Springbrunnen hochwerfen, seine Echowände errichten!" (Roman des Phänotyp, 176). Benn registriert bei Nietzsche eine monologische Reduktion, einen kreativen Autismus: "er erlebte in der Tat nur sein Denken" (Nietzsche, 491). Das entspricht der Erfahrung Zarathustras: "man erlebt endlich nur noch sich selber" (4, 193 – Za [Der Wanderer]). Als Ausdruck der monologischen Existenz wird die Kunst entschieden gegen die politische Wirklichkeit abgegrenzt: "Was der politische Mensch gar nicht sehn kann, das ist Einsamkeit, Askese, Mönchstum – Kunst." (Doppelleben, 149). Im Hinblick auf Einsamkeit und Monolog besteht im Prinzip Übereinstimmung zwischen Benn und Nietzsche. Aber Benn setzt andere Akzente. Bei ihm sind Form oder Melancholie die aus der Einsamkeit erwachsenden Phänomene. Im Gedicht *Einsamer nie* – (1936) (GW III, 140) setzt er dem Leben als "Gegenglück" den "Geist" entgegen. Im Gedicht *Wer allein ist* – (1936) (GW III, 135), in dem der Vers "Wer allein ist, ist auch im Geheimnis" das Ausgezeichnetsein des Einsamen betont, hebt er das Goethesche "Stirb und werde!" (HA II, 19 [Selige Sehnsucht]) in der statischen Form auf:

> Ohne Rührung sieht er, wie die Erde
> eine andere ward, als ihm begann,
> nicht mehr Stirb und nicht mehr Werde:
> formstill sieht ihn die Vollendung an.

Dies ist eine Absage nicht nur an Goethe, sondern auch an Nietzsche, an dessen Prinzip des Werdens. Der Monolog kann aber auch die Trauer, das Todesbewußtsein einschließen, wie im Gedicht *Verzweiflung* (1952) (GW III, 296):

> Sprich zu dir selbst, dann sprichst du zu den Dingen
> und von den Dingen, die so bitter sind,
> ein anderes Gespräch wird nie gelingen,
> den Tod trägt beides, beides endet blind.

Das Zu-sich-selber-Sprechen verbindet Benn mit Nietzsche – bei dem der Monolog allerdings in die Verkündigung umschlagen kann. Das Finalbewußtsein entfernt ihn von Nietzsche. Ist bei Benn der Monologismus Ausdruck von Endbewußtsein und Todesgefühl, so ist er bei Nietzsche Ausdruck der dionysischen Lebensfülle. Bei Benn ist die Einsamkeit mit meditativer Trauer verbunden, bei Nietzsche mit mythischem Schicksalsbewußtsein. Für Benn ist die "monologische Kunst" eine Kunst der "Introversion" (W.H. Auden, 367). Benns monologisches Ich zieht sich, in 'buddhistischer' Weltabkehr, ganz in sich selber zurück, meditative Distanz zum Leben haltend. Nietzsches monologisches Subjekt ist ein expansives Ich, das, in 'dionysischem' Überschwang, die Weltverwandlung anstrebt. Der Monologist Benn ist von Skepsis, Pessimismus, Resignation gezeichnet. Der Monologist Nietzsche ist, bei aller abgründigen Einsamkeit, erfüllt von Enthusiasmus, Lebensintensität und Zukunftserwartung. Benn verneint, Nietzsche bejaht. Während Benn der 'buddhistischen' Weltverneinung huldigt, betreibt Nietzsche die 'dionysische' Weltbejahung. In vereinfachender Zuspitzung könnte man sagen: Nietzsches Monolog ist ein 'expansiver' Monolog, Benns Monolog ist ein 'introvertierter' Monolog.

Unlöslich verknüpft mit Perspektivismus und Monologismus ist für Benn die Artistik. Der Begriff "Artistik" taucht seit den dreißiger Jahren immer wieder in den Schriften Benns auf, manchmal auch der Begriff "artistisch". In den Essays über Heinrich Mann deutet er Nietzsches Begriff "Artisten-Evangelium" (13, 228; WzM, 578 [Nr. 853]) als "Artistik" (GW I, 132, 415). Wiederum handelt es sich um die produktive Anverwandlung eines Begriffs. Nietzsche begründet den Begriff "Artisten-Evangelium" aus der *metaphysischen Thätigkeit* des "Lebens" (13, 228; WzM, 578). Es entspricht der Kunstauffassung Nietzsches, wenn Benn die Wendung "die artistische, die dionysische Kunst" einsetzt oder von "schöpferischer Lust" spricht (GW I, 415f.). Die "artistische" Kunst ist für Nietzsche in der Tat "dionysische" Kunst, d.h. Expression des Lebens. Auch Benns ästhetisches Postulat nach "artistischer Ausnutzung des Nihilismus" (Nach dem Nihilismus, 159) kann noch von Nietzsche her verstanden werden. Aber Benn setzt einen neuen Akzent. Es geht ihm nicht nur um die Überwindung des Nihilismus durch die Kunst, sondern er funktionalisiert zugleich den Nihilismus zum ästhetischen Anreiz des Formwillens. Benn drängt Nietzsches Begriff des Artistischen in die Richtung der absoluten Form. Er beruft sich auf "dies Wort aus dem 'Willen zur Macht'": "Eine antimetaphysische Weltanschauung, gut – aber dann eine artistische" (ebd., 161; vgl. Rede auf Heinrich Mann, 413; vgl. 12, 160). Im *Willen zur Macht* lautet die Sentenz: "Eine antimetaphysische Weltbetrachtung – ja, aber eine artistische." (WzM, 682 [Nr. 1048]). Aber für Benn ist die "Artistik" die "gezüchtete Absolutheit der Form" (Nach dem Nihilismus, 161). "Artistik" – das ist für Benn der aus dem Monologischen erwachsende absolute Ausdruck. In *Kunst und Drittes Reich* (1941) vertritt er die These, Nietzsche habe im *Zarathustra* noch inhaltliche Probleme, vor allem den Züchtungsgedanken, entwickelt, während später, in *Ecce homo* und den "lyrischen Bruchstücken", der "Zusammenbruch" dieser Konzeption erfolgt sei und Nietzsche nun dem reinen Ausdruck gehuldigt habe. Mit Bezug auf die Wendung "Du hättest singen sollen, oh, meine Seele" (Vgl. 1, 15 – GT [VS]) schreibt er:

> Singen – das heißt Sätze bilden, Ausdruck finden, Artist sein, kalte einsame Arbeit machen, dich an niemanden wenden, keine Gemeinde apostrophieren, vor allen Abgründen nur die Wände auf ihr Echo prüfen, ihren Klang, ihren Laut, ihre koloraturistischen Effekte. Dies war ein entscheidendes Finale. Also doch: Artistik! (312)

Benn macht aus dem dionysischen Artisten Nietzsche einen monologischen Ausdrucksdichter. Nicht Inhaltsproblematik, sondern die Sprachspannung wäre demnach Nietzsches eigentlicher Schaffensantrieb. Schon in *Expressionismus* ist Benn der Auffassung, in bestimmten Lyrismen Goethes, Kleists, Hölderlins und Nietzsches sei "eine inhaltliche Beziehung zwischen den einzelnen Versen überhaupt nicht mehr da, sondern nur noch eine ausdruckshafte"; es erfolge "eigentlich mehr *ein Ergreifen von Worten aus Spannung*" (244). Benn, der das "fade Ziel- und Gedankendenken" preisgibt und dem reinen "Ausdrucksdenken" huldigt (Drei alte Männer [1948], 403), sieht in Nietzsche einen Vorläufer dieser Konzeption. Die "Artistik" wird bei Benn zum Selbstzweck. In *Probleme der Lyrik* definiert er in lapidarer Bündigkeit:

> Artistik ist der Versuch der Kunst, innerhalb des allgemeinen Verfalls der Inhalte sich selber als Inhalt zu erleben und aus diesem Erlebnis einen neuen Stil zu bilden, es ist der Versuch, gegen den allgemeinen Nihilismus der Werte eine neue Transzendenz zu setzen: die Transzendenz der schöpferischen Lust. (500)

Hier zeigen sich in markanter Weise Nähe und Abstand Benns zu Nietzsche. Die Überwindung des Nihilismus durch die "schöpferische Lust" ist ein genuin Nietzschescher Gedanke. Die immanente Ästhetik der absoluten Kunst führt von Nietzsche weg.

Im Vortrag *Nietzsche – nach fünfzig Jahren* (1950) wird Nietzsche zur Projektionsfigur der Bennschen "Artistik":

> Die Inhalte ohne Sinn, aber *sein inneres Wesen mit Worten zu zerreißen*, der Drang, sich auszudrücken, zu formulieren, zu blenden, zu funkeln – das war seine Existenz. Der Weg vom Inhalt zum Ausdruck, das Verlöschen der Substanz zugunsten der Expression, das war elementar. [...] wir stehn vor dem Problem der Artistik, dem "Olymp des Scheins". / Die Ausdruckswelt – diese Vermittlung zwischen dem Rationalismus und dem Nichts! (489; vgl. Probleme der Lyrik, 501)

Dies ist eher ein Selbstbildnis Benns als ein Porträt Nietzsches. Nietzsche wird zur Demonstrationsfigur der Bennschen Kunsttheorie. Im produktiven Mißverstehen seines autoritativen Vorgängers begründet und rechtfertigt Benn die eigene Ästhetik der absoluten Kunst. Er identifiziert Nietzsches "Olymp des Scheins" mit der eigenen "Ausdruckswelt", d.h. der autonomen Kunst. Nun schreibt Nietzsche allerdings, mit Blick auf die Griechen, es sei erforderlich, "den Schein anzubeten, an Formen, an Töne, an Worte, an den ganzen *Olymp des Scheins* zu glauben!" (6, 439 – NW [= 3, 352 – FW]) – eine Konzeption, die im Sinne Benns auf eine immanente Wortwelt hindeuten könnte. Aber für Nietzsche ist der "Olymp des Scheins" lebenssteigernder und trügerischer Schein. Es heißt an jener Stelle von den Griechen: "sie verstanden sich darauf, zu *leben*!" (ebd.). Zudem ist für Nietzsche auch der "Olymp des Scheins" eine trügerische Welt, gemäß der Maxime, daß die Kunst unabdingbar in die Spannung von Wahrheit und Lüge verstrickt sei. Für Benn hingegen ist die Dialektik von Wahrheit und Lüge irrelevant geworden. Die "Ausdruckswelt" ist für ihn eine Eigenwirklichkeit. Sie hat seinsmäßigen Status, ja, sie ist die einzige dauerhafte Realität. Benn sieht in Nietzsche den Bahnbrecher des modernen Konstruktivismus: "die Erledigung der Wahrheit und die Fundamentierung des Stils" (Nietzsche, 493). Im Entwurf steht auch die Formulierung "Absterben der Wahrheit" an (P 3, 669), und im Brief an Oelze vom 7.8.1950 dämpft Benn noch stärker: "im N. aufsatz werde ich noch Kleinigkeiten korrigieren z.B. auf S. 9 statt Erledigung der Wahrheit: *Auflockerung* der Wahrheit." (Oelze III, 56). Aber es blieb dann doch bei "Erledigung der Wahrheit". Das entscheidende Problem, bei dem Benn Nietzsche mißversteht, ist die Inhalt-Ausdruck-Relation. Nach Benn hat Nietzsche die Inhalte überhaupt negiert und nur noch den Ausdrucksdrang als Inhalt erfahren. Nietzsche hat jedoch nur die Inhalte der bisherigen Weltinterpretation, nicht die Inhalte schlechthin negiert. Nietzsches Weg war nicht der "Weg vom Inhalt zum Ausdruck", sondern der Weg von alten Inhalten zu neuen Inhalten. Daß dabei der Ausdruck eine entscheidende Rolle spielt, ist unbestreitbar. Erst durch die Brillanz der Sprache, die artistische Formulierung, ist die Umwertung aller Werte überhaupt möglich. Nicht ohne Grund hat Nietzsche sich selber als Stilisten hohen, ja höchsten Grades empfunden. Aber das artistische Demonstrieren der "Bruchflächen" (Nietzsche, 489) wird bei Nietzsche nicht zum Selbstzweck, sondern dient der Auflösung der alten und der Entfaltung der neuen Inhalte. Für Nietzsche ist der sprachliche Ausdruck keine absolute Größe, sondern hat funktionale Bedeutung. Es zeigt sich allerdings schon bei Nietzsche eine Tendenz zur Verselbständigung der Sprache, nicht nur im absoluten Lyrismus vieler monologischer Gedichte, sondern auch in den großen rhapsodischen Bögen des *Zarathustra*. Aber die Sprache bleibt Expression, Expression des Lebens. Sie wird noch nicht zur Konstruktion, zur Konstruktion einer reinen Formenwelt. Nietzsche hat nicht den "Stil", sondern das "Leben" an die Stelle der "Wahrheit" gesetzt. Er ist noch weit entfernt von der Bennschen Forderung, daß man "gar nicht um inhaltliche Stofferklärungen ringen sollte" (Weinhaus Wolf, 148). Er steht durchaus noch im Banne von 'Inhalten'.

Benns Verhältnis zu Nietzsche ist gekennzeichnet durch Identifikation und Distanz. Im Hinblick auf das schöpferische Leben besteht Übereinstimmung zwischen Benn und Nietzsche. Im Hinblick auf das statische Kunstwerk geht Benn über Nietzsche hinaus und hält Distanz zu ihm. Man hat das Verhältnis Benn – Nietzsche ganz unterschiedlich gedeutet. Einerseits hat man den Gegensatz hervorgehoben, mit der Begründung, bei Nietzsche sei die Kunst eine Funktion des Lebens, bei Benn hingegen seien Kunst und Leben streng geschieden (so *Buddeberg*, Benn, 295ff.). Andererseits hat man die Einheit betont, mit dem Argument, Benn und Nietzsche stimmten im Prinzip des schöpferischen Lebens überein (so *Hillebrand*, Artistik u. Auftrag; *ders.*, Benn u. Nietzsche, 409-434). Beide Deutungen erfassen einen Aspekt der Relation, werden aber der Komplexität des Problems nicht gerecht. Benn ist der Nietzscheaner des schöpferischen Lebens, und er ist der über Nietzsche hinausgehende Verkünder der autonomen Form. Bezüglich des Bennschen Lebensbegriffs ist zu unterscheiden zwischen "Leben" als biologischer Kategorie, "Leben" als Natur und Geschichte – das in unüberbrückbarem Gegensatz zur Kunst steht –, und Leben als metaphysischer Kategorie, "Leben" als schöpferisches Prinzip – das die unabdingbare Voraussetzung der Kunst ist. Insofern sind Verneinung und Bejahung des "Lebens" bei Benn durchaus vereinbar.

Wenn das schöpferische Leben der gemeinsame Nenner des Nietzscheschen und Bennschen Kunstdenkens ist, so zeichnen sich doch zugleich spezifische Unterschiede ab. Nietzsche ist primär am Schaffensprozeß, an der *energeia*, Benn hingegen vor allem am Schaffensprodukt, am *ergon*, interessiert. Nietzsche ist fasziniert von "jener Kraft, welche ein Genie *nicht auf Werke*, sondern *auf sich als Werk*, verwendet" (3, 319 – M). Benn erklärt: "Vollende nicht deine Persönlichkeit, sondern die einzelnen deiner Werke." (Der Ptolemäer, 232). Man darf hier allerdings keine zu scharfe Trennungslinie ziehen, denn Benn geht immer wieder auch auf den Schaffensprozeß ein, wie bei Nietzsche auch der Werkgedanke in wachsendem Maße an Bedeutung gewinnt. Aber Nietzsches Interesse richtet sich stärker auf den Künstler, den Schaffenden, die mit dem Schaffensprozeß verbundene Lebensintensität als auf das Kunstwerk, das fertige Kunstgebilde und seine ästhetische Struktur, während Benns Intention sich auf die "abschließbaren und abgeschlossenen Gebilde" richtet (Doppelleben, 166). Für Benn sind die dynamischen Prozesse nur "Voraussetzungen". Seine bündige Maxime lautet: "Kunst ist statisch" (ebd., 156). Im Unterschied zu Nietzsche instrumentalisiert er die Kunst nicht mehr zur Vermittlung einer Idee, sondern betont ihre Eigenevidenz: "Kunst – diese sagt nur sich selbst, ist ohne Idee und ist vollendet" (ebd., 166). Ist Nietzsches Ästhetik in erster Linie Schaffensästhetik, so ist Benns Ästhetik primär Werkästhetik. Aber auch hinsichtlich der Künstlerexistenz ist der Unterschied beträchtlich. Benns Existenzform "Doppelleben", die Aufspaltung der Existenz in eine reale und eine ästhetische Sphäre, läuft der Existenzform Nietzsches zuwider, denn für Nietzsche bilden Lebensvollzug und Produktivität eine unlösliche Einheit. Dies hängt zusammen mit der Unterschiedlichkeit des Lebensgefühls. Während Nietzsche, unbeschadet aller Krisen, im Prinzip eine vom Enthusiasmus des Aufbruchs getragene, dynamische Existenz ist, herrscht bei Benn die meditative Trauer der sich gegen das Leben abschirmenden, statischen Existenz. Diese Divergenz zeigt sich exemplarisch in der unterschiedlichen Behandlung des Ecce-homo-Motivs. Während Nietzsche, im Gedicht *Ecce homo* und in der 'autobiographischen' Schrift *Ecce homo*, dieses Leidensmotiv in ein Motiv der dionysischen Existenz verwandelt, behält es bei Benn den ursprünglichen Sinn des Scheiterns. In *Weinhaus Wolf* (1937) zieht Benn das existentielle Fazit:

> Es gibt keine Verwirklichung. Der Geist liegt schweigend über den Wassern. Ein Weg ist ausgegangen, ein Urtag sinkt, vielleicht barg er andere Möglichkeiten als diese Abendstunde, aber nun ist sie da – ecce homo – so endet der Mensch. (150)

Der unbedingten Lebensbejahung Nietzsches steht bei Benn die resignative Lebensverneinung gegenüber. Auch in diesem Punkt wird Nietzsche zur Projektionsfigur Benns. Er sieht in Nietzsche nicht nur die schöpferische Existenz, sondern auch die Leidensgestalt und den Denker der unbedingten Negation. Im Essay *Das Genieproblem* (1930) schreibt er über Nietzsche, "dies unendliche Genie":

> Ohne Wahnsinn wäre er vielleicht unbekannt geblieben, längst vergessen. Alle diese großen Spannungen aus Erbitterung und Leid [...] nutzlose Blüten, machtlose Flammen und dahinter das Undurchdringliche mit seinem grenzenlosen Nein. (122)

Immer wieder hat Benn Nietzsche als die überragende Gestalt der neueren Geistesgeschichte gewürdigt. Im Vortrag *Nietzsche – nach fünfzig Jahren*, dem kongenialen Gegenstück zum Nietzsche-Vortrag Thomas Manns, hat er, in rhetorisch suggestiver, aber auch das Sujet erhellender Darstellung, die exorbitante Bedeutung Nietzsches hervorgehoben:

Eigentlich hat alles, was meine Generation diskutierte, innerlich sich auseinanderdachte, man kann sagen: erlitt, man kann auch sagen: breittrat – alles das hatte sich bereits bei Nietzsche ausgesprochen und erschöpft, definitive Formulierung gefunden, alles Weitere war Exegese. Seine gefährliche stürmische blitzende Art, seine ruhelose Diktion, sein Sichversagen jeden Idylls und jeden allgemeinen Grundes, seine Aufstellung der Triebpsychologie, des Konstitutionellen als Motiv, der Physiologie als Dialektik – 'Erkenntnis als Affekt', die ganze Psychoanalyse, der ganze Existentialismus, alles dies ist seine Tat. Er ist, wie sich immer deutlicher zeigt, der weitreichende Gigant der nachgoetheschen Epoche. (482)

In dieser apodiktischen, summarischen Ovation wird Nietzsche als der entscheidende Impuls der modernen Philosophie, Psychologie und Literatur herausgestellt. Benns Panegyrikus ist in doppelter Hinsicht aufschlußreich: Erstens wird die Moderne monokausal von Nietzsche abgeleitet, und zweitens wird behauptet, sie sei nicht über Nietzsche hinausgelangt. Dies ist die Wertung eines Dichters, der über Jahrzehnte hin im Banne Nietzsches stand und dessen Panegyrikus das *mea res agitur* nicht verleugnet. Aber hier, 1950, zieht zugleich ein engagierter Nietzsche-Adept, vielleicht der bedeutendste Nietzsche-Anhänger der modernen deutschen Literatur, ein geistiges Fazit der klassischen Modene, indem er Nietzsche als die größte und einzige wirklich originäre Potenz der modernen Geisteswelt feiert. Benns Urteil ist diktiert vom Enthusiasmus des Nietzsche-Jüngers, und es haftet ihm ein Ausschließlichkeitsanspruch an. Dennoch erschöpft es sich nicht in der Emphase, sondern trifft wesentliche Aspekte der Wirkung Nietzsches seit der Jahrhundertwende. Es mag übertrieben klingen, wenn Benn die generelle Feststellung trifft, Nietzsche sei, selbst im Vergleich zu Goethe, das "größte Ausstrahlungsphänomen der Geistesgeschichte" (484). Aber im 20. Jahrhundert hat in der Tat kaum eine geistige Gestalt eine so starke und perspektivenreiche Wirkung ausgeübt wie Nietzsche. Dabei geht es Benn um die "Expressions- und Ausdruckswelt, deren erste Erscheinung Flammenwerfer und Grundlagendeponent Nietzsche war" (486). In der Nietzsche-Darstellung Benns mischen sich Panegyrikus und Sachlichkeit. Obschon er Nietzsche unter der Optik des Künstlers rezipiert, setzt er sich doch zugleich mit der Nietzsche-Literatur auseinander und studiert die einschlägigen Nietzsche-Deutungen von Bertram, Jaspers, Klages, F.G. Jünger, E. Podach, E. Salin, A.v. Martin (vgl. 483f.; dazu detailliert: P 3, 650f.). Er stellt damit seine emphatische Nietzsche-Deutung auf eine sachliche Basis. Er meldet sogar Vorbehalte gegen Nietzsche an. Nietzsche habe noch nicht die Kulturkreislehre bzw. die Lehre von der Relativität der Kulturkreise gekannt und sich und seine Situation "erstaunlich absolut" gesetzt, wie auch seine "Verherrlichung des Griechischen" inzwischen überholt sei. In diesen Punkten wirke Nietzsche "heute altertümlich, gewissermaßen beschränkt" (484f.). Damit schränkt Benn selbst seine These von der totalen Antizipation aller modernen Erkenntnisse durch Nietzsche ein. Hier muß Benn der Geschichte Tribut zollen. Aber dies ist eher eine Marginalie. Nicht der kritische Vorbehalt, sondern die enthusiastische Affirmation prägt den Vortrag. Ein wesentliches Anliegen Benns ist die Apologie Nietzsches. Im Unterschied zum Moralisten Thomas Mann, der in seinem Nietzsche-Vortrag Nietzsche in die politische Verantwortlichkeit nimmt, exkulpiert der Artist Benn Nietzsche von jeder politischen Schuld. Nietzsche sei nicht verantwortlich für den Mißbrauch, den Ideologen und Politiker mit ihm betrieben hätten:

> Nun kommen einige und sagen, Nietzsche ist politisch gefährlich. Unter diesem Gesichtspunkt muß man sich nun allerdings einmal die Politiker betrachten. Das sind Leute, die, wenn sie rhetorisch werden, sich immer hinter den Thesen von Geistern verstecken, die sie nicht verstehen, von geistigen Menschen. Was kann Nietzsche dafür, daß die Politiker nachträglich bei ihm ihr Bild bestellten? (482; vgl. auch den Entwurf zu dieser Passage: P 3, 667)

Es ist dies eines der apodiktischen Urteile Benns, mit denen er komplizierte Sachverhalte auf einen summarischen Nenner reduziert. Die pauschale Exkulpation Nietzsches wird verknüpft mit der ebenso pauschalen Politiker-Schelte.

Benn setzt sich auch mit der Krankheit Nietzsches auseinander. Er will Nietzsches Schaffen vom Odium der Krankheit befreien: "Diese Krankheit, ihre Herkunft und ihr Wesen erscheint uns heute nicht mehr so wichtig." (487). Er wehrt sowohl die medizinische Reduktion Nietzsches auf Krankheitssymptomatik als auch die ästhetische Stilisierung seiner Krankheit ab. Er hält die "schriftstellernden Ärzte", die Nietzsche mit der Diagnose "Lues" "triumphierend abgetan glauben" für "äußerst ungebildet" (487; vgl. dazu z.B. *Lange-Eichbaum*, Nietzsche. Krankheit u. Wirkung [1947]; zur "syphilitischen Infektion" vgl. neuerdings *Volz*, Nietzsche, 186-200), äußert sich aber auch kritisch zur literarischen Behandlung der Krankheit Nietzsches bei Thomas Mann:

wenn Thomas Mann aus dieser Krankheit so viel Kapital schlagen zu können glaubt, wie er es in seinem jüngsten Vortrag über Nietzsche und im Doktor Faustus tut, erscheint mir das nicht ganz standesgemäß – zwischen Potentaten. Manchmal hat man den Eindruck, diese Krankheit wird in den Vordergrund gerückt, von solchen, die es vermeiden möchten, der ganzen Erscheinung und ihren Konsequenzen voll ins Auge zu sehen. (487)

Benn will die schöpferische Existenz Nietzsches nicht durch die Krankheit verdunkeln lassen. Er beruft sich auf Jaspers, "der von 'Sprüngen des Gesamtzustandes des körperlich-seelischen Daseins' spricht" (487f.; vgl. *Jaspers*, Nietzsche, 93). Aber auch Thomas Mann äußert sich positiv zu Jaspers, zu dessen Aufsatz *Zu Nietzsches Bedeutung in der Geschichte der Philosophie* (1950): "Jaspers über Nietzsche, gut." (Tgb. 1949-1950, 288 [11.11.1950]). Benns Kritik an Thomas Mann ist geleitet von der Intention, die Krankheit nicht zum Konstitutionsgrund von Nietzsches Schaffen werden zu lassen. Er sieht in der Überbetonung der Krankheit eine Schwächung Nietzsches durch seine Exegeten. Er verkennt allerdings, daß Thomas Mann die Krankheit als Element des Schöpferischen herausstellt. Und er verdrängt, daß er selbst, in der bionegativen Deutung des kreativen Menschen, "Genie" als "eine bestimmte Form reiner Entartung unter Auslösung von Produktivität" definiert und in der Liste entsprechender Fälle auch Nietzsche angeführt hatte (Das Genieproblem [1930], 112f.). Im übrigen spricht er noch in *Altern als Problem für Künstler* (1954) von der "bionegativen Olympiade" (570). Daß Thomas Mann der vollen Konsequenz des Phänomens Nietzsche ausgewichen sei und es durch die Krankheit gewissermaßen entschärft habe, ist ein kaum haltbarer Vorwurf, denn es ist die Frage, ob Thomas Mann nicht durch die Verknüpfung von Künstlertum, Dämonie und Krankheit dem Phänomen gerade "voll ins Auge" zu blicken versucht. Die weitere Frage ist allerdings, ob die Krankheit bei ihm nicht ein Übergewicht erhält, denn zumindest im Selbstverständnis Nietzsches war sie nur eine Funktion der kreativen Gesundheit. Es ist nicht auszuschließen, daß in die Kritik Benns eine gewisse Rivalität hineinspielt. Aber es geht ihm primär um die Sache. Er möchte das Artistentum Nietzsche, seine Bedeutung als Vorläufer und Präzeptor der modernen Artistik, nicht durch die Krankheit oder sonstige heterogene Faktoren beeinträchtigt sehen. Im Entwurf zu seinem Vortrag weist er die kunstfremden Nietzsche-Deutungen zurück und äußert sich abfällig über Thomas Mann:

> Es bleibt (sage ich) N. als Ausdrucksphänomen, als Erscheinung der reinen Ausdruckswelt, sein Werk ruht nur in sich selbst, es soziologisch, politisch, moralisch betasten zu wollen, ist rückständig und auch bösartig oder kindisch (Th. Mann). Aber gerade an diese Tatsache will keiner seiner Kritiker auch heute nicht heran. (P 3, 660)

Erneut zeigt sich im Hinblick auf Moralität und Humanität der Dissens zwischen Benn und Thomas Mann – ein Dissens, aus dem nicht zuletzt die Unterschiedlichkeit ihrer Nietzsche-Deutungen erwächst. Benn wirft Thomas Mann die Moralisierung des Problems Nietzsche vor, während Thomas Mann Benns amoralistisches Artistentum als fragwürdig empfindet. So tut er Benns *Ptolemäer* mit einer Handbewegung ab: "Hastig-kesses, oft renommistisches Zusammenraffen der Kultur, künstlerischer Nihilismus, Humanität zum Lachen [...]" (Tgb. 1949-1950, 78 [15.7.1949]). Benn sieht Nietzsche ganz im Lichte der Artistik. Er wendet sich nicht nur gegen die moralistische, sondern auch gegen die philosophische Nietzsche-Deutung: "Schuf er ein System, ein moralisches oder amoralisches? Nein. Verkündete er eine Philosophie? Keineswegs." (488). Nietzsche ist für Benn der von System, Moralproblematik und Philosophie befreite, aphoristische Artist. Inhaltliche Festlegungen lehnt er ab. So schreibt er am 25.9.1947 an Oelze: "Den Vortrag von Th. M. habe ich nicht zu Gesicht bekommen; allen *allgemeinen* Erörterungen u. Wahrheitsaussprechungen und Deutungen weiche ich ja aus." (Oelze II, 91). Nietzsche ist für Benn ein über alle Inhalte und über Literatur, Philosophie und Dichtung hinausweisendes schöpferisches Ereignis. Er wird für ihn zur Inkarnation des Schöpferischen schlechthin. Er notiert,

> dass N mehr ist als ein grosser Schriftsteller, ein grosser Philosoph, ein grosser Dichter, dass über seiner Existenz eine nie wieder erlebbare gigantische Transcendenz liegt, ein [aus] als das Formspiel der Schöpfung unmittelbar affektives Geschick u Wendung. (P 3, 657)

Benns Nietzsche-Enthusiasmus steigert sich zur Nietzsche-Adoration und Nietzsche-Apotheose. In ihm – und Goethe – erblickt er den höchsten Ausdruck des Schöpferischen. So schreibt er im Brief an Oelze vom 22.3.1947:

> Goethe u. Nietzsche, diese beiden: ihre Erscheinung, ihre Verse, ihre Aussprüche – ihre Vollendung –, diese beiden sind es, die ich anbetend in mir trage. (Oelze II, 72)

Ähnlich panegyrisch klingt der Nietzsche-Vortrag aus. Mit zitierendem Bezug auf den Zarathustra-Lyrismus "Traum schien mir da die Welt und Dichtung eines Gottes; farbiger Rauch vor den Augen eines göttlich Unzufriednen" (4, 35 – Za [Von den Hinterweltlern]) formuliert Benn:

> Und dann sagte er: "Traum ist die Welt und Rauch vor den Augen eines ewig Unzufriedenen" – nun wurde er, der es sagte, für uns selbst zum Traum, und wir gehn keinen Schritt unseres Weges mehr ohne die Anbetung dieses Traums. (493)

Benn hat Nietzsche nicht nur in seiner Prosa, sondern auch in seiner Lyrik gewürdigt, in einer Reihe von Nietzsche-Gedichten von hohem literarischem Rang, deren künstlerische Qualität die Vorläufer des Nietzsche-Gedichts weit in den Schatten stellt. Thema ist der Mensch Nietzsche, der einsame, leidende Mensch, die Existenz in der Grenzsituation, überhöht zu schicksalhafter Größe. Nietzsche erscheint als der in der Einsamkeit Schaffende und Leidende, als schöpferisches Genie und Ecce-homo-Gestalt. Im Gedicht *Sils-Maria* (1933) (G 1, 146) beschwört Benn mit elegischem Pathos in bündigen, spruchhaften Strophen Einsamkeit, Schaffen und Leiden Nietzsches. Die erste Strophengruppe lautet:

> In den Abend rannen die Stunden,
> er lauschte im Abhangslicht
> ihrer Strophe: „alle verwunden,
> die letzte bricht …"
>
> Das war zu Ende gelesen.
> Doch wer die Stunden denkt,
> ihre Welle, ihr Spiel, ihr Wesen,
> der hat die Stunden gelenkt –:
>
> Ein Alles-zum-Besten-Nenner
> den trifft die Stunde nicht,
> ein solcher Schattenkenner
> der trinkt das Parzenlicht.

Benn rückt zunächst das Untergangsbewußtsein in den Vordergrund. Er zitiert einen "Spruch", den er in den Pyrenäen auf einer "Sonnenuhr" "zwischen den Zahlen der Stunden" fand: "vulnerant omnes, ultima necat", "Alle verwunden, die letzte tötet", und ist tief davon berührt, "welche Tiefe der Erkenntniss u des Leides dem Hersteller dieses Spruches gegenwärtig gewesen sein muss!" (Oelze I, 138f. [9.8.1936] u. Pessimismus, 360). Dann aber setzt er das adversative Motiv der kreativen Bewältigung des Unausweichlichen ein. Die Wendung "ihre Welle, ihr Spiel" ist eine Anspielung auf Nietzsches Wendung "Rings nur Welle und Spiel" aus dem Dionysos-Dithyrambus *Die Sonne sinkt* (6, 395 – DD). In der halkyonischen Freiheit, im Losgelöstsein vom Raum-Zeit-Kontinuum, ist der Denkende den "Stunden" nicht mehr ausgeliefert, sondern nimmt sie in die eigene Verfügung. Mit dem Motiv des "Alles-zum-Besten-Nenner" kommt Nietzsches Gedanke des *amor fati* zu Geltung, der Gedanke des Ja-Sagens zum Dasein in allen seinen Erscheinungsformen, der Aufnahme der Notwendigkeit in den Willen. Nietzsche erscheint als Passionsgestalt, aber auch als Überwinder der Passion durch den ja-sagenden Willen. Die zweite Versgruppe des Gedichts steht dann aber wieder ganz im Zeichen der Passion. Das Gedicht endet mit dem Vers: "ein ungeheures: Gelitten / stand über diesem Tal."

Benn sieht in Nietzsche nicht nur das Schaffensgenie, sondern auch die Passionsgestalt. Im Gedicht *Dennoch die Schwerter halten* (1933) (GW III, 182) verbindet er den Mythos des großen Mannes mit dem Motiv des Leidens:

> Der soziologische Nenner,
> der hinter Jahrtausenden schlief,
> heißt: ein paar große Männer
> und die litten tief.
>
> Heißt: ein paar schweigende Stunden
> in Sils-Maria Wind,
> Erfüllung ist schwer von Wunden,
> wenn es Erfüllungen sind.

Die Metapher "Sils-Maria Wind" wie die dann folgende Wendung "Ecce-homo-Schauer" zeigt deutlich, wie die Nietzsche-Atmosphäre, die Nietzschesche Grenzsituation, Benns Bild der "großen Männer" prägt. Nietzsche erscheint als Paradigma der leidenden Größe. Benn stellt die Frage nach dem Sinn des Leidens: "warum erschufst du das?" Aber dies bleibt eine antwortlose Frage. Es ist ein genuin Nietzschescher Gedanke, wenn Benn in den Schlußversen einen Heroismus des Trotzdem verkündet: "dennoch die Schwerter halten / vor die Stunde der Welt". Selbstbehauptung gegenüber dem Sinnlosen ist nur durch das Aushalten der Situation, durch kreativen Widerstand möglich. Gott ist keine Kategorie mehr. Benn nennt ihn die "alte Spinne", den "alten Spinnenmann" (GW III, 186f. [Quartär –]) – eine an Nietzsches "grosse

Welten-Spinne" (2, 394 – VM) erinnernde Metapher. Überhaupt tauchen in den lyrischen Texten Benns immer wieder Nietzsche-Motive auf. So könnte in dem von Paul Hindemith vertonten Oratorium *Das Unaufhörliche* (1931) (GW III, 478) der Gedanke der ewigen Wiederkehr des Gleichen adaptiert sein, wenn Benn das "Unaufhörliche" als die ständig "mit Tag und Nacht", "von Meer zu Meer", "hinan, hinab" spielende Urbewegung des Lebens kennzeichnet. Der Wiederkunftsgedanke wird allerdings nicht ausdrücklich artikuliert, wie hier auch der *amor-fati*-Gedanke fehlt. Aber Nietzsche ist im Oratorium gegenwärtig. Im Brief an Hindemith vom 5.3.1931 spricht Benn selbst von einem "*Nietzsche*motiv" (Briefwechsel mit Hindemith, 23), vielleicht anspielend auf die Wendung "Aber die Kunst [...]" (GW III, 486f.; vgl. Briefwechsel, 205). Das Leben als unaufhörliche Bewegung und die Kunst als konstruktive Kraft sind die zentralen Nietzsche-Elemente des Oratoriums.

Benn überhöht Nietzsche nicht nur zur mythischen Gestalt, sondern setzt sich auch mit seiner realen Lebenssituation auseinander. Im Gedicht *Turin* (1935) (GW III, 177) ist die fatale Diskrepanz zwischen seiner alles überragenden Genialität und seinen desolaten Lebensumständen das Thema:

> „Ich laufe auf zerrissenen Sohlen",
> schrieb dieses große Weltgenie
> in seinem letzten Brief – dann holen
> sie ihn nach Jena – Psychiatrie.
>
> Ich kann mir keine Bücher kaufen,
> ich sitze in den Librairien:
> Notizen – dann nach Aufschnitt laufen: –
> das sind die Tage von Turin.
>
> Indes Europas Edelfäule
> an Pau, Bayreuth und Epsom sog,
> umarmte er zwei Droschkengäule,
> bis ihn sein Wirt nach Hause zog.

Es ist ein provokatorisches Gedicht, das in montagetechnischer Prägnanz den Gegensatz zwischen der trostlosen Lebenssituation des einsamen Genies und der mondänen Kultur- und Zivilisationsbetriebsamkeit eines degenerierten Bürgertums darstellt. In der Kombination "Weltgenie"-"Psychiatrie" verbindet Benn das Verehrungspathos mit der medizinischen Optik. Aber er degradiert Nietzsche nicht zum medizinischen Objekt, sondern zielt kritisch auf den Gegensatz zwischen genialer Existenz und medizinischer Herabwürdigung des Genies. Im Nietzsche-Vortrag verurteilt er, daß Nietzsches "Ende die Vorführung vor Jenaer Studenten als Fall von Paralyse eines abwegigen Dozenten zu Studienzwecken war" (488). Das entfremdete Genie wird zum Objekt der saturierten Gesellschaft vergegenständlicht. Mit artistischem Realismus skizziert Benn das Ende der geistigen Existenz Nietzsches. Er operiert mit schockanten Pointen. In diesem Gedicht ist er der realen Situation ganz nahe. Er führt konkrete Einzelvorgänge an. Vor allem durch das Zitat verleiht er dem Gedicht den Charakter der Authentizität. In seinem letzten Brief, dem bereits von Wahnsinnssymptomen verdunkelten Turiner Brief an Jacob Burckhardt vom 6.1.1889, schrieb Nietzsche:

> Ich zahle 25 fr. mit Bedienung, besorge mir meinen Thee und alle Einkäufe selbst, leide an zerrissenen Stiefeln und danke dem Himmel jeden Augenblick für die *alte* Welt, für die die Menschen nicht einfach und still genug gewesen sind. (B 8, 578)

Die Umarmung eines von einem Kutscher mißhandelten Droschkengauls durch Nietzsche ist höchst zweifelhaft. Es ist eine mündlich überlieferte, "rührende Geschichte". Zudem: "Nietzsche hat nie irgendeine besondere Affinität zu Tieren gezeigt" (*Janz,* Nietzsche III, 34). Gleichviel, ob es sich um eine Tatsache oder eine Legende handelt, für Benn war der Vorgang ein Topos der Nietzsche-Biographik. In seinem Gedicht kommt dem Motiv Authentizität, fiktionale Authentizität, zu. Auch in diesem Gedicht ist Benn der engagierte Nietzsche-Verehrer. Realistische Beobachtung und artistisches Raffinement verdecken nicht die Anteilnahme des Autors am Schicksal Nietzsches. Das Gedicht verbindet Pathos und Provokation, Realismus und Artistik, Nüchternheit und Engagement. Auch in der Desillusionierung hält Benn am Kult des Genies Nietzsche fest. Aber er verleiht ihm ein 'modernes' Timbre. Nicht die deklamatorische Gebärde vieler Nietzsche-Hymniker oder das hieratische, kultische Pathos der Nietzsche-Gedichte eines Stefan George, sondern eine vom kombinatorischen Intellekt gesteuerte Sprache prägt das Gedicht. Es ist 'Gehirn'-Lyrik. Durch die Montage des Disparaten gewinnt es seine spezifische Modernität. Es zielt nicht auf Harmonie, sondern auf Dissonanz. Es will den Leser nicht auf ein Nietzsche-Sentiment einstimmen, sondern bewirkt Irritation, mittels einer verblüffenden Montage, durch die es in der Tat gelingt, "die

Bruchflächen funkeln zu lassen" (Nietzsche, 489). In lakonischen, wie improvisiert wirkenden, aber artistisch arrangierten Sätzen wird in dieser 'Zivilisationslyrik' die eklatante Dissonanz dargestellt, der Nietzsche in der Endphase ausgesetzt war.

Ist dieses *Turin*-Gedicht von realistischer Beobachtung und skeptischer Distanz geprägt, so ist das Gedicht *Turin II* (1946) (G 2, 132) in einem verschwiegenen, monologischen Ton gehalten. Die vier spruchhaften Strophen bestehen aus offenen, antwortlosen Fragen an Nietzsche. Es ist eine Art imaginäres Zwiegespräch mit Nietzsche, ein monologisches Zwiegespräch. Die 'Du'-Anrede stellt die Identifikation mit Nietzsche her. Die Realität ist ausgeklammert. Alles Provokatorische ist getilgt. Benn stellt die Frage nach der existentiellen Grundbefindlichkeit Nietzsches:

> In deinen letzten Tagen
> vor deiner letzten Nacht,
> was hast du wohl für Fragen
> in deiner Seele gedacht?

In einer gnomisch-sentenzenhaften, sich schon dem Schweigen annähernden Sprache fragt Benn nach den letzten, tiefen Gedanken Nietzsches in der Grenzsituation des Todes. Nun wird der geistig dahindämmernde Nietzsche zuletzt kaum noch meditiert haben, es sei denn, daß in einer letalen Euphorie rudimentäre Reflexionen zum Durchbruch gelangten. Aber diese Frage ist für das Gedicht ohne besondere Relevanz. Entscheidender ist, daß Benn die Todessituation Nietzsches als ein fundamentales Ereignis, einen Vorgang von mythischer Dignität auffaßt. Nietzsche wird der empirischen Wirklichkeit entzogen. Er ist durch die Schicksalsmächte determiniert ("auf welchen schwarzen Stühlen / woben die Parzen dich?") und zugleich in den großen Glanz der Kunst entrückt ("wo Ming und Mandschu wohnen / und nie das Gold verbleicht?"). In dieser Konstellation ist Nietzsche, auch und gerade in der Todessituation, unangreifbar geworden:

> Wo Schwarz und Gold sich trinken
> wem Stuhl und Tron gebracht,
> wohin kann der versinken –:
> trug das dich in die Nacht?

Benn ist gebannt von der Todessituation Nietzsches. Noch in seinem letzten Gedicht, im Gedicht *Kann keine Trauer sein* (6.1.1956) (G 1, 7), geht er auf sie ein:

in Weimar lagen die großen schwarzen Augen
Nietzsches auf einem weißen Kissen
bis zum letzten Blick –

Im Entwurf hatte Benn notiert: "bis zum letz<ten> [Augenblick→] Blick
–" (G 1, 351). Er wählte das Wort "Blick", weil er nicht einfach nur den
Zeitpunkt, sondern die ganze Bedeutungsschwere der Endsituation zum
Ausdruck bringen wollte. Der Tod Nietzsches nimmt bei Benn Züge
des Numinosen an. In diesen Versen bietet er noch einmal das ganze
existentielle Pathos auf, dessen er gerade im Hinblick auf Nietzsche
fähig war, um die schicksalhafte, alles überragende Bedeutung dieses
Genies hervorzuheben.

4. Robert Musil

Im Unterschied zur eindeutig affirmativen Einstellung Thomas Manns
und Gottfried Benns zu Nietzsche, die sich vor allem in der Identifikation mit bestimmten Thesen und Postulaten Nietzsches bekundet, ist
Robert Musils Verhältnis zu Nietzsche durch eine spielerische Ambivalenz gekennzeichnet, in der die Denkmotive und die Sprache Nietzsches
in erster Linie die Funktion haben, den eigenen, artistischen Reflexions-
prozeß zu aktivieren. Musil verzichtet auf die Verkündigung von Leit-
sätzen. Ein Dekret- oder Suggestionsstil liegt ihm fern. Nicht die eindeutige, thetische Aussage, sondern der offene, ambivalente Stil ist für
Musil charakteristisch. Dies prägt auch sein Verhältnis zu Nietzsche.
Primär interessiert ihn bei Nietzsche nicht das Was, sondern das Wie
der Aussage. Das bedeutet nicht, daß die Inhalte Nietzsches für ihn
irrelevant würden. Im Gegenteil, Musil zeigt ein intensives Interesse an
dem Kulturkritiker und Psychologen, dem Philosophen und Ästhetiker
Nietzsche, an den neuen Perspektiven und Inhalten seines Denkens.
Aber er verabsolutiert diese Inhalte nicht zu sakrosankten Axiomen. Er
vermeidet das Prinzipielle, den Rigorismus des So-und-nicht-anders.
Musil, der die Welt als Experimentierfeld des kritischen, artifiziellen
Geists ansieht, bezieht auch Nietzsche in diese Versuchsanordnung ein.
Er kodifiziert grundlegende Aussagen Nietzsches nicht zu unantastba-
ren Maximen, sondern setzt sie ein als Funktionselemente des Experi-
ments, des offenen, freien Spiels mit dem Weltstoff. Nietzsche ist für
Musil kein Kirchenvater. Musil ist kein Nietzsche-Jünger. Die für Benn

und Thomas Mann häufig so symptomatische spontane, emotionale Identifikation mit Nietzsche trifft man bei Musil kaum an, allenfalls in einer ganz frühen Nietzsche-Begeisterung. Auch dort, wo bei ihm ein Nietzsche-Engagement spürbar ist, wahrt er doch einen Rest von Distanz. Im Grunde geht er expliziten, eindeutigen Bewertungen Nietzsches aus dem Wege. Nicht die Affirmation oder die Kritik, sondern die Ambivalenz kennzeichnet, im Grundzug, die Rezeption Musils. Seine Aussagen zu Nietzsche sind häufig von schillernder Doppeldeutigkeit und können zudem in den einzelnen Schaffensperioden, aber auch in einzelnen Texten wechseln. Schließlich ist nicht zu übersehen, daß Nietzsche bei Musil nicht die zentrale Stellung einnimmt wie bei Benn oder Thomas Mann. Obschon Nietzsche in den Tagebüchern, Briefen, Aphorismen und Essays und nicht zuletzt im Roman immer wieder genannt wird und in diesen Texten immer wieder Nietzsche-Motive auftauchen, wird er doch nicht zu einem das Denken Musils beherrschenden Sujet. Bezeichnenderweise hat Musil keinen umfangreicheren Text oder gar einen Essay über ihn verfaßt. Seine Hinweise zu Nietzsche sind eher verstreute, beiläufige Bemerkungen. Das kann allerdings nicht darüber hinwegtäuschen, daß diesen Äußerungen in der Regel gravierende Bedeutung zukommt und daß sich aus dem Zusammenspiel der Einzeläußerungen eine umfassendere Sicht ergibt. Die Einzelhinweise enthalten zumeist perspektivenreiche Konnotationen, und aus der Vielzahl der Einzeläußerungen läßt sich so etwas wie ein Nietzsche-Bild Musils erstellen.

Bei aller Distanz des hochintellektualisierten Prosaisten – auch Musil kann sich der Faszination Nietzsches nicht entziehen. Besonders in seinen frühen Jahren übt Nietzsche einen intensiven Einfluß auf ihn aus. Schon um die Jahrhundertwende notiert er im Tagebuch: "Schicksal: Daß ich Nietzsche gerade mit achtzehn Jahren zum ersten Male in die Hand bekam. Gerade nach meinem Austritt vom Militär. Gerade im so und so vielten Entwicklungsjahr." (Tagebücher, 19). Später, in einem Brief vom 1.12.1924, konstatiert er, daß er "mit ungefähr neunzehn Jahren" unter anderem "durch Nietzsche" "entscheidende geistige Einflüsse empfing" (Briefe, 368). Später findet sich im Tagebuch die Notiz: "*Nietzsche* Habe ich in meiner Jugend auch nur $^1/_3$ von ihm aufgenommen? Und doch entscheidender Einfluß." (Tgb., 903 [1930-1938]). Aufschlußreich ist der Hinweis auf die Variabilität des Lesens. So sei die erste Lektüre Dostojewskis und Nietzsches eine rein spontane, unreflektierte Lektüre gewesen. In *Die Krisis des Romans* (1931) heißt es:

> Die erste Bekanntschaft mit Dostoj. Ich habe damals "glühend" über
> alles weggelesen, was mir nicht sofort einging. Ich habe vieles nicht
> verstanden [...] / In Zyklen von wenigen Jahren, deren Größe indivi-
> duell u. nach Umständen variiert, kann man "neu" lesen. Was geht da
> vor sich? / Ähnlich die Lektüre Nietzsches in der Jugend. / In der
> Philosophie kann man sagen: Je bedeutender ein Schüler, desto unähn-
> licher dem Meister. (GW 8, 1409)

Musils Äußerungen sind in mehrfacher Hinsicht aufschlußreich: Seine
Nietzsche-Rezeption wandelt sich bald von spontaner Lektüre zu be-
wußter Auseinandersetzung; Nietzsches Werk wird nicht *in toto*, sondern nur partiell rezipiert; Musil hat sich in wachsendem Maße Nietzsche gegenüber seine geistige Freiheit bewahrt. Musils Verhältnis zu
Nietzsche ist von schillernder Vieldeutigkeit. In einem Brief vom
4.12.1935 stehen die bezeichnenden Sätze:

> Sie haben mich einmal nach meinem Verhältnis zu Nietzsche gefragt:
> es ist immer ein unklares gewesen, das in mir selbst Präformierte an
> mich nehmend, das Fremde beiseite lassend. Das liegt im Wesen des
> Jüngeren und hängt sicher mit den Bedingungen der Phantasie und der
> Schaffenskraft zusammen, verträgt nicht zuviel Helle und ist wahr-
> scheinlich auch fruchtbarer als zu bewußte Grenzabsteckung [...]
> (Briefe, 683)

Dies ist ein bedeutsamer Hinweis zur produktiven Anverwandlung
Nietzsches durch einen großen Autor der Moderne. Jene Motive und
Probleme, die der eigenen geistig-seelischen Disposition entsprechen,
werden dem eigenen Schaffen assimiliert, während die der eigenen
Bewußtseinslage nicht entsprechenden Aspekte abgestoßen oder ignoriert werden. Bezeichnend ist auch, daß Musil sich nicht ausdrücklich,
thesenhaft auf Nietzsche beruft oder gegen ihn abgrenzt, sondern seine
Beziehung zu ihm in einer gewissen Unbestimmtheit beläßt, da dies der
eigenen Produktivität zuträglicher ist als eine zu rationalistische Behandlung des Problems. Hier wird erneut deutlich, daß es den bedeutenden Nietzsche-Rezipienten weniger um eine adäquate, 'objektive' Erfassung Nietzsches als vielmehr um die von ihm für das eigene Schaffen
ausgehenden produktiven Anstöße geht.

Die Aspekte, die Musil, der artifizielle Prosaist, von Nietzsche übernimmt, sind vor allem der Perspektivismus, das Experimentaldenken
und die Aphoristik. In den perspektivischen Brechungen der Sujets, im
experimentellen Spiel mit den Problemen und in der aphoristischen

Schreibweise wandelt Musil auf den Spuren Nietzsches. Es ist, wie bei Thomas Mann, dabei klar, daß der Prosaist Nietzsche, der Nietzsche der kritischen Schriften, den Prosaisten Musil stärker interessiert als der Lyriker Nietzsche, der dithyrambische Nietzsche. Aber auch innerhalb der Prosa bestehen wesentliche Unterschiede. Nietzsche drängt es zur Selbstaussprache, Musil wahrt epische Distanz. Musil ist nicht nur Aphoristiker und Essayist, sondern vor allem auch Erzähler. Die stärkste Berührung hinsichtlich des *modus operandi* zeigt sich im aphoristischen Schreiben. Aber auch hier gibt es spezifische Unterschiede. Die Nietzscheschen Aphorismen sind Ausdruck eines unmittelbaren Engagements, während die aphoristischen Texte Musils aus einer spielerischen, nicht selten unterkühlt wirkenden Haltung erwachsen. Zudem leben Nietzsches Aphorismen stärker vom spontanen, ingeniösen Einfall, während Musils gleichfalls scharfsinnige Aphorismen eher zu einer changierenden Beleuchtung der Multivalenz der Dinge tendieren. Bemerkenswert ist allerdings, daß Musil vielfach Nietzsche-Texte exzerpiert, zur geistigen Selbstkontrolle und als ästhetischen Anreiz.

Ganz im Zeichen des Nietzscheschen Perspektivismus steht Musils Desavouierung der 'Wahrheit' zugunsten der 'Wahrheiten'. Schon 1902 notiert er:

> Es giebt Wahrheiten aber keine Wahrheit. Ich kann ganz gut zwei einander völlig entgegengesetzte Dinge behaupten und in beiden Fällen Recht haben. Man darf Einfälle nicht gegeneinander abwägen – jeder ist ein Leben für sich. Siehe Nietzsche. Welches Fiasco sobald man in ihm ein System finden will, außer dem der geistigen Willkür des Weisen. (Tgb., 12)

Nietzsche hatte formuliert:

> Es giebt vielerlei Augen. Auch die Sphinx hat Augen: und folglich giebt es vielerlei "Wahrheiten", und folglich giebt es keine Wahrheit. (11, 498)

Musil übernimmt von Nietzsche den Gedanken der Pluralität und Relativität der Wahrheit. Es gibt keine Wahrheit *an sich*, sondern nur eine Wahrheit *für mich,* und auch diese perspektivische Wahrheit kann dem Wechsel unterliegen und kontradiktorische, scheinbar paradoxe Aussagen zulassen. Die Auflösung der "Wahrheit" zieht die Auflösung des "Systems" nach sich, da ein System eine intersubjektive Wahrheit, ein einheitliches, geschlossenes Weltbild, sowie einen diskursiven Funktionszusammenhang von Einzelbegründungen in einem übergreifenden

Kontext voraussetzt. Musil ist nicht an Gedankenbauten interessiert. Schon 1902 notiert er:

> Ich habe Kant nicht zu Ende gelesen, aber ich lebe beruhigt weiter und fürchte nicht vor Scham sterben zu müssen, daß ein Anderer bereits die Welt restlos erfaßte. (Tgb., 12)

Nicht das System-Denken Kants, sondern der Aphorismen-Stil Nietzsches entspricht seiner Denkweise. Der Einfall zählt mehr als das System. Wie Nietzsche, "ein großes Vorbild", möchte Musil "wirklich freie Einfälle" veröffentlichen (Briefe, 976 [18.4.1939]). Die Gesetze (und Repressionen) der Logik und des System-Denkens werden durch den ingeniösen Einfall außer Kraft gesetzt. Bei Musil setzt sich im Sinne Nietzsches ein aphoristisches, experimentelles, offenes Denken durch, mit dem Unterschied freilich, daß Nietzsches Denken noch von konstanten, gedankenschweren Motiven wie Wille zur Macht, Übermensch und Wiederkunft geprägt ist, während Musil in wachsendem Maße mehr an der Aussageform als am Aussageinhalt interessiert ist. So notiert er 1937:

> Offenbar sagt man auch unendlich seltener Neues, als man etwas neu gestaltet (Die Erfahrung mit Nietzsche, Emerson usw). Der Begriff der Neugestaltung dürfte von größter Wichtigkeit sein! Was ist die Gestalt eines Gedankens? (einer Idee?) (Tgb., 913f.)

Musil will nicht mit einem Denker wie Nietzsche in der Kreation neuer 'Ideen' konkurrieren. Es geht ihm vielmehr um das formale Prinzip der neuen, artifiziellen Darbietung von 'Ideen'. Und da bietet sich die aphoristische Schreibart als das genuine Terrain an. Der Aphorismus ist freilich nicht nur ein Formprinzip. "Aphorismen" sind "vom System unabhängige Ideen" (Tgb., 446). Sie präsentieren die Ideen in neuer, in prägnanter, schlagkräftiger, in artistischer Form und verleihen ihnen so neues Leben. Musil sieht im Aphorismus ein geistiges Stimulans der Moderne und verweist zugleich auf Nietzsche (vgl. Tgb., 767). Er schreibt, er könne "nicht als Journalist", "sondern nur wie ein Dichter" schreiben, "etwa wie die Notizen Valérys sind oder nach dem Vorbild der Nietzsche'schen Aphorismen" (Briefe, 595 [17.11.1933]).

Musil steht Nietzsche nicht unkritisch gegenüber. Um die Jahrhundertwende schwankt er zwischen Nietzsche-Begeisterung und Nietzsche-Kritik. So entleiht er "zwei große Bände Nietzsche", darunter die *Fröhliche Wissenschaft,* und notiert:

> Unwillkürlich heilige Stimmung, denn wie las ich ihn einst! / Wie wird
> er wol dies mal auf mich wirken?! / Jedenfalls bedeutet er Sammlung,
> Selbstprüfung und Alles Mögliche Gute. (Tgb., 19 [8.5.1902])

Schon beim frühen Musil deutet sich ein Wandel von einer enthusiastischen zu einer eher sachlichen Nietzsche-Lektüre an. Und deutlich zeigt
sich bereits, daß Nietzsche für Musil in erster Linie als Prüfstein des
eigenen Denkens und Katalysator des eigenen Schaffens wichtig ist.
Aber die positive Wertung kann in kritische Vorbehalte umschlagen.
Musil bemängelt an Nietzsche die Diskrepanz zwischen Entwurf und
Wirklichkeit:

> Das Charakteristische liegt darin, daß er sagt: dies könnte so sein und
> jenes so. Und darauf könnte man dies und darauf jenes bauen. / Kurz: er
> spricht von lauter Möglichkeiten, lauter Combinationen, ohne eine
> einzige uns wirklich ausgeführt zu zeigen. / Daß man aber nur dann
> denn Werth einer Idee beurtheilen kann, ja überhaupt dann erst sieht,
> mit wem man es zu thun hat, ist klar. / Es ist nichts Lebendiges in dieser
> Art – das Gehirn phantasirt. / Hier ist es ja allerdings noch das +++
> Gehirn Nietzsches – aber es giebt Leute, bei denen diese Art ganz
> unerträglich wird. […] Vielleicht ist dieses Urtheil zu hart – insoweit es
> N. betrifft. Er zeigt uns alle Wege auf denen unser Gehirn arbeiten kann,
> aber er betritt keinen. (Tgb., 19 [13.5.1902])

In einer Randnotiz von 1923 revidiert Musil diese pauschale Kritik:

> Wie drollig man als junger Mensch ist! Nietzsche gerade gut genug um
> einem Lausbuben als Stufe zu dienen! Wie man nur das sieht, was man
> unter sich sieht! Wie fern der Gedanke liegt, auf den Totalgedanken
> Nietzsche einzugehn. (Tgb., 19)[5]

Der junge Musil kann sogar die Bedeutung Nietzsches verneinen – ein
Verdikt, das er später gleichfalls zurücknimmt:

> Etwas über Nietzsche. / Man nennt ihn unphilosophisch. Seine Werke
> lesen sich wie geistreiche Spielereien. Mir kommt er vor wie jemand
> der hundert neue Möglichkeiten erschlossen hat und keine ausgeführt.
> […] Nietzsche an sich hat keinen zu großen Wert. [dazu die spätere
> Anmerkung: "Jugendliche Anmaßung!"]. Nietzsche aber und zehn

---

5 Im *Mann ohne Eigenschaften* heißt es von Ulrich und seinen Freunden: "Nietzsche,
Altenberg, Dostojewski oder wen immer sie gerade gelesen hatten, mußten sich bescheiden, auf der Erde oder dem Bett liegen zu bleiben, wenn sie nicht mehr gebraucht
wurden […]" Es ist die Rede von der "Überhebung der Jugend, der die größten Geister
gerade gut genug sind, um sich ihrer nach Belieben zu bedienen" (56).

> tüchtige geistige Arbeiter, die das thun, was er nur zeigte brächten uns
> einen Culturfortschritt von tausend Jahren. – / Nietzsche ist wie ein
> Park, der Benutzung des Publikums übergeben – aber es geht niemand
> hinein! (Tgb., 50 [1899])

Die frühen Tagebuchnotizen Musils zeigen eine Ambivalenz in der
Beurteilung Nietzsches. Einerseits wird die Kluft zwischen Entwurf
und Wirklichkeit einer entschiedenen Kritik unterzogen. Nietzsches
Denken erscheint als sterile Phantasmagorie. Andererseits wird Nietzsche als Denker des Potentiellen positiv bewertet. Nietzsche eröffnet
Möglichkeiten, die eine eminente Bedeutung für die Entwicklung der
Kultur haben könnten – wenn sie von der Umwelt gewürdigt und verwirklicht würden. Einerseits werden die Reflexionen Nietzsches als ir-
relevantes Denkspiel abgetan. Andererseits werden seine utopischen
Entwürfe als potentielle Impulse einer neuen, kreativen Kulturentwicklung herausgestellt. Musil schneidet damit ein Problem an, das ihn
später selbst intensiv beschäftigen wird, nämlich das Problem des Möglichkeitsbereichs. Nietzsche ist für Musil nicht nur als der Artist, der
witzige, kombinationsreiche Stilist, sondern auch als der Utopist, der
Denker des Möglichen, bedeutsam. Der Hinweis Musils auf den "Total-
gedanken Nietzsche" dürfte in diese Richtung deuten. Man darf sich
nicht auf partikulare Aspekte des Nietzscheschen Werkes beschränken,
sondern muß die Komplexität seines Denkens und Schaffens aufneh-
men, insbesondere die Idee des Neuentwurfs der Welt.

   Die Möglichkeit eines solchen Neuentwurfs sieht Musil im kritisch-
aphoristischen Nietzsche, im freien Denker und im artistischen Künstler, vorgegeben. Mit dem romantisch-dithyrambischen Nietzsche beschäftigt er sich kaum. Bezeichnenderweise kann er mit dem *Zarathustra* wenig anfangen:

> Zarathustra, der Einsame in den Bergen widerspricht irgendwie meiner
> Gesinnung. Wie muß man sich aber stellen, um mit einer Welt fertig zu
> werden, die keinen festen Punkt hat? Ich begreife sie nicht, das ist es!
> (Tgb., 683 [1929])

Die absolute Einsamkeit und der monologische Dithyrambus sind
Musils Sache nicht. Er stimmt zwar mit Zarathustra im Gedanken der
labyrinthischen Orientierungslosigkeit des Ich in der Welt überein, aber
er goutiert nicht den Rückzug in die weltlose Einsamkeit, denn dies
würde die kritische Auseinandersetzung mit Kultur, Zivilisation und
Geschichte beeinträchtigen. Nicht der pathetische Dichter, sondern der

kritische Denker Nietzsche fesselt Musil. Nietzsche gehörte, wie er im Rückblick auf die Zeit vor dem *Törleß* bemerkt, zu den "stärksten Denkeinflüssen" (GW 7, 923 [Selbstbiographie]). Nicht der dionysische, sondern der artistische Nietzsche findet sein Interesse. Freilich, auch bei Musil ist das 'Dionysische' untergründig virulent. So schreibt er einmal im frühen Tagebuch, in der Nacht, "in der gewisse Raubthiere mit gewissen würgenden Griffen sich einem um den Hals legen", entfalte man sich "nach Innen" und bekomme "eine neue Empfindung von sich selbst". Und weiter heißt es:

> Gewisse Raubthiere mit gewissen würgenden Griffen! Es gab Könige die Panther vor ihren Wagen gespannt hatten und ihre höchste Lust kann es gewesen sein, in der Möglichkeit zu schweben, zerrissen zu werden. (Tgb., 2 [1899-1904])

Hier setzt sich Musil mit dem bedrohlichen und zugleich ersehnten Vorgang der dionysischen Zerstückelung auseinander. Aber Musil gibt sich dem dionysischen Erlebnis nicht hin, sondern er macht es zum Sujet der psycho-analytischen Betrachtung. Er fährt fort:

> Neulich habe ich für mich einen sehr schönen Namen gefunden: monsieur le vivisecteur. […] Mein Leben: — Die Abenteuer und Irrfahrten eines seelischen Vivisectors zu Beginn des zwanzigsten Jahrhunderts! (ebd.)

So spricht kein dionysischer Pathetiker, sondern ein hochreflektierter Intellektueller. Musil hält, wie Thomas Mann, Abstand zur dionysischen Identifikation. Und er teilt mit Thomas Mann das Interesse an dem kritischen Kulturpsychologen Nietzsche, wenngleich Thomas Mann noch stärker vom emotionalen Nietzsche-Erlebnis geprägt ist, während Nietzsche für Musil zum Impulsgeber seiner höchst differenzierten Epochenanalysen wird. Nietzsches Enthüllungspsychologie und seine Kultur- und Moralkritik werden zu einem Ferment der Kulturanalysen Musils (dazu *Seidler*, Musil, 170ff.). Musil sieht in Nietzsche allerdings nicht nur einen "großen Analytiker", sondern auch einen "großen Propheten" (GW 8, 1263 [Vortrag in Paris, 1935]). Er hat nicht nur der eigenen Epoche die Diagnose, sondern auch der Zukunft die Prognose gestellt. So haben sich seine Voraussagen über Moral und Gewalt in der Gegenwart bewahrheitet (vgl. ebd.).

Musil anerkennt nicht nur die intellektuelle Potenz Nietzsches, sondern auch den irrationalen Schaffensimpetus. Nicht nur der kognitive, sondern auch der inspiratorische Nietzsche beeindruckt ihn. So bewun-

dert er Ende 1911 seine Beschreibung der "Inspiration" im 1908 erst-
mals veröffentlichten *Ecce homo*: "Wunderbar beschreibt N. Momente
>Ansätze zu Sthenisch-Manischem.< der Inspiration" (Tgb., 251
[13.12.1911]). Daß Musil sich Exzerpte aus *Ecce homo* macht, vor
allem jene längere Passage über die "Inspiration" ganz abschreibt (ebd.,
251f.), signalisiert den intensiven Eindruck, den das Werk auf ihn
macht (dazu *Venturelli*, Musil, 321f.). Es ist allerdings bezeichnend,
daß er in diesen Tagebuchnotizen das Problem von Nietzscheanismus
und Krankheit aufwirft. Er bringt die geistig erkrankte Alice Donath,
die spätere Clarisse im *Mann ohne Eigenschaften*, in Verbindung mit
ihrem Nietzscheanertum:

> Ecce homo: In die Augen springend die Parallele mit Alice. Wie sie als
> Karrikatur wörtlich nach den persönlichen Erkenntnissen u. Rezepten
> Nietzsches lebt. Aber mit andern Worten, wie in ihren Lächerlichkeiten
> vielleicht der gleiche Ernst steckt, für den N. bloß die nicht lächerlichen
> Ausdrücke fand. <Aber> Der Ansatz der Gedanken ist überall der
> gleiche, auch ihr Herkommen aus den körperlichen Bedingungen.
> (Tgb., 251)

Bereits hier deutet sich die später für den Roman so symptomatische
ironische Ambivalenz Musils in der Beurteilung Nietzsches an. Einerseits erscheint die konsequent nach den Ideen Nietzsches lebende Alice
als Karikatur. Andererseits wird sie nicht zur bloß komischen Figur,
denn in ihren "Lächerlichkeiten" steckt der Nietzschesche Ernst, wie,
vice versa, Nietzsches Ernst eigentlich auf den parodistischen Ausdruck
angewiesen ist. In dieser doppeldeutigen Argumentation hebt Musil
auch im Hinblick auf Nietzsche die Grenze zwischen Ernst und Komik
auf. Hinter dieser Überlegung steht der Ironiker Musil, der, ungeachtet
seiner Nietzsche-Emphase, an Nietzsche weniger das tragische Pathos
als vielmehr die spielerische Ironie schätzt.

Erzählerisch wird dieses ironische Verhältnis zu Nietzsche, diese
Ambivalenz des Tragikomischen, im *Mann ohne Eigenschaften* gestaltet. In einem virtuosen Wechselspiel mischen sich Nietzsche-Kult und
Nietzsche-Parodie. Der Erzähler verhält sich weder eindeutig affirmativ noch eindeutig kritisch zu Nietzsche. Nietzsche und Nietzsche-
Motive werden nicht aus der auktorialen, sondern aus der personalen
Perspektive ins Spiel gebracht. Hinsichtlich der Bewertung Nietzsches
tritt die Autorperspektive zurück hinter die Perspektiven der Romanfiguren. Die Akzente, die der Erzähler setzt, betreffen in erster Linie die

Nietzsche-Rezeption seiner Figuren. Im Zentrum der Nietzsche-Motivik steht Clarisse. In ihrem hypertrophen Nietzsche-Enthusiasmus parodiert der Erzähler den überdrehten Nietzsche-Kult der bedingungslosen Nietzsche-Adepten. So heißt es einmal, im Kapitel *Clarisse und ihre Dämonen*:

> Sie wußte nun, daß sie etwas Titanenhaftes tun werde; was es sein würde, vermochte sie noch nicht zu sagen, aber einstweilen empfand sie es am heftigsten bei Musik und hoffte dann, daß Walter ein noch größeres Genie sein werde als Nietzsche; von Ulrich zu schweigen, der später auftauchte und ihr bloß Nietzsches Werke geschenkt hatte. (146)

Clarisse zeigt die Symptome eines unreflektierten, ganz vom Gefühl abhängigen, diffusen Nietzsche-Enthusiasmus. Nietzsche ist für Clarisse eine Projektionsfigur des eigenen Strebens nach Größe, des eigenen Größenwahns. Ulrich bemerkt einmal scherzhaft: "Wenn ich Walter wäre, würde ich Nietzsche zum Duell herausfordern" (49). Clarissens Nietzsche-Kult kann sich zur grotesken Situationskomik steigern:

> [...] Clarisse, im langen, die Füße bedeckenden Nachthemd wie ein kleiner Engel anzusehen, stand aufgesprungen im Bett und deklamierte mit blitzenden Zähnen frei nach Nietzsche. "Wie ein Senkblei werfe ich meine Frage in deine Seele! Du wünschest dir Kind und Ehe, aber ich frage dich: Bist du der Mensch, der ein Kind sich wünschen darf?! Bist du der Siegreiche, der Gebieter deiner Tugenden? Oder reden aus dir Tier und Notdurft ...!?"; im Halbdunkel des Schlafzimmers war das ganz grausig anzusehen gewesen, während Walter sie vergeblich in die Polster herab zu locken versuchte. (368; vgl. 4, 90 – Za [Von Kind und Ehe])

An einer solchen Stelle scheint der Erzähler nicht nur die exaltierte Nietzsche-Hörigkeit der Clarisse zu persiflieren, sondern auch die Zarathustra-Sentenzen ironisch in Frage zu stellen. Es ist eine schon ans Pathologische grenzende Suggestion, die Nietzsche auf Clarisse ausübt. Sie findet es "sehr schön", daß Walter "fürchtete, daß sie verrückt werden könnte", und gibt sich Nietzsche-Sentenzen hin:

> Nietzsche sagt: "Gibt es einen Pessimismus der Stärke? Eine intellektuelle Vorneigung für das Harte, Schauerliche, Böse? Eine Tiefe des widermoralischen Hangs? Das Verlangen nach dem Furchtbaren als dem würdigen Feind?" – Solche Worte bereiteten ihr, wenn sie sie dachte, eine sinnliche Erregung im Mund, die so sanft und stark wie Milch war, sie konnte kaum schlucken. (435; vgl. 1, 12 – GT [VS])

Nietzsche ist für Clarisse nicht ein geistiges, sondern ein sinnliches Erlebnis. Sie berauscht sich an den Sentenzen Nietzsches. Der charismatische Führer als unbewußte erotische Identifikationsfigur – auch dies wirkt, untergründig, in der Nietzsche-Leidenschaft Clarissens. In Musils Darstellung wird diese Sublimation Gegenstand der Parodie. Aber zugleich ist Clarisse für Musil eine ernsthafte Gestalt, eine Nietzscheanerin, die existentielle Probleme in sich austrägt. In den Notizen zu den frühen Clarisse-Entwürfen heißt es im Kontext dieser Nietzsche-Zitation: "Das Verlangen nach dem Furchtbaren als dem würdigen Feind – ist eine sie bei der Lektüre Ns. ergreifende Vorahnung. Vor-Liebe ihrer Erkrankung." (GW 5, 1778). Hier zeigt sich bei Clarisse die Symptomatik der Dekadenz. Sie wird durch den Wahnsinn mit Nietzsche verbunden sein, aber im Unterschied zu Nietzsche bejaht sie, schon früh, halb bewußt, halb unbewußt, den Wahnsinn. Sie liebt ihre potentielle Krankheit. Nietzsche spielt als absoluter Anspruch in die intime Beziehung Clarissens zu Walter hinein. Aber Walter ist zu schwach, um den Nietzscheschen Postulaten zu entsprechen. Er seinerseits hält Clarisse für überspannt. Clarisse zeigt Neigungen zur Selbstapotheose und kann sich sogar über Nietzsche erheben: "und sie stand auf einem hohen Berg namens Nietzsche, der Walter unter sich begraben hatte, ihr aber gerade nur unter die Fußsohlen reichte!" (607). Clarisse ist die Dilettantin des Genialen. Aber sie erschöpft sich nicht in einem deklamatorischen Ästhetizismus. Musil notiert, sie sei getrieben von einer "Erlöseridee", von der Idee der Überwindung der "Nirwana-sehnsucht":

> Das wäre die Idee, die sie durch die Erlöseridee überwinden muß. In der Verzerrung des Wahnsinns das große ethische Problem. *Messias und Übermensch* dünkt sie sich in einer Person. (GW 5, 1781)

Der Wahnsinn der Clarisse ist von einem Ethos durchdrungen, von der durch Nietzsche inaugurierten Idee der Überwindung des Nihilismus durch kreative Existenzen.

Clarisse ist nicht nur eine parodistische Figur. An ihr wird auch, in ironischer Vermittlung durch den Erzähler, die ernste Problematik des ästhetischen Menschen sinnfällig. In den Clarisse-Entwürfen notiert Musil, daß vor allem Nietzsches "Eintreten für den künstlerischen Menschen" Clarisse an ihn fessele (GW 5, 1779). Dabei exzerpiert er eine längere Nietzsche-Passage über den Zuammmenhang von Dionysischem, "Wahnsinn" und "Entartung" (ebd., vgl. 1, 16 – GT [VS]). In den Notizen *Clarissens Gedankenwelt im Wahnsinn* projiziert Clarisse ihre Enttäuschung bezüglich der Männer auf Nietzsches Enttäuschung hinsichtlich des Verhältnisses Wagner – Cosima ("die Schlange"):

> Nietzsche, der große Freund wandte sich entsetzt von dieser Schande ab und mußte von dieser Zeit ab seinen einsamen Pfad allein weiterschreiten. Sie identifiziert sich hier mit Nietzsche. / Was an ihm und ihr begangen ward, ist "eine Sünde wider den heiligen Geist" Sie muß "durch ein Menschenopfer gesühnt werden". Nietzsches Tod – ein zweiter Christus. (GW 5, 1783)

In der Identifikation mit Nietzsche, in der Gleichsetzung Nietzsches mit Christus und in der Opfer-Symbolik versteht die geisteskranke Clarisse ihr eigenes Schicksal als mythisches Ereignis. Aber sie sieht die Dinge auch 'realistischer':

> Ja – gäbe es Männer! Männer – mit der geistigen Peitsche in der Hand. Wie sagt doch Nietzsche?! / Aber Memmen sind alle Männer! Schwächliche, Feiglinge, die die unendlich feine weibliche Psyche nicht zu entfalten wissen. (GW 5, 1788; vgl. 4, 86 – Za [Von alten und jungen Weiblein])

Musil skizziert ein subtiles Psychogramm Clarissens. Ihre Nietzsche-Obsession entspricht nicht zuletzt dem (unbefriedigten) Verlangen nach dem Willen zur Macht im Mann. Die Gestalt der Clarisse steht in einem gewissen Zwielicht. Einerseits wird an ihr der Zusammenhang von Geniekult und Dekadenz sinnfällig gemacht und parodiert. Andererseits wird sie in Beziehung gesetzt zu der Problematik der Kunst, des Künstlers. In den Notizen *Clarisse* zitiert Musil ausdrücklich Nietzsches Wort von der "Kunst" als der "eigentlich metaphysischen Tätigkeit des Menschen (GW 5, 1779; vgl. 1, 17 – GT [VS]). Zugleich betont er, daß Nietzsche nicht "Künstler mit dem Nebenhange analytischer und retrospektiver Fähigkeiten", "sondern wahrscheinlich ungeteiltere" wünschte (GW 5, 1779). Damit grenzt sich Musil offensichtlich gegen die sich in unfruchtbaren Reflexionen erschöpfenden dekadenten Künstler ab und fordert den wahrhaft schöpferischen Künstler, den Schaffenden im Sinne Nietzsches. Überhaupt bestehen zwischen Musil und Nietzsche Übereinstimmungen hinsichtlich der Idee des künstlerischen Schaffens (dazu *Gahn*, Musil u. Nietzsche, 248-250).

Im *Mann ohne Eigenschaften* kommen Nietzsche-Probleme nicht nur bei Clarisse, sondern auch bei anderen Romanfiguren zur Geltung. Dies zeigt sich nicht zuletzt bei Ulrich, dem Protagonisten des Romans.

Insbesondere die von Ulrich vertretenen Ideen der "Möglichkeitsmenschen" (16), des "potentiellen Menschen" (251), des sich ständig auf neue Möglichkeiten hin entwerfenden Menschen, der Experimentalexistenz, des "menschlichen Essayismus" (251), des Perspektivismus und der "Genialität" (vgl. 1268ff.) sind Aspekte, die ihn unübersehbar mit Nietzsche verbinden. Bei Ulrich löst sich, wie bei Nietzsche, die Kohärenz der Welt auf, und Mensch und Wirklichkeit werden als bloßer Stoff des Potentiellen aufgefaßt. Auch Ulrichs "Gedanken standen mit der Wahrheit längst nicht mehr auf dem bestem Fuß" (1414), und im Hinblick auf das "Leben selbst" "kennt er mehrere Wahrheiten" (1415). Ein echter Nietzscheaner ist Ulrich dennoch nicht. Zu vieles unterscheidet ihn von Nietzsche. Seine Eigenschaftslosigkeit, Inhaltslosigkeit und Passivität machen ihn im Sinne Nietzsches eher zu einem *décadent*. "Es ist eine Welt von Eigenschaften ohne Mann entstanden, von Erlebnissen ohne den, der sie erlebt" (150). Nietzsches schaffendes Subjekt hat sich aufgelöst. Die "bekannte Zusammenhanglosigkeit der Einfälle und ihre Ausbreitung ohne Mittelpunkt, die für die Gegenwart kennzeichnend ist", ist auch das Signum Ulrichs: "seine Einfälle wurden immer inhaltsloser" (20). Ulrichs Existenz ist ein "Experiment der Untätigkeit" (1454). Von Nietzsches Erlebnissen geht ein aktiver, gestalterischer Zug aus; Ulrichs Erlebnisse sind rein reaktive Erlebnisse. Freilich, immer wieder tauchen in den Reflexionen Ulrichs Nietzsche-Motive auf. Es ist der kritisch-aufklärerische und der zukunftsorientierte Nietzsche, der ihn anzieht. Wie Nietzsche betreibt er Enthüllungspsychologie:

> Er haßte die Menschen, die nicht nach dem Nietzsche-Wort "um der Wahrheit willen an der Seele Hunger leiden" können; die Umkehrenden, Verzagten, Weichlichen, die ihre Seele mit Faseleien von der Seele trösten und sie, weil ihr der Verstand angeblich Steine statt Brot gibt, mit religiösen, philosophischen und erdichteten Gefühlen ernähren, die wie in Milch aufgeweichte Semmeln sind. (46; vgl. 4, 29 – Za)

Wie Nietzsche verbindet Ulrich die Kritik der tradierten Wertsysteme mit der Utopie der Erneuerung:

> Die Wahrheit ist, daß die Wissenschaft einen Begriff der harten, nüchternen geistigen Kraft entwickelt hat, der die alten metaphysischen und moralischen Vorstellungen des Menschengeschlechtes einfach unerträglich macht, obgleich er an ihre Stelle nur die Hoffnung setzen kann, daß ein ferner Tag kommen wird, wo eine Rasse geistiger Eroberer in die Täler der seelischen Fruchtbarkeit niedersteigt. (46)

Ist dies noch reiner Nietzsche, so wird in dem auf diesen Passus unmittelbar folgenden Satz das Ganze durch den Erzähler humoristisch relativiert:

> Das geht aber nur so lange gut, wie man nicht gezwungen wird, den Blick aus seherischer Ferne auf gegenwärtige Nähe zu richten, und den Satz lesen muß, daß inzwischen ein Rennpferd genial geworden ist. (46)

Im übrigen verhält sich der Erzähler skeptisch-ironisch zu dem in den "zwei letzten Jahrzehnten des neunzehnten Jahrhunderts" "plötzlich in ganz Europa" grassierenden "beflügelnden Fieber":

> Niemand wußte genau, was im Werden war; niemand vermochte zu sagen, ob es eine neue Kunst, ein neuer Mensch, eine neue Moral oder vielleicht eine Umschichtung der Gesellschaft sein solle. [...] Es wurde der Übermensch geliebt, und es wurde der Untermensch geliebt [...] (55)

Im Unterschied zu Nietzsche ist Ulrich nicht vom 'naiven' Pathos des "Übermenschen" getragen, sondern stellt "trocken" fest, daß im Menschen "zwei wahre Menschen", die "entgegengesetzten Seiten des wirklichen Menschen", "pünktlich auftreten", "der eine himmlischer Übermensch, der andere kreatürlicher Untermensch" (1101). Ulrich teilt mit Nietzsche die Auffassung, daß es in der Geschichte auf die "Genies" ankomme, sieht sie aber realistischer als ein vom Normalmenschen geprägtes Geschehen:

> Er wollte nicht von der Welt verlangen, daß sie ein Lustgarten des Genies sei. Ihre Geschichte ist nur in den Spitzen, wenn nicht Auswüchsen, eine des Genies und seiner Werke; in der Hauptsache ist sie die des Durchschnittsmenschen (MoE, 1098)

Immer wieder zeigt sich in dem von Nietzscheanismen leitmotivisch durchzogenen Roman die Einerseits-andererseits-Perspektive des Erzählers. Nietzsche steht als große geistige Gestalt hinter dem Geschehen, aber in der Darstellung der zeitgenössischen Nietzscheaner wird auch sein Pathos ironisch gebrochen. So läßt der Erzähler durch Meingast – eine Gestalt, in der er Klages parodiert – pathetisch Nietzsches Philosophie des "Willens", den Grundsatz "Die Welt ist nur als ästhetisches Phänomen zu rechtfertigen" und den Gedanken der "Grausamkeit" als Regeneration der "Kraft" vortragen (MoE, 1337). Daß diese Ausführungen weniger auf den "Verstand" als auf das "Gefühl", daß sie auf Clarisse berauschend wirken und sie das "Sausen" fühlt, rückt das Ganze vollends ins Zwielicht der Parodie. Ulrich wiederum unterscheidet sich von Nietzsche durch den Verzicht auf das Werk bzw. die Unfähigkeit zum Werk. Er ist ein "Genie ohne Werk" (MoE, 1538). Ulrich ist nur ein potentielles Genie. Er hat weder den Willen noch die Kraft zum Werk. Ulrich handelt nicht. Einer seiner Wesenszüge ist die Unentschlossenheit. Ulrich und Zarathustra – es bestehen Affinitäten und Unterschiede zwischen ihnen. Zarathustra tritt als pathetischer Orator auf, Ulrich ist der ironische Essayist. Zudem ist der Gattungsunterschied zu beachten. Ulrich ist eine epische Figur, eine Figur, zu der ihr Autor ironische Distanz hat. Zarathustra ist eine lyrische Figur, eine Figur, mit der sich der Schreibende existentiell identifiziert. Nietzsche, der dithyrambische Lyriker des *Zarathustra*, und Musil, der ironische Epiker des *Mann ohne Eigenschaften*, – sie sind durch den Graben der Gattungen getrennt. Das schließt thematische Affinitäten nicht aus. Die Verwandtschaft zwischen Ulrich und Zarathustra zeigt sich in der Problematik des Potentiellen. Bei beiden bildet der Möglichkeitsbereich das Element des Denkens und Fühlens. Beide sind "Möglichkeitsmenschen", von denen es im Roman heißt:

> Solche Möglichkeitsmenschen leben […] in einem feineren Gespinst, in einem Gespinst von Dunst, Einbildung, Träumerei und Konjunktiven […] Das Mögliche umfaßt jedoch nicht nur die Träume nervenschwacher Personen, sondern auch die noch nicht erwachten Absichten Gottes. (16)

Das Potentielle hat nicht nur psychologische, sondern auch metaphysische Relevanz. Freilich, Zarathustra ist ein Voluntarist, Ulrich hingegen ein Kunktator. Ist Zarathustra vom Willen zur Macht geprägt, so ist Ulrich der reflektierende Intellektuelle. Auch Zarathustra ist ein Denker des Potentiellen. Der "Übermensch" ist die höchste Form des potentiellen Menschen. Der realitätstranszendierende Utopismus verbindet Ulrich mit Zarathustra. Aber der "Übermensch" läuft auf eine anthropologische Umformung hinaus, eine Ambition, die Musils "Möglichkeitsmenschen" durchaus fernliegt. Die Gigantomachien Zarathustras sind dem Ironiker Ulrich fremd.

Musil zeigt an einzelnen Romanfiguren jeweils spezifische Aspekte Nietzsches auf. Stehen bei Clarisse Künstler- und Höhenmenschentum Nietzsches im Mittelpunkt und rücken bei Ulrich Zeitkritik und Utopismus Nietzsches in den Vordergrund, so ist bei Moosbrugger das Dionysische virulent. Im Mädchenmörder Moosbrugger verquickt sich das Verbrechen mit dem Wahnsinn und dem Lebenstrieb. Nach Nietzsche ist der "Verbrecher-Typus" der "Typus des starken Menschen unter ungünstigen Bedingungen, ein krank gemachter starker Mensch" (6, 146 – GD), und er konstatiert, "dass zwischen Verbrechern und Geisteskranken kein wesentlicher Unterschied besteht" (3, 176 – M). Eben diese Verquickung von Verbrechen, Stärke und Wahnsinn findet in der Moosbrugger-Problematik ihren literarischen Niederschlag (dazu *Dresler-Brumme*, Musil, 107-114). Clarisse verbindet ihren Vorschlag, "ein österreichisches Nietzsche-Jahr zu veranstalten", mit dem Engagement "für den Frauenmörder Moosbrugger", "wegen der bedeutungsvollen Übereinstimmung, die darin bestehe, daß Nietzsche geisteskrank gewesen sei und Moosbrugger es auch sei" (226). Ulrich ist über diesen Vorschlag verärgert, und als Clarisse ihn später nach dem "Nietzsche-Jahr" fragt, meint er: "Die Verbindung, in die du das mit Moosbrugger gebracht hast, war doch geradezu irrsinnig." (352). Aber auch Ulrich, der in Moosbruggers Annahme des Todesurteils und seinem Ausruf, man habe einen "Irrsinnigen" verurteilt, "deutlich Irrsinn" und einen "verzerrten Zusammenhang unsrer eignen Elemente des Seins" sieht, kommt auf den Gedanken: "wenn die Menschheit als Ganzes träumen könnte, müßte Moosbrugger entstehn" (76). Moosbrugger ist zwar eine Deformation des Dionysischen, aber die in ihm zum Durchbruch gelangenden archetypischen Kräfte enthüllen submentale, verdrängte Schichten des Menschseins. In den Clarisse-Entwürfen notierte Musil: "Das Dyonisische. Der Mörder" (1679). Obschon das 'Dionysische' im Roman durch die Reflexion abgeschwächt wird, ist es doch gegenwärtig, nicht zuletzt im korybantischen Verhalten Moosbruggers. Auch wird der Tanz, der innere Tanz, für Moosbrugger zur Befreiung vom Druck der Außenwelt (vgl. 397). Clarisse rückt Moosbrugger in die Nähe Nietzsches, weil sie bei beiden in der Geisteskrankheit schöpferische Kräfte am Werk sieht, Kräfte, die sich der bloß psychologischen, medizinischen Analyse entziehen und sie als Prototypen eines ursprünglichen, urtümlichen Menschseins erscheinen lassen. Deshalb fühlt sich Clarisse magisch zu Moosbrugger hingezogen. "Also trug sie die Seele eines Mörders in sich." (MoE, 1430). Wenn sie erklärt: "Wir müssen Moosbrugger befrein" (MoE, 1442), so bedeutet dies soviel wie Befreiung des dionysischen Menschen von der repressiven Gesellschaft. Moosbrugger, der wie der "Erlöser" ein "Zimmermann" ist (832), wird von Clarisse zu einer Christus-Gestalt stilisiert. Er ist Opfer und Befreier. In die Trias Clarisse-Nietzsche-Moosbrugger spielt auch das Problem des Künstlerischen hinein. Schon in einer Notiz um die

Jahrhundertwende stellt Musil einen Zusammenhang her zwischen Dichter und Mörder. Unter Anspielung auf Nietzsches *Nur Narr! Nur Dichter!* (6, 377 – DD) läßt er den "Mann mit den komischen Augen" sagen:

> "Soll ich Ihnen sagen ein Narr? – ein Dichter – nein ich will bei der Wahrheit bleiben – aber Sie müssen mir auch glauben: Ich bin der Mädchenmörder, den man gestern gehängt hat." (Tgb., 7)

Damit ist schon früh eine inversive Beziehung zwischen Verbrechen, Wahnsinn und Künstlertum hergestellt.[6] Mit medizinischen Kategorien läßt sich der Typus des verbrecherischen, wahnsinnigen Künstlers kaum erfassen. Als der die Besucher in der Irrenanstalt herumführende Arzt zu Clarisse sagt, "daß er ihr ein andermal expressionistische Künstler zeigen könne", hält sie die medizinische Optik für fragwürdig:

> Da stimmte etwas nicht. Es erschien ihr offenkundig falsch, so begabte Menschen einzusperren; die Ärzte verstünden ja wohl die Krankheiten, dachte sie, aber wahrscheinlich doch nicht in ihrer ganzen Tragweite die Kunst. (984)

Clarisse insistiert auf der Einheit von Verbrechen, Wahnsinn und Künstlertum. Gegenüber dieser Identifikation scheint die Haltung des Erzählers eher vom Stilprinzip der Ambivalenz geprägt zu sein. Schon die Kapitelüberschrift *Die Irren begrüßen Clarisse* (977) signalisiert ironische Distanz. Im übrigen äußert sich der Erzähler höchst ironisch zum Erneuerungspathos des Expressionismus, zu dem, "was man Expressionismus nannte", zum *"Unfug, den man neue Zeit nennt"* (453) – eine an Thomas Manns kritische Vorbehalte gegenüber dem Expressionismus erinnernde Kritik (vgl. Betrachtungen, 20f., 421f.). Dennoch ist unverkennbar, daß Musil in der Konstellation Clarisse-Nietzsche-

---

6 Eine andere Version des Verbrechens präsentiert der Nietzscheaner André Gide in seinem "ironischen Roman" *Die Verliese des Vatikan* (*Les caves du vatican* [1914]). Dort geschieht ein Mord als "Verbrechen ohne Motiv" (223). Der Täter reflektiert: "Des *Verbrechens!* Das Wort schien ihm absurd; und völlig unpassend, auf ihn angewandt, die Bezeichnung: *Verbrecher.* Er zog den Ausdruck *Abenteurer* vor […]" (229). Es geht um die absolut freie, die völlig unbegründete Tat, den *acte gratuit.* Das Verbrechen wird nicht aus der Psychologie des Unbewußten begründet, sondern als ein dem bewußten Willen zur absolut freien Tat entspringender Vorgang geschildert. Gide rückt das Motiv allerdings durch diverse erzählerische Spiegelungen in ein ironisches Zwielicht. Aber im Grunde verfolgt er hier jene (nietzscheanische) Linie weiter, die er bereits in *L'immoraliste* (1902) vertrat, nämlich die Revolte gegen die herrschende Moral, dort freilich im Zeichen einer als höchste Lebenssteigerung erfahrenen Sinnlichkeit.

Moosbrugger die ihn zutiefst beschäftigende Problematik von Kunstenthusiasmus, Wahnsinn und Verbrechen exponieren will. In der Parodie ist der Ernst versteckt. In der exaltierten Nietzsche-Schwärmerei der Clarisse steckt auch ein Stück echten Nietzschetums.

Nietzsches Präsenz im Roman beschränkt sich nicht auf die Problematik von Künstlertum und Krankheit, von Genialität und Dekadenz, von Experimentalexistenz und Utopie, sondern zeigt sich auch in der Zeit- und Kulturkritik, am Gegensatz zwischen den großen Individuen und dem Zeitgeist, der das "Werden Hebbels und Nietzsches" nicht zu "unterdrücken" vermochte (57), in der Moralkritik, in der funktionalen Deutung von "Gut und bös" (153), in der physiologischen Ableitung der "Gedanken" (408), in der Problematik von Willen und Willensschwäche, Aktivität und Passivität. Nietzsche ist in diesen Motivfeldern gegenwärtig, häufig unter direkter Namensnennung, vielfach in Zitaten oder Zitatparaphrasen. In direkter oder indirekter Form ist er präsent. Eine eindeutige Stellungnahme des Erzählers läßt sich allerdings aus dem Roman kaum eruieren. Die Ambivalenz, das Sowohl-Als-auch, kennzeichnet seine Haltung. Musil, der Artist der Zweideutigkeit, hält die Dinge in der Schwebe. Aber bei allem vieldeutigen Schillern der Nietzsche-Motive in seinem Roman kommt doch in ihnen auch ein eigenes Anliegen Musils zur Geltung, besonders hinsichtlich der Künstlerproblematik, der Experimentalexistenz und des Möglichkeitsbereichs. Erwähnenswert ist im übrigen, daß sich Musil persönlich in der Ambivalenz der Dichterexistenz mit Nietzsche in Übereinstimmung weiß. So rechtfertigt er im Brief an Albert Einstein vom 21.10. 1941 sein unübliches "Gesuch um eine vorläufige Werkbeihilfe" an die Rockefeller Foundation mit dem Hinweis auf den Ausnahmezustand des Schriftstellers: "Denn ich bin ja, mit Nietzsche zu sprechen, 'nur Narr, nur Dichter'." (Briefe, 1356). Dies ist zwar ein ironisches Understatement, kennzeichnet aber die Situation des Schriftstellers in der Gesellschaft. Wiederholt hat Musil auf die eminente historische Wirkung Nietzsches hingewiesen. So nennt er als die "einflußreichsten" "Persönlichkeiten": "Nietzsche, Marx, Bergson, Bismarck" (GW 8, 1355 [Der deutsche Mensch als Symptom, 1923]). Dabei betont er, daß man Nietzsche nicht unter der Optik der 'Wahrheit', sondern im Lichte des 'Lebens' lesen muß: "Kant kann wahr oder falsch sein, Epikur oder Nietzsche sind nicht wahr oder falsch, sondern lebendig oder tot." (GW 8, 1023 [Franz Blei, 1918]). Nietzsche ist der große Psychologe und Philosoph des Lebens: "Wir Deutschen haben – außer dem einen großen Versuch Nietzsches – keine Bücher über den Menschen; keine Systematiker und Organisatoren des Lebens." (GW 8, 1019 [Anmerkung zu einer Metapsychik, 1914]).

5. Hermann Broch

In seinem Essay *Grundlagen und Funktion des Romans* (1959) schreibt Heimito von Doderer zur Modernisierung des Mythos im *Ulysses* von James Joyce:

> Joyce ging als Theoretiker, als Methodiker vor. Er läßt sich nachrechnen. […] Joyce hebt den Schleier und mit ihm ist die Verzauberung zu Ende. Er beschwört die Musik, aber sie ist nicht mehr die Musik, die Nietzsche meint in seiner ästhetischen Betrachtung "Die Geburt der Tragödie aus dem Geiste der Musik". Im Sinne Nietzsches übrigens wäre das Epos sokratisch-theoretisch und somit eine dialektische Auseinandersetzung. (156)

Doderer markiert damit das *punctum saliens,* in dem sich der moderne Romancier grundlegend von Nietzsche unterscheidet: Während für Nietzsche der Mythos noch lebendige Gegenwart ist und in der Musik auflebt, erfolgt im modernen experimentellen Roman durch die analytische Introspektion die Entmythisierung der Mythen. Die Mythen werden zu Symbolen des Unbewußten umfunktioniert. Sie werden psychologisiert. Der moderne Roman ist nicht 'dionysisch', sondern 'sokratisch'. Das hatte schon Nietzsche so gesehen, in seiner Kritik des naturalistischen Experimentalromans. Der moderne Prosaschriftsteller vermeidet in der Regel die spontane, emotionale Identifikation mit Nietzsche und hält epische Distanz zu ihm. Das zeigt sich auch bei Hermann Broch. Seine Nietzsche-Rezeption ist von philosophischer Reflexion geprägt. Obschon Nietzsche in den Schriften Brochs nur selten erwähnt wird, ist er doch, unausgesprochen, in ihnen gegenwärtig. Brochs zentrale Theorie, die Theorie vom Zerfall der Werte, ist ohne Nietzsches Kritik der abendländischen Wertesysteme kaum denkbar. Immerhin, in einigen Texten hat Broch sich *expressis verbis* mit Nietzsche auseinandergesetzt, und zwar sowohl kritisch als auch affirmativ. Im Aufsatz *Ethik* (1914) verteidigt er Kant gegen Nietzsche. Er weist Nietzsches Kant-Kritik zurück, mit der Begründung, daß Kant "einen gründlicheren Nihilismus" vorweggenommen und "eine gründlichere Umwertung geschaffen hat" als Nietzsche, dessen "Skepsis der Erkenntnis" "bloß zum *Dreh*punkt" eines das tradierte Denken "isomorph" abbildenden "Wertsystems" wurde. Kants "ethische Folgerungen der Freiheit" seien Ausdruck der "gewaltigsten Skepsis aller Zeiten" (688). Mit diesem Essay löst sich Broch von der "Lebensphilosophie" und den "Vorläufern" Schopenhauer, Nietzsche und Weininger und wendet sich dem in der Humanität gründenden "kritischen Idealismus" Kants zu (*Lützeler*, Broch, 35). Dennoch verliert er Nietzsche nicht aus dem Blickfeld. Im Essay *Das Böse im Wertsystem der Kunst* (1933) sieht Broch in Nietzsche trotz dessen "noch ganz im Bürgerlichen und Ästhetisierenden" verankerten "neuen moralischen Inhalte" einen für die eigene Gegenwart relevanten Denker, da er die "noch nicht abzusehende Tragweite des Wertbegriffs" erkannt und die Ablösung einer alten Wertordnung durch ein neues Wertsystem gefordert habe. Broch ist der Auffassung, "daß eben mit Hilfe des so plötzlich in den Vordergrund gerückten Wertbegriffes die Brücke zwischen einer versinkenden und überlebten Spekulation und den Möglichkeiten einer neuen Metaphysik geschlagen werden wird". Daß Nietzsche "den Wertbegriff zum methodologischen Kernpunkt der Philosophie, besonders aber der Geschichtsphilosophie machte", wird ihm als historisches Verdienst angerechnet. Dies macht zugleich die aktuelle Bedeutung Nietzsches aus, denn es "darf der Nietzsche-Renaissance, die wir heute in der ganzen Welt erleben, symptomatische Bedeutung beigemessen werden" (313f.). In der Studie *Hofmannsthal und seine Zeit* (1947/1948) konstatiert Broch, nach der Erfahrung von zwei Weltkriegen und NS-Diktatur, Nietzsche habe um die im "Mechanismus der Epochen-Überlagerung und des Wert-Vakuums" "schlummernden unheimlichen Konsequenzen" gewußt, dies "umsomehr, als er das unheilschwangere Deutschland dabei vor Augen hatte" (75). Nietzsche ist der Seismograph und Diagnostiker des die Epoche in den Grundfesten erschütternden Wertzerfalls. Nach Broch hat die seit der Renaissance einsetzende Auflösung eines übergreifenden, einheitlichen Wertsystems in absolutistische Partialsysteme den modernen Menschen in labyrinthische Ausweglosigkeit verstrickt und ihn "hinausgestoßen in das Grauen des Unendlichen" (Der Zerfall der Werte, 1931/32, 21). Wenn Nietzsche diese nihilistische Situation vorweggenommen hat, so bestehen doch hinsichtlich der zu ziehenden Konsequenzen beträchtliche Unterschiede zwischen Nietzsche und Broch. Nietzsche begrüßt den Zerfall der Werte als Stimulans des Willens, des Schaffens neuer Werte durch das kreative Subjekt, vor allem durch den Künstler bzw. den Künstler-Philosophen. Broch hingegen erstrebt, im Zeichen der "Prävalenz des Ethischen gegenüber dem Ästhetischen" (Briefe, 279 – 9.11.1947), eine in dichterischen Symbolen aufleuchtende allgemeinverbindliche Wahrheit. Bei ihm verliert die Kunst ihren absoluten Rang als lebenssteigernder 'Schein' und wird wieder zurückbezogen auf die 'Wahrheit'. Das zentrale Thema im *Tod des Vergil* (1945) ist das Verhältnis von Kunst und Erkenntnis bzw. von Kunst und Wahrheit. Die "Pflicht allen Künstlertums" liegt in "Eid und Erkenntnis", in "Wahrheitsfindung und Wahrheitsäußerung" (153). Hatte Nietzsche Kunst und Wahrheit als fundamentalen Gegensatz verstanden, so werden sie bei Broch in einer neuen Synthese wieder vereinigt. Das "Kunstwerk" wird zur "Wahrheitserkenntnis" (272). Während Nietzsche die Kunst zu einer Funktion des 'Lebens', des dionysischen Lebens, macht, erklärt Broch sie zu einer Funktion der 'Wahrheit', der ethischen Wahrheit. Erfüllt die Kunst diese Funktion nicht, ist sie für Broch fragwürdig. Vergil will seine Werke verbrennen, weil sie der Forderung nach Wahrheit nicht genügen. Übereinstimmung zwischen Broch und Nietzsche zeigt sich in der Sprachskepsis. Das wahre Erkennen ist "ein Erkennen im Sprachlosen und Wortlosen" (233); die wahre "Erkenntnis" "vernichtet jegliche Sprache" (234). Broch und Nietzsche intendieren gleichermaßen eine sprachtranszendente Dimension. Aber während für Nietzsche das dionysische Werden die 'Wahrheit' ist, ist für Broch die Wahrheit ein zeitloses Sein, das dem "Irdischen" entzogene "Urbild" (361). Es geht ihm darum, daß im Kunstwerk die absolute Wahrheit, das "Ur-Erlebnis", "wieder aufscheint" (Briefe, 280 – 14.11.1947). Hier zeigt sich ein un-nietzscheanischer Platonismus.

6. Ernst Jünger

Bei Ernst Jünger ist Nietzsche eine heroische Gestalt, aus deren Ideenreservoir ihn vor allem der Wille zur Macht, das Nihilismus-Problem und der Übermensch interessieren. Der Einfluß Nietzsches, des Nietzsche *militaris*, ist bereits in Publikationen wie *In Stahlgewittern* (1920), *Der Kampf als inneres Erlebnis* (1922), *Feuer und Blut* (1925) und *Die totale Mobilmachung* (1930) deutlich spürbar. Der vom Krieg faszinierte Jünger vertritt in diesen Schriften einen heroischen Militarismus, eine Ideologie des kämpferischen Willens, in der Nietzsches Wille zur Macht und Bejahung des Krieges unverwechselbare Spuren hinterlassen haben. Es ist die Rede vom "Zusammenbruch eines hoffnungslos verlorenen Zeitalters" (Feuer und Blut, 451), von dem "im Feuer der Schlachten" sich formenden Menschen (ebd., 455), vom "Krieg" als "Rausch" (ebd., 458). Jüngers Verherrlichung des Krieges hat in Nietzsche ihren Vorläufer. Im *Zarathustra*, im Kapitel *Vom Krieg und Kriegsvolke*, heißt es: "Der Krieg und der Muth haben mehr grosse Dinge gethan, als die Nächstenliebe." (4, 59 – Za). Damit ist durchaus auch der reale Krieg gemeint. Nietzsche verwirft die Auffassung, "welche dem *Frieden* einen höheren Werth zuertheilt als dem Krieg", kritisiert den "Altruismus" des "Moralisten" und demzufolge dekadenten "Biologen" Herbert Spencer und erklärt: "Das Leben ist eine Folge des Krieges, die Gesellschaft selbst ein Mittel zum Krieg." (13, 238). Ohne dieses immerhin massive Votum für den "Krieg" verharmlosen zu wollen, muß man doch feststellen, daß Nietzsche keine Kriegspropaganda betreiben will, sondern seine philosophischen Reflexionen über Lebensstärke und Lebensschwäche, über die zerstörerische Kraft des 'Werdens' in eher abstrakter Weise auf die politisch-gesellschaftliche Ebene überträgt – ein allerdings fataler Mißgriff. Der Unterschied zwischen Nietzsche und Jünger ist beträchtlich. Nietzsche geht es um die agonale Grundspannung des Lebens, im Sinne Heraklits um die Dialektik des nur durch "Krieg" sich entfaltenden Werdens, während es bei Jünger auf die Glorifikation der Materialschlachten hinausläuft. Eine rauschhafte Verherrlichung des Krieges aber lag Nietzsche fern. Freilich, sein 'Wille zur Macht' zeitigt bei Jünger Wirkung. Im *Arbeiter* (1932) wird der "Wille zur Macht" als das Agens des politischen Lebens herausgestellt. Im gegenwärtigen Zeitalter müsse sich "jede Größe, die Willen zur Macht besitzt", auf den "Arbeiter" stützen (77).

Beim späteren Jünger weicht – nicht zuletzt auf Grund der Erfahrungen mit dem Totalitarismus – die martialische Gebärde einer moderateren Tonlage, einer philosophischeren Betrachtungsweise. In *Strahlungen* (1949) zählt er Nietzsche mit Hölderlin, Dostojewski, Kierkegaard und anderen Geistern zu den "Auguren der Malstromtiefen, in die wir abgesunken sind" (13). Nietzsche gehört zu den großen Seismographen der epochalen Erschütterungen. Er wird zu Unrecht mit den großen Tätern identifiziert:

> So zu zerbrechen war das Schicksal Nietzsches, den zu steinigen heute
> zum guten Ton gehört. Nach dem Erdbeben schlägt man auf die Seis-
> mographen ein. Man kann jedoch die Barometer nicht für die Taifune
> büßen lassen, falls man nicht zu den Primitiven zählen will. (13)

Jünger spricht, wie Benn, Nietzsche von der Verantwortlichkeit für die
Schrecken des 20. Jahrhunderts frei. Es ist falsch, zwischen Nietzsche
und dem Totalitarismus ein Verhältnis von Ursache und Wirkung
herzustellen. Der Denker und die Täter – in den Augen der Nietzsche-
Apologeten sind sie zu trennen. Nietzsche bleibt für Jünger die große,
heroische Gestalt, die gerade durch ihr Scheitern eine ungemeine Faszination ausübt. Während Wagner, der "Mime", "Triumph und Lorbeer"
erringt und sich aus den "Schrecken des Unterganges" in die "Kunst als
Treibhaus der Vergangenheiten" rettet (227f.), ist Nietzsche der hero-
isch Scheiternde: "Demgegenüber Nietzsche, der in eisigen Stürmen
steht und fällt." (228 [Erstes Pariser Tagebuch – 22.2.1941]). Dennoch
sind Nietzsche und Wagner verbunden, durch ihre kreative Auseinandersetzung mit der Zeit. "Das sind Vorbilder, die unsere Jugend gleich
Herakles am Scheidewege sah." (228). Hier sagt Jünger selbst, daß
Nietzsche für ihn in den früheren Jahren eine Vorbildfunktion hatte.
Man kann hinzufügen, daß dies seinen Niederschlag im militanten
Pathos seiner 'heroischen' Schriften fand. Für Jünger ist Nietzsche ein
Heraklide, eine übermenschliche Kämpfernatur, die, allen Stürmen des
Lebens trotzend, noch im Untergang Größe zeigt. Jünger beschränkt
sich allerdings nicht auf das Pathos, die Glorifizierung Nietzsches. Er
setzt gelegentlich auch kritische Akzente. So wird ihm

> wieder die Verheerung deutlich, die Burckhardt durch seine "Renais-
> sance" anrichtete – vor allem durch die Impulse, die über Nietzsche auf
> die Bildungsschicht ausstrahlten. Naturwissenschaftliche Theoreme
> verstärkten sie. Merkwürdig bleibt der Umsatz der reinen Schau in
> Willen, in leidenschaftliche Aktion. (295 [Erstes Pariser Tagebuch –
> 24.1.1942])

Die Kritik an Burckhardt ist nicht unproblematisch, denn Burckhardt
hat in seiner *Kultur der Renaissance in Italien* (1860) eine kulturhistorische Phänomenbeschreibung vorgelegt, eine Darstellung, die nicht
die Macht verherrlicht, sondern die Entwicklung des Individuums nach-
zeichnet. Allenfalls konnte man aus Partien des Abschnitts *Der Staat
als Kunstwerk* eine Rechtfertigung machtpolitischer Tendenzen heraus-
lesen. Es war Nietzsche, der in der Tat durch die Glorifizierung der Re-

naissance-Machtmenschen zu Prototypen der Lebensstärke negative
Wirkung auf das politische Bewußtsein des Bildungsbürgertums ausgeübt hat. Bemerkenswert ist, daß Jünger sich nun vom Willen zur Macht
und dem aus ihm erwachsenden Aktionismus distanziert. Nun ist ihm
die Kontemplation wichtiger als der Wille.

In *Über die Linie* (1950) setzt sich Jünger mit dem Problem des
Nihilismus auseinander. Er zitiert zunächst aus den "Eingangssätzen
des 'Willens zur Macht'", in denen Nietzsche den "Nihilismus" und
seine "Gegenbewegung" herausstellt (239; vgl. WzM, 4 [Nr. 3 u. 4]).
Nach Jünger sind die Vorausssagen Nietzsches in der Gegenwart Wirklichkeit geworden:

> Obwohl seit der Konzeption dieser Gedanken mehr als sechzig Jahre
> verflossen sind, wirken sie noch immer erregend auf uns, als Sätze, die
> sich mit unserem Schicksal beschäftigen. Sie füllten sich inzwischen
> mit Inhalt, mit gelebtem Leben, mit Taten und Schmerzen an. Das gei-
> stige Abenteuer bestätigte und wiederholte sich in der Wirklichkeit.
> (239)

Jünger gibt dem "Nihilismus"-Begriff Nietzsches eine realistische
Wendung. Während Nietzsche den "Nihilismus" primär als geistiges
Phänomen, als Ausdruck der geistigen Situation Europas, versteht,
zeigt sich der "Nihilismus" für Jünger erst in den alle Lebensbereiche
durchdringenden Machtapparaturen des 20. Jahrhunderts. Jünger grenzt
denn auch seinen Nihilismus-Begriff gegen Nietzsche ab. Er meint,
"daß bei Nietzsche der Nihilismus nicht in die Tiefe eingedrungen ist"
(250), und hält die Auffassung für verfehlt, "daß der Nihilismus eine
Krankheit sei" (250), "daß der Nihilismus auf Krankheit beruhe, ja
selbst auf décadence" (251). Hatte Nietzsche den "Nihilismus" als "pa-
thologischen *Zwischenzustand*" (WzM, 16 [Nr. 13]), als "*Ausdruck der
décadence*" (WzM, 29) interpretiert, so sieht Jünger in ihm den "Nor-
malzustand" der Welt (264). Der Nihilismus ist nicht nur ein psycholo-
gisches Problem, sondern macht den objektiven, realen Zustand der
Welt aus. Er ist keine Krankheit, sondern die Normalität. Für Nietzsche
ist der Nihilismus Ausdruck einer geistigen Krise, für Jünger ist er die
Signatur des technischen Zeitalters. Es ist die Frage, ob Jünger den
Nihilismus-Begriff Nietzsches voll erfaßt. Man muß Nietzsches Unterscheidung von "*aktivem* Nihilismus" ("*gesteigerte Macht des Geistes*")
und "*passivem* Nihilismus" ("*Niedergang* und *Rückgang der Macht des
Geistes*") berücksichtigen (WzM, 20 [Nr. 22]). Jüngers Vorbehalte
treffen im Grunde nur auf den "passiven" Nihilismus zu, kaum aber auf

den "aktiven" Nihilismus. Wenn Jünger dem Nihilismus "physische Gesundheit" attestiert (250), so entspricht dies der Vorstellung Nietzsches vom Nihilismus der "*Stärke*" (WzM, 20 [Nr. 23]). Auch notiert Nietzsche: "Der Nihilismus ein *normaler* Zustand." (ebd.). Zudem hat Nietzsche durchaus die realistischen Konsequenzen des Nihilismus im Blickfeld: "Sein *Maximum* von relativer Kraft erreicht er als gewalttätige Kraft der *Zerstörung*: als *aktiver Nihilismus*." (WzM, 21 [Nr. 23]). Und: "Ein Zeitalter der Barbarei beginnt, die Wissenschaften werden ihm dienen!" (U II, 328). Damit hat Nietzsche den von Jünger diagnostizierten Nihilismus des imperialen, technischen Zeitalters klar prognostiziert. Freilich, die Nihilismus-Analyse Nietzsches steht in erster Linie unter dem Vorzeichen: "Der *Nihilismus* als *psychologischer Zustand*" (WzM, 13 [Nr. 12]). Insofern geht Jünger in der Tat einen Schritt über Nietzsche hinaus, wenn er, angesichts einer veränderten historischen Situation, den realen Nihilismus der modernen Welt beschreibt. Im Prinzip bewegen sich seine Überlegungen aber in dem bereits von Nietzsche abgesteckten Feld. Sowohl Jüngers Hinweise zur Selbstbehauptung des Menschen als auch seine Bemerkungen zur Funktion der Kunst sind Nietzsche-Exegese. Er fordert den "freien Menschen" auf, "schon aus Gründen der Selbsterhaltung" "sich darüber Gedanken zu machen", wie er sich in einer vom "Nihilismus" beherrschten Welt "verhalten will" (264). Im Hinblick auf die Bewältigung des Nihilismus kommt der Kunst zentrale Bedeutung zu:

> Die geistige Überwindung und Beherrschung der Zeit wird sich nicht darin spiegeln, daß perfekte Maschinen den Fortschritt krönen, sondern darin, daß die Epoche im Kunstwerk Form gewinnt. Hierin wird sie erlöst. (275)

In diese Nietzscheanische Überlegung Jüngers spielt der Bennsche 'Form'-Gedanke hinein. Aber Jünger verbindet den (Nietzscheschen) Gedanken des metaphysischen Schaffensimpetus und die (Bennsche) 'Form'-Idee mit der Akzeptanz der Technik, in der er gleichfalls einen "metaphysischen Antrieb" am Werk sieht. Er fährt fort:

> Nun kann zwar die Maschine niemals Kunstwerk werden, wohl aber kann der metaphysische Antrieb, der die gesamte Maschinenwelt befeuert, im Kunstwerk höchsten Sinn erhalten und damit Ruhe in sie einführen. (275)

Damit stellt Jünger einen Funktionszusammenhang zwischen Metaphysik, Kunst und Technik her. Ob dies dem Pragmatismus der modernen Technik und der entfremdeten Arbeitswelt entspricht, ist eine andere Frage. Eine weitere Frage ist, ob Jünger den "Nihilismus" nur registriert oder ob er ihn vorantreibt oder ob er zu seiner Überwindung beiträgt. Ist Jünger ein Diagnostiker oder ist er ein Protagonist des "Nihilismus"? Thomas Mann gibt in seinem Vortrag *Meine Zeit* (1950) das Votum ab:

> Der Nihilismus, den Nietzsche als unabwendbar angekündigt und der sich als geistige Lebensform durch den zweiten Weltkrieg vollenden sollte, war in den Spitzen der Intelligenz, in den Schriften eines Ernst Jünger etwa, schon fix und fertig. (329)

Es kann kaum einem Zweifel unterliegen, daß die frühen Schriften Jüngers, geprägt von heroischem Pathos und totalitären Denkstrukturen, einen nihilistischen Zug aufweisen, vor allem in der geistigen Indifferenz gegenüber den menschlichen Einzelschicksalen. Fraglich ist allerdings, ob dies noch den späteren Jünger betrifft, der im zweiten Weltkrieg, unbeschadet eines latenten soldatischen 'Ethos', sich in seinen Tagebüchern von der NS-Diktatur distanziert und die Verbrechen des Regimes aufzeichnet, in sachlicher, fast kühler Präzision, in der aber der moralische Protest deutlich spürbar ist. In der Nachkriegszeit setzt sich bei Jünger ein konservativer Humanismus mit zeitkritischer Grundlagenreflexion und ästhetisierendem Dekor durch – eine Haltung, die Benn zu der ironischen Bemerkung veranlaßt: "Jünger gibt sich christlich-humanistisch […] Konformismus" (Doppelleben, 160). Wie immer es darum steht – Jünger wird zum Beobachter, Analytiker und Kritiker der geschichtlichen Situation.

Zugleich huldigt er einer ahistorischen Sichtweise, die den Antagonismus zwischen Genie und Geschichte betont und das Genie in eine zeitlos-mythische Dimension rückt. In *An der Zeitmauer* (1959) versteht er unter dem "Übermenschen" den "Typus", "dem der Austritt aus der Geschichte gelingt. Das ist die Aufgabe, um sie dreht sich die Bewegung an der Zeitmauer." (617). Dabei ergibt sich für Jünger ein dialektisches Verhältnis zwischen den 'normalen' Menschen und dem großen Einzelnen. Erst aus der Auseinandersetzung mit den gewöhnlichen Menschen gewinnt der kreative Mensch die agonale Kraft zur Erneuerung. Jünger folgt damit dem Nietzscheschen Denkmodell vom "Übermenschen" und vom "*letzten Menschen*" (4, 18ff. – Za [Vorrede]). Mit Bezug auch auf Benn schreibt er: "Der Übermensch kann nicht ohne den Letzten, das heißt: den reduzierten Menschen gedacht werden."

(617). Jünger entzieht Nietzsche, den "Unbehausten", der Geschichte und entrückt ihn ins Mythische:

> Er hat sich inmitten des 19. Jahrhunderts in der Landschaft bewegt, in der erdgeistige Seher wie Chiron und Melampus heimisch gewesen sind. Adler und Schlange: das ist kentaurischer Geist, ist große, erdgeistige Wiederkehr. (619)

Unter dem Einfluß nicht nur Nietzsches, sondern auch Benns fordert Jünger vom Menschen das Wagnis der Loslösung von der Geschichte durch spontane Akte der Selbstbefreiung:

> Das ist das Schauspiel am Abgrund, hoch auf der geschichteten Mauer, die "Geschichte" heißt: daß der Mensch sich nicht nur zum Sprung gezwungen sieht, sondern daß er ihn sogar wagen will. Damit verändern sich sowohl Determination wie Evolution. (619)

Nicht die Auseinandersetzung mit der geschichtlichen Wirklichkeit, sondern die Restitutio mythischer Erfahrungen steht an. In einem Akt ursprünglicher Freiheit soll sich der Mensch der naturalistischen Determination und dem Automatismus der Evolution entziehen. Der Mensch wird mit der Forderung konfrontiert, sich auf sein zeitloses Wesen zurückzubesinnen und damit Freiheit gegenüber der Geschichte zu gewinnen – ein in Nietzsches Kritik des historischen Bewußtseins vorweggenommenes Postulat. Nietzsche flieht allerdings nicht aus der Geschichte, sondern vergegenwärtigt mitten in der Geschichte den zeitlosen Ursprung. Nietzsche erscheint in dieser ahistorischen Sicht Jüngers nicht mehr als geschichtlicher Denker, sondern als mythischer Heros.

Dennoch verliert Jünger den geschichtlichen Nietzsche nicht aus dem Blickfeld. So setzt er sich in *Annäherungen* (1970), im Abschnitt *Der Fall Wagner*, mit den historischen Implikationen von Nietzsches Wagner-Kritik auseinander. In diesen Marginalien zum Verhältnis Nietzsche-Wagner – die allerdings ein wenig unscharf bleiben – findet er "Nietzsches Haupteinwand gegen Wagner, 'décadence', erstaunlich" (292). "Es ist sogar möglich, daß der Name zum Schimpfwort für den besonders Tüchtigen, besonders Trächtigen wird." (293). Zugleich aber spricht Jünger von einer "vorzüglichen Lagebeurteilung Nietzsches in Prophezeiungen" wie der "plötzlichen Glorie" der Wagnerschen Kunst im "Zeitalter der nationalen Kriege". Die "Zustände Europas", gekennzeichnet durch "diesen ganzen Zwischenaktscharakter", verhelfen der Kunst Wagners zum Ruhm, "ohne ihr damit Zukunft zu verbürgen". "Die Deutschen selber haben keine Zukunft." (293; Zitate: 6, 424 –

NW). Das Nietzsche-Bild Jüngers zeigt verschiedene Aspekte der produktiven Anverwandlung Nietzsches. Seine Nietzsche-Rezeption verbindet die kühle Beobachterposition des kulturkritischen Diagnostikers mit einer philosophischen Grundlagenreflexion des Nihilismus und mit der Tendenz zur mythisierenden Überhöhung Nietzsches.

Ausblick

Nietzsches Wirkung auf die moderne Literatur ist universell und durchschlagend. Dennoch hat er schon auf manche Klassiker der Moderne entweder nur verdeckt oder nur peripher gewirkt. Als Beispiele seien nur Brecht und Kafka erwähnt. Was Brecht betrifft, so ist er allein schon auf Grund seines sozialkritischen Realismus durch einen tiefen Graben von Nietzsche getrennt. Brecht scheint geradezu ein Antipode Nietzsches zu sein. Er scheint ihn völlig zu ignorieren. Doch dieser Schein trügt. Brechts *Baal* (1918/19) zeigt in seinem schockdramatischen Vitalismus, in der Revolte gegen die herrschende Gesellschaft und Kultur durch den anarchischen Outsider sowie in der Verherrlichung des elementaren Lebens, Nietzschesche Züge. Baals Verhöhnung des Kulturbetriebs, seine Kritik der Dichter und Literaten und des Wagnerianismus klingen wie forcierte Nietzsche-Reprisen. Wie in Wedekinds *Erdgeist* (1895), in dem "das *wahre* Tier, das *wilde, schöne* Tier" das Sinnbild des Lebens ist (552 [Prolog]), so ist auch in Brechts *Baal* das 'Tier' ein Schlüsselmotiv. Baal will sein Leben als 'Tier' leben. Dennoch geht er nicht im bloß Animalischen auf. Er kann höchst witzig sein, und er spürt in sich einen kreativen Impuls. Deutlich ist die Anspielung auf die Zarathustra-Sentenz "Schreibe mit Blut" (4, 48 – Za), wenn Baal deklariert:

> Seitdem habe ich geschrieben und Blut geschwitzt. Damit schrieb ich nämlich. […] Blut füllt mir die Augen, und meine Hände zittern wie Laub. Ich will etwas gebären! Ich will etwas gebären! (Baal [1918], 21)

Im Unterschied zu Zarathustra verbindet Baal aber das "Blut" nicht mit "Geist", sondern läßt sich animalisch treiben. In seinem exzessiven Vitalismus ist er gewissermaßen ein ungeistiger Nietzscheaner. Brecht, der Nietzsche nicht zu beachten scheint, hat sich in Wahrheit eingehend mit Nietzsche beschäftigt, und in seinen Texten tauchen in allen Schaffensperioden sprachliche Parallelen, Allusionen und (verdeckte) Zitate zu Nietzsche auf (vgl. dazu die perspektivenreichen Hinweise bei *R. Grimm*, Brecht und Nietzsche). Man darf allerdings bei allen sprachlichen Affinitäten den gravierenden inhaltlichen Unterschied nicht übersehen: hier der sozialkritische Realist, der, bei durchaus elitären Neigungen, die Veränderung der Gesellschaft anstrebt – dort der 'aristokratische' Individualist, dessen Ideal der "Übermensch" ist. Immerhin, es ist bemerkenswert, daß Brecht sich an einem Zarathustra-Sonett versucht hat. Daß dies ein Fragment blieb, dürfte nicht zuletzt am Sujet gelegen haben, an einem Stoff, der Brecht letztlich nicht lag. Er formuliert:

> *Über Nietzsches "Zarathustra"*
>
> Du zarter Geist, daß dich nicht Lärm verwirre
> Bestiegst du solche Gipfel, daß dein Reden
> Für jeden nicht bestimmt, nun misset jeden:
> Jenseits der Märkte liegt nur noch die Irre.
>
> Ein weißer Gischt sprang aus verschlammter Woge!
> Was dem gehört, der nicht dazu gehört
>
> Im Leeren wird die Nüchternheit zur Droge. (GW 9, 613f.)

Es ist ein angestrengtes Gedicht, ein Gedicht, in dem Brecht die Einsamkeit Nietzsches fast in der Manier Georges darstellt. Es war ein ihm letztlich fremdes Terrain.

Ein Nietzscheaner war auch der ganz andersgeartete Kafka nicht. Es kommt nicht von ungefähr, daß er Nietzsche in seinen Werken, Briefen und Tagebüchern überhaupt nicht erwähnt. Dabei kannte er ihn durchaus. Eine Jugendfreundin berichtet, zu einem Brief Kafkas von 1900:

> Unter dieser Eiche sind wir Kinder, Franz und ich, oft gesessen und er hat mir Nietzsche vorgelesen, was und ob ich es verstand […] (*Kafka*, Briefe 1902-1924, 495 [Kafka-Brief, 9])

Max Brod sieht in diesem Hinweis eine Bestätigung für einen Einfluß Nietzsches auf Kafka: "Kafka kam damals von Nietzsche her, wie wir heute aus dem Kommentar zu einem Brief des Jahres 1900 wissen" (*Brod*, Streitbares Leben, 236). Es soll nicht bestritten werden, ja, man kann als wahrscheinlich annehmen, daß auch Kafka um die Jahrhundertwende der zeitsymptomatischen Nietzsche-Verehrung seinen Tribut zollte. Immerhin befanden sich der *Zarathustra* und die *Geburt der Tragödie* in seiner Handbibliothek (dazu *H. Binder*, Handbuch I, 251ff., sowie *J. Born*, Kafkas Bibliothek, 119). Man hat enge Beziehungen zwischen Kafka und Nietzsche hergestellt, und zwar im Hinblick auf das Dionysische und den Ästhetizismus (so *P. Bridgwater*, Kafka and Nietzsche). Aber eine solche These ist nicht unproblematisch, denn Kafka war eine eher undionysische, asketische Natur. Man hat allerdings gerade in der Askese eine Affinität zwischen Kafka und Nietzsche gesehen (so *M. Pasley*, Asceticism). Ein (unterschwelliger) Einfluß Nietzsches auf Kafka dürfte am ehesten in der Problematik der Entfremdung, der Welt- und Selbstentfremdung des vereinsamten, isolierten Subjekts, zu suchen sein. Dabei darf man allerdings die grundlegenden Unterschiede nicht verwischen. Diese zeigen sich vor allem im Problem der Schuld. Während Nietzsche die Un-Schuld des Daseins verkündet, sieht sich Kafka existentiell der Daseinsschuld ausgesetzt, eine Problematik, die bei ihm, psychologisch gesehen, zur Obsession wird. Zudem ist Kafkas abstrakte Zeichensprache, sein hermetischer, 'asketischer' Schreibduktus, weit entfernt von Nietzsches sprachlicher Unmittelbarkeit, von der pathetischen, 'dionysischen' Schreibart. Zu nahe sollte man Kafka nicht an Nietzsche heranrücken.

Neuere Autoren zeigen vielfach ein ambivalentes, gebrochenes Verhältnis zu Nietzsche. Es bestehen innere Bindungen zu Nietzsche, aber man löst sich auch von ihm, nicht zuletzt unter dem Eindruck der den Menschen entstellenden Zeitereignisse, die zur Rückbesinnung auf das Menschliche nötigen. Ernst Meister wendet Verse Nietzsches ins Humane (vgl. Gedichte, 109), verfaßt ein Hörspiel mit dem Titel *Legende vom letzten Menschen* (um 1950) und distanziert sich in den *Gedanken eines Jahres* (um 1948) vom Willen zur Macht: "Der Wille zur Macht souffliert die falschen Werte. Aber woher kommt der denn nur?" (242 [Nr. 487]). "'Wille zur Macht' – Gegenprinzip: Eros." (251 [Nr. 524]). Der Wille zur Macht wird auf eine metaphysische Dimension zurückbezogen:

> Wenn *eines* "Wille zur Macht" verrät, dann dieses: einen Punkt jenseits unserer Realität zu gewinnen. So scheint mir der christliche Gott exzentrierter Mittelpunkt zu sein. (248 [Nr. 511]).

In der neueren, aktuellen Literatur ist der Strom des Nietzscheanismus fast versiegt. Aber völlig vergessen haben auch die Gegenwartsautoren Nietzsche nicht. So setzt sich Peter Handke mit Nietzsche auseinander. In dem Gespräch *Aber ich lebe nur von den Zwischenräumen* (1987) äußert er sich wiederholt zu Nietzsche. Er nennt ihn "einen der größten

Kindsköpfe und liebenswertesten Menschen" (92). Er berichtet, daß er den *Zarathustra* zunächst "schwülstig und zugleich klobig und schwerfüßig" gefunden habe (169), daß er aber dann an Hand der kritischen Schriften Nietzsche erkannte, daß hier jemand einen "sehr einsamen Kampf" führte, und daß er dann allmählich Vertrauen zu Nietzsche gefaßt habe, und zwar nicht nur zu seiner "Haltung", sondern vor allem zu der "Art des Sprechens und Schreibens" (170), wie er überhaupt Nietzsche nicht für einen "Philosophen", sondern für einen "Schriftsteller" halte (172). Im Mittelpunkt von Handkes Interesse steht der Künstler Nietzsche, der Artist des Scheins und der Lüge. Dann meint er, mit Bezug auf Heidegger:

> Also dem fehlt das Dichterische und natürlich auch sehr Kritische dem Dichterischen gegenüber, was der Nietzsche zeit seines Lebens gehabt hat: dieser Aufschwung und auch das Kindliche, und auch das fröhliche Lügen, das gehört ja auch zum Kunstwerk dazu. (206)

Für Handke ist Nietzsche der naive Artist. Er nimmt gegenüber Nietzsche die Haltung einer lockeren, spielerischen Ambivalenz ein. Das unterscheidet ihn von Thomas Bernhard, der, eher beiläufig auf Nietzsche eingehend, Nietzsche stärker auf die Zeitgeschichte und seine Privatexistenz bezieht. So verweist er in seiner "Komödie" *Alte Meister* (1985) auf Nietzsche als einen großen Denker, allerdings im Hinblick auf den desolaten Zustand der gegenwärtigen "Menschheit":

> Einen solchen Grad von niedriger Stumpfsinnigkeit haben selbst die hellsichtigsten Denker der Geschichte nicht für möglich gehalten, sagte Reger, nicht Schopenhauer, nicht Nietzsche, von Montaigne ganz zu schweigen, sagte Reger [...] (210)

Zugleich aber wird die Diskrepanz zwischen dem Studium der großen Geister und der realen Existenz ironisch beleuchtet. Reger bedauert, daß er seit der Hochzeit mit seiner Frau "nurmehr noch *diese Geistesreisen*" unternommen habe:

> wir sind in den Schopenhauer gereist und in den Nietzsche und in den Descartes und in den Montaigne und in den Pascal und zwar immer für Jahre [...] (260)

Im Zeichen einer radikal desillusionierten Existenz verlieren die großen Denker an Gewicht. Das zeigt sich auch bei Ingeborg Bachmann, die in ihrem Roman *Malina* (1971) den Abbau hehrer Kulturwerte signalisiert, wenn Handwerker Bücherregale abreißen, die Bücher achtlos zu

Boden werfen und erklären: "Wir haben ganze Arbeit geleistet." (183). Diesem Chaos fallen auch Heidegger und Nietzsche zum Opfer:

> Jetzt sind mir die HOLZWEGE heruntergefallen, auch ECCE HOMO, und ich hocke betäubt und blutend inmitten der Bücher, es hat ja so kommen müssen, denn ich habe sie gestreichelt jeden Abend vor dem Schlafengehen […] und unlesbar sind alle geworden, das hat ja so kommen müssen, es ist keine Ordnung mehr […] (183f.)

Hier mischt sich der Protest gegen die Kulturbarbarei mit dem Bewußtsein der Kulturkrise. Im Hinblick speziell auf Nietzsche und Heidegger scheinen sich sowohl ironische Skepsis als auch innere Affinität anzudeuten. Ob hinsichtlich einer ekstatischen Lebenssteigerung Nietzsche auf die Bachmann gewirkt hat (so *Dimter*, Bachmann, 149ff.), ist eine eigene Frage. Häufig wird Nietzsche zum Gegenstand gesellschaftskritischer Vorbehalte. Helmut Heißenbüttel hält es für ein "ungerechtes Privileg", "daß einige ohne materielle Arbeit leben und, wie Nietzsches Zarathustra, ihres Geistes sich freuen" (Kritische Theorie [1970], 193). Heißenbüttels Kritik richtet sich allerdings vor allem gegen die 'reaktionären' Bildungsbürger, die "Zarathustra zitieren und die Herrenmoral Nietzsches auslassen" (193f.). Heiner Müller läßt in seiner Autobiographie *Krieg ohne Schlacht* (1992) in einigen Marginalien Sympathie für Nietzsche erkennen, freilich ohne besonderes Engagement, eher in wohlwollender Distanz. Er sieht die Bedeutung Nietzsches in der ideologiekritischen Entlarvung der Flucht der europäischen Intellektuellen ins Kollektiv und im Beharren auf der Eigenverantwortlichkeit des Menschen:

> Denn Ideologie bietet die Möglichkeit, die Last, die du eigentlich tragen müßtest, abzuwerfen. Das ist vielleicht das Wichtigste an Nietzsche, das ausformuliert zu haben, was in unsrer christlich determinierten Zivilisation begründet liegt: Schuld. (316)

Aber nicht nur die gesellschafts- und kulturkritischen Implikationen, sondern auch die philosophischen Grundideen Nietzsches werden in der Gegenwartsliteratur gelegentlich angeschnitten. So setzt sich Milan Kundera in seinem Roman *Die unerträgliche Leichtigkeit des Seins* (1984) in den einleitenden Partien mit dem Gedanken der "Ewigen Wiederkehr", dem "Mythos von der Ewigen Wiederkehr" (7) auseinander. Der Wiederkunftsgedanke bedeutet Last und Freiheit in einem: "Wenn die Ewige Wiederkehr das schwerste Gewicht ist, kann unser

Leben vor diesem Hintergrund in seiner ganzen herrlichen Leichtheit erscheinen." (8).

Es gibt auch Versuche, Nietzsche in ein progressives Gesellschaftsengagement einzubeziehen. So erklärt Hans Werner Henze im Interview *Die DKP – Die Hauptaufgaben fortschrittlicher Musiker* (1973): "Mao lesen, aber auch Platon, Machiavelli und Nietzsche" (207). Der artistische Intellektuelle möchte Sozialkritik und Philosophie verbinden, um auf diese Weise den Fortschritt zu fördern. Der Künstler Henze steht im Banne des Dionysischen und Apollinischen. Im Essay *Der Künstler als bürgerlicher Held* (1975) schreibt er zu seiner Oper *Elegie für junge Liebende*, aber auch mit Blick auf die *Bassariden*, daß die "Musik des Dionysos immer mehr um sich greift" und daß zugleich das Geschehen "von Illusion und Künstlichkeit gekennzeichnet" sei (240). Auch Nietzsches Dialektik von Wahrheit und Lüge spielt in die Argumentation hinein, wenn es von einer "intellektuellen und aristokratischen Dame" heißt, sei sei "mitschuldig am Tod der jungen Liebenden": "Auch sie zieht im Banne des Künstlers und der Kunst die Lüge der Wahrheit vor" (240). Daß auch in neuerer Zeit das künstlerische Interesse an Nietzsche nicht erloschen ist, zeigen besonders auch die Bühnendarstellungen Nietzsches. Nietzsche und Zarathustra werden wiederholt zum Sujet der Oper, des Dramas und des Tanztheaters. Das wichtigste, künstlerisch interessanteste Werk ist die Oper *Lou Salomé* (1981) mit dem Libretto von Karl Dietrich Gräwe und der Musik von Giuseppe Sinopoli. Es ist eine handlungslose Oper, eine Reflexionsoper, deren Thema die psychischen Spannungen und geistigen Entwürfe der Akteure sind. Der Autor läßt Lou Salomé und die wichtigsten Personen ihres Umfeldes Revue passieren, von Nietzsche bis Rilke. Dabei kann in synchroner Collage die historische Zeitfolge aufgehoben werden. So treten in einer Szene Lou, Rilke, Paul Rée, Nietzsche, F.C. Andreas und Zarathustra auf (I, 3). Nietzsche spielt eine entscheidende Rolle, ja, seine Ideenwelt macht das gedankliche Substrat des Geschehens aus. Immer wieder verkündet er seine Theoreme, vor allem den Gedanken des "Übermenschen", (I, 4; II, 4), wobei er sich häufig durch Selbstzitate in Szene setzt. Aber zugleich ist er verstrickt in seelische Spannungen, in seinem Verhältnis zu Lou, die ihn auf Abstand hält, da sie die "Hingebung" mit der "Selbstbehauptung" verbinden will und den "Kampf" der "Geschlechter" verkündet (II, 4). Das Verhältnis zwischen Lou und Nietzsche ist geprägt durch Ekstase und Distanz, durch den gemeinsamen Aufschwung zu großen Ideen und zugleich durch einen seelischen und erotischen Abstand. Lou will sich von Nietzsche nicht vereinnahmen lassen, aber sie will ihn auch nicht freigeben. Als Zarathustra zum Schluß in einem seiner pathetischen Redemonumente von den "Hinübergehenden" spricht und verkündet: "Dieser Blitz aber heißt Übermensch!" (vgl. 4, 17 u. 18 – Za), verhindert sie den Übergang Nietzsches zu Zarathustra: "Während dieser Worte will Nietzsche über das Seil zu Zarathustra. Lou stößt Nietzsche vom Seil." (II, 4). Lous Motiv dürfte einerseits ihr Besitzanspruch an Nietzsche und andererseits ihr Emanzipationsimpetus sein. Sie möchte Nietzsche nicht an Zarathustra verlieren, und sie möchte nicht, daß Nietzsche sich in seinem Höhenflug über sie erhebt. Die Oper hat ihre Meriten, aber sie neigt auch stark zur thetischen Symbolik und zur übertriebenen Dokumentation durch ständige Nietzsche-Zitate.

Das Theater hat wiederholt Interesse am Sujet Nietzsche gezeigt. Dabei dominiert ein zeitkritischer, psychologischer Realismus, der sich den Abbau des Erhabenen zum Ziel setzt und Milieuechtheit anstrebt. Man holt Nietzsche vom Podest des Übermenschen herunter und zeigt ihn in seiner menschlichen, häufig freilich allzumenschlichen Bedingtheit. Ilo von Jankó alias Yves Andlau präsentiert in seiner Nietzsche-Revue *Columbus der Ballonfahrer. Ein Stück über Lou von Salomé, Friedrich Nietzsche und andere bekannte Gesichter* (1984) einen auf seine Lebensnöte reduzierten Nietzsche, einen halb pathetischen, halb trivialen Nietzsche. Das überlange Stück entgeht trotz einiger theaterwirksamer Gags nicht der Monotonie. Die Dialoge bleiben blaß und schablonenhaft. Es fehlt der pointierte künstlerische Zugriff. Alexander Widner schwebt in seinem Stück *Nietzsche oder Das deutsche Elend* (1992) offenbar realistisches, zeitkritisches Milieutheater vor. Nietzsche wird in seinem alltäglichen Umfeld vorgeführt. Im Prinzip ist gegen eine realistische Darstellung Nietzsches nichts einzuwenden. Aber hier vermißt man die konstruktive Gestaltung des Sujets. Sprachlich und kompositorisch bleibt das Ganze unbefriedigend. Störend wirken vor allem die ausufernden Reden und Monologe Nietzsches und das häufige Abgleiten ins allzu Triviale, bis hin zur drastischen Erwähnung körperlicher Intimitäten. Daß das Thema Nietzsche und der Nationalsozialismus die Stückeschreiber herausfordert, ist naheliegend. Hartmut Lange läßt in seinem Szenarium *Jenseits von Gut und Böse oder Die letzten Stunden der Reichskanzlei* (1975) Nietzsche im Kreis der NS-Größen auftreten. Es ist die Götzendämmerung des Dritten Reiches. Hitler beruft sich bei seinen Tiraden auf Nietzsche. Der aber hört ihm kaum zu. Es liegen Welten zwischen den beiden. Zuletzt begeht Hitler Selbstmord, und Nietzsche zieht sich wieder in seine Einsamkeit zurück. Dieses makabre Stück wirft ein aktuelles Problem der Nietzsche-Diskussion auf. Es ist aber zu plakativ, in Sprache, Psychologie und Komposition zu undifferenziert angelegt, als daß es eine adäquate Darstellung dieses schwierigen Sujets wäre. Obschon diese Nietzsche-Stücke ihre künstlerischen Schwächen nicht verbergen können, so sind sie doch als Symptome einer zeittypischen Tendenz zur realistischen Erfassung Nietzsches erwähnenswert. Es herrscht ein modischer Trend zur Demontage und Verflachung der 'Größe'. Symptomatisch ist in neuerer Zeit auch das Nietzsche-Happening, der Versuch, Nietzsche einem interessierten Publikum in unmittelbarer szenischer Aktion nahezubringen. Es sei nur verwiesen auf den *Zarathustra* (1991) von Bonger Voges, eine eindringliche, aber pompöse Show, in der Zarathustra wie ein gesichtsloser, archetypischer Übermensch agierte. In dieser Performance will der Aktionskünstler kein zeitüberdauerndes Kunstwerk schaffen, sondern der Zuschauer soll in ein Ereignis einbezogen werden. In einer momentanen Aktion soll Nietzsche bzw. Zarathustra zum unmittelbaren Erlebnis werden. Dies sind interessante Experimente. Es bedarf allerdings der *artistischen* Aktion, soll das Sujet nicht zum effektvollen Spektakel werden. Eine wirklich produktive Rezeption Nietzsches in der gegenwärtigen und zukünftigen Literatur setzt eine höchst artifizielle Behandlung des Sujets voraus. Ob man Nietzsche-sche Denkmotive literarischen Texten integriert, ob man sich kritisch mit der Dichtung Nietzsches oder metakritisch mit seiner Kulturkritik auseinandersetzt, ob man die Gestalt Nietzsches zum literarischen Thema wählt – es bedarf des höchsten künstlerischen Niveaus, um dem Phänomen gerecht zu werden.

Literaturverzeichnis

Weitere Forschungsliteratur

Aus der Fülle der neueren Nietzsche-Literatur soll zur Information eine Reihe weiterer Titel genannt werden. Es handelt sich um problemanalytische, geistesgeschichtliche und biographische Arbeiten. Elrud Kunne-Ibsch verfolgt in der Studie *Die Stellung Nietzsches in der Entwicklung der modernen Literaturwissenschaft* (1972), mit Blick vor allem auf den jungen Nietzsche, die Wirkung der ästhetischen Probleme und Begriffe Nietzsches (Sprachproblematik, Kunstauffassung, Literaturkonzeption) auf die Perspektiven, Methoden und Kategorien der Literaturwissenschaft. Heinrich Schipperges vertritt in seiner physiologisch orientierten Arbeit *Am Leitfaden des Leibes* (1975) die Auffassung, Nietzsches Philosophie sei eine 'Philosophie des Leibes', der "Leib" sei die entscheidende, alles zusammenhaltende Perspektive Nietzsches. Heide Schlüpmann, *Friedrich Nietzsches ästhetische Opposition* (1977), untersucht die kulturkritischen Intentionen des frühen Nietzsche. André Glucksmann stellt in seinem essayistischen Werk *Die Meisterdenker* (1978) (Les Maîtres Penseurs [1977]) Nietzsche als herausragenden Denker und Künstler in den historischen und aktuellen Kontext des Protestes und der Revolte gegen Repressionssysteme (vgl. bes. S. 249-277). Roland Duhamel beschreibt in seiner Studie *Kerngedachten van Friedrich Nietzsche* (1979) die Hauptgedanken Nietzsches (Wahrheit, Nihilismus, Wille zur Macht, Artistenmetaphysik). Eugen Biser setzt sich in *Gottsucher oder Antichrist?* (1982) mit Nietzsches Kritik des Christentums auseinander und zeigt, wie Nietzsche zwar das Christentum massiv angreift, sich aber gegenüber der Gestalt Jesu vergleichsweise tolerant verhält. Friedrich Kaulbach untersucht in seinem Buch *Nietzsches Idee einer Experimentalphilosophie* (1980) vor dem Hintergrund der Philosophiegeschichte Nietzsches Konzeption des Experiments und des Perspektivismus, eine Fragestellung, die er in *Philosophie des Perspektivismus* (1990) weiter verfolgt und vertieft. Helmut Pfotenhauer beschreibt in seinem Buch *Die Kunst als Physiologie* (1985) die weitverzweigte Lektüre Nietzsches, seine Beziehungen zur zeitgenössischen Literatur und das Verhältnis von Theorie und Produktion. Matthias Politycki hat dann in seiner materialreichen Darstellung *Umwertung aller Werte? Deutsche Literatur im Urteil Nietzsches* (1989) Nietzsches Verhältnis zu Literatur und Dichtung von der Klassik bis zur Moderne detailliert aufgelistet. Thomas Böning hat mit seinem Buch *Metaphysik, Kunst und Sprache beim frühen Nietzsche* (1988) eine fundierte, differenzierte Analyse der Probleme des jungen Nietzsche vorgelegt. Annemarie Pieper erläutert in ihrer Studie *"Ein*

Seil geknüpft zwischen Tier und Übermensch" (1990) den ersten Teil des *Zarathustra* in seinen Themen und Motiven. Philip Grundlehner läßt in seinem Buch *The Poetry of Friedrich Nietzsche* (1986) die Gedichte Nietzsches von den Juvenilia bis zu den *Dionysos-Dithyramben* Revue passieren. Stringente Analysen des 'Willens zur Macht' und seiner philosophischen Implikationen bieten Günter Abel, *Die Dynamik des Willens zur Macht und die ewige Wiederkehr* (1984), sowie Gerd-Günther Grau, *Ideologie und Wille zur Macht* (1984). Walter Gebhard, *Nietzsches Totalismus* (1983), zeigt, wie bei Nietzsche der Verlust der Metaphysik zur 'Verklärung des Ästhetischen' führt. Johann Figl, *Interpretation als philosophisches Prinzip* (1982), unterzieht Nietzsches Theorie der Auslegung einer konzisen Analyse. Ursula Schneider, *Grundzüge einer Philosophie des Glücks bei Nietzsche* (1983), beleuchtet den Zusammenhang von 'Glück' und 'Willen zur Macht'. Holger Schmid, *Nietzsches Gedanke der tragischen Erkenntnis* (1984), setzt sich mit den philosophischen, psychologischen und physiologischen Implikationen des Erkenntnisproblems bei Nietzsche auseinander. Friedrich Kaulbach, *Sprachen der ewigen Wiederkunft* (1985), untersucht den Zusammenhang von 'Denksituationen' und 'Sprachstilen' bei Nietzsche. Bernhard-Arnold Kruse rückt in seiner komplexen Arbeit *Apollinisch-Dionysisch* (1987) die Melancholie als eine Grundbefindlichkeit Nietzsches in den Vordergrund. Gerhard Schweppenhäuser, *Nietzsches Überwindung der Moral* (1988), analysiert die Grundlagen der Moralkritik und die Historisierung der Moral bei Nietzsche. Martin Pernet, *Das Christentum im Leben des jungen Friedrich Nietzsche* (1989), beschreibt die starken religiösen Einflüsse, die den jungen Nietzsche prägten. Bruno Hillebrand räumt in seiner Studie *Ästhetik des Nihilismus* (1991) Nietzsche breiten Raum ein. Peter Sloterdijk vertritt in seiner zügig geschriebenen Studie *Der Denker auf der Bühne* (1986) die Auffassung, Nietzsches Denken sei eine publikumswirksame Selbstinszenierung auf einer imaginären Bühne und das Apollinische, das geistige Prinzip, habe den Vorrang vor dem Dionysischen. Einen guten Durchblick durch Nietzsches ästhetische Anschauungen gibt Ralph Drievers Dissertation *Ästhetik und Artistik* (1986). In seiner ideologiekritischen Arbeit *Die Rückkehr des täuschenden Scheins der Dinge* (1986) will Walter Kuhmann den Zusammenhang von Mythos, Philosophie und Utopie im Denken Nietzsches aufspüren. Reinhard Knodt, *Friedrich Nietzsche. Die ewige Wiederkehr des Leidens* (1987), zeigt, daß das Leiden eine Grunderfahrung Nietzsches ist. Von tiefgründiger Abstraktion ist Claus-Artur Scheiers Studie *Nietzsches Labyrinth* (1985). Christoph Türcke, *Der tolle Mensch* (1989), exponiert die These, Nietzsches Wahnsinn sei die Folge einer Selbstzerstörung der Vernunft. Alexander Nehamas deutet in seinem *Nietzsche* (1985, dt. 1991) den Perspektivismus als Ästhetizismus, versucht aufzuzeigen, daß für Nietzsche die Welt ein künstlerisch zu bewältigender Text ist, und analysiert den literarischen Stil Nietzsches, die im Wechsel der Sujets begründete Vielfalt der Stile in den Texten Nietzsches. Rudolf Reuber, *Ästhetische Lebensformen bei Nietzsche* (1989), setzt sich die Untersuchung des Verhältnisses von Kunstproblematik und Lebensform bei Nietzsche zum Ziel. Rudolf Kreis, *Der gekreuzigte Dionysos* (1986), setzt sich mit dem "Dionysos"-Problem bei Nietzsche auseinander und erklärt, in psychoanalytischem Determinismus, Nietzsches Gottesverneinung aus traumatischen Kindheitserlebnissen. Im Hinblick auf die politischen Aspekte Nietzsches ist vor allem hinzuweisen auf Henning Ottmanns fundierte Studie *Philosophie und Politik bei Nietzsche* (1987), in der die historischen, ideologischen Voraussetzungen der politischen Ideenwelt Nietzsches aufgezeigt werden. Nietzsches Verhältnis zur Öffentlichkeit behandelt Kurt Braatz in seinem Buch *Friedrich Nietzsche – Eine Studie zur Theorie der Öffentlichen Meinung* (1988). In dieser sozialwissenschaftlichen Arbeit wird Nietzsches Auseinandersetzung mit der 'Öffentlichen Meinung', mit Kulturbetrieb und Bildungssystem, mit der Medienkultur an Hand der entsprechenden Selbstaussagen Nietzsches dargestellt. Ernst Nolte stellt in seinem Buch *Nietzsche und der Nietzscheanismus* (1990) den politischen Kulturkritiker und Ideologen Nietzsche heraus. Nietzsche erscheint als Diagnostiker eines von Widersprüchen gekennzeichneten Zeitalters, mit Affinitäten sowohl zum Rechtskonservativismus als auch zu Marx. Werner Stegmaier analysiert in *Philosophie der Fluktuanz. Dilthey und Nietzsche* (1992) Aspekte der Philosophie, der Hermeneutik, der Interpretation. Elisabeth Kuhn untersucht in *Friedrich Nietzsches Philosophie des europäischen Nihilismus* (1992) die verschiedenartigen Ausprägungen und Entwicklungsphasen des Nihilismus bei Nietzsche.

Was die Nietzsche-Biographien betrifft, so hat Curt Paul Janz das Verdienst, mit seinem profunden Werk *Friedrich Nietzsche. Biographie* (1978/1979) die Lebensgeschichte Nietzsches in ihrer ganzen Komplexität durchleuchtet zu haben. In der überaus materialreichen, dreibändigen Darstellung werden die einzelnen Lebensstationen Nietzsches, im jeweiligen Kontext der persönlichen Beziehungen und anstehenden Schaffensfragen, detailliert beschrieben. Es ist das unerläßliche Standardwerk zum Leben Nietzsches. Werner Ross überzeugt in seiner Biographie *Der ängstliche Adler. Friedrich Nietzsches Leben* (1980) durch die Verknüpfung von Lebensgeschichte und Problemstellungen Nietzsches. Es entsteht ein höchst lebendiges Bild des Menschen Nietzsche, seiner Lebensumstände und Schaffensantriebe. Horst Althaus zeigt in seiner Biographie *Friedrich Nietzsche. Eine bürgerliche Tragödie* (1985) Nietzsche als den kompromißlosen Kritiker und als das Opfer seiner Epoche, der bürgerlichen Ära. Die Lebensgeschichte und die Philosophie Nietzsches bilden eine unlösliche Einheit. Anacleto Verrecchias Buch *Zarathustras Ende. Die Katastrophe Nietzsches in Turin* (1986, ital. Originalausg. 1978) erstellt einen präzisen Befund der konkreten Lebensumstände, der euphorischen Stimmungen und des Realitätsverlustes in Nietzsches geistiger Endphase. Eine ausführliche Darstellung der Krankheitsgeschichte ist die 'medizinisch-biographische'

Untersuchung *Nietzsche im Labyrinth seiner Krankheit* (1990) von Pia Daniela Volz. Die Krankheitssymptomatik, Dokumente zur Pathographie Nietzsches und der Forschungsstand von der Jahrhundertwende bis zur Gegenwart werden detailliert dargeboten. Neue Erkenntnisse und Thesen werden allerdings kaum entwickelt. Eine rasant geschriebene, in vielen Details interessante Darstellung, die einen nomadisch schweifenden, sich vielfältig maskierenden Nietzsche präsentiert, ist Joachim Köhlers Buch *Zarathustras Geheimnis* (1989). Ob freilich Nietzsches 'verschlüsselte Botschaft' die latente Homoerotik ist, dürfte mehr als fragwürdig sein. Weder in den Schriften und Briefen noch im Lebensverhalten Nietzsches gibt es Indizien für homoerotische resp. homosexuelle Neigungen. Nietzsches Beziehung zu Männern ist entweder von (romantischem) Freundschaftskult oder (heroisierender) Verehrung geprägt. Eine orientierende Einführung zur Biographie Nietzsches ist Ivo Frenzels Bildmonographie *Friedrich Nietzsche* (zuerst 1966). Informativ sind die Daten zu Leben und Werk in Karl Schlechtas *Nietzsche-Chronik* (1975).

Auf die Fülle, ja Überfülle relevanter Aufsätze zu Nietzsche kann hier nicht eingegangen werden. Es sei aber generell verwiesen auf die seit 1972 erscheinenden *Nietzsche-Studien* ('Internationales Jahrbuch für die Nietzsche-Forschung'), das Zentralorgan der Nietzsche-Forschung, in dem ein breites Spektrum der Nietzsche-Probleme entfaltet wird. In ihrer wechselseitigen Ergänzung ergeben die Einzelstudien ein höchst perspektivenreiches Bild der Nietzsche-Probleme. Nicht unerwähnt bleiben dürfen aber auch die Reihen *Nietzsche – kontrovers* (seit 1981) und *Nietzsche in der Diskussion* (seit 1984), die gleichfalls relevante Beiträge zur Nietzsche-Forschung enthalten. Was weitere Aufsatzsammlungen angeht, so sei verwiesen auf Giorgio Colli, *Distanz und Pathos* (1982) (eine Zusammenstellung der interessanten Einleitungen Collis zu Nietzsches Werken), Volker Gerhard, *Pathos und Distanz* (1988) (eine Sammlung fundierter Nietzsche-Aufsätze des Verfassers), Rüdiger Schmidt, *"Ein Text ohne Ende für den Denkenden"* (1989) (Einzelstudien zu Nietzsche-Problemen), *Nietzsche und Italien* (1990) (Tübinger Nietzsche-Colloquium, in dem Nietzsches Italien-Bild unter verschiedenen Perspektiven beleuchtet wird), das Kolloquium *Nietzsche heute* (1988), dessen Thema die Nietzsche-Rezeption seit 1968 ist und das neben philosophischen Aufsätzen eine Reihe von Beiträgen zur aktuellen gesellschaftlichen Relevanz Nietzsches enthält, Mazzino Montinaris Aufsatzsammlung *Nietzsche lesen* (1982), in der biographische, problemanalytische und textkritische Fragen behandelt werden, auf die in *Nietzsche* (1980 [WdF]) von Jörg Salaquarda gesammelten Beiträge relevanter Nietzsche-Interpreten und auf das von Jürgen Manthey herausgegebene *Literaturmagazin 12. Nietzsche* (1980), dessen Aufsätze aktuelle Fragen der Nietzsche-Deutung und Nietzsche-Rezeption analysieren. Was die Nietzsche-Ausgaben betrifft, so ist die von Colli/Montinari herausgegebene Kritische Gesamtausgabe inzwischen die verbindliche Ausgabe. Neuerdings präsentiert Wolfram Groddeck in seiner voluminösen Edition *Friedrich Nietzsche: "Dionysos-Dithyramben"* (1991) in detaillierten, akribischen Phänomenbeschreibungen Textgenese, Bedeutung und Entstehung der Dithyramben. Im Anhang enthält das Werk 142 Faksimile-Tafeln der Handschriften.

Hinsichtlich der Wirkung und Rezeption Nietzsches im deutschen Sprachraum ist vor allem auf Richard Frank Krummels Fundamentalwerk *Nietzsche und der deutsche Geist* (I. u. II – 1974 u. 1983) hinzuweisen, ein Schriftumsverzeichnis, das die Veröffentlichungen über Nietzsche von 1867 bis 1918 enthält. Die in diesem Zeitraum erschienenen Monographien, Essays und Rezensionen zu Nietzsche sind angeführt, mit umfangreicheren oder kürzeren Inhaltsangaben. Eine für die Nietzsche-Forschung, besonders für die historische Aufarbeitung Nietzsches, unentbehrliche Publikation. Bezüglich der literarischen Wirkung Nietzsches ist auf Bruno Hillebrands Textsammlung *Nietzsche und die deutsche Literatur (I)* (1978) zu verweisen, die einen informativen Überblick über die literarische Nietzsche-Rezeption von 1873 bis 1963 vermittelt und hinsichtlich der Breitenwirkung Nietzsches in einigen Punkten förderlich war. Was die Forschungsarbeiten über das Verhältnis moderner Dichter und Schriftsteller zu Nietzsche betrifft, so werden die relevanten Untersuchungen im Wirkungsteil, im jeweiligen Kontext, angeführt. An dieser Stelle sei nur generell hingewiesen auf die Aufsatzsammlungen von Hans Steffen (Hrsg.), *Nietzsche. Werk und Wirkungen* (1974), und Bruno Hillebrand (Hrsg.), *Nietzsche und die deutsche Literatur* (II) (1978). Nietzsche hat aber nicht nur in der Literatur gewirkt, sondern er ist auch ein Sujet der bildenden Kunst, der Plastik und Malerei, gewesen, vor allem zur Zeit der Jahrhundertwende, der Zeit des höchsten Nietzsche-Kults. Hier ist auf Jürgen Krauses vortreffliche Darstellung *"Märtyrer" und "Prophet"* (1984) hinzuweisen. Zur Forschungsliteratur über Leben, Philosophie, Dichtung und Wirkung Nietzsches ist weiterhin zu empfehlen Peter Pütz, *Friedrich Nietzsche* (1967-Slg. Metzler). Was die französische Nietzsche-Rezeption betrifft, so ist vor allem hinzuweisen auf die in *Nietzsche. Cahiers de Royaumont* (1967) und *Nietzsche aujourd'hui?* (1973) veröffentlichten Beiträge, in denen das offene Interpretieren und kreative Weiterdenken Nietzsches gefordert werden.

Benutzte Nietzsche-Ausgaben und Siglen

Friedrich Nietzsche: Sämtliche Werke. Kritische Studienausgabe in 15 Bänden. Hrsg. von Giorgio Colli und Mazzino Montinari, München, Berlin/New York 1980 – Werkzitationen erfolgen in der Regel nach dieser Ausgabe. Zitate werden mit arabischer Band- und Seitenzahl angegeben.

Siglen der Werke:

AC	Der Antichrist
BA	Über die Zukunft unserer Bildungsanstalten
CV	Fünf Vorreden zu fünf ungeschriebenen Büchern
DD	Dionysos-Dithyramben
DS	David Strauss der Bekenner und der Schriftsteller (Unzeitgemässe Betrachtungen I)
DW	Die dionysische Weltanschauung
EH	Ecce homo
FW	Die fröhliche Wissenschaft
FWS	Die fröhliche Wissenschaft. "Scherz, List und Rache"
FWP	Die fröhliche Wissenschaft. Lieder des Prinzen Vogelfrei
GD	Götzen-Dämmerung
GG	Die Geburt des tragischen Gedankens
GM	Zur Genealogie der Moral
GMD	Das griechische Musikdrama
GT	Die Geburt der Tragödie
HL	Vom Nutzen und Nachtheil der Historie für das Leben (Unzeitgemässe Betrachungen II)
IM	Idyllen aus Messina
JGB	Jenseits von Gut und Böse
M	Morgenröthe
MA	Menschliches, Allzumenschliches (I-II)
MD	Mahnruf an die Deutschen
NW	Nietzsche contra Wagner
PHG	Die Philosophie im tragischen Zeitalter der Griechen
SE	Schopenhauer als Erzieher (Unzeitgemässe Betrachtungen III)
SGT	Sokrates und die griechische Tragödie
VM	Vermischte Meinungen und Sprüche
VS	Versuch einer Selbstkritik
WA	Der Fall Wagner
WB	Richard Wagner in Bayreuth (Unzeitgemäße Betrachtungen IV)
WL	Über Wahrheit und Lüge im aussermoralischen Sinne
WS	Der Wanderer und sein Schatten
Za	Also sprach Zarathustra

Die nachgelassenen Fragmente (Bd. 7-13) sowie Passagen aus dem Kommentarband (Bd. 14) werden mit einfacher Band- und Seitenzahl angeführt.

Friedrich Nietzsche: Werke in drei Bänden. Hrsg. von Karl Schlechta, Darmstadt 1966 – Zitate werden mit römischer Band- u. arabischer Seitenzahl angegeben.

Nietzsche: Werke. Kritische Gesamtausgabe. Hrsg. von Giorgio Colli u. Mazzino Montinari, Berlin/New York 1967ff. – Sigel: KGW.

Friedrich Nietzsche: Werke und Briefe. Historisch-kritische Gesamtausgabe. Hrsg. von Hans Joachim Mette u. Karl Schlechta, Carl Koch, Wilhelm Hoppe, München 1934 ff. (unvollständige Ausgabe, erschienen: 5 Bände Werke [1854-1869] u. 4 Bände Briefe [1850-1877]) – Werkzitate werden angegeben durch das Sigel HKG, W mit römischer Band- u. arabischer Seitenzahl. Briefsigel: B.

Friedrich Nietzsche: Gesammelte Werke. Musarionausgabe. 23 Bände. Hrsg. von Richard Oehler, Max Oehler u. Friedrich Chr. Würzbach, München 1920-1929 – Zitate werden angegeben durch das Sigel MusA mit römischer Band- u. arabischer Seitenzahl.

Nietzsche's Werke. Gesamtausgabe in 19 Bänden u. 1 Registerband (Großoktavausgabe), Leipzig 1894ff. (2. Aufl. 1901/13) – Zitate werden angegeben durch das Sigel GA mit römischer Band- u. arabischer Seitenzahl. – GAK = Großoktavausgabe, soweit von Fritz Koegel ediert (1894-1897).

Friedrich Nietzsche: Der Wille zur Macht. Versuch einer Umwertung aller Werte. Mit einem Nachwort von Alfred Baeumler, Stuttgart 1952 (copyright Leipzig 1930) – Sigel: WzM.

Friedrich Nietzsche: Die Unschuld des Werdens. Der Nachlaß. Ausgewählt u. geordnet von Alfred Baeumler. Bd. I u. II, Stuttgart 1956 – Zitate werden angegeben durch das Sigel U mit römischer Band- u. arabischer Seitenzahl.

Friedrich Nietzsche: Gedichte, in: Nietzsche, Götzendämmerung. Der Antichrist. Ecce homo. Gedichte, mit einem Nachwort von Alfred Baeumler, Stuttgart 1954, S. 411-579. (8. Aufl. unter dem Titel: Götzendämmerung. Wagner-Schriften. Der Antichrist. Ecce homo. Gedichte, mit einem Nachwort von Walter Gebhard, Stuttgart 1990).

Friedrich Nietzsche: Sämtliche Briefe. Kritische Studienausgabe in 8 Bänden. Hrsg. von Giorgio Colli u. Mazzino Montinari, München, Berlin/New York 1986 – Zitate werden angegeben durch das Sigel B mit arabischer Band- u. Seitenzahl.

Nietzsche: Briefwechsel. Kritische Gesamtausgabe. Hrsg. von Giorgio Colli u. Mazzino Montinari, Berlin/New York 1975ff. – Zitate werden angegeben durch das Sigel B mit römischer u. arabischer Band- u. arabischer Seitenzahl.

Friedrich Nietzsche: Philologische Schriften (1867-1873) (= KGW II 1).

Literatur zu Nietzsche und allgemeine Literatur

(Die Werktitel werden im Text mit Kurztitel angeführt.)

Abel, Günter: Die Dynamik des Willens zur Macht und die ewige Wiederkehr, Berlin/New York 1984.

Adler, Alfred: Die Individualpsychologie, ihre Voraussetzungen und Ergebnisse [1914], in: A.A., Praxis und Theorie der Individualpsychologie. Vorträge. Zur Einführung in die Psychotherapie für Ärzte, Psychologen und Lehrer. Neu hrsg. von Wolfgang Metzger, Frankfurt a.M. 1974, S. 19-32.

– Traum und Traumdeutung [1913], in: A.A., Individualpsychologie, S. 221-233.

– Dostojewski [1918], in: A.A., Individualpsychologie, S. 281-290.

Adorno, Theodor W.: Versuch über Wagner [1937/38], Frankfurt a.M. 1974.

Albert-Lasard, Lou: Wege mit Rilke, Frankfurt a.M. 1952.

Alberti, Conrad: Natur und Kunst. Beiträge zur Untersuchung ihres gegenseitigen Verhältnisses, Leipzig 1890.

Althaus, Horst: Friedrich Nietzsche. Eine bürgerliche Tragödie, München 1985.

Andreas-Salomé, Lou: Zum Bilde Friedrich Nietzsches. Eine psychologische Studie. Mit Beigabe ungedruckter Briefe, in: Freie Bühne, 1891, S. 64-68, 88-91, 109-112; 1892, S. 249-257, 485-496.

– Friedrich Nietzsche in seinen Werken, Dresden 1894.

Apollonio, Umbro: Der Futurismus. Manifeste und Dokumente einer künstlerischen Revolution 1909-1918, Köln 1972.

Arent, Wilhelm (Hrsg.): Moderne Dichter-Charaktere. Mit Einleitungen von Hermann Conradi und Karl Henckell, Berlin 1885.

Arp, Hans: Unsern täglichen Traum … Erinnerungen, Dichtungen und Betrachtungen aus den Jahren 1914-1954, Zürich 1955.

Asmus, Martha: Ein Blick in Nietzsches Jenseits von Gut und Böse, in: Die Gesellschaft, Jg. 1895, S. 535-542.

Augstein, Rudolf: Ein Nietzsche für Grüne und Alternative?, in: Der Spiegel, 1981, Nr. 24, S. 156-184.

Avenarius, Ferdinand: Zu Friedrich Nietzsches Tod, in: Der Kunstwart, 13. Jg., 2, 1900.

Bachmann, Ingeborg: Werke, hrsg. von Christine Koschel, Inge von Weidenbaum, Clemens Münster. 3. Bd.: Todesarten: Malina und unvollendete Romane, München 1978.

Bachofen, Johann Jakob: Das Mutterrecht. Eine Untersuchung über die Gynaikokratie der alten Welt nach ihrer religiösen und rechtlichen Natur [1861], hrsg. von Karl Meuli, Basel 1948 (= Bachofens Gesammelte Werke, 2. u. 3. Bd.).

Baeumler, Alfred: Nietzsche. Der Philosoph und Politiker, Leipzig 1931 (2. Aufl., ³1937).

Bahr, Hermann: Studien zur Kritik der Moderne [1894], in: H.B., Zur Überwindung des Naturalismus. Theoretische Schriften 1887-1904. Ausgewählt, eingeleitet und erläutert von Gotthart Wunberg, Stuttgart/Berlin/Köln/Mainz 1968, S. 103-163.

– Expressionismus, 2. Auflage München 1918 (1. Aufl. 1916).

Ball, Hugo: Der Gott des Morgens, in: Die Aktion, 3. Jg., 1913, Sp. 811f.

– Tenderenda der Phantast. Roman [1914-1920], Zürich 1967.

– [Vortrag über Wassily Kandinsky in der Galerie Dada in Zürich am 7.4.1917], in: Deutsche Vierteljahrsschrift für Literaturwissenschaft und Geistesgeschichte, 51. Jg., 1977, S. 688-703.

– Zur Kritik der deutschen Intelligenz, Bern 1919.

– Die Flucht aus der Zeit, München u. Leipzig 1927.

- Intermezzo, in: H.B., Gesammelte Gedichte. Hrsg. von Annemarie Schütt-Hennings, Zürich 1963.
- Nietzsche in Basel. Eine Streitschrift, in: Hugo Ball – Almanach 1978, hrsg. von der Stadt Pirmasens, Bearbeiter: Ernst Teubner, S. 1-65.
Barlach, Ernst: Der arme Vetter. Drama in fünf Akten [1918]. Nachwort von Walter Muschg, Stuttgart 1972 (1958) (Reclam).
- Die Briefe I. 1888-1924. Hrsg. von Friedrich Dross, München 1968.
Baumgarth, Christa: Geschichte des Futurismus, Hamburg 1966 (rde).
Beckmann, Max: Briefe im Kriege [1914/1915]. Gesammelt von Minna Tube. Mit 32 Zeichnungen des Künstlers. Nachwort von Peter Beckmann, München/Zürich 1984.
Benjamin, Walter: Zentralpark, in: W.B., Charles Baudelaire. Ein Lyriker im Zeitalter des Hochkapitalismus, S. 655-690 (= W.B.: Gesammelte Schriften, hrsg. von Rolf Tiede-mann und Hermann Schweppenhäuser, Frankfurt a.M., 1974, S. 509-690).
Benn, Gottfried: Gesammelte Werke in vier Bänden, hrsg. von Dieter Wellershoff, Wiesbaden 1958-1961, I. Bd.: Essays, Reden, Vorträge, II. Bd.: Prosa und Szenen, III. Bd.: Gedichte, IV. Bd.: Autobiographische und vermischte Schriften [Sigel: GW].
- Sämtliche Werke, Stuttgarter Ausgabe. In Verbindung mit Ilse Benn hrsg. von Gerhard Schuster, Stuttgart 1986ff. Bd. I: Gedichte 1 [Sigel: G 1], Bd. II: Gedichte 2 [Sigel: G 2], Bd. IV: Prosa 2 [Sigel: P 2], Bd. V: Prosa 3 [Sigel: P 3].
- Briefe an F.W. Oelze 1932-1945. Vorwort von F.W. Oelze [= Oelze I], Briefe an F.W. Oelze 1945-1949 [= Oelze II], Briefe an F.W. Oelze 1950-1956. Nachwort von Harald Steinhagen [= Oelze III], hrsg. von Harald Steinhagen u. Jürgen Schröder, Wiesbaden 1977, 1979, 1980.
- Ausgewählte Briefe. Mit einem Nachwort von Max Rychner, Wiesbaden 1957 [Sigel: AB].
- Briefwechsel mit Paul Hindemith, hrsg. von Ann Clark Fehn, Wiesbaden u. München 1978.
- Ithaka [1914], in: GW II, S. 293-303.
- Gehirne [1915], in: GW II, S. 13-19.
- Die Reise [1916], in: GW II, S. 28-36.
- Die Insel [1916], in: GW II, S. 37-47.
- Der Geburtstag [1916], in: GW II, S. 48-60.
- Der Vermessungsdirigent. Erkenntnistheoretisches Drama [1919, 1916], in: GW II, S. 322-350.
- Das moderne Ich [1920], in: GW I, S. 7-22.
- Der Garten von Arles [1920], in: GW II, S. 84-94.
- Epilog und lyrisches Ich [1921/27], in: GW IV, S. 7-14.
- Urgesicht [1929], in: GW II, S. 107-118.
- Zur Problematik des Dichterischen [1930], in: GW I, S. 66-83.
- Der Aufbau der Persönlichkeit [1930], in: GW I, S. 90-106.
- Das Genieproblem [1930], in: GW I, S. 107-122.
- Können Dichter die Welt ändern? Rundfunkdialog [1930], in: GW IV, S. 213-222.
- Heinrich Mann zum sechzigsten Geburtstag [1931], in: GW I, S. 129-139.
- Rede auf Heinrich Mann [1931], in: GW I, S. 410-418.
- Nach dem Nihilismus [1932], in: GW I, S. 151-161.
- Züchtung I [1933], GW I, S. 214-222.
- Expressionismus [1933], in: GW I, S. 240-256.
- Antwort an die literarischen Emigranten [1933], in: GW IV, S. 239-248.
- Dorische Welt. Eine Untersuchung über die Beziehung von Kunst und Macht [1934], in: GW I, S. 262-294.
- Lebensweg eines Intellektualisten [1934], in: GW IV, S. 19-68.
- Rede auf Stefan George [1934], in: GW I, S. 464-477.

- Rede auf Marinetti [1934], in: GW I, S. 478-481.
- Weinhaus Wolf [1937], in: GW II, S. 127-151.
- Züchtung II [1940], in: GW I, S. 295-298.
- Figuren, in: GW IV, S. 264-279.
- Kunst und Drittes Reich [1941], in: GW I, S. 299-322.
- Provoziertes Leben [1943], in: GW I, S. 332-343.
- Pessimismus [1943], in: GW I, S. 356-361.
- Pallas [1943], in: GW I, S. 362-370.
- Roman des Phänotyp [1944], in: GW II, S. 152-204.
- Der Ptolemäer. Berliner Novelle, 1947, in: GW II, S. 205-257.
- Statische Gedichte, Zürich 1948.
- Drei alte Männer. Gespräche [1948], in: GW II, S. 379-412.
- Nietzsche – nach fünfzig Jahren [1950], in: GW I, S. 482-493 (vgl. P 3, S. 198-208 sowie S. 649-691 [Anmerkungen]).
- W.H. Auden, Das Zeitalter der Angst [1950], in: GW IV, S. 364-376.
- Doppelleben [1950, 1955], in: GW IV, S. 69-172.
- Probleme der Lyrik [1951], in: GW I, S. 494-532.
- Vortrag in Knokke [1952], in: GW I, S. 541-549.
- Altern als Problem für Künstler [1954], in: GW I, S. 552-582.
- Lyrik des expressionistischen Jahrzehnts [1955], in: GW IV, S. 377-390.
- Soll die Dichtung das Leben bessern? [1955], in: GW I, S. 583-593.

Benndorf, Friedrich Kurt: Hymnen an Zarathustra und andre Gedicht-Kreise, Leipzig 1900.
- Naturalismus, eine Definition (1911), in: Pan, Wochenschrift, 1911/12, Bd. 1, S. 399-401.

Berg, Leo: Friedrich Nietzsche (1889 und 90), in: L.B., Zwischen zwei Jahrhunderten. Gesammelte Essays, Frankfurt a.M. 1896, S. 3-33.
- Der Übermensch in der modernen Litteratur. Ein Kapitel zur Geistesgeschichte des 19. Jahrhunderts, Paris/Leipzig/München 1897.

Bernhard, Thomas: Alte Meister, Komödie [1985], Frankfurt a.M. 1988 [Suhrkamp Taschenbuch].

Bertram, Ernst: Nietzsche. Versuch einer Mythologie, Berlin 1929 (siebente, durchgehend verbesserte und ergänzte Auflage; 1. Aufl. 1918; 8. Aufl. 1965).

Beuys, Joseph: Mai hinter Schloß Belvedere [1941] [mit lyrischem Text], in: Franz Joseph van der Grinten/Hans van der Grinten: Joseph Beuys: Wasserfarben/Watercolours 1936-1963. Vorwort/Preface: Heiner Bastian, Frankfurt a.M./Berlin/Wien 1975, Abb. 2 u. S. 23f.

Bierbaum, Otto Julius: Deutsche Lyrik von heute, München 1891 [= Münchener Flugschriften II].

Binder, Hartmut (Hrsg.): Kafka-Handbuch in zwei Bänden. Bd. 1: Der Mensch und seine Zeit, Stuttgart 1979.

Bindschedler, Maria: Nietzsche und die poetische Lüge, Berlin 1966 [1954].

Biser, Eugen: Gottsucher oder Antichrist? Nietzsches provokative Kritik des Christentums, Salzburg 1982.
- Der "beleidigte" Nietzsche und der "bekehrte" Wagner. Versuch einer Entzauberung, in: Philosophisches Jahrbuch, 92. Jg. (1985), 2. Halbband, S. 175-180.

Bizet, Georges: Carmen. Oper in vier Aufzügen. Von Henri Meilhac u. Ludovic Halévy, nach der Novelle von Prosper Mérimée, deutsche Übersetzung von Julius Hopp, Übersetzung der Dialoge von Wilhelm Zentner, vollständiges Buch, hg. u. eingel. von Wilhelm Zentner, Stuttgart 1984 (1959) (Reclam).

Blätter für die Kunst: [Sigel: BfK].
- Eine Auslese aus den Jahren 1892-98, Georg Bondi, Berlin 1899.

- Eine Auslese aus den Jahren 1898-1904, Georg Bondi, Berlin 1904.
- Neunte Folge, 1910.

Blei, Franz: Das große Bestiarium der modernen Literatur. Berlin 1922 [= Das große Bestiarium der Literatur, Berlin 1924].
- Das Zaubertheater, in: Die weißen Blätter, 1. Jg., 1913/14, S. 788-795.

Bleibtreu, Carl: Revolution der Literatur [1886]. Mit erläuternden Anmerkungen u. einem Nachwort neu herausgegeben von Johannes J. Braakenburg, Tübingen 1973 [dt].

Bleibtreu, Karl: Byron der Uebermensch, sein Leben und sein Dichten, Jena [1897].

Bloch, Ernst: Über das Problem Nietzsches, in: Das Freie Wort, 6. Jg., Nr. 14, 2. Okt.-Heft 1906, S. 566-570.
- Der Impuls Nietzsches, in: E.B., Durch die Wüste. Frühe kritische Aufsätze, Frankfurt a.M. 1981 (edition suhrkamp), S. 105-109.
- Geist der Utopie. Unveränderter Nachdruck der bearbeiteten Neuauflage der zweiten Fassung von 1923, Frankfurt a.M. 1973 (Suhrkamp Taschenbuch).
- Geist der Utopie. Faksimile der Ausgabe von 1918, Frankfurt a.M. 1971 {= E.B., Geist der Utopie. Erste Fassung. Faksimile der Ausgabe von 1918, Frankfurt a.M. 1985 [Suhrkamp Taschenbuch]).
- Der Impuls Nietzsche, in: E.B., Erbschaft dieser Zeit, Frankfurt a.M. 1973 [zuerst Zürich 1935], S. 358-366.
- Karl Marx und die Menschlichkeit. Utopische Phantasie und Weltveränderung, Hamburg 1969 [rde].
- Das Prinzip Hoffnung. 3 Bände, Frankfurt a.M. 1973 (Suhrkamp Taschenbuch) (Geschrieben 1938-1947 in den USA, durchgesehen 1953 und 1959)

Boccioni, Umberto (Boccioni, Carrà, Russolo, Balla, Severini): Die futuristische Malerei. Technisches Manifest [1910], in: Baumgarth, Futurismus, S. 181-183; Apollonio, Futurismus, S. 40-43.
- Bildnerischer Dynamismus [1913], in: Apollonio, Futurismus, S. 115-118.

Böckmann, Paul: Goethes naturwissenschaftliches Denken als Bedingung der Symbolik seiner Altersdichtung, in: Literature and Science. Proceedings of the sixth triennial Congress, Oxford 1954, S. 228-236.
- Die Bedeutung Nietzsches für die Situation der modernen Literatur, in: Deutsche Vierteljahrsschrift für Literaturwissenschaft u. Geistesgeschichte, 27. Jg., 1953, S. 77-101.

Bölsche, Wilhelm: Die naturwissenschaftlichen Grundlagen der Poesie [1887]. Prolegomena einer realistischen Ästhetik. Mit zeitgenössischen Rezensionen und einer Bibliographie der Schriften Wilhelm Bölsches neu herausgegeben von Johannes J. Braakenburg, Tübingen 1976 (dtv).
- Das Geheimnis Friedrich Nietzsches, in: Neue Deutsche Rundschau (Freie Bühne), 5. Jahrgang, 1894, S. 1026-1033.

Böning, Thomas: Metaphysik, Kunst und Sprache beim frühen Nietzsche, Berlin/New York 1988.

Boldt, Paul: Lyrik, in: Die Aktion 3, 1913, Sp. 862f.

Borchardt, Rudolf: Bacchische Epiphanie. Textkritisch hrsg. und mit einem Nachwort von Bernhard Fischer, München 1992.

Borchmeyer, Dieter: Wodurch hat Wagner Nietzsche tödlich beleidigt? Eine Replik auf Eugen Bisers Aufsatz "Glaube und Mythos", in: Philosophisches Jahrbuch, 92. Jg. (1985), S. 149-156.

Born, Jürgen: Kafkas Bibliothek. Ein beschreibendes Verzeichnis, Frankfurt a.M. 1990.

Braatz, Kurt: Friedrich Nietzsche – Eine Studie zur Theorie der Öffentlichen Meinung, Berlin/New York 1988.

Brandes, Georg: Aristokratischer Radicalismus. Eine Abhandlung über Friedrich Nietzsche, in: Deutsche Rundschau 63, 16. Jg., H. 7 v. April 1890, S. 52-89.

Brecht, Bertolt: Baal. Drei Fassungen. Kritisch ediert und kommentiert von Dieter Schmidt, Frankfurt a.M. 1966 (edition suhrkamp) (Baal [1918]; Baal [1919]; Lebenslauf des Mannes Baal [1926]).

– Über Nietzsches "Zarathustra", in: B.B., Gesammelte Werke, Bd. 9 [werkausgabe edition suhrkamp], Frankfurt a.M. 1967, S. 613f. [Gedichte 1933-1938].

Breton, André: Erstes Manifest des Surrealismus[1924], in: A.B., Die Manifeste des Surrealismus, Hamburg 1968, S. 9-43.

Bridgwater, Patrick: Kafka and Nietzsche, 2. Aufl. Bonn 1987.

Broch, Hermann: Der Tod des Vergil, Zürich 1958 (1945).

– Das Böse im Wertsystem der Kunst [1933], in: H.B., Dichten und Erkennen. Essays. Bd. I, hrsg. u. eingeleitet von Hannah Arendt, Zürich 1955, S. 311-350.

– Der Zerfall der Werte. Diskurse, Exkurse und ein Epilog [1931/32; vgl. Die Schlafwandler, Bd. 3], in: H.B. Erkennen und Handeln. Essays. Bd. II, hrsg. u. eingeleitet von Hannah Arendt, Zürich 1955, S. 5-43.

– Hofmannsthal und seine Zeit. Eine Studie [1951, 1955; geschrieben 1947/48], in: H.B., Dichten und Erkennen, Bd. I, S. 43-181.

– Ethik, in: Der Brenner, 4. Jg., 1914, S. 684-690.

– Briefe. Von 1929 bis 1951, herausgegeben u. eingeleitet von Robert Pick, Zürich 1957.

Brod, Max: Streitbares Leben. Autobiographie, München 1960.

Buber, Martin: Ein Wort über Nietzsche und die Lebenswerte, in: Die Kunst im Leben, Dezember 1900, S. 13 [Sp. 1-2].

Buddeberg, Else: Gottfried Benn, Stuttgart 1961.

Burckhardt, Jacob: Weltgeschichtliche Betrachtungen. Über geschichtliches Studium, Darmstadt 1962 (= Gesammelte Werke, Bd. IV) [Kürzel: WB].

– Der Cicerone. Eine Anleitung zum Genuß der Kunstwerke Italiens, Neudruck der Urausgabe, Stuttgart 1939.

– Die Kultur der Renaissance in Italien. Ein Versuch [1860], Darmstadt 1962 (= GW, Bd. III).

Calvesi, Marizio: Zum Futurismus, in: Futurismus 1909-1917 [14 Spalten].

Camus, Albert: Tagebücher 1935-1951, Hamburg 1989.

– Der Mensch in der Revolte, Essays, Hamburg 1964 [L'Homme révolté, 1951].

Carlyle, Thomas: On heroes, hero-worship and the heroic in history [1841], London 1901.

Clement, Frantz: Die Dichtung der neuen Generation, in: Das literarische Echo, 21. Jg., 1918, Sp. 1-8.

Colli, Giorgio: Distanz und Pathos. Einleitungen zu Nietzsches Werken. Mit einem Nachwort von Mazzino Montinari. Aus dem Italienischen von Ragni Maria Gschwend u. Reimar Klein, Frankfurt a.M. 1982 [Originalausgabe: Scritti su Nietzsche, Milano 1980].

Conrad, Michael Georg: Flammen! Für freie Geister, Leipzig 1882 (S. 257-296: Friedrich Nietzsche).

– An unsere Leser und Freunde, in: Die Gesellschaft, 5. Jg. 1889, S. 918.

– Gelüftete Masken. Allerlei Charakterköpfe, Leipzig 1890.

– Jugend! in: Die Gesellschaft 11. Jg., 1895, S. 1ff.

– Der Übermensch in der Politik. Betrachtungen über die Reichs-Zustände am Ausgange des Jahrhunderts, Stuttgart 1895.

– In purpurner Finsterniß. Roman-Improvisation aus dem dreißigsten Jahrhundert, Berlin 1895.

– Salve Regina. Lyrischer Cyklus, Berlin und Leipzig 1899.

– Der Kampf um Nietzsche, in: Die Waage 2, 1899, S. 811-814.

– Von Emile Zola bis Gerhart Hauptmann. Erinnerungen zur Geschichte der Moderne, Leipzig 1902.

Conradi, Hermann: Lieder eines Sünders, Leipzig 1887.
- Phrasen. Roman, Leipzig 1887.
- Adam Mensch. Roman, Leipzig 1889.
Creuzer, Georg Friedrich: Symbolik und Mythologie der alten Völker, besonders der Griechen. 4 Teile, Hildesheim/New York 1973 (zuerst 1810ff.).

Däubler, Theodor: Hymne an Friedrich Nietzsche [1910], in: Th.D., Das Nordlicht. Erster Band, Genfer Ausgabe, Leipzig 1921, S. 572f.
- Der neue Standpunkt, Dresden-Hellerau 1916 (Nachdruck Kraus Reprint 1973).
- Das Eigentum Ägyptens, in: Th.D., Der Fischzug [1917-1929], Hellerau 1930, S. 147-186.
Dallago, Carl: Der Bildungsphilister als Geistesrichter, in: Der Brenner, 4. Jg. 1914, S. 723-736.
Dauthendey, Max: Bänkelsang vom Balzer auf der Balz, München 1904 [vgl. Hillebrand I, S. 143].
David, Claude: Stefan George. Sein dichterisches Werk, München 1967 [Paris 1952].
Dehmel, Richard: Erlösungen. Eine Seelenwanderung in Gedichten und Sprüchen, Stuttgart/Leipzig 1891 [vgl. R.D., Gesammelte Werke in 10 Bänden, 1. Bd., 3., nochmals veränderte Ausgabe, Berlin 1906].
- Lebensblätter. Gedichte und Anderes, Berlin 1895 [vgl. R.D., Sozusagen Kulturästhetik. Polemische Epistel, in: Die Gesellschaft, Jg. 1895, S. 522-533].
- Offener Brief von Richard Dehmel an den Herausgeber der 'Kultur', in: Die Kultur I, 1902, H. 1, S. 54-66 [vgl. Hillebrand I, S. 135-138].
Dilthey, Wilhelm: Das Erlebnis und die Dichtung. Lessing. Goethe. Novalis. Hölderlin, 14. Aufl., Göttingen 1965 (1. Aufl. 1905).
Dimter, Walter: Eine Österreichische *Recherche*? Ingeborg Bachmanns unvollendete *Todesarten*, in: Jahrbuch des Wiener Goethe-Vereins, Bd. 94, 1990, S. 139-154.
Djurić, Mihailo: Nietzsche und die Metaphysik, Berlin/New York 1985.
Doderer, Heimito von: Grundlagen und Funktion des Romans [1959], in: H.v.D., Die Wiederkehr der Drachen. Aufsätze. Traktate. Reden. Vorwort von Wolfgang H. Fleischer, hrsg. von Wendelin Schmidt-Dengler, München 1970, S. 149-175.
Döblin, Alfred: Aufsätze zur Literatur, hrsg. von Walter Muschg, Freiburg i.Br. 1963.
- Der Wille zur Macht als Erkenntnis bei Friedrich Nietzsche [1902], in: Hillebrand I, S. 315-330.
- Zu Nietzsches Morallehre [1903], in: Hillebrand I, S. 331-358.
- Reform des Romans [1919], in: A.D., Aufsätze, S. 32-48.
- Der Geist des naturalistischen Zeitalters [1924], in: A.D., Aufsätze, S. 62-83.
- Der Bau des epischen Werkes [1929], in: A.D., Aufsätze, S. 103-132.
- Vom alten zum neuen Naturalismus. Akademie-Rede über Arno Holz [1930], in: A.D., Aufsätze, S. 138-145.
- Wissen und Verändern! Offene Briefe an einen jungen Menschen, Berlin 1931, S. 72f., 168f. (vgl. Hillebrand I, S. 242ff.).
- Die deutsche Literatur [im Ausland seit 1933]. Ein Dialog zwischen Politik und Kunst [1938], in: A.D., Aufsätze, S. 187-210.
- Die literarische Situation, Baden-Baden 1947 (vgl. Hillebrand I, S. 279f.).
- Einführung in eine Arno Holz-Auswahl [1951], in: A.D., Aufsätze, S. 145-163.
Dresler-Brumme, Charlotte: Nietzsches Philosophie in Musils Roman 'Der Mann ohne Eigenschaften'. Eine vergleichende Betrachtung als Beitrag zum Verständnis, Frankfurt a.M. 1987.
Drey, Arthur: Nietzsche, in: A.D., Der unendliche Mensch, Leipzig 1919, S. 35.
Driever, Ralph: Ästhetik und Artistik. Untersuchungen zum Kunstbegriff Friedrich Nietzsches, Diss. Bochum 1986.

Du Bois-Reymond, Emil: Über die Grenzen des Naturerkennens, Leipzig 1872.

Dühring, Eugen: Der Werth des Lebens. Eine philosophische Betrachtung, Breslau 1865.

Duhamel, Roland: Kerngedachten van Friedrich Nietzsche, Antwerpen/Amsterdam 1979.

Edschmid, Kasimir: Das rasende Leben. Zwei Novellen, Leipzig 1915.
– Der tödliche Mai, in: K.E., Das rasende Leben, S. 25-44.
– Die sechs Mündungen. Novellen, Leipzig 1915 [Nachdruck Kraus Reprint 1973].
– Timur. Novellen, Leipzig 1916 [Nachdruck Kraus Reprint 1973]
– Der Bezwinger, in: K.E., Timur, S. 143-222.
– Über den dichterischen Expressionismus (Herbst 1917), in: Tribüne der Kunst und Zeit I, Berlin 1919 [Neudruck Kraus Reprint 1973], S. 39-78.
– Über die dichterische deutsche Jugend [1918], in: Tribüne der Kunst und Zeit I, Berlin 1919, S. 11-38.
Einstein, Carl: Bebuquin. Für André Gide geschrieben 1906/1909, in: C.E., Gesammelte Werke, hrsg. von Ernst Nef, Wiesbaden 1962, S. 192-241 (zuerst in: Die Aktion, 2. Jg., 1912, Nr. 28-41).
– Der Snobb, in: Hyperion, 1909, S. 172-176, auch in: C.E., Anmerkungen, S. 40-47 (unter dem Titel: Snobb).
– Das Gesetz, in: Die Aktion, 4. Jg., 1914, Sp. 177-178.
– Totalität, in: Die Aktion, 4. Jg., 1914, Sp. 345-347, 476-478 (auch in: C.E., Anmerkungen, S. 32-40).
– Anmerkungen, in: Die Aktion, 4. Jg., 1914, S. 277-279.
– Anmerkungen, Berlin-Wilmersdorf 1916.
– Zu Paul Claudel, in: C.E., Anmerkungen, S. 18-28 (zuerst in: Die weißen Blätter, 1. Jg., Heft 3, 1913, S. 289-292).
– Der unentwegte Platoniker, Leipzig 1918.
– Der unentwegte Platoniker, in: C.E., Der unentwegte Platoniker, S. 7-61.
– G.F.R.G., in: C.E., Der unentwegte Platoniker, S. 63-128.
– Die Fabrikation der Fiktionen [um 1931]. Gesammelte Werke in Einzelausgaben. Hrsg. von Sibylle Penkert. Eingeleitet von Helmut Heißenbüttel. Mit Beiträgen von Sibylle Penkert und Katrin Sello, Hamburg 1973.
Ernst, Otto: Nietzsche der falsche Prophet, Leipzig 1914.
Ernst, Paul: Friedrich Nietzsche. Seine historische Stellung, in: Freie Bühne, 1. Jg., 1890, S. 489-491.
– Friedrich Nietzsche. Seine Philosophie, in: Freie Bühne, 1. Jg., 1890, S. 516-520.
– Friedrich Nietzsche, Berlin 1900.

B. F. (Pseudonym): Herr Friedrich Nietzsche und die deutsche Cultur, in: Die Grenzboten, 32. Jg., 2. Semester, 2. Bd. Okt. 1873, S. 104-110.
Figl, Johann: Interpretation als philosophisches Prinzip. Friedrich Nietzsches universale Theorie der Auslegung im späten Nachlaß, Berlin/New York 1982.
Fink, Eugen: Nietzsches Philosophie, Stuttgart 1960.
Flaischlen, Caesar: Zur modernen Dichtung. Ein Rückblick, in: Pan I, 1895, S. 235-242.
Flake, Otto: Souveränität, in: Die Erhebung. Jahrbuch für neue Dichtung und Wertung, hrsg. von Alfred Wolfenstein, Berlin [1919] [Nachdruck Kraus Reprint 1975], S. 338-347.
– Nietzsche [Vortrag 1945/1947], in: O.F., Die Verurteilung des Sokrates. Biographische Essays aus sechs Jahrzehnten, Heidelberg 1970, S. 300-317.
– Nietzsche. Rückblick auf eine Philosophie. 2., vermehrte Auflage Baden-Baden 1947 ([1]1946).
– Die fünf Hefte. Eine Reihe, München 1920.

Förster-Nietzsche, Elisabeth: Das Leben Friedrich Nietzsche's. Zwei Bände, Leipzig 1895-1904.

Frenzel, Ivo: Friedrich Nietzsche in Selbstzeugnissen und Bilddokumenten, Hamburg 1982 (1966).

– Prophet, Wegbereiter, Verführer. Friedrich Nietzsches Einfluß auf die Kunst, Literatur und Philosophie in Deutschland, in: Deutsche Kunst im 20. Jahrhundert. Malerei und Plastik 1905-1985, hrsg. von Ch.M. Joachimides, N. Rosenthal, W. Schmied, München 1986, S. 75-79.

Freud, Sigmund: Die Traumdeutung [1900], Frankfurt a.M. 1989 [= Studienausgabe, hrsg. von Alexander Mitscherlich u.a., Bd. II].

– Einige Charaktertypen in der psychoanalytischen Arbeit [1916], in: S.F., Bildende Kunst und Literatur, Frankfurt a.M. 1969 [= Studienausgabe Bd. X], S. 229-253.

– Jenseits des Lustprinzips [1920], in: S.F., Psychologie des Unbewußten, Frankfurt a.M. 1989 [= Studienausgabe Bd. III], S. 213-272.

– Massenpsychologie und Ich-Analyse [1921], in: S.F., Fragen der Gesellschaft. Ursprünge der Religion, Frankfurt a.M. 1989 [= Studienausgabe Bd. IX], S. 61-134.

– Das Unbehagen in der Kultur [1930], in: S.F., Fragen der Gesellschaft, S. 191-270.

Friedell, Egon: Kulturgeschichte der Neuzeit. Die Krisis der europäischen Seele von der Schwarzen Pest bis zum Ersten Weltkrieg, München 1974 [Erstausgabe 1927-1931].

Friedlaender, Salomo: Friedrich Nietzsche. Ein Wink zum Verständnis seiner Lehre, in: Das Neue Magazin, 1904, S. 529-535.

– Friedrich Nietzsche. Eine intellektuale Biographie, Leipzig 1911.

– Schöpferische Indifferenz, München 1918.

– Der Antichrist, in: Feuer 2, 1921, S. 369-377.

Fuchs, G.: Nietzsches Nachfolger, in: Die Aktion, 3. Jg., 1913, Sp. 761-763.

Futurismus 1909-1917: Städtische Kunsthalle Düsseldorf, 15. März – 28. April 1974 [Katalog].

Gadamer, Hans-Georg: Mythopoietische Umkehrung in Rilkes 'Duineser Elegien' [1967], in: Rilkes 'Duineser Elegien'. 2. Bd.: Forschungsgeschichte, hrsg. von Ulrich Fülleborn u. Manfred Engel, Frankfurt a.M. 1982, S. 244-263.

Gahn, Renate: Musil und Nietzsche. Zum Problem von Kunst und Erkenntnis, Diss. Mainz 1980.

Gebhard, Walter: Nietzsches Totalismus. Philosophie der Natur zwischen Verklärung und Verhängnis, Berlin/New York 1983.

– "Nationalitäten-Wahnsinn" und "Organisierte Unmoralität". Nietzsches Identitätsdilemma mit dem Kulturrückstand der Deutschen, in: Osaka Gakuin University. International Colloquium 1991, S. 33-63.

George, Stefan: Werke. Ausgabe in zwei Bänden. Zum Jubiläumsjahr 1968, 2. Aufl., Düsseldorf/München 1968 (Vorwort: Robert Boehringer) (1. Aufl. 1958) [Sigel: W].

– Stefan George – Friedrich Gundolf. Briefwechsel, hrsg. von Robert Boehringer mit Georg Peter Landmann, München u. Düsseldorf 1962.

Gerhardt, Volker: Pathos und Distanz. Studien zur Philosophie Friedrich Nietzsches, Stuttgart 1988 (Reclam).

Gide, André: Die Verliese des Vatikans. Ein ironischer Roman, Karlsruhe o.J. [Les caves du vatican, 1914].

– Stirb und werde ['Si le grain ne meurt']. Deutsch von Ferdinand Hardekopf, München 1985 (1. Aufl. 1965) [dtv].

Gilman, Sander L. (Hrsg.): Begegnungen mit Nietzsche. 2., verbesserte Auflage, Bonn 1985 ([1]1981).

Glucksmann, André: Die Meisterdenker. Aus dem Französischen von Jürgen Hoch, Hamburg 1978 [Originalausgabe. Les maîtres penseurs, 1977].

Goethe, Johann Wolfgang von: Werke. Hamburger Ausgabe in 14 Bänden, München 1982 (Taschenbuchausgabe [= band- u. textidentisch mit der im Beck-Verlag München erschienenen Hamburger Ausgabe]) – Sigel: HA.

– Goethes Briefe. Hamburger Ausgabe. In vier Bänden, hrsg. von Karl Robert Mandelkow, Hamburg 1962-1967.

– Goethes Briefwechsel mit Zelter, hrsg. von Will Vesper, Berlin 1914.

Grau, Gerd-Günther: Ideologie und Wille zur Macht. Zeitgemäße Betrachtungen über Nietzsche, Berlin/New York 1984.

Gregor-Dellin, Martin: Richard Wagner. Sein Leben. Sein Werk. Sein Jahrhundert, München 1983 (1980).

Griesser, Luitpold: Nietzsches Zarathustra und die griechische Philosophie, in: Monatsblätter des Wissenschaftlichen Klub in Wien 34, Wien 1913, S. 28-37, 73-85.

Grimm, Reinhold: Brecht und Nietzsche, in: R.G., Brecht und Nietzsche oder Geständnisse eines Dichters. Fünf Essays und ein Bruchstück, Frankfurt a.M. 1979 [edition suhrkamp], S. 156-245.

Groddeck, Wolfram: Friedrich Nietzsche: "Dionysos-Dithyramben". Bd. 1: Textgenetische Edition der Vorstufen und Reinschriften. Bd. 2: Die "Dionysos-Dithyramben". Bedeutung und Entstehung von Nietzsches letztem Werk, Berlin/New York 1991.

Grosz, George: Briefe 1913-1959, hrsg. von Herbert Knust, Hamburg 1979.

Grottewitz, Curt: Der Kultus der Persönlichkeit, in: Freie Bühne, 2. Jg., 1891, S. 233-236.

– Nietzsche's Herrenmoral und die Naturwissenschaft, in: Das Magazin für Litteratur 66, 1897, Sp. 1519-1524.

Grundlehner, Philip: The Poetry of Friedrich Nietzsche, New York/Oxford 1986.

Gundolf, Friedrich: George, Berlin 1920 (3. Aufl. 1930) [reprograf. Nachdruck 1968].

Guthke, Karl S.: Gerhart Hauptmann. Weltbild im Werk. Zweite, vollständig überarbeitete und erweiterte Auflage, München 1980 [UTB].

Habermas, Jürgen: Eintritt in die Postmoderne: Nietzsche als Drehscheibe, in: J.H., Der philosophische Diskurs der Moderne. Zwölf Vorlesungen, Frankfurt a.M. ³1986 (¹1985), S. 104-129.

Hahn, Manfred: Das Werk Heinrich Manns von den Anfängen bis zum 'Untertan' 1885-1914. Teil I: 1885-1907, Leipzig 1965 (Diss. masch.).

Halbe, Max: Scholle und Schicksal. Geschichte meines Lebens, München 1933.

– Jahrhundertwende. Erinnerungen an eine Epoche, München/Wien 1976 (zuerst: Jahrhundertwende. Geschichte meines Lebens. 1893-1914, Danzig 1935).

Handke, Peter: Aber ich lebe nur von den Zwischenräumen. Ein Gespräch, geführt von Herbert Gamper, Zürich 1987.

Hansson, Ola: Friedrich Nietzsche. Seine Persönlichkeit und sein System, Leipzig 1890.

– Friedrich Nietzsche und der Naturalismus, in: Die Gegenwart 39, 1891, S. 275-278, 296-299.

Hart, Heinrich: Am Ausgang des neunzehnten Jahrhunderts. Betrachtung über Entwickelung, Sonderung und Ziel moderner Weltanschauung [1890], in: H.H., Literarische Erinnerungen, S. 159-199.

– Literarische Erinnerungen. Ausgewählte Aufsätze, Berlin 1907 [= H.H., Gesammelte Werke, hrsg. von Julius Hart, 3. Bd.].

– Ein Typus [1892], in: H.H., Literarische Erinnerungen, S. 285-295.

– Wir Westfalen [1905], in: H.H., Literarische Erinnerungen, S. 11-96.

– Ecce homo. Etwas vom Wert des Einzelnen, in: H.H., Literarische Erinnerungen, S. 142-153.

– All und Ich [1905], in: H.H., Literarische Erinnerungen, S. 153-159.

Hart, Julius: Der neue Gott. Ein Ausblick auf das kommende Jahrhundert, Florenz u. Leipzig 1899.

Hart, Heinrich und Julius: Das Reich der Erfüllung. Flugschriften zur Begründung einer neuen Weltanschauung, hrsg. von Heinrich u. Julius Hart, 2 Bde., Leipzig/Jena 1900-1901.

Hatvani, Paul: Salto mortale. Aphorismen, Essais, Skizzen, Heidelberg 1913.

Hauptmann, Gerhart: Das Friedensfest. Eine Familienkatastrophe [1890], in: G.H., Sämtliche Werke, hrsg. von Hans Egon Hass [Centenar-Ausgabe], Bd. I, Darmstadt 1966, S. 99-165.

- Der Apostel [1890], in: SW VI, Darmstadt 1963, S. 69-84.

- Notizkalender 1889 bis 1891, hrsg. von Martin Machatzke, Frankfurt a.M./Berlin/ Wien 1982.

- Diarium 1917 bis 1933, hrsg. von Martin Machatzke, Frankfurt a.M./Berlin/Wien 1980.

- Das Theater wird bestehen! [1931], in: G.H., Die Kunst des Dramas. Über Schauspiel und Theater. Zusammengestellt von Martin Machatzke, Berlin/Frankfurt a.M./Wien 1963, S. 132-136.

- Das Abenteuer meiner Jugend [1937], in: SW, Bd. VII: Autobiographisches, Darmstadt 1962, S. 451-1082.

Heartfield, John: Adolf der Übermensch: Schluckt Gold und redet Blech [1932], in: Eckhard Siepmann, Montage: John Heartfield. Vom Club Dada zur arbeiter-illustrierten Zeitung, Berlin/Hamburg, o.J., Titelbild, S. 3, S. 268.

Heftrich, Eckhard: Nietzsches Philosophie. Identität von Welt und Nichts, Frankfurt a.M. 1962.

Hegel, Georg Wilhelm Friedrich: Ästhetik, Bd. I u. II, Berlin/Weimar 1965 (Nach der 2. Ausgabe Heinrich Gustav Hothos [1842] redigiert und mit einem ausführlichen Register versehen von Friedrich Bassenge).

- Briefe von und an Hegel, 4 Bände, hrsg. von Johannes Hoffmeister, Hamburg 1952-1960.

- Vorlesungen über die Philosophie der Geschichte. Mit einer Einführung von Theodor Litt, Stuttgart 1961 (Reclam) (Der Text folgt der Ausgabe von F. Brunstäd).

Heidegger, Martin: Nietzsche, Bd. I u. II, Pfullingen 1961.

- Der Ursprung des Kunstwerkes [1936], in: M.H., Holzwege, Frankfurt a.M. 1950, S. 7-68.

- Wer ist Nietzsches Zarathustra? [1953], in: M.H., Vorträge und Aufsätze, Pfullingen 1954, S. 101-126.

Heine, Heinrich: Sämtliche Schriften in 12 Bänden, hrsg. von Klaus Briegleb, München/ Wien 1976.

- Englische Fragmente [1828], in: SS 3, S. 531-605.

- Die Götter im Exil [1853], in: SS 11, S. 397-423.

- Die Göttin Diana [1854], in: SS 11, S. 425-436.

- Geständnisse [1854], in: SS 11, S. 443-513 (S. 502-513: [Waterloo-Fragment]).

Heißenbüttel, Helmut: Kritische Theorie im Rückblick [1970], in: H.H., Zur Tradition der Moderne. Aufsätze und Anmerkungen 1964-1971, Neuwied/Berlin 1972, S. 186-194.

Henne am Rhyn, Otto: Anti-Zarathustra. Gedanken über Friedrich Nietzsches Hauptwerke, Altenburg 1899.

Henze, Hans Werner: Musik und Politik. Schriften und Gespräche 1955-1984. Mit einem Vorwort, hrsg. von Jens Brockmeier, München 1984 [dtv].

- Die DKP – Die Hauptaufgaben fortschrittlicher Musiker [1973], in: H.W.H., Musik und Politik, S. 205-207.

- Der Künstler als bürgerlicher Held [1975]. Eine Einführung in die Oper 'Elegie für junge Liebende', in: H.W.H., Musik und Politik, S. 235-244.

Herzog, Wilhelm: Friedrich Nietzsche und die Deutschen, in: Das Forum, 4. Jg., Okt. 1919, H. 1, S. 1-24.

Hess, Walter: Dokumente zum Verständnis der modernen Malerei, Hamburg 1968 (^{1}1956) (rde).

Hesse, Hermann: Faust und Zarathustra [1909]. Vortrag, gehalten in der Bremer Ortsgruppe des Deutschen Monisten-Bundes am 1. Mai 1909, Bremen [vgl. Hillebrand I, S. 154f.].

– Gesammelte Werke in 12 Bänden, Frankfurt a.M. 1976 (edition suhrkamp) (1970).

– Zarathustras Wiederkehr. Ein Wort an die deutsche Jugend. Von einem Deutschen [anonym], Bern 1919 [= H.H., GW 10, S. 466-497].

– Über "Zarathustras Wiederkehr" [1919], in: H.H., GW 11, S. 39-43.

– Der Steppenwolf [1927], in: H.H., GW 7, S. 181-413.

Heym, Georg: Dichtungen und Schriften. Gesamtausgabe. Hrsg. von Karl Ludwig Schneider. Band 1: Lyrik, Hamburg u. München 1964, Band 2: Prosa und Dramen, Hamburg/München 1962, Band 3: Tagebücher Träume Briefe, München 1960, 3. Aufl. 1986.

– Dokumente zu seinem Leben und Werk, hrsg. von Karl Ludwig Schneider und Gerhard Burckhardt, München 1968.

– Versuch einer neuen Religion [1909], in: G.H., Prosa und Dramen, S. 164-172.

– Atalanta oder Die Angst [1910/1911], in: G.H., Prosa und Dramen, S. 365-407.

– Eine Fratze [1911], in: G.H., Prosa und Dramen, S. 173-174.

– Über Genie und Staat [1912], in: G.H., Prosa und Dramen, S. 174-176.

Hillebrand, Bruno: Artistik und Auftrag. Zur Kunsttheorie von Nietzsche und Benn, München 1966.

– (Hrsg.): Nietzsche und die deutsche Literatur. I. Texte zur Nietzsche-Rezeption 1873-1963. Mit einer Einführung hrsg. von B.H., II. Forschungsergebnisse. Mit einer weiterführenden Bibliographie hrsg. von B.H., Tübingen 1978 [dt].

– Gottfried Benn und Friedrich Nietzsche, in: Hillebrand II, S. 185-210.

– Ästhetik des Nihilismus. Von der Romantik zum Modernismus, Stuttgart 1991.

Hiller, Kurt: Zur Auswahl, in: Der Sturm, Jg. 1911, Nr. 69, S. 551, Sp. 1-3.

– Die Weisheit der Langenweile. Eine Zeit- und Streitschrift. Bd. I und II, Leipzig 1913 [Nachdruck Kraus Reprint 1973].

– Leben gegen die Zeit [Logos], Hamburg 1969.

– Leben gegen die Zeit [Eros]. Mit einem Nachwort hrsg. von Horst H.W. Müller, Hamburg 1973.

Hoddis, Jakob van: Weltende. Gesammelte Dichtungen, hrsg. von Paul Pörtner, Zürich 1958.

Hoffmann, Fernand: Thomas Mann als Philosoph der Krankheit. Versuch einer systematischen Darstellung seiner Wertphilosophie des Bionegativen, Université de Nancy, 1970.

Hofmann, Werner: Grundlagen der modernen Kunst. Eine Einführung in ihre symbolischen Formen, Stuttgart 1966.

Hofmannsthal, Hugo von: Gesammelte Werke in Einzelausgaben. 15 Bände, hrsg. von Herbert Steiner, Frankfurt a.M. 1945-1959ff.

– Zur Physiologie der modernen Liebe [1891], in: Prosa I [1956], S. 7-13.

– Das Tagebuch eines Willenskranken. Henri-Frédéric Amiel, 'Fragments d'un journal intime' [1891], in: Prosa I, S. 22-35.

– Das Tagebuch eines jungen Mädchens. 'Journal de Marie Bashkirtseff' [1893], in: Prosa I, S. 106-112.

– Gabriele d'Annunzio [I] [1893], in: Prosa I, S. 147-158.

– Ein Brief [1901], in: Prosa II [1951], S. 7-22.

– Augenblicke in Griechenland [1908ff.], in: Prosa III [1952], S. 7-42 [S. 27-42: Die Statuen].

– Österreich im Spiegel seiner Dichtung [1916], in: Prosa III, S. 333-349.

- Aufzeichnungen zu Reden in Skandinavien [1916], in: Prosa III, S. 350-368.
- Rudolf Borchardt [1916], in: Prosa III, S. 384-386.
- Napoleon [1921], in: Prosa IV [1966], S. 56-64.
- Das Schrifttum als geistiger Raum der Nation. [1927], in: Prosa IV, S. 390-413.
- Aufzeichnungen, Frankfurt a.M. 1959 [Gesammelte Werke in Einzelausgaben].
- Gedichte und lyrische Dramen, Frankfurt a.M. 1963 [Gesammelte Werke in Einzelausgaben].
- Dramen 1 [= Sämtliche Werke. Kritische Ausgabe, Bd. III, hrsg. von G.E. Hübner, K.-G. Pott, Chr. Michel, Frankfurt a.M. 1982].
- Gestern. Dramatische Studie [1891], in: Dramen 1, S. 5-35.
- Der Tod des Tizian. Bruchstück [1892], in: Dramen 1, S. 37-51.
- Der Tor und der Tod [1893], in: Dramen 1, S. 61-80.
- Sämtliche Werke I. Gedichte, hrsg. von Eugene Weber, Frankfurt a.M. 1984.
- Briefe 1890-1901 [= Briefe I], Berlin 1935.
- Briefe 1900-1909 [= Briefe II], Wien 1937.
- Hugo von Hofmannsthal – Arthur Schnitzler. Briefwechsel, hrsg. von Therese Nickl u. Heinrich Schnitzler, Frankfurt a.M. 1964.
- Hugo von Hofmannsthal – Richard Beer-Hofmann. Briefwechsel, hrsg. von Eugene Weber, Frankfurt a.M. 1972.
Holz, Arno: Die Kunst. Ihr Wesen und ihre Gesetze. 2 Bände, Berlin 1891-(1892).
- Sozialaristokraten. Komödie [1896], hrsg. von Theo Meyer, Stuttgart 1980 [Reclam].
- Evolution der Lyrik, in: Das Werk von Arno Holz. Mit Einführungen von Hans W. Fischer. Bd. 10, Berlin 1925, S. 485-732.
Horkheimer, Max: Die Aktualität Schopenhauers [1961], in: M.H., Zur Kritik der instrumentellen Vernunft. Aus den Vorträgen und Aufzeichnungen seit Kriegsende, hrsg. von Alfred Schmidt, Frankfurt a.M. 1974, S. 248-268.
Horneffer, Ernst: Nietzsches Lehre von der Ewigen Wiederkunft und deren bisherige Veröffentlichung, Leipzig 1900.
- Vorträge über Nietzsche. Versuch einer Wiedergabe seiner Gedanken, Berlin 1900.
Huebner, Friedrich Markus: Europas neue Kunst und Dichtung, Berlin 1920 [Nachdruck Kraus Reprint 1973].
Hübner, Fritz: Nietzsches Bild, in: Der Sturm, 1. Jg., 1910, S. 349-350 [4 Spalten] [Kritik an dem Anti-Nietzsche-Pamphlet von Wilhelm Fischer in Graz, Nietzsches Bild, München [2]1910].
Huelsenbeck, Richard/Tzara, Tristan: Dada siegt! Bilanz und Erinnerung, Hamburg/Zürich 1985 [vgl. Richard Huelsenbeck, Dada siegt. Eine Bilanz des Dadaismus, Berlin 1920].
- Dada oder Der Sinn im Chaos [1964], in: Dada. Eine literarische Dokumentation, hrsg. von Richard Huelsenbeck, Hamburg 1964, S. 7-23.
- (Hrsg.): Dada-Almanach, Berlin (1920).
- Dada Almanach [Einleitung, S. 3-9]. Im Auftrag des Zentralamts der deutschen Dada-Bewegung herausgegeben von Richard Huelsenbeck, New York 1966 (zuerst: Berlin 1920).
- Phantastische Gebete, Zürich 1960 [zuerst 1916].
- Vortrag in der Akademie der Künste, Berlin am 6.2.1970 [Zitat nach *Gerd Stein*, Die Inflation der Sprache. Dadaistische Rebellion und mystische Versenkung bei Hugo Ball, Frankfurt a.M. 1975, S. 13].
- Dada heute, in: Die Geburt des Dada. Dichtung und Chronik der Gründer. In Zusammenarbeit mit Hans Arp, Richard Huelsenbeck und Tristan Tzara hrsg. von Peter Schifferli, Zürich 1957, S. 13-17.
- Mit Witz, Licht und Grütze. Auf den Spuren des Dadaismus, Wiesbaden 1957.
Hultberg, Helge: Die Kunstauffassung Nietzsches, Bergen/Oslo 1964.

Ilgenstein, Heinrich: Nietzsche und Hölderlin, in: Die Aktion, 1. Jg., 1911, Sp. 1236-1239, 1261-1263.

Jacob, Heinrich Eduard: Verse der Lebenden. Deutsche Lyrik seit 1910, Berlin 1924.

Jankó, Ilo von [= Andlau, Yves]: Columbus der Ballonfahrer. Ein Stück über Lou von Salomé, Friedrich Nietzsche und andere bekannte Gesichter, Hamburg 1984 (Programmheft u. maschinenschriftliches Textbuch).

Janz, Curt Paul: Die Kompositionen Friedrich Nietzsches, in: Nietzsche-Studien 1, 1972, S. 173-184.

– Die "tödtliche Beleidigung". Ein Beitrag zur Wagner-Entfremdung Nietzsches, in: Nietzsche-Studien 4, 1975, S. 263-278.

– Friedrich Nietzsche. Biographie. Drei Bände, München 1981 [dtv] (München/Wien 1978-1979).

Jasper, Willi: Der Bruder Heinrich Mann. Eine Biographie, München/Wien 1992.

Jaspers, Karl: Nietzsche. Einführung in das Verständnis seines Philosophierens, 4., unveränderte Aufl., Berlin/New York 1981 [1. Aufl. 1936, [2]1946, [3]1950].

– Zu Nietzsches Bedeutung in der Geschichte der Philosophie, in: Neue Rundschau 61, 1950, S. 346-358 (auch in: Salaquarda [Hrsg.], Nietzsche, S. 50-62).

– Vernunft und Existenz. Fünf Vorlesungen, 4. Aufl. München/Zürich 1987 (1. Ausg. 1935).

Jünger, Ernst: Sämtliche Werke. 18 Bände, Stuttgart 1979-1983.

– In Stahlgewittern [1920], in: E.J., SW 1, S. 9-300.

– Der Kampf als inneres Erlebnis [1922], in: E.J., SW 7, S. 9-103.

– Feuer und Blut. Ein kleiner Ausschnitt aus einer großen Schlacht [1925], in: E.J., SW 1, S. 439-538.

– Die Totale Mobilmachung [1930], in: E.J., SW 7, S. 119-142.

– Der Arbeiter. Herrschaft und Gestalt [1932], in: E.J., SW 8, S. 9-317.

– Strahlungen I (= SW 2).

– Das erste Pariser Tagebuch, in: E.J., SW 2 [= Strahlungen I], S. 223-406.

– Über die Linie [1950], in: E.J., SW 7, S. 236-280.

– An der Zeitmauer [1959], in: E.J., SW 8, S. 397-645.

– Annäherungen. Drogen und Rausch [1970] (= SW 11) [S. 291-300: Der Fall Wagner].

Jung, C.G.: Allgemeine Gesichtspunkte zur Psychologie des Traumes [1916], in: C.G.J., Traum und Traumdeutung, München 1960 [dtv], S. 89-131.

– Die Beziehungen zwischen dem Ich und dem Unbewußten [1928], München 1990 [dtv].

– Über die Archetypen des kollektiven Unbewußten [1934], in: C.G. Jung, Archetypen, München 1990 [dtv], S. 7-43.

– Die psychologischen Aspekte des Mutterarchetypus [1938], in: C.G.J., Archetypen, S. 75-106.

– Traumsymbole des Individuationsprozesses [1944], in: C.G.J., Traum und Traumdeutung, S. 171-360.

Kafka, Franz: Briefe 1902-1924, New York/Frankfurt a.M. 1958 (Gesammelte Werke, hrsg. von Max Brod).

Kaiser, Georg: Stücke. Erzählungen. Aufsätze. Gedichte, hrsg. von Walther Huder, Köln/Berlin 1966.

– Die Bürger von Calais [1912/13]. Mit einer Einführung herausgegeben von Walter Urbanek, Bamberg u. Wiesbaden 1963 (7. Aufl.).

– Vision und Figur [1918], in: G.K., Stücke, S. 664-666.

– Der kommende Mensch oder [Dichtung und Energie] [1922], in: G.K., Stücke, S. 679-683.

– Formung von Drama [1922], in: G.K., Stücke, S. 684-686.

– [Die zwölf unsterblichen Dichter]. Antwort auf eine Rundfrage der New York Times [1926], in: G.K., Stücke, S. 698f.

Kant, Immanuel: Kritik der Urteilskraft [1790], hrsg. von Karl Vorländer, Hamburg 1968 (Nachdruck der 6. Aufl. von 1924) [Sigel: KdU].

– Die drei Kritiken in ihrem Zusammenhang mit dem Gesamtwerk. Mit verbindendem Text zusammengefaßt von Raymund Schmidt, Stuttgart 1949 (5.Aufl.) [KpV = Die Kritik der praktischen Vernunft].

Kassner, Rudolf: Sämtliche Werke. Im Auftrag der Rudolf Kassner Gesellschaft hrsg. von Ernst Zinn (und Klaus E. Bohnenkamp), 10 Bände, Pfullingen 1969-1991.

– Die Mystik, die Künstler und das Leben. Über englische Dichter und Maler im 19. Jahrhundert. Accorde [1900], in: R.K., SW I, S. 5-313.

– Die Moral und die Musik [1905], in: R.K., SW I, S. 491-755.

– Dilettantismus [1910], in: R.K., SW III, S. 7-47.

– Von den Elementen menschlicher Größe [1911], in: R.K., SW III, S. 49-104 [S. 94-104: Nachwort von 1953].

– Buch der Erinnerung, Leipzig 1938 [vgl. SW VII, S. 5-312].

– Im Gespräch mit Hugo von Hofmannsthal [1954], in: R.K., SW X, S. 374-384.

– Zen, Rilke und ich [1956], in: R.K., SW X, S. 499-510.

– Für Kensik [1956], in: R.K., SW X, S. 640-649.

– Der goldene Drachen. Gleichnis und Essay [1957], in: R.K., SW X, S. 5-304.

– Der blinde Schütze [1957/1959], in: R.K., SW X, S. 523-596.

Kaufmann, Walter: Nietzsche. Philosoph – Psychologe – Antichrist. Aus dem Amerikanischen übersetzt von Jörg Salaquarda, Darmstadt 1982 (Titel der Originalausgabe: Nietzsche. Philosopher, Psychologist, Antichrist [zuerst 1950]).

Kaulbach, Friedrich: Nietzsches Idee einer Experimentalphilosophie, Köln/Wien 1980.

– Sprachen der ewigen Wiederkunft. Die Denksituationen des Philosophen Nietzsche und ihre Sprachstile, Würzburg 1985.

– Philosophie des Perspektivismus. 1. Teil: Wahrheit und Perspektive bei Kant, Hegel und Nietzsche, Tübingen 1990.

Kayser, Rudolf: Der Mensch in der Mitte, in: Die neue Rundschau, 1918, Bd. 2, S. 989-990 [Besprechung von Ludwig Rubiners 'Der Mensch in der Mitte'].

– Der Weg der neuen Dichtung in: Das junge Deutschland, 2. Jg., 1919, H. 4/5, S. 109-114.

– Das Ende des Expressionismus, in: Der Neue Merkur, 4. Jg., 1920, Nr. 4, S. 248-258.

– Die Zeit ohne Mythos, Berlin 1923 [Nachdruck Kraus Reprint 1973].

– Friedrich Nietzsche, in: R.K., Dichterköpfe, Wien 1930, S. 38-44.

Kessler, Harry Graf: Erlebnis mit Nietzsche, in: Neue Rundschau 46, I, 1935, S. 391-407.

Klages, Ludwig: Die psychologischen Errungenschaften Nietzsches. 3. Aufl., Bonn 1958 (= revidierter Nachdruck der ersten [1926] bzw. der zweiten Auflage [1930] – Vorwort: 1926).

Klee, Paul: Tagebücher von Paul Klee 1898-1918, hrsg. u. eingeleitet von Felix Klee, Köln 1957.

Klein, Elisabeth: Jugendstil in deutscher Lyrik, Diss. Köln 1957.

Klossowski, Pierre: Nietzsche und der Circulus vitiosus deus. Mit einem Supplement u. einem Nachwort von Gerd Bergfleth. Aus dem Französischen übersetzt von Ronald Vouillé, München 1986 (Titel der Originalausgabe: Nietzsche et le Cercle vicieux [1969], 2. Aufl. Paris 1975) (Supplement = aus: Nietzsche aujourd'hui?, Bd. I [Intensités]).

Knodt, Reinhard: Friedrich Nietzsche. Die ewige Wiederkehr des Leidens. Selbstverwirklichung und Freiheit als Problem seiner Ästhetik und Metaphysik, Bonn 1987.

468

Köhler, Joachim: Zarathustras Geheimnis. Friedrich Nietzsche und seine verschlüsselte Botschaft, Nördlingen 1989.

Kofman, Sarah: Nietzsche et la métaphore, Paris 1983 (Deuxième édition revue et corrigé, [1]1972).

Kokoschka, Oskar: Mörder, Hoffnung der Frauen [1907, 1910], in: Einakter und kleine Dramen des Expressionismus, hrsg. von Horst Denkler, Stuttgart 1968 [Reclam], S. 47-53.

Korrodi, Eduard: Die Jüngsten der deutschen Literatur [1914], in: Expressionismus. Der Kampf um eine literarische Bewegung, hrsg. von Paul Raabe, Zürich 1987 [= dtv, 1965], S. 34-42.

Kraus, Karl: Razzia auf Literarhistoriker [1912], in: Die Fackel, 13. Jg., 1912, Nr. 345-346, S. 30-43 [vgl. Hillebrand I, S. 171].

– Der Antichrist [1921], in: Die Fackel, 23. Jg., 1921, Nr. 577-582, S. 65f. [vgl. Hillebrand I, S. 204f.].

– Die dritte Walpurgisnacht [1933], hrsg. von Heinrich Fischer, München 1967.

Krause Jürgen: "Märtyrer" und "Prophet". Studien zum Nietzsche-Kult in der bildenden Kunst der Jahrhundertwende, Berlin/New York 1984.

Kreis, Rudolf: Der gekreuzigte Dionysos. Kindheit und Genie Friedrich Nietzsches. Zur Genese einer Philosophie der Zeitenwende, Würzburg 1986.

Krell, Max (Hrsg.): Die Entfaltung. Novellen an die Zeit, Berlin 1921.

Krummel, Richard Frank: Nietzsche und der deutsche Geist. I u. II [Schrifttumsverzeichnisse der Jahre 1867-1900 u. 1901-1918], Berlin/New York 1974 u. 1983.

Kruse, Bernhard-Arnold: Apollinisch-Dionysisch. Moderne Melancholie und Unio Mystica, Frankfurt a.M. 1987.

Kuhmann, Walter: Die Rückkehr des täuschenden Scheins der Dinge. Anmerkungen zum Verhältnis von Mythos und Philosophie bei Friedrich Nietzsche, Köln 1986.

Kuhn, Elisabeth: Friedrich Nietzsches Philosophie des europäischen Nihilismus, Berlin/New York 1992.

Kundera, Milan: Die unerträgliche Leichtigkeit des Seins. Roman. Aus dem Tschechischen von Susanne Roth, Frankfurt a.M. 1991 [1984].

Kunne-Ibsch, Elrud: Die Stellung Nietzsches in der Entwicklung der modernen Literaturwissenschaft, Tübingen 1972.

Kurtz, Rudolf: Der junge Dichter, in: Die neue Kunst, 1. Jg., 1913-1914, S. 1-3.

Landauer, Gustav: Der Todesprediger, Dresden u. Leipzig 1893 [3. Aufl., Köln 1923] [vgl. Hillebrand I, S. 91f.].

– Der neue Gott, in: Die Gesellschaft, 15. Jg., Bd. 4, 1899, S. 119-122.

– Skepsis und Mystik. Versuche im Anschluß an Mauthners Sprachkritik, 2. Aufl., Köln 1923 (1. Aufl. 1903).

Landmann, Edith: Gespräche mit Stefan George, Düsseldorf u. München 1963.

Landsberg, Hans: Friedrich Nietzsche und die deutsche Litteratur, Leipzig 1902.

Langbehn, Julius [anonym]: Rembrandt als Erzieher. Von einem Deutschen, 30. Aufl., Leipzig o.J. [zuerst 1890].

Lange, Friedrich Albert: Geschichte des Materialismus und Kritik seiner Bedeutung in der Gegenwart. I. Buch: Geschichte des Materialismus bis auf Kant. II. Buch: Geschichte des Materialismus seit Kant, hrsg. u. eingeleitet von Alfred Schmidt, Frankfurt a.M. 1974 [zuerst 1866].

Lange, Hartmut: Jenseits von Gut und Böse oder Die letzten Stunden der Reichskanzlei, München 1975 (Textbuch).

Lange-Eichbaum, Wilhelm : Nietzsche. Krankheit und Wirkung, Hamburg 1948.

Langreder, Hans: Die Auseinandersetzung mit Nietzsche im dritten Reich. Ein Beitrag zur Wirkungsgeschichte Nietzsches, Diss. Kiel 1971.

Lessing, Theodor: Schopenhauer. Wagner. Nietzsche. Einführung in moderne deutsche Philosophie, München 1906.
- Nietzsche, Berlin 1925 (Neuauflage München 1985 [mit einem Nachwort von Rita Bischof]).
Lienhard, Fritz: in: Der Türmer 3, H. 1 vom Okt. 1900, S. 2-10.
Löwith, Karl: Nietzsches Philosophie der ewigen Wiederkehr des Gleichen, 3., durchgesehene Auflage, Hamburg 1978 (1. Aufl. 1935, 2. Aufl. 1956).
Lublinski, Samuel: Die versunkene Glocke und der falsche Nietzsche, in: Das Magazin für Litteratur 66, 1897, Sp. 1138-1146 [vgl. Hillebrandt I, S. 113ff.].
- Der Liberalismus und die moderne Litteratur, in: Die Gesellschaft, 15. Jg., 3, 1899, S. 81-92.
- Der Ausgang der Moderne. Ein Buch der Opposition [1909]. Mit einer Bibliographie von Johannes J. Braakenburg, neu hrsg. von Gotthart Wunberg, Tübingen 1976 [dt].
- Zehn Jahre nach Nietzsche, in: Die Propyläen. Wochenschrift der Münchener Zeitung, Jg. 7, Nr. 39 v. 29.6.1910 [vgl. Hillebrand I, S. 160-162].
Lützeler, Paul Michael: Hermann Broch. Ethik und Politik. Studien zum Frühwerk und zur Romantrilogie "Die Schlafwandler", München 1973.
Lukács, Georg: Nietzsche als Vorläufer der faschistischen Ästhetik [1934], in: G.L., Probleme der Ästhetik, Neuwied/Berlin 1969 [= Werke, Bd. 10], S. 307-339.
- Von Nietzsche bis Hitler oder Der Irrationalismus und die deutsche Politik, Frankfurt a.M. und Hamburg 1966.

Mackay, John Henry: Die Anarchisten. Kulturgemälde aus dem Ende des XIX. Jahrhunderts, Freiburg/Br. 1976 [zuerst Zürich 1891].
Macke, August: Die Masken, in: Der Blaue Reiter [1912], hrsg. von Wassily Kandinsky u.Franz Marc. Dokumentarische Neuausgabe von Klaus Lankheit, München 1984, S. 53-59.
Mainländer, Philipp: Die Philosophie der Erlösung, Berlin 1876 (2. Aufl. Berlin 1879).
Mann, Heinrich: Bekehrungsgeschichte [1891], in: Hillebrand I, S. 80f. (vgl. Hahn, Heinrich Mann, S. 344).
- Zum Verständnisse Nietzsches, in: Das Zwanzigste Jahrhundert, 6. Jg., Bd. 2, 1896, S. 246-251.
- Die Göttinnen oder Die drei Romane der Herzogin von Assy [1903], Berlin 1976.
- Pippo Spano [1903], in: H.M., Künstlernovellen. Pippo Spano. Schauspielerin. Die Branzilla. Nachwort von Heide Eilert, Stuttgart 1987 [Reclam], S. 3-48.
- Geist und Tat [1910], in: H.M., Politische Essays, Frankfurt a.M. 1974, S. 7-14.
- Kaiserreich und Republik [1919], in: H.M., Politische Essays, S. 20-57.
- Berlin [1923], in: H.M., Politische Essays, S. 74-99.
- Der Weg der deutschen Arbeiter [1936], in: H.M., Politische Essays, S. 153-175.
- Sammlung der Kräfte [1934], in: H.M., Politische Essays, S. 127-134.
- Zola [1915], in: H.M., Geist und Tat. Franzosen 1780-1930, Berlin 1931, S. 153-261.
- Nietzsche, in: Maß und Wert, 2. Jg., 1939, S. 277-304.
- Ein Zeitalter wird besichtigt [1946], Hamburg 1976.
Mann, Thomas: Werke. Taschenbuchausgabe in 12 Bänden, Frankfurt a.M./Hamburg 1967 (Moderne Klassiker. Fischer Bücherei. MK 101-112).
- Das essayistische Werk. Taschenbuchausgabe in 8 Bänden, hrsg. von Hans Bürgin, Frankfurt a.M./Hamburg 1968 (Moderne Klassiker. Fischer Bücherei. MK 113-120).
- Tagebücher 1949-1950, hrsg. von Inge Jens, Frankfurt a.M. 1991.
- Briefe 1889-1936, Briefe 1937-1947, Briefe 1948-1955 und Nachlese, hrsg. von Erika Mann, Frankfurt a.M. 1961, 1963, 1965.
- Buddenbrooks. Verfall einer Familie [1901] (= MK 101).
- Tristan [1903], in: MK 111, S. 163-198.

- Tonio Kröger [1903], in: MK 111, S. 205-256.
- Wälsungenblut [1906], in: MK 111, S. 289-312.
- Fiorenza [1905], in: MK 112, S. 730-812.
- Über 'Fiorenza'. Brief an eine katholische Zeitung [1908], in: MK 120, S. 17-18 [vgl. 18f.].
- Über 'Fiorenza' [Offener Brief an den 'Weser-Kurier'] [1955], in: MK 120, S. 257-259.
- "Geist und Kunst". Thomas Manns Notizen zu einem "Literatur-Essay" [1909]. Ediert und kommentiert von Hans Wysling, in: Paul Scherrer/Hans Wysling, Quellenkritische Studien zum Werk Thomas Manns, Bern u. München 1967, S. 123-233.
- Der Tod in Venedig [1912], in: MK 111, S. 338-399.
- Betrachtungen eines Unpolitischen [1918] (= MK 116).
- Vorspruch zu einer musikalischen Nietzsche-Feier [Rede, gehalten zur Feier des acht-zigsten Geburtstages Friedrich Nietzsches am 15. Oktober 1924], in: MK 113, S. 234-237.
- Der Zauberberg. Roman. 2 Bände [1924] (= MK 104 u. 105).
- Einführung in den 'Zauberberg'. Für Studenten der Universität Princeton [1939], in: MK 114, S. 326-338.
- Über die Ehe. Brief an den Grafen Hermann Keyserling [1925], in: MK 113, S. 250-262.
- Kosmopolitismus [1925], in: MK 117, S. 145-150.
- Mein Verhältnis zur Psychoanalyse [1925], in: MK 120, S. 91-92.
- [Von europäischer Humanität] [Ein Fragment] [1927], in: MK 117, S. 164-165.
- 'Si le grain ne meurt …' [1929], in: MK 113, S. 399-407.
- Lebensabriß [1930], in: MK 119, S. 220-255.
- Goethe als Repräsentant des bürgerlichen Zeitalters [1932], in: MK 114, S. 62-89.
- Goethe's Laufbahn als Schriftsteller [1932], in: MK 114, S. 89-111.
- Leiden und Größe Richard Wagners [1933], in: MK 114, S. 121-168.
- Freud und die Zukunft [1936], in: MK 114, S. 213-231.
- Schopenhauer [1938], in: MK 114, S. 251-290.
- Die Kunst des Romans [1940], in: MK 114, S. 350-360.
- Ansprache zu Heinrich Manns siebzigstem Geburtstag [gehalten am 2. Mai 1941], in: Thomas Mann – Heinrich Mann. Briefwechsel 1900-1949, hrsg. von Hans Wysling, Frankfurt a.M. 1968, S. 206-212.
- Joseph und seine Brüder. Ein Vortrag [1942], in: MK 114, S. 380-392.
- Joseph und seine Brüder. 3 Bände [1933-1943] (= MK 106, 107, 108).
- Dostojewski – mit Maßen [1946], in: MK 115, S. 7-20.
- Doktor Faustus. Das Leben des deutschen Tonsetzers Adrian Leverkühn erzählt von einem Freunde [1947] (= MK 109).
- Die Entstehung des Doktor Faustus. Roman eines Romans [1949], in: MK 115, S. 88-205.
- Nietzsche's Philosophie im Lichte unserer Erfahrung [1947], in: MK 115, S. 21-49.
- Meine Zeit [1950], in: MK 118, S. 320-337.

Manthey, Jürgen (Hrsg.) [Redaktion: Nicolas Born, Jürgen Manthey, Delf Schmidt]: Literaturmagazin 12. Nietzsche, Hamburg 1980.

Marc, Franz: Briefe 1914-1916. Aus dem Felde, Berlin 1959 (1. Auflage 1938 verboten).

Marcuse, Herbert: Der eindimensionale Mensch. Studien zur Ideologie der fortgeschrit-tenen Industriegesellschaft, Darmstadt/Neuwied 1979 [1964].

Marinetti, F.T.: Manifest des Futurismus [1909], in: Baumgarth, Futurismus, S. 26-29; Apollonio, Futurismus, S. 33-36.

Marinetti, Boccioni, Carrà, Russolo: Politisches Programm des Futurismus [1913], in: Baumgarth, Futurismus, S. 156-157.

Martens, Gunter: Vitalismus und Expressionismus. Ein Beitrag zur Genese und Deutung expressionistischer Stilstrukturen und Motive, Stuttgart/Berlin/Köln/Mainz 1971.
– Im Aufbruch das Ziel. Nietzsches Wirkung im Expressionismus, in: Steffen (Hrsg.), Nietzsche, S. 115-166.
Marx, Rudolf: Nachwort zu: Jacob Burckhardt, Weltgeschichtliche Betrachtungen, Stuttgart 1935, S. 273-328.
Maurer, Reinhart: Nietzsche und die Kritische Theorie, in: Nietzsche-Studien 10/11, 1981/1982, S. 34-58 (Diskussion: S. 59-79).
Mauthner, Fritz: Beiträge zu einer Kritik der Sprache. 3 Bände. 3., um Zusätze vermehrte Aufl., Leipzig 1923 [zuerst 1901|1902].
Mehring, Franz: Philosophische Aufsätze, hrsg. von Josef Schleifstein, Berlin 1961 [= Gesammelte Schriften, Bd. 13].
– Zur Philosophie und Poesie des Kapitalismus [1891], in: F.M., Philosophische Aufsätze, S. 159-166.
– Nietzsche gegen den Sozialismus [1897], in: F.M., Philosophische Aufsätze, S. 167-172.
– [Über Nietzsche] [1899], in: F.M., Philosophische Aufsätze, S. 173-183.
Meister, Ernst: Ausgewählte Gedichte 1932-1976. Nachwort von Beda Allemann, Darmstadt u. Neuwied 1977.
– Gedanken eines Jahres [um 1948], in: E.M., Prosa 1931 bis 1979, hrsg. u. mit Erläuterungen versehen von Andreas Lohr-Jasperneite, mit einem Vorwort von Beda Allemann, Darmstadt 1989, S. 139-260.
Metken, Günter: Im Zeichen des Handschuhs. Max Ernst, Klinger und "Oedipus Rex", in: Max Ernst in Köln. Die rheinische Kunstszene bis 1922. Hrsg.: Wulf Herzogenrath, Köln 1980 [Katalog], S. 275-277.
Meyer, Herman: Das Zitat in der Erzählkunst. Zur Geschichte und Poetik des europäischen Romans, 2., durchgesehene Aufl., Stuttgart 1967.
Meyer, Richard M.: Nietzsche. Sein Leben und seine Werke, München 1913.
Meyer, Theo: Nietzsches Kunstauffassung, in: Aufsätze zu Literatur und Kunst der Jahrhundertwende, hrsg. von Gerhard Kluge, Amsterdam 1984, S. 1-48.
– Affinität und Distanz. Gottfried Benns Verhältnis zu Nietzsche, in: Gottfried Benn 1886 bis 1956. Referate des Essener Colloquiums, hrsg. von Horst Albert Glaser, Frankfurt a.M. 1989, S. 99-127.
– Das Problem der Einsamkeit bei Nietzsche, in: JTLA – Aesthetics [Tokyo], Volume 15, 1990, S. 41-84.
– Nietzsche. Kunstauffassung und Lebensbegriff, Tübingen 1991.
– Nietzsche als Paradigma der Moderne [erscheint in Kürze in: Geschichte der literarischen Moderne in Europa, hrsg. von Joachim Piechotta u. Ralph-Rainer Wuthenow].
– Nietzsche und die moderne deutsche Literatur [erscheint demnächst in: Mesotes. Zeitschrift für philosophischen Ost-West-Dialog].
Meyer-Wendt, H. Jürgen: Der frühe Hofmannsthal und die Gedankenwelt Nietzsches, Heidelberg 1973.
Moeller-Bruck, Arthur: Tschandala Nietzsche, Berlin/Leipzig 1899.
Mohler, Armin: Die Konservative Revolution in Deutschland 1918-1932. Grundriß ihrer Weltanschauungen, Stuttgart 1950 (Diss. Basel 1949).
Montinari, Mazzino: Nietzsche lesen, Berlin/New York 1982.
Morgenstern, Christian: In Phanta's Schloß. Ein Cyclus humoristisch-phantastischer Dichtungen. Dem Geiste Friedrich Nietzsches gewidmet, Berlin 1895.
– Nietzsche, der Erzieher, in: Neue Deutsche Rundschau (Freie Bühne), 7. Jahrgang, 1896, S. 709-712.
– Stufen. Eine Entwicklung in Aphorismen und Tagebuch-Notizen, München 1927.
– Ein Leben in Briefen, hrsg. von Margareta Morgenstern, Wiesbaden 1952.

Morwitz, Ernst: Kommentar zu dem Werk Stefan Georges, München u. Düsseldorf 1960.

Müller, Heiner: Krieg ohne Schlacht. Leben in zwei Diktaturen, Köln 1992.

Müller-Lauter, Wolfgang: Nietzsche. Seine Philosophie der Gegensätze und die Gegensätze seiner Philosophie, Berlin/New York 1971.

– Über den Umgang mit Nietzsche, in: Sinn und Form, 1991, S. 833-851.

Munch, Edvard: Der Tanz des Lebens. Einführung von Walter Urbanek. Mit 16 Farbtafeln u. 2 Schwarzweißabbildungen im Text, München/Zürich 1990.

Musil, Robert: Gesammelte Werke in 9 Bänden (1-5: Der Mann ohne Eigenschaften, 6: Prosa und Stücke, 7: Kleine Prosa, Aphorismen, Autobiographisches, 8: Essays und Reden, 9: Kritik), hrsg. von Adolf Frisé, Hamburg 1978 [Sigel: GW].

– Der Mann ohne Eigenschaften. Roman, hrsg. von Adolf Frisé, Hamburg 1970 [Sigel: MoE].

– Tagebücher, hrsg. von Adolf Frisé, Hamburg 1976.

– Tagebücher. Anmerkungen. Anhang. Register, hrsg. von Adolf Frisé, Hamburg 1976.

– Briefe 1901-1942, hrsg. von Adolf Frisé, Hamburg 1981.

– Briefe 1901-1942. Kommentar. Register, hrsg. von Adolf Frisé, Hamburg 1981.

– Anmerkung zu einer Metapsychik [1914], in: GW 8, S. 1015-1019.

– Franz Blei [1918], in: GW 8, S. 1022-1025.

– Der deutsche Mensch als Symptom [1923], S. 1353-1400.

– Die Krisis des Romans [1931], in: GW 8, S. 1408-1412.

– [Vortrag in Paris] [Vor dem Internationalen Schriftsteller-Kongress für die Verteidigung der Kultur] [Juli 1935], in: GW 8, S. 1259-1265 (vgl. S. 1266-1269).

– [Stichworte zu den "Aufzeichnungen eines Schriftstellers"] [Umriß einer Selbstbiographie] [1940/41], in: GW 7, S. 915-936.

Nadeau, Maurice: Geschichte des Surrealismus, Hamburg 1965 (rde).

Nehamas, Alexander: Nietzsche. Leben als Literatur. Aus dem Amerikanischen von Brigitte Flickinger, Göttingen 1991 [Originalausgabe: Life as Literature, 1985].

Neuse, Werner: Hauptmanns und Rilkes 'Der Apostel', in: The Germanic Review, Volume XVIII, 1943, S. 196-201.

Nietzsche. Cahiers de Royaumont. VIIᵉ colloque – 4-8 juillet 1964, Paris 1967.

Nietzsche aujourd'hui? Bd. I (Intensités) u. Bd. II (Passion), Paris 1973 (le colloque international de Cerisy en juillet 1972).

Nietzsche-Studien. Internationales Jahrbuch für die Nietzsche-Forschung, hrsg. von Mazzino Montinari, Wolfgang Müller-Lauter, Heinz Wenzel, Berlin/New York 1972ff.

Nietzsche – kontrovers, hrsg. von R. Berlinger u. W. Schrader, Würzburg 1981ff.

Nietzsche in der Diskussion, Würzburg 1984ff.

Nietzsche heute. Die Rezeption seines Werkes nach 1968, hrsg. von Sigrid Bauschinger, Susan L. Cocalis u. Sarah Lennox, Bern u. Stuttgart 1988.

Nietzsche und Italien. Ein Weg vom Logos zum Mythos? Akten des deutsch-italienischen Nietzsche-Kolloquiums, Tübingen, 27.-28.11.1987, Wissenschaftliche Koordination Franca Janowski u. Ennio Bispuri, Tübingen 1990 (Stauffenburg Colloquium).

Nolte, Ernst: Nietzsche und der Nietzscheanismus, Frankfurt a.M. 1990.

Nordau, Max: Entartung, Bd. I u. II, 3. Auflage, Berlin 1896 [zuerst: 2 Bde., Berlin 1892/93].

Novalis: Schriften. Die Werke Friedrich von Hardenbergs, hrsg. von Paul Kluckhohn u. Richard Samuel. 3., nach den Handschriften ergänzte, erweiterte u. verbesserte Aufl. in 4 Bänden u. einem Begleitband, Darmstadt 1965/1977 – Sigel: S.

Ottmann, Henning: Philosophie und Politik bei Nietzsche, Berlin/New York 1987.

Pannwitz, Rudolf: Die Religion Friedrich Nietzsches, in: Weimarer Blätter, Oktober 1919, H. 19/20, S. 602-606.
- Einführung in Nietzsche, München 1920.
- Trilogie des Lebens, München 1929.
- Zarathustras andere Versuchung, in: R.P., Trilogie des Lebens, S. 45-290.
- Nietzsche und die Verwandlung des Menschen, Amsterdam 1943.
- Nietzsche und die Gegenwart, in: R.P., Der Nihilismus und die werdende Welt. Aufsätze und Vorträge, Nürnberg 1951, S. 289-306.
Pasley, J.M.S.: Asceticism and Cannibalism. Notes on an Unpublished Kafka Text, in: Oxford German Studies 1, 1966, S. 102-113.
Passeron, René: Lexikon des Surrealismus. Aus dem Französischen übertragen von Anneliese Gregorovius-Kappès, Paris/Gütersloh u.a. o.J.
Pautrat, Bernard: Versions du soleil. Figures et système de Nietzsche, Paris 1971.
Pernet, Martin: Das Christentum im Leben des jungen Friedrich Nietzsche, Opladen 1989.
Pfemfert, Franz: Die Deutschsprechung Friedrich Nietzsches. Ein Protest, in: Die Aktion, 5. Jg., 1915, Sp. 320-323.
Pfotenhauer, Helmut: Die Kunst als Physiologie. Nietzsches ästhetische Theorie und literarische Produktion, Stuttgart 1985.
Picht, Georg: Nietzsche. Mit einem Vorwort von Enno Rudolph, Stuttgart 1988 (Nietzsche-Vorlesung von 1967; S. XV-XXX: Der Philosoph als Versucher. Essay über Nietzsche [1967]).
Pieper, Annemarie: "Ein Seil geknüpft zwischen Tier und Übermensch". Nietzsches erster "Zarathustra", Stuttgart 1990.
Platen, August von: Werke, hrsg. von G.A. Wolff u. V. Schweizer, kritisch durchgesehene u. erläuterte Ausgabe, 1. Bd. [Gedichte], Leipzig/Wien (1895).
Politycki, Matthias: Umwertung aller Werte? Deutsche Literatur im Urteil Nietzsches, Berlin/New York 1989.
Prechtl, Michael Mathias: Denkmalerei. Die intime Sitten- und Kulturgeschichte des Abendlandes. Dürer-Suite. Köpfe und Gesichter. Öffentliche Bilder. Bilder zum Lesen, hrsg. von Christoph Stölzl, München u. Luzern 1986 [Katalog].
Preller, L. (Ludwig): Griechische Mythologie. I. Bd.: Theogonie und Goetter, II. Bd.: Die Heroen, 2. Aufl., Berlin 1860 u. 1861 (Erstausgabe: 1854/55) (Theogonie und Goetter, 5. Aufl., bearbeitet von Carl Robert, Berlin/Zürich 1964).
Przybyszewski, Stanislaus: Zur Psychologie des Individuums. I. Chopin und Nietzsche, Berlin 1892 ([2]1906).
Pütz, Peter: Friedrich Nietzsche, Stuttgart 1967 [Sammlung Metzler].
- Thomas Mann und Nietzsche, in: Steffen (Hrsg.), Nietzsche, S. 91-114.
- Kunst und Künstlerexistenz bei Nietzsche und Thomas Mann. Zum Problem des Ästhetischen Perspektivismus in der Moderne, 3. Aufl., Bonn 1987 ([1]1963).

Raschel, Heinz: Das Nietzsche-Bild im George-Kreis. Ein Beitrag zur Geschichte der deutschen Mythologeme, Berlin/New York 1984.
Reber, Hans-Dieter: Die artistische Philosophie Nietzsches in seinen frühen Schriften, Diss. Heidelberg 1955.
Reichert, Herbert W.: Nietzsche und Carl Sternheim, in: Hillebrand II, S. 11-35.
Reuber, Rudolf: Ästhetische Lebensformen bei Nietzsche, München 1988.
Rey, Jean-Michel: L'enjeu des signes. Lecture de Nietzsche, Paris 1971.
Rheiner, Walter: Kokain. Lyrik. Prosa. Briefe. Mit Illustrationen von Conrad Felixmüller, hrsg. von Thomas Rietzschel, Frankfurt a.M./Olten/Wien 1985.
Richter, Raoul: Friedrich Nietzsche. Sein Leben und sein Werk. Fünfzehn Vorlesungen, Leipzig 1903 (2. Aufl. 1909 [16 Vorlesungen]).

Rickert, Heinrich: Die Philosophie des Lebens. Darstellung und Kritik der philosophischen Modeströmungen unserer Zeit, Tübingen 1920 ([2]1922).

Riehl, Alois: Friedrich Nietzsche. Der Künstler und der Denker, 3., verbesserte u. ergänzte Aufl., Stuttgart 1901 (1. Aufl. 1897; [8]1923).

Rilke, Rainer Maria: Sämtliche Werke, hrsg. vom Rilke-Archiv, in Verbindung mit Ruth Sieber-Rilke, besorgt durch Ernst Zinn. Bände I-VI, Frankfurt a.M. 1987 [insel taschenbuch] [Sigel: W].

– Christus. Elf Visionen [1896/1898], in: W III, S. 127-169.

– Der Apostel [1896], in: W IV, S. 452-459.

– <Ewald Tragy> [1898], in: W IV, S. 512-567.

– Über Kunst [1898], in: W V, S. 426-434.

– Das Florenzer Tagebuch [1898], Frankfurt a.M. 1984 (= R.M.R., Tagebücher aus der Frühzeit, Frankfurt a.M. 1973, hrsg. von Ruth Sieber-Rilke u. Carl Sieber [1942], S. 13-120).

– Das Stunden-Buch. Enthaltend die drei Bücher: Vom mönchischen Leben [1899]/Von der Pilgerschaft [1901]/Von der Armut und vom Tode [1903], in: W I, S. 249-366.

– Das Buch der Bilder [1902 und 1906], in: W I, S. 367-477.

– Auguste Rodin: Erster Teil [1902], in: W V, S. 137-201. Zweiter Teil: Ein Vortrag [1907], in: W V, S. 203-246.

– Der Wert des Monologes [1898], in: W V, S. 434-439.

– Noch ein Wort über den 'Wert des Monologes'. <Offener Brief an Rudolf Steiner> [1898], in: W V, S. 439-442.

– <Marginalien zu Friedrich Nietzsche/'Die Geburt der Tragödie'> [1900], in: W VI, S. 1163-1177.

– Briefe, hrsg. vom Rilke-Archiv in Weimar, in Verbindung mit Ruth Sieber-Rilke, besorgt durch Karl Altheim, Wiesbaden 1950.

– Die Briefe an Gräfin Sizzo 1921-1926, Wiesbaden 1950.

– Rainer Maria Rilke – André Gide: Briefwechsel 1909-1926. Eingeleitet u. mit Anmerkungen versehen von Renée Lang, Stuttgart/Wiesbaden 1957.

Rockenbach, Martin: Reinhard Johannes Sorge. Studien zu Sorges künstlerischem Schaffen unter besonderer Berücksichtigung der 'dramatischen Sendung' "Der Bettler", Leipzig (1923).

Rosenberg, Alfred: Der Mythus des 20. Jahrhunderts. Eine Wertung der seelisch-geistigen Gestaltenkämpfe unserer Zeit [1930], München 1936 (99.-102. Aufl.).

Ross, Werner: Der ängstliche Adler. Friedrich Nietzsches Leben, München 1984 [dtv] (Stuttgart 1980).

Rubiner, Ludwig: Der Mensch in der Mitte, Berlin-Wilmersdorf 1917 [2. Aufl. 1920].

– (Hrsg.): Die Gemeinschaft. Dokumente der geistigen Weltwende, Potsdam (1919).

Salaquarda, Jörg: Nietzsche und Lange, in: Nietzsche-Studien 7, 1978, S. 236-253 (Diskussion: S. 254-260).

– (Hrsg.): Nietzsche, Darmstadt 1980 [= Wege der Forschung, Bd. 521].

Salin, Edgar: Um Stefan George, Godesberg 1948.

Sandvoss, E.: Hitler und Nietzsche. Eine bewußtseinsgeschichtliche Studie, Göttingen 1969.

Schaefer, Heinrich: Bemerkung zu Nietzsches Umwertung, in: Die Aktion, 7. Jg., 1917, Sp. 238-239.

Scheier, Claus-Artur: Nietzsches Labyrinth. Das ursprüngliche Denken und die Seele, München 1985.

Schelling, Friedrich Wilhelm Joseph: Philosophie der Kunst, Darmstadt 1980 [unveränderter reprografischer Nachdruck der aus dem handschriftlichen Nachlaß herausgegebenen Ausgabe von 1859].

Scheuer, Helmut: Arno Holz im literarischen Leben des ausgehenden 19. Jahrhunderts (1883-1896). Eine biographische Studie, München 1971.

Schiller, Friedrich von: Werke. Nationalausgabe, hrsg. von Julius Petersen u.a., Weimar 1943ff. – Sigel: NA.

Schillers Briefe, hrsg. u. mit Anmerkungen versehen von Fritz Jonas. Kritische Gesamtausgabe, 7 Bde., Stuttgart 1892/96.

Schipperges, Heinrich: Am Leitfaden des Leibes. Zur Anthropologik und Therapeutik Friedrich Nietzsches, Stuttgart 1975.

Schlaf, Johannes: Der "Fall" Nietzsche. Eine "Überwindung", Leipzig 1907.

Schlechta, Karl: Nietzsche. Chronik. Daten zu Leben und Werk, München/Wien 1975.

Schlegel, Friedrich: Kritische Friedrich-Schlegel-Ausgabe, hrsg. von Ernst Behler unter Mitwirkung von Jean-Jacques Anstett u. Hans Eichner, München/Paderborn/Wien/Zürich (Sonderausgabe).

– Die Griechen und Römer. Historische und kritische Versuche über das klassische Altertum [Vorrede] [1797], in: Kritische Ausgabe, Bd. I: Studien des klassischen Altertums, eingel. u. hrsg. von Ernst Behler, 1979, S. 205-216.

– Über das Studium der Griechischen Poesie [1797], in: Kritische Ausgabe, Bd. I, S. 217-367.

– Rede über die Mythologie [1800], in: Kritische Ausgabe, Bd. II: Charakteristiken und Kritiken I (1796-1801), hrsg. u. eingel. von Hans Eichner, 1967, S. 311-322.

– Brief über den Roman [1800], in: Kritische Ausgabe, Bd. II, S. 329-339.

– Lessings Gedanken und Meinungen [1801], in: Kritische Ausgabe, Bd. III: Charakteristiken und Kritiken II (1802-1829), hrsg. u. eingel. von Hans Eichner, 1975, S. 46-102.

– [Fragmente]: Lyceums-Fragmente. Blütenstaub. Athenäums-Fragmente. Ideen, in: Kritische Ausgabe, Bd. II, S. 147-272.

Schlemmer, Oskar: Briefe und Tagebücher, hrsg. von Tut Schlemmer, München 1958.

Schlüpmann, Heide: Friedrich Nietzsches ästhetische Opposition. Der Zusammenhang von Sprache, Natur und Kultur in seinen Schriften 1869-1876, Stuttgart 1977.

Schmid, Holger: Nietzsches Gedanke der tragischen Erkenntnis, Würzburg 1984.

Schmidt, Rüdiger: "Ein Text ohne Ende für den Denkenden". Studien zu Nietzsche, 2., erweiterte Aufl., Frankfurt a.M. 1989 ([1]1982).

Schneider, Ursula: Grundzüge einer Philosophie des Glücks bei Nietzsche, Berlin/New York 1983.

Schopenhauer, Arthur: Sämtliche Werke. Textkritisch bearbeitet u. hrsg. von Wolfgang Frhr. von Löhneysen (reprografischer Nachdruck der 2. Aufl., Stuttgart/Frankfurt a.M. 1968) – Bd. I: Die Welt als Wille und Vorstellung (I), Darmstadt 1982 – Bd. II: Die Welt als Wille und Vorstellung (II), Darmstadt 1980 – Bd. III: Kleinere Schriften, Darmstadt 1980 – Bd. IV: Parerga und Paralipomena. Kleine philosophische Schriften (I), Darmstadt 1980 – Bd. V: Parerga und Paralipomena. Kleine philosophische Schriften (II), Darmstadt 1976 – Sigel für 'Die Welt als Wille und Vorstellung': WV.

– Der handschriftliche Nachlaß in fünf Bänden, hrsg. von Arthur Hübscher, Bd. 3: Berliner Manuskripte (1818-1830), München 1985 (dtv) (unveränderter Nachdruck der von Arthur Hübscher hrsg. historisch-kritischen Edition, Frankfurt a.M. 1966-1975).

– Arthur Schopenhauer's sämmtliche Werke, hrsg. von Julius Frauenstädt, VI Bände, Leipzig 1873/74 ([2]1877).

– Aphorismen zur Lebensweisheit, in: SW IV, S. 373-592.

Schröter, Klaus: Heinrich Mann in Selbstzeugnissen und Bilddokumenten, Hamburg 1976 (1967).

Schubert, Dietrich: Otto Dix mit Selbstzeugnissen und Bilddokumenten dargestellt, Hamburg 1991 (1980).

476

Schulz, Walter: Metaphysik des Schwebens. Untersuchungen zur Geschichte der Ästhetik, Pfullingen 1985.

Schulze, Hanns: Das weibliche Schönheitsideal in der Malerei. 200 Nachbildungen mit geschichtlicher Einführung und Erläuterungen, Jena 1912.

Schumacher, Fritz: Stufen des Lebens. Erinnerungen eines Baumeisters, Stuttgart/Berlin 1935.

Schweppenhäuser, Gerhard: Nietzsches Überwindung der Moral. Zur Dialektik der Moralkritik in 'Jenseits von Gut und Böse' und in der 'Genealogie der Moral', Würzburg 1988.

Seidler, Ingo: Das Nietzschebild Robert Musils, in: Hillebrand II, S. 160-185.

Servaes, Franz: Nietzsche und der Sozialismus. Subjektive Betrachtungen, in: Freie Bühne, 3. Jg., 1892, S. 85-88, 202--211.

Severini, Gino: Die bildnerischen Analogien des Dynamismus. Futuristisches Manifest [1913], in: Apollonio, Futurismus, S. 162-169.

Shaw, Bernard: Mensch und Übermensch. Mit dem Brief an Arthur Walkley. Deutsch von Annemarie und Heinrich Böll, Frankfurt a.M. 1972.

Simmel, Georg: Schopenhauer und Nietzsche. Ein Vortragszyklus, 3., unveränderte Aufl., München/Leipzig 1923 (1. Aufl. Leipzig 1907, 2. Aufl. 1920); neu: "Schopenhauer und Nietzsche". Mit dem Essay "Tendenzen im deutschen Leben und Denken seit 1870". Nachwort von Werner Jung, Hamburg 1990.

Simon, Walther C.: Friedrich Nietzsche, ein geistiger Vorläufer Sigmund Freuds. Zur Problematik von Intuition und Erkenntnis bei Freud und Nietzsche, in: Anthropologische Aspekte der Psychologie. Festschrift für Wilhelm Josef Revers, hrsg. von Dietrich Rüdiger u. Meinrad Perrez, Salzburg 1979, S. 157-162.

Sinopoli, Giuseppe/Gräwe, Karl Dietrich: Lou Salomé. Oper in zwei Akten. Libretto von K.D. Gräwe, Musik von G. Sinopoli, München 1981.

Sloterdijk, Peter: Der Denker auf der Bühne. Nietzsches Materialismus, Frankfurt a.M. 1986 [edition suhrkamp].

Solowjew, Wladimir: Der Übermensch Friedrich Nietzsches [1897], in: Die Aktion, 5. Jg., 1915, Sp. 549-551.

Sorge, Reinhard Johannes: Werke. In drei Bänden. Eingeleitet u. hrsg. von Hans Gerd Rötzer, Nürnberg 1962-1967.

– Odysseus. Dramatische Phantasie [Januar 1911], in: Werke I, S. 241-273.

– Zarathustra. Eine Impression [Juli 1911], in: Werke I, S. 313-326.

– Antichrist. Dramatische Dichtung [September 1911], in: Werke I, S. 327-350.

– Gericht über Zarathustra. Vision [Mai 1912], in: Werke II, S. 95-128.

– Der Bettler. Eine dramatische Sendung [Dez. 1911], in: Werke II, S. 13-93.

Sorge, Susanne: Reinhard Johannes Sorge. Unser Weg. Mit einem Nachwort von Karl Muth, München 1927.

Spengler, Oswald: Der Mensch und die Technik. Beitrag zu einer Philosophie des Lebens, München 1931.

– Der Untergang des Abendlandes. Umrisse einer Morphologie der Weltgeschichte, München 1963 [zuerst 1923].

– Nietzsche und sein Jahrhundert. Rede, gehalten am 15. Oktober 1924, dem 80. Geburtstage Nietzsches, im Nietzsche-Archiv zu Weimar, in: O.S., Reden und Aufsätze, München 1937, S. 110-124.

Spir, A. (African): Denken und Wirklichkeit. Versuch einer Erneuerung der kritischen Philosophie, Leipzig 1873 (= 1. Bd.; 2. Bd.: Leipzig 1873; 2. Aufl. Leipzig 1877).

Spitteler, Carl: Friedrich Nietzsche aus seinen Werken, in: Der Bund [Bern], Nr. 1, Sonntagsbeibl. v. 1.1.1888, S. 3-7.

Spitzer, Hugo: Apollinische und dionysische Kunst, in: Zeitschrift für Ästhetik u. allgemeine Kunstwissenschaft I, 1906, S. 70-87, 216-248, 411-434, 542-598.

Ssymank, Paul: Leben Hermann Conradis, in: Hermann Conradis Gesammelte Schriften, hrsg. von Paul Ssymank u. Gustav Werner Peters, 1. Bd., München u. Leipzig 1911, S. XVII-CCLIV.

Stackelberg, Roderich von: Nietzsche und der Nationalsozialismus, in: prima philosophia, hrsg. von Sabine S. Gehlhaar, Bd. 2, 1989, H. 3, S. 425-441.

Stadler, Ernst: Dichtungen, Schriften, Briefe. Kritische Ausgabe, hrsg. von Klaus Hurlebusch u. Karl Ludwig Schneider, München 1983.

– Neuland [1902], in: E.St., Dichtungen, S. 259-260.

– Praeludien [1905], in: E.St., Dichtungen, S. 55-100.

– Penthesilea [1909], in: E.St., Dichtungen, S. 263-271.

– Die neue französische Lyrik [1912], in: E.St., Dichtungen, S. 425-430.

– Romain Rolland: Jean-Christophe [1913], in: E.St., Dichtungen, S. 431-435.

– Geschichte der deutschen Lyrik der neuesten Zeit. Bruckstück einer Vorlesung von 1914, in: E.St., Dichtungen, S. 453-470.

– Fritz Lienhard [1914], in: E.St., Dichtungen, S. 294-306.

– Der Aufbruch [1914], in: E.St., Dichtungen, S. 117-185.

Steffen, Hans (Hrsg.): Nietzsche. Werk und Wirkungen, Göttingen 1974.

– Schopenhauer, Nietzsche und die Dichtung Hofmannsthals, in: Steffen (Hrsg.), Nietzsche, S. 65-90.

Stegmaier, Werner: Philosophie der Fluktuanz. Dilthey und Nietzsche, Göttingen 1992.

Stein, Ludwig: Friedrich Nietzsche's Weltanschauung und ihre Gefahren, in: Deutsche Rundschau, Bd. 74f., 19. Jg., H. 6. v. März 1893, S. 392-419 u. H. 8. v. Mai 1893, S. 230-254.

Steiner, Rudolf: Friedrich Nietzsche. Ein Kämpfer gegen seine Zeit, Dornach 1983 (1. Auflage Weimar 1895).

Sternheim, Carl: Die Hose. Ein bürgerliches Trauerspiel, Berlin/Leipzig 1911.

– Briefe I. Briefwechsel mit Thea Sternheim 1904-1906; Briefe II. Briefwechsel mit Thea Sternheim, Dorothea und Klaus Sternheim 1906-1942, hrsg. von Wolfgang Wendler, Basel/Darmstadt 1988.

– Berlin oder Juste milieu [1920], in: C.St., Zeitkritik, hrsg. von Wilhelm Emrich [= Gesamtwerk Bd. 6], Neuwied/Berlin 1966, S. 105-171.

– Tasso oder Kunst des Juste milieu. Ein Wink für die Jugend [1921], in: C.St., Zeitkritik, S. 177-201.

– Vorkriegseuropa im Gleichnis meines Lebens [1932], in: C.St., Spätwerk, hrsg. von Wilhelm Emrich unter Mitarbeit von Manfred Linke [= Gesamtwerk Bd. 10/I], S. 169-330.

– Einige Tagebuchblätter, in: Text + Kritik, Heft 87: Carl Sternheim, München 1985, S. 1-5.

Stirner, Max: Der Einzige und sein Eigentum [1845]. Mit einem Nachwort hrsg. von Ahlrich Meyer, Stuttgart 1972 [Reclam].

Stumpf, Gerhard: Michael Georg Conrad. Ideenwelt. Kunstprogrammatik. Literarisches Werk, Frankfurt a.M., Bern/New York 1986 [= Diss. Würzburg 1984].

Svenaeus, Gösta: Der heilige Weg. Nietzsche-Fermente in der Kunst Edvard Munchs, in: Edvard Munch. Probleme-Forschungen-Thesen, hrsg. von Henning Bock und Günter Busch, München 1973, S. 25-46.

Sydow, Eckart von: Das religiöse Bewußtsein des Expressionismus, in: Neue Blätter für Kunst und Dichtung I, 1918/19, S. 193-199.

– Der doppelte Ursprung des deutschen Expressionismus, in: Neue Blätter für Kunst und Dichtung I, 1918/19, S. 227-230.

Szittya, Emil: Das Kuriositäten-Kabinett, Begegnungen mit seltsamen Begebenheiten, Landstreichern, Verbrechern …, Konstanz 1923 [Nachdruck Kraus Reprint 1973].

Teichmüller, Gustav: Die wirkliche und die scheinbare Welt. Neue Grundlegung der Metaphysik, Breslau 1882.

Tönnies, Ferdinand: Der Nietzsche-Kultus. Eine Kritik, Leipzig 1897.

Tolstoi, Lew: Ästhetische Schriften. Aus dem Russischen übersetzt von Günter Dalitz, hrsg. von Gerhard Dudek, 2. Aufl., Berlin 1984.

– Was ist Kunst? [1898], in: L.T., Ästhetische Schriften, S. 39-232.

– Über das, was Kunst genannt wird [1896], in: L.T., Ästhetische Schriften, S. 411-446.

– Über Shakespeare und das Drama. Kritische Skizze [1903], in: L.T. Ästhetische Schriften, S. 233-297.

Trakl, Georg: Maria Magdalena. Ein Dialog, in: G.T., Aus goldenem Kelch. Die Jugenddichtungen, Salzburg 1939 (2., erweiterte Aufl.), S. 20-26.

Tucholsky, Kurt: Gesammelte Werke in 10 Bänden, hrsg. von Mary Gerold-Tucholsky, Fritz J. Raddatz, Hamburg 1975.

– Das Felderlebnis [1922], in: K.T., GW 3, S. 261-266.

– Der neudeutsche Stil [1926], in: K.T., GW 4, S. 398-403.

– Kartengruß aus dem Engadin [1926], in: K.T., GW 4, S. 471.

– <mit> [1928], in K.T., GW 6, S. 19-20.

– Der verspielte Mann [1931], in: K.T., GW 9, S. 134-136.

– Die Essayisten [1931], in: K.T., GW 9, S. 190-195.

– Schnipsel [1931], in: K.T., GW 9, S. 323-325.

Türcke, Christoph: Der tolle Mensch. Nietzsche und der Wahnsinn der Vernunft, Frankfurt a.M. 1989.

Ulmer, Karl: Nietzsche. Einheit und Sinn seines Werkes, Bern 1962.

Unger, Erich: Vom Pathos. Die um George, in: Der Sturm, 1. Jg., 1910, S. 316 [2 Spalten] [vgl. Hillebrand I, S. 163f.].

– Nietzsche, in: Der Sturm, 1. Jg. 1910/1911, S. 380-381, 388 [6 Spalten] [vgl. Hillebrand I, 162f.].

Urbanek, Walter: Edvard Munch – Der Tanz des Lebens, in: Lust an der Kunst. Ein Lesebuch. Hrsg. von Klaus Piper u. Karin Staisch, München/Zürich 1991, S. 127-135.

Vaihinger, Hans: Nietzsche als Philosoph, Berlin 1902 ([5]1930).

– Die Philosophie des Als Ob. System der theoretischen, praktischen und religiösen Fiktionen der Menschheit auf Grund eines idealistischen Positivismus. Mit einem Anhang über Kant und Nietzsche, hrsg. von H. Vaihinger, Berlin 1911 ([6]1920).

Venturelli, Aldo: Die Kunst als fröhliche Wissenschaft. Zum Verhältnis Musils zu Nietzsche, in: Nietzsche-Studien 19, 1990, S. 302-367.

Verrechia, Anacleto: Zarathustras Ende. Die Katastrophe Nietzsches in Turin, Wien/Köln/Graz 1986 [Originalausgabe: La catastrofe di Nietzsche a Torino, Torino 1978].

Verweyen, Johannes: Gebete eines Gottlosen, in: Feuer, 1920, S. 759-764.

Vogel, Martin: Apollinisch und Dionysisch. Geschichte eines genialen Irrtums, Regensburg 1966.

Voges, Bonger: Zarathustra [Performance, München 1992].

Volkmann-Schluck, Karl-Heinz: Leben und Denken. Interpretationen zur Philosophie Nietzsches, Frankfurt a.M. 1968.

Volz, Pia Daniela: Nietzsche im Labyrinth seiner Krankheit. Eine medizinisch-biographische Untersuchung, Würzburg 1990.

Wackenroder, Wilhelm Heinrich und Tieck, Ludwig: Herzensergießungen eines kunstliebenden Klosterbruders [1797]. Mit einem Nachwort von Richard Benz, Stuttgart 1975 [Reclam].

– Phantasien über die Kunst, hrsg. von Wolfgang Nehring, Stuttgart 1973 [Reclam] [= Phantasien über die Kunst für Freunde der Kunst. Herausgegeben von Ludwig Tieck. Hamburg 1799].

Wagner, Richard: Gesammelte Schriften und Dichtungen. 10 Bände. Faksimiledruck der Ausgabe von 1887 (Leipzig 1887/88) – Sigel: WSD.

– Das Kunstwerk der Zukunft [1849], in: WSD 3, S. 42-177.

– Oper und Drama [1851], in: WSD 3, S. 222-320, WSD 4, S. 1-229.

– Über Staat und Religion [1864], in: WSD 8, S. 3-29.

– Beethoven [1870], in: WSD 9, S. 61-126.

– Mein Leben. Vollständige, kommentierte Ausgabe, hrsg. von Martin Gregor-Dellin, München 1963; Taschenbuchausgabe 1/83.

Wapnewski, Peter: Nietzsche und Wagner. Stationen einer Beziehung, in: Nietzsche-Studien 18, 1989, S. 401-423.

Wedekind, Frank: Erdgeist. Tragödie in vier Aufzügen [1895], in: F.K., Werke, Bd. 1, hrsg. von Erhard Weidl, München 1990, S. 549-635.

Weigand, Wilhelm: Friedrich Nietzsche. Ein psychologischer Versuch, München 1893.

– Welt und Weg. Aus meinem Leben, Bonn 1940.

Werner, Renate: Skeptizismus, Ästhetizismus, Aktivismus. Der frühe Heinrich Mann, Düsseldorf 1972 [vgl. Hillebrand I, S. 133f.].

Westernhagen, Curt von: Richard Wagner. Sein Werk. Sein Wesen. Seine Welt, Zürich 1956.

Widmann, J(oseph) V(ictor): Nietzsche's gefährliches Buch, in: Der Bund [Bern], 37. Jg., Nr. 256f. v. 16. u. 17.9.1886.

Widner, Alexander: Nietzsche oder Das deutsche Elend (Szenische Fragmente aus dem deutschen Denken), München 1992 (maschinenschriftliches Textbuch).

Wiecki, Ernst von: Carlyle's "Helden" und Emerson's "Repräsentanten", mit Hinweis auf Nietzsche's "Übermenschen". Kritische Untersuchungen, Königsberg i.Pr. 1903.

Wille, Bruno: Socialaristokratie, in: Freie Bühne, 4. Jg. 1893, S. 914-920.

– Philosophie der Befreiung durch das reine Mittel. Beiträge zur Pädagogik des Menschengeschlechts, Berlin 1894.

Winckelmann, Johann Joachim: Gedanken über die Nachahmung der griechischen Werke in der Malerei und Bildhauerkunst. Sendschreiben. Erläuterung, hrsg. von Ludwig Uhlig, Stuttgart 1969 [Reclam].

Zeitler, Julius: Nietzsches Ästhetik, Leipzig 1900.

Zeller, Bernhard (Hrsg.): Expressionismus. Literatur und Kunst 1910-1923. Eine Ausstellung des Deutschen Literaturarchivs im Schiller-Nationalmuseum Marbach a.N. (8.5.-31.10.1960).

Ziegler, Theobald: Friedrich Nietzsche, Berlin 1900.

Zola, Emile: Le Roman Expérimental [1880]. Notes et Commentaires de Maurice Le Blond. Texte de l'édition Eugène Fasquelle, Paris (Œuvres complètes, 50 vol., hrsg. von M. Le Blond, 1927 bis 1930).

Zweig, Arnold: Nietzsches böser Genius [1934], in: A.Z., Bilanz der deutschen Judenheit. Ein Versuch. Mit einem Nachwort von Achim von Borries, Köln 1961, S. 290-292.

– Sigmund Freud – Arnold Zweig. Briefwechsel, hrsg. von Ernst L. Freud, Frankfurt a.M. 1968.

Zweig, Stefan: Das neue Pathos, in: Das literarische Echo, 11. Jg., 1909, Sp. 1701-1707.

– Friedrich Nietzsche [1925], in: St.Z., Der Kampf mit dem Dämon. Hölderlin. Kleist. Nietzsche, Frankfurt a.M. 1981, S. 203-285.

Namenregister

Nietzsche und Italien

Ein Weg vom Logos zum Mythos?

Herausgegeben vom
Italienischen Kulturinstitut Stuttgart

Stauffenburg Colloquium 14
1990, 184 Seiten, DM 48,–
ISBN 3-923721-44-7

Die Beziehungen zwischen Nietzsche und dem immer wieder bereisten Italien waren zu Lebzeiten des Philosophen sehr eng. Heute erleben wir dort ein lebhaftes Interesse an seinem Leben und Werk, das sich in einer imposanten Reihe von Publikationen und filmischen Produktionen niederschlägt. Entscheidend auf die Rezeption Nietzsches in Italien und Deutschland hat sich die von Giorgio Colli und Mazzino Montinari herausgegebene kritische Gesamtausgabe der Werke Nietzsches ausgewirkt.

Die vielschichtigen Komponenten, Aspekte und Verbindungen, die aus Nietzsches radikaler Kritik der metaphysischen abendländischen Tradition entstehen, werden in einer Reihe von philosophischen und philologischen Beiträgen untersucht und erhellt. Dabei erscheint Nietzsches vom Nihilismus geprägte Meditation über das Schicksal des modernen Menschen nicht nur als kritische und negative Auseinandersetzung mit seiner Zeit, sondern auch als eine fruchtbare Reflexion über die zeitgenössische Postmoderne.

Stauffenburg verlag

Stauffenburg Verlag · Postfach 25 67 · D-7400 Tübingen